Christian Niemeyer
Klassiker der Sozialpädagogik

Grundlagentexte Pädagogik

Christian Niemeyer

# Klassiker der Sozialpädagogik

## Einführung in die Theoriegeschichte einer Wissenschaft

3., aktualisierte Auflage 2010

Juventa Verlag Weinheim und München

Der Autor

Christian Niemeyer, Jg. 1952, Dr. phil., ist Professor für Soziokulturelle Erziehung und Bildung am Institut für Sozialpädagogik, Sozialarbeit und Wohlfahrtswissenschaften der TU Dresden.

Bibliografische Information der Deutschen Nationalbibliothek

Die Deutsche Nationalbibliothek verzeichnet diese Publikation in der Deutschen Nationalbibliografie; detaillierte bibliografische Daten sind im Internet über http://dnb.d-nb.de abrufbar.

1. Auflage 1998
2., überarbeitete und erweiterte Auflage 2005
3., aktualisierte Auflage 2010


Umschlaggestaltung: Atelier Warminski, 63654 Büdingen
Umschlagabbildung: D. N. Chodowiecki, Bettlerjunge mit Soldatenhut
Printed in Germany

ISBN 978-3-7799-0358-1

# Vorwort zur dritten Auflage

Die dritte Auflage unterscheidet sich von der zweiten im Wesentlichen durch die Einarbeitung zwischenzeitlich erschienener oder ursprünglich übersehener Sekundär- und Primärliteratur. Außerdem wurden verbliebene formale Fehler korrigiert.

Dass der Verfasser sich freut, nach nun vergleichsweise kurzer Zeit dieses Vorwort schreiben zu dürfen, versteht sich vielleicht von selbst.

Dresden, im Oktober 2008
Christian Niemeyer

# Vorwort zur zweiten Auflage

Eine zweite Auflage ist ja immer – so sagt man jedenfalls, ich rede hier ohne Erfahrung – eine gute Gelegenheit, den Status des Faches zu überprüfen, dem man zugehört. Also: Die erste Fassung ist Ende 1997 abgeschlossen worden – und hätte ich nun alles umschreiben müssen, wäre es wahrlich gut um die klassikerbezogene Forschung bestellt (die andere Möglichkeit, derzufolge es damals, 1997, schlecht um mich bestellt gewesen sein muss, will ich besser nicht ins Kalkül ziehen, ich rechne dabei auf das Verständnis gleichfalls narzissmusbelasteter Leser – und den anderen, die schon die erste Auflage, mitunter allein des Titels wegen, vehement kritisierten, würde ich damit ja ohnehin nichts Neues sagen).

Apropos: Neues findet der Leser in dieser Auflage nur in vergleichsweise spärlichem Umfang, was nun wiederum allerdings nicht notwendig gegen das Fach und für den Autor sprechen muss. Denn warum sollte plötzlich, in nur wenigen Jahren, forschungsbezogene Hektik betreffs der Behebung eines Desiderats eingetreten sein, das ja schließlich nicht jeder als solches anzuerkennen gezwungen werden kann?

Im Übrigen – und dies sei hier denn auch gleich eingeräumt – ist manches nachzutragen nur notwendig geworden, weil ich seinerzeit einiges als nicht hinreichend wichtig eingeschätzt oder schlicht unterschätzt hatte. Beispielsweise ist der letztgenannte Umstand zugleich der Grund für das nun neu angefügte Kapitel 5.4 namens *Nohl und der Nationalsozialismus*. Andere umfassendere Änderungen erklären sich weitaus trivialer, etwa mit dem Umstand, dass Klaus Mollenhauer damals noch unter den Lebenden weilte, oder aber auch mit der notwendigen Aktualisierung im Blick auf neuere Primärliteratur aus der Feder von Hans Thiersch. Dass mir nun allerdings gar nichts mehr entgangen ist – dafür will ich mich nicht verbürgen. Den guten Willen allerdings sollte mir der Leser zugestehen.

Abschließend möchte ich es nicht versäumen, meine Danksagung aus der ersten Auflage zu wiederholen: Ich danke Elisabeth Münch und Petra Franke für ihre Hilfe bei den Schreibarbeiten sowie Claudia Kämmerer, Susanne Kleber, Thomas Kreher und Lorenz von Pogrell für ihre Unterstützung bei Literaturbeschaffung und Endkorrektur. Wolfgang Schröer hat mir immer wieder bei strittigen Fragen geholfen.

Neu – was die zweite Auflage angeht – ist der Dank an Katharina Wüstefeld für den von ihr dokumentierten Ideenreichtum in Sachen Literaturbeschaffung sowie die geduldige Textkorrektur. Michael Rautenberg, Ina Schönberger und Sigmar Stopinski danke ich für Hilfe aller Art. Nicht zuletzt bin ich meinem Dresdner Kollegen Lothar Böhnisch zu Dank verpflichtet für die Erlaubnis, einen Blick in die Druckfahne seines neuen, zusammen mit Wolfgang Schröer und Hans Thiersch verfassten Buches zu werfen. Und, nicht zu vergessen: Lothar Schweim, den ich immer wieder genervt hatte mit meiner Frage, wann denn endlich eine zweite Auflage fällig werde, danke ich für seine Geduld.

Dresden, im Juni 2005
Christian Niemeyer

# Inhalt

# Einleitung

*„Schöpfe aus der Quelle,*
*und nimm die Dinge nicht aus zweiter Hand.*
*Lege die Schriften der großen Meister nie zur Seite,*
*verweile bei ihnen, präge sie deinem Gedächtnis ein*
*und zitiere sie bei Gelegenheit;*
*lass es dir angelegen sein,*
*sie in vollem Ausmaß und in jeder Hinsicht ganz zu verstehen;*
*mach dich gründlich vertraut mit den Grundsätzen des originalen Autors;*
*bringe diese in Übereinstimmung*
*und dann ziehe selbst deine Schlussfolgerungen."*

(John Locke)

Michael Winkler stellte vor einer Reihe von Jahren die These auf, „dass der ungesicherte Status der Sozialpädagogik als wissenschaftliche Disziplin und als Profession zumindest auch mit dem Fehlen von Klassikern zu tun hat" (Winkler 1993: 172). Diese These, so scheint es, verweist auf ein hausgemachtes Problem. Denn über viele Jahre hinweg hat sich die Sozialpädagogik bemüht, ihre Klassiker zu beseitigen. Sie galten, so etwa Hermann Giesecke auf dem Höhepunkt der sozialwissenschaftlichen Selbstaufklärung der Disziplin Mitte der 1960er-Jahre, als „blühender Efeu auf rissigem Gemäuer" (Giesecke 1966: 88). Noch sechzehn Jahre später ergänzte C. W. Müller dieses auf Pestalozzi gemünzte Urteil dahingehend, dass „Natorp, Nohl und andere" (Müller 1982: 15) idealistisch, praxisfern und gesellschaftsblind gewesen seien. Ein Jahr darauf erschien ein Reader über Modelle sozialpädagogischer Theoriebildung, der Artikel u. a. zu Natorp, Nohl, Fischer, Mollenhauer und Rössner brachte (Wollenweber 1983 a), aber ohne Resonanz blieb, sprich: der Zeugnis ablegte für ein bloßes Intermezzo im Rücken des Mainstream. Ein weiteres Jahr später (1984) rief Hans Thiersch unter Verweis insbesondere auf Pestalozzi dazu auf, die Ergiebigkeit eines „Rückgriff(s) auf die Tradition für gegenwärtige Probleme" (Thiersch 1986: 176) zu überprüfen. Dem folgte aber sogleich die Versicherung, dass diese Tradition „in den letzten zwanzig Jahren" schließlich nicht „zufällig", sondern als „Ergebnis sehr begründeter Kritik" (ebd.) so wenig beachtet worden sei – möglicherweise ein Hinweis, der erklärt, warum in der Folge auch der Aufruf von Thiersch kaum beachtet wurde.

Erklären lässt sich so möglicherweise auch, warum Roland Merten den „Rekurs auf Klassiker" als 'unzeitgemäß' verwarf und mit dem Argument verabschiedete, man könne auf diese Weise den „anstehenden Aufgaben und deren Bewältigung“ (Merten 1996: 84) nicht gerecht werden. Dem hemdsärmeligen Pragmatismus, der sich in dem zuletzt gegebenen Zitat bekundet, wird man wohl nicht zustimmen können, sicherlich aber der Folgerung: Niemand wird (beispielsweise) einer Anwendung der ‘schockgefrorenen’ Ideen Pestalozzis auf die Heimerziehung der Gegenwart das Wort reden wollen. Aber sonderlich neu oder ‘zeitgemäß’ ist diese Position nicht. So hat schon der junge Nietzsche von der ‘historischen Krankheit’ gesprochen und es zur Pflicht eines jeden Pädagogen erklärt, „die frischen Kräfte fern zu halten von den Umschlingungen jener greisen Scheusale: die vom Standpunkt des Historikers Ehrerbietung, von dem der Gegenwart Widerwillen, von dem der Zukunft Vernichtung zu erwarten haben“ (KSB 2: 329). Aber man tut gut daran, Nietzsches Einspruch als einen zeitgebundenen zu verstehen, der sich letztlich nur gegen ein Übermaß von Historie wendet. So hätte wohl auch Nietzsche darauf beharrt, dass sich eine Nietzschedeutung nur schreiben lässt in Kenntnis der ‘Klassiker’, die für ihn (in jungen Jahren) bestimmend waren (vgl. Niemeyer 1998). Nimmt man dies nun pars pro toto, also als eine sich von selbst verstehende Arbeitsanweisung im Wissenschaftsgeschäft, muss man sich schon wundern über eine Disziplin wie die Sozialpädagogik, in der die Frage nach einem ‘Rekurs auf Klassiker’ überhaupt zum Streitfall hat werden können.

Strittig allerdings dürfte es sein, die Theoriegeschichte der Disziplin als Geschichte der Aufeinanderfolge ihrer Klassiker organisieren zu wollen. Aber ausgerechnet Klaus Mollenhauer, der gewiss am wenigsten zu verdächtigen ist, die Geschichte der Sozialpädagogik als Geschichte großer Ideen missdeutet zu haben, notierte sich einmal den stolzen Satz: „Der Fortschritt des Denkens […] vollzieht sich zwar auf dem Grunde vieler und geschichtlich namenlos gewordener Einzelschritte, aber doch für uns alle sichtbar im gründlichen Nachdenken Weniger“ (Mollenhauer 1982: 258). Dieses ‘gründliche Nachdenken’ der wenigen Klassiker der Sozialpädagogik soll im Folgenden also noch einmal nachvollzogen und nachvollziehbar gemacht werden – nicht, um in Abrede zu stellen, wie sehr der Einzelne geprägt ist von der Epoche, der er zugehört, sondern eines ganz trivialen Auftrags wegen, der den Historiographen möglicherweise unbefriedigt sein lässt, dem Stand einer so klassikerfeindlichen Disziplin wie der Sozialpädagogik aber angemessen zu sein scheint: um in Erinnerung zu rufen, was alles schon von den Großen des Faches unter dem Titel ‘Sozialpädagogik’ gedacht wurde, warum und in welchem Kontext es gedacht wurde, und, nicht zu vergessen: ob dabei auch außersachliche Motive, etwa solche schulengründender Art, wirksam waren. Insoweit wird auch hier durchaus das Bedenken geteilt, dass „im Status des ‘Klassikers’ […] sich allzu leicht eine spezifische Missachtung auszudrücken [droht], nämlich eine Trivialisierung durch einfache, stark konventionelle Bezüge, die komplexe Analysen und mehrschichtige Werkdeutungen überflüssig erscheinen lassen“ (Oelkers/Osterwalder 1995 a: 7). Dieses Argument, dekontextualisiert gelesen und offenbar weitgehend in Unkenntnis der kritisierten Vorlage in Anwendung gebracht, hat zumal in der Schweiz einen großflächigen Affekt allein schon gegen die Vokabel 'Klassiker' zur Folge gehabt und eine gewisse Vorbildwirkung für mancherlei Kritik an der Erstauflage des vorliegenden Buches entfaltet – sei es in Gestalt des Vorhalts, Klassiker seien hier „ungeachtet ihrer historischen, kontextuellen und diskursiven Verortung ohne weitere Begründung“ „zelebriert“ worden, was „nur der Legitimation der herrschenden Paradigmen“ diene (Tröhler 2001: 125; vgl. auch 2002: 25; verallgemeinernd: Horlacher 2007: 171); oder aber auch in Gestalt der Forderung, von der Suche nach 'Klassikern' abzulassen „zugunsten einer gut fundierten Theoriegeschichte.“ (Gredig/Willhelm 2000: 35) Deswegen sei noch einmal ausdrücklich betont: Dasjenige, was in Gestalt der referierten, teils abstrusen Urteile zu bedenken gegeben wurde, ist von Beginn an einbezogen worden und soll hier erneut Berücksichtigung finden.

Die erste Frage, die dabei nach Klärung verlangt, ist die der Zugehörigkeit. Roland Merten beispielsweise nannte zum Thema „Ahnen der Disziplin“ zuallererst Namen wie Nohl, Salomon, Mager, Diesterweg und Natorp; diese Liste, so heißt es weiter, sei zwar „beliebig zu erweitern“, aber „ohne dass sich daraus selbst schon Klärungen hinsichtlich der legitimen Zugehörigkeit ergeben“ (Merten 1997: 7). Dies Letztere ist gewiss richtig – und gibt zugleich eine angemessene Zustandsbeschreibung ab angesichts der aktuellen Verunsicherung in einer Disziplin, die sich, wie wohl keine zweite, über Jahrzehnte hinweg der historisch gerichteten Erinnerungsarbeit entzogen hat, inzwischen aber über ihre 'Ahnen' so vehement ringt, als gelte es, eine alte Schuld abzuarbeiten oder sich einer erprobten Schildwehr zu versichern.

Der Streit um die Namen und die Kriterien ihrer Auswahl nimmt dabei teilweise groteske Züge an. So schlug beispielsweise Jürgen Oelkers vor, entweder keine oder endlos viele Klassiker zu konstruieren – eine Überlegung, die zumindest konsequent ist: Wer, wie Oelkers, keinen Begriff von Sozialpädagogik hat resp. davon ausgeht, dass „sie gar nicht unterscheidbar ist“ (Oelkers 2002: 63), braucht sich auch keine Gedanken zu machen über so etwas wie die kognitive Identität eines Faches. Diese zumal für Studierende irritierende Argumentation zum Maßstab genommen, ist es fast noch zu verschmerzen, wenn der als 'Klassiker' zählt, der dem eigenen Begriff der Sache oder dem, was man über sie gelernt hat, nahe kommt. Dies gilt erkennbar für die von Hans Thiersch (1996: 7) vorgelegte Liste (Francke, Salzmann, Pestalozzi, Wichern, Nohl, Bernfeld) ebenso wie für die einiger seiner 'Schüler', die als „Traditionslinie“ aufbieten: Pestalozzi, Wichern, Salomon, Bernfeld, Nohl, Weniger, Roth, Mollenhauer und – selbstredend – Thiersch (Grunwald et al. 1996 a: 9). Wenn man von Feinheiten absieht, ist das Fehlen der Namen Natorp und Fischer in beiden Listen durchaus auffällig, aber, wie angedeutet, stringent: Wer, wie Thiersch (und vermittelt über ihn), via Nohl und Weniger in den Begriff der Sache eingeführt wurde, wird wohl kaum die dazurechnen, die schon Nohl und Weniger, ihrem Begriff zufolge, abzogen. Dies ist, eben weil dabei ein Kriterium führend ist, nicht schlimm oder gar ehrenrührig, ließe sich auch für einen anderen 'Göttinger', nämlich Klaus Mollenhauer, zeigen – aber es ist vorab doch zu konstatieren. Herauszustellen ist auch eine immerhin vom Vorstand der 'Kommission Sozialpädagogik' abgesegnete Namensliste (vgl. Hamburger 1995: 105), insofern sie zwar – die Thiersch-Liste als Maßstab genommen – zwei Ergänzungen bringt (Fröbel, Natorp), aber (ohne Angabe von Kriterien) meint, auf Fischer verzichten zu können. Dies trug insgesamt zu dem Entschluss bei, der Kriterienbestimmung hier etwas mehr Sorgfalt zu widmen.

Michael Winkler (1993) hat dies getan und eine Liste zusammengestellt, die fast vierzig Namen möglicher Klassiker der Sozialpädagogik umfasst (von Platon bis Mollenhauer, unter Einschluss von Natorp und Fischer), allerdings von Ernst Engelke mit dem trockenen (im Übrigen falschen) Kommentar versehen wurde, dass diese 'Klassiker' „zwar eine ausschließlich pädagogische Ausrichtung (zeigen), [...] aber sehr wohl als Wurzeln und Äste eines Stammbaums Sozialer Arbeit angesehen werden [können]" (Engelke 1996: 67). Dieses Urteil müsste einen nicht sonderlich verwirren – wäre Engelke nicht ein engagierter Verfechter einer autonomen Wissenschaft 'Soziale Arbeit', die (ansonsten) auf einen für sie typischen Klassikerbestand Wert legt (vgl. Engelke 1998) und für die geltend gemacht wird, sie befände sich in einem „Ablösungsprozess von der Pädagogik bzw. Sozialpädagogik" und versuche, „ihre Selbständigkeit als akademische Disziplin zu thematisieren" (Salustowicz 1995: 5). Verständlich mag es da schon sein, dass der Verfasser der vorliegenden Arbeit von Repräsentanten dieses Projekts dafür angegangen wird, er werde „nicht müde", Natorp „zum Kronzeugen der Disziplin Sozialpädagogik zu machen" (Vahsen 1996: 11) – ebenjenen Natorp, den Vahsen offenbar gerne zum Kronzeugen der Wissenschaft 'Soziale Arbeit' machen würde.

Dass das Ringen dabei schon auf der Ebene der Terminologie beginnt, wird den Kenner kaum überraschen. Deswegen sei es hier erlaubt, an 'Altbekanntes' (Thiersch 1996) zu erinnern, nämlich an die Antwort, die Hans Thiersch und Thomas Rauschenbach bereits 1984 gaben, als es schon einmal um die Frage gegangen war, ob es nicht plausibler wäre, „nur von einer freien Koalition zwischen einzelnen Wissenschaften oder gar von einer eigenen Sozialarbeitswissenschaft auszugehen", anstatt die Theorie der Sozialpädagogik/Sozialarbeit „im Bezug auf die Leitwissenschaft Erziehungswissenschaft zu erörtern" (Thiersch/Rauschenbach 1984: 1009). Die damals gegebene Antwort lautete, dass diese Theorie „innerhalb der Erziehungswissenschaft" anzusiedeln sei, „allerdings einer Erziehungswissenschaft, die ihrerseits sozialwissenschaftlich orientiert und gesellschafts- sowie handlungstheoretisch konzipiert ist" (ebd.). Die Begründung hierfür zielte in der Hauptsache darauf ab, „dass die Alternative ansonsten ein offener

Enzyklopädismus wäre, der pragmatisch zwar hilfreich sein kann, aber in sich, ohne ein primäres Bezugssystem, keine konsistente Diskussion stiftet“ (ebd.). Diese Argumentation war nicht unplausibel, aber offenbar folgenlos. Denn anders wäre kaum zu erklären, dass inzwischen erneut und mit bemerkenswerter Heftigkeit um die Frage gerungen wird, ob es nun um die Sozialpädagogik, die Sozialarbeit, die Soziale Arbeit oder die Sozialarbeitswissenschaft und deren jeweilige Klassiker (resp. Klassikerinnen) geht oder zu gehen habe (vgl. u. a. Puhl 1996; Merten/Sommerfeld/Koditek 1996; Thole/Galuske/Gängler 1998; Eggemann/Hering 1999; Gängler 2001).

Dieser Streit soll uns hier nicht weiter interessieren (vgl. Niemeyer 2003a: 13ff.), festgehalten sei nur, dass die Differenziertheit im Titel dieses Buches kein Zufall ist: Es geht hier und im Folgenden um ‘Klassiker’ – dieses Wort zunächst als geschlechtsneutrale Kategorie begriffen – der Sozialpädagogik, nicht aber etwa um ‘political correctness’ oder auch nur um das zumal für Studierende eher irritierende Erinnern um des Erinnerns willen. Dies meint zugleich, dass beide Attribute die Auswahl bestimmten, also sowohl ein Begriff des Klassischen als auch ein Begriff von Sozialpädagogik vorlag, bevor dieses Buch geschrieben wurde. Am einfachsten verhält es sich dabei noch mit dem Kriterium ‘Sozialpädagogik’: Dieser Ausdruck gilt uns als „erziehungswissenschaftliche[r] Terminus“ (Mollenhauer 1968b: 134). Ausgewählt wurden entsprechend die ‘klassischen’ Autoren, die in der Geschichte dieses Begriffs (1) mit originären Beiträgen hervortraten und/oder (2 a) praktische und/oder (2 b) theoretische Leistungen erbrachten, die sich auf eine der – erziehungswissenschaftlich orientierten – Begriffsvarianten von Sozialpädagogik beziehen lassen. Um ein Beispiel zu geben: Das erste Kriterium erklärt maßgeblich die Entscheidung für Natorp, das zweite in seiner praktischen Auslegung die für Wichern und Wilker. In den meisten Fällen allerdings war es nicht möglich oder sinnvoll, eindeutig zwischen diesen Kriterien zu differenzieren, so dass alle zusammen die Entscheidung für den Rest bedingten. Für alle galt dabei zusätzlich, dass sie das Kriterium des Klassischen zu erfüllen hatten – entweder infolge eigener überragender Leistung oder (auch hier wäre an Wilker zu denken) infolge der (interessenbedingten) Zuschreibung derselben.

Dieser letzte Aspekt war es auch, der gegen die Aufnahme weiterer wichtiger Namen sprach. Denn an wen man dabei auch denken mag – ob an Erich Weniger, Alice Salomon, Hedwig Wachenheim, Gertrud Bäumer oder Carl Mennicke –, das Ergebnis bleibt doch immer das nämliche: Die Genannten sind zweifellos wichtig oder gar bedeutend, aber nicht unverzichtbar, am Beispiel gesprochen und um die Sache von der Gegenwart her aufzurollen: Um Thiersch und Mollenhauer verständlich zu machen und auch ihre Grenzen zu sehen, ist der Weg über Bernfeld und Nohl ebenso unverzichtbar wie die Kenntnis Fischers, Natorps und aller anderen. Die Kenntnis Salomons oder Mennickes hingegen mag zwar wichtig sein, hat aber zweifellos sekundären Rang, und dies zumal für eine Darstellung, die ihr Zentrum in der

Sozialpädagogik sucht. Um dies nur an einem der gegebenen Beispiele zu diskutieren: Die größten Bauchschmerzen machte fraglos die Nichtberücksichtigung Erich Wenigers (dessen Anteil aber via Nohl abdeckbar schien) sowie Alice Salomons. Gegen Salomon sprach aber letztlich der Umstand, dass sich ihre (zweifellos überragenden) Leistungen auf dem Gebiet der Wohlfahrtspflege nicht dem Begriff Sozialpädagogik als eines 'erziehungswissenschaftlichen Terminus' fügen. Dass sie, da von der Volkswirtschaftslehre herkommend (vgl. Kuhlmann 2000: 18), mitunter ungleich subtiler und sozialwissenschaftlich aufgeklärter als beispielsweise Natorp argumentierte, ist an einem anderen, dafür besser geeigneten Ort ebenso diskutiert worden wie ihre – durch den kriegsbedingten Fortschritt des Sozialstaatsprojekts erklärbare – Hinwendung zur Sozialpädagogikkonzeption Nohls (vgl. Niemeyer 2002b: 126ff.). Gleichwohl genügte Letzteres nicht zur Aufnahme in dieses Buch. Der Umstand, dass Salomon zwischenzeitlich andernorts eine neue Heimat fand und Karriere zu machen beginnt als Klassikerin der Pädagogik (vgl. Kuhlmann 2003), kann insoweit nicht wirklich irritieren, sondern gibt eher Anlass zur Hoffnung, dass man derlei Herausgeberentscheidungen eines Tages nicht nur unter den Vorzeichen von 'gender correctness' zu diskutieren haben wird. In diesem Kontext sei es erlaubt, noch einmal Mollenhauer anzuführen. Er nämlich meinte im Rückblick auf die Anfänge der sozialen Einzelhilfe – unter Namen wie „Soziale Therapie" und „Soziale Diagnose" u.a. bei Salomon –, dass derartigen „terminologische(n) Missgriffe(n)" mit Skepsis zu begegnen sei, „da sie die Klärung der Sachverhalte durch schon in ihrem Bedeutungsfeld festgelegte Begriffe zumindest erschweren" (Mollenhauer 1959a: 170).

Apropos Mollenhauer: Als dieses Buch, das nun in dritter Auflage erneut sein Glück versucht, konzipiert wurde, lebte er noch, und die damalige Entscheidung, ihn aufzunehmen – ebenso wie Thiersch –, hatte sich gegenüber eher unergiebigen Vorbildern in dieser Hinsicht (vgl. etwa Buchkremer 1995: 89ff.) ebenso zu rechtfertigen wie gegenüber dem Bedenken, dass es dem Begriff des Klassischen zumindest vom Lebensalter her widerspreche und auch unhöflich sei, mit Michael Winkler gesprochen: „In aller Frische zum Klassiker geadelt zu werden, ist ja durchaus pikant" (Winkler 1993: 184). Gleichwohl scheute Winkler zumindest in Sachen Mollenhauer dieses Risiko nicht; im Fall Thiersch war er da zurückhaltender mit dem Hinweis, dessen Werk sei noch zu sehr „in die diskursive Auseinandersetzung eingebunden" und habe noch nicht, wie das Mollenhauersche Werk, über die Rezeption „jene Objektivität" verliehen bekommen, „die als Merkmal eines faktischen Klassikergebrauchs zu identifizieren ist" (ebd.). Inzwischen sind weitere Jahre vergangen, so dass das von Winkler verwendete – und ohnehin, wie er zugestand, nicht sehr glückliche – Unterscheidungskriterium an Geltung verloren hat. Ganz abgesehen davon sollte die Gesamtauswahl eine in sich schlüssige Darstellung der sozialpädagogischen Theoriegeschichte erleichtern – ein Vorhaben, das den Verzicht auf auch nur einen der beiden ausschließt.

Eine gewisse Beruhigung ob dieses Vorhabens war es im Übrigen, dass nur zwei der im folgenden Behandelten – nämlich Pestalozzi und Nohl – Eingang in die renommierte zweibändige Edition *Klassiker der Pädagogik* von Hans Scheuerl fanden. Denn dies darf fast als indirekte Bestätigung dafür gelesen werden, dass die übrigen – abgesehen natürlich von Mollenhauer und Thiersch, die für Scheuerl noch kein Thema sein konnten – gleichsam überschneidungsfrei als Klassiker der Sozialpädagogik gelten dürfen. Indes: Dass Scheuerl Francke aufnahm, aber nicht Wichern, dass er Kerschensteiner behandeln ließ, aber nicht Fischer, dass er Marx und Makarenko einbezog, aber nicht Bernfeld, dass er Natorp ignorierte, und zwar selbst dort, wo er entschuldigend einwarf, dass seiner Auswahl „ein subjektives Moment" (Scheuerl 1979: 11) unterläge – all dies wirkt wenig überzeugend. Dies gilt auch im Blick auf Heinz-Elmar Tenorth, der unlängst, gleichsam als Nachfolger Scheuerls, erneut einen Zweibänder mit dem Titel *Klassiker der Pädagogik* (Tenorth 2003 a, b) herausgehen ließ. Denn ganz abgesehen davon, dass nicht recht einzusehen ist – es sei denn, man bezöge diesbezügliche Bemerkungen von Jürgen Oelkers (1998: 224) ein –, warum nun, Scheuerl zum Maßstab genommen, Marx, Nietzsche und Freud keine Heimat mehr fanden, und dies, obgleich doch offenbar hinreichend Platz gewesen ist für eher skurrile Rehabilitationsbemühungen (etwa in Sachen Robert Owen, Lev Nikolaevic Tolstoj oder Paulo Freire), fällt, was die Sozialpädagogik angeht, auf, dass Tenorth, anders als Scheuerl, Wichern noch nicht einmal mehr optional in Betracht zog. Ähnliches gilt für Aloys Fischer, der, ebenso wie Wichern, auch in die gleichnamige Edition von Klaus Dollinger (2006 c) keine Aufnahme fand. Dass Dollinger, ebenso wie Tenorth, Pestalozzi, Natorp, Nohl und Bernfeld behandeln ließ, dies aber jeweils nicht unter gesonderter Würdigung ihrer sozialpädagogischen Relevanz, erlaubt vielleicht noch den Zusatz, dass es fatal wäre (auch für die Allgemeine Pädagogik), wenn der Eindruck entstünde, die in dem vorliegenden Buch thematischen Klassiker seien nur *für* Sozialpädagogen von Interesse. Richtiger ist schon der Zusatz, dass sie hier vor allem *als* Sozialpädagogen interessieren.

Einer Erläuterung bedarf noch das Kriterium des Klassischen. Denn mit dem bisher genutzten Attribut 'überragend', auch mit dem von Winkler veranschlagten eines sich über die Rezeption herstellenden 'Klassikergebrauchs', ist es gewiss noch unzureichend bestimmt. Immerhin erlaubt das Stichwort Rezeption, zwischen Intention und Wirkung zu trennen und anhand der Wirkungsgeschichte Klassikerbilder und deren Funktion zu untersuchen. Ein prominentes Beispiel ist Nietzsche: Er galt gegen Ende des 19. Jahrhunderts mancherorts als „Philosoph des Kapitalismus" (Tönnies 1893: 103), degenerierte während des Ersten Weltkrieges zum Philosophen des Militarismus, wurde in nationalsozialistischer Zeit von vielen als Vordenker Hitlers ausgewiesen und erfüllt im Bewusstsein der Gegenwart den Rang einer „Vaterfigur der Postmoderne" (Welsch 1994: 8). Jede Zeit, so darf daraus gelernt werden, schafft sich ihr eigenes Bild eines bestimmten

Klassikers, und es ist die Aufgabe der klassikerorientierten Forschung, den in der Wirkungsgeschichte aufweisbaren Missbrauch durch Rückgang auf die Ursprungsgeschichte und mithin durch Interpretation der Intention des jeweiligen Klassikers kenntlich zu machen, um Missbrauch zumindest für die Zukunft möglichst zu vermeiden. Die Lektion daraus für das Folgende ist, dem Leser, so gut es eben geht, die Intention des jeweiligen Klassikers verständlich zu machen. Die vorliegende Arbeit beabsichtigt, mit Aloys Fischer gesprochen, nicht „Mitteilung eines Endergebnisses, sondern eher des Weges, zu Ergebnissen zu kommen"; sie will nicht „fertige Gedanken aussprechen und diese dann nachsprechen und aneignen lassen", sondern sie will „die Problemlage vorführen, aus der die Gedankenbewegung entspringt" (LW 8: 267).

Als Klassiker gilt dabei – und die im Vorhergehenden Benannten erfüllten dieses Kriterium, von erwähnten Ausnahmen (Wilker) abgesehen, je auf ihre Weise –, wer Ideen hinterließ, denen der Rang des Zeitlosen zukommt (vgl. die allerdings in diesem Punkt sehr strittige Diskussion u. a. bei Winkler 1994a; Herrmann 1995). Oft kann es sich dabei auch um Ideen handeln, die zu ihrer Zeit zu früh kamen, die also damals noch nicht verstanden wurden oder nicht auf Resonanz trafen. Nietzsche prägte hierfür den Begriff des 'Unzeitgemäßen' und knüpfte daran die Hoffnung, er werde von der Nachwelt besser verstanden und gewürdigt als von seinen Zeitgenossen. Dabei ist natürlich nicht immer, wie im Fall Nietzsche, die Erfolglosigkeit in je gegebener Zeit, also die allzu bekannte Figur des 'verkannten Genies', Bedingung und Gewähr dafür, später zum Klassiker aufzusteigen. Aber zumindest sollte den eigenen Ideen eine gewisse Überschussbedeutung innewohnen, die sie auch für kommende Zeiten interessant macht und die erst in kommenden Zeiten in ihrer tatsächlichen Bedeutung erkannt wird. Daraus erklärt sich auch die angesprochene Problematik in den Fällen Mollenhauer und Thiersch. Denn an sich sind es nie die Zeitgenossen, die einem bestimmten Denker den Rang des Klassischen zuerteilen können – und zuerteilen wollen.

Denn – und dies wird gerne übersehen – die Zuerteilung des 'Klassischen' gegenüber einem, mit dem man sich gegenwärtig weiß, ist nicht immer frei von narzisstischer Kränkung. Diese Kränkung kann dazu führen, durch Nichtzurkenntnisnahme den klein halten zu wollen, dessen Größe das Selbstkonzept von eigener Größe zu gefährden scheint. Der Preis dafür ist allerdings hoch. Denn auf diese Weise entgehen wir dem Wissen darum, was an unseren eigenen Ideen tatsächlich neu und was an ihnen schon längst widerlegt ist. Peinlich kann dies dann werden, wenn andere in Auseinandersetzung mit uns diesen Nachweis führen. Denn wie wollen wir dann glaubhaft machen, dass das von uns als neu Behauptete, aber nun als längst bekannt Deklarierte uns lediglich unbekannt war, nicht aber doch heimlich abgeschrieben wurde? Ein prominentes Beispiel für diese Verlegenheit findet sich bei Freud. Er nämlich meinte 1914, er habe sich die

Nietzsche-Lektüre „mit der bewußten Motivierung versagt, daß ich in der Verarbeitung der psychoanalytischen Eindrücke durch keinerlei Erwartungsvorstellung behindert sein wolle“ (Freud 1914: 53). Tatsächlich hat aber Freuds späteres Zugeständnis, dass sich Nietzsches „Ahnungen und Einsichten“ „in der erstaunlichsten Weise mit den mühsamen Ergebnissen der Psychoanalyse decken“ (Freud 1925: 86), viele Spekulationen darüber zur Folge gehabt, ob Freud Nietzsche nicht doch gelesen habe (vgl. Venturelli 1984: 472 ff.).

Immerhin gibt es auch den umgekehrten Fall, den also, wo Klassiker gern und häufig bemüht werden, weil man sich der Zuweisung von Kompetenz seitens Dritter sicher wähnen darf. Oft indes steht derlei nur für ein bloßes ‘name dropping’, also für das beiläufige Fallenlassen eines prominenten Namens oder mit diesem Namen verbundenen Begriffs, ohne dass tieferes Wissen vorliegt (vgl. Menck 1992). Pestalozzis Formel ‘Kopf, Herz und Hand’ beispielsweise wird im erziehungswissenschaftlichen Diskurs sehr gerne zitiert; aber dass von Pestalozzi mehr bekannt ist als diese Formel, steht häufig in Zweifel. Auch sei zugestanden, dass eine zu starke Orientierung an Klassikern den Aufflug der eigenen Gedanken hemmen und der Dogmatisierung eines bestimmten Denksystems förderlich sein kann. Wer – beispielsweise – über Rousseau promoviert und habilitiert hat und auch die eigene Folgeforschung an ihm orientiert, wird anderen Klassikern wohl kaum hinreichend gerecht werden. Noch bedenklicher ist der Kult, den die Pestalozzianer um Pestalozzi, die Herbartianer um Herbart, die Marxisten um Marx oder die Freudianer um Freud trieben und treiben. Mit Wissenschaft hat dies dann in der Regel kaum noch etwas zu tun, eher schon mit unkritischer Heldenverehrung.

Dies allerdings ist wohl, was die Sozialpädagogik angeht, eine gänzlich überflüssige Warnung. Gewiss, gelegentlich – und in letzter Zeit mit leicht ansteigender Tendenz – findet man es schon, das Arbeiten an und mit klassischen Autoren. Aber aufs Ganze gesehen wird dies außerhalb der Sozialpädagogik nur selten ernst genommen und in ihren eigenen Reihen nicht oder nicht zureichend rezipiert. Der Ärger insbesondere über dieses interne Rezeptionsproblem hat Michael Winkler Anlass gegeben, zu einem „Theorieputsch“ aufzurufen, der „reflexive Standards“ und den „Bezug auf die durch Tradition gesicherten Tatbestandsauffassungen“ verbindlich zu machen habe (Winkler 1997b: 67). Ob dies geht und ein derartiger Putsch sinnvoll ist, sei eher bezweifelt angesichts des durchaus unentwickelten Wissens um die ‘Tradition gesicherter Tatbestandsauffassungen’. Um dieses Desiderat zumindest ein wenig zu beheben, sei im Folgenden, aufbauend auf Vorarbeiten zu Natorp, Nohl, Pestalozzi und Wichern, ein Versuch zur Sache vorgelegt, der sich auch als Einführung in die Theoriegeschichte der Sozialpädagogik versteht. „Eine Einführung“, so schon Klaus Mollenhauer vor über dreißig Jahren, „gibt weder die ganze Sache, noch ist sie ein Lehrbuch“, vielmehr sei eine Einführung hinreichend, „wenn es ihr gelingt, die besondere Struktur, den Aufbau, die Verfahren, die Hauptbegriffe zu nennen und zu erläutern“ (Mollenhauer 1964/1974: 12). Dass Mollenhauer damals nicht auch an eine Einführung in die Ideen der sozialpädagogischen Klassiker dachte, entsprach dem Geist der Zeit. Damit aber ist jetzt Schluss.

# 1. Johann Heinrich Pestalozzi (1746–1827): Die Mutter aller Schlachten um die Sozialpädagogik

**Biografischer Abriss**

Johann Heinrich Pestalozzi wurde am 12. Januar 1746 in Zürich geboren. Im Frühjahr 1771 errichtete er den Neuhof und führte dort eine Anstalt, die 1774 ins Leben gerufen wurde. Nach dem Scheitern dieses Versuchs (1780) widmete er sich vorwiegend schriftstellerischen Tätigkeiten, bevor er 1798/99 für einige Monate ein Waisenheim in Stans leitete. Dies führte zu weiteren Tätigkeiten als Lehrer und Leiter eines Schulmeisterseminars in Burgdorf und Münchenbuchsee. 1805 verlegte Pestalozzi sein Erziehungsinstitut nach Iferten (Yverdon), von wo aus er großen Einfluss auf die (europäische) Volksschulbildung gewann. 1825 kehrte er auf den Neuhof zurück. Pestalozzi starb am 18. Februar 1827. Von seinen Schriften seien genannt: Wünsche (1766), Abendstunde eines Einsiedlers (1780), Lienhard und Gertrud (1781–1787), Ein Schweizer – Blatt (1782), Über Gesetzgebung und Kindermord (1783), Meine Nachforschung über den Gang der Natur in der Entwicklung des Menschengeschlechts (1797), Brief an einen Freund über seinen Aufenthalt in Stans (1799), Schwanengesang (1826).

Die offiziöse Pestalozziforschung mit ihren teilweise fulminanten neueren Arbeiten (vgl. etwa Korte 2003) hat Pestalozzi, aufs Ganze gesehen, über Jahrzehnte hinweg gut gepflegt (vgl. zuletzt Kuhlemann/Brühlmeier 2002). Sie tut dies mitunter auch in Gestalt von Dissertationen (vgl. etwa Chen 2000). Und sie tut dies neuerdings zumal aus der Schweiz heraus gelegentlich selbst dann, wenn sie unter den Vorzeichen des von Daniel Tröhler als „'Paradigmenwechsel'" gefeierten Anspruchs auftritt, „von einem historisierten und kontextualisierten Pestalozzi" (Tröhler 1999: 7) ausgehen zu wollen. Denn allzu oft ist es nun eben der Kontext, der zur Entlastung der Person Pestalozzi herhalten muss. Rolf Graber beispielsweise identifizierte in *Lienhard und Gertrud* ein „Domestizierungsprogramm", um dieser – richtigen (vgl. Kap. 1.2.2) – Beobachtung sogleich die Versicherung nachfolgen zu lassen, dass er keineswegs eine „nachträgliche Kritik und moralische Wertung der Tätigkeit Pestalozzis" intendiere, zumal zu beachten sei, dass „objektive gesellschaftliche Entwicklungen" Pestalozzis „persönlich gutgemeinten Bemühungen" „immanente Grenzen" setzten (Graber 1999: 34). Dies war brav gesprochen und mit viel Sympathie für Pestalozzi – und findet sich in ähnlicher Form auch bei Ursula Germann-Müller, die im

Rahmen ihrer zustimmenden Stellungnahme zu *Lienhard und Gertrud* nicht davor zurückschreckte, die Widersprüchlichkeit in Pestalozzis Denken als Tugend aus Sicht der Postmoderne zu feiern und als Indiz dafür zu lesen, „dass 'Vernunft' sich nicht dazu hergibt, einen anmaßenden Totalitätsanspruch der Dominierenden zu legitimieren, sondern als flexible Vernünftigkeit auch die Zukurzgekommenen und die Opfer zur Sprache kommt lässt". (Germann-Müller 1996: 152) In dieser (exkulpierenden) Logik gedacht, dürfte auch weiterhin vielen außer Frage stehen, was jeder Besucher als Grabschrift am Schulhaus zu Birr – an deren Dorfkirche Pestalozzi begraben liegt – lesen kann: „Retter der Armen auf Neuhof, Prediger des Volkes in *Lienhard und Gertrud*, zu Stans Vater der Waisen, zu Burgdorf und Münchenbuchsee Gründer der neuen Volksschule, in Iferten Erzieher der Menschheit. – Mensch, Christ und Bürger. Alles für andere, für sich Nichts! Segen seinem Namen!" In immer neuen Varianten wurde jeder nachwachsenden (Sozial-)Pädagogengeneration dieses fürwahr imposante Pestalozzibild vermittelt, das sich aus Chiffren zusammensetzt wie „Armenretter", „Volksprediger", „Waisenvater", „Volksschulgründer" oder eben „Menschheitserzieher". Sozialpädagogen wurde dabei vor allem das Helfermotiv und der ihm innewohnende Altruismus („Alles für andere, für sich Nichts!") zur geflissentlichen Beachtung anempfohlen, zumal er es selbst war, der voller Überschwang ausrief: „Denn ich bin nicht zum Schriftsteller gebildet. Mir ist wohl, wenn ich ein Kind auf meinen Armen habe" (PSB 3: 83). Es waren derlei Bekenntnisse, die in der Wirkungsgeschichte immer wieder am liebsten und nachdrücklichsten zitiert wurden. Gleiches gilt für seinen Ausruf: „In der Unschuld Kinderbrust schlug mir das Herz schon: Das Volk ist ellend; ich möchte ihm helfen" (PSB 4: 94).

Dies zunächst in Rechnung gestellt, überrascht es nicht, dass Pestalozzi unter dem Leitmotiv 'Heros makelloser Menschenliebe' bis in die jüngste Vergangenheit hinein immer wieder aufs Neue als Retter, auch angesichts vermeintlich bestehender sozialpädagogischer Theorie- und Praxisnot, beschworen wird (vgl. etwa Fatke 2000). Weit weniger überraschend ist, dass schon Ulrich Herrmann in Pestalozzi den „Begründer der modernen Sozialpädagogik im Sinne des sozialen Lernens im Unterschied zur von Rousseau begründeten Individualpädagogik" (Herrmann 1992a: 1500) sah. Auch Hans Thiersch meinte, das „Konzept der Sozialpädagogik" sei „grundlegend und bis heute gültig im Œuvre von Pestalozzi skizziert" (Thiersch 1996: 7). Im Einzelnen dachte Thiersch dabei an Pestalozzis „Entwurf einer Kriminalpädagogik und einer Heimerziehung wie einer Familien- und Volkserziehung" (ebd.: 8), an den für Pestalozzi als Ausgangspunkt zentralen „Anspruch des Menschen auf Bildung als Mensch, auf Realisierung der in ihm angelegten Möglichkeit, sein Leben als Werk seiner selbst zu leben" (ebd.: 7). Thiersch dachte aber auch an Pestalozzis Volksroman *Lienhard und Gertrud*, in welchem – mit beispielgebender Wirkung für „Settlementbewegung" und „Gemeinwesen- und Stadtteilarbeit" – gezeigt worden sei, wie „neue Lebensstrukturen konstituiert werden, die allen ein Leben in Gerechtigkeit ermöglichen." (Thiersch 2000b: 34) Dieses insgesamt positive Pestalozzibild (vgl. auch Thiersch 2007a: 112f.; 2007b: 110ff.) wird allerdings in jüngster Zeit korsettiert von Bedenken derart, dass Pestalozzis „Konzept der Volkserziehung" auch einhergehe „mit autoritär disziplinierenden Arrangements" (Thiersch 2001b: 1249) oder, etwas spezifischer gesprochen: dass Pestalozzi in *Lienhard und Gertrud* gezeigt habe, wie ein Gemeinwesen „zu einer neuen gerechten, aber auch sozial kontrollierenden Ordnung (kommt)". (Böhnisch/Schröer/Thiersch 2005: 26)

Wie wichtig dieser Zusatz und mithin auch die Vokabel 'Domestizierungsprogramm' (Graber) ist, werden wir noch sehen (vgl. Kap. 1.2.2). Vorauszuschicken ist dabei, dass trotz verbreiteter Wertschätzung Pestalozzis und beeindruckender Kommentare zu einzelnen Texten (vgl. etwa Winkler 2000) kaum dezidiert sozialpädagogische Auseinandersetzungen aus neuerer Zeit zu finden sind. Wer allerdings die wenigen vorhandenen Texte (vgl. etwa Niemeyer 1993a) erst gar nicht zur Kenntnis nimmt – so wie auch Rebekka Horlacher –, kann selbstredend ungerührt behaupten, die Literatur zu *Lienhard und Gertrud* beschränke sich „bis anhin hauptsächlich auf die erste Fassung" und bleibe „überdies in der Interpretation textimmanent" (Horlacher 2001: 23). Das Gegenteil also ist richtig, und es ist auch zwingend, weil zwei zentrale Klassiker der Disziplin, nämlich Natorp und Nohl, Pestalozzi mit den je für sie interessanten Werken und mithin aus je ihren Gründen (vgl. auch Henseler 1997, 2000, 2001) und zumindest insoweit analog zu Herrmann und Thiersch ins Zentrum rückten – was selbstredend nur rekonstruiert werden kann, wenn man die jeweils geltend zu machenden Kontexte einbezieht. Im Gegensatz zwischen Natorps und Nohls Pestalozzibild bekundet sich also, dass Pestalozzi – wie in der Überschrift behauptet und im Verlauf dieses Kapitels deutlicher werden wird – als 'Mutter aller Schlachten um die Sozialpädagogik' gelten darf. Das Wort 'Mutter' ist dabei natürlich nicht ganz korrekt. Diese Ungenauigkeit aber mag der dieses Buch dominierenden Überschriftenpolitik in Rechnung gestellt werden.

Nohl fand dabei zu dem bemerkenswerten Satz: „Pestalozzi ist das größte pädagogische Genie, das der deutsche Raum hervorgebracht hat" (Nohl 1948a: 23). Für die Fixierung von Pestalozzibildern, die in derlei Zitate einmünden, steht inzwischen eine überaus imposante Textgrundlage zur Verfügung: 28 Werk- und 13 Briefbände, mittlerweile sogar auf CD-ROM verfügbar, dokumentieren das Œuvre eines Menschen, der wegen seiner ungehemmten Metaphorik wohl der am schwierigsten interpretierbare Klassiker der (Sozial-)Pädagogik ist. Keinem anderen Heroen der Zunft ist dermaßen viel editorischer Aufwand gewidmet worden – ein Umstand, der manchem wohl schon allein deshalb als Indiz für die Bedeutung Pestalozzis gilt. Spätestens dies, aber auch die zu seinem 250. Geburtstag besonders öffentlichkeitswirksam inszenierte Pestalozziverehrung, stimmt so manchen neueren Interpreten zunehmend nachdenklich (vgl. exemplarisch Oelkers

1996b). Vorbilder für derlei Skepsis lassen sich auch schon im Umfeld eines nicht minder wichtigen Gedenkjahres aufspüren. Zu denken ist etwa an das ‚Pestalozzijahr' 1927 und an Siegfried Bernfelds damalige bittere Worte: „Wenn die Faschisten Charlie Chaplin zu ihrem Schutzpatron erhöben, wäre dies nicht halb so komisch und quer, als die endgültige Heiligsprechung ist, die Johann Heinrich Pestalozzi [...] von der gesamten deutschen Pädagogenschaft zugedacht wird" (ASB 2: 477). Bernfeld sah also einen geradezu grotesken Gegensatz zwischen dem von Pestalozzi Gewollten und dem von seinen Verehrern Praktizierten. Pestalozzi, so darf man vielleicht auch und zumal mit Blick auf die Gegenwart reformulieren, ist ein willkommener Anlass für Fensterreden, die aber folgenlos bleiben, nicht auf ein tieferes Verständnis schließen lassen und letztlich in der Permanenz ihrer immer gleichen Botschaft zynisch wirken angesichts der real existierenden Unterrichts- oder gar Heimerziehungspraxis.

Zumal unter Beachtung der Gegenwartskritik (vgl. etwa Oelkers/Osterwalder 1995b; Osterwalder 1996a; Winter 1998) legt sich eine Reihe weiterer kritischer Fragen nahe, wie beispielsweise: Ist die Attitüde des 'Pestalozzianers', die einige Interpreten immer noch meinen einnehmen zu dürfen, nicht längst schon obsolet, und zwar vor allem, weil sie es ist, die die Forschung – und dies meint immer: die kritische Anfrage – behindert? Wird Pestalozzi überhaupt noch rezipiert, oder führt man nur seinen Namen im Munde, um sich der Autoritätszuweisung seitens Dritter gewiss sein zu können? Bleibt von Pestalozzi im Bewusstsein der je nachwachsenden Pädagogengeneration tatsächlich mehr hängen als wohlfeil zu habende Schlagworte – wie etwa „Kopf, Herz und Hand" (vgl. Osterwalder 1995) –, die zur Analyse der je gegebenen pädagogischen Herausforderungen nichts beitragen? Hat die Pädagogik Pestalozzis Größe ganz bewusst und gleichsam als Ersatz für bessere Argumente nur inszeniert? Wurden kritische Anfragen an Pestalozzis Leben und Werk unterdrückt, um die schon an Heiligenverehrung grenzende Bemühung um Pestalozzi und mithin den von ihm angebotenen Argumentersatz nicht zu stören? Ist eine Art Pestalozzidemontage und eine Demontage der ideologisierten Pestalozzirezeption nicht längst schon überfällig, wenn denn die Pädagogik ihren Anspruch, Wissenschaft sein zu wollen, nicht gänzlich preisgeben soll?

Nun wäre es gewiss übertrieben, ins andere Extrem zu verfallen und nur noch von einer geschickt betrieben Selbststilisierung Pestalozzis sowie von der Stilisierung des Pestalozzibildes seiner Anhänger zu sprechen. Am Ende von derlei 'Demokratismus' und 'historischem Positivismus' – so die (berechtigte) Kritik von Michel Soëtard an Daniel Tröhler – dürfte nichts weiter als eine „plane() Geschichtslandschaft" zu besichtigen sein, „die lediglich aus historischen Kontexten besteht und jede herausragende Persönlichkeit als das Produkt einer Konjunktion von Umständen darstellt" (Soëtard 2004: 196). Positiv reformuliert: Wissenschaft hat nicht den Auftrag, Extremhypothesen dienlich zu sein, sondern der Datenlage in ihrer ganzen

Vollständigkeit und mitunter auch in ihrer Widersprüchlichkeit Rechnung zu tragen, um – unter Zurückstellung eigener 'erkenntnisleitender Interessen' und weitergehenderer Voranahmen oder Sympathien/Antipathien – den Abgleich zwischen sich widersprechenden Befunden zu suchen.

Dazu gehört, Pestalozzi in seiner ganzen Gebrochenheit zu sehen, also etwa in seiner Unentschiedenheit zwischen aufklärungsorientierter Schriftstellerei einerseits und philanthropischer Praxis andererseits – eine Spannung, die man allerdings, etwa infolge der subtilen Rekonstruktion des in pädagogischer Absicht tätigen Schriftstellers (vgl. Korte 2003), durchaus als eine produktive begreifen kann. Davon bleibt unberührt, dass Pestalozzis Praxis ihrerseits gar nicht immer so menschenfreundlich war, wie man vermuten würde. So war es Pestalozzi selbst, der bei einem seiner zahllosen Erziehungsexperimente – im Neuhof – Kinder ablehnte, „die es schon by Haus gut hatten", denn diese seien „offt schwirrig" (PSB 3: 52). In Burgdorf schickte er einen Knaben fort, der, weil „ungeübt, gedankenlos und verwildert", die Lehrer zur Verzweiflung gebracht hatte (PSB 4: 303). Und in Yverdon verlegte er sich von vornherein auf „begüterte Menschen" als Pensionisteneltern, und zwar dies vor allem, damit er als Schriftsteller „still und ruhig fortarbeiten" könne (PSB 4: 251), damit einen Weg fortführend, den er schon 1780 als den für ihn einzig möglichen deklariert hatte (PSB 3: 96). Dies also wird von den Pestalozziverehrern viel zu wenig beachtet: Es war der scheinbar so altruistische und asketische Pestalozzi gewesen, der zumindest in seinen frühen Jahren seinem Begehren nach einem ganz anderen, nach einem nichtpädagogischen Leben immer wieder Ausdruck verliehen hatte; nach einem Leben à la Rousseau, nach einem Leben jedenfalls außerhalb der Schweiz, möglichst „frei und ungebunden" (PSB 3: 266), möglichst umgeben von „Menschen in höhren Stenden" (PSB 3: 239), also etwa als Schriftsteller in einer Hauptstadt (PSB 3: 94), als Volksbildungsfachmann in Berlin (PSB 3: 91), als Theatermann in Wien (PSB 3: 137) bzw. als Übersetzer in Paris (PSB 3: 315). Es sind derlei Hintergründe, die Pestalozzis angeblich durchgängige Sozialorientierung in Zweifel zu ziehen in der Lage sind und die eine andere, eine nach einem erfüllten Leben verlangende und jede Selbstaufopferung ablehnende Seite an ihm ins Rampenlicht treten lassen.

Dies könnte auch seine Alterssentimentalität in ein neues Licht rücken. Von dem Anstoß, den sein Äußeres erregte sowie von einem „Kitzel der Eitelkeit", der ihn früh packte und der früh in ihm lag, ist da plötzlich in bitteren Worten die Rede, auch von der „sinkenden Reinheit" seiner Gefühle, von der Zerstörung seiner „hausväterlichen Kraft und Unschuld", von der „Unbesonnenheit" seiner politischen Ansichten und schließlich gar: vom „Elend" und einem „verwirrten Leben", von Spuren seiner Geisteszerrüttung, von „Narrenstücken" und „Wagestücken", von dem Unglück, das er über seine Familie gebracht habe durch den fortdauernden Versuch, Zwecke anzustreben, zu denen ihm letztlich die Mittel fehlten (PSW 28: 328 ff.). Die Bilanz ist eindeutig: „Ich blieb für mich und die Meinigen im Elend, mit gar auch dazwischen einfallenden Gaukelerscheinungen von Ehre und Ruhm, die die Wahrheit meines Elend und den Irrtum meiner Lebenstäuschung immer nur größer machten“ (PSW 28: 328). Ausgenommen wird von dieser Litanei einzig das Erziehungsexperiment in Stans: Die „glücklichsten Tage“ seiner Pilgrimschaft auf dieser Erde macht Pestalozzi im Rückblick hier aus, die Tage jenseits aller „Anmaßungen“, als er nur „ein braver Vater armer Kinder“ sein wollte und ein „guter Schulmeister“ (PSW 28: 363). Entsprechend unvermeidlich ist der klagende Ausruf: „Wäre ichs doch geblieben und [hätte] nie etwas mehr werden wollen! Wie viel mehr wäre ich würklich geworden […] – wie wahrhafft, wie einig mit mir selbst, wie glüklich in meinen Umgebungen, wie angemessen mit meinen Kräfften und in Übereinstimmung mit meinem Herzen hetten die Anfänge einer wahren, den Armen im Land angemessenen Elementarbildung [gewirkt]“ (PSW 28: 363f.). Aber – man ahnt es schon – gerade diese letzte Bemerkung gereichte Pestalozzi zum Vorteil, schien sie doch zu bestätigen, dass es eben doch die Sozialorientierung war, die den innersten Impuls seines Wollens ausmachte. Von anderem Gehalt ist da schon die Bemerkung Siegfried Bernfelds in einem seiner beiden Aufsätze zum ‘Pestalozzijahr’ 1927, die lautete: „Die Kinder waren ihm das letzte, nicht das ursprüngliche Objekt der Rettung, dem er sich zuwandte, weil die Rettungsphantasie an anderen Objekten gescheitert war“ (ASB 2: 472).

Bernfeld stellte noch eine andere Beobachtung ins Zentrum: „Was er unternahm, missriet. Konspirierte er gegen die Behörden, kam die Polizei dahinter; kaufte er ein Landgut, war der Boden zu steinig; baute er eine Fabrik, machte er pleite; hatte er einen Verwalter, wurde er bestohlen; hatte er einen Stellvertreter, wurde er betrogen (…)“ (ASB 2: 478). Und er setzte noch hinzu: „Seinen Lebtag hat er Orthographie nicht erlernt, er konnte nicht rechnen und hat jahrzehntelang kein Buch gelesen; er konnte nicht unterrichten, nicht einmal ordentlich deutsch reden, er konnte kein Haushaltungsbuch führen, kam immer zu spät oder zu früh, er küsste die Knaben so zärtlich und oft (dass er 1922 viele Jahre Zuchthaus gekriegt hätte), er bohrte mit Stricknadeln im Ohr (und als er davon krank zu Bette lag, schrieb er ein Heftchen: Der kranke Pestalozzi an das gesunde Publikum), auf Spaziergängen sammelte er Steine – nach dem Prinzip der Schönheit –, schleppte sie heim und da lagen sie, wer weiß wozu? – und vermehrten gewiß nicht die Ordnung in seiner wüsten Behausung“ (ASB 2: 478). Und, um schließlich noch ein neueres Bild hier anzuführen: Volker Kraft fand, aus seiner zugegebenermaßen respektlosen, weil (gleichfalls) psychoanalytischen Optik, an Pestalozzi hervorhebenswert „das wohl lebenslang praktizierte Nuckeln am Hemdzipfel“, „das scheinbar sinnlose und unermüdlich wiederholte Sammeln von Steinen“ oder gar „die Vorliebe gerade für die Nasen schöner Frauen“ (Kraft 1996: 39). Auch dies also ist Pestalozzi. Bilder über ihn sind entsprechend bloße Konstrukte, die auf interessebedingten

Auslassungen oder Hervorhebungen beruhen. Und: Die Größe eines Klassikers im Bewusstsein der je nachwachsenden Generation hängt offenbar ab von dem Geschick, mit dem es die Biographen verstanden haben (und verstehen), das Menschlich/Allzumenschliche der Person hinter dem gleichsam Übermenschlichen des Œuvre zu verstecken. Sinnvoller scheint es da schon, die biographischen Besonderheiten nicht als Kuriosum zu belächeln, sondern für die Werkdeutung fruchtbar zu machen oder jedenfalls in die offiziösen Pestalozzibilder zu integrieren – was, wie hervorzuheben ist, Bernfeld wie Kraft je auf ihre Art getan haben. Ein (weiterer) Zugang in dieser Sache sei (gleichsam als Vorbereitung für das folgende) nun erprobt.

## 1.1 Leben und Werk: 'Pestalozzis Sohneslehre'

Die These lautet, dass Pestalozzis in *Lienhard und Gertrud* zutage tretendes Plädoyer für eine geordnete Lebensführung – mit Folgen für sein Sozialpädagogikverständnis – durch die Krankheit seines Sohnes gestärkt wurde (vgl. auch Niemeyer 1993a). Die Einschränkung ('gestärkt') ist hier notwendig, weil anlassgebend eher Rousseau war. Denn Pestalozzi war zwar zunächst Rousseau-Anhänger, er taufte seinen Sohn nicht umsonst auf den Namen dieses großen, 1778 in Paris verstorbenen Schweizers. Aber er übersah dabei doch nicht das, was er für dessen persönliche Hauptschwäche hielt: die wenig geordnete Lebensführung. Wenn – um ein vielleicht etwas drastisches Beispiel von Hans (und Renate) Thiersch aus dem Jahre 1982 als Vergleich zu wählen – gilt, dass Gretchen in der heutigen Zeit „ein Fall für das Jugendamt und die Schwangerschaftsberatung (wäre)" und „Ödipus zum Therapeuten (müsste), um den nach ihm benannten Komplex durchzuarbeiten" (Thiersch 1986: 218), dann wäre Rousseau fraglos ein Fall für Jugendamt und Therapie gleichermaßen. Dass die moderne Sozialpädagogik – insbesondere in der von Thiersch vertretenen Variante – danach strebt, allen dreien dieses Schicksal zu ersparen und ihre Angebote 'niederschwelliger' und mithin alltags- wie lebensweltorientiert auslegt, wird uns noch beschäftigen (vgl. Kap. 9). Dahinter verbirgt sich zugleich, dass Rousseaus Lebensführung, von heute aus besehen, nicht ungewöhnlich ist. Wenig noch ist, lebenslauftheoretisch gesehen, vorhersagbar, kaum etwas ist normierbar, vieles ist unwägbar – aber eben auch: alles ist möglich und kaum noch etwas verboten. Man kann dies als Mangel erfahren und als bedrohlich sowie risikobehaftet; man kann dies aber auch als Zeichen für Fortschritt lesen, als Zeichen für Individualisierung und Freiheit. Eines aber steht wohl außer Frage: Ein Zurück zu einer rigide geordneten Welt der Tradition und Überlieferung wird es nicht mehr geben und sollte es nicht mehr geben.

Mit dieser Einsicht, so könnte man ergänzend sagen, machte Rousseau den Anfang. Entsprechend schilderte er in seiner Autobiographie Les Confessions, wie vielfältig – diffus, aber eben auch hoffnungsvoll – spannend ein freigesetzter Lebenslauf sein kann – und: Wie wichtig es sein könnte, einen

Menschen, der so lebt und sich und sein Glück beharrlich sucht (und immer wieder verfehlt), genauestens zu studieren. Deswegen auch präsentierte er sich der Nachwelt hier mit all seinen Problemen, Wünschen, Sünden und Gelüsten in einer bis dato unbekannten – und heute noch von vielen als irritierend erfahrenen (vgl. Niemeyer 1993 b: 442 f.) – Offenheit, nicht ohne hinzuzusetzen: Ich „beschwöre Sie [...]: zerstören Sie nicht ein einzigartiges und nützliches Werk, das als erstes Vergleichsstück beim Studium der Menschen dienen kann, einem Studium, welches erst beginnen muss" (Rousseau 1782–89: 7). Rousseau also wollte der Epoche, die sich doch stolz als eine der Aufklärung verstand, mit seiner Autobiographie eine Folie hinterlassen für die Destillierung nicht etwa von Moralen, sondern von Psychologien.

Pestalozzi indes verstand diese Botschaft nicht. Er präsentierte, ungeachtet all seiner Aufklärungsrhetorik, die alte, überlebte Epoche der Vormoderne, die Epoche also der Psychologieabstinenz und des Glaubens an die gute alte Ordnung. Insoweit war er ein geradezu typischer Vertreter der gerade in der Geschichte der Sozialpädagogik nicht eben seltenen – und von Nietzsche, auch aus biografischen Motiven, heftig kritisierten, Spießermoral (vgl. Niemeyer 2007 b). Günther Bittners Versuch, Pestalozzi als autobiographischen Denker vom Kaliber eines Nietzsche oder gar Freud zu rehabilitieren (Bittner 1997: 371), überzeugt insoweit nicht – und der beste Zeuge gegen Bittner ist Pestalozzi: Rousseaus Dilemma, so der selbst weitgehend vaterlos Aufgewachsene angesichts des verqueren Lebenslaufs des seinerseits mutterlos Aufgewachsenen, habe darin bestanden, „nicht von seinen Eltern zu seinem Nahrungs-Erwerb sorgfältig angeführt, vorbereitet, und ausgebildet worden" zu sein (PSW 8: 296). Dies also, so darf man lesen, wollte Pestalozzi seinem Sohn ersparen, ganz zu schweigen von den vielen amourösen Abenteuern, die Rousseau genüsslich ausbreitete und zu denen Pestalozzi 1782, also im Jahr des Erscheinens des ersten Bandes der Autobiographie Rousseaus, nur der Kommentar einfiel, dass Rousseau infolge derartiger Affären mit fragwürdigen Frauengestalten des „Pflichtgefühl[s] für ein ordentliches Leben und einen häuslichen Beruf" ledig blieb und so „die Grundlagen der Leiden seines Lebens" (PSW 8: 296) legte. In Rousseaus Lebensgeschichte, so könnte die zusammenfassende These lauten, begegnete Pestalozzi jenes alter ego, das sich die Freiheit des Andersseinkönnens ebenso wenig versagt hatte wie die Freiheit des Redens und Schreibens darüber – und das eben dafür seinen Preis zahlen musste.

Rousseau also war Pestalozzis Mahnmal, und um diese Zusammenhänge muss man natürlich wissen, wenn man über Pestalozzis Geschlechterkonstruktion forscht und dem einen weiträumigen Tadel anfügt am Stand der Sekundärliteratur (vgl. Riedo 2004: 222 ff.), und dies auch noch weitgehend in Unkenntnis derselben, wozu beispielsweise auch die für Riedos Thematik einschlägige Arbeit von Ursula Germann-Müller (1996) gehört. Beiden Texten gegenüber sei deswegen noch einmal betont: Rousseau war für Pestalozzi die Versinnbildlichung dessen, was er selbst erstrebte – nämlich was es heißt, den Lebensgenus nicht beschränkt zu haben und statt dessen, etwa als Schriftsteller oder Theatermann, eine eigene Karriere außerhalb von familialer Bindung und den damit gesetzten Verpflichtungen anstreben zu wollen. Es war vor allem diese Lektion, die Pestalozzi in der Erziehung seines Sohnes, den er auf den Namen seines frühen Idols taufte, zu beachten suchte. Leider ging aber auch hier so gut wie alles schief.

Schon die Schwangerschaft – Hans-Jakob wurde am 13. 8. 1770 geboren – verlief nicht gerade unter den Vorzeichen dessen, was man ein harmonisches Eheleben nennt. Volker Kraft hat in seiner psychoanalytischen Studie über Pestalozzi und sein pädagogisches Denken die Zusammenhänge minutiös rekonstruiert. Er kommt zu dem Schluss, dass äußere Belastungen und wechselseitige Idealisierungen ebenso eine Rolle spielten wie Selbstvorwürfe Annas, der Frau Pestalozzis, trotz ihrer Gottesfürchtigkeit gleichwohl schwanger geworden zu sein und insoweit, für alle sichtbar, „den sündigen Versuchungen des irdischen Lebens“ (Kraft 1996: 184) nachgegeben zu haben. Pestalozzi mag von diesen Gedanken angesteckt worden sein. Jedenfalls sah er sich dazu veranlasst, dem Tagebuch der Jungverheirateten die Hoffnung anzuvertrauen, „daß der Herr nicht meinen Sohn schlage um meiner Übertrettungen willen“ (PSW 1: 81). Da die später auftretende Krankheit des Sohnes (Epilepsie) damals gemeinhin als Gottesstrafe galt, könnte Pestalozzi später vermutet haben, dass sein Sohn eben doch die Übertretungen des Vaters büßen musste – Übertretungen übrigens, zu denen Pestalozzi auch die eigenen Erziehungsexperimente mit seinem Sohn rechnete. Näheres hierzu findet sich in dem später berühmt gewordenen, sich auf die Zeit vom 27.1.–19.2.1774 erstreckenden Tagebuch Pestalozzis über die Erziehung seines Sohnes, in dem beispielsweise darüber berichtet wird, dass Pestalozzi seinen knapp dreieinhalbjährigen Sohn solange einsperrte, bis dessen Widerstand gegen das Buchstabieren gebrochen war.

Selbst die wohlmeinende Pestalozziforschung, die auf einem inzwischen weitgehend vervollständigten einschlägigen Briefwechsel aufbauen kann, findet hier manches bedenklich (vgl. etwa Keil 1995). Der Stand der bisherigen Forschung ist damit allerdings noch nicht überboten. Schon Käte Silber galt die Erziehung Hans-Jakobs, der 1783 zur weiteren Ausbildung weggegeben wurde und 1787, im Anschluss an die 1786 auftretende Krankheit, auf den Neuhof zurückkam, wo er 1801 starb, als „ungenügend und schwankend“ (Silber 1932: 65). Pestalozzi selbst, der sich nicht ganz unschuldig fühlte an der Weggabe des Jungen (ebd.: 69f.), reagierte deutlich ambivalent. Zwar schrieb er dem Sohn, er habe geträumt, „daß mich Deine Krankheit befallen [hat]“ (PSB 3: 237). Bei diesem Traum führte aber offenbar weniger das Mitgefühl oder, wie Volker Kraft (1996: 221) mutmaßt, das Bemühen um Verstehen Regie denn die aus lebenslang anhaltenden anfallsartigen „Zuständen“ Pestalozzis möglicherweise erklärbare (Delekat 1928: 80) Angst, selbst erkranken zu können. Ansonsten überwiegt im

Briefwechsel mit dem Sohn eher der Ton des schon fast unbeteiligten Ermahnens und Moralisierens, der verdeutlicht, dass er die Hoffnungen Pestalozzis zu sehr enttäuschte, als dass er auf ungebrochene Liebe hoffen durfte. Auf letztere hatten schon eher Jünglinge wie Nicolovius Anspruch, die vielversprechend und vor allem gesund waren und die das Erbe Pestalozzis zu tradieren versprachen. „O wären Sie mein Sohn!" (PSB 3: 294) bekam Nicolovius denn auch eines Tages von Pestalozzi zu hören. In diesem auch Nicolovius peinlich berührenden (PSB 3: 298) Ausruf offenbart sich insoweit das Dilemma dessen, der sich für erwählt hielt, also meinte, Gott würde durch ihn „würken" (PSB 4: 231) – und der sich dennoch mit einem epileptischen Sohn geschlagen sah.

Dies könnte auch erklären, warum Pestalozzi mit zunehmender Berühmtheit nicht mehr an die Erkrankung des Sohnes erinnert werden wollte oder jedenfalls doch ätiologische Faktoren bevorzugte, die 'harmlos' klangen: „Ach Kind, Deine Leiden sind körperlich" (PSB 4: 38), teilte er dem Sohn nun beispielsweise mit, nachdem er sieben Jahre zuvor immerhin noch „große psychologische [Rätsel]" (PSB 3: 290) diagnostiziert und sich, stimuliert wohl auch durch das Drängen seiner Frau (Silber 1932: 69), an der Frage des Eigenverschuldens abgemüht hatte. So gesehen ist es kaum noch erstaunlich, dass sich Pestalozzi nach einem Besuch im Tollhaus 1782 gemahnt sieht, „über die Folgen meiner Sünden (…) ernsthaft" zu werden (PSW 8: 120). Ebendies tat er, und sein Schluss, es sei angesichts der „Elenden im Tollhaus […] tausendmal wahrscheinlicher (…), daß ich werde wie dieser einer, als wie Neuwton, Phidias, Homer, Pitt, Friderich, und die ihres gleichen" (PSW 8: 120), transportiert zugleich die Botschaft, dass er sich wegen ungesühnter Sünden als gefährdet erlebt, und dies vor dem Hintergrund der kaum kaschierten Erwartung, eines Tages gleichwohl berühmt zu werden. Die Einsicht in diesen Konflikt, der nun ein höchstpersönliches Problem signalisiert, verstärkt die Ordnungsrhetorik: Wir „können wahrlich alle Narren werden, wenn wir nicht zu uns Sorg tragen" (PSW 8: 120). Dieses Loblied auf Vor-Sorge im Sinne eines auch moralisch geordneten Lebens wohnt eine Absage an die nur als Nach-Sorge zu begreifende Unterbringung in 'Tollhäusern' inne. In letzteren mochte sich ein gutes Herz bekunden, in ersterem aber sprach sich das gesunde Gespür für ebenjenen Wert aus, der für Pestalozzi elementar war.

Die Hauptsache scheint damit außer Frage zu stehen: Pestalozzis (durch das Beispiel Rousseau veranlasstes) Plädoyer für eine geordnete Lebensführung erhielt durch die Krankheit und den frühen Tod seines Sohnes neue Nahrung. Deswegen auch erhält dieser eines Tages einen Brief seines Vaters des Inhalts, dass „kein Glük auf Erden [sei] als da, wo mann vom Morgen bis am Abend still und treu in seinem Beruff arbeitet und Gott vor Augen hat und alle Unordnung im Leben meidet" (PSB 3: 202). Dies indes, also die Beschwörung der heilsamen Wirkung einer Diätetik der Lebensordnung, war zugleich auch eine Botschaft, derer der sich als gefährdet erlebende Vater bedurfte. Er setzte denn auch in einem anderen Brief hinzu: „und wenn ein Mensch diesen Damm nothwendig hat, so bin ich es" (PSB 3: 289). Insoweit, so sehen wir hier, kommen Werk und Leben doch wieder zusammen: Im Werk spricht sich als Forderung aus, was im Leben Erfahrung wurde. Dies gilt selbstredend nicht für jeden einzelnen Theoriebaustein, sehr häufig aber doch für den Gedanken, von dem man sagen kann, er sei in dem Œuvre eines bestimmten Autors leitmotivisch wirksam geworden. In diesem Sinne war Pestalozzis Gedankenwelt durch die Suche nach Mitteln zur pädagogischen Abstützung tradierenswerter Sozialordnungen dominiert. Dies nun lässt sich am deutlichsten anhand von *Lienhard und Gertrud* belegen.

## 1.2 „*Lienhard und Gertrud*"

Der Volksroman *Lienhard und Gertrud* ist das Werk, auf das Pestalozzi die meiste Mühe verwandte. Dies zeigt schon die Editionsgeschichte: 1781 erschien der erste Teil des auf vier Bände angelegten Werkes, aber erst elf Jahre später schloss Pestalozzi mit der Herausgabe des dritten Teils der überarbeiteten Fassung die Editionsgeschichte ab. Rechnet man hinzu, dass er 1782 mit *Christoph und Else* eine didaktische Aufbereitung der Hauptbotschaft von *Lienhard und Gertrud* unterbreitete und zeitgleich an einer dem gleichen Zweck dienenden, aber erst posthum erschienenen Schrift Die Kinderlehre der Wohnstube arbeitete, kann man in etwa die Bedeutung ermessen, die Pestalozzi dem hier bearbeiteten Stoff gab. Der (kommerzielle) Erfolg entsprach zunächst auch durchaus dieser Bedeutungsbeimessung: Bis November 1781 waren allein in Zürich und Winterthur 400 Exemplare des ersten Teils verkauft (Cepl-Kaufmann/Windfuhr 1977: 65), und auch die zeitgenössische Kritik feierte das Buch als „'Waitzenkorn unter dem Spreuhaufen auf der Romanentenne'" (ebd.: 60). Die weiteren Teile von *Lienhard und Gertrud* hingegen galten vielen als zu langatmig und wurden deswegen bei weiteren Auflagen nur noch in gekürzter Fassung aufgelegt (ebd.).

Zumal der pädagogischen Wirkungsgeschichte ist dieser Umstand deutlich anzumerken. Sie nämlich sah *Lienhard und Gertrud* und die genannten übrigen Schriften eher als schwerfällige, wortreiche Dichtung denn als handfeste Theorie. Entsprechend verzichtete man in der Regel darauf, der je nachwachsenden Pädagogengeneration eine extensive, über den Hauptextrakt hinausgehende Lektüre anzuempfehlen. Hierfür spricht vieles, etwa auch die von Pestalozzi selbst in der Kinderlehre gegebene (und entsprechend für Kinder gedachte) Zusammenfassung, deren erste Sätze lauten: „'Es wohnt in Bonal eine Frau, die ihre Kinder besser als alle Andern erzieht, sie heißt 1. Gertrud, ihr Mann heißt 2. Lienhard. Er ist 3. ein Maurer, hat ein gutes Verdienst und 4. sieben Kinder, aber 5. sie arbeiten vom Morgen früh bis an den Abend, sie sind gehorsam, frohmütig, anstellig, bedächtlich und herzlich gut mit einander. Der Vater hingegen hat den Fehler, 6. daß er sich im Wirthshaus leicht und oft verführen läßt, und wenn er da ansitzt, so handelt er darin nicht selten 7. wie ein Unsinniger.' /8. 'Das Dorf, darin diese Haushaltung das Unglück hat zu leben, ist seit mehr als 30 Jahren so verwahrloset, 9. daß die meisten Leute darin wie herrenloses Gesindel leben und im Grunde auch wirklich nichts anders sind'" (PSW 7: 3). *Lienhard und Gertrud*, so kann man hierzu kommentieren, mag zwar ein recht interessanter, sich offenbar in Märchengestalt darbietender (Volks-) Roman sein, aber ob es sich dabei zugleich um einen klassischen sozialpädagogischen Text handelt, den es auch heute noch zu lesen lohnt, will einem nicht ohne weiteres in den Sinn.

Eines indes scheint sich aus der Zusammenfassung zweifelsfrei zu ergeben: Pestalozzis Hauptaugenmerk ruht nicht auf dem Los des Einzelnen – etwa dem Los Lienhards in seiner Trunksucht –, sondern auf dem Los des Gemeinwesens als solchem. Das zentrale Thema geht also auf die – wie Pestalozzi an anderer Stelle sagt – „Ursachen des Sittenverderbens des Landvolks" (PSW 8: 42) und deren Beseitigung. Pestalozzi will mithin zeigen, wie die langjährige Verwahrlosung des Dorfes und die Skrupellosigkeit eines – Lienhard und andere Dorfbewohner zum Trunke verführenden – Gastwirts und Bürgermeisters (Hummel) rückgängig gemacht werden kann, wenn ein guter Junker (Arner) zusammen mit einem Pfarrer und einem neuen Lehrer (Glüphli) und unter Nutzung der Tüchtigkeit Gertruds wieder für Ordnung sorgt. Dass dies eine Vision mit deutlich autobiographischem Bezug ist, hat als erster Siegfried Bernfeld gesehen. Er nämlich las *Lienhard und Gertrud* eben wegen des Vollkommenheitsanspruchs, die dieser Vision durchgängig starker, guter und ordnungsvermittelnder Figuren unterliegt, als „unbewusste Wunschphantasie nach der Rückkehr in die früheste Kindheit" (ASB 2: 474). „Der Gedanke des Buches", so Bernfeld weiter, „ist: Rettung, Erlösung der Kindheit, der Menschheit, durch die ideale Mutter in der Wohnstube" (ASB 2: 474). Dies mag etwas zu eng gelesen sein und zu sehr konzentriert auf die Figur Gertruds, zumal Pestalozzi selbst im Romanverlauf immer deutlicher das patriarchale Moment herausstellt und damit zeigt, dass er vor allem den frühen Tod seines Vaters bearbeitet und dafür Ersatzvaterphantasien (insbesondere natürlich bezogen auf Arner) entwickelt. Aber die Tendenz des Romans ist auf diese Weise richtig gesehen: Es geht um die Utopie einer heilen, unbeschädigten, ja man kann sagen: einer vormodernen Sozialordnung. Dieses insoweit rückwärtsgewandte, auf eine Verhaftung im Denken des 18. Jahrhunderts hinweisende Moment (vgl. Herrmann 1996: 38), das auch anhand der *Langenthaler Rede* (1826) sichtbar gemacht werden kann (vgl. Dollinger 2006a: 100f.), ebenso wie an Pestalozzis Stellung zur Französischen Revolution (vgl. Oelkers 1990: 245), stand auch für den Autor selbst außer Frage: „Dieses Buch hätte 1611 () wahrscheinlich weniger Aufmerksamkeit erregt" (PSW 8: 42), äußerte er zum 1. Teil von *Lienhard und Gertrud*, in dessen 4. Teil ein älterer Dorfbewohner meint, „im Grund sey alles alt, was der Junker machen wolle“ (PSW 3: 497). Worin aber, so muss nun natürlich und um so nachdrücklicher gefragt werden, gründet bei dieser vormodernen Botschaft die Bedeutung von *Lienhard und Gertrud* für die Sozialpädagogik?

### *1.2.1 Sozialpädagogik als Gestaltung des Sozialen*

Es war vor allem Natorp, der Ende des 19. Jahrhunderts hierauf eine Antwort zu geben versuchte. Zu diesem Zweck rückte er das Thema in den Kontext der damals heftig diskutierten 'sozialen Frage'. Diese selbst war, wie Pestalozzis Reflexion auf das Armutsproblem beweist, keineswegs neu, nur hatte sie sich zwischenzeitlich infolge von Industrialisierung, Verstädterung, Landflucht und damit zusammenhängender großstädtischer Wohnungsnot bedeutend verschärft. Natorp selbst definierte die 'soziale Frage' als Frage danach, „wie die in Rechtform geübte Gewaltherrschaft des Kapitals über die kapitallose Arbeit mit ihren zerstörenden Folgen für die Sittlichkeit des gesamten Volkes zu überwinden sei“ (Natorp 1894b: 121). Dies war – neben der an den Namen Freud zu koppelnden 'sexuellen Frage', die weniger in Richtung der Sicherstellung des 'guten' als vielmehr des 'richtigen' Lebens beantwortet sein will und nach wie vor einer Antwort harrt (vgl. Niemeyer 2005a, 2006) –das entscheidende Thema der damals aufstrebenden Sozialwissenschaften (vgl. Schröer 1997a, b), nur dass sich Natorp unter dem Titel 'Sozialpädagogik' und unter Berufung auf Pestalozzi an einer dezidiert pädagogischen Antwort versuchte. In ihrem Zentrum stand die Frage, wie die gegebene (soziale) Lage des Menschen seiner Erziehung dienstbar gemacht werden könne (Natorp 1899a: 106). So las er beispielsweise Gertruds beratende und organisierende Tätigkeit als Indiz für eine „aus gesundem Frauen- und Mutterverstand“ heraus betriebene „Hauspädagogik“ resp. „soziale Pädagogik“ (Natorp 1905: 139). Dass man Gertrud, diese von Pestalozzi als 'unschuldig', 'bescheiden', 'demütig', 'tugendhaft', 'wohltätig' und 'fromm' beschriebene Frau, auch ganz anders sehen kann, nämlich als „perfekten Erfüllungsgehilfen Gottes“ (Cepl-Kaufmann/Windfuhr 1977: 65), lag erkennbar außerhalb des Gesichtskreises des Pastorensohns Natorp. Ihn interessierte offenbar eher das, was frauenbewegte Frauen damals 'geistige Mütterlichkeit' nannten. Ihn interessierte also, anders gesprochen, die damals heftig debattierte Frage der Geeignetheit der Frau für den im Entstehen begriffenen sozialen Beruf (vgl. Sachße 1986).

Zentraler aber noch war für ihn die Leistung Pestalozzis, „die Frage der Bildung auf sozialen Grund, die soziale Frage auf den Grund des Menschenbildes zurückgeführt zu haben“ (Natorp 1894b: 123). Wiederum war hierfür *Lienhard und Gertrud* in Natorps Sicht eines der Exempel. Und tatsächlich – wir erinnern uns – hatte Pestalozzi die Bildung Lienhards, auch die Bildung der übrigen Dorfbewohner, 'auf sozialen Grund' zurückgeführt, also in ihren defizitären Momenten mit der Verwahrlosung des Dorfes erklärt und infolge der Behebung dieser Verwahrlosung in ihren neuen Möglichkeiten kenntlich gemacht. Zugleich aber hatte er die 'soziale Frage' – und dies ist die zweite Seite in Natorps Sozialpädagogikbegriff – insoweit 'auf den Grund des Menschenbildes zurückgeführt', als Lienhard beständig an seine Verantwortung für die eingetretene Lage gemahnt wird. Die Umstände, so denn auch Natorp unter Erinnerung an ein Wort Pestalozzis, machen zwar den Menschen, aber der Mensch macht auch die Umstände, auf sein Wollen komme zuletzt doch alles an, was zugleich, in Natorps Worten, die „wahre soziale Arbeit" (ebd.) als eine definierbar werden ließ, die die Erhebung des Menschen zur Sittlichkeit anstrebe. Dies indes, so darf man Natorp verstehen, gehe nur im Rahmen menschlicher Gemeinschaften vonstatten, ergebe sich aber nicht als Effekt der „Einwirkung des Einzelnen auf den Einzelnen", zumal der Einzelne so gut wie ohnmächtig sei „gegen die Massenwirkung der vielen, der sozialen Umwelt" (Natorp 1919: 148). Die Sozialpädagogik Natorps, aber eben auch, via Natorp, die Pestalozzis kann insoweit als eine idealistische Pädagogik bestimmt werden. Ihr Hauptgegensatz zur klassischen Fassung des Bildungsproblems gründet darin, dass sie

- die 'soziale Frage' als Bildungshemmnis anzuerkennen bereit ist;
- das Soziale so gestalten will, dass es Bildung wieder zulässt;
- dem Sozialen – dies folgt dann daraus – den Gehalt einer wahrhaft bildungswirksamen menschlichen Gemeinschaft verleihen möchte.

Mithin wäre gerade zur Kennzeichnung Natorps das Wort angemessen, das Hans Thiersch neuerdings als Kennwort dafür nimmt, was die Aufgabe der Sozialen Arbeit in Zukunft zu sein habe: nämlich „einen Beitrag zur Gestaltung des Sozialen" (Thiersch 1996: 19) zu leisten (vgl. Kap. 3).

Natorps Pestalozzibild, insbesondere natürlich sein Bild von *Lienhard und Gertrud*, wirkt allerdings geschönt. Dies wird deutlicher, wenn man sich noch einmal die bereits zitierte Passage aus dem 4. Teil von *Lienhard und Gertrud* vor Augen führt, in der ein älterer Dorfbewohner, in offensichtlicher Übereinstimmung mit Pestalozzi, meint, „im Grund sey alles alt, was der Junker machen wolle" (PSW 3: 497). Denn dass etwas 'alt' ist oder als 'alt' empfunden wird, meint zugleich immer auch, dass es 'altmodisch' sein kann und insoweit bedenklich, nämlich repressiv, oder 'gegenaufklärerisch' (um in den Begriffen der Zeit zu argumentieren). Dies nun legt eine negative Lesart Pestalozzis nahe, die aber zunächst gegen eine positive Deutung begründet und verteidigt werden muss.

### *1.2.2 Sozialpädagogik als 'aufgeklärte' Sozialkontrolle*

Die positive Deutung, gegen die es sich zunächst zur Wehr zu setzen gilt, stammt von Nohl. Er nämlich hätte das Stichwort 'Gegenaufklärung' nicht unbedingt als negativ empfunden, im Gegenteil: Für ihn war Pestalozzi mit seinem Pädagogikverständnis Teil des 'Sturm und Drang', also jener gegen die Aufklärung stehenden kulturkritischen Bewegung, die sich für ihn um Namen wie Hamann, Möser, Herder, Goethe, Lenz und Lavater gruppierte – übrigens eine extrem fragwürdige Konstruktion (vgl. Oelkers 1997: 121 f.). Wichtiger aber für uns ist, dass Nohl dem auch *Lienhard und Gertrud* einfügte. Der Sache nach schien ihm dieses Werk charakterisiert durch Merkmale wie „Unmittelbarkeit“, „Ganzheit“ und „Volkstümlichkeit“; dem von Pestalozzi hier verfolgten Ziel zufolge gehe es – hier wie im ‘Sturm und Drang’ – um „die Regeneration eines soliden und zugleich doch schöpferischen Lebens gegenüber einer rationalen Bilderwelt“ (Nohl 1927b: 13). Nohl ging aber noch einen Schritt weiter und verrechnete den ‘Sturm und Drang’ als Teil einer ‘Deutschen Bewegung’. Er versah dies mit dem Zusatz, Pestalozzi habe zeigen wollen, wie sich „die deutsche geistige Welt gegenüber der Lebensform der westlichen Völker, wie sie die Aufklärung darstellte, selbständig macht und ihre eigene Gestalt herausarbeitet“ (ebd.: 12). Damit lag das ‘positive’ Pestalozzibild vor. Ihm eingegeben war die These, dass die (französische) Aufklärung ‘der deutschen geistigen Welt’ gegenüber ebenso fremd sei, wie Pestalozzi ihr nahe stand.

Die Negativbewertung dieser Konstruktion scheint außer Frage zu stehen, zumal nach den Erfahrungen, die Ideologeme wie jenes Nohls zwischen 1933 und 1945 im Gefolge hatten. Aber auch von der Sache her ergeben sich mancherlei Einwände. So ist die Aufklärung fraglos französischen Ursprungs, kennt aber auch deutsche Weiterentwicklungen (etwa Kant). Hiergegen stellte sich zwar der ‘Sturm und Drang’. Aber schon das Beispiel Richard Wagner – den Nohl (1933/35: 38) flüchtig erwähnt – hätte Nohl belehren können, dass es kaum anderen als deutschtümelnden Interessen dienen kann, darin ein Indiz für ‘die deutsche geistige Welt’ sehen zu wollen. Im Übrigen hat Nohls Reihenbildung (vom ‘Sturm und Drang’ inklusive Pestalozzi über Nietzsche bis hin zur Jugendbewegung und Reformpädagogik) zur Folge, dass man Pestalozzi wie Nietzsche derselben ‘Bewegung’ zurechnen müsste. Dies aber ist eine unhaltbare Vorstellung angesichts der frankophilen und kosmopolitischen Orientierung zumindest des späten Nietzsche, die deutlich von jener Wagners abweicht (vgl. Niemeyer 1998). Gänzlich inakzeptabel aber ist es, dass Nohl das von Pestalozzi in *Lienhard und Gertrud* vertretene „Ideal des einfachen starken Lebens“ (Nohl 1927b: 13) herausstellt, ohne zu sehen, mit welchen Mitteln es in diesem Roman in Geltung gesetzt wird. Diese Mittel nämlich, so sei im Folgenden gezeigt, sind solche der Aufklärung in ihrer eher abschreckenden Bedeutung, insoweit sich das Lob vormodernen Brauchtums ganz gut damit versteht.

Dies zeigt schon der ‘ethische Rigorismus’, also die überstrenge moralische Haltung, die Pestalozzis harten Urteilen über Rousseaus Lebenswandel ebenso zugrunde liegt wie einer seiner Jugendschriften namens Wünsche (vgl. Giering 1932: 111). Der damals Zwanzigjährige nimmt hier die Attitüde des sittenstrengen „ehrliebende[n] Bürger[s]“ (PSW 1: 31) ein und plädiert beispielsweise dafür, „daß gewisse Gätter auf gewissen Schanzen des Nachts beschlossen würden, damit nicht eine Menge von Personen beyderley Geschlechts […] die halbe Nacht mit Schlitten zubrächten" (PSW 1: 31). Diese Attitüde sollte Pestalozzi Zeit seines Lebens nicht mehr loswerden, und sie findet sich entsprechend auch in *Lienhard und Gertrud*. So wird beispielsweise Arner, der Bonal bei seinem Amtsantritt wie eine „zerrüttete Haushaltung" vorfindet, „die 40 Jahre wie ohne einen Vater gelebt" (PSW 3: 226) hat, dazu aufgefordert, den „Hang zum freyen, wilden, unverdienten Lebensgenuß" (PSW 3: 400) zu beschränken. Es geht also um Domestizierung: Trotz all der Gärtner- und Wachstumsmetaphorik – am Anfang steht nicht Wachsenlassen, am Anfang steht Führung, Eingriff und Normalisierungsarbeit. Anlass hierfür ist das „Sittenverderben des Landvolks" (PSW 8: 42) allgemein und das sittliche Verderben im engeren Sinn, angefangen von den „Verwirrungen des Geschlechtstriebs, vom Liebäugeln hinauf bis zum Kindermord" (PSW 3: 408).

So gesehen überrascht es wenig, dass sich Pestalozzi über den „unehliche[n] Beyschlaf" (PSW 3: 412) ebenso erregt wie über die „wilde Schweinordnung" der Partnersuche, wozu er die „neueingerissenen Frechheiten" rechnet, „mit Wein und Geschenken" um die Braut zu werben, anstatt sich an die tradierten „Ehrenfestigkeits-Regeln" zu halten, „nach welchen eine brave Tochter den Knaben, der sie in Ehren sucht, Schritt für Schritt näher kommen lassen" (PSW 3: 409) muss. Gerade weil Pestalozzi seinerseits durch die zermürbende Mühle des Werbens um seine Anna hatte gehen müssen (vgl. Silber 1932: 39 f.), wird deutlich, dass es ihm zumindest in diesem letzten Punkt auch darum ging, die eigenen Demütigungen und Versagungen anderen nicht vorzuenthalten. Hilfreich zur Seite steht ihm dabei Arner, der eine ausgefeilte „Keuschheits-Gesetzgebung" (PSW 3: 408) erlässt, die dafür Sorge trägt, „den bösen Geist", als der der Geschlechtstrieb vorgestellt wird, „an die reinliche Ordnung […] zu gewöhnen, und ihn allfällig, wenn er poltern wollte, an die Ketten zu legen" (PSW 3: 409). Auch an Situationen, bei denen diese Sanktion zu spät kam, hatte Arner gedacht: „Die Knaben des Dorfs durften einer Schandtochter vier Wochen nach der Kindbett einen Zigeuner-Tanz tanzen" (PSW 3: 412), lesen wir da beispielsweise im menschlich/unmenschlichen Bonaler Ehrenkodex.

Freilich: Wenn man, wie bei Dieter Hoof (1987: 401 ff.; 1996) beobachtbar, diesen Kodex und mithin das (präskriptive) Kapitel *Seine* (Arners; d. Verf.) *Gesezgebung wider den Geschlechtstrieb* gar nicht zur Kenntnis nimmt und meint, sich auf den (deskriptiven) Abschnitt *Volksphilosophie über den Geschlechtstrieb* beschränken zu dürfen, und wenn man dies dann noch anreichert mit dem Hinweis auf gleichfalls fraglos weit weniger anstößige Passagen aus sehr viel früheren Werkphasen – dann, so viel sei zugestanden, kann man durchaus zu der Auffassung gelangen, Pestalozzi habe „ein unverstelltes, lebenszugewandtes Verständnis von Sexualität" (Hoof 1996: 111) vertreten und „Perspektiven für ein glückliches Sexualleben aller Menschen" gewiesen (ebd.: 108), mehr als dies: Pestalozzi habe Handlungsvorschläge unterbreitet,

„die man unter Verwendung heutiger Begriffe einer sexualpädagogischen Sozialarbeit zuordnen kann“ (ebd.: 112). Mit einem allerdings hat derlei Urteilsfreude nichts mehr zu tun: mit Aufklärung in Sachen Pestalozzi, und zwar auch und gerade im Blick auf dessen dunkle Seiten.

Apropos Aufklärung: Der eben referierte Lobgesang Pestalozzis auf das vormoderne Brauchtum in Bonal widerspricht natürlich den Maximen ‘der‘ Aufklärung. Tatsächlich ist Pestalozzi im gewissen Sinne Gegner der Aufklärung. So müsse Aufklärung, heißt es da etwa, popularisierbar sein, der Aufklärer müsse darauf verzichten, dem Bauer Dinge, die (ihm) wichtig seien, „krumm und verworren“ zu erklären, „oder unnatürlich von oben herab aus den Wolken, und von unten herauf aus den Gräbern“ (PSW 8: 109). Neu war diese Sicht der Dinge nicht – erwähnt seien nur Lawrence Sternes *Tristram Shandy* (1760–1767) oder Johann Karl Wezels *Tobias Knaut* (1773–1775). Ganz in dem hier vorgeprägten Duktus kritisiert auch Pestalozzi den „Tand von allerley Chimeren“ (PSW 8: 278) oder den Missbrauch der Aufklärung „für die Toillette der Damen“, „für das Gewäsch der Advokaten“ bzw. „für die Künste der Belagerung und Schiffarth“ (PSW 8: 63). Auch gilt es, Pestalozzis Spott über die „Weisheitslaternen unsrer Zeit“ (PSW 8: 273) zu erwähnen, über die „Erkenntnis-Branches, die wir Philosophie nennen“ (PSW 8: 277). Dies könnte auf Kant gemünzt sein, ebenso wie die 1785/86 aus einer Rezension übernommene Auffassung, „dass von Universitäten in ‘politischen Materien’ keine Aufklärung und richtigen Urteile zu erwarten seien“ (PSW 9: 398).

Und doch lässt sich Arners Versuch der Einführung eines neuen Regiments über die ‘zerrüttete Haushaltung’ Bonals in Kategorien der Aufklärung fassen. Dafür spricht, dass Pestalozzi von der Aufklärung des „Edelmann(s) für seine Herrschaft“ und der des „Hausvater[s] für sein Hauswesen“ (PSW 8: 63) redet. Staat wie Familie werden hier also in Parallele zueinander begriffen und als gleichermaßen patriarchalische Modelle gefasst. Vorgedacht hatte hier Rousseau mit seiner zwanzig Jahre zuvor erschienenen Schrift *Contrat Social* (1762). Die Familie – so kann man hier nachlesen – sei „das Urbild der politischen Gesellschaften; das Oberhaupt ist das Abbild des Vaters, das Volk das Abbild der Kinder“ (Rousseau 1762b: 7). Rousseau unternahm diese Parallelsetzung in ideologiekritischer Absicht. Er wollte deutlich machen, dass es eine „allen gemeinsame Freiheit“ (ebd.: 6) gäbe, die man zwar während des Heranwachsens außer Kraft setzen dürfe, aber dies eben nicht missbräuchlich und auf Dauer. Ähnlich sahen später andere die Sache, etwa Wichern, aber auch und vor allem Nohl, der unter Bezug auf Schleiermacher meinte, dass die Pädagogik dort ende – und in Ethik übergehe – wo „die jüngere Generation auf selbständige Weise zur Erfüllung der sittlichen Aufgaben mitwirkend der älteren Generation gleichsteht“ (Nohl 1933/1935: 166). Insoweit sind Stichworte wie ‘Selbsterziehung’ und ‘Ende der Erziehung’ in der Pädagogik gebräuchlich, ebenso wie das Gebot, dass die Erziehung sich überflüssig zu machen habe.

Auf Pestalozzi lassen sich diese Stichworte zwar auch anwenden. So wird Arner ausdrücklich aufgefordert sich zurückzuziehen, wenn und insofern „Grund und Boden gerüstet“ (PSW 3: 441) seien. Natorp gewann denn auch das Stichwort „Hilfe zur Selbsthilfe“ (Natorp 1908: 69) seiner Auseinandersetzung mit Pestalozzi ab. Tatsächlich aber steht dieses Stichwort zumindest im 4. Teil von *Lienhard und Gertrud* im Zuge des von Daniel Tröhler (1996: 210) herausgestellten Paradigmenwechsels in Pestalozzis Sozialphilosophie – weg von ‘Gemeinschaft‘ hin zu ‘Gesellschaft‘ – zurück hinter dem anderen der Sozialkontrolle und der Erziehung zur Sozial- und Wirtschaftsfähigkeit. Gerade letzteres war für Pestalozzi entscheidend. Erziehung zur Wirtschaftsfähigkeit meinte für ihn, die je nachwachsende Generation auf sozialen Wandel, neue Formen der Bodenbewirtschaftung und auch ganz neue Industrien und Produktionsformen einzustellen. Dabei verfolgte er einen doppelten Zweck: einerseits den der Anbindung der Naturtriebe „an den Zwang des bürgerlichen Verdiensts“; andererseits den der Anbindung der Naturtriebe „an die Regelmäßigkeit der gesellschaftlichen Ordnung“ (PSW 3: 400). Entsprechend stand für ihn außer Frage, dass es galt, das Volk „durch herrschaftliche Einmischung“ (PSW 4: 245) in Ordnung zu bringen und „zur Arbeit, Weisheit und zu fröhlichem Sinn eines bürgerlichen gesicherten Hausglücks hinzulenken“ (PSW 4: 439). Zu diesem Zweck wollte er den „Adel zur Pflicht“ rufen; widrigenfalls schien ihm die „Zertrümmerung der Staaten“ (PSW 4: 245) unabweisbar. Aufklärung, so können wir zusammenfassen, hatte für Pestalozzi weniger mit Emanzipation des Bürgers denn mit „Standsaufklärung“ zu tun, meinte also Aufklärung des Adels „mit Kopf und Herz für den Kreis seiner Herrschaft“ (PSW 8: 63). Es handelte sich bei dieser Art Aufklärung, wenn man so will, um die allerletzte Lektion im unmittelbaren Vorfeld der Französischen Revolution. Dazu gehörte auch der Auftrag an den Adel, sich eine genaue Kenntnis der „Umstände und Leuthe im Dorfe“ (PSW 3: 9) zu verschaffen.

Dies nun allerdings barg in sich die Gefahr totaler Sozialkontrolle – eine Gefahr, die vor allem im 4. Teil von *Lienhard und Gertrud* deutlich hervortritt. Pestalozzi nämlich entwickelte hier das „durchdachte Bild einer nahezu autoritären Gesellschaft, die […] nicht weit vom totalen Dirigismus organisierter Unfreiheit entfernt ist“ (Gudjons 1971: 152). Pestalozzi selbst sah dies zwar etwas zurückhaltender: Er wolle, so ließ er verlauten, mittels der Utopie eines sittlichen Gemeinwesens zeigen, dass der Mensch infolge der „weise[n] Bildung des Staats“ das „seyn will, was er seyn muß“ (PSW 3: 418). Wenn man aber etwas genauer in den Roman hineinschaut, kann man sich nicht des Eindrucks des Totalitären entziehen. Schon die pädagogische Grundannahme ist dabei entlarvend genug: Es gäbe, so heißt es, kein besseres Mittel, „die Menschen zu ändern, als […] ihre Unordnungen solchen Augen zu unterwerfen, die sie scheuen müssen“ (PSW 4: 244). Folgerichtig ernennt Arner im ersten Schritt die staatlichen Repräsentanten dieses erzieherisch wertvollen Kontrollblicks und nennt sie „Gassen-Aufseher“ (PSW 3: 388) – frühe Verwandte, wie man getrost sagen darf, der nationalsozialistischen Blockwarte. Ihr Auftrag lautet, „bey der geringsten Spur eines unehrenvesten abwechselnden Einzugs von jungen Leuten im Haus einer erwachsenen Person, ihrer Verwandschaft die Unordnung und Unehrenvestigkeit ihrer Aufführung an(zu)zeigen" (PSW 3: 412). Im zweiten Schritt organisiert Arner auch die Kontrolle der Wirtschaftsweise der Dorfbewohner. Dies geschieht mittels eines jährlichen abzuhaltenden „Real-Examen[s]" (PSW 3: 381), bei dem hinsichtlich jedes einzelnen Mannes anzugeben war, „ob er verständig und erfahren, und in welchen Stücken seiner Wirthschaft sich das zeige, und aus welchen man das Gegentheil schließen sollte" (PSW 3: 379). Auf vergleichbare Weise verfuhr Arner mit den Frauen, aber auch mit den Kindern: „von einem jeden ward umständlich nach allen wichtigen Gesichtspunkten [...] aufgezeichnet, wie es mit ihm stehe, was es täglich arbeite, worinn es sich im Guten oder im Bösen auszeichne, was sein Vater aus ihm machen wolle, und ob dasselbe sich für ihns und seine Umstände beym Leben und Sterben seiner Aeltern schicke" (PSW 3: 379). Diese Examina wurden unter Zuhilfenahme von Dorfräten und Gassenaufsehern durchgeführt, die sich ihrerseits, an einem „Tag der Besten" (PSW 3: 382), bei Arner vorzustellen hatten, gleichsam ein Wettrennen um den tüchtigsten Kontrolleur unter sich austragend.

Es entspricht dieser autoritativen Herrschaftskonzeption und Kontrollrhetorik, wenn Pestalozzi dem Leser in Gestalt Glüphlis ausgerechnet einen ehemaligen Leutnant als neuen Schulmann vorstellt. Arner imponiert, dass dieser Leutnant gegen seinen (Arners) Sohn mit „militarische(r) Ordnung und Festigkeit zu Werk" geht (PSW 3: 39) – Aspekte, die dafür sorgen, dass schließlich auch die Dorfbewohner ihre Vorbehalte gegen Glüphli überwinden. Glüphli „solle nur mit ihren Buben so eine Ordnung halten, so werde es wohl gehen" (PSW 3: 132), liest man da etwa und erfährt nicht, dass der 'große Pädagoge' Pestalozzi irgend etwas gegen diese Sicht auf das pädagogische Problem hat, im Gegenteil: Es ist nicht nur Glüphlis, sondern auch Pestalozzis Grundüberzeugung, dass beim Menschen nur der etwas zu erreichen vermag, der „ihre Bosheit bemeistern, ihre Falschheit verfolgen, und ihnen auf ihren krummen Wegen den Angstschweis austreiben" könne (PSW 3: 173). Glüphli schließt weiter, dass „die Liebe [...] zum auferziehen der Menschen nichts nuz [sey] als nur hinten und neben der Forcht" (PSW 3: 173), und auch hier spricht insgeheim Pestalozzi. Dies zeigt ein Detail aus der Lebensgeschichte Glüphlis, demzufolge dieser als Elfjähriger von seinem sterbenden Vater vor einem zu naiven Menschenbild mit Worten gewarnt worden sei (PSW 3: 174), die jenen entsprechen, die Pestalozzi selbst dereinst von seinem sterbenden Freund Bluntschli zu hören bekommen hatte. Bluntschli empfahl Pestalozzi seinerzeit als Berater und zwecks Ausgleich seiner Gutmütigkeit einen „kalten, überlegten Mann, der mit Festigkeit und mit Misstrauen gegen seine Umgebungen zu Werke geht" (PSW 25: 333). In *Lienhard und Gertrud* ist es der Pfarrer, der sich von Glüphli sagen lassen muss, „er verderbe sie (die Menschen, C. N.) nur mit seiner Güte“ (PSW 3: 173). Insoweit dürfen wir folgern, dass es Pestalozzi selbst ist, der derart mit sich redet. Psychoanalytisch gesprochen: Es ist sein schwaches Ich, repräsentiert im schwachen Pfarrer, das in Fehde liegt mit Glüphli, dem Ich-Ideal, dem im Roman Raum gegeben wird, sich ungehemmt als groß und gestaltend zu phantasieren.

Zugleich ist es Glüphlis Aufgabe, Pestalozzis frühe Rousseau-Kritik („Wir müssen verbinden, was Rousseau getrent“; PSW 1: 127) zu besiegeln: „Er wird nicht frey gebohren, der Mensch“, heißt es in deutlicher Gegenstellung zu Rousseaus diesbezüglicher Position im *Contrat Social*, „er wird ein Kind gebohren, um durch Unterwerfung und Gehorsam zu demjenigen Grad von Freiheit und Lebensgenus gebildet zu werden, auf den ihn seine Lage, Umstände und Kräfte im reifen Alter mit Weisheit Anspruch machen lassen“ (PSW 4: 245). Zumindest indirekt teilt Pestalozzi also den Einwand Kants gegenüber Rousseau, dass der Naturzustand nicht für Freiheit, sondern für Rohigkeit zeuge (vgl. Kant 1803: 699). Und damit kann dann auch Erziehung ihren Lauf nehmen. Von Freiheit zu reden macht hier nur noch Sinn im Kontext von Notwendigkeit. Freiheit gilt nicht länger als Naturerbe, sondern als Bildungsprodukt. Dieses wiederum gilt es einer Vergesellschaftung abzuringen, die ihrerseits mit dem Insistieren auf der Notwendigkeit einzusetzen hat, denn – so weiß Pestalozzi nun – im „Innersten des Menschen tobet ein ewiger Aufruhr gegen Nothwendigkeit und Pflicht“ (PSW 3: 418). Wer so redet, artikuliert die für die Aufklärung nicht untypische Angst vor dem nicht ohne weiteres in die Funktionalität bürgerlichen Lebensvollzugs integrierbaren „Anderen der Vernunft“ (Böhme/Böhme 1985), vor dem Menschen also „in seinem wilden Zustand eben sowohl als in seiner bürgerlichen Verwilderung“ (PSW 3: 407). Dies hat selbstredend dann auch Folgen für den Erziehungsbegriff. Erziehung, so heißt es in den 1797 erschienenen Nachforschungen, ist die Kunst der „Verstümmlung“ (PSW 12: 93). Gemeint ist damit nicht mehr und nicht weniger als die Kunstfertigkeit, das Naturwesen ‘Mensch’ so in das Gesellschaftswesen ‘Bürger’ zu verwandeln, dass kein Groll, kein Widerspruch, kein „Thiersinn“ verbleibt und sich selbst im Zustand „bürgerliche[r] Beschränkung“ (PSW 12: 93) die Illusion von Freiheit erhält. Auch Tipps darüber, wie dies geschehen könne, hält Pestalozzi bereit: Der Erzieher solle zum Mittel der „Täuschung“ greifen, also sicherstellen, dass der Educand dem Erzieher nicht zuschreibt, was er ihn leiden mache; vielmehr solle er selber wünschen, wozu der Erzieher ihn hinlenke, denn dann werde er das, was ihm der Erzieher zur „andern Natur“ zu machen suche, „kaum von dem unterscheiden, was in seiner ersten schon da war“ (PSW 12: 93). Die von Pestalozzi hier verwendete Sprache ist nicht mehr die des Menschenfreundes. Es ist vielmehr die Sprache des Dompteurs im Menschenkäfig.

Dabei sei allerdings das ‘Tierhafte’ am Menschen nicht geleugnet, und auch bei einem Blick auf unsere eigene Sozialisation werden wir dies wohl bestätigen können. Denn auch wir mussten unser ‘Menschsein’ – definierbar als ein durch Gründe angeleitetes Handelns – erst mehr oder weniger mühsam unserem 'Tiersein' (im Sinne eines durch Ursachen vorangetriebenen Verhaltens) abgewinnen. Entsprechend ist der Mensch für Pestalozzi immer auch beides, also: „Werk der Natur" – gekennzeichnet durch Attribute wie „Leerheit des Geistes", „Trunkenheit der Sinne" oder „taumelndes Träumen" – sowie, gleichsam auf dem fortgeschrittenen Stand seiner Domestizierung, „Werk seiner selbst", also „Herr über sich selbst und über allen Zauber seiner thierischen Natur" (PSW 12: 131). Dies ist an sich eine positive, auf Fortschritte in der Entfaltung des Subjektstatus des Einzelnen abstellende Reihenbildung (vgl. auch Winkler 2000), nur: Die Domestizierungslogik in der Pädagogik gilt es auch immer wieder – und hier hat Pestalozzis Definition von Erziehung als „Kunst der Verstümmelung" als mahnendes Beispiel zu gelten – auf ihre dunkle Seite zu befragen. Nur so ergeben sich auch Verlustrechnungen, die unter Chiffren wie 'Zivilisationskritik' oder 'Sozialdisziplinierung' ablegbar sind (und immer auch wieder abgelegt wurden und werden).

Dies erlaubt nun einen Rückblick auf Nohls Rettungsversuch. Zusammenfassend zeigt sich, dass Pestalozzi der Aufklärung zwar nicht ganz so fern stand, wie Nohl suggerierte. Das von Pestalozzi vertretene Aufklärungsverständnis hat allerdings mit den ursprünglichen Impulsen – Mündigkeit und Freisetzung von überlieferter Sitte – so gut wie nichts mehr zu tun. Statt dessen geht es um Gewinnung und Nutzung von Kontroll- und Gestaltungswissen im Interesse vernunftbezogener Menschen- und Bodenbewirtschaftung. Die nicht in dieses Aufklärungsverständnis eingehenden Momente dessen, was Nohl 'Deutsche Bewegung' nannte, sind eher beklemmenden Charakters und beschränken sich auf das Lob der Unterordnung unter die Sitten der Vorväter. Eine Frage allerdings stellt sich – die Frage nämlich, ob Pestalozzi nicht einer 'geistigen Welt' zugehörte, die mit dem Ausdruck 'Aufklärung' ebenso unzureichend erfasst ist wie mit den von Nohl zusätzlich in Betracht gezogenen Stichworten ('Sturm und Drang', 'Deutsche Bewegung'). Diese Frage liegt nahe, weil in den üblichen geistesgeschichtlichen Darstellungen die Aufklärung nicht oder jedenfalls nicht nur dem 'Sturm und Drang' kontrastiert wird, sondern etwas anderem und heute eher in Vergessenheit geratenen: der 'Empfindsamkeit'.

### *1.2.3 Sozialpädagogik als empfindsames Hilfehandeln*

'Empfindsamkeit' sowie 'Sturm und Drang' werden üblicherweise als zwar je spezifische, aber nicht gänzlich überschneidungsfreie geistige Energien gesehen, die die Aufklärung ihrerseits in der Regel nur ergänzen, nicht aber ersetzen wollten. Insoweit sind Überschneidungen auch dem Personal nach üblich und gängig. Rousseau beispielsweise gilt mit seinem Briefroman *Julie ou La Nouvelle Héloïse* (1761) als Vertreter der Empfindsamkeit, mit dem *Contrat Social* (1762) hingegen als Aufklärer. Analoges gilt für Goethe mit seinem – in der Nachfolge zu Rousseaus Briefroman als 'empfindsam' gelesenen – Briefroman *Die Leiden des jungen Werthers* (1774). Denn er erschien wenige Jahre nach einer von Goethe zwar verlesenen, aber erst Jahrzehnte später gedruckten Rede *Zum Shakespeare-Tag* (1771), die als wichtiges Dokument des 'Sturm und Drang' gilt. Auch die Rubrizierung ein und desselben Werkes unter beiden Begriffen ist durchaus nicht unüblich und je nach Schwerpunktsetzung begründbar. Insoweit spricht einiges für den Versuch, Pestalozzis *Lienhard und Gertrud* nicht vom 'Sturm und Drang' und auch nicht von der Aufklärung her zu deuten, sondern von der 'Empfindsamkeit'. Die These dabei ist, dass Pestalozzi als prämoderner Theoretiker empfindsamen Hilfehandelns gesehen werden darf und als solcher für die Sozialpädagogik von Interesse ist.

Diese Lesart legt sich auch aufgrund zeitgenössischer Kritiken von Pestalozzis *Lienhard und Gertrud* nahe. So heißt es in einer Rezension des Jahres 1782: „'Die Ueberschrift könnte den Leser leicht irre führen, und ihm eine gewöhnliche empfindsame Liebesgeschichte [...] vermuthen lassen [...]. Aber die Absicht des V. ist nicht, müßige Leser zu amüsiren, sondern einen praktischen Unterricht, der auf Besserung abzweckt, hauptsächlich für den großen Volkshaufen in eine Geschichtserzählung zu kleiden'" (zit. n. Cepl-Kaufmann/Windfuhr 1977: 60). Diese Formulierung zeigt schon, dass die zeitgenössische Kritik Pestalozzis Roman durchaus entsprechend der Absichten des Autors zu lesen vermochte – also als ein Buch, das zwar das Interesse des Publikums an 'empfindsamen' Themen aufgriff, aber nur, um es in eine andere, sozialreformerische Richtung zu führen. Zugleich zeigt das Zitat, was bis hin zu dieser Zeit unter dem Stichwort 'Empfindsamkeit' erwartet wurde: eine Liebesgeschichte, die dem Amüsement des müßigen Leser diente. Verantwortlich für dieses Begriffsverständnis war der nicht zuletzt durch Goethes *Werther* stimulierte Empfindsamkeitskult der 1770er-Jahre, gegen den schon Johann Karl Wezel zu Felde gezogen war mit seiner Karikatur auf die „Klage über den Tod eines Schmetterlings" (Wezel 1773–75: 164 f.) sowie seinem Porträt einer seiner weiblichen Romanfiguren unter dem Titel eines „weinerliche[n] winselnde[n] Geschöpfchen[s], so voll von romanhaften Empfindungen, dass sie ungern auf einen Grashalm tritt, aus Furcht, ihn zu zerdrücken" (ebd.: 69).

Der damit angestimmte empfindsamkeitskritische Ton findet sich auch in *Lienhard und Gertrud* (vgl. auch Korte 2003: 247 ff.), etwa wenn Pestalozzi versichert: „Ich bin kein Veilchentändler, und lobe nichts wenigers, als dass der Mensch vor Blumen schmelze, und ob Müken weyne [...]. Es gehört nicht in unsre Welt, die Dorn und Distel trägt" (PSW 3: 123). Pestalozzis Skepsis – und auch jene Wezels – bezieht sich allerdings nicht auf die sog. 'wahre' Empfindsamkeit. Diese wiederum geht im Wesentlichen auf Rousseau und das von diesem verwaltete Bemühen um Rehabilitierung des Gefühls gegenüber der Vernunft zurück. Durchaus in diesem Sinn wird Empfindsamkeit bei Pestalozzi zu einer Chiffre für das – nicht im Elend verhärtete – „menschliche Herz“ (PSW 9: 34), geht aber auch in Richtung auf Tugenden wie „Liebe, Wohlwollen, Achtung“ (PSW 8: 243). So nimmt es denn auch nicht wunder, dass Pestalozzi die Auffassung Lavaters teilen kann, wonach man die (wahre) Empfindsamkeit als „Naturgabe und Vorstufe der Tugend anzuerkennen“ habe (PSW 10: 244). In diese Richtung weist auch Pestalozzis Ausspielen von „Kopfsaufklerung“ (PSW 9: 408) und Menschlichkeit mit dem Resümee, letztere sei „das Medium, wodurch alle Wahrheit dem Mentschen eigen wird“ (PSW 9: 407). Erwähnen ließe sich schließlich noch Pestalozzis Beharren, dass „Pflicht“ und auferlegte Grundsätze und die Sittlichkeit nicht so wirke, wie der Eindruck von Gegenständen, der „ans Herz“ geht (PSW 12: 120). Die Absetzung von der Aufklärung, insbesondere natürlich jener Kants, ist hier offensichtlich, identifizierte diese sich doch eher über Kategorien wie ‘Kopf’ oder ‘Vernunft’ statt ‘Herz’ oder ‘Gefühl’, womit sie kaum noch Platz ließ für ‘materiale’ Tugenden. Eben hieran war Pestalozzi gelegen im Zuge seines Strebens nach einer gleichermaßen aufklärungskritischen wie ‘wahren’, auf Sozialwerdung des Empfindsamkeitskults abstellenden Empfindsamkeit.

Damit stand Pestalozzi keineswegs allein. Dies lehrt das Beispiel Wezel, der ein durch die Aufklärung bewirktes Missverhältnis zwischen der dezidiert betriebenen „Untersuchung des Verstandes“ sowie der kaum vorgenommenen „Untersuchung des Herzens“ (Wezel 1773–75: 310) registrierte und das Hohe Lied auf die „vom Verstande erleuchtete, tätige, empfindsame Güte“ (ebd.: 102) anstimmte. Dies lehrt aber auch, gleichsam durch die Kritik hindurch, Christian Friedrich Timmes spöttischer Kommentar, wonach „durch Beimischung des pädagogischen Modekrams (die) Empfindelei und Bekehrungssucht zur Sache der unterdrückten oder vernachlässigten Menschheit“ (Timme 1781/82: 144) gemacht werde. Und schließlich lehrt dies das Beispiel Christian Gotthilf Salzmanns, Gründer der Erziehungsanstalt Schnepfenthal (1784). Er nämlich rief in seinem zeitgleich mit *Lienhard und Gertrud* publizierten Roman *Carl von Carlsberg* (1783–1788) dazu auf, nicht nur in die „Herzen der Leidenden“ zu sehen, sondern auch in die „Wohnungen des Elends“ (Salzmann 1783–88: 184). „Ich will“, so lesen wir in diesem Roman, „meine Leser zu überzeugen suchen, dass es, bei aller Aufklärung unsers Jahrhunderts, noch unbeschreiblich viel Jammer und Elend auf unserm Planeten gebe“ (ebd.: 183).

Adressiert war Salzmanns Arbeit an die einflussreichen Wohlhabenden. Dies gilt im gewissen Sinne auch für Pestalozzis *Lienhard und Gertrud*, vor allem aber für seine schon vom Titel her so einschlägige Schrift *Eine Bitte an Menschenfreunde und Gönner* von 1777, die mit dem Versicherung aufwartet, „dass Menschlichkeit gegen des niedersten Menschen Seel erhebend ist“ (PSW 1: 138) Die Absicht, die Pestalozzi hier verfolgte, bestand darin, die Grundempfänglichkeit für soziale Fragen und deren Folgenbearbeitung unter Nutzung der Codes der Empfindsamkeitsepoche zu erneuern. Angesprochen werden sollten davon die Schichten, die infolge von Aufklärung und nachfolgender Säkularisierung nicht mehr oder nur schwer religiös zu motivieren waren. Dass dies zumindest dem Ansatz nach gelang, kann man einigen der hier maßgeblichen Epochenbilanzen entnehmen. „Die Rechtssprechung wurde humanisiert“, so lesen wir beispielsweise in einer von ihnen, „die Tortur abgeschafft, Kritik an der Todesstrafe und an den Verhältnissen in Gefängnissen und Irrenhäusern oft mit solcher Heftigkeit geübt, dass zumindest kleine Verbesserungen durchzusetzen waren“ (Doktor/Sauder 1976: 209).

Einige der hier aufgelisteten Themen erörterte Pestalozzi auch in weiteren Schriften aus dieser Zeit, etwa in der als Aktenanalyse angelegten Untersuchung *Über Gesetzgebung und Kindermord* von 1780. Deutlich wird hier auch schon mit Stil- und Erzählformen der Empfindsamkeit operiert und, durch ausführliche Rechts- wie Zeitkritik, der sozialstrukturell-sozialpolitische Ansatz angedeutet, der dann *Lienhard und Gertrud* bestimmt. So schaffte Arner zwar den Galgen ab, aber dies nicht etwa, weil in Form des von ihm institutionalisierten Verbrecherspitals eine humanere Alternative zur Verfügung stand, sondern weil er zuvor mittels Förderung von Eigentumsbildung meinte sichergestellt zu haben, dass „die Verbrechen nicht mehr ansteckend sind“ (PSW 3: 448). Dies darf man durchaus grundsätzlich lesen: Pestalozzis Ziel war es nicht, „mit schöngeisterischen Verzierungen Parade zu machen“ (PSW 8: 155). Und er wollte auch nicht beitragen zu einer bloß reaktiv ansetzenden „armselige(n) Nothjagd gegen verwahrlosete und verwilderte Thiermenschen“ (PSW 3: 335). Vielmehr ging es ihm auch um ein Stück Sozialutopie. „Wahre Menschlichkeit“, so lautete entsprechend seine elaborierte Version ‘wahrer’ Empfindsamkeit, „hängt mit dem Grad der Menschlichkeit [...], die im ganzen Geist der Staatsverfassung herrschet, zusammen“ (PSW 8: 155). Deswegen auch fragte Pestalozzi seine Kinder in Stans in deutlich rhetorischer Form, ob „es nicht ein Unterschied [sei] zwischen einer Obrigkeit, die die Armen erzieht, [...] und einer, die sie [...] mit Bettelbrod und in Spitälern erhält, ohne ihrem Elend wirklich abzuhelfen“ (PSW 13: 15).

Wie sehr all dies in der theologischen Kritik für Unbehagen sorgte, lässt sich noch Darstellungen des ausgehenden 19. Jahrhunderts entnehmen. Beliebt wurde etwa, bezogen auf den sozialutopischen Gehalt, der Hinweis auf die durch die Empfindsamkeit geschürte Fata Morgana, „welche ein falsches Jenseits auf den Staubwolken des Diesseits vorspiegelnd die Seele um das Wahrhaftjenseitige betrügt“ (Hauber 1878: 192). Nicht minder wichtig (und aussagekräftig) ist der Hinweis, dass der durch die Empfindsamkeit freigesetzten „Menschenfreundlichkeit und Nächstenliebe“ „das Beiwort ‘christlich’“ gefehlt habe (Uhlhorn 1895: 675). Und schon Wichern hatte 1859, mit deutlichem Seitenblick auf die (falsche) Empfindsamkeit, notiert: „Die aus Gott geborene Liebe ist kein Empfindeln und kein weichliches Mitleid“ (SW IV: 278). Ob speziell diese Kritik auf die Fälle Salzmann und Pestalozzi anwendbar ist, muss unentschieden bleiben. Immerhin war

Salzmann Theologe, und Pestalozzi gab noch in *Lienhard und Gertrud* der Meinung Ausdruck, „dass gottloses Leben zum Urheber alles Bösen wird“ (Cepl-Kaufmann/Windfuhr 1977: 69). Wichtiger aber ist der Befund selbst. Er könnte lauten, dass einem in manchen Zeugnissen der Empfindsamkeitsepoche seltene Dokumente einer nicht ausschließlich christlich geprägten Liebestätigkeit begegnen, die die These vom Ursprung der sozialpädagogischen Denkform aus dem Geist ebendieser Epoche nahe legen – mit Pestalozzi als ersten Repräsentanten dieser Denkform.

Umsonst sucht man bei Pestalozzi allerdings eine weiterführende Auseinandersetzung mit den pädagogisch-psychologischen Impulsen der Empfindsamkeitsepoche. Sie dokumentieren sich beispielhaft in Karl Philipp Moritz’ autobiographischem Roman *Anton Reiser* (1785–1790). Moritz trug hier die Absicht vor, „vorzüglich in pädagogischer Rücksicht (...) die Aufmerksamkeit des Menschen mehr auf den Menschen selbst zu heften, und ihm sein individuelles Dasein wichtiger zu machen“ (Moritz 1785–90: 6). Ähnlich hatte ein Jahrzehnt zuvor Wezel – in seinem *Tobias Knaut* – die Sache gesehen (vgl. Wezel 1773–75: 118). Nicht umsonst avancierte Wezel zu einem der Begründer der Kinderpsychologie (vgl. Fritzsch 1910: 150f.), und Moritz verdiente sich seine Meriten durch die Edition der ersten psychologischen Fachzeitschrift, des *Magazin zur Erfahrungs-Seelenkunde* (1783f.). Pestalozzi kannte zwar dieses Magazin (PSW 9: 400f.). Bemerkenswert ist auch, dass der zweite und vierte Teil von *Lienhard und Gertrud* jeweils mit Biographischem endet. Im ersten Teil wird ausführlich die Lebensgeschichte des Bösewichts Hummel rekonstruiert. Im zweiten erhält Arner den Auftrag, die Lebensgeschichte des Strafgefangenen eines benachbarten Gemeinwesens, dramatisch Sklavenheim genannt, zu erkunden. Auffällig ist allerdings, dass Arner den Gefangenen nur Fragen stellt nach dem Muster, „wie stark ihre Fehler in ihrem Land und ihrem Dorf eingerissen“ und „wie sie glaubten, dass diesen Fehlern am Besten gesteuert werden könnte“ (PSW 3: 503). Pestalozzi also – und dies zeigten schon seine Kommentare zu Rousseaus Autobiographie – interessierte sich vor allem für Sachverhalte, die eine Moral in sich bargen oder an die doch eine anschließbar war. Dies gilt auch für Hummels Lebensgeschichte. Denn es ist bezeichnenderweise der Pfarrer, der aus der Story dieses Bösewichts die „große Lehre der Auferziehung“ filtert: „Bieget euere Kinder, fast ehe sie noch wissen, was links oder rechts ist, zu dem, wozu sie gebogen seyn müssen“ (PSW 2: 363). Diese Moritat vermittelte der Pfarrer der Bonaler Gemeinde. Sie findet sich fast unverändert in den *Nachforschungen* von 1797 (PSW 12: 93).

Auch Arners Verbrecherspital ist kein Ort der Gewinnung psychologischen Fachwissens. Es ist vielmehr ein Ort, in dem man die aufnimmt, die einfach nicht einsehen wollen, dass sie in einer Sozialordnung leben, die perfekt durchorganisiert ist und gegen die und in der zu rebellieren keinen rechten Sinn macht. Der Satz Pestalozzis, wonach in Bonal „die Verbrecher nicht mehr an den Galgen, sondern in den Spital" gehören (PSW 3: 449), illustriert die hiermit angesprochene Problematik hinreichend. Denn dieser Satz steht für die geheime Verzweiflung dessen, der sich, im Bewusstsein, ebenjene 'menschliche Gemeinschaft' skizziert zu haben, in der der Mensch, Natorps Auslegung des Sozialpädagogik-Begriffs zufolge, zum Menschen werden kann, ausgesprochen hilflos erlebt gegenüber dem, der sich gleichwohl nicht so recht als Mensch gebärden will. Was dann in der Luft liegt, ist der Geist der Pathologisierung des – dann unverständlichen – Adressaten sozialpädagogischer Reflexion. Insoweit ist das Ergebnis dieser Betrachtung eher ambivalent. Der Versuch, eine positive Lesart von *Lienhard und Gertrud* zu entwickeln, indem man Pestalozzi als Vertreter der Empfindsamkeitsepoche auslegt, lässt sich nicht hinreichend rechtfertigen. Denn in der Hauptsache bleibt er doch das, was wir bisher meinten, in ihm sehen zu können: ein psychologiefeindlicher 'ethischer Rigorist', der zur Domestizierung der Triebnatur des Menschen und zur entsprechenden Sozialdisziplinierung mittels 'aufgeklärter' Herrschaftsgestaltung neigt. Ein anderes Ergebnis mag sich allerdings ergeben, wenn man andere Werke Pestalozzis ins Zentrum rückt. Dabei bietet sich für Sozialpädagogen vor allem der *Stanser Brief* an.

## 1.3 „*Stanser Brief*": Sozialpädagogik als Pädagogik

Pestalozzis *Stanser Brief* gilt auch heute noch vielen als ein Text, „der zu den eindrucksvollsten Zeugnissen der Erziehungsgeschichte gehört" (Mollenhauer 1983: 72). Auch Natorp unterließ es nicht, den *Stanser Brief* als „höchst lebendig" zu qualifizieren und als „hochbedeutsam" (Natorp 1908: 20) für das Innere der weiteren Absichten Pestalozzis. Allerdings dachte Natorp dabei nur an das für ihn als Neukantianer Wichtige, nämlich dass, Pestalozzi zufolge, die Idee „der Anlage nach ursprünglich im Lernenden selbst zugrunde[liegt]" und die „sinnliche „Anschauung" () bloß ihre Bestätigung im Konkreten [ist]" (ebd.: 21). Als Sozialpädagoge hingegen interessierte Natorp an Pestalozzi vor allem dessen *Lienhard und Gertrud*. Nohl sah die Sache, ausgehend von seinem ganz anders gelagerten Sozialpädagogikbegriff, eher umgekehrt: Für *Lienhard und Gertrud* interessierte er sich eher am Rande – etwa, wie gesehen, dahingehend, dass Pestalozzi hier als Vertreter des 'Sturm und Drang' in Erscheinung trete. Der *Stanser Brief* hingegen war für Nohl der sozialpädagogische Praxistext schlechthin – mit einer Ausnahme: Als sich Nohls Sozialpädagogikbegriff im Zuge des 1931/32 greifenden 'nationalpädagogischen' Paradigmenwechsels jenem Natorps annäherte (vgl. Kap. 5.4), veränderte sich auch seine Wertschätzung Pestalozzis, und zwar in charakteristischer Weise. Vom *Stanser Brief* nämlich ist nun kaum noch die Rede, wohl aber von *Lienhard und Gertrud*. Nohl redet von einem „großartigen pädagogischen Versuch, das dörfliche Leben durch richtige Anerkennung seiner Grundtriebe [Eigentum, Geschlechtsleben, Verlangen nach Freude, Ruhe und Ehre; d. Verf.] zu gestalten“, weitergehender: Er lässt Gertrud in der Rolle der „Siedlungsberaterin oder Dorfhelferin“ (Nohl 1931/32b: 457) wiederauferstehen – und tut fast so, als habe schon Pestalozzi das von Nohl nun popularisierte Konzept von Sozialpädagogik als Metatheorie nationalpädagogischer Osthilfe im Sinn gehabt (vgl. auch Nohl 1932b: 50; 1932/33b: 194f.; 1933/34: 46).

Gehen wir allerdings von der Zeit vor diesem Paradigmenwechsel aus, gilt es festzuhalten, dass für Nohl der *Stanser Brief* im Zentrum des Interesses steht. Dieser Brief – so schrieb er im ‘Pestalozzijahr’ – zeige „das Urphänomen des pädagogischen Genies in jener unmittelbaren Beziehung zu den Kindern, wie keine andere Schrift“ (Nohl 1927a: 80). Zwar empfahl Nohl als weitere Schrift noch Pestalozzis *Ansichten über Industrie*. Und er stellte heraus, dass Pestalozzi hier äußerst klar „die Dialektik des Kapitalismus“ (ebd.) gesehen habe. Dem folgte dann aber sogleich die Mahnung nach, dass man „Pestalozzi hier wie anderorts sehr falsch verstehen (kann), nämlich politisch oder konfessionell, seine wahre Größe ist, dass er immer pädagogisch denkt“ (ebd.: 81). Nohl war dies – und die Bedeutung Pestalozzis für ihn selbst – äußerst wichtig: „Den Menschen so zu entwickeln, dass er sich selber weiterhelfen und seine natürlichen Triebe befriedigen kann, war ihm auch das erste Ziel seiner Sozialpädagogik“ (ebd.: 72), lesen wir im weiteren Fortgang seines Pestalozziaufsatzes, als rede er über einen treuen Weggefährten. Und wir finden bei Nohl auch das für ihn entscheidende Pestalozzi-Wort, wonach die Bildung zur Menschlichkeit „ewig die Sache des Individuums“ sei (ebd.: 71), mithin jede Pädagogik – und insoweit und entgegen Natorps Begriffsauslegung auch die Sozialpädagogik – Individualpädagogik zu sein habe.

Bei Pestalozzis *Stanser Brief*, den Nohl gleichsam als Testfall dieser These verstand, handelt es sich um einen in Briefform gehaltenen Bericht Pestalozzis. Gegenstand dieses Berichts sind Pestalozzis Erfahrungen während seiner sechsmonatigen, vom Januar bis Juni 1799 währenden pädagogischen Arbeit mit 70 bis 80 bedürftigen (Kriegswaisen-)Kindern beiderlei Geschlechts (ab 5 Jahre) in Nebenräumen eines Klosters in Stans. Den Plan für dieses Vorhaben hatte Pestalozzi bereits im 3. Teil von *Lienhard und Gertrud* skizziert. Bernfeld hat diesen Zusammenhang später besonders betont und hervorgehoben, dass Pestalozzi sich in Stans als jene liebende und gewährende Gertrud inszenierte, deren Porträt er in *Lienhard und Gertrud* gezeichnet habe (ASB 2: 474). Möglicherweise war dies dann auch der eigentliche Grund dafür, warum Pestalozzi später die Zeit in Stans als – wie bereits einleitend erwähnt – die „glücklichsten Tage“ seines Lebens bezeichnete (PSW 28: 363). Dies mag hier aber unentschieden bleiben. Wichtiger ist nach dem bisher Erzählten zweierlei: einmal das Urteil Nohls, wonach dieser Brief Pestalozzi als pädagogisches Urphänomen im lebendigen Austausch mit den Kindern zeige wie keine andere Schrift; und – zum anderen – die Bedenken einiger Kontrolleure der Stanser Anstalt, wonach

Pestalozzi alles allein und ohne Plan durchführe. Begonnen sei mit der Erläuterung des letzten Punktes.

Wer als Außenstehender an etwas Anstoß nimmt, zeigt, dass im von ihm beobachteten Fall zumindest etwas Neues, Abweichendes geschieht. Pestalozzi ließ diesen Aspekt nicht außer Acht. Gleich zu Anfang des *Stanser Briefes* schreibt er: „Je gelehrter und gebildeter die meisten Menschen waren, mit denen eine Verbindung möglich gewesen, desto weniger verstunden sie mich, und desto unfähiger zeigten sie sich die Anfangspunkte auch nur theoretisch festzuhalten, auf die ich zurück zu gehen suchte" (PSW 13: 7). Einige Zeilen später folgt dann: „Ob ich also wollte, oder nicht, ich mußte erst eine Thatsache durch mich selbst aufstellen" (ebd.). Zu diesen 'neuen Tatsachen' gehört ganz wesentlich Pestalozzis – deutlich von Rousseau entlehnter – Grundsatz, keine anderen Bildungsmittel nutzen zu wollen, als allein „die die Kinder umgebende Natur" (ebd.). Man sieht: Schon die ganze Grundanlage dieses Pädagogikbegriffs zielt darauf, erst gar nicht von jenen (verbildenden) Bildungsmitteln Gebrauch machen zu müssen, deren Folgen Pestalozzi anhand des Unverständnisses seiner eigenen Absichten studieren konnte. Auffällig ist dabei der hohe Symbolwert der von Pestalozzi genutzten Sprache. Denn dass Gelehrtheit und Bildung einhergehen mit Verbildung und Unverständnis, vor allem aber: dass der Mensch (deswegen) eine Tatsache durch sich selbst aufzustellen habe – dies waren typische Formeln eines sich von der Tradition absetzenden Aufklärungsverständnisses.

Initialgebend war hier vor allem der französische Philosoph und Mathematiker René Descartes (1596–1650) gewesen. Er führte in seiner *Abhandlung über die Methode des richtigen Vernunftgebrauchs* von 1637 Klage darüber, zwar „von Kindheit an für die Wissenschaft erzogen worden" zu sein, ohne allerdings „eine klare und sichere Erkenntnis alles dessen, was dem Leben frommt" (Descartes 1637: 5), erreicht zu haben. Daraus zog er den Schluss, dass er keine andere Wissenschaft mehr suchen wolle, „als die ich in mir selbst oder in dem großen Buche der Welt würde finden können" (ebd.: 10). Das einzige, was gewiß war, entsprang für ihn also der Formel 'cogito, ergo sum' ('Ich denke, also bin ich'). Diese Einsicht brachte ihn dazu, seine eigenen Gedanken zu reformieren und „auf einem Grunde aufzubauen, der ganz in mir liegt" (ebd.: 15). Erst vor diesem Hintergrund wird ganz verständlich, warum Pestalozzi in *Wie Gertrud ihre Kinder lehrt* sagen kann: „Ich bin für das eigentliche Philosophieren im wahren Sinn des Wortes schon seit meinen zwanziger Jahren zu Grunde gerichtet" (PSW 13: 252). Denn der 'wahre Sinn' des Zugrundegerichtetseins meint seit Descartes nichts anderes als das eigene Ich als der letzte Gewissheitsgrund des Wissens. Auch in Stans, so wird hier nun deutlicher, fragte Pestalozzi nach dem Grund, der ganz in ihm selbst lag – und verpflichtete sich insoweit der Tradition der von Descartes begründeten (französischen) (Früh-)Aufklärung.

Nicht minder wichtig ist der Hinweis Pestalozzis, er habe eigentlich durch seinen Stanser Versuch beweisen wollen, „daß die Vorzüge, die die häusliche Erziehung hat, von der öffentlichen müsse nachgeahmt werden, und daß die letztere nur durch die Nachahmung der Erstern für das Menschengeschlecht einen Werth hat" (PSW 13: 7). Denn Pestalozzi argumentierte in einer Zeit des allmählichen Übergangs von der privaten zur öffentlichen Erziehung. Der Staat nahm zunehmend ein Interesse daran, für Bildung im umfassenden Sinne Sorge zu tragen. In *Lienhard und Gertrud* ist es der neue Vogt, der diese Einsicht äußert, wenn er sagt, dass nicht mehr jeder „bey'm Feldbau sein Brod suchen" könne (PSW 3: 14) und insoweit die Schule des Bauern „im Stall, im Tenn, im Holz und Feld" nicht mehr ausreiche (PSW 3: 15). Pestalozzi also stand zu der sich auch durch ökonomische Veränderungen nahelegenden Ausbreitung öffentlicher Erziehung. Aber er war zugleich einer derjenigen, die die Vorzüge privater Erziehung, also etwa die Einfachheit der insbesondere von der Mutter eingesetzten Lehrmittel in Sachen der „Anfangsgründe des Schreibens, Lesens und Rechnens" (Klafki 1959: 55), aber auch die Intimität der Sozialkontakte, im Zusammenhang öffentlicher Erziehung auch bewahrt wissen wollten. Ein anderer, der dies ähnlich sah, war Johann Friedrich Herbart (1776–1841). Er lebte zu der Zeit, zu der Pestalozzi in Stans tätig war, nur wenige hundert Kilometer entfernt in Bern als Hauslehrer der Söhne des Altlandvogts von Interlaken.

Die Unterschiede zwischen der Stanser Situation Pestalozzis und der Berner Situation Herbarts dürfen dabei nicht übersehen werden. So feierte Pestalozzi in Stans seinen 53. Geburtstag, und er galt vielen schon als längst gescheitert. Herbart hingegen stand bei seinem Amtsantritt in Bern erst in seinem 21. Lebensjahr und berechtigte zu den größten Hoffnungen. Pestalozzi teilte in Stans die Armut seiner Kinder, Herbart hingegen lebte unter besten Verhältnissen. Pestalozzi wollte seinen Kindern in Stans „alles in allem" sein, Herbart hingegen hatte in Bern große, wenn auch von ihm nicht als hinreichend empfundene Freiheiten für seine wissenschaftliche Arbeit. Vor allem aber: Wo sich Pestalozzi mit achtzig deutlich von Verwahrlosung und tiefer Armut gekennzeichneten Kindern herumschlug, hatte es Herbart mit zwei wohlbehüteten Knaben zu tun. Insoweit, so könnte man folgern, bekundet sich in dem Verhältnis Pestalozzis zu Herbart zugleich der allerschärfste nur denkbare Gegensatz: der zwischen einer sich dem Armutsproblem zuwendenden Sozialpädagogik und einer dem Bildungsideal der Reichen frönenden Individualpädagogik.

Dies scheint sich zu bestätigen, wenn man die Theorietradition einbezieht, die für den jungen Herbart in seiner Berner Situation maßgebend war. Als erstes hat man dabei an John Locke (1632–1704) und dessen Ende des 17. Jahrhunderts erschienene Schrift *Gedanken über Erziehung* zu denken. Locke hatte hier das 'gentleman ideal' aufgestellt, also das Bildungsideal des englischen Landadels sowie der Gebildeten und Besitzenden (= gentry) formuliert, und dazu gehörte, dass sich dieses Bildungsideal nur mittels der Hauslehrererziehung erreichen lasse. Denn niemand, so Locke, sei „je unter der Zucht und dem Zwang eines Lehrers in seinen Kenntnissen weit vorangekommen“ (Locke 1693: 110). Im Übrigen sei es leichtfertig, den Nachwuchs der gentry den öffentlichen (Dorf-)Schulen anzuvertrauen, und zwar zum einen wegen der gefährlichen Eigenschaften, die die Kinder „von Eltern aller Art“ dort in aller Regel zur Aufführung brächten; zum anderen aber wegen der Unmöglichkeit, dass ein Lehrer „fünfzig oder hundert Schüler im Auge behält“ (ebd.: 72). Mit diesen Argumenten begründete Locke in wesentlicher Hinsicht zugleich auch das – deutlich elitäre – Selbstverständnis der Hauslehrerpädagogik, das allerdings der Berufswirklichkeit merklich kontrastierte. Bald schon jedenfalls wurde der Hauslehrer zum Symbol für die Unwissenschaftlichkeit der herrschenden Pädagogik, weil diese dem angehenden Hauslehrer vorzugsweise vermeintlich bewährte Erziehungsrezepte oder Klugheitsregeln vermittelte und an der fehlenden fachlichen wie sittlichen Autonomie des derart sozialisierten Berufsnachwuchses nur wenig Anstoß nahm, ja ihn mitunter sogar aufforderte, sich als „Werkzeug der Erziehung“ (Niemeyer 1796: 311) gebrauchen zu lassen und – gegebenenfalls – die „Standesvorrechte“ (ebd.: 326) des Zöglings zu achten.

Nicht zuletzt deswegen galt die „Hauslehrerei“ in der (wissenschaftlichen) Pädagogik des anhebenden 19. Jahrhunderts als „notwendiges Übel“ (Schleiermacher 1983: 7). Am nachdrücklichsten – im Übrigen auch am eigenen Leib – hatte dies Herbart erkannt, der zum eigentlichen Theoretiker der öffentlichen (= schulischen) Erziehung avancierte und dessen ‘Schüler’ (= Herbartianer) die Lehrerausbildung noch bis in die Zeit der Reformpädagogik hinein dominierten. Allerdings sollte man dabei nicht vergessen, dass Herbart noch 1810 zu bedenken gegeben hatte, der Schullehrer sei „allzu entfernt von den Familien, und allzu bestimmt verantwortlich gegen den Staat“, und er verlöre damit die „Freiheit des Künstlerlebens“ und, der Masse der zu Unterrichtenden wegen, die – dem Hauslehrer noch verfügbare – Chance zur „Anschließung an Individuen“ (Herbart 1810: 81). Dies war Pestalozzi nicht neu, hatte er doch schon in Stans gefragt, wie ein Erzieher mit dem „vielseitigen Bösen“, das sich mit der Vielzahl der Zöglinge ergibt, fertig werden könne, wenn er nicht sicherzustellen vermag, dass es dafür auch „einen Überfluß von Berührungspunkten und Anlässen“ gibt, „das Gute, das Seltene lebendiger zu entwickeln, und fester zu gründen, als es unter Wenigen möglich ist“ (PSW 13: 21). Bei all dem stand aber schon außer Frage, dass der Ausbau der öffentlichen Erziehung nicht mehr zu vermeiden war. Insoweit blieb ein Auftrag als kleinster gemeinsamer Nenner außerhalb jeder Diskussion: der Auftrag, den Pestalozzi im Auge hatte, wenn er im *Stanser Brief* davon sprach, die Vorzüge der privaten Erziehung sollten – wie im Einzelnen auch immer – durch die öffentliche Erziehung nachgeahmt werden.

Kommen wir zum Ertrag: Pestalozzi wie Herbart kamen beide aus dem Bereich der privaten Erziehung – ob nun, wie bei Pestalozzi, unter der Überschrift der Wohnstubenerziehung stehend oder, wie bei Herbart, unter dem Vorzeichen klassischer Hauslehrererziehung fungierend. Und sie gewannen beide daraus auf je ihre Weise die gedanklichen Mittel zur Kritik von Schule als öffentlicher Erziehung. Sie gewannen, anders gesagt, eine Vorstellung von dem, wie anforderungsreich und 'teuer' Pädagogik tatsächlich ist und wann lediglich von Billigprodukten, wie Unterricht ohne Erziehung oder Routine und bloßem Schlendrian, gesprochen werden konnte. Damit wird aber nun nur noch deutlicher, dass, selbst wenn man guten Grund hatte, für Schule zu optieren, professionelles pädagogisches Handeln eigentlich nur unter Leugnung dessen, was man von Pädagogik schon wusste, möglich war. Denn ohne das Handlungsfeld 'Schule' hatte die Pädagogik als Theorie kaum eine Zukunft. Mit ihm aber drohte sie einzubüßen, was ihre Vergangenheit ausmachte. Herbart hätte auf die Frage nach dieser Einbuße wohl geantwortet – wir erinnern uns an seine Position von 1810 –, Pädagogik verlöre als Schulpädagogik die Chance zur 'Anschließung an Individuen'. Im *Stanser Brief* heißt es, nicht sehr unterschieden davon, aber ungleich plastischer: „Vor allem wollte und mußte ich also das Zutrauen der Kinder [...] zu gewinnen suchen", dann „erwartete ich zuversichtlich alles Uebrige von selbst" (PSW 13: 8). Auch damit war ein Minimum markiert – ein Minimum, unterhalb dessen von Pädagogik reden zu wollen für Pestalozzi inakzeptabel war.

Es ist dieser Hintergrund, auf den hin auch Pestalozzis Strafbegriff – im *Stanser Brief* – bezogen werden muss. Denn seine hier getroffene Unterscheidung zwischen Vater- und Mutterstrafen einerseits sowie Lehrerstrafen andererseits spiegelt deutlich eine weitere Differenz zwischen privater und öffentlicher Erziehung und hält, an ebendiesem Beispiel, die Überlegenheit ersterer fest. Lehrerstrafen und mithin Strafen im Rahmen öffentlicher Erziehung stellten sich für Pestalozzi nämlich deswegen (im Erleben der gestraften Kinder) als schlimmer dar im Vergleich zu Vater- und Mutterstrafen, weil sie in der Regel nicht durch andere, pädagogisch gehaltvolle Phasen des Zusammenlebens in ihrer negativen Dramatik abgeschwächt wurden. Auch Pestalozzis Versuch, die Kinder in Stans „in den einfachen Geist einer großen Haushaltung zusammen zu schmelzen" (PSW 13: 14), reflektiert auf die – pädagogisch folgenreiche – Differenz beider Institutionalisierungsvarianten. Denn ob man diesen Versuch nun für den Ursprung von Gemeinschaftserziehung halten will oder für den des Familienprinzips in der Heimerziehung – wichtig ist, dass Pestalozzi damit einen Gesichtspunkt einbrachte, mit dessen Hilfe sich die Vorzüge der privaten für die öffentliche Erziehung nutzbar machen ließen. Denn in der privaten Erziehung – und der Ausdruck 'Familienprinzip' zeigt das ja bereits – ist der Geschwisterzusammenhang als Zusammenhang von Miterziehern natürlich sehr viel leichter zu aktivieren. Und daraus zu lernen, war der Auftrag, den Pestalozzi der öffentlichen Erziehung stellte.

Nohl nun – und um dessen Pestalozziinterpretation geht es uns ja hier – hat diese Aspekte weniger gewürdigt als den 'pädagogischen Bezug'. Ihn übersetzte er mit den beiden Polen „Liebe und Haltung" auf der Seite des Erziehers sowie „Vertrauen, Achtung und ein Gefühl eigener Bedürftigkeit" (Nohl 1926c: 153) auf der Seite des Educanden, um ein Jahr später hinzuzusetzen, Pestalozzi sei „der erste in der Geschichte der Pädagogik" (Nohl 1927a: 78), der diese Grundlage nicht nur der sozialpädagogischen, sondern „jeder pädagogischen Arbeit" (ebd.: 73) erkannt habe (vgl. auch Thöny-Schwyn 1996). Man könnte diesem Zusatz die Frage anschließen nach der Geschichtskenntnis Nohls und danach, worin denn dann eigentlich die Differenz zwischen Pädagogik und Sozialpädagogik gründet. Aber in der Hauptsache hatte Nohl sicherlich recht: Pestalozzi war zwar nicht der erste (vgl. etwa Trapp 1780: 69), aber wohl der entschiedenste Repräsentant des pädagogischen Bezugs. Dies gilt auch dort, wo er versichert, seinen Kindern in Stans „alles in allem" gewesen zu sein, und zwar „vom Morgen bis zum Abend" (PSW 13: 9). Zu erwähnen ist auch Pestalozzis Hinweis, er habe die Kinder in Stans durch Befriedigung ihrer Grundbedürfnisse „weitherzig" gemacht und erst daran Worte geknüpft, wie beispielsweise „gut" und „böse". „Ich habe meinen Kindern unendlich wenig erklärt", lesen wir denn auch im *Stanser Brief* (PSW 13: 14f.), mit deutlichem Protest gegenüber einer (christlichen) Moralvermittlung, die Pestalozzi auch unter der Chiffre des „Maulbrauchens" abserviert.

Diese wenigen Hinweise zeigen, dass Nohls Urteil, Pestalozzi stünde für ein pädagogisches Genie und der *Stanser Brief* für einen Text, der dieses Genie in lebendigster Form in Wirksamkeit zeige, nicht unberechtigt ist. So gesehen aber ist diese Pestalozzideutung Nohls sehr viel überzeugender als sein zuvor diskutierter Versuch, Pestalozzi geistesgeschichtlich in den 'Sturm und Drang' und die 'Deutsche Bewegung' einzuordnen. Denn dieses Streben, Pestalozzi damit zugleich auch an den Anfang der pädagogischen Bewegung setzen zu wollen, die sich – so darf man ja ergänzen – in der sozialpädagogischen Bewegung fortsetze und in Nohl gleichsam erfülle, diente allzu sehr der Rechtfertigung speziell des Sozialpädagogikbegriffs Nohls, als dass sich an Zufall oder gar einen seriösen Beitrag zur Pestalozziforschung denken ließe.

Ebendies wurde gelegentlich schon – wenn auch eher unterschwellig – im 'Pestalozzijahr' 1927 moniert. Denn neben Nohl und ganz abgesehen von Bernfeld traten damals auch noch andere Sozialpädagogen mit Pestalozzideutungen hervor, die nun allerdings keineswegs den *Stanser Brief* und insoweit das 'pädagogische Genie' Pestalozzi ins Zentrum rückten, sondern – beispielsweise – den schon für Natorp zentralen Volksroman *Lienhard und Gertrud*. Sie knüpften hieran die – zumindest implizit auch auf Nohl bezogene – Kritik, dass die Pestalozzideutung der Gegenwart „etwas einseitig die Erziehung als die wesentliche Aufgabe der Fürsorge betrachten" würde und vergessen mache, dass es die Gesellschaft sei, „die den Menschen verdirbt“, so dass das Ziel darin bestehen müsse, „die Probleme des sozialen Lebens“ im Rahmen einer sozialen Erziehungsaufgabe anzugehen (N.N. 1926/27: 287 f.). Erinnert wurde auch an Pestalozzis eigentliche Absicht, die „weniger auf einzelne Versorgung armer Kinder“ gegangen sei als auf „allgemeine Maßregeln für genugtuende Volksbildungs- und Volkserziehungsanstalten“ (Klumker 1926/27: 277 f.).

Von hier aus ist es von einigem Interesse, dass Kerschensteiner kurz vor seinem Tod – und mithin so, als handele es sich um sein Vermächtnis, – nicht Nohl, sondern Natorp, der Jahre zuvor verstorben war, als den „Sozialpädagoge(n) Deutschlands“ (Kerschensteiner 1932: 4) bezeichnete. Kerschensteiner bezog sich dabei ausdrücklich auf Natorps Pestalozzi-Interpretation und die dabei freigelegte „Erkenntnis des engen Zusammenhanges der sozialen Frage mit der Frage der wahren Menschenbildung“ (ebd.). Abgesehen davon, dass das Votum Kerschensteiners schon der Person wegen einige Bedeutung hatte – und von Nohl nur als Provokation gelesen werden konnte –, unterstrich es, dass die beiden mit den Namen Natorp und Nohl umreißbaren Sozialpädagogikbegriffe bis zum Ende der Weimarer Epoche im Diskurs präsent waren (vgl. Niemeyer/Schröer 1994). Für beide Begriffskonzepte war Pestalozzi von Interesse: für jenes Nohls, weil sich so eine rein pädagogische Auslegung sozialpädagogischen Handelns begründen ließ; und für jenes Natorps, weil der Rekurs auf Pestalozzi eine sich auf die sozialen Bedingungen der Bildung beziehende und insoweit stärker politische Sozialpädagogikinterpretation mit Autorität versah – ein, wie in Rückerinnerung an Thiersch (2000 b: 34) zu ergänzen ist, offenbar wieder aktueller Aspekt. Nohl hätte getrost noch hinzusetzen können, dass er damals ganz besondere Gründe hatte, für den pädagogischen Pestalozzi zu werben. Denn er begehrte mit der Fürsorgeerziehung ein Handlungsfeld, für das zumindest die hier maßgebenden evangelischen Kreise schon längst – mit Wichern – über einen Klassiker und Ideengeber verfügten. Nohl hingegen konnte als Pädagoge keine eigene einschlägige Tradition vorweisen – bis auf die, die er selber schuf und an den Namen Pestalozzi band. Dies mag als Überleitung zum folgenden Kapitel genügen.

# 2. Johann Hinrich Wichern (1808–1881): Der Vater aller Rettungshäuser

**Biografischer Abriss**

Johann Hinrich Wichern wurde am 21. April 1808 in Hamburg als das erste von sieben Kindern eines Notariatsbeamten geboren, verlor den Vater früh (1823) und wurde entsprechend rasch mit sozialer Not konfrontiert. Sie zwang ihn mit knapp 18 Jahren, als Lehrer in ein Pensionat einzutreten, bevor er mit zweijähriger Verspätung sein Studium der evangelischen Theologie (1829–1831 in Göttingen und Berlin) aufnahm. Nach dessen Abschluss kehrte er nach Hamburg zurück, trat in eine Sonntagsschule ein und lernte durch seine Mitarbeit in einem 'Besuchsverein' das soziale Elend in den Hamburger Hinterhöfen kennen. Dies wurde ihm im Jahre 1833 schließlich auch Anlass für die Gründung einer Rettungsanstalt, das sog. 'Rauhe Haus' bei Hamburg. Dem folgte die Gründung der *Fliegenden Blätter* (1844), der Inneren Mission (1848) und des Spandauer Johannesstifts (1858) sowie seine Mitwirkung an der Strafvollzugsreform am Beispiel des damals neu gegründeten Gefängnisses in Berlin-Moabit. Außerdem begründete Wichern die Felddiakonie; von ihm begleitete Brüder des Rauhen Hauses waren die ersten, die – während des Deutsch-Dänischen Krieges von 1864 – als Träger des (1863 gegründeten) Roten Kreuzes ihren Feld- und Pflegedienst ausübten. 1871 erlitt Wichern einen Schlaganfall, dem im April 1874 ein zweiter folgte, der ihn zur endgültigen Übergabe der Leitung des Rauhen Hauses an seinen Sohn Johannes zwang und am 7. April 1881 seinen Tod im Gefolge hatte.

Wicherns Leben und Wirken wird gemeinhin, ähnlich wie jenes Pestalozzis, unter Chiffren wie Selbstlosigkeit und Selbstaufopferung abgespeichert. Dies ist eines der Motive gegenwartsbezogener Skepsis, ein anderes nennt Michael Winkler: Beide seien gescheitert, lesen wir bei ihm, „Pestalozzi an seinen unzureichenden Mitteln, Wichern daran, dass er sich nicht auf das pädagogische Werk beschränkt, sondern dieses für die religiöse Fragestellung zu instrumentalisieren sucht, die ihm den Impuls zur Erziehungsarbeit gab“ (Winkler 1988: 209). Deutlicher noch und – bezogen auf Wichern – weitaus skeptischer hatte Jahre zuvor (1972) Klaus Mollenhauer geurteilt: Er las Wicherns Erziehungsmodell als Beispiel für die „Kasernierung der abweichenden Individuen zum Zwecke ihrer allmählichen Integration“ (Mollenhauer 1964/1974: 139). Entsprechend dieses Tons der Zeit, der sich auch andernorts findet (vgl. etwa Brakelmann 1962: 140 ff.) schien nun das nicht mehr möglich, was in den 1950er-Jahren immerhin noch versucht wurde: Wichern mit seinen „bedeutenden Arbeiten“ als Sozialpädagoge in Erinnerung zu rufen, und zwar in deutlicher Gegenstellung zu den „Lehrbüchern der Pädagogik“, in denen er „nur beiläufig“ (Busch 1957: 5) erwähnt werde. Entsprechend hat das (sozial-)pädagogische Schrifttum nur selten ausführlichere Auseinandersetzungen mit Wichern aufzuweisen (vgl. etwa Olk/Heinze 1981; Göppel 1989: 95 ff.; Anhorn 1992, 2007; Jacobi 1998; Dollinger 2006 a: 155 ff.), die dann aber eher kritisch sind. Ausnahmen von dieser Regel aus neuerer Zeit sind allerdings zu konstatieren (vgl. Lindmeier 1998, 2007; Koerrenz 2002), wobei insbesondere die bloß nacherzählende Berichterstattung über Wicherns Vorleistungen auf dem Felde der sozialen Berufsausbildung (vgl. Amthor 2003: 145 ff.; Noller 2007: 298 ff.) angesichts der in der einschlägigen Fachliteratur schon längst aufgeworfenen kritischen Fragen (vgl. etwa Niemeyer 1999) überraschen muss. Dass Wichern in neuerer Zeit, wie in der Einleitung gesehen, mit großer Selbstverständlichkeit als Klassiker der Sozialpädagogik hergezählt wird, steht insoweit offenbar weniger für einen geprüften Sachverhalt denn für ein Forschungsprogramm. Zu ihm will das folgende ein Beitrag sein (vgl. auch Niemeyer 1997 a).

Zu Beginn des Jahrhunderts war der Zeitgeist sehr viel zuträglicher für Wichern: „Wichern war ein ‘Erzieher von Gottes Gnaden’“ (v. Rohden 1910: 170), heißt es etwa in einem Artikel einer renommierten pädagogischen Enzyklopädie, der den Leser zusätzlich noch mit der Erinnerung eines Gütersloher Gymnasiasten konfrontiert: „‘Hoch war die Gestalt, gewaltig sein Haupt, und noch weiß ich, wie ich den Blick niederschlagen mußte, als er seine großen, ebenso ernsten wie liebesmilden Augen auf uns niederwälzte’“ (ebd.: 168). Derlei Porträts sind mit Vorsicht zu genießen und gehen eher in Richtung einer sich hierin aussprechenden Neigung zur Legendenbildung. Immer wieder also will Ideengeschichte offenbar erzieherisch wirken und verliert eben damit das, was allein sie zur Wissenschaft machen kann: Zurückhaltung und nüchterne Erwägung. Im Fall Wichern ist diese Gefahr nicht nur gegeben, sie gründet quasi im Prinzip. Denn Wichern war ja Theologe. Entsprechend oblag die auf ihn bezogene Erinnerungs- und Editionsarbeit mehrheitlich Theologen und Kirchengeschichtsschreibern. Dies begünstigte die Vervielfältigung affirmativer Wichernbilder. Auch die einschlägigen Werkausgaben, etwa die von Peter Meinhold u. a. zwischen 1958 und 1988 edierten *Sämtlichen Werke*, gehorchen in ihren Anmerkungsteilen zumindest dort, wo es gilt, Wicherns Verhalten in strittigen Auseinandersetzungen zu rechtfertigen, eher den Standards klassischer Hofberichterstattung denn denen wissenschaftlicher Kritik.

Gleichwohl spielt Wichern selbst in den auf seinen Impuls zurückzuführenden Einrichtungen oder in Evangelischen Fachhochschulen nur noch die Rolle eines in Festtagsreden beschworenen Geistes. Im alltäglichen Denken und Handeln ist er kaum noch präsent. Und der Theorie nach geht es zumeist darum, die Distanz der Gegenwart zu seiner Ursprungsidee zu beschreiben und zu begründen. Tatsächlich hat sich die von Wichern begründete Innere Mission inzwischen vom Missionsgedanken weitgehend freigesetzt und nennt sich Diakonisches Werk. Die in und für es Tätigen organisieren sich in der Hauptsache nicht über Weltanschauung, sondern über Fachlichkeit. Ein anderes Beispiel: Das von Wichern begründete 'Rauhe Haus' kann heutzutage nur noch der Papierform nach als Heim gelten, steht aber eher für einen über die Stadt Hamburg verteilten Verbund von Jugendwohngemeinschaften bzw. von Modellen betreuten Einzelwohnens (vgl. Klatetzki/Winter 1990). Wichern, so kann man dann daraus lernen, gilt es zwar mit Respekt zu behandeln. Aber eigentlich ist er out und ohne Interesse für den, der die Gegenwart mitgestalten will.

Ganz so einfach sollte man es sich aber nicht machen. Denn immerhin bemühte sich Wichern um die Zurkenntnisnahme der pädagogischen Ideengeschichte, und sei es auch nur, um ihr gegenüber ein dezidiert christliches Pädagogikverständnis zu begründen. Insoweit war (und ist) es nicht ganz unberechtigt, wenn Erich Weniger 1927 meinte, dass sich bei Wichern „eine konsequent durchgeführte, tiefe Erziehungstheorie" fände, die ihn in die „Reihe der großen Erzieher" rücke und deren Reichtum „bisher noch nicht wirklich ausgeschöpft" sei (Weniger 1927a: 148). Aber auch unter sozialarbeiterischen Vorzeichen ist Wichern nach wie vor von Interesse. Erwähnt sei nur Wicherns Arbeit in einem Hamburger 'Besuchsverein' (1832/33) und seine im Zusammenhang dieser Tätigkeit entstandenen *Notizen über gemachte Besuche*, aber auch seine Abhandlung über *Hamburgs wahres und geheimes Volksleben.* Beide Schriften dürfen als beeindruckende Zeugnisse sozialer Diagnose und sozialfürsorgerischen Problembewusstseins gelesen werden und bezeugen Wicherns Rang als „Pionier der 'aufsuchenden Sozialberichterstattung'" (Treptow 2000: 571). In diese Richtung weist auch Wicherns Interesse an Friedrich Engels' 1845 erschienener Studie *Die Lage der arbeitenden Klassen in England* (SW V: 38 ff.) oder die Aufmerksamkeit, mit der er die von dem Sozialpolitiker Viktor Huber propagierte Genossenschaftsidee bedachte (SW V: 194 ff.). Nimmt man noch Wicherns langjährige Arbeit im Rauhen Haus sowie seine – nicht zuletzt über das Spandauer Johannesstift vermittelte – Mitwirkung an Armen- und Krankenpflege, Entlassenenfürsorge sowie Strafvollzugsreform (insbesondere am Beispiel Berlin-Moabits) hinzu, wird an seiner Person evident, was Klaus Mollenhauer für die Epoche, der Wichern zugehörte, zu zeigen suchte: nämlich dass die „sozialpädagogische Aufgabe und das ihr zugrunde liegende sozialpädagogische Problem [...] älter (sind) als der Begriff 'Sozialpädagogik'" (Mollenhauer 1959a: 17).

Insoweit überrascht es auch nicht – um nur ein Beispiel zu geben –, dass schon Wichern den Zugang zu so grundlegenden sozialpädagogischen Analysemustern wie dem der 'Stigmatisierung' fand. Wichern kannte als Theologe natürlich diesen auf die Ausprägung der Wundmale Jesu bei einem Menschen bezogenen Ausdruck, aber er verwendete ihn auch schon ganz im Sinne des modernen Begriffsverständnisses, nämlich dahingehend, dass ein Häftling „vor dem Urteil der meisten als ein aus der Gesellschaft Geächteter, ja, als eine andere Menschenart gilt“ (SW IV/2: 277). Insoweit, so Wichern weiter, werde die Menge gegenüber dem Gefangenen „eine Menge von *Be*fangenen, deren Befangenheit nur zu leicht ansteckend auch auf sonst Unbefangene wirkt“ (SW IV/2: 277). Dieses „allgemeine Volksurteil“, so Wichern weiter, habe „seine Wurzel und seine Anknüpfungspunkte in nichts anderem als in dem wider den „Bestraften“ aufgerufenen Pharisäismus der menschlichen Natur“ (SW IV/2: 277 f.), also, wie wir heute sagen würden, in der Selbstgerechtigkeit derer, die für sich ausschließen, jemals straffällig werden zu können.

Gleichfalls bemerkenswert sind Wicherns Vorleistungen auf dem Felde sozialpädagogischer Professionalisierung und Ausbildung. So hat er im ‘Rauhen Haus’ zwecks Ausbildung seines Personals ein sog. Gehilfeninstitut eingerichtet, das 1847 in Brüderanstalt umbenannt wurde. Nachdem die Innere Mission gegründet war und über weitere Einrichtungen auch im Bereich der Armen- und Krankenpflege verfügte, begann man verstärkt auch statt von Brüderanstalten von Diakonenanstalten und, für den Bereich der insbesondere von weiblichen Kräften getragenen Krankenpflege, von Diakonissenhäusern zu reden. Für den Stand des Jahres 1854 errechnete Wichern bereits, unter Einbezug anderer evangelischer Gründungen, die Gesamtzahl von 24 Brüder- und Schwesternhäusern resp. Diakonenanstalten und Diakonissenhäusern mit 500 Brüdern und 450 Diakonissen (SW III/1: 91). Nach Gründung des Johannesstifts wurde eine den neuen Aufgabenstellungen entsprechende Brüderordnung erlassen, die u.a. die Aufnahme- und Ausschlusskriterien regelte. Die Zentralstellung der Bibel im Ausbildungscurriculum blieb allerdings erhalten. Diese Herangehensweise an das Verberuflichungs- und Professionalisierungsproblem war allerdings nicht unumstritten. In der Linie dieser Debatte etablierten sich dann Mitte der 1920er-Jahre, wenn auch gegen zunächst heftigen Widerstand seitens maßgeblicher Anstaltsgeistlicher (vgl. etwa Backhausen 1920/21) sowie der Inneren Mission, die ersten Evangelischen Erzieherschulen, die als Vorläufer moderner Fachschulen gelten können. Insoweit darf man in Wicherns Gehilfeninstitut eine wichtige Keimzelle für sozialpädagogische Ausbildung – auch für Sozialpädagogik als Männerberuf – sehen. Dies wusste auch schon Hartmut Dießenbacher, der dem staunenden Fachpublikum bereits vor über zwanzig Jahren in einem launigen Essay den „ersten professionellen Armenpfleger“ namens Daniel Timm meinte präsentieren zu können: „gebürtig aus Eckernförde“, „gelernter Landwirt aus Neumünster“ – und ab 1849 nach dreijähriger Ausbildung im Rauhen Haus „50 Jahre lang im Hamburger Stadtteil St. Georg“ (Dießenbacher 1984: 380) seinen Beruf ausübend …

Wichtiger freilich als diese kleine Fabel ist, dass Wichern eine Erziehungskonzeption begründet hatte, die die evangelische Erziehungslehre bis in die

Weimarer Epoche hinein prägte. Erst dann wurde sie durch die sozialpädagogischen Denkform (in der Linie Nohls) zumindest bis hin zum 'Dritten Reich' wenn schon nicht gänzlich abgelöst, so jedenfalls doch in die Defensive gedrängt (vgl. Kap. 5.3). Insofern ist die Entwicklung, die die sozialpädagogische Idee unter Nohl nahm, ohne Kenntnis Wicherns nicht zu verstehen. Dies unterstreicht auch das Urteil, das Nohl seinerzeit über Wichern fällte. Nohl nämlich rechnete Wichern und insbesondere seine Denkschrift von 1849 zwar unter eine der sechs geistigen Energien, die – neben der sozialistischen und sozialpolitischen Bewegung sowie der Frauenbewegung, der Jugendbewegung und der pädagogischen Bewegung – in der Jugendwohlfahrtsarbeit wirksam geworden seien. Zugleich aber zog Nohl doch die Grenze Wicherns deutlich und band sie an Formeln wie (1) „Gegensatz gegen die geistige Kultur der Zeit", (2) „Gegensatz [...] gegen den Sozialismus" und – vor allem – (3) Gegensatz gegen Pestalozzi und die „neue humanistische Pädagogik" (Nohl 1926b: 136). Das Ergebnis dieser Wichern-Bewertung war eindeutig: Die Innere Mission repräsentierte für Nohl nicht bereits „eine Erziehungsbewegung großen Stils", sondern aus ihr erwuchs erst eine solche, „die sich vor allem sozialpädagogisch betätigt" (Nohl 1933/1935: 6). Wenn man dieses Argument Nohls etwas vereinfacht und an die Bedeutung zurückdenkt, die Pestalozzi für seinen Sozialpädagogikbegriff hatte, folgt aus ihm zweierlei: nämlich (1) dass sich in dem von Wichern Angestrebten noch nicht die sozialpädagogische Idee aussprach und Wichern insoweit allenfalls als Klassiker *für die*, nicht aber als Klassiker *der* Sozialpädagogik gelten kann; und (2) dass sich dies in der Hauptsache aus der Ignoranz Wicherns gegenüber Pestalozzi erklärt. Damit liegt es nahe, zuallererst nach Wicherns Pestalozzibild zu fragen.

## 2.1 Wicherns Pestalozzibild

Wichern hat sich, abgesehen von seiner erst 1975 unter dem Titel *Pädagogik für das Rauhe Haus* vollständig edierten Vorlesungsreihe der Jahre 1841–1845, nur selten auf Pestalozzi bezogen. Um so bemerkenswerter scheint eine Passage aus seinem 1868er Artikel *Rettungsanstalten als Erziehungshäuser in Deutschland*, in der es heißt: „Es ist nicht möglich, in die Sache einzutreten, ohne gleich zu Anfang Pestalozzis zu gedenken" (SW VII: 383). Dies klang wie ein Lob und ein wenig nach jenem Wort aus der erwähnten Vorlesungsreihe, mit dem Wichern Pestalozzi als „Genie" würdigte, also als „Anfänger des Neuen" (SW VII: 73). Positiv scheint es auch, wenn Wichern davon spricht, dass die Pestalozzifeier im Jahre 1846 „mehrfach Veranlassung zur Gründung von Kinderanstalten gegeben" habe, die mitunter als „Oppositionsanstalten zu Rettungshäusern" angelegt wurden, obgleich es bei einem „richtigen Verständnis des mit Recht gefeierten großen Mannes" (SW VII: 403) eigentlich keinen Grund dafür gegeben hätte. Tatsächlich aber kommt es hier auf jedes Wort an. Denn Wichern spricht ausdrücklich von einem 'richtigen Verständnis' des 'großen Mannes' Pestalozzi. Dies meinte zugleich, dass Pestalozzi eines Nachfolgers bedürftig sei, der für dieses 'richtige Verständnis' Sorge trage. Mit diesem Nachfolger meinte Wichern keinen anderen als sich selbst. Und so überrascht es denn auch nicht, dass er nicht verlegen war um die Gründe, die es zumindest einem Christen ratsam erscheinen ließen, nicht mehr auf Pestalozzi zurückzugreifen. Pestalozzi sei nicht dazu gelangt, „die Herrlichkeit und Fülle des Evangeliums als die alleinige Kraft des Heils sich entfalten zu lassen" (SW VII: 384), deutlicher und mit einem Wort aus der erwähnten Vorlesungsreihe gesprochen: Pestalozzi kenne nicht „die Tiefe der christlichen Lehre und Wahrheit von der Sünde im Menschen" (SW VII: 63). Im Übrigen kolportierte Wichern eine Anekdote, derzufolge der achtzigjährige Pestalozzi, als er 1826 von den Kindern der 1820 gegründeten christlichen Rettungsanstalt in Beuggen bei Basel einen Kranz überreicht bekam, in Anbetracht der Leistung des hier zuständigen christlich-pietistisch orientierten Hausvaters Christian Heinrich Zeller (1779–1860) gesagt haben soll: „Das ist's [...], was ich gewollt habe!" (SW VII: 384)

Diese Anekdote wurde in protestantischen Kreisen in der Folge immer wieder aufgegriffen und durch das Urteil vervollständigt, dass Zeller mit den Kräften von Aufklärung wie vor allem Pietismus gelang, was Pestalozzi „mit den Kräften der Aufklärung nicht zu erreichen vermochte" (Uhlhorn 1892: 309). Und so überrascht es nicht, dass einem die Zeller-Anekdote auch zu Beginn dieses Jahrhunderts immer wieder begegnet (vgl. v. Rohden 1908: 461), mitunter ergänzt durch die Wiedergabe einer gleichsinnigen Episode. Ihrzufolge soll Wichern, als er den Syndikus Sieveking im Februar 1833 um Unterstützung für seine das Rauhe Haus betreffenden Pläne anging, ausgerechnet an dem Tag vorgesprochen haben, als „eine auf dessen Landhause bisher bestehende, aus Pestalozzis Anregungen hervorgegangene Erziehungsanstalt für arme Kinder zu existieren aufgehört (hatte)" (v. Rohden 1910: 161). Diese Episode wurde zwar von Wichern selbst so nirgends berichtet, aber ihre Darbietung erfüllte gleichwohl ihren Zweck: Sie erlaubte es, Wichern als „Hamburger Pestalozzi" (ebd.) und insoweit als berufenen Pestalozziüberwinder vorzuführen.

Nur einmal wurde gegen dieses protestantische Pestalozzibild protestiert, und zwar in der Weimarer Epoche. Erich Weniger monierte beispielsweise, dass die Zeller-Episode von den maßgeblichen Biographen „so nicht erwähnt" (Weniger 1927a: 148) werde. Der Sinn dieses Einwandes war damals klar: Die aufstrebenden Sozialpädagogen, zu denen Weniger als Nohl-Schüler gehörte, mussten bei ihrem Versuch, den Theologen das Handlungsfeld der Fürsorgeerziehung streitig zu machen, zuallererst den Pädagogen Pestalozzi gegen den Theologen Wichern rehabilitieren. Dies aber verlangte, den Eindruck auszulöschen, als habe Pestalozzi selbst gegen Ende seines Lebens sein Scheitern eingeräumt – und damit indirekt Wichern auf den Thron eines denkbaren Nachfolgers gehoben. Die protestantische Geschichtsschreibung war nicht minder durchsetzt von Theoriepolitik, ging es ihr doch um Popularisierung eines negativ gefärbten Pestalozzibildes, das half, den Bereich der Fürsorgeerziehung auf Dauer konfessionellem Einfluss zu unterstellen. Dass auch die neuere Forschung diese Zusammenhänge außer Acht lässt, wird man nur zu bedauern haben. So findet sich noch in der Gegenwart die Zeller-Anekdote etwa, mit distanzierendem Vermerk, bei Rudolf Dellsperger (1996: 342), aber eben auch ohne einen solchen, etwa bei Bettina Lindmeier (1998: 59) oder Juliane Jacobi (1998: 83), aber auch bei Gisela Hauss (1995: 38), die dem – wieder einmal – die Folgerung anschließt: „Dort, wo Pestalozzi in der moralischen und religiösen Bildung der Kinder vieles offen ließ, begann Zeller alle Erziehung letztlich auf den christlichen Glauben auszurichten“ (ebd.: 41).

Damit ist in etwa der Rahmen abgesteckt, in dem man Wicherns Pestalozzibild und die Auseinandersetzung der Sozialpädagogen der Weimarer Epoche mit Wichern und Pestalozzi zu sehen hat. Und es wird nun auch deutlicher, warum Nohl in erster Linie der Pestalozzi des *Stanser Briefs* und nicht etwa der noch von Natorp betonte Pestalozzi des Volksromans *Lienhard und Gertrud* interessierte (vgl. Kap. 1.3). Denn dies war der Pestalozzi, den Wichern ad acta gelegt hatte und den man nun, wenn man gegen Wichern und die durch ihn geprägte Tradition bestehen wollte, wieder freilegen musste. Insoweit muss uns bei einer Auseinandersetzung mit Wichern zuallererst dessen Arbeit im ‘Rauhen Haus’ interessieren. Die Frage lautet dabei, was an ihr noch als vorbildhaft gelten kann und wie sie sich im Verhältnis zu jener Arbeit bewerten lässt, die Pestalozzi im Kloster Stans leistete. Lässt sich, so lautet die in diesen Zusammenhang gehörende, etwas speziellere Frage, tatsächlich, wie von Wichern und von vielen Theologen in der Wichernnachfolge ja behauptet, die Überlegenheit eines pietistisch begründeten Handelns und Denkens gegenüber einem aufklärungsorientierten behaupten, und zwar dies natürlich vor allem im Bereich der Fürsorgeerziehung? Und: Worin gründet eigentlich das theologische Moment in Wicherns und das pädagogische resp. sozialpädagogische Motiv in Pestalozzis Pädagogik?

## 2.2 Der Wichern des ‘Rauhen Hauses’

Der Name ‘Rauhes Haus’ – dies war jedenfalls die von Wichern bevorzugt vertretene Variante (SW IV/2: 23) – geht auf den Ausdruck ‘Ruge’s Haus’ zurück und verweist auf den Namen des Erbauers eines kleinen Bauernhauses, das Wichern 1833 zwecks Gründung einer ‘Rettungsanstalt’ zur Verfügung gestellt bekam und in das er am 31. Oktober 1833 zusammen mit seiner Mutter, einer Schwester und einem Bruder einzog, um dann – wie er sich 1861 erinnerte – „nach und nach ein fremdes Kind und so fort in unsern Familienkreis“ aufzunehmen (SW V: 179). Fünfundzwanzig Jahre nach diesen eher spärlichen Anfängen konnte Wichern festhalten: „Das Rauhe Haus, eine Stunde von Hamburg gelegen, ist nicht Ein großes anstaltsmäßiges Gebäude, sondern eine freundliche, dorfähnliche Anlage, bestehend aus etwa 18 Wohn- und andern Gebäuden in einem 20 Morgen großen, von hohen schattigen Eichen und anderem Laubholz umgebenen Garten mit schöner, freier, weiter Aussicht in die fruchtbare, reichbelebte Elbniederung“ (SW IV/2: 252). Imponierend an diesem Porträt ist die räumliche Ausdehnung, die das Rauhe Haus inzwischen genommen hatte. Dabei gab es vor Wichern bereits ähnliche, gleichfalls aus christlicher Überzeugung gegründete Einrichtungen, wie etwa die – ab 1824 im Nachklang zur sich allmählich durchsetzenden Sprachregelung auch offiziell als ‘Rettungshaus’ bezeichnete (SW V: 131) – Erziehungsanstalt des bereits erwähnten Christian Heinrich Zeller oder auch das Heim, das Johannes Falk (1768–1826) 1813 in Weimar gegründet hatte. Keine aber war von vergleichbarer Dauer und Breitenwirkung, und keine wurde mit auch nur annähernd vergleichbarer publizistischer Intensität populär gemacht. Dass Wichern dabei nicht nur eine Einrichtung, sondern eine ganze Bewegung stiftete, zeigt die weitere Entwicklung: 1929, also fast einhundert Jahre nach Gründung des Rauhen Hauses, waren von 1.798 Erziehungsanstalten (mit 131.773 Betten) ca. 71 % in konfessioneller (mehrheitlich evangelischer) Trägerschaft (Sachße/Tennstedt 1988: 107). Zentrale Sinnstiftung erfuhr dieses Handlungsfeld nach wie vor über Wichern. Er war es, dessen Impulse prägend waren für die Jugendfürsorge – und dies meint auch: für die einschlägigen Zeitschriften, Verbände, Tagungen etc. – auch noch in der Weimarer Epoche.

Angefangen hatte alles mit Wicherns sog. ‘Begründungsrede’ vom 12. September 1833. Wichern vermittelte hier überaus plastische Eindrücke in Sachen Kinderverwahrlosung in Hamburg (SW IV/1: 99 ff.). Der Auftrag an das Rauhe Haus lag damit nahe: Es sollte „verwahrlosten Kindern (beiderlei Geschlechts) bis zur Konfirmation eine Zuflucht und diejenige Erziehung () gewähren, welche die Stelle der elterlichen Fürsorge soviel als möglich vertreten soll“; insoweit, so Wichern weiter, sei das ‘Rauhe Haus’ „kein Waisenhaus, keine Armenschule, keine Strafanstalt für jugendliche Verbrecher“, wolle also im Gegensatz zu den staatlichen Besserungsanstalten nicht durch „Strafe“ wirken, sondern durch „Vergebung“; die Besonderheit dieses Zwecks bedinge, dass das ‘Rauhe Haus’ „ausdrücklich der Unterstützung aus der Kasse des Staates“ entsage und seine Aufwendungen allein aus den ihm „von christlicher Milde anvertrauten Mitteln“ (SW IV/1: 96) bestreite. Es war dieses Privatfinanzierungsmodell, das Wichern Anlass gab, das ‘Rauhe Haus’ sehr bewusst in Großstadtnähe anzusiedeln und der Hamburger Kaufmannschaft, gleichsam als Gegenleistung für die finanzielle Unterstützung, die allfällige Bereitstellung eines „treue[n], folgsamen, fleißige[n], für seinen Stand allein nur vorbereitetes und zugleich geübtes gottesfürchtiges Gesinde in seinem Hause“ (SW IV/1: 110) zuzusagen. Entsprechend dieser Vorgabe und des ihm zugehörenden Versprechens, die Zöglinge nach ihrer Entlassung an ihren jeweiligen Lehr- oder Arbeitsplätzen regelmäßig wöchentlich von der Anstalt aus zu besuchen, sah der vier Jahre später vorgelegte Kontrakt zur Aufnahme eines Kindes in diese Einrichtung Freiwilligkeit seitens der Kinder und vor allem auch seitens der sie abgebenden Eltern vor. Des weiteren hatten sich die Eltern zu verpflichten, sich nicht in die Erziehung einzumischen und ihre Kinder nicht ohne Erlaubnis des Vorstehers zu besuchen. Bei gleichwohl durch die Eltern vorzeitig veranlasster Entlassung ihrer Kinder behielt sich die Anstalt vor, die aufgelaufenen Unterbringungskosten bei den Eltern einzutreiben oder ggf. aus dem Nachlas des Kindes zu decken.

Die sozialpädagogische Bewertung dessen, was Wicherns mit dem Rauhen Haus beabsichtigte und in ihm bewirkte, lässt sich nicht auf einen Begriff bringen. Einzelnen Ideen Wicherns wird man eine gewisse Modernität zugestehen können. Dies gilt beispielsweise für eine so ins Grundsätzliche weisende Überlegung wie die, dass (christliche) Erziehungsanstalten nichts nützen würden, wenn das Kind später „in eine Welt hinausgetrieben werden muß, die vom Gewissen viel redet, aber ohne Gewissen ist" (SW IV/2: 19). Denn in ganz ähnlicher Form versucht man auch heute noch, den Auftrag von Sozialpädagogik im Interesse des Vermeidens des Drehtüreffekts institutionalisierter Fremdunterbringung auf die Pädagogisierung außerinstitutioneller Lebensbezüge auszudehnen. Und wenn Wichern argumentiert, dass die „individuelle Berücksichtigung" schwieriger Kinder in der Schule „kaum möglich" sei „und deswegen anderswie von außerhalb der Schule her durch Einpflanzung in eine neben der Schule aufzusuchende Familie ersetzt werden muß" (SW VII: 338), dann fühlt man sich zumindest in die Weimarer Argumentationslage zurückversetzt. Denn damals hat sich die Sozialpädagogik mit ganz ähnlichen Argumenten ihre erste Begründung als außerschulische Handlungsform zu geben versucht.

Aber auch Wicherns im engeren Sinne pädagogische Überlegungen sind nicht ohne Interesse für die Heimerziehung der Gegenwart. Zu nennen ist in diesem Zusammenhang das Konzept nicht kasernenförmiger, sondern parzellierter Anstaltsarchitektur und großstadtnaher Unterbringung mitsamt der im Rauhen Haus gepflegten Festtradition. Insbesondere Wicherns Beschreibung des jeweils im Juli oder August durchgeführten 'großen Spaziergangs' gemahnt dabei durchaus an jugendbewegte Motive: „Eine große Fahne vorauf, auch im letzten Jahr nicht ohne Signaltrompete, die einer der Burschen bläst, ziehen an hundert wanderlustige und kräftige Rauhhäusler, Kinder und Brüder und was von erwachsenen Hausgenossen irgend kann, morgens in aller Frühe singend und klingend von dannen, und mit den Marschgesängen geht es immer vorwärts, bis das Ziel erreicht ist" (AS 2: 113). Von dieser Beschreibung ausgehend überrascht es nicht, dass schon Wichern den Vokalchor und die Blechinstrumentalmusik als wichtige Bildungselemente anerkannte (SW VII: 477), das Recht des Kindes auf kindliches Spiel verteidigte und nachdrücklich auf „die Kunst, das Kind zum Spielen zu bringen" (SW VII: 483), verwies. Auch war es Wichern, der für eine nicht von außen gegebene, sondern „lebendige Hausordnung“ (SW VII: 460) plädierte und an einem ausgeklügelten Aufnahme-, Entlassungs- sowie Nachsorgesystem arbeitete. In Sachen Aufnahme heißt es beispielsweise: „Wehe, wenn er [der Hausvater; d. Verf.] die Aufnahme als eine Geschäftserledigung betrachtete und behandelte! Aus dem ersten Zusammentreffen bildet der neu Eintretende sich ein Urteil über die Persönlichkeit, welche ihm von da an die (oft erzürnten!) Eltern ersetzen soll!“ (SW VII: 430) Aber nicht nur dies galt es in Wicherns Sicht zu beachten. Vielmehr hatte jeder einzelne Gehilfe Tagebücher zu führen über das, „was jedem in Beziehung auf die eigentlich sittliche Entwicklung der Kinder wesentlich erscheint“ (SW IV/1: 190). Diese Tagebücher gaben dann die Basis ab für die in wöchentlich abgehaltenen Konferenzen mit dem Hauspersonal erstellte – um ein modernes Wort zu benutzen – ‘Hilfeplanung’. Hervorzuheben ist auch die vom Rauhen Haus organisierte Elternarbeit, die darauf zielte, „das Leben der Familien, wo es zerfallen war“ (SW VII: 51), wieder aufzubauen, die Beziehungen zwischen aufgenommenen Kindern und abgebenden Eltern zu verbessern sowie, nicht zu vergessen: infolge der Kenntnis der jeweiligen Herkunftsmilieus zu einem tieferen Verständnis der Kinder zu gelangen (SW VII: 113).

Die größte Beachtung aus moderner sozialpädagogischer Sicht verdient aber zweifellos Wicherns Einführung des Familienprinzips. „Man sage, was man will“, schreibt er hierzu 1841/42 in Auseinandersetzung mit den zeitgenössisch dominanten Formen der Unterbringung in Armen- und Waisenhäusern, „ein Haus mit 50 oder 100 Kindern ist nie und nimmer eine Familie. Die Gemütlichkeit, Vertrautheit, das Eingehen in die einzelne Persönlichkeit des Kindes geht bei der Masse notwendig unter, statt der häuslichen Zucht muß eine Schul- oder militärische Zucht eintreten“ (SW VII: 42). Man sieht hier: Pestalozzis Forderung, die Vorzüge, die die häusliche Erziehung habe, müssten von der öffentlichen nachgeahmt werden, begegnet einem bei Wichern erneut. Auch sein „leitende(r) Hauptgesichtspunkt bei der Erziehung“, nämlich dass es gelte, „dem unendlichen Wert der einzelnen Persönlichkeit die vollste Berücksichtigung zuteil werden zu lassen“ (SW IV/2: 252), kommt einem von Pestalozzi her bekannt vor. Dies gilt auch für Wicherns in diesen Zusammenhang gehörende Forderung, dass jeder Erzieher von des Kindes „Standpunkte aus handeln und verhandeln müsse“ (SW VII: 78), insoweit jedem Kind „diejenige erziehliche Fürsorge geboten werden (sollte), der gerade dies Kind nach seiner Eigentümlichkeit, nach seiner ganzen Besonderheit, für seine innerste Lebensstellung bedarf“ (SW IV/2: 252 f.). Der Sache nach führte das so begründete Familienprinzip im Rauhen Haus dazu, dass die Kinder in familienanalog strukturierten Zwölfergruppen wohnten und die im steten Wachstum begriffene Anstalt insgesamt als eine „Vereinigung von mehreren Familien“ (SW VII: 44) in Erscheinung trat. Zusammenfassend gesagt sah Wichern also – und auch hier ganz modernen sozialpädagogischen Auffassungen vorgreifend – in der öffentlichen Erziehung lediglich eine nur unter Beachtung des Familienprinzips akzeptable Notmaßnahme, die dort einspringen müsse, wo eine an sich wünschenswertere Unterbringung in einer Pflegefamilie nicht in Frage komme, weil und insofern aller Erfahrung nach die (meist unbemittelten) Familien, „die solche Kinder aufnehmen wollen, nur äußeren Gewinn damit verbinden“ (SW VII: 42). Dieser Notbehelfscharakter wurde in der Folge immer wieder betont – so etwa 1854 seitens des Marburger Theologen Heinrich Thiersch unter Verweis auf die mittels öffentlicher Erziehung letztlich uneinholbaren Idealmotive eines wahrhaft christlichen Familienlebens (SW V: 128 ff.) –, ohne dass dadurch Wicherns Argumente für das Familienprinzip, die ihn mit Pestalozzi verbanden, entscheidend geschwächt wurden, im Gegenteil: „Die Kindererziehung in Anstalten geht nicht, wenn man sie nicht mit der Familienerziehung einigt“ (SW IX: 139), schrieb er noch in einer seiner letzten Stellungnahmen zu diesem Thema (im Jahre 1874).

Ein Satz allerdings ist es, der eine unüberbrückbare Differenz zwischen Wichern und Pestalozzi einerseits sowie zwischen Wichern und dem modernen sozialpädagogischen Denken andererseits auf den Begriff bringt, nämlich der Satz: „Des Kindes Gemüt muß als heiliger Boden mit heiligen Händen und Herzen behandelt werden“ (SW VII: 494). Man könnte einwenden, dass sich ähnliche Äußerungen auch bei Pestalozzi oder Ellen Key finden, die in ihrer reformpädagogischen Programmschrift Das Jahrhundert des Kindes die Eltern aufforderte, ihre Stirne vor der „Hoheit des Kindes“ in den Staub zu beugen und einzusehen, „dass das Wort Kind nur ein anderer Ausdruck für den Begriff Majestät ist“ (Key 1902: 181). Darin scheint sie sich mit Wichern zu treffen, insofern auch dieser forderte, „jedes Kind als ein Heiligtum zu betrachten“ und – dies als Warnung an die Erzieher – nicht „nach Willkür mit dem Kinde zu verfahren“ (SW VII: 65). Wichern indes bezog sich dabei auf die Wertschätzung, die der Mensch durch Gottes Opferung seines eigenen Sohnes erfahren habe und die den Erzieher nötige, jedes Christenkind als „Wohnstätte Gottes“ zu betrachten und „sein eigenes Verfahren […] unter die Zucht Gottes […] zu stellen, damit er im Kinde nicht das Eigentum Gottes verletze, verderbe“ (SW VII: 65). Im Übrigen war davon die Einsicht ganz unbenommen, wonach die „sittliche Wertschätzung“ des Menschen von der Stellung abhänge, „welche von der Persönlichkeit eingenommen wird im Verhältnis zum göttlichen Gesetze“ (SW VII: 74). Key hingegen – und mit ihr weiten Teilen der Reformpädagogik – war es um die Wertschätzung zu tun, die der gesellschaftlich verdorbene Erwachsene gegenüber dem Kind in seiner naturbelassenen Unschuld zu erbringen habe.

Im Übrigen hätten Pestalozzi oder Key Wicherns Wort von den ‘heiligen Händen und Herzen’ als Metapher für erzieherische Zurückhaltung verstanden. Wichern hingegen meinte es bitterernst. Denn er vertrat die Auffassung, dass die Erziehung ausschließlich in den Händen des Theologen oder jedenfalls doch christlichen Erziehers liegen müsse. Dies erklärt sich im Wesentlichen aus Wicherns Erziehungsbegriff. Denn für Wichern war Erziehung nicht lediglich – wie er auch in Auseinandersetzung mit der pädagogischen Argumentationslinie von August Hermann Niemeyer (1754–1828) über Christian Schwarz (1776–1837) bis hin zu Eduard Beneke (1798–1854) zu zeigen suchte (SW VII: 261) – die „Herausbildung [des Menschen; d. Verf.] aus dem Unvollkommenen ins Vollkommene", zumal unter dem fragwürdigen Diktum, dass das Vollkommene im Erzieher und dessen Vorbildhaftigkeit gründe; sondern Erziehung war für Wichern „die Umbildung der sündigen Menschennatur in die heilige göttliche Natur" (SW VII: 37). Dies aber erforderte christliche Erzieher und, da sich die Wahrheit der Erziehung nur qua Offenbarung erschließe, die Anerkennung des Umstandes, „dass es nur eine wahre Erziehungslehre [eben die christliche; d. Verf.] geben kann" (SW VII: 265 f.) sowie: dass die Bibel „die einzige Wahrheit in der Erziehung" (AS 2: 85) ist.

Würde man beide Voraussetzungen anerkennen, wäre dies das Ende von Pädagogik als Wissenschaft. Denn auch wenn Wichern vor den „Gefahren des Dilettantismus" warnte und einräumte, dass es zur Mitarbeit im Dienste der Inneren Mission „eigentümlicher Einsichten in die bestehenden öffentlichen Lebensverhältnisse, eigentümlicher Gewandtheit zur Gewinnung der Menschen für höhere Zwecke, eigentümlicher Gaben, die Geister zu unterscheiden, bedürfen wird" (SW I: 85) – zumindest in Sachen der Geeignetheit seines Erzieherpersonals meinte er doch, mit einer einzigen Bedingung auskommen zu können: mit der Bedingung, den „Beruf" (gemeint ist die Berufung) in sich zu fühlen, „im Werke der Rettung zu arbeiten" (SW VII: 53). Schullehrer, Handwerks- und Arbeitsleute, selbst (christliche) Hausväter kamen für ihn also nicht oder jedenfalls nicht ohne weiteres in Frage: letztere nicht, weil sie ungeschickt seien „zum Unterricht und zum Arbeiten", Schullehrer nicht, weil sie ungeschickt seien „zum Familienleben und Arbeiten", und Handwerks- und Arbeitsleute nicht, weil sie ungeschickt seien „zum Familienleben und zum Unterrichten" (SW VII: 53). Einzig also denen, die sich ohne weitere Umschweife dem 'Werke der Rettung' verschrieben und jedenfalls nicht „um des äußern Lohns willen" (SW VII: 54) kamen, traute Wichern die Bewältigung aller drei Aufgaben zu – eine typisch christliche Kompetenztheorie, derzufolge der Glaube die Kraft zu allem anderen gibt und von weltlichem Gewinnstreben abhält.

Aufruhend auf diesen Voraussetzungen verstand es Wichern, sich quasi zum Nulltarif ein von ihm abhängiges Personal zu rekrutieren. Es bestand in der Hauptsache aus christlichen, jungen, unverlobten und unverheirateten Männern zwischen 20 und 29, die den Landbau oder ein Handwerk betreiben konnten und für Gottes Lohn sowie freie Station arbeiteten sowie einen Teil der nötigen Kleidung erhielten (AS 2: 85). Nicht zuletzt der durch die fortschreitende Industrialisierung bedingte Rückgang an Landarbeiter- und Handwerker-Arbeitsplätzen in Deutschland sorgte für ein vergleichsweise hohes Niveau des Personals. Dabei legte es Wichern bewusst darauf an, den jüngeren Handwerksstand gegen die im Umfeld der 1848er Revolution auf ihn eindringenden „atheistischen und kommunistischen Einflüsse [...] zu schützen“ (SW V: 79) sowie von Auswanderung abzuhalten und als „Salz des evangelischen Volkskernes zu erhalten“ (SW V: 93). Eine weitere wichtige Interessentengruppe fand Wichern im nachwachsenden Lehr- und Pfarrstand. Wie der erstmals 1980 vollständig edierte Briefwechsel zur Brüdergeschichte zeigt, war eine Tätigkeit im Rauhen Haus sowie später im Johannesstift offenbar für viele auch eine Art Praktikum vor Übernahme der – dann auch bezahlten – Stelle eines (Armenschul-)Lehrers oder einer Funktion im Rahmen von Stadtmission sowie Seelsorge. Insoweit war Wicherns Modell zumal aus betriebsökonomischen Gründen an sich ideal.

Dennoch lassen sich Probleme nicht übersehen. Eines davon ging in die Richtung, was aus dem älter werdenden, nicht in andere Stellen wegberufenen und unverheiratet gebliebenen Personal werden sollte. Diese Frage gab Wichern Anlass, den Erziehungsgehilfen oder, wie es bald hieß, den ‘Brüdern’ materielle Möglichkeiten zur Gründung eines eigenen Hausstandes und mithin zur Verheiratung zu eröffnen. Auf jeden Fall, so Wichern 1861, müsse verhindert werden, dass die ‘Brüderschaft’ zu einer bloßen ‘Versorgungsanstalt’ werde (SW VI: 317). Außerdem musste im Laufe der Zeit doch eine Reihe von Brüdern ausgeschlossen werden, und zwar zumeist, wie Wicherns Standardbegründung (gemäß Brüderordnung) lautete, „wegen notorischer Untreue in ihrem Beruf und unheiligen Wandels“ (SW VIII: 124). Diese Vorgänge gab Wichern den übrigen Brüdern in der Regel zwecks Abschreckung zur Kenntnis. Durchaus bedeckter verhielt er sich bei öffentlich zutage tretenden und entsprechend skandalisierten groben Kompetenzdefiziten. Zu den gravierendsten Vorfällen gehörte im August 1859 die Erschießung eines renitenten Häftlings auf Anordnung eines gänzlich überforderten Bruders des Rauhen Hauses, der im Moabiter Gefängnis den Vollzugsdienst ausübte. Dieses Ereignis, der nachfolgende Freispruch des Angeklagten sowie der Tod eines zwecks Ausnüchterung von einem diensttuenden Bruder in die Arrestzelle gesperrten weiteren Häftlings im Oktober 1861 (SW VI: 491) sorgten für eine heftige Diskussion um die auf Vorschlag Wicherns eingeführte Einzelhaft sowie die mittels des Instituts der Brüderanstalt erreichbare Fachlichkeit. Insbesondere die Fachlichkeitsdebatte wurde in der Weimarer Epoche in dem hier bevorzugt interessierenden Bereich der Fürsorgeerziehung fortgeführt. Anlassbildend hierfür waren neue (Heim-)Skandale und das aufstrebende, nicht theologisch eingeengte sozialpädagogische Problembewusstsein (vgl. Kap. 5.3). Es war nicht zuletzt die damit eingeleitete Debatte, die in der Weimarer Epoche das Aus des Wichernmodells ankündigte. Damit stand der nun massiv anhebenden Politik der Verberuflichung, Professionalisierung und Entkonfessionalisierung eines ursprünglich als ‘Berufung’ verstandenen christlichen Tuns an sich nichts mehr im Wege – wäre da nicht der Nationalsozialismus gewesen.

Wie unabweisbar die durch die Geschichte unterbrochene Diskussion war, zeigt vor allem ein Blick auf die Erziehungstheorie und -praxis im Rauhen Haus. Wichern selbst gab zumal von der Praxis mitunter nur ein sehr schematisches Bild, etwa wenn er, als säße er an einem Werbeprospekt, schreibt: „Die Brüder leben mit und unter den Kindern und wie die Kinder, wohnen aber in kleineren Kreisen (sog. Konvikten) zu je 6–7, die ganz wie die Kreise der Kinder familienartig gestaltet sind, zusammen. Sie beaufsichtigen die Zöglinge, geben ihnen Anleitung zu den verschiedensten Handbeschäftigungen im Garten, auf den Feldern, in den Werkstätten, sie spielen mit ihnen, teilen überhaupt mit ihnen Freude und Leid, sind [...] zugleich die Lehrer der Kinder und machen überdies selbst einen vollständigen, für sie eingerichteten, mehrjährigen Unterrichtskursus durch“ (SW IV/2: 254). Die Wirklichkeit sah doch etwas anders aus. So beschränkte sich das, was Wichern hier als ‘mehrjährigen Unterrichtskurs’ bezeichnet, in der Regel auf die durch Wichern selbst geleistete „Erklärung der Heiligen Schrift“ (AS 2: 85). Die Bibel als das von Wichern ins Zentrum gerückte Lehrbuch der christlichen Erziehungskunde ist es also, die uns im Blick auf die Erziehungswirklichkeit im Rauhen Haus besonders zu interessieren hat.

Abgesehen von einzelnen, durch Wichern immer wieder in erzieherischer Absicht instrumentalisierten Bibelsprüchen sind es dabei vor allem zwei Geschichten, die hier von Belang sind und die sich zueinander wie weiß und schwarz oder gut und böse verhalten: die Schöpfungsgeschichte und die Geschichte vom Sündenfall. Im Zentrum der Schöpfungsgeschichte steht die Schöpfungsgnade, die „sich in allen geschaffenen, in allen von Gott verordneten Verhältnissen [...] kundgibt“ (SW VIII: 61). Würde man als Erzieher nur dieser Geschichte folgen, bliebe einem, so Wichern, lediglich die Position, „das Kind, was es ist und wie es ist, als ein Geschöpf seines Willens“ (SW VII: 61) zu achten und aufzunehmen. Damit aber wäre die Position eines Rousseau kaum noch zu vermeiden. Die „rechte Aufgabe der Erziehung“ hätte es dann nämlich zu sein, „den Menschen, wie er in der Natur gegeben und geboren ist, zu entwickeln und sich entfalten zu lassen“ (SW VII: 63). Vor dieser, mit Wichern gedacht: ‘Naivität’ bewahrt einen die Geschichte des Sündenfalls resp. die Geschichte der Vertreibung des Menschen aus dem Paradies. Denn dieser Geschichte zufolge erweist sich der von Gott geschaffene Mensch als böse oder jedenfalls doch als verführbar. Und insoweit ist die vom Menschen missbrauchte Schöpfungsgnade im theologischen Verständnis der Ergänzung durch die Erlösungsgnade bedürftig.

Ein Problem allerdings stellt sich angesichts dieser christlichen Sicht auf die Ordnung der Dinge. Denn an sich gilt ja, dass jeder Mensch in gleicher Weise schuldig ist am Sündenfall Adams und dass er, wie Adam, offen ist für (erneute) weltliche Versuchungen. Was aber macht man dann angesichts besonders ausgeprägter Schlechtigkeiten einzelner Kinder? Denn wenn man hier zwecks Erklärung nach den Besonderheiten der jeweiligen Sozialisation suchen würde, stünde wiederum das Erbsündedogma in Zweifel. Wicherns Weg war deswegen ein anderer. Er kalkulierte darauf, dass „sich zuzeiten die sündige Gestalt des Großvaters oder der Großmutter im Enkel, oder eines längst verstorbenen Seitenverwandten der Eltern im eigenen Kinde“ (SW VII: 343) wiederhole. Dies war natürlich pseudowissenschaftlicher Unsinn, der sich aber in der Logik des Erbsündedogmas fast zwingend nahe legte. Analoges gilt für Wicherns Beschreibung eines von „Krämpfen“ heimgesuchten, im Zuchthaus einsitzenden Mädchens. Denn sein Kommentar – „dies Leiden ist die Folge entsetzlichen, durch die schwersten, vom Vater veranlaßten Sünden verschuldeten Elends, die Frucht ist nicht ausgeblieben, das Gewissen schlägt“ (SW VI: 19), – ist zwar extrem verklausuliert. Wenn man aber davon ausgeht, dass Wichern gerade in Sachen der (vermeintlich) „schmutzigsten“ Sünden (AS 2: 57) zu den beharrlichsten Strategien des Verschweigens oder jedenfalls doch der Verschlüsselung griff, ließe sich Wicherns Schilderung wie folgt übersetzen: Gemeint ist ein Fall sexuellen Missbrauchs (‘schwerste Sünden’), bei dem die Tochter zwar das Opfer war, aber sich auch zu eigener Aktivität ‘veranlasst’ sah, was nicht ohne leibliche Folgen („Frucht“) blieb und auch die Zuchthausstrafe und dic „Krämpfe“ (= Epilepsie) nach sich zog. Da die Epilepsie damals – wie wir nun schon vom Pestalozzi-Kapitel her wissen, – und zumal in theologischer Sicht als Gottesstrafe galt, wollte Wichern also mit diesem Fallbeispiel zeigen, dass (1) sexueller Missbrauch unter den dargelegten Konditionen das Strafgericht Gottes nach sich ziehen muss sowie: dass (2) in Gestalt der den Vater sexuell provozierenden und insoweit dessen Triebhaftigkeit kopierenden Tochter erbsündhafte Verstrickung zur Herrschaft gelangt. Beide Aspekte sorgten je für sich dafür, dass das Mädchen sowohl um medizinische Behandlung als auch um – damals allerdings kaum verfügbare – psychologische Beratung gebracht wurde und allein der (Gefängnis-)Seelsorge unterlag, die mitunter dann allerdings auch ‘pädagogischen’ Gehalt hatte.

Bei all dem stand für Wichern außer Frage, dass die Teilhabe an der Erbsünde der Vorgängergenerationen nicht von eigener Verantwortung entlaste. Vielmehr gelte, dass „jede einzelne Sünde nicht anders denn als persönliche Schuld aufgefaßt werden kann“ (SW VII: 83), die sich „ohne die Führung des Kindes zu dem alleinigen Erlöser“ (SW VII: 342) nicht überwinden lasse. Die Erzieher waren mithin diejenigen, die durch „Heraustreiben des Sündigen und Mitteilung des neuen Lebensprinzips“ (SW VII: 39) für Erlösung zu sorgen hatten angesichts des Kampfes mit dem Dämon, in den sich das Kind verstrickt sah. Christliche Erziehung, so denn auch Wicherns Resümee, führt „das Kind zur göttlichen Gnade, damit in deren Licht die Sünde, das verderbte Menschenherz und die Selbstsucht, ertötet werde, damit der natürliche Mensch am Kreuze Christi Sündenvergebung nehme und ein ganz neues, himmlisches, heiliges und von der Selbstsucht entkleidetes

Leben führe“ (SW VII: 64). Und wenn christliche Erziehung doch einmal versagte, dann begründete sich dies aus „der sündlichen Natur der Kinder selber“; auf jeden Fall, so Wichern an einem Beispiel, sei es ein „vollkommenes Unrecht, solche Kinder als ‘verwahrlosete’ zu bezeichnen, da die Eltern gerade an diesen Kindern nichts besonderes versäumt, ja gerade zu ihrer Rettung und christlichen Erziehung alles aufgeboten“ hätten (SW III/1: 108).

Die Erzieher, so darf man dieses Beispiel vielleicht auch lesen, haben immer recht – sofern sie eine christliche Grundorientierung vertreten. Welche Konsequenzen dieses Erziehungsverständnis im alltäglichen Erziehungshandeln hatte, lässt sich dem Dritten Jahresbericht des Rauhen Hauses von 1837 entnehmen. In ihm ist zu lesen: „Wir haben hier eine Symptomatik des innern verhaltenen Bösen kennengelernt, welche uns ziemlich sicher leitet. Gewisse [...] Sünden, so wie sie eine gemeinschaftliche Natur annehmen, versetzen den von ihr Besessenen in einen [...] konvulsivischen Zustand“ (AS 2: 70). Die Symptome, so Wichern weiter, zeigten sich in einem „unbändige(n) Heulen, Schreien, Wälzen und Tumultieren“, angesichts dessen man nur hoffen könne, „den Dämon zu beschwören“ (AS 2: 70). Diese von Wichern hier praktizierte Dämonisierung des Zöglings und die dem innewohnende Auslegung des Erziehungsgeschäftes als eine Art Exorzismus des Bösen, das sich nun einmal in einzelnen Kindern „in höherer Potenz“ (AS 2: 139) zeige, macht die dunkle Seite des Erbsündedogmas offenkundig. Denn die Erzieher des Rauhen Haus waren auf diese Weise der Reflexion ihrer eigenen Verantwortung für das auffällige Verhalten der Problemzöglinge enthoben. Und sie konnten sich ganz in der vergleichsweise bequemen Rolle des Beobachters und Kontrolleurs der Boshaftigkeit des anderen einrichten. Entsprechend sah Wichern auch keine Probleme, die neu aufgenommenen Kinder, denen der „Trieb und die Liebe zu ihrer Sünde“ noch wie eine „ansteckende Krankheit“ (SW VII: 49) innewohnte, vorübergehend in einem für sie eingerichteten Noviziat unter Quarantäne zu halten oder jedenfalls doch mit besonderer Vorsicht zu beobachten und mit Strenge zu behandeln. Der dem unterliegende Sinn der Strafe ging auf „Hinwegräumung der Sünde durch Offenbarung des Sieges über sie“ (SW VII: 88). Dabei war Wichern in Sachen dieser besonderen erzieherischen Maßnahme angesichts der persönlichen Schuld des Erbsündhaftigen durchaus nicht zimperlich. Abgesehen von dem gängigen Repertoire körperlicher Züchtigung plädierte er dafür, „den Bettverunreiniger mit der Strafe des beschmutzten Bettes“, den „Faulen durch die Ausstellung mit der Nachtmütze“ oder den „Possenreißer“ durch Überweisung auf die Krankenstube symbolisch zu „beschämen“ (SW VII: 90). Der Gerechtigkeit halber gilt es aber anzumerken, dass Wichern seine Erzieher immer wieder davor warnte, das „Beurteilen im Geiste der Liebe“ unmerklich durch die „Mißgeburt des Richtens nach dem Gesetz“ (SW VII: 78) zu ersetzen. Erzieher, so Wichern weiter, hätten „über sich selber wachsam“ zu sein sowie für die „Autorität der erziehenden Persönlichkeit im Herzen der Kinder" (SW VII: 79) Sorge zu tragen. Auch war es Wichern, der die Erziehung, ganz im Sinne des pädagogischen Mainstream seiner Epoche, als Kunst auslegte, die dem Erzieher zuallererst die „Einsicht in die Gründe seines Verfahrens" und mithin einen „gewisse(n) Takt" (SW VII: 263) abverlange.

Erklärungsbedürftig wird nach all dem die relative pädagogische Aufgeschlossenheit Wicherns, wenn nicht gar seine Liberalität, für die sich auch im Vorhergehenden mancherlei Zeugnis finden ließ. Man wird – dies als Antwortversuch – wohl nicht übersehen dürfen, dass Wichern seine Pädagogik immer auch in dreifacher Absetzung entwickelte: in (1) Richtung des pädagogischen Fachdiskurses, in (2) Richtung der katholischen Erziehungslehre, und (3) in Richtung der Praxis in staatlichen Besserungsanstalten. Wenn Wichern also beispielsweise formuliert: „Die Praxis ist oft eher da als das Bewußtsein eines Wissens über sie" (SW VII: 264), dann handelt es sich dabei um eine auf Schleiermacher (1983: 11, 131) – dessen Hörer Wichern gewesen war – verweisende Entnahme aus dem pädagogischen Wissensfundus der Epoche. Dies gilt auch dort, wo Wichern die erzieherische Macht familialer Geselligkeit hervorhebt und auf ein daraus sich ergebendes „inneres Lebensgesetz" schließt, um – ganz im Sinne der im Pestalozzi-Kapitel bereits angeführten Schleiermacher-Bezugnahme Nohls (1933/1935: 166) – zu folgern: „Damit aber hat die Erziehung ihr Ziel erreicht. Die Erzogenen erziehen dann sich selbst und können wieder andere erziehen" (SW VII: 337). Vor diesem Hintergrund überrascht es nicht, dass Wichern auch die damals moderne Auffassung teilen konnte, wonach die erzieherische Praxis der beharrlichen Reflexion seitens des Praktikers bedürftig sei. Allerdings konnte Wichern nicht umhin, anzufügen, dass das „helle klare Wissen aus der Offenbarung (schöpft)" (SW VII: 265). Außerdem verstand Wichern Schleiermachers Bemerkung, wonach die entscheidende Frage der Erziehung die sei, was denn die ältere Generation mit der jüngeren wolle, falsch, nämlich so, „als sei der Wille der älteren Generation, wenn er sich nur auf kirchengeschichtliche Überlieferung stützen könnte, hinreichender Grund" (Mollenhauer 1996b: 870). Dies ist natürlich nicht der Fall: Auch der Wille der älteren Generation muss sich jederzeit pädagogisch ausweisen können. Aber immerhin: Für einen Theologen waren Wicherns Pädagogikkenntnisse durchaus beachtlich, zumal er aus ihnen in der Regel liberale Erziehungsmotive bezog.

Auf einen anderen Kontext verweist Wicherns Schilderung der Begeisterung, mit der die ersten Zöglinge des Rauhen Hauses im Winter 1883/34 den Wall abtrugen, der Teile des Gartens nach außen hin abgrenzte, um auf diese Weise deutlich zu machen, dass es sich beim Rauhen Haus um ein „Haus der freien Liebe" handele, „das keine Wälle, keine Mauern und keine Riegel" dulde und in dem die „Arbeit nicht in Winkeln und Ecken, sondern offenbar vor Gott, also auch offenbar vor den Augen der Menschen" (SW IV/2: 33), geschehe. Denn dies war eine Schilderung, die die Grenze in

Richtung katholischer sowie staatlicher Einrichtungen markieren sollte. Hier nämlich gab es das alles noch: Wälle, Mauern, Riegel und auch Abschottung nach außen. Wichern sah sich in der Ablehnung dessen durch Johannes Falk motiviert (SW IV/1: 80), auf dessen Anregung auch die berühmte Begrüßungsformel gegenüber Neuaufgenommenen im Rauhen Haus zurückgeht: „Mein Kind, dir ist alles vergeben! Sieh um dich her, in was für ein Haus du aufgenommen bist! Hier ist keine Mauer, kein Graben, kein Riegel; nur mit *einer* schweren Kette binden wir dich hier, du magst wollen oder nicht, du magst sie zerreißen, wenn du kannst; diese heißt Liebe und ihr Maß ist Geduld“ (SW IV/1: 108). Auch diese Formel, die Bettina Lindmeier (1998: 125) kühnerweise in die Nähe zu Bruno Bettelheims Konzept des ‘therapeutischen Milieus’ meinte bringen zu können, war für die katholische Erziehungslehre nicht akzeptabel, insofern hier – wie Wichern an dem Buch *Die Sorge für sittlich verwahrloste Kinder* (1856) von Johann Baptista Hirscher meinte belegen zu können – eine autoritative, „die Strafgerechtigkeit Gottes zur schreckenden Anschaulichkeit“ (SW VII: 416) bringende Pädagogikkonzeption vertreten werde. „Hüte dich vor der Gesetzlichkeit“ resp. vor der „Härte“, denn es gilt, das Kind „für das Evangelium zu gewinnen“ (SW VII: 33), meinte Wichern denn auch immer wieder mit mahnendem Unterton in Richtung seiner Erzieher. In durchaus gleicher Absicht argumentierte Wichern gegen ungebührlich strenge Väter und „die falsche Gesetzlichkeit, in der das Evangelium den Kindern nahe gebracht und im tiefsten Herzensgrunde verleidet wird [...]. Sie verstehen das Wort, dass das Gesetz ein Zuchtmeister auf Christum ist, nicht, denn sie vergessen, dass vor diesem Zuchtmeister die Verheißung gegeben ist“ (SW III/1: 109). Die relative pädagogische Aufgeschlossenheit Wicherns, so können wir also resümieren, ist in erster Linie Folge der Idee einer Pädagogik der Vergebung. Und diese Idee war, Wicherns Auffassung zufolge, in der katholischen Erziehungslehre weit weniger präsent als in der evangelischen.

Wie aber, so muss unsere Frage nun natürlich lauten, nimmt sich diese Erziehungslehre vor dem Hintergrund jener von Pestalozzi im *Stanser Brief* entwickelten aus? Nohl hat eine mögliche Antwort auf diese Frage angedeutet. Er nämlich lobte ganz ausdrücklich das, was wir hier Pädagogik der Vergebung genannt haben, also Wicherns Setzen eines neuen Anfangs und sein hierzu gehörendes Wort an das neuaufgenommene Kind, die Vergangenheit zu vergessen und ein neues Leben zu beginnen. Dies zu tun, so Nohl weiter, setze gar nicht einmal einen Rousseau'schen Glauben „an die ursprüngliche Güte der menschlichen Natur“ voraus, sondern lediglich die Überzeugung, dass in jedem Menschen „zu jedem Laster auch sein contrarium schlummert“ (Nohl 1929c: 49). Damit scheint das entscheidende Stichwort gefunden. Denn auch der Pestalozzi des *Stanser Briefs* war längst kein bloßer Rousseauist mehr. Aber er war auch nicht jener Erbsündedogmatiker, als der sich Wichern gerade gegenüber Pestalozzi unter Verweis auf die von diesem missachtete „persönliche Verschuldung des Menschen“

(SW VII: 64) ausspricht. Vielmehr haben wir ihn in jener Mitte zu sehen, die Nohl bezeichnete und die zu kennzeichnen ist – um noch einmal Nohl zu zitieren – „durch das tapfere und geduldige Bejahen jedes Menschen, der in unsere Hand kommt“ (Nohl 1929c: 49). In dieser Mitte, theologisch gesprochen: in der Reflexion auf die Schöpfungsgnade, liegt das Zentrum pädagogischen Denkens. Theologisches Denken hingegen gründet außerhalb dieses Zentrums, weil es, wie im Fall Wichern deutlich wird, vor allem mit dem Erbsündedogma operiert.

Ein Beleg hierfür ist der *Stanser Brief*. Umsonst nämlich sucht man hier den für Wichern so wichtigen Hinweis auf den Dämon im Kind, dem der Erzieher sich zu stellen habe und nur stellen könne, wenn er die christliche Erlösungsbotschaft vertrete. Statt dessen dominiert, wie gezeigt, die Rhetorik des pädagogischen Vertrauens und die Zurechnung der Ursachen kindlicher Verwahrlosung auf Umwelt und Gesellschaft. Umsonst sucht man auch den für Wichern unverzichtbaren Rekurs auf die Bibel als einzigen Hort erzieherischer Weisheit, im Gegenteil: Für Pestalozzi ist es unstrittig, dass er einen neuen Anfang wagen, eine Wahrheit durch sich selbst aufstellen und sich von Überlieferungen, auch von scheinbar bewährten pädagogischen Konzepten, verabschieden muss, wenn denn überhaupt das, was er in Stans trieb, Anspruch auf pädagogische Geltung haben sollte. Entscheidend ist also nicht, dass Pestalozzi in Stans scheiterte oder was von seinen Ideen noch heute Bestand hat. Entscheidend ist vielmehr, dass er seine Perspektive des Handelns und Denkens aus der Stellung pädagogischer Verantwortung gewann, nicht aber aus dem Interesse an pädagogischer Nutzanwendung von Theologie und christlicher Anthropologie. Statt Rettung Verderbter aus einer sündigen Welt mit den Mitteln des Evangeliums, wie in der Wichern-Tradition, war es Pestalozzi also um Erziehung Verwahrloster gegangen, die einer sozial problematisch gewordenen Umwelt entstammten und des pädagogischen Verstehens bedürftig waren.

Mit diesem Befund könnte man das Wichern-Kapitel eigentlich abschließen. Wenn dies gleichwohl nicht geschieht, dann, weil uns Sozialpädagogen nicht nur der Wichern des Rauhen Hauses, sondern auch der Wichern der Inneren Mission zu interessieren hat. Denn erst beide Aspekte zusammen geben ein vollständiges Porträt der konfessionellen Tendenz, wie sie nicht nur im Bereich der Jugendfürsorge, sondern auch im Bereich der allgemeinen Wohlfahrtspflege bis in die Weimarer Epoche hinein dominant war. Und erst mittels der Rückbesinnung auf beide Aspekte gewinnen wir jenes Wissen, das erforderlich ist, um die anti-konfessionelle Gegenströmung der Weimarer Epoche, die überhaupt erst den modernen Sozialpädagogikbegriff freisetzte, zu verstehen.

## 2.3 Der Wichern der Inneren Mission

Mit dem Ausdruck 'Innere Mission' bezeichnet man die Einrichtungen und Anstalten freier christlicher Liebestätigkeit innerhalb der evangelischen Kirche. 1848 auf den Impuls Wicherns hin gegründet, konnte man 1933, zum 100. Gedenktag der Begründung des Rauhen Hauses, auf über 12.000 Anstalten im Wohlfahrtsbereich verweisen, die der Inneren Mission zugehörten und durch sie verwaltet wurden (Engelke 1933: 214). 1957 wurde die Innere Mission mit dem 1945 zwecks Kriegsfolgenabhilfe gegründeten Hilfswerk der Evangelischen Kirche in Deutschland – das durchaus auch als Konkurrenz zur durch den Nationalsozialismus belasteten Inneren Mission gelesen werden darf (vgl. Kaiser 1998: 40; 2007: 47 ff.) – zum Diakonischen Werk vereinigt. Als solches unterhält es heutzutage eine Vielzahl stationärer und ambulanter sozialer Einrichtungen (angefangen von Kinder- und Erziehungsheimen über Kindertagesstätten, Kindergärten, Behindertenwerkstätten, Beratungsstellen usw.). Wenn man den dazugehörigen Arbeitsmarkt betrachtet, darf man sagen, dass das Diakonische Werk inzwischen mehr Arbeitsplätze bereithält als beispielsweise – um einen ganz spektakulären Vergleich zu wählen – Mercedes-Benz (vgl. Rauschenbach 1992). Insoweit verdient die diesbezügliche Impulsgebung Wicherns und die ihr unterliegende Weltanschauung besonderes Interesse.

### *2.3.1 Aufgabe und Entstehung*

Schon der zeitlichen Abfolge nach darf das Rauhe Haus als eine Art Keimzelle der Inneren Mission betrachtet werden. In beiden Hinsichten sah sich Wichern in der Verpflichtung Johannes Falks. Dies gilt, wie schon gezeigt, für das Rauhe Haus. Dies gilt aber auch für die Innere Mission, und zwar bis in den Namen hinein. Denn schon Falk hatte sein Werk als eines der „inneren Mission" aufgefasst und 1823 von der Notwendigkeit eines Missionsgeschäft, einer Seelenrettung, einer Heidenbekehrung „in unserer Mitte" (zit. n. SW VII: 385 f.) gesprochen. Bei Wichern begegnet einem diese Auffassung Falks in unterschiedlichen Varianten, mal in Formeln wie der von der Inneren Mission als „Mission in der Christenheit selbst" (SW III/2: 41), mal aber auch dahingehend, dass es gelte, mittels der Inneren Mission der „Macht des Satans entgegenzutreten und die Bollwerke des Unglaubens anzugreifen" (SW III/1: 94). Dem entspricht, dass auch Falks Orientierung an der Idee der „christlichen Kirche als der allgemeinen Rettungsanstalt" (SW VII: 379) bei Wichern Widerhall fand. Allerdings setzte Wichern seinen Schwerpunkt vor dem Hintergrund sozialer Perspektivlosigkeit sowie extrem hoher Auswandererzahlen auf die als Auswandererprophylaxe zu deutende „innere Kolonisation", von der er sich eine „neue() Gemeindebildung" und letztlich gar die „Wiedergeburt der sozialen Verhältnisse" (SW V: 93) erhoffte. Die Aufgaben der Inneren Mission bestanden für Wichern also nicht lediglich in vereinzelten Beiträgen zur „Lösung der sogenannten sozialen Fragen“ (SW III/1: 186) oder in bloßer „Philanthropie“ (SW III/1: 194), sondern in der „Rettung des evangelischen Volkes“ sowohl aus seiner geistigen als auch aus seiner leiblichen Not mittels der „Verkündigung des Evangeliums“ und der „brüderliche(n) Handreichung der christlichen Liebe“ (zit. n. SW I: 360). Entsprechend umfassend war das Tätigkeitsfeld der Inneren Mission: „Ihr Gebiet“, so Wichern, „ist so groß als die Verwahrlosung innerhalb der christlichen Welt“ (SW III/1: 196). 1865 zog man erstmals Bilanz mittels eines Verzeichnisses aller dem Zentralausschuss angeschlossenen Vereinigungen. Demzufolge umfasste das Gesamtwerk der Inneren Mission „20 landschaftliche Vereine und Konferenzen für Innere Mission, 11 Stadtvereine für Innere Mission […], 201 Vereine und Anstalten für spezielle Gebiete der Inneren Mission, und zwar 123 Rettungshäuser, Waisenhäuser, Kleinkinderpflegen, Erziehungsvereine und Idiotenanstalten, in denen insgesamt 5.000 Kinder gepflegt wurden, 5 Brüderanstalten, 10 Diakonissenanstalten, 16 Krankenhäuser und Armenvereine, 3 Mägdeherbergen, 8 Magdalenenasyle, 9 Gefängnisgesellschaften, 2 Enthaltsamkeitsvereine, 8 Jünglings- und Gesellenvereine, Herbergen und Vereinshäuser […], 12 Bibelgesellschaften und Schriftenvereine, 2 Kunst- und Bauvereine und 3 Vereine für die Diaspora der deutschen evangelischen Kirche“ (Gerhardt 1948: 220 f.).

Impulsgebend für diese Erfolgsbilanz war die 1848er Revolution. Denn auch wenn sich Wichern durch sie zu merkwürdigen Visionen hinreißen ließ – etwa zu dem Wunsch nach einem „große[n], alles umschließende[n] europäische[n] Krieg“, zumindest aber einen Krieg gegen Frankreich, insofern hier „alle sozialistischen Ideen“ (SW IX: 44) verkörpert seien –, blieb er in zwei Hinsichten doch überraschend nüchtern. Zum einen übersah er nicht, dass die Revolution für eine ins Allgemeine gehende „Gottentfremdung“, und zwar auch und gerade „in der Welt der Gebildeten, der Besitzenden und der Großen“ (SW V: 220), Zeugnis ablegte. „In den Palästen der Reichen und in den Hütten der Armen“, so schrieb er beispielsweise im Mai 1848 in einer zeitkritisch angelegten Rückerinnerung an das dem Untergang geweihte alte Rom, „galt der Eine Wahlspruch: ‘Woher du hast, danach fragt niemand, nur haben mußt!’ So herrschten Verbrechen nach unten und oben“ (SW I: 153). Zum anderen aber registrierte Wichern trotz seiner Skepsis gegenüber der Revolution, dass das in ihrem Verlauf eingeklagte Recht des Bürgers auf freie Vereinigung durchaus den Absichten entgegenkam, die er mit der Inneren Mission verfolgte. „Mit neuer Hoffnung“, so lesen wir denn auch in einer von Wicherns ersten Stellungnahmen zu den Geschehnissen, „nehmen wir den Gedanken einer größeren organischen Vereinigung der durch Deutschland zerstreuten Vereine für die Zwecke der inneren Mission wieder auf“ (SW I: 131).

Die Revolution half Wichern also, die Aufmerksamkeit der Kirchenorthodoxie auf die sich in der sozialen Frage aussprechende Gottentfremdung zu richten und neue Formen der organisatorischen Vereinheitlichung sozialer

Hilfsmaßnahmen anzuregen, und dies gleichsam als Teil seines Bemühens, „dem evangelischen Christentum in der sich modernisierenden Gesellschaft des 19. Jahrhunderts seinen Ort anzuweisen". (Ohst 1999: 180) Wer dies nicht sieht und/oder nicht anzuerkennen vermag, wird – so wie neuerdings Hans-Jürgen Benedict – die Gründung der Inneren Mission „auf den noch rauchenden Trümmern eines politisch-sozialen Freiheitskampfes" wohl nur als „Niederlage" deuten können, die Deutschland „sozialpolitisch um 70 Jahre zurückwarf" und die auch „durch noch so vorbildliche christliche Organisation von Liebestätigkeit nicht wettgemacht werden [konnte]". (Benedict 2001: 469) Wahrscheinlich aber ist dies zu kalt gedacht und zu sehr im Vertrauen allein auf die Sozialstaatsoption sowie zu unbesorgt um die bei Wichern enthaltenen weitergehenden Perspektiven im Blick auf eine 'Kultur des Sozialen' (vgl. etwa Strohm 1998). Und auch wenn man Benedict wird zugestehen müssen, dass Wicherns Stegreifrede auf dem Wittenberger Kirchentag 1848 nur in Parenthese als eine solche gelten kann und die gleichsam kirchenoffizielle Historiographie im 'Jubiläumsjahr der Inneren Mission' (1998) verabsäumt hat, den „gesellschafspolitischen Kontext" und die „reaktionäre Stoßrichtung" dieser Rede „auszuleuchten" (ebd.: 456) – Fakt ist gleichwohl, dass es Wichern mittels dieser Rede gelang, die Zustimmung der Versammlung zur Bildung eines *Centralorgans für innere Mission* zu erwirken. „Der Tag der Ausgeburt der Revolution sollte der eigentliche Tag der Geburt der inneren Mission werden" (SW I: 314), resümierte er denn auch ein Jahr später.

Inhaltlich schloss dies ein, dass sich in der Inneren Mission die von Wichern neu umschriebene „Lehre vom allgemeinen Priestertum der Gläubigen" (SW I: 147) aussprach. Dieser Lehre zufolge hatte sich die (protestantische) Kirche über ihre Gemeindemitglieder stärker als Volkskirche darzustellen. Als solche hatte sie den Auftrag, das getaufte, aber dem Unglauben resp. Kommunismus verfallene und den Gottesdienst (der Besitzenden) nicht mehr besuchende Proletariat – der Kirchenbesuch war damals auf 2–3 % der Gläubigen abgesunken (AS I: 222), – dort aufzusuchen, wo es zu Hause war. Auf diese Weise, so Wicherns Hoffnung, würde die Kirche jenen Status gewinnen, den sie zu ihrem Kampf gegen das Antichristentum und zu ihrer inneren Missionstätigkeit benötigte. Insoweit war die Innere Mission für Wichern auch so etwas wie „die gewaffnete Tochter der Kirche" (SW I: 315), die aus der „Schuld der Kirche gegen die Proletarier" (SW I: 146) lernen und die „Anerkennung der Schuld über das bis dahin Vergessene" (SW II: 43) vorantreiben müsse. Um welche Schuld es sich konkret handelte, wird bei Wichern nicht so recht deutlich. Immerhin schreckte er nicht vor gelegentlich äußerst scharfer Kritik am „wüste[n] Leben und wahnsinnige[n] Vergeuden der Reichen und der Vornehmen" (SW I: 152) zurück. Bemerkenswert sind auch seine vielfältigen Analysen des Pauperismus. Gemeint ist mit diesem Wort die Massenarmut als Folge der im frühen 19. Jahrhundert heraufziehenden Industrialisierung: Ob Wohnungsnot, Arbeitslosigkeit, Dienstbotenschicksal, Auswandererproblem oder nomadisierende Eisenbahnarbeiter bis hin zur Subkultur im Hamburger 'Gängeviertel' – immer war es Wichern, der bedrückende Einzelanalysen ablieferte und nachdrückliche Monita an die Adresse derjenigen richtete, die diese Schicksale zu verantworten hatten oder von ihnen profitierten.

Im Zentrum dieser sozialen Diagnosen stand für Wichern die soziale Entwurzelung und mithin der Verfall der Bindungsmacht der Familie als der von Gott gewollten und in der Christusfamilie geheiligten Sozialordnung. Insofern stand für Wichern auch außer Frage, dass die „rechte Hilfe" nur die sein könne, „welche nicht atomistisch den einzelnen, sondern organisch dem ersten natürlichsten Organismus, dem der einzelne von Geburt nach Gottes Bestimmung und Ordnung angehört (und das ist die Familie), die kräftige Handreichung christlicher Liebe bietet" (SW III/1: 115). Ziel war es dabei auch, ob nun im Rahmen der Armenpflege, der Krankenpflege oder der Fürsorgeerziehung, für das Wachhalten christlich motivierter Privatwohltätigkeit Sorge zu tragen und auf die „Subvention seitens öffentlicher Behörden" (SW VII: 519) zu verzichten. Diesem Problemverständnis entsprechend oblagen der Inneren Mission zunächst insbesondere die genannten Einrichtungen sowie die – verstärkt seit 1848 gebildeten – 'Vereine für innere Mission'. Im weiteren Fortgang bis in die Weimarer Zeit hinein entwickelte sich die Innere Mission dann zum zentralen Träger der gesamten evangelischen Wohlfahrtspflege.

### *2.3.2 Pietismus als Weltanschauungsbasis*

Die Intentionen, denen Wichern mit der Gründung der Inneren Mission Ausdruck gab und die auch im Rauhen Haus folgenreich wurden, sind nicht ganz verständlich zu machen, wenn man das Pietismusproblem außer Acht lässt. Das Wort 'Pietismus' weist eine lateinische Wurzel ('pietas') auf und kann mit dem Ausdruck „Frömmigkeit" übersetzt werden. Seinem Ursprung nach entstammt der Pietismus (als Begriff) dem 17. Jahrhundert und ist mit den Namen Jakob Philipp Spener (1635–1705) sowie August Hermann Francke (1663–1727) zu verbinden. Spener suchte den nach dem Dreißigjährigen Krieg anhebenden Klagen über totes Christentum und scholastische Gelehrtenreligion dadurch zu begegnen, dass er für eine popularisierte, vom Kirchenort unabhängige Glaubensvermittlung eintrat. Was Spener anstrebte, war das – so Gerhard Uhlhorn – 'allgemeine Priestertum der Gläubigen', das „nicht im Wissen, sondern in der Bethätigung der Liebe" (Uhlhorn 1900: 379) gründet. Ähnliches gilt für Francke, der vor allem durch die Begründung der *Halleschen Anstalten* bekannt geworden ist. Bei Francke zeigte der Pietismus aber immer auch – so wiederum Uhlhorn – die negative Kehrseite eines „selbstquälerischen Sichselbstbekehrenwollen[s]", verbunden mit einer „ungesunde[n] Frömmigkeit nicht ohne Selbstüberhebung und Verachten der andern" (Uhlhorn 1900: 381).

Dieser Aspekt des Pietismus spiegelt sich, nun allerdings eher in Gestalt von Erziehungs- und Bildungskritik der von ihm Betroffenen, in einigen der bereits erwähnten 'empfindsamen' Romane und Autobiographien des ausgehenden 18. Jahrhunderts, etwa in Moritz' Anton Reiser (vgl. Thiersch in: Jens/Thiersch 1987: 25ff.). Dies gilt aber auch für Nietzsche und dessen autobiographische Skizze Ecce homo von 1888. Denn wenn der Pastorensohn Nietzsche hier (und andernorts) immer wieder die pietistisch eingefärbte Erziehung seiner Mutter kritisiert (vgl. Niemeyer 1996a), folgt er ganz den Vorgaben der durch Moritz eingeleiteten Tendenz zur autobiographisch orientierten Pietismuskritik. Die oben mit einiger Verwunderung vermerkte Skepsis Pestalozzis gegenüber dieser Literaturgattung und dem ihr innewohnenden psychologischen Erkenntnisinteresse (vgl. Kap. 1.1) erscheint vor diesem Hintergrund in neuer Bedeutung. Denn auch Pestalozzi war im gewissen Sinne Pietist (vgl. Dellsperger 1996). Dies zeigt seine an Francke erinnernde Auslegung als Werkzeug Gottes. Dies zeigt aber auch sein 'ethischer Rigorismus' oder der Umstand, dass er in seinen frühen Ehejahren zusammen mit seiner Frau ein selbstanklagend gehaltenes Tagebuch führte. Möglicherweise war dieser Hintergrund also der eigentliche Anlass für Pestalozzis Skepsis gegenüber dem psychologischen Erkenntnisinteresse, das sich in pietismuskritischen Autobiographien der Empfindsamkeitsepoche aussprach.

Wichern hätte dieser Skepsis Pestalozzis vermutlich zugestimmt, weitgehender: Er hätte sich erst gar nicht auf die Empfindsamkeit bezogen, schon gar nicht hinsichtlich der Begründung sozialen Engagements. Denn ungeachtet seiner dem Geist der Empfindsamkeit entsprechenden Kritik an „krankhaft pietistischen" (SW III/1: 108) Formen der Kindererziehung oder an einem 'Pietismus der Furchtsamen', also an der „fehlerhafte[n], verkrüppelte[n], geängstete[n], verengte[n] und verrenkte[n] Form der christlichen Frömmigkeit", an bloßer „Weltflüchtigkeit" (SW III/2: 62) oder gar „Absonderung der Innerlichkeit des christlichen Wesens" (SW III/1: 228) hielt er an einem doch fest: Dass es der Pietismus war, in dessen Schule sich das soziale Engagement ausgebildet hatte. Über den Pietismus gewann also die Nächstenliebe (bei Wichern) jenes christliche Attribut, das die theologischen Sozialgeschichtsschreiber des ausgehenden 19. Jahrhunderts, wie wir gesehen haben (vgl. Kap. 1.2.3), der Empfindsamkeitsepoche bestritten. Dies hatte dann natürlich auch Folgen für den Pietismusbegriff. Denn von weltabgewandter Frömmigkeit konnte bei diesem 'modernen' Pietismusverständnis nicht mehr die Rede sein. Vielmehr ging es nun, unter Aufnahme der sozialen Impulse Speners und Franckes sowie der Anregungen der Aufklärung und hier insbesondere der Idee der Humanität, zunehmend darum, „nicht bloß einzelne Seelen, sondern das ganze Volk für Christum zu gewinnen" (Uhlhorn 1900: 385). Insoweit bildet der moderne Pietismus „den Mutterboden, auf dem die Innere Mission erwachsen ist" (Uhlhorn 1892: 308).

Auffällig an Wichern ist allerdings seine Zurückhaltung in dieser Sache. So verwies er zwar nicht ohne Stolz darauf, dass die Johanneshilfe – eine an das Rauhe Haus anknüpfende, in Berlin-Moabit gelegene Vorstufe des Spandauer Johannesstifts, die vor allem für die Kinder Inhaftierter gedacht war – am 22. März 1860 und mithin ausgerechnet am Geburtstag Franckes eröffnet worden sei (SW IV/2: 305). Noch zwei Jahre später lobte Wichern Franckes „reiche Segensarbeit für Kindererziehung, Armenpflege und andere die soziale Reform bezweckende Arbeiten" (SW VI: 349) – was, wie wir heute wissen, so nicht ganz stimmt. Wichern jedenfalls meinte damals zumindest von einer „Gemeinschaft zwischen jenem Denkmal evangelischer Barmherzigkeit aus alten Tagen und dieser im Glauben und in der Liebe geistesverwandten Stiftung (des Rauhen Hauses)" (SW V: 190) sprechen zu dürfen. Auch hatte er schon 1849 zugestanden, dass sich in dem Streben, das zur Inneren Mission führte, „unleugbar hie und dort in geringerem oder größerem Umfange" etwas vom (modernen) Pietismus fände, zugleich aber bestritten, „dass die Arbeiten der inneren Mission durchgehend den Charakter des Pietismus trügen" (SW I: 194).

Diese Zurückhaltung wird man wohl nur erklären können, wenn man einbezieht, dass beiden, Pietismus wie Innere Mission, je für sich der Vorwurf innewohnte, dass die Kirche totes Christentum ebenso zu verantworten habe wie die mangelnde Sensibilität für die soziale Frage und die sich in ihr verbergende Gefahr des Antichristentum. Nicht von ungefähr war es auf dem Wittenberger Kirchentag von 1848, im Nachklang zu gleichgerichteten Bedenken im Vorfeld desselben (SW V: 79 f.), zu scharfen Auseinandersetzungen gekommen, „weil man" – wie Wichern selbst in seiner Wittenberger Rede äußerte – „die Arbeit der inneren Mission ansehe als eine solche, die der Kirche entgegenarbeite, sie gar zu untergraben strebe" (SW I: 156). Auch in der unmittelbaren Folge galt die Innere Mission vielen als „Schlinggewächs am Baume der Kirche" (zit. n. Uhlhorn 1892: 313). Und noch in den 1890er-Jahren wurde die Innere Mission vielerorts nur als Notorgan akzeptiert, das sich möglichst rasch überflüssig zu machen habe, damit die Kirche „selbst die Arbeit übernimmt, die ihr grundsätzlich zukommt" (ebd.). Dieser Streit war zwar in der Weimarer Epoche ausgestanden. Vieles von dem, was unzweifelhaft zur Arbeit der Inneren Mission gehörte, war inzwischen den Pfarrern „zur Amtspflicht gemacht worden, z.B. Jugendpflege, Liebestätigkeit, soziale Fürsorge", auch gab es neue Ämter, z.B. Gemeindeschwestern oder Pfarrämter mit Sonderaufgaben, wie Jugendpfarrer oder Sozialämter (Steinweg 1928: 18). Wichern, der Vorreiter dieser Entwicklung, hatte allerdings zu seiner Zeit im Interesse des Beschwichtigens skeptischer Stimmen der Kirchenorthodoxie gut daran getan, den Zusammenhang zwischen Pietismus und Innerer Mission nicht zu stark zu betonen. In der Sache selbst allerdings war der drohende (und zugleich pietistische) Unterton nicht zu überhören, wenn er beispielsweise meinte, dass die Innere Mission „kein Bekenntnis der Kirche irritiert, sondern nur auf Wahrnehmung desselben dringt“ (SW V: 107) oder, deutlicher noch, dass die Kirche dann, wenn sie die „Ordnungen des göttlichen Reiches [...] hintansetzt oder gar bekämpft oder verleugnet“, zur „Gegnerin“ sowie zum „Objekt der inneren Mission“ (SW III/1: 195) werden würde.

Der Pietismusverdacht gegenüber Wichern stand insoweit nicht ohne Grund weiterhin im Raum und wurde fallweise immer mal wieder aktiviert. Dies zeigte sich Jahre später, als es im Preußischen Abgeordnetenhaus zu scharfer Kritik an der fachlichen Eignung von Brüdern des Rauhen Hauses und des Spandauer Johannesstifts für den Vollzugsdienst im Moabiter Gefängnis gekommen war. In deren Verlauf wurde sowohl der sektenförmige Charakter der Brüderordnung als auch das von Wichern propagierte Institut der Einzelhaft als pietistisch verdächtigt (SW VI: 347 ff.). Insbesondere für den zuletzt genannten Kritikpunkt gab es gute Gründe. Denn Wichern begründete das Einzelhaftmodell offiziell zwar damit, dass er auf diese Weise den schlechten Einfluss der Häftlinge untereinander abstellen wolle. Außerdem sei nur so zu vermeiden, dass sich die Häftlinge nach der Entlassung wiedererkannten und zu neuen Straftaten verabredeten. Tatsächlich aber sollte die Einzelhaft, nach Meinung der Kritiker, vor allem (pietistische) Rituale weltabgewandter Selbstläuterung begünstigen. Dass Wichern den dafür zu entrichtenden Preis (Suizidgefahr) in Kauf zu nehmen bereit schien, wurde ihm zum Verhängnis. Insoweit war es Wicherns starres Festhalten am Einzelhaftsystem, das seinen raschen Bedeutungsverlust auf dem Felde der Strafvollzugsreform begünstigte. Die vor einigen Jahren vom Wichern-Herausgeber Peter Meinhold an diesem Beispiel beklagte „Verengung“ des „Arbeitsfeldes“ der Inneren Mission (zit. n. SW VI: 486) steht mithin in der Hauptsache für ein hausgemachtes, von Wichern selbst zu verantwortendes Problem. Im Übrigen verhält es sich hier ähnlich, wie auf dem Felde der – erst in der Weimarer Epoche in massive Bedrängnis geratenen – konfessionellen Fürsorgeerziehung: Die Verdrängung der Inneren Mission als Träger und Wicherns als Theoretiker war hier wie da die zwar nicht hinreichende, wohl aber notwendige Voraussetzung für die Verwissenschaftlichung sowie Verberuflichung und Professionalisierung des je in Rede stehenden Handlungsfeldes (ob nun in Richtung von Gefängnissozialarbeit oder in Richtung von Heimerziehung).

Auch Wicherns scharfe Abfertigung des (pietismuskritischen) Heidelberger Theologieprofessors Daniel Schenkel, der Wichern und das Rauhe Haus dem Pietismus zugerechnet hatte (SW V: 184 ff.), wirkt wenig überzeugend. Denn die von Schenkel deutlich gezeichneten dunklen Seiten des Pietismus waren auch Wichern nicht fremd. Dazu gehört eine rigide Kultur- und Zivilisationskritik, die Wichern offenbar als unverzichtbar erlebt hat für das Erzeugen sozialen Engagements. Auf beispielhafte Art zeigt dies sein Vortrag *Der Dienst der Frauen in der evangelischen Kirche* von 1856. Eröffnet wird das zentrale Argument durch eine Kritik am familialen Alltag insbesondere von Frauen, also am „geistlosen Luxus“, an der „Zeit und Leben raubende[n], fade[n] Geselligkeit“ und den „damit verbundenen, das innere Leben aushöhlenden Gesellschaften“, an „nutzlose[n] Handarbeiten und Modegetriebe“, an „gehaltlose[r] Lektüre“ und „nichtige[m] Geschwätz“ (SW III/1: 113). Die bürgerliche Frauenbewegung wird später ähnlich argumentieren und alternativ hierzu Sozialarbeit als Frauenberuf einklagen, nur dass Wichern an Frauenemanzipation uninteressiert blieb und hinsichtlich seines alternativen Lebensentwurfs christliche Vorzeichen anbrachte. Er nämlich rückte den Auftrag in das Zentrum, die „Gnadenzeit“ auf Erden nicht zu vergeuden, sondern „mit dem Werk der Liebe und der Gesinnung des wahren Glaubens“ (SW III/1: 113) zu erfüllen. Dabei dachte Wichern selbstredend an die im Kontext mit der Inneren Mission eröffneten neuen sozialen Tätigkeitsfelder. Hier nämlich, im Zusammenhang einer als „christliche Familienpflege“ zu lesenden Armenpflege, könnten die Frauen nach Wicherns Überzeugung „dasjenige Gut ihrer Liebe, das ihnen über den eigenen nächsten Bedarf hinaus in Christo zuteil geworden, nicht für einen fremdartigen Zweck, sondern zu dem, wozu gerade sie berufen sind, verwenden, nämlich zum Wiederaufbau solcher Familien, denen das beste Familiengut abhanden gekommen oder die in Gefahr stehen, es zu verlieren“ (SW III/1: 114f.). Der Ertrag dessen sei nicht zu übersehen: Gerade der Inneren Mission kommt eine Vorreiterrolle zu „beim Einbezug weiblicher Kräfte in die soziale Arbeit“ (Olk/Heinze 1981: 256). Aber auch der Preis dafür sollte im Blick bleiben: Sozialarbeit, derart als Frauenberuf konzipiert, verstand sich in der Linie Wicherns als die vom Unglauben freigesetzte Konsequenz aus pietistischer Kulturkritik.

Noch gravierendere Begleiterscheinungen zeigt Wicherns pietistische Kulturkritik dort, wo sie die eigentlich notwendige Sozialkritik deutlich überlagert. Ein Beispiel hierfür ist Wicherns – als Beitrag zur Prostitutionsdebatte der Jahre 1848 ff. zu lesender – Aufsatz *Ein Votum über das heutige Sodom und Gomorrha*. Wichern wehrt sich hier zwar dagegen, „in jedem Bekenntnis zu der Wahrheit und dem Gebote Gottes „Pietismus“, Heuchelei und Frömmelei“ (SW II: 221) zu wittern. Tatsächlich aber spricht sein hier gegebenes Porträt großstädtischen Sittenverfalls eine deutlich andere Sprache. Da ist von den „nächtlichen Feuer[n] des Verderbens“ (ebd.: 215) die Rede, von der „Schlangenbrut der heimlichen Hurerei“ (ebd.: 216), von „heidnischen Orgien greulichster Art“ (ebd.: 220), von den „Werke(n) des Satans“ und der „Höllenwirtschaft“ (ebd.: 222) und schließlich von der Notwendigkeit, dieses Sodom und Gomorrha zu zerstören, bevor es „uns“ zerstört (ebd.: 225), kurz: Es dominiert die (mittelalterliche) Metaphorik vor der (neuzeitlichen) Analyse, und diese selbst beschränkt sich im Wesentlichen auf eine – ganz der pietistischen Tradition entsprechende – Kritik der Kultur unter dem Signum ihrer Gottesferne, womit Wichern ein Fanal gab für die um die Jahrhundertwende ihren Höhepunkt erreichende und auf Sexualitätsverfolgung und Prostitutionsbekämpfung kaprizierte evangelische Sittlichkeitsbewegung (vgl. Lisberg-Haag 1998).

Auch in Wicherns Stellungnahmen zum Frankreichfeldzug und zu den sozialen Aufgaben der Gegenwart aus den Jahren 1870/71 dominiert nicht etwa die Sozialstrukturanalyse, sondern die Kulturkritik. Sie trägt sowohl pietistische als auch zunehmend chauvinistische Züge, die deutlich auch von persönlichen Leidenserfahrungen abhängen. So schreibt er noch Anfang Dezember 1870, aus deutlicher Sorge um das Leben seines Jüngsten, der Krieg mit seinen Opfern bleibe „ein undurchdringliches Geheimnis" (SW IX: 98). Wenige Wochen später, der Tod seines Sohnes „für das Vaterland" (SW V: 306) steht außer Frage, macht sich Wichern daran, dieses Geheimnis zu durchdringen: Der angebliche „welsche Frevelmut" (SW V: 295) und die Notwendigkeit der Gewinnung „eine[r] höhere[n] Stufe des nationalen Lebens" (SW V: 300) müssen herhalten, um den Krieg zu rechtfertigen und das Schlachtfeld als „heilige Stätte" (SW V: 298) zu zelebrieren.

In einem anderen Text aus dieser Zeit meint Wichern nun sogar, von den Folgen der geistigen Erziehung der Deutschen durch die „fremdländische Franzosenhand" (SW III/2: 198) sprechen zu müssen. Für ihn jedenfalls ist der Befund eindeutig: „Man sehe auf unsere Volkstheater, welche die Ehe, die Kirche, die Sitte allabendlich bei Bier und Tabaksrausch lachend unter die Füße treten. Man sehe auch die Volksvergnügungen, die im Tanze des Cancan und in ähnlichen Frivolitäten aller Art jeder deutschen Sitte und jedem Gewissen […] hohnsprechen! Ihr Vorbild und ihr Meister war und ist noch heute und jetzt schon wieder Paris, wenn sie dasselbe nicht gar überbieten. Das sind die Gräber für unsere lebendig zu Grabe getragene Jugend" (SW III/2: 199). Natürlich kann man dieses Lamento als Zeugnis für das nicht weiter ernstzunehmende Votum eines verbitterten alten Mannes lesen. Man kann es aber auch – und dies wird hier getan – als Zeugnis lesen für eine überarbeitete pietistisch-chauvinistische Position, die Wicherns einige Jahre altes Veto gegen ein „Christentum ohne Kultur" (SW V: 241) letztlich unbeachtet lässt und nichts anderes mehr weiß, als im Dienste nationaler Aufrüstung ein renoviertes Ideal wenn schon nicht weltabgewandter, so jedenfalls doch deutschtümelnd beschränkter Frömmigkeit zu predigen.

Mit ähnlichem Befund kommentierte Wichern den Aufstand der Pariser Kommune vom April 1871. Denn für ihn war dieses „bewaffnete Verbrechen gegen die rechtmäßige Obrigkeit" (SW V: 300) nichts anderes als „Antichristentum und die reifgewordene Frucht des Diabolismus [], mit dem jetzt der offene Kampf in der Welt begonnen hat" (SW V: 305). Warum dem so sei, trug Wichern in einer Anmerkung zu Karl Marx nach. Er nämlich, so Wichern im Oktober 1871, habe in der „entfesselten Sinnlichkeit" während der Zeit der Pariser Kommune den „Sieg der Sittlichkeit" (SW III/2: 200) gesehen. Diese Marx-Kritik muss man zwar nicht ernsthaft diskutieren, aber sie ist trotzdem interessant. Denn indem Wichern Marx moralisch kritisiert, wiederholt er nur seine schon 1851 vorgetragene Vermutung, wonach die Prostitution „keine der geringsten Brutstätten der roten Republik" sei, insofern es in beiden Fällen um eine fundamentale Lossagung „von allem heiligem Gesetz und aller Ordnung des erhaltenden Gottes“ (SW II: 216) gehe. Damit hatte Wichern zugleich, nach altem absolutistischem Rechtfertigungsdenken, die Gottgewolltheit der bestehenden Ordnung behauptet. Folgerichtig war die soziale Frage für ihn in erster Linie nicht Impulsgeber für die Notwendigkeit der Umgestaltung des Lohnarbeiter/Kapital-Verhältnisses – dies war noch Marx' Antwort gewesen –, sondern Indikator für eine drohende Entchristlichung und Gottlosigkeit des Volkes. Und sie verlangte eben damit, abgesehen von karitativen Maßnahmen und gleichsam zur Vorbeugung vor politischen Schlussfolgerungen, eine moralische Antwort, die für Wichern selbstredend nur eine christliche sein konnte. „Wo ist die höhere Bildung“, so lautete denn auch Wicherns letzter verzweifelter Ausruf in dieser Sache, „die auch nur verhältnismäßig einmütig […] eine christliche Waffe führt gegen die sozialistischen Angriffe und die boshafte Art, mit der diese alle sittlichen Grundlagen der Gesellschaft bekämpfen?“ (AS 1: 263) Hinter dieser Frage verbarg sich das ganze Programm, dem Wichern Zeit seines Lebens nachsann und das sich auf die einfache Formel bringen lässt: Christentum vs. Antichristentum. Dabei verstand Wichern unter Antichristentum sowohl den Sozialismus resp. Kommunismus als auch die durch die Aufklärung geprägte Selbstauslegung des Bildungsbürgertums.

Ein Exempel für diese Art der verhängnisvollen Selbstauslegung sichtete Wichern 1868: Wagner und dessen 1849er Schrift Die Kunst und die Revolution. Wichern nämlich las sie als Zeugnis für die – letztlich die Musik (Wagners) als Ersatzreligion aufbereitende – Forderung nach einer „Kultur ohne Christentum“ (SW V: 241). Hätte Wichern noch Kraft wie Gelegenheit gehabt, den zu dieser Zeit sich als Wagnerianer einrichtenden Nietzsche in seinen blasphemischen Spätschriften Also sprach Zarathustra oder gar Der Antichrist kennen zu lernen, wäre es ihm gewiss nicht schwergefallen, die Inkarnation des Antichristlichen nicht in – im Übrigen später zur Religion zurückfindenden – Wagner, sondern eben in Nietzsche personifiziert zu sehen. Dies blieb dann anderen vorbehalten, wie beispielsweise Gerhard Uhlhorn. Er urteilte 1894, Nietzsches Ideal sei der Tyrann, „der die ganze Menschheit beherrscht und ausbeutet“ – eine Vorstellung, so Uhlhorn, bei der der Idealmensch deutlich „Züge des Antichrists“ trage und die ebenso entsetzlich sei, „wie alles, was die Sozialdemokratie Widerchristliches ausgeschäumt hat“ (Uhlhorn 1894: 370). Spätestens dieser Kommentar stellt endgültig klar, wes Geistes Kind die Innere Mission war und welcher Feinde sie sich nun in der Hauptsache zu erwehren hatte: Sie war das Kind der Reaktion und des antirevolutionären Pietismus und sah sich gleichermaßen bedroht vom scheinbar kapitalismusfreundlichen Individualismus Nietzsches wie vom vermeintlichen Kollektivismus der die soziale Frage aufnehmenden Sozialdemokratie.

### *2.3.3 Übergangsprobleme im Kaiserreich*

Zumindest um die letztgenannte Bedrohung hatte Wichern schon zwanzig Jahre zuvor, in seiner letzten Stellungnahme zur Inneren Mission, geahnt. „Die sozialen Bewegungen mit ihrem in Deutschland überwiegend antireligiösen Charakter haben sich bereits in den Vordergrund der Gegenwart gedrängt", schrieb er 1874 namens des Zentralausschusses, um fortzufahren, dass diese Bewegungen nicht eher aufhören würden, „eine drohende Gefahr für Staat und Kirche und den Gesamterwerb der christlichen Kultur zu sein, als bis die Tüchtigkeit zum Kampfe wider sie neu geweckt sein und der ethische Geist christlichen Dienens auf die sozialen Fragen die rechten Antworten wird gefunden haben" (SW V: 352). Mit diesem Auftrag und dieser weltanschaulichen Ausstattung suchten zumindest die sich auf die Wichernorthodoxie berufenden Hauptvertreter der Inneren Mission noch bis weit in die Weimarer Epoche hinein hauszuhalten.

Dass aber Wicherns Charisma oder besser wohl der Respekt vor ihm nicht grenzenlos war, zeigte die weitere Entwicklung. Zwar nahmen die *Fliegenden Blätter* in der Zeit zwischen 1877 und 1888 und mithin im Umfeld des Sozialistengesetzes von 1878 den Kampf gegen dieses Gesetz auf (Olk/ Heinze 1981: 252). Andererseits aber betraten nach Wicherns Tod neue Führungsfiguren die Bühne, neuartige Projekte wurden in Angriff genommen, vor allem aber: Schon vier Jahre nach Wicherns krankheitsbedingtem Ausscheiden aus dem Centralausschuß der Inneren Mission, also 1878, beschloss man eine Satzungsänderung. In ihr war nun nicht mehr von der durch die Innere Mission zu bewerkstelligenden „Rettung des evangelischen Volkes", sondern nur noch vom „Dienst der Inneren Mission das Reich Gottes bauen zu helfen" die Rede, und am Ende dieses damit eingeleiteten – und hier nicht mehr im Detail interessierenden – Prozesses, in der Weimarer Epoche, hatte sich die Innere Mission „von einer Versittlichungsbewegung zu einem tendenziell professionalisierten und bürokratisierten Wohlfahrtsverband gemausert" (ebd.: 256).

Von etwas anderer Art war die Problematik im Felde der durch das Rauhe Haus gestifteten evangelischen Rettungshaustradition. Die maßgebliche Vorgabe hatte auch hier Wichern hinterlassen, indem er schon 1869 die von vielen Rettungshäusern inzwischen akzeptierte „Subvention seitens öffentlicher Behörden" (SW VII: 519) geißelte. Der Hintergrund für diesen Tadel ergab sich aus der zunehmender Attraktivität der nun in beträchtlicher Blüte stehenden Rettungshausbewegung für staatlichen Zwecke. So sah § 42 des preußischen Strafgesetzbuches von 1851 die Unterbringung Angeschuldigter, die noch nicht das 16. Lebensjahr vollendet hatten, in staatlichen Besserungsanstalten vor, ohne dass der Staat seinerseits für eine entsprechende Anzahl von Anstalten Vorsorge geleistet hatte. Als eine königliche Kabinettsordre vom 4. Dezember 1852 daraufhin die ersatzweise Überweisung dieser Klientel an Privatvereine oder Privatpersonen vorsah und ein entsprechendes Kostgeld in Aussicht stellte, konnten sich zunehmend weniger Rettungshäuser diesem Ansinnen versagen, so dass beispielsweise im Jahre 1859, wie Wichern exakt vorrechnete, nicht weniger als 69 evangelische und 7 katholische Rettungshäuser insgesamt 276 Kinder und Jugendliche beherbergten, die eigentlich, der Rechtslage nach, in staatliche Besserungsanstalten gehörten – eine Situation, die die Rettungshäuser schleichend in Besserungsanstalten zu überführen drohte. Wichern ließ denn auch an seiner ablehnenden Haltung gegenüber diesem Procedere keinen Zweifel: „Die Privatanstalt kann Hilfe leisten, soweit es not tut, muss sich dabei aber zugleich sicherstellen, dass die ihr zukommende Freiheit, ihr eigentliches Lebenselement, gewahrt bleibt, sowohl hinsichtlich der Zahl und teilweise auch Qualität sowie in der Behandlung der Kinder, desgleichen in Wiederauflösung des Verhältnisses" (SW VII: 520 f.).

Dies indes war ein weitgehend frommer Wunsch. So brachte schon das Preußische Zwangserziehungsgesetz von 1878 erstmals eine Pflegegeldregelung insbesondere für die zwischenzeitlich als strafunmündig deklarierten Kinder (unter 12 Jahren), von der zwar auch die Rettungshäuser profitierten, die nun aber auch Staat wie Kommunen veranlasste, eigene Zwangserziehungsanstalten zu errichten (Bunge 1929: 52). Das Preußische Fürsorgeerziehungsgesetz vom 2. Juli 1900, das den schon in § 1666 des Bürgerlichen Gesetzbuchs von 1900 reichseinheitlich in Anschlag gebrachten Erziehungsgedanken einführte und, als Ausdruck dessen, den Begriff Zwangserziehung durch den der Fürsorgeerziehung ersetzte (Steinweg 1928: 263 ff.), rückte mit der weiteren Heraufsetzung der Strafmündigkeitsgrenze sowie mit der nun erstmals greifenden Verordnung von Fürsorgeerziehung zwecks Verhütung weiterer Verwahrlosung auch die schulentlassene Jugend ins Zentrum der Aufmerksamkeit.

Dies war an sich vernünftig, stellte die Rettungshäuser allerdings vor einige Probleme. Denn ihrer Tradition zufolge hatte man sich hier auf die Arbeit mit Kindern und Jugendlichen bis hin zu ihrer Konfirmation beschränkt, ein Umstand, der die Innere Mission nun in Konkurrenz zu den Staatsanstalten behinderte und nötigte, ihrerseits Erziehungsanstalten für die Konfirmierten zu begründen (Bunge 1929: 52). Der Staat übernahm nun zwar endgültig die Kosten, womit „der äußere Fortbestand der Rettungshäuser gesichert" war, die Erziehungsarbeit selbst „sich [] allerdings grundlegend gegenüber den Wichernschen Vorstellungen" veränderte: „Mit der Ablösung des Freiwilligkeitsprinzips und der Übernahme prophylaktischer Kontroll- und Disziplinierungsfunktionen werden die persönlichen Beziehungen zwischen Erziehern und Zöglingen allmählich durch eine militärisch strenge Zucht und harte Strafmaßnahmen ersetzt" (Olk/Heinze 1981: 254). Immerhin aber blieb, wenn auch für diesen Preis, die Vormachtstellung der konfessionellen Fürsorgeerziehungsträger auf diese Weise bis zum Beginn der Weimarer Republik erhalten. Am leichtesten wusste man sich dabei seitens der Anstaltsgeistlichen noch mit dem durch die Pflegegeldregelung greifenden

Umstand zu arrangieren, dass man „der Sorge und ewigen Bettelei enthoben“ (Der Rettungshausbote 1917/18: 145) sei. Wicherns Idee indes, den Jugendwohlfahrtsbereich im Alleingang und möglichst ohne staatliche Subventionen, aber eben damit auch außerhalb staatlicher Kontrolle zu verwalten, wurde damit endgültig brüchig. Dies soll abschließend zumindest dem Ansatz nach gezeigt werden.

## 2.4 Wichern in Weimar

Das Jahr 1927 war zweifellos das Jahr Pestalozzis gewesen, Wichern aber sollte zumindest das Jahr 1933 nicht zu nehmen sein: „Wie herrlich, dass im hundertsten Jahr der Inneren Mission ein neuer Durchbruch im „Dienst des Nächsten“ in Freiheit und Ordnung möglich wurde“ (Engelke 1933: 216), jubelte der aktuelle Vorsteher des Rauhen Hauses im September 1933 im Geist der neuen Zeit via Volksempfänger, wobei korrigierend hinzugesetzt sei: Nicht der Gründung der Inneren Mission wurde in diesen Tagen gedacht, sondern der des Rauhen Hauses und seines Gründers. *Wicherns Bedeutung für die volkliche Erziehung der Gegenwart* – so oder ähnlich lauteten jedenfalls die Themen der Festvorträge, und selbstredend ließ es sich der Berliner Landesbischof Müller als der ‘Bevollmächtigte des Reichskanzlers für die Angelegenheiten der evangelischen Kirche’ nicht nehmen, den wichtigsten von ihnen zu halten. Kein Zweifel: Wichern und die durch ihn repräsentierte evangelische Jugendfürsorge hatte es geschafft, die ‘liberal-marxistisch-jüdische’ Sozialpädagogik hingegen musste draußen bleiben. Dass derlei Rückerinnerungen – die keineswegs das gesamte Personal (der Inneren Mission) betreffen, sondern nur das hier bezeichnete, – Unbehagen auslösen, musste Rudolf Bauer (1987) erst vor einigen Jahren bitter erfahren. Ein Argument allerdings kann dies nicht sein – höchstens in dem Sinne, im Folgenden weitere Argumente zu bringen.

Am Beginn der Weimarer Epoche stand eine Krisenerfahrung, die es in sich hatte. Sie wurde beispielhaft durch jenes Ereignis zur Anzeige gebracht, das führende Vertreter der evangelischen Rettungshausbewegung zunächst meinten, so freudig begrüßen zu dürfen: gemeint ist der Fall Wilker (vgl. Kap. 6.2). An ihm nämlich wird vor allem deutlich, dass mit dem Zusammenbruch des Kaiserreichs und dem Aufbau der Weimarer Republik eine neue, nachdenklich gewordene und veränderungswillige wie gestaltungsfähige Schicht des Bildungsbürgertums vorübergehend Meinungsführerschaft und Gestaltungsmacht übernahm. Damit gewannen jene Kräfte an Einfluss, die Wichern noch mit dem Signum des Antichristentums versehen hätte. Ihr Streben ging dahin, ein neues, von Wichern gar nicht ins Kalkül gezogenes Staatsverständnis in Geltung treten zu lassen, ein Staatsverständnis, das den Staat von der Kirche trennte und das ihn nicht nur nicht länger vor allem als Obrigkeitsstaat sah, von dem und dessen Besserungsanstalten sich abzusetzen es Wichern mit seiner Pädagogik der Vergebung noch vergleichsweise leicht gefallen war, sondern das den Staat dezidiert als Verfassungs- und Wohlfahrtsstaat verstand, der des mündigen Bürgers bedurfte. Entsprechend nahm die Politik zunehmendes Interesse an christlicher Liebespflege generell (vgl. Kaiser 1995; Sachße 1995), aber auch an dem, was in dem ihrem Gestaltungsbereich unterliegenden pädagogischen und auch karitativen Institutionen je unter Bildung und Erziehung verstanden wurde.

Unter diesen Voraussetzungen verlor namentlich die durch Wichern geprägte Ideentradition endgültig alle Vorzüge, derer sie bisher meinte gewiss sein zu können: die (1) Chance, sich im Vergleich zu staatlichen Besserungsanstalten als vergleichsweise liberal auslegen zu können; die (2) Hoffnung, dass der Staat nicht übermäßiges Interesse für das Geschehen im Inneren konfessioneller Anstalten aufbrachte; und (3) die Überzeugung, dass der Staat nicht aus sich heraus fachliche Standards entwickeln würde. Tatsächlich aber tat er ebendies, und zwar durch das Reichsjugendwohlfahrtsgesetz (RJWG) von 1922/1924. An ihm wirkten zwar auch Lobbyisten der Inneren Mission mit. Das aber konnte die Sprengkraft einiger seiner Paragraphen nicht verhindern. Dies gilt etwa für das mit § 1 einklagbare Recht des Kindes auf Erziehung oder die in § 9 verlangte Beschickung der neu zu etablierenden Jugendämter mit fachlich geschultem oder jedenfalls doch praxiserfahrenem Personal. Denn damit ließ sich die noch von Wichern blockierte Berufs- und Ausbildungsdebatte nicht mehr vermeiden. Bemerkenswert sind auch die in der Nachfolge des RJWG zu sehenden Diskussionen über erziehungsmethodische Fragen. Problematisiert wurde nun beispielsweise die – in Heimen der Inneren Mission wegen Überforderung der Erzieher bevorzugt praktizierte – Prügelstrafe, aber auch die Ausgrenzung vermeintlich unerziehbarer Psychopathen (vgl. Kap. 5.3).

Vertreter der Inneren Mission reagierten auf diese Themen deutlich gereizt, wobei in der Hauptsache die von Wichern markierte Front verteidigt wurde. Der Mensch, so konnte man entsprechend noch 1932 lesen, sei entgegen der reformpädagogischen Illusionen, „nicht gut, sondern böse“; die entscheidende Hilfe und Rettung läge deshalb „nicht in der Erziehung […], sondern in der Sphäre göttlichen Handelns“, also in der „Erlösung“ (Kleßmann 1932/33: 193). Diese Gegenüberstellung von Erziehung einerseits und Erlösung andererseits war natürlich kein Zufall. Sie stand vielmehr für den exemplarischen Versuch, den sozialpädagogischen Angriff auf die Wichernsche Denktradition, sofern er sich aus dem im RJWG deklarierten Recht des Kindes auf Erziehung herleitete, ein für alle mal abzuwehren.

Immerhin war das RJWG nicht die einzige Frontlinie, die sich gegenüber der Inneren Mission aufbaute. Eine andere, sehr viel gravierendere entstammte der sich nach dem Kriege aufbauenden Fremdwahrnehmung des Proletariats. Ihm nämlich galt die Kirche zunehmend als „Brutstätte der Reaktion“ (Bellingrodt 1925: 23). Und so konnte man denn auch im Umfeld der Novemberrevolution im Hauptorgan der von Wichern herrührenden Rettungshausbewegung lesen: „Eine in weiten Kreisen unseres Volkes verbreitete Stimmung fordert statt Wohltaten Rechte, den Ersatz der privaten durch die öffentliche Fürsorge und die Überführung der Betriebe der privaten Fürsorge in öffentliche Verwaltung" (*Der Rettungshausbote* 1919/20: 57). In dieser Situation drohten führende Vertreter der Inneren Mission dem Staat „schmerzliche Konsequenzen" (Backhausen 1919: 103) an. Gemeint war damit vor allem der Rückzug konfessioneller Träger aus der Fürsorgeerziehung. Tatsächlich aber war diese Rückzugsdrohung zunächst nicht ernst gemeint. Denn nach dem Auftauchen weiterer, auch parteipolitisch gebundener freier Wohlfahrtsverbände, wie beispielsweise der Arbeiterwohlfahrt, war die Befürchtung der Inneren Mission ausgeprägt, jenen „außerordentlich starken Einfluss in der Öffentlichkeit" (Bremer 1925: 112) verlieren zu können, der ihr vor allem mittels ihrer Arbeit im Jugendwohlfahrtsbereich zukam.

Der Diskurs selbst war damit keineswegs befriedet, im Gegenteil: Der zunehmende Widerstand gegen die Kirche blieb ebenso Thema wie die „Entchristlichung" des Volkes, die, wie man in Kreisen der Inneren Mission besorgt registrierte, vor allem „in den unteren Schichten [...] direkt verheerend gewirkt hat" (Wilms 1926: 50). Bilanzen wie die von der „säkularisierten Zivilisation" (Fritz 1932: 21) machten immer mehr die Runde. Damit standen wieder all die Themen zur Debatte, die Wichern im Umfeld der 1848er-Revolution Anlass waren für die Gründung der Inneren Mission. Die nun gegebene Antwort wies allerdings eine andere Schwerpunktsetzung auf. Denn anstatt die Rettung verlorener (proletarischer) Seelen vor (weiterem) sozialen und sittlichen Verfall oder vor kommunistischer Verhetzung ins Zentrum zu rücken, ging es nun eher und jedenfalls doch zunächst um eine Art Selbstrettung der evangelischen Gemeinde vor ihrem Fall in die Bedeutungslosigkeit.

Es war Teil dieser Therapie, wenn führende Vertreter der Inneren Mission 1932 nun erneut die Rückbesinnung „auf den Geist der Väter der Inneren Mission" einklagten; denn damit rückte wieder in den Blick, dass die Arbeit nicht notwendig „auf staatliche Hilfe und staatliche Zwangsmaßnahmen" zu gründen war, sondern „auf Freiwilligkeit, auf die christliche Liebestätigkeit und auf den Zusammenhang mit der evangelischen Gemeinde" (Hundinger 1932: 53). Diese Überlegungen, die im Kern erneut auf die Forderung nach einem (Teil-)Rückzug der Inneren Mission aus der Fürsorgeerziehung hinausliefen, wurden begünstigt durch die gegen Ende der Weimarer Republik greifende Tendenz zur Heimschließung und Pflegegeldkürzung bei gleichzeitig zunehmender Konkurrenz privater und öffentlicher Angebotsträger. Bei derartigen Plänen ging es also nicht, wie noch zu Beginn der Weimarer Epoche, um ein Muskelspiel in Richtung des Staates. Sondern es ging um ein Planspiel auf eine Epoche, die der öffentlichen Fürsorge ohnehin nicht mehr günstig war.

Dies war dann zugleich auch, wie sich bald zeigen sollte, eine Epoche, die die Anrufung der Selbstheilungskraft der evangelischen Gemeinde neu variierte. Nun nämlich ging es, in etwas größerem Maßstab, um die Beschwörung der Einheit stiftenden Macht der Volksgemeinschaft. Als man im September 1933 des 100. Jahrestages der Begründung des Rauhen Hauses und mithin Wicherns gedachte, war man sich in maßgebenden Kreisen der evangelischen Jugendhilfe auch rasch im klaren über die Instrumentalisierbarkeit Wicherns auch als 'Führer evangelischer Volkserziehung in der Gegenwart': „Nicht Pensionäre eines Wohlfahrtsstaates wollte er erziehen, sondern Menschen verantwortlicher Selbsthilfe und Dienstbereitschaft am Volksganzen" (Fritz 1933 b: 203). So überrascht es denn auch nicht, dass man mancherorts in der Inneren Mission schon im April 1933 einer RJWG-Novelle das Wort redete, mittels derer den Vertretern der sozialpädagogischen Bewegung die Abrechnung präsentiert wurde: „Der sozialpädagogische Aufgabenkreis", so heißt es beispielsweise in einem aus dieser Zeit stammenden Rückblick auf die Weimarer Epoche, „umschloss ganz überwiegend 'Schutz und Pflege', das Heilen von Schäden, das Ausfüllen von Lücken, das Ergänzen irgendwelcher Mängel"; darüber sei „der Blick für das Ganze verloren gegangen"; es war Teil der Wiederherstellung dieses Blicks, wenn Stahl die Formel des § 1 RJWG von 1922/24, wonach jedes deutsche Kind ein 'Recht auf Erziehung zur leiblichen, seelischen und gesellschaftlichen Tüchtigkeit' habe, durch die andere vom „im Lebensrecht des Volkes begründeten Anspruch des Staates an die Jugend" (Stahl 1933: 132 f.) ersetzt wissen wollte. Mit dieser Position und der nachgereichten Bemerkung Ina Hundingers, § 1 RJWG habe „zu einem latenten Kampf zwischen christlicher und marxistischer Weltanschauung" geführt und was nun Not tue, sei die Erziehung des Einzelnen „zum verantwortungsbewussten Glied der deutschen Volksgemeinschaft" (Hundinger 1933: 291), war der Diskurs um die Bekämpfung des Antichristentums, den Wichern einhundert Jahre zuvor so hoffnungsfroh eröffnet hatte, an ein Ende gekommen, an dem sich jede weitere Diskussion verbietet. Denn Fritz, Stahl wie Hundinger hatten sich in ihrer Abwehrschlacht, die sich ursprünglich auf die Verteidigung der Vorherrschaft der Inneren Mission im Jugendwohlfahrtsbereich konzentriert hatte, eines inakzeptablen und inhumanen Waffenbruders versichert und dessen Ideologie unterstellt: des Nationalsozialismus.

Es wäre zwar reizvoll, die Geschichte der Inneren Mission und die der Fürsorgeerziehung noch etwas genauer durch die Zeit des Nationalsozialismus bis heute zu verfolgen. Dies aber kann hier, wo es vor allem um die sozialpädagogische Ideengeschichte geht, nicht Aufgabe sein. So mag es genügen, den gedanklichen Impuls Wicherns und die (Irr-)Wege, die er bis hin zum Aufkommen Nohls nahm, zumindest umrissen zu haben. Dabei sei zugestanden, dass die chronologische Ordnung dieses Buches, die als nächstes ein Eingehen auf Natorp verlangt, einen gewissen gedanklichen Sprung erfordert. Denn Natorps Sozialpädagogikbegriff ist, so will es jedenfalls scheinen, kaum mit den Themen vermittelbar, die Wichern in vergleichsweise konsistenter Nachfolge zu Pestalozzi oder jedenfalls doch zu dem

Pestalozzi des *Stanser Briefes* ins Zentrum rückte. Immerhin aber ist, wie nun nicht noch eigens belegt werden muss, zumindest eine Anknüpfung an den Pestalozzi von *Lienhard und Gertrud* zwanglos möglich. Im Übrigen hat man Nohls Sozialpädagogikverständnis nicht nur aus der Gegenstellung zu Wichern, sondern auch und vor allem aus der Gegenstellung zu Natorp zu begreifen. Insofern spricht doch einiges für die nun folgende Auseinandersetzung mit Natorp.

# 3. Paul Natorp (1854–1924): Der Vergessenste aller Sozialpädagogen

**Biografischer Abriss**

Paul Natorp wurde am 24. Januar 1854 als Sohn eines Pastors in Düsseldorf geboren. Er studierte von 1871–1875 in Berlin, Bonn und Straßburg und war Privatdozent (seit 1881) sowie außerordentlicher (seit 1883) bzw. ordentlicher (seit 1893) Professor für Philosophie und Pädagogik in Marburg. Zusammen mit Hermann Cohen und Ernst Cassirer war Natorp Vertreter der Marburger Schule des Neukantianismus. Natorp starb am 17. August 1924 in Marburg. Von Natorps Werken seien genannt: *Religion innerhalb der Grenzen der Humanität* (1894), *Sozialpädagogik* (1899), *Pestalozzi. Sein Leben und seine Ideen* (1908), *Volkskultur und Persönlichkeitskultur* (1911), Der Idealismus Pestalozzis (1919), *Sozialidealismus* (1920).

„De nobis ipsis silemus, 'Von uns selbst schweigen wir'" – mit diesem (Bacon-)Motto hat Natorp drei Jahre vor seinem Tod einen Aufsatz eröffnet, mit dem er ausdrücklich zur Selbstdarstellung aufgefordert war, um noch hinzuzusetzen: „Es kann hier nicht die Absicht sein, als neuen Brauch einzuführen, dass man von sich spricht, statt von der Sache" (Natorp 1921: 151). Dies war deutlich genug, distinguiert fast – und doch nicht ganz so bitterernst gemeint. Ein bisschen erfährt man nämlich doch noch ad personam Natorp, Nebensächliches, wie etwa, dass ihn in jungen Jahren Wagner „völlig in Bann schlug" (ebd.: 152), aber auch zur Hauptsache Gehörendes, nämlich dass es ihn zunehmend zu „einer innerlichen Erfassung des Kulturlebens im ganzen" (ebd.: 154) drängte, beseelt von der Sorge „um von Tag zu Tag tiefere Klüfte […] zwischen Mensch und Mensch, Klasse und Klasse, Volk und Volk", beseelt also, kurz gesprochen, von den „schrillen Dissonanzen eines wilden Krieges aller gegen alle und eines jeden in sich selbst wider sich selbst" (ebd.: 155). Damit hatte Natorp seine Lebensthematik umrissen: Ihm ging es nicht, wie Wichern, um die Rettung des Einzelnen aus einer sündigen Welt, sondern es ging ihm um die Rettung der Welt, etwas weniger theatralisch gesprochen: Es ging ihm um eine Welt, in der es sich zu leben lohne, weil und insofern der Mensch sich nicht zum Gegner seiner selbst und zum Gegner seines Mitmenschen entwickele, sondern zur menschlichen Gemeinschaft fände. Dieses Programm belegte er mit dem Schlagwort 'Sozialpädagogik' und exemplifizierte es, wie bereits gesehen am Beispiel von Pestalozzis *Lienhard und Gertrud.* Man könnte dies auch so formulieren: Natorp suchte die durch Pestalozzi gegebenen Anregungen so zu modernisieren, dass im weitesten Sinne pädagogische

Antworten auf die gegen Ende des 19. Jahrhunderts virulent gewordene 'soziale Frage' möglich wurden (vgl. Kap. 1.2.1).

Anknüpfend hieran sollte man vielleicht noch herausschicken, dass sich Natorp mitunter sogar als einen „Pestalozzianer" (Natorp 1905: 160) bezeichnete, mehrere Bücher über Pestalozzi schrieb, auch eine Auswahl von Schriften Pestalozzis herausbrachte und wesentlich dafür verantwortlich war, dass man überhaupt wieder an Pestalozzi Interesse nahm. Einleitend ist vielleicht auch noch herauszustellen, dass Natorp von seinen Lebensdaten her ein Zeitgenosse Sigmund Freuds und Friedrich Nietzsches war. Als er selbst starb, war Herman Nohl seit fünf Jahren Professor in Göttingen. Und: Zeitgeschichtlich gesehen ist Natorp der typische Vertreter einer Übergangsepoche – aufgewachsen im Kaiserreich, auf die Krise reagierend, die der Erste Weltkrieg im Bewusstsein vieler Intellektueller zur Anzeige brachte, aber ein Stück weit auch noch die Diskussion in der Weimarer Epoche prägend. Für die Jugendbewegung war er zwar zu alt, aber er hat sich mit ihr auseinandergesetzt und darf zum Teil auch durchaus als Vertreter der Reformpädagogik gelesen werden. Nicht zu vergessen schließlich: Natorp ist das typische Beispiel für einen 'vergessenen Pädagogen' (vgl. Froese 1962). So schrieben die Herausgeber einer Textauswahl in den 1960er-Jahren: „Zwar wird sein Name in den Geschichten der Pädagogik noch 'hergezählt' (...). Aber es fehlt fast völlig an Versuchen, Natorps pädagogisches Denken in systematischem Interesse aufzugreifen und für die Anstrengung eines gesicherten Begriffs der Bildung fruchtbar zu machen. Was man manchem seiner Zeitgenossen [...] angedeihen lässt, nämlich den Rang, in pädagogischen Fragen gleichsam mit stimmberechtigt, wenigstens beratungsbefugt zu sein, wird ihm verwehrt. Es existiert die Behauptung, sein Platz sei ausschließlich im Museum, will sagen: Historisch zur Kenntnis zu nehmen, aber nichts darüber hinaus." (Fischer/Ruhloff 1964: 237)

Dieses Urteil scheint ein Blick in die wichtigsten Gesamtdarstellungen zu bestätigen. So konnte man noch 1924 in einer Darstellung deutscher Gegenwartspädagogen lesen: „In der Zeit tiefster Not ist Natorp unser Führer auf dem Gebiete der Erziehung" (Saupe 1924: 102). In der Folge hingegen suchte man den Namen Natorp selbst in renommierten Klassikerdarlegungen, wie etwa jener von Hans Scheuerl, umsonst. Für eine Ausnahme aus neuerer Zeit steht hier jene Edition, die Heinz-Elmar Tenorth als 'Nachfolger' Scheuerls zu verantworten hat und in welcher Natorp eine souveräne Würdigung erfährt (vgl. Ruhloff 2003), ebenso übrigens wie in der gleichnamigen Edition von Bernd Dollinger (2006c) hier aus der Feder von Joachim Henseler (2006). Kaum anders verhält es sich in der Sozialpädagogik. So hatte zwar Kerschensteiner Natorp noch 1932 als den „Sozialpädagoge(n) Deutschlands" (Kerschensteiner 1932: 4) bezeichnet, befand sich damit allerdings schon damals im Gegensatz zu den Urteilen anderer (etwa Nohl). Wenig später – genauer gesprochen: zwischen 1933 und 1945 – war Natorp gänzlich out, vor allem wohl der nun als jüdisch qualifizierten Schule wegen, der er zugehörte. Aber auch nach 1945 gelang, ungeachtet zaghafter Bemühungen (vgl. etwa Pippert 1983), keine (sozialpädagogische) Natorp-Renaissance. Populärer war das Urteil, Natorp habe zur „Verschleierung der antagonistischen Gesellschaftsstruktur“ (Marburger 1979: 44) beigetragen und sei im Übrigen durch Nohl – wie insbesondere Nohl-Schüler meinten (vgl. Siegel 1988: 3) – ‘überwunden’ worden. Inzwischen wird Natorp zwar wissenschaftlich wieder ernster genommen (vgl. etwa auch Hornstein 1995: 16ff.). Gleichwohl ist der, der Natorps Bedeutung darzustellen sucht (vgl. Niemeyer 1989; 1992a), nicht vor dem Vorwurf gefeit, er folge damit „persönlichen Grillen“ (Merten 1993: 119). Angesichts dieser Debattenlage, die einen mit Argumenten nicht mehr versorgt (vgl. auch Vahsen 1996: 11), scheint ein Gang in medias res angebracht.

## 3.1 *„Religion innerhalb der Grenzen der Humanität“:* Die Grundlegung von 1894

1894 trat Natorp zum ersten Mal in einer für die Sozialpädagogik wichtigen Weise mit einer Monographie hervor, die man auf den ersten Blick gar nicht als eine sozialpädagogische erkennen mag. Anders verhält es sich mit dem Untertitel: *Ein Kapitel zur Grundlegung der Sozialpädagogik*. Dies scheint eindeutig und kündigt diese Schrift als zentralen Grundlegungsversuch des bis dahin theoretisch noch nicht entwickelten Begriffs der Sozialpädagogik an. Der Ausdruck selbst war also nicht gänzlich unbekannt, Karl Mager beispielsweise hatte ihn schon 1844 – in dem Jahr also, in dem Wichern erstmals die *Fliegenden Blätter* erscheinen ließ – verwendet (vgl. Kronen 1980). Im selben Jahr sprach auch Diesterweg von „sozialen Pädagogen“ und verstand darunter jene – von den individuellen Erziehern (Haus- und Schulerzieher) abzugrenzenden – Volks- und Menschheitserzieher, „welche sich bestreben, durch soziale (nicht direkt politische) Reformen, Institutionen, Organisationen, Assoziationen usw. die verschiedenen Stände einer Nation abzugliedern und dadurch auf die einzelnen und das Ganze einen naturgemäßen, sich von selbst gestaltenden [...] Einfluß zu beschaffen“ (Diesterweg 1844: 326). Aber dies alles und auch das, was dem noch in den nächsten Jahren (bei Mager und Diesterweg) nachfolgte, blieb doch Makulatur. Insoweit darf man durchaus sagen, dass das Jahr der Geburt der Sozialpädagogik (als Begriff) das Jahr 1894 ist und an den Namen Natorp gebunden ist.

Dabei sei aber gleich zugestanden, dass Diesterweg mit seiner Unterscheidung zwischen individuellen Erziehern und Volks- und Menschheitserziehern im gewissen Sinne eine Thematik traf, die später auch Natorp im Sinn hatte. Denn im fünften Kapitel seines hier interessierenden Buches, das die Überschrift *Sozialpädagogische Folgerungen* trägt, wird deutlich, dass seine Begriffsverwendung des Ausdrucks ‘Sozialpädagogik’ darauf zielte, eine Kategorie verfügbar zu machen, die nicht allein auf die Bildung des Individuums ging (Natorp 1894a: 62). Daraus könnte man folgern, auch Natorp habe, ähnlich wie Diesterweg, 'soziale Pädagogen' gefordert, die sich von individuellen Erziehern unterschieden, weitergehender: Natorp habe den Ausdruck 'Sozialpädagogik' durch dessen Abgrenzung vom Ausdruck 'Individualpädagogik' verständlich machen wollen. Dann aber wäre der später von Nohl angedeutete Zwischenruf nicht mehr unberechtigt, wonach Natorp mit seinem Sozialpädagogikbegriff das beste Erbe pädagogischen Denkens zur Disposition gestellt habe. Zu denken ist bei dieser Erbschaft außer an Pestalozzi auch an Herbart (vgl. Kap. 1.3) und hier insbesondere an dessen Wort, die Pädagogik sei „Wohltäterin der Einzelnen, deren jeder ihrer Hülfe bedarf, um das zu werden, was er einmal wünschen wird, geworden zu seyn", und darum könne „die Erziehung nicht wie in einer Fabrik arbeiten; sie muß jeden einzelnen vornehmen" (Herbart 1810: 77). Offenbar aber hatte auch Natorp dies im Sinn, als er zumindest in seiner nachgelassenen *Praktischen Philosophie* erklärte, die „Erziehung zur Individualität" gelte als notwendiges Korrelat der Sozialpädagogik, die eben nicht „das Ganze der Pädagogik" (Natorp 1925: 519) sei.

Eine andere Frage ist, gleichsam im Vorfeld, nicht unwichtig, die Frage nämlich, was ein Thema wie *Religion innerhalb der Grenzen der Humanität* mit der Sozialpädagogik zu tun hat. Man könnte hier zuerst daran denken, dass Natorps Vater Pastor war. Denn es klingt ja fast so, als spräche ein Pastorensohn – ein solcher evangelischer Konfession, wie im Blick auf die berechtigte Kritik zu betonen ist, wonach der Katholizismus im Verhältnis zur Sozialpädagogik in diesem Buch unberücksichtigt bleibe und folglich der Klärung bedürfe (vgl. Konrad 2003) –, wenn wir Natorp darüber klagen hören, dass die Kirche ihres Einflusses (gerade auch bei den Arbeitern) verlustig gehe (Natorp 1894a: 83 f.). Ähnliche Klagen kennen wir auch von Wichern her, nur dass Natorps Folgerung eine ganz andere war. Ihm nämlich ging es nicht um eine pietistische Erneuerung der Kirche oder des Glaubens durch neue Formen der Glaubensvermittlung oder christliche Nächstenliebe. Ihm ging es vielmehr um die Neubegründung von Religion im Sinne einer von jeder institutionellen Beglaubigung freien, nicht verregelten Äußerungsform einer Sittlichkeit, von der man im Tiefinneren überzeugt ist (ebd.: 73). Dies erklärt übrigens auch den Titel. Denn Religion meint üblicherweise: Klärung der Beziehung des Menschen zu Gott. *Religion innerhalb der Grenzen der Humanität* meint folglich: Klärung der Beziehung der Menschen untereinander. Natorp, so könnte man also sagen, wollte dieses eher weltliche Religionsverständnis in kirchenfeindlicher und glaubensflüchtiger Zeit sozialpädagogisch aktualisieren. Natorp ging es bei seiner Grundlegung der Sozialpädagogik nicht um Glauben, sondern um gemeinschaftsverpflichtete und – getragene Praxis. Es ging ihm nicht um Kirche, sondern um Erziehung durch eine gelebte Gemeinschaft, die im Idealfall als Nachklang der urchristlichen Gemeinschaft gelesen werden darf und auf sittliche Lebensordnungen verweist. Die Differenz zu Wichern wird hier nun überdeutlich: Nicht um karitative Impulse war es Natorp zu tun, nicht um Rettungshäuser, Armenpflege oder Gefangenenfürsorge. Natorp zielte vielmehr auf die Vermenschlichung sozialen Zusammenlebens generell.

Dass ihm dies dann auch als sozialpädagogisch relevant galt, macht die in diesem Buch gegebene zentrale begriffliche Festlegung deutlich. „Die Sozialpädagogik", so lesen wir an entscheidender Stelle, „hat als Theorie die sozialen Bedingungen der Bildung und die Bildungsbedingungen des sozialen Lebens zu erforschen" (Natorp 1894 a: 62 f.). Als Praxis, so fährt Natorp noch fort, habe die Sozialpädagogik Mittel und Wege zu finden, um diese Bedingungen so zu gestalten, dass sie auch dem Ziel einer gedachten Entwicklung entsprechen. Hinter der Rede von den 'sozialen Bedingungen der Bildung' verbarg sich Natorps Anspruch, neben Pestalozzi der erste oder jedenfalls doch entschiedenste Vertreter eines Programms zu sein, dass Bildungsgegensätze nicht nur aus Begabungsdifferenzen erklärt, sondern aus vorenthaltenen Bildungschancen. Hinter der Rede von den 'Bildungsbedingungen des sozialen Lebens' verbarg sich das Projekt, die Gemeinschaft, weil und insofern von ihr Bildungswirkungen ausgehen, zu erneuern oder eben, sprichwörtlich gesagt, zu 'bilden', um auf diese Weise der Moral des Einzelnen förderlich sein zu können. „Die Jahrhunderte durch", so Natorp an anderer Stelle, ebendiese seine Absicht deutlich aussprechend, „hat man sich redlich gemüht, die edelste sittliche Nahrung auf dem Unterrichtswege an das Volk zu bringen. Das war schön und gut; aber weshalb will es je länger je weniger verfangen? Weil alle nachträgliche Pflege nicht hilft, wo die Wurzel faul ist; die Wurzel aber ist das Leben des Volkes, d. h. die Gemeinschaftsordnung" (ebd.: 9). Die 'soziale Frage' war für Natorp insofern nicht in erster Linie in materiellen Armutsphänomenen begründet, sondern in der Verarmung des sozialen Zusammenlebens, dergegenüber er eine volkserzieherische Programmatik aufbot, die das 'Leben des Volkes' wieder in Ordnung bringen sollte. Man kann all dies für bedenklich halten, hat aber zunächst nur zu konstatieren, dass Natorp in *Religion innerhalb der Grenzen der Humanität* schon das ganze Spektrum der Fragen aufwarf, das ihn auch später immer wieder unter dem Titel '*Sozialpädagogik*' beschäftigen sollte und an das auch gedacht werden könnte – aber dies nur als kühner Impuls – bei einem Schlagwort wie 'Lebensweltorientierung'.

## 3.2 „*Sozialpädagogik*": Die Weiterentwicklung von 1899

Fünf Jahre später erschien Natorps Hauptwerk *Sozialpädagogik*. Im entscheidenden § 10 meinte Natorp die Erziehungslehre an einen von ihr vergessenen oder jedenfalls doch missachteten Gesichtspunkt erinnern zu müssen, nämlich den, „dass die Erziehung ohne Gemeinschaft überhaupt nicht bestände" (Natorp 1899 a: 84). Gleichsam keinen Widerspruch duldend, fährt er fort: „Der Mensch wird zum Menschen allein durch menschliche

Gemeinschaft.“ (ebd.) Nicht zufällig ist hier die Gegenstellung zu Kants Formulierung: „Der Mensch kann nur Mensch werden durch Erziehung“ (Kant 1803: 699). Kant wiederum hatte mit dieser Formulierung Rousseau korrigiert, dessen Naturverklärung ihn irritierte und der in einer erstmals 1782 veröffentlichten Abhandlung mit deutlichem Bezug auf sich selbst bilanziert hatte: „Er ist das, als was die Natur ihn geschaffen hat: die Erziehung hat ihn nur sehr wenig verändert“ (Rousseau 1776: 413). Dies mochte in Sachen Rousseau durchaus zutreffen. Aber wenn man diesen Satz als theoretische Position nahm, war er, jedenfalls aus Sicht der Aufklärung, inakzeptabel. Sie nämlich glaubte an die Unverzichtbarkeit von Erziehung, die Kant „den Prospekt zu einem künftigen glücklichern Menschengeschlechte“ eröffnete (Kant 1803: 700). Zu fordern war nur, dass die Erziehung nicht in Widerstreit trat mit dem Kategorischen Imperativ und mit dem durch ihn gesetzten Respekt vor der prinzipiellen Selbstbestimmbarkeit menschlichen Wollens und Tuns. Warum aber stellte sich dann Natorp gegen Kant, indem er dort von ‘menschlicher Gemeinschaft’ sprach, wo jener noch von ‘Erziehung’ geredet hatte? Wollte er etwa der Freisetzungsrhetorik der Aufklärung mahnend entgegentreten unter Hinweis auf die Sozialverpflichtetheit des Menschen?

Auf den ersten Blick spricht einiges für diese Auslegung. So rechtfertigte er in seiner *Sozialpädagogik* „die Strafjustiz in der häuslichen und Schulerziehung ebenso wie in der größeren Erziehung der bürgerlichen Gemeinschaft“ damit, dass der Einzelne nicht nur – wie Kant in der Logik seines Kategorischen Imperativs hervorhob – dem „Gesetz in der eigenen Brust“ zu gehorchen habe, sondern auch dem „Gesetz der Gemeinschaft“ (Natorp 1899a: 260). Dies klingt so, als halte er eine Erweiterung des Kategorischen Imperativs für notwendig und plädiere für eine Erziehung des Einzelnen zur Gemeinschaft und zur Gemeinschaftsfähigkeit. Eine derartige Interpretation, die insbesondere in der Adenauerära unter dem Stichwort ‘Sozialerziehung’ eine gewisse Konjunktur erlebte (vgl. Bornemann 1978), ist aber vor dem Missverständnis zu schützen, als sei es Natorp – wie er selber später in Abwehr entsprechender Deutungen herausstellte – um eine „‘Sozialpädagogik’ schlechtester Note“ gegangen, nämlich um den „Missbrauch der Erziehung zur Sicherung der Machtstellung der Gewalthabenden“ (Natorp 1925: 529). Der Sozialpädagoge war für Natorp also nicht Vertreter der Gesetze der je herrschenden Gemeinschaft. Eher schon hatte er sich als Anwalt einer zukünftigen idealen Gemeinschaft, einer Gemeinschaft als „Sein des Sollens“ (ebd.: 532), zu verstehen, dies allerdings mit einer gewissen Zurückhaltung gegenüber der Willensbildung des Einzelnen. Denn am Kategorischen Imperativ Kants hielt Natorp bis zum Schluss fest, allerdings mit ‘gemeinschaftsorientierter’ Schwerpunktsetzung. Vor dem Hintergrund von Kants Formulierungsvarianten – etwa: „Handle nur nach derjenigen Maxime, durch die du zugleich wollen kannst, daß sie ein allgemeines Gesetz werde“ (Kant 1785/86: 51) – ist also Natorps Übersetzung zu lesen, wonach der Einzelne so zu handeln habe, dass er die Menschheit sowohl in seiner Person als in der Person eines jeden anderen jederzeit zugleich als Zweck und niemals bloß als Mittel gebrauche: „Das ist genau der Begriff der Gemeinschaft, die ja nur Gemeinschaft der Individuen ist; in der jeder Einzelne einerseits Mittel für die Zwecke aller, aber eben damit, weil im Zwecke der Gemeinschaft mitbegriffen, zugleich auch selber Zweck ist“ (Natorp 1923: 96).

Trotz dieser insoweit stark praktisch-philosophischen Bedeutungsgebung des Natorpschen Gemeinschaftsbegriffs ist die erziehungspraktische Bedeutung – im Blick auf Gemeinschaft als ‘Sein des Sollens’ – dieses Begriffs nicht zu leugnen. Dies zeigte ja auch schon Natorps Gegenstellung zu Kant (‘Der Mensch wird zum Menschen allein durch menschliche Gemeinschaft’), aber auch seine Reflexion auf ‘die Strafjustiz in der häuslichen und Schulerziehung ebenso wie in der größeren Erziehung der bürgerlichen Gemeinschaft’. Diese Formulierung macht im Übrigen auch deutlich, dass es nicht im Sinne Natorps war, die Sozialpädagogik auf jugendfürsorgerische bzw. außerschulische und -familiale Handlungsfelder zu beschränken. Die einzelnen Erziehungsziele, die er – in der Schrift *Sozialpädagogik* von 1899 – je für die drei genannten pädagogischen Orte (‘Haus’, ‘Schule’, ‘Leben’) erreichen wollte (Natorp 1899a: 274ff.), wirken dabei allerdings, aus heutiger Sicht, eher befremdlich. Dies gilt etwa für Zielvorgaben wie

- ‘Reinheit’ (im Sinne der durch die Hauserziehung zu gewährleistenden sittlichen Regelung des Trieblebens);
- ‘Tapferkeit’ (im Sinne der durch die Schulerziehung zu gewährleistenden Befähigung, dass das Tun des Einzelnen zur Willenssache wird);
- ‘Wahrheit’ (im Sinne der durch die im Leben selbst durch freie Selbsterziehung immer wieder neu zu verbürgende Vernunftbezogenheit des eigenen Tuns).

Auffällig ist hier der strenge Systematisierungsanspruch – mit einer Dreigliederung auf den Ebenen der Individualtugenden (‘Reinheit’, ‘Tapferkeit’, ‘Wahrheit’), der durch sie zu gestaltenden oder zu bewältigenden Individualvermögen (‘Trieb’, ‘Willen’, ‘Vernunft’) und im Blick auf die sozialen Orte des Pädagogischen (‘Haus’, ‘Schule’, ‘Leben’).

Dieses System komplettierte Natorp durch ein (ebenfalls dreigliedriges) Schema der Tugenden der Gemeinschaft – eine seinem Ansatz nach zwingende Ergänzung, wenn denn der Satz, dass der Mensch ‘allein durch menschliche Gemeinschaft’ zum Menschen werde, in Geltung treten sollte. Man wird auch zugestehen können, dass einige der in diesem Zusammenhang angestellten Überlegungen Natorps nicht unplausibel sind. So ist die Individualtugend ‘Wahrheit’ resp. die – in der Logik Kants liegende – Forderung, dass der Mensch „dem Sittengesetz als höchster Norm sein ganzes Verhalten bedingungslos unterordne“ (Natorp 1899a: 204), sicherlich zunächst eine Abstraktion. Sie muss sich im Gemeinschaftszusammenhang (Natorps System zufolge: des ‘Lebens’) in Gestalt der Gemeinschaftstugend

'Wahrhaftigkeit' konkretisieren und erfordert eine „nach Möglichkeit sittlich geordnete() Gemeinschaft" und eine „unmittelbare Teilnahme an ihr" (ebd.). Auch will es einleuchten, dass sich die Individualtugend 'Tapferkeit' im Gemeinschaftszusammenhang (Natorps System zufolge: der 'Schule') in Gestalt des „Einstehen(s) für Gesetzlichkeit" (ebd.) als Gemeinschaftstugend zu konkretisieren hat und eine dem förderliche Gestaltung des schulischen resp. unterrichtlichen Ablaufs erfordert. Dass dies für reformpädagogische Modelle nicht ohne Interesse war, sei hier nur angemerkt.

Natorps Gesamtintention wird von hier aus transparent: Er wollte den Menschen, der vom ersten Tag an auf die Gemeinschaft – und sei es nur in Gestalt der Mutter/Kind-Beziehung – angewiesen sei und der ohne menschliche Gemeinschaft „zum Tier herabsinken (würde)" (Natorp 1899a: 84), in dieser seiner Gemeinschaftsverwiesenheit auch als Herausforderung an die Erziehungstheorie zur Geltung bringen. Diese Absicht belegte er mit dem Schlagwort 'Sozialpädagogik'. Unter dieser Chiffre verstand sich Natorp zuallererst als Anwalt des dem Einzelnen mitgegebenen Bedürfnisses nach menschlicher Gemeinschaft. Folgerichtig stellte er im Durchgang durch die genannten drei erzieherisch relevanten „Formen organisierter Gemeinschaft" (ebd.: 219) Forderungen auf in Richtung der diesem Bedürfnis Rechnung tragenden Gestaltungsvarianten von Erziehung und Unterricht, die zugleich den Individualtugenden 'Reinheit', 'Tapferkeit' und 'Wahrheit' förderlich zu sein hatten. Am Ende dessen stand für Natorp ein sich selbst erziehender erwachsener Mensch, der zu seinem Selbstbewusstsein gefunden hatte und sich in gelingende Gemeinschaften einzubinden wusste, aber auch an deren Ausbau Interesse nahm. Erst in diesem letzten Punkt zentriert sich der sozialreformerische Anspruch der Sozialpädagogik Natorps. Er ließ ihn auch Zugang finden zum Genossenschaftsgedanken sowie zu Forderungen nach nachbarschaftsähnlichen Zusammenschlüssen. Dieser Anspruch war – wie im Vorhergehenden schon gesehen – im Wesentlichen motiviert durch Natorps zeitdiagnostische Bilanz der 'sozialen Frage', die sich für ihn exemplarisch in der Zerrissenheit des Volksganzen aussprach.

Eine Bilanz – zunächst nur im Blick auf die *Sozialpädagogik* von 1899 – hätte als erstes wohl den 'Systemanspruch' in Natorps Theoriebildung herauszustellen. Denn er vor allem war es, der der nachfolgenden (geisteswissenschaftlich-pädagogischen) Kritik Anlass gab, Natorps Ansatz als statisch zu verwerfen und als unbrauchbar für eine Theoriebildung, die, in ihrer beständigen Reflexion auf die 'Erziehungswirklichkeit', offen zu sein habe gegenüber historischem Wandel und die nicht dazu neigen dürfe, sie in das Prokrustesbett eines normativen Ansatzes einzufügen. Dies aber wird uns noch an geeigneter Stelle genauer beschäftigen, so dass hier zwei andere Aspekte herausgestellt seien. Der eine hat mit Natorps Tugendkatalog zu tun und hier insbesondere mit Tugenden wie 'Reinheit', 'Tapferkeit' und 'Wahrheit'. Denn diese Tugenden zeugen dafür, dass Natorps Menschenideal ein durchaus vornehmes war, ein antikes und damit zugleich aber auch ein aus Sicht der Gegenwart eher befremdendes. Wir jedenfalls trauen uns nicht mehr die Gewissheit in Sachen von Aussagen darüber zu, wie der einzelne Mensch beschaffen sein müsse. Dies gilt auch ungeachtet dessen, dass Natorp diese Tugenden immer im Zusammenhang der Bedingungen diskutierte, die durch die Gemeinschaftsverfasstheit gesetzt sind sowie: dass er keineswegs dem Glauben das Wort redete, „dass der Wille zum Guten ohne diese Bedingungen als Gnade des Himmels auf ihn [den Menschen; d. Verf.] herabkommen könne“ (Natorp 1899a: 204). Denn damit war noch nicht außer Kraft gesetzt, dass, dem heute maßgeblichen Verständnis zufolge, als einzige 'Tugend' wohl die Anerkennung findet, die sich aus dem Diskurs mit anderen als mehrheitlich geteiltes Regulativ des Zusammenlebens ergibt. „Das für jeweils *alle* Betroffenen Richtige“, so lautet denn auch eine in der neueren Sozialpädagogik verbreitet geteilte Auffassung, „hat einen unbedingten Vorrang vor den bloß traditional bewährten Werten des Gemeinschaftslebens“ (Brunkhorst/Otto 1989: 373). Modelle 'einfacher Sittlichkeit', die auf (zeitgemäß überarbeitete) Tugendkataloge zulaufen, werden entsprechend nur noch von einer Minderheit vertreten und verweisen im Übrigen auf oftmals unüberwindbar scheinende Normenbegründungsprobleme, die in diskursethischen Modellen dem Diskurs selbst überantwortet werden.

Etwas anderes kommt noch hinzu, und Natorp selbst liefert hierzu die Brücke. In § 10 seiner *Sozialpädagogik* findet sich nämlich eine ganz merkwürdige Kritik an der Gegenwart, „da so viele geneigt scheinen“, bestimmte Wahrheiten „den Paradoxen eines Modeschriftstellers zu opfern, den als Philosophen anzuerkennen eine harte Zumutung ist, nachdem er die unbedingte Voraussetzung jedes Philosophierens, den Selbstwert der Wahrheit, in nicht zweideutigen Aussprüchen verneint hat“ (Natorp 1899a: 86). Man weiß als Leser mit diesem Satz auf den ersten Blick gar nichts anzufangen, wäre da nicht das Personenregister, das den Schluss zulässt, Natorp meine mit diesem 'Modeschriftsteller' Nietzsche. Damit aber wird auch der Rest des Satzes klar. Denn es war damals, wie Natorp wissen musste und im Übrigen von seinem Freund Tönnies aus dessen Abhandlung über die *Nietzsche-Narren* (vgl. Tönnies 1893) erfahren haben dürfte, vor allem die bildungsbürgerliche Jugend, die sich Nietzsche zu 'opfern' schien und ihn jedenfalls als ihren geistigen Heroen auserkor. Warum Natorp derartig heftig gegen Nietzsche anging, wird damit auch verständlich. Denn es war Natorps Tugendlehre, die sich gegen Nietzsches scharfsinnige Kritik kaum noch behaupten ließ, wobei zumal aus heutiger Sicht eine wichtige Korrektur angebracht ist. Nicht nämlich, dass Nietzsche irgendetwas gegen die Wahrheit gehabt hätte – wie Natorp ja unterstellte –, ist das Problem. Nietzsches Frage – etwa in *Über Wahrheit und Lüge im außermoralischen Sinn* von 1873 – war vielmehr, wie man eigentlich bei einem realistischen (und dies meint: desillusionierenden) Blick auf die Menschen zu der Annahme kommen könne, die Wahrheit sei den Menschen wirklich etwas wert oder es existiere gar ein „ehrlicher und reiner Trieb zur Wahrheit“ (KSA 1: 876).

Später hat Nietzsche noch sehr viel desillusionierender argumentiert. Nichts mehr war nun vor ihm sicher – weder das Christentum, noch das Mitleid, noch der Altruismus allgemein: Überall zeigte Nietzsche nun die 'Hinterwelten' auf, die Abgründe, die dunklen Seiten auf dem Boden der vermeintlich so 'guten' Dinge, Menschen und Vorsätze (vgl. Niemeyer 1998). Und davon bleibt die Sozialpädagogik Natorps nicht unbetroffen. Sie nämlich wirkt, von Nietzsche aus besehen, wie die Vision eines guten Menschen, der sich gänzlich unbekümmert zeigt um die psychische Bedingtheit jenes 'Krieges aller gegen alle', gegen den er zu Felde zieht.

Abschließend sei die Frage aufgenommen, warum Natorp von 'menschlicher Gemeinschaft' sprach, wo Kant noch von 'Erziehung' gesprochen hatte. Offensichtlich, so ließe sich nun vermuten, wollte Natorp die Prominenz der Formulierung Kants („Der Mensch kann nur Mensch werden durch Erziehung") nutzen, um deutlich zu machen, dass der Erziehungsbegriff dazu verleiten könnte, nur bestimmte pädagogische Akte in Sachen Menschwerdung des Menschen in den Blick zu nehmen: solche, die von einem Einzelerzieher ausgehen und insoweit beabsichtigt sind. Andere, etwa die von einer Gemeinschaft ausgehenden Bildungserfahrungen, geraten dabei aus dem Blick. Man könnte weiter folgern: Indem Natorp den Ausdruck 'Erziehung' durch den Ausdruck 'menschliche Gemeinschaft' ersetzte, rückte er Faktoren ins Zentrum, die sich dem zielgerichteten pädagogischen Einfluss weniger leicht fügen und die noch genauer erforscht sein wollen. Das scheint aus heutiger Sicht nichts Neues: Wie selbstverständlich wird in der pädagogischen Fachsprache unterschieden zwischen 'intentionalen' (durch Erzieher beabsichtigte) Erziehungshandlungen und 'funktionalen' (durch Gesellschaft vermittelte) Sozialisationswirkungen. Aber neu ist vielleicht der Hinweis, Natorp habe diese in den 1960er-Jahren greifende Ausdifferenzierung der pädagogischen Sicht und der ihr nachfolgenden pädagogischen Fachsprache mit seiner so deutlich von Kants Formulierung abgehobenen Bestimmung angeregt, indem er die Gemeinschaft als gleichsam sozialisatorische Instanz ins Zentrum rückte.

Differenzierungen sind hier allerdings angebracht. So hatte schon Rousseau im *Emile* deduziert: „Die Natur oder die Menschen oder die Dinge erziehen uns" (Rousseau 1762a: 10). Unter deutlichem Bezug auf dieses Konzept der „dreierlei Lehrer" (ebd.) wird Pestalozzi auch 1797 von dem „Einfluß der Umstände" (PSW 12: 135) und Herbart 1802 von der 'miterziehenden Welt' (Herbart 1802: 288) sprechen. Herbart führte in diesem Zusammenhang weiter aus: „Welt und Natur thun im Ganzen schon viel mehr für den Zögling, als im Durchschnitt zu thun die Erziehung sich rühmen darf" (ebd.). Verwiesen war hiermit auf die Gefahr der Selbstüberhebung mancher Erzieher, die den von ihnen (intentional) gestaltbaren Faktor der „Erziehung" überschätzen und die (funktionalen) Faktoren „Welt und Natur" verkennen. Auf ebendieses Problem nimmt vom Ansatz her der in den 1920er-Jahren greifende Sprachregelungsvorschlag Bezug, wenn hier zwischen Pädagogik („Erziehung" bei Herbart) und Erziehungswissenschaft („Welt und Natur" bei Herbart) unterschieden wird. Gedacht werden darf etwa an Bernfeld, der Erziehung als „gesellschaftlichen Prozess und nicht wie die Pädagogik als ein System von Normen und Anweisungen" betrachtete und angesichts des insoweit größeren „Umfang[s] der zu betrachtenden und in einem Begriff zu vereinenden Erscheinungen" den Ausdruck „erziehungswissenschaftlich" (Bernfeld 1925: 51 f.) beanspruchte. Damit hatte Bernfeld das Interesse an der Erfassung gesellschaftlicher Erziehungswirkungen artikuliert, die nicht gut unter einem Begriff (wie dem der Pädagogik) zu beherbergen waren, der dem Bedeutungshorizont antiker Knabenführung entstammte.

Angesichts dieser begrifflichen (Vor-)Leistungen ist Natorps Beitrag nicht geschmälert – Bernfelds Ansatz konnte er nicht kennen –, wohl aber besser einzuordnen. Es liegt nun nämlich nahe, Natorps Sozialpädagogikverständnis über den Ausdruck 'Sozialpädagogik als Erziehungswissenschaft' zu fassen. Als Gegenkonzept läge dann der Ausdruck 'Sozialpädagogik als Pädagogik' nahe, wobei man zunächst an Nohl denken könnte. Dies ist allerdings nur in einer groben Annäherung zu verstehen, was meint: Dominant war bei beiden die Schwerpunktsetzung auf das jeweils vom anderen als randständig Behandelte. Es begründet sich aus der Natur des von Nohl gewählten Schwerpunkts, dass seinem Ansatz nur noch geringe Aufklärungskraft für sozialpädagogische Gegenwartsprobleme zugewiesen wird. Umgekehrt ist die von Natorp erörterte Thematik – nicht etwa die von ihm gewählte Thematisierungsvariante – heutzutage ein selbstverständlicher Gegenstandsbereich einer Disziplin, die das in modernen Risikogesellschaften problematischer gewordene Spannungsverhältnis zwischen Lebensbewältigung und Sozialintegration pädagogisch zu reflektieren und lebensweltorientiert wie gesellschaftsbezogen zu hinterfragen sucht. Dass einem darin weniger pädagogisches denn erziehungswissenschaftliches Denken begegnet, ist evident, aber unproblematisch. Denn beides ist im Fachdiskurs, jedenfalls wenn man ihn weit genug fasst und nicht nur von Pädagogik ausgeht als Theorie einer Praxis, sondern auch von Erziehungswissenschaft als umfänglich angelegter Theorie wie Empirie jener Praxisverhältnisse, in denen pädagogisches Handeln in Erscheinung tritt oder als Unmöglichkeit kenntlich wird, mit umfassendem Anspruch abgedeckt (vgl. Niemeyer 1996a: 434 f.). Dies mag vielleicht ein zu positives (Zwischen-) Resümee vor dem Hintergrund der Bedenken sein, die sich gegen Natorps Schrift Sozialpädagogik erheben lassen. Aber es hilft vielleicht dabei, das theoriegeschichtliche Erörtern für gegenwartszentrierte Skeptiker mit einem gewissen Interesse auszustatten – was dann auch den Folgekapiteln nur nutzen könnte.

## 3.3 „*Sozialidealismus*“: Die Abrechnung von 1920

Als die Entschiedenen Schulreformer um Paul Oesterreich im Oktober 1919 zu einer Tagung nach Berlin einluden, referierte über das Thema ‘Sozialpädagogik’ noch Artur Buchenau, und zwar ganz so, wie er es bei seinem Vorbild, Paul Natorp, meinte gelernt zu haben. Im programmatischen Abschlussteil, ‘Praktische Sozialpädagogik’ überschrieben, ging es Buchenau demgemäß nicht um Jugendwohlfahrt, sondern die Unterthemen lauteten: Familien-Pädagogik; Schule und Gemeinschaft; Erziehung im bürgerlichen Verein; Staat und Nation. Buchenau sprach in diesem Zusammenhang von dem Zusammenbruch altehrwürdiger Einrichtungen und von der Notwendigkeit eines gänzlichen Neuaufbaus. Stichworte waren: „Einheitsschule, Volkshochschule, Elternbeiräte, Hochschulreform“ (Buchenau 1920: 56). Heutzutage würde man sich als Sozialpädagoge vermutlich großen Ärger einhandeln, wenn man versuchen würde, sich auch nur einen der genannten Themenbereiche einfach so aneignen zu wollen. Dies gilt wohl auch ungeachtet der gelegentlich reklamierten, aber in der Hauptsache doch wohl eher in selbstironischer Absicht verwendeten Formel von der ‘Allzuständigkeit’. Damals freilich war Schulreform noch Teil des sozialpädagogischen Reformprojekts (vgl. Reyer 2002 b: 119 ff.), mit Natorp in der Rolle des zentralen Protagonisten (vgl. Konrad 2004).

Natorp, auf den Buchenau sich bezog, arbeitete zu dieser Zeit an der Neufassung seiner erstmals 1894 vorgelegten sozialpädagogischen Ansichten, die er dem Publikum 1920 unter dem Titel *Sozialidealismus* präsentierte. Natorp rechnete in dieser Schrift mit dem Ersten Weltkrieg ab, vor allem mit den Kriegsursachen und insofern auch mit dem Kaiserreich. Seine Bilanz war ernüchternd: Das Erziehungs- und Bildungswesen des Kaiserreichs sei jeder sozialen Gesinnung ledig gewesen; es habe einseitig dafür ausgerüstet, den Kampf eines jeden gegen jeden anderen zur Voraussetzung des Berufserfolgs zu erheben; insoweit sei auch im Inneren immer nur ein scheinbarer Friede erreicht worden, der dann, als der Staat der Ablenkung der aggressiven Kräfte nach außen bedurfte, zugleich auch zur besten Voraussetzung gedieh, die Jugend überhaupt auf die Idee eines erfolgreich zu führenden Krieges gegen andere Länder zu bringen. Was in der Erziehung und Bildung des Kaiserreichs mithin zum Ausdruck gelangte, sei eine Vergewaltigung des Menschen als eines bloßen Mittels gewesen, und zwar entweder „für das Kontoplus des Betriebes“ (Natorp 1920: 36) oder unmittelbar für kriegstreiberische Zwecke. Aber, so fuhr Natorp fort, der Einzelne werde nicht zum Menschen, wenn er seine Seele verkaufen müsse an das Geschäft. Diese Formulierung erinnert an das von Natorp dann auch angeführte Wort Pestalozzis, dass die Seele des Menschen „nicht taglöhnen“ könne (ebd.: 89), anders gesprochen: Der Mensch verlöre seinen Seelenadel, wenn er nur als Mittel für andere betrachtet werde, nicht aber als Zweck an sich selbst.

Die Thematik selbst, dies kann man hier sehen, war nicht neu. Deswegen auch war die von Natorp nun (erneut) anempfohlene Therapie besonders konsequent und radikal. So sprach er beispielsweise von einer „unerzogene(n) Wirtschaft und Politik“ (Natorp 1920: 139), die den Einzelnen missbraucht habe, denn, so Natorps rhetorische Frage nach diesem Weltkriegsfiasko: Wer hat das Kind „ziehen“ – im Sinne der Stammwurzel des Wortes „erziehen“ – sollen und hat es nicht getan? Um dem abzuhelfen, forderte Natorp, entsprechend des an Platon angelehnten Motivs, wonach es nun, nach Abschaffung der Monarchie, gelte, die Philosophen zu Königen zu machen, eine Art Politikberatung sowie eine pazifistisch orientierte soziale Erziehung, also eine Erziehung aller im Sinne der Allheit, die endgültig sicherstellen solle, dass es nie wieder zu einem Krieg aller gegen alle im Inneren und auch nicht zu einem Krieg nach außen hin kommen könne. Natorps Vorschläge berühren dabei nicht nur die Erziehung im engeren Sinne, sondern sie umgreifen auch, deutlicher noch als vor dem Ersten Weltkrieg, das Projekt eines genossenschaftsorientierten Wiederaufbaus des häuslichen Lebens durch Erziehungs- und Selbsterziehungsverbände sowie Nachbarschaftsgilden. Dem entsprach sein Plädoyer für eine endgültige Ersetzung aller künstlichen Ersatzwelten, wie sie ihm beispielsweise im Kindergarten begegneten. Hinzu kam ein gleichsinnig angelegtes Plädoyer für einen Erziehungsstaat und für eine Erziehungsschule, die den Charakter der häuslichen Erziehung nachzuahmen habe. All dies wird getragen von dem Einspruch gegen jedweden Versuch, die Erziehung in den Dienst einer Staats- und Wirtschaftsordnung zu stellen. Nicht lediglich um Autonomie der Pädagogik im Sinne ihrer Unabhängigkeit von Staats- und Wirtschaftszwecken war es Natorp nun zu tun, sondern um Unterordnung von Politik und Wirtschaftsordnung unter Erziehung. Vorbild im Hintergrund war dabei Platons *Politeia*, war hier doch das angestrebt worden, was auch Natorp für seine Zeit anstrebte: eine vollkommene Sozialordnung.

Der Sache nach vertrat Natorp dabei – und dies unterstreicht ja auch schon der Titel *Sozialidealismus* – einen idealistischen Sozialismus, was meint: Nicht das Sein bestimmte seiner Auffassung nach das Bewusstsein, sondern es verhielt sich eher umgekehrt. Dies war eine alte Botschaft – wir kennen sie schon von Pestalozzi und insbesondere von Natorps Pestalozzibild her –, aber es war zumal nach dem verlorenen Ersten Weltkrieg eine nicht uninteressante Botschaft. Denn der Krieg hatte die materielle Ressourcen aufgebraucht, nicht aber die ideellen. Deswegen ließ Natorp Widrigkeiten der sozialen Lage nicht als Entlastungsargument gelten, und entsprechend wenig wusste er mit bloßen Umverteilungsrhetoriken anzufangen, zumal diese durch ihre einseitige Orientierung an Besitztumsunterschieden in der verbreiteten materialistischen Mentalität verhaftet blieben und die Zerrissenheit des Volksganzen eher beschleunigten denn abmilderten. Im Übrigen markierten sozialistische Kampfgemeinschaften für ihn eher den Kältepunkt der Societas (Natorp 1920: 37), bei denen der Zweck den Einsatz der Mittel heilige. Natorps Perspektive war hier eher eine umgekehrte: Zwecke gaben für ihn immer nur eine grobe Orientierung des Handelns. Sein Schwerpunkt aber lag auf der unverzichtbaren ethischen Rechtfertigungsfähigkeit der eingesetzten Mittel, und hier war ihm die freien Abstimmung unverzichtbar und allemal überlegen gegenüber der Unterwerfung unter eine Parteimaxime.

Auffällig bei all dem ist, dass Natorp Maßnahmen der Jugendfürsorge, wie beispielsweise Fürsorgeerziehungsheime, allenfalls als „Nothilfe“ (Natorp 1920: 145) akzeptierte, die dort greifen könne, wo es noch nicht gelungen sei, „ein echtes häusliches Leben () richtig herzustellen“ (ebd.: 143). Auch kam es ihm überhaupt nicht in den Sinn, den Sozialpädagogikbegriff auf die Jugendwohlfahrtsarbeit zu beziehen. Statt dessen machte er gegenüber Friedrich Paulsen – der derartiges allerdings auch nicht im Sinn hatte, sondern danach fragte, wieso das von Natorp Gemeinte nicht mit gängigem pädagogischem Begriffsinventar bewältigt werde könne (vgl. Paulsen 1906: 59) – geltend, dass der Sozialpädagogikbegriff benötigt werde, um „die Schäden der Gemeinschaftsordnung und daraus folgenden Erziehungsordnung“ (Natorp 1920: 60) angemessen charakterisieren zu können (vgl. auch Kap. 5.2). Auch Buchenaus Themenkatalog (‘Einheitsschule, Volkshochschule, Elternbeiräte, Hochschulreform’) weist eher in diese Richtung und blendet die Bereiche aus, an die infolge des Zusammenbruchs des Kaiserreichs nicht eben wenige zuerst dachten. Gemeint ist der Bereich der Wohlfahrtspflege, der mit Beginn der Weimarer Epoche zur völligen Neuordnung anstand (vgl. Kap. 2.4). Da es nicht zuletzt dieser Neuordnung geschuldet ist, dass der Sozialpädagogikbegriff nur gut zehn Jahre später mit großer Selbstverständlichkeit und im völligen Gegensatz zu Natorp mit dem Ausdruck „Erziehungsfürsorge“ (Bäumer 1929: 3) übersetzt wurde, scheint ein stärkerer systematischer Zugriff auf Natorp angezeigt. Er hätte vor allem die auffällige Verweigerung gegenüber dem fürsorgerischen sowie karitativen Motiv zu erklären, die für Natorps Sozialpädagogikbegriff offenbar, wie wir nun sagen müssen: im Gegensatz fast zum Zug der Zeit, typisch ist und nicht zufällig sein kann.

## 3.4 Sozialpädagogik jenseits von Fürsorge und Wohlfahrt

Natorp – so die Hintergrundthese des Folgenden – kann dann nicht verstanden werden, wenn man übersieht, dass er auf das in der Neuzeit insbesondere durch Locke, Rousseau, Pestalozzi und Kant eröffnete Problematisierungsniveau Bezug nahm. Kennzeichnend hierfür ist, dass man sich als Pädagoge zu artikulieren verstand, zugleich sich aber auch die Fragen angelegen sein ließ, die auf Probleme der gesamtgesellschaftlichen Organisation des Miteinander verwiesen. Die merkwürdige Spannung, die man zwischen Rousseaus *Contrat Social* und dessen *Emile* ausmacht, mag als Exempel für diese Art der Einbettung der Reflexion über Pädagogik gelten, deren sozialphilosophischer Bezugspunkt durch den 1651 erschienenen *Leviathan* von Thomas Hobbes (1588–1679) markiert wurde. Hier findet sich die später auch für Natorp zentrale Formel vom „Krieg aller gegen alle“ (Hobbes 1651: 115). Hobbes erhob diese Formel, nicht zuletzt auch aus Verpflichtung gegenüber dem Erbsündedogma, in den Rang einer anthropologischen Universalie, mit der in allen Gesellschaften und unter allen Umständen solange zu rechnen sei, solange es Menschen gäbe. Gegenwirkend brachte Hobbes zwei Strategien in Vorschlag, eine sozialstaatliche und eine ordnungsstaatliche. Bei der sozialstaatlichen Strategie tritt der Staat insoweit als Friedensstifter auf, als er die Reichen von den unorganisierten Hilfeansinnen der Armen entlastet. Bei der ordnungsstaatlichen Strategie wartet der Staat mit dem Versprechen auf, die Verhältnisse der Bürger insgesamt möglichst rechtsförmig zu ordnen. Üblicherweise setzt eine solche Absicht ein Denken in Begriffen des Vertrages voraus. Auf der einen Seite also haben wir uns dabei den Staat vorzustellen als einen Vertragsanbieter, der gewährleistet, den Einzelnen zu schützen. Auf der anderen Seite haben wir uns die Bürger zu denken als diejenigen, die diesem Vertragsangebot ihre Zustimmung erteilen. An einer solchen Zustimmung allerdings war Hobbes nicht gelegen. Denn dies hätte bedeutet, den Einzelnen vertragsfähig zu machen, ihn also so weit zu bilden, dass er in der Lage war, die Vertragsklauseln zu durchdenken und gegebenenfalls seinen Widerspruch einzulegen. Dieses Modell setzt – mittels Bildung und Erziehung herzustellende – Vertragsmündigkeit voraus und auch im weitesten Sinne eine demokratische Organisation des Gemeinwesens. Hobbes war es nicht um all dies zu tun, sondern es ging ihm darum, das Recht des Staates auf Bereitstellung seines Schutzes zu einem nicht weiter abstimmungsfähigen Recht zu erheben und ihm damit auch vorzubehalten, in eigener Autonomie darüber zu entscheiden, welche Rechtsform er sich gab und welche Quasi-Verträge er dem je Beherrschten anzubieten gedachte. Als Gegenleistung erforderte dies eine unbedingte Loyalität des Bürgers, die Hobbes aus dessen Wissen erwartete, dass auf der anderen Seite ein Herrscher (‘von Gottes Gnaden’) sitze, der sich in verantwortungsvoller Weise des Staatsgedankens und des Staatsganzen annähme und den ‘Krieg aller gegen alle’ zu beenden in der Lage sei. Mit dieser Überlegung gelang Hobbes – für seine Begriffe – die Rechtfertigung des Absolutismus.

Diese Absolutismusrechtfertigung ließ sich nicht lange durchhalten. Am deutlichsten sah dies wohl der Hobbes-Gegner Rousseau, dessen *Contrat Social* als demokratisches Gegenstück zu Hobbes antidemokratischem *Leviathan* gelesen werden darf. Schon der erste Satz des ersten Kapitels des Rousseau-Klassikers erlaubt keine Zweifel über die hier vorherrschende Tendenz: „Der Mensch ist frei geboren, und überall liegt er in Ketten“ (Rousseau 1762b: 6). Rousseau ging also aus von Naturrechtsvorstellungen, die im Rahmen eines Gesellschaftsvertrages für jeden Menschen zur Geltung zu bringen seien. Dabei übersah er keineswegs die Unfriedfertigkeit der Menschen. Nur wollte er sie nicht als anthropologische Universalie gelten lassen, sondern als eine gesellschafts- und herrschaftsbedingte Überformung der dem Menschen eigentümlichen ersten Natur durch eine – gesellschaftlich geforderte und vermittelte – zweite Natur. „Alle Bosheit entspringt der Schwäche“ (Rousseau 1762 a: 44), heißt es hierzu gegen Hobbes im *Emile*. Den Menschen stark machen, ihm seine gesellschaftlichen Rechte geben – dies war entsprechend Rousseaus Devise, die wir als eine Strategie der Bosheitsbeseitigung lesen dürfen. Dreißig Jahre später schien es so weit: Die Französische Revolution, die geistig vorbereitet zu haben Rousseau später angelastet wurde, ist als Versuch zu sehen, die Vertragsmündigkeit des Einzelnen mit Macht zur Anerkennung zu bringen. Der Einzelne sollte also als Bürger in seine Rechte eingesetzt werden. Dies galt vor allem natürlich für das Recht auf Bestimmung der dem Staat zu verleihenden Herrschaftsform.

Natorp stand in dieser Frage auf Seiten Rousseaus. Insbesondere dessen *Contrat Social* las er als Idealentwurf eines sozialen Körpers, in dem auf Gemeinschaftsverfasstheit, Gleichheit und Gerechtigkeit abgestellt werde. Für Hobbes hingegen hatte er nur Spott übrig. So tadelte er die „Staatsomnipotenz“ (Natorp 1917: 50) des *Leviathan*, also das übermäßige Vertrauen auf den Staat als den Löser der Probleme des Einzelnen. Ein „Übermaß von Staatlichkeit“, so lautete Natorps stärkstes Argument in diesem Zusammenhang, verrate „immer eine ungesunde innere Verfassung des sozialen Körpers“ (Natorp 1924: 87). Auch die anthropologistische Unterlegung der Formel vom ‘Krieg aller gegen alle’ machte Natorp zu schaffen. Ersatzweise sprach er vom „Krieg aller gegen alle um die soziale Existenz“ (Natorp 1920: 184), führte die Unfriedfertigkeit der Menschen also nicht, wie Hobbes, auf ein Merkmal der conditio humana oder gar auf die Erbsünde zurück, sondern, ähnlich wie Rousseau, auf sozial und gesellschaftlich problematische Verhältnisse. Deswegen auch vermochte ihn eine sozialstaatliche Lösung nicht zufriedenzustellen.

Dies meint nicht, Natorp hätte die gerade in seiner Zeit beachtlichen Fortschritte der Sozialgesetzgebung nicht zu schätzen gewusst (Natorp 1919: 162). Aber zugleich meinte er doch, um die engen Grenzen einer auf Umverteilung setzenden Sozialreform zu wissen; sie nämlich würde den eigentlichen „Treiber zum Kriege“, die tauschwirtschaftliche Verfasstheit (Natorp 1925: 433f.), auf Dauer stellen und ein Denken in Kategorien wirtschaftlichen Vorteils auf der Ebene der *Gesellschaft* („jeder gegen jeden“) stabilisieren, ohne dass damit ein Schritt in Richtung einer wahren *Gemeinschaft* („einer für alle, alle für einen“) getan wäre (Natorp 1918: 179). Deutlich wird hier: Der Gesellschaftsbegriff (und mit ihm der Staatsbegriff) ist bei Natorp negativ besetzt, also assoziierbar mit Nüchternheit, Kälte, Zivilisation, „Verstaatlichung des Menschen“ (ebd.: 132), Herrschaft „des Mittels über den Zweck“ (ebd.: 178). Der Gemeinschaftsbegriff hingegen fragt eher nach den kulturellen denn nach den zivilisatorischen Werten, gehorcht also einer Politik der „Vermenschlichung des Staats“ (ebd.: 132), der Solidarität und Geborgenheit. Die Quintessenz der mit diesen kategorialen Entgegensetzungen gearbeiteten Kapitalismus- und Staatsanalyse lautet: Die in der Gesellschaft über die *Zivilisation* vermittelte Versachlichung und der sich in ihr aussprechende Kern der „sozialen Frage“ kann nur dann verhindert werden, wenn es gelingt, die auf das Wollen anderer Bezug nehmenden Kräfte des Einzelnen in Gemeinschaft und *Kultur* zu binden.

Natorps Position in dieser Sache wird verständlicher, wenn man sie in ihren Parallelen zu jener Nietzsches – den er so sehr verachtete – sichtbar macht. Ähnlich wie im Fall Natorp verweist nämlich auch Nietzsches Sozialstaatskritik auf Hobbes und gewinnt über eine Kritik an ihm ihre Voraussetzung, nämlich einen Staatsbegriff, der mit negativen Vorzeichen belegt wird. Im *Zarathustra* etwa heißt es: „Dort, wo der Staat aufhört, da beginnt erst der Mensch, der nicht überflüssig ist: da beginnt erst das Lied des Nothwendigen, die einmalige und unersetzliche Weise“ (KSA 4: 63). Der Staat wird von Nietzsche hier als etwas Störendes bezeichnet, das den Menschen an der Entfaltung seines Menschseins hindert. „Staat“, so lesen wir an anderer Stelle, „heisst das kälteste aller kalten Ungeheuer. Kalt lügt es auch; und diese Lüge kriecht aus seinem Munde: ‘Ich, der Staat, bin das Volk’“ (KSA 4: 61). Was Nietzsche im Sinn hat – so die Minimaldeutung –, ist die These, dass der Ausbau des Staates auf Kosten des Volkes gehe. Der Ausdruck ‘Volk’ repräsentiert dabei für Nietzsche – im Idealfall – das harmonische Zusammenwirken derer, die sich in der Auffassung einig wissen, dass sie ihr Leben aus eigener Verantwortung heraus in einer von der Gottesvorstellung freigesetzten Ordnung der Dinge zu gestalten haben. Nietzsche spricht in diesem Zusammenhang von einer ‘Gemeinschaft freier Einzelner’ (vgl. Niemeyer 1998), die in Geltung zu setzen zugleich immer auch den Auftrag der Zurückdrängung des Staates (auch als Sozialstaat) einschließt, denn: „Je besser der Staat eingerichtet ist, desto matter die Menschheit“ (KSA 8: 91). Dem fügt sich dann auch Nietzsches Sozialismuskritik ein: „Der ideale Staat, den die Socialisten träumen, zerstört das Fundament der großen Intelligenzen, die starke Energie.“ (KSA 8: 93) Entsprechend auch opponierte Nietzsche gegen die „Prediger der Gleichheit“ (KSA 4: 128) und gegen die, die ein „Reich der Gerechtigkeit und Eintracht auf Erden“ anstrebten, ohne zu sehen, dass dieses „unter allen Umständen das Reich der tiefsten Vermittelmässigung und Chineserei sein würde“ (KSA 3: 629). Am Ende einer derartigen (Sozial-)Politik erwartete Nietzsche „die Erde als Hospital: und ‘Jeder Jedermanns Krankenpfleger’ wäre der Weisheit letzter Schluß“ (KSA 12: 181) – ein, wie man vielleicht sagen darf, vorgreifender Hinweis auf das, was auch die Sozialpädagogik der Gegenwart unter Stichworten wie „Therapiegesellschaft“ (Thiersch 1987b: 40) zu beklagen sich angewöhnt hat.

Die Konsequenzen daraus sind nicht uninteressant. Denn die über Wichern und Uhlhorn begründbare Auffassung (vgl. Kap. 2.3.2) legt es nahe, zwischen Nietzsche als Vertreter eines sozialzynischen Individualismus sowie Natorp als Vertreter eines antiindividualistischen Kollektivismus deutlich zu trennen. In der Rezeptionsgeschichte, aber auch in der neueren sozialpädagogischen Argumentation gilt Nietzsche folgerichtig zumeist als Antipode des gerechtigkeitszentrierten Sozialpädagogikprojekts (vgl. Niemeyer 2003 b), als Anti-Sozialstaatstheoretiker, als jemand – so etwa Hans Thiersch –, der „zeitgleich zum Beginn des Ausbaus des [...] Sozialstaats mit Emphase und Sarkasmus darauf insistiert, dass Substanz und Sinn des Lebens in seiner Kraft, Stärke und Selbstdarstellung lägen" (Thiersch 1995 c: 31; vgl. auch Thiersch 2001 b: 1249; 2003 b: 82). Nun aber zeigt sich, dass Nietzsches 'Sarkasmus' auf eine tiefe (auch Thiersch selbst nicht fremde) Sorge verweist, die sich aus Theoriemotiven nährt, die jenen Natorps korrespondieren. Als Beleg mag hier die Erinnerung an den eben zitierten Nietzsche-Satz genügen: 'Je besser der Staat eingerichtet ist, desto matter die Menschheit.' Denn von diesem Satz ist es nicht weit zu der bereits zitierten Formulierung Natorps, wonach ein 'Übermaß an Staatlichkeit' 'immer eine ungesunde innere Verfassung des sozialen Körpers' nach sich ziehe. Nietzsche wie Natorp berühren sich aber nicht nur in ihrer Sozialstaatskritik. Sie berühren sich auch in dem ersatzweise aufgebotenen Gemeinschaftsmotiv. Denn Nietzsches Begriff 'Gemeinschaft freier Einzelner' verhält sich zu Natorps Gemeinschaftsbegriff durchaus nicht unversöhnlich, im Gegenteil: Mit Nietzsches Begriff lässt sich das Missverständnis vermeiden, Natorp habe eine gleichförmige Gemeinschaft im Sinn gehabt, in der die Besonderheit des Einzelnen nicht mehr zum Tragen komme. Dies war nicht Natorps Absicht, wie ja auch sein erwähnter Einspruch gegen 'sozialistische Kampfgemeinschaften' deutlich macht. Gleichwohl seien die Differenzen zwischen Nietzsche und Natorp nicht bagatellisiert. Es ging hier lediglich darum, wie man hartnäckigen Vorurteilen entgegentreten kann. Und es sollte gezeigt werden, wie sich Natorps Position in die gerade bei Nietzsche vehement herausbrechende Sozialstaatsdiskussion des auslaufenden 19. Jahrhunderts einfügen lässt.

Dieser Hintergrund erlaubt auch, die zwei Duale Natorps – Gemeinschaft/Gesellschaft und Kultur/Zivilisation – noch einmal etwas genauer in den Blick zu nehmen. Denn, um mit dem letzten Dual zu beginnen: Eines der wesentlichen Ergebnisse von Nietzsches Kulturkritik ist die Einsicht, dass eine entwickelte Zivilisation nicht nur ein Segen ist, sondern auch ein Fluch sein kann. Ein Fluch ist die Zivilisation beispielsweise dann, wenn die sozialstaatliche Daseinsvorsorge den unerwünschten Nebeneffekt hat, die Menschen, auch kulturell gesehen, unproduktiv zu machen. Entsprechend lautete die neue Losung derjenigen aus der Jugendbewegung, die sich auf Nietzsche beriefen – es waren allerdings nur sehr wenige (vgl. Niemeyer 2002 a: 100 ff.) –, dass alles Wirtschaftliche und Zivilisatorische „im Dienste der Kultur stehen" (Blüher 1919: 27) müsse. Die Pädagogik dieser Epoche, die sich von der Jugendbewegung entwertet sah, hatte fortan auch mit Kulturkritikern zu tun, die, im Sinne Nietzsches, außerhalb der Welt der Bildungsphilister ganz neue, unverstellte Bildungserlebnisse einklagten. Die Opposition der Jugend, so Aloys Fischer 1928, richtete sich zunehmend gegen die „metaphysische Bedürfnislosigkeit einer von den Triumphen der Zivilisation und Technik berauschten, auf ihre Erdbeherrschung stolzen, aber tiefenlosen Generation“ (LW 3/4: 301). Dies war der Hintergrund dafür, dass auch Natorp zunehmend zwischen Zivilisation und Kultur unterschied und Kultur, wie gesehen, für das Wertvollere hielt – mit Folgen auch für die Ausdeutung der Jugendbewegung. Zwei Dinge gilt es hierbei zu unterscheiden:

Einerseits sei hier in Gegenstellung zu der neueren einschlägigen Forschung herausgestellt, dass die berühmte Meißnerformel vom Oktober 1913 („Die Freideutsche Jugend will aus eigener Bestimmung, vor eigener Verantwortung, mit innerer Wahrhaftigkeit ihr Leben gestalten“) wohl eher nicht „in Anlehnung an Redewendungen Wynekens“ (Dudek 2002: 212), sondern in Anlehnung an solche seines Kontrahenten Natorp zustande kam. Um dies zu erkennen, muss man beachten, dass Natorp in Vorbereitung auf das Meißnerfest geschrieben hatte, es sei nicht ganz leicht, das Gemeinsame des Wollens der zu diesem Fest Einladenden „auf eine einfache Formel zu bringen“, um dann wenige Zeilen später die – die Meißnerformel vorwegnehmende – Formulierung anzubieten: „Sie [diese Jugend; d. Verf.] will: leben aus *eigner Verantwortung*, will sic selbst sein; *sein* in des Wortes erfülltem, gedrängtem Sinn: sein aus eigener innerer *Wahrheit*, mit Austilgung alles Scheins.“ (Natorp 1913 a: 491 f.)

Andererseits muss aber auch gesehen werden, dass Natorp nur zwei Monate später vor der „Vermessenheit“ warnte, einen „unausgleichbaren Gegensatz zu konstruieren zwischen der Selbsterziehung der Jugend und der Erziehung des Hauses, der Schule, des Staats“ oder „es gar auf einen Kampf gegen diese Mächte ankommen zu lassen“ (Natorp 1913 b: 138). Natorp hatte sich durch den Festverlauf zu dieser Mahnung veranlasst gesehen und trägt, wie im Einzelnen in der – freilich aus politischen Gründen nicht zuverlässigen (vgl. Niemeyer 2005 b, 2007 a) – Dokumentation Werner Kindts nachgelesen werden kann (vgl. Kindt 1968: 532 ff.), die Verantwortung dafür, dass die Meißnerformel im März 1914 auf einer Tagung in Marburg der sog. ‘Marburger Formel‘ weichen musste, mittels derer wieder die Fremderziehung in ihre Rechte eingesetzt wurde und in deren Logik es lag, mit Wyneken ausgerechnet jenen (vorübergehend) aus der Freideutschen Jugend auszugrenzen, der sich durchgehend und nach dem Ersten Weltkrieg in schulreformpädagogischer Absicht für den Geist ebenjener Meißnerformel einsetzte (vgl. Kupffer 1970: 270 ff.). Insoweit wird man Natorps Abwendung von dieser Formel zumal in Anbetracht der Distanz völkischer und antisemitischer Jugendbewegungsfunktionäre gegen den sich in ihr aussprechenden kosmopolitischen Geist (vgl. Niemeyer 2001 a) wohl als Zeichen für eine gravierende politische Fehleinschätzung deuten dürfen – und nicht, so wie Franz-Michael Konrad, als Zeichen dafür, dass Natorp verdienstvollerweise dem zu Präfaschismus disponierenden „Selbsterziehungswahn der Jugendbewegten“ (Konrad 2001: 535) entgegengetreten sei.

Ein anderer Hintergrund ist für Natorps Unterscheidung zwischen Gemeinschaft und Gesellschaft anzuführen. Natorp (1924: 35) dachte hierbei an den Soziologen Ferdinand Tönnies. Der hatte in seinem 1887 vorgelegten Buch *Gemeinschaft und Gesellschaft* diese beiden Begriffe als tragende Säulen der Analyse gesellschaftlicher Modernisierung genutzt. Der Begriff der Gemeinschaft zielte bei Tönnies auf organisch gewachsene, etwa in Nachbarschaften verfügbare Formen des freiwilligen Zusammenschlusses Gleichbetroffener. Der Begriff der Gesellschaft hingegen bezeichnete im Vergleich dazu Zweckverbände, die, wie beispielsweise Aktiengesellschaften, für ihre Mitglieder bestimmte Ziele zu erreichen suchten. Tönnies Annahme lautete dabei, dass der Modernisierungsprozess den Verlust organisch gewachsener Gemeinschaften (und Hilfeformen) zur Folge habe. Und so konnte denn auch Wilhelm Flitner für die Pädagogik resümieren, dass die soziologische Forschung „seit ihrer Unterscheidung der 'Gemeinschaft' von der 'Gesellschaft' neue Mittel geliefert hat, an unserer eigenen 'Kultur' Kritik zu üben“ (Flitner 1927: 65). Insoweit stand Natorp mit seiner Sympathie für den Gemeinschaftsbegriff und der sich darin artikulierenden Gesellschafts-, Zivilisations- und Sozialstaatskritik in einer durchaus breiten und auch von Pädagogen anderer Couleur rezipierten modernisierungskritischen Tradition. Dass er die Sozialpädagogik jenseits von Fürsorge und Wohlfahrt zu etablieren suchte, dürfte nach all dem verständlicher sein – ebenso aber auch: dass der Zug der Zeit gleichwohl in Richtung des letzteren ging.

## 3.5 Sozialpädagogik jenseits von Natorp

Der rasche, unmittelbar nach Natorps Tod einsetzende Niedergang dieses ehrgeizigen Verständnisses von Sozialpädagogik als der allein wissenschaftlichen Konzeption von Pädagogik in einer Zeit der sozialen Frage, der Bildungsgegensätze und der Auflösung sozialer Stiftungsmächte wurde – so könnte man ganz global vorausschicken – durch die Krise des Neukantianismus beschleunigt, aber auch durch das Aufkommen neuer philosophischer Strömungen (z.B. Lebensphilosophie) sowie stärker erfahrungswissenschaftlich ausgerichtete Bemühungen um die Etablierung der Pädagogik als einer durch Experimentalforschung untermauerten Einzelwissenschaft. Dies indes ist nicht wirklich entscheidend gewesen und zu lehrbuchhaft, um einem wirklichen Verständnis des Geschehenen den Weg zu bahnen.

Schon rein didaktisch gesehen ist es sehr viel attraktiver, daran zu erinnern (vgl. zum folgenden auch Niemeyer 1997b), dass zu der Zeit, zu der Buchenau seinen Vortrag in Berlin hielt und Natorp an seiner Schrift *Sozialidealismus* saß, Herman Nohl der Ruf auf eine Professur für Philosophie und Pädagogik in Göttingen erreichte. Der allererste Impuls Nohls ging dabei dahin – so Nohl im Mai 1919 in einem Brief an seinen zukünftigen Kollegen (und alten Freund) Georg Misch –, Göttingen zu „eine(r) feste(n) geisteswissenschaftliche(n) Burg“ auszubauen, „vor der die anderen einen gefährlichen Respekt kriegen müssen“ (zit. n. Blochmann 1969: 95). ‘Die anderen’ waren in Nohls ursprünglichem Fach, der Philosophie, die Neukantianer. Sie waren zur dominierenden Macht innerhalb der philosophischen Fakultäten jener Epoche geworden (vgl. Köhnke 1986), und zu diesen Neukantianern gehörte Natorp. Woran sich Nohl also in Göttingen zu arbeiten vornahm, war nichts anderes als ein neues Wissenschaftsparadigma, das ‘geisteswissenschaftliche’, dem dann in der Tat in der Weimarer Epoche, bedingt nicht zuletzt durch das Aussterben der letzten Vertreter des Neukantianismus, der Sieg zufallen sollte. Dabei fühlte sich Nohl ganz offenkundig dafür zuständig, diesen Paradigmasieg nicht nur für den Bereich der Philosophie, sondern vor allem für den der Pädagogik und hier insbesondere für den der Sozialpädagogik zu besiegeln. Denn auf dem Gebiet der Sozialpädagogik war der Neukantianismus noch ohne ernsthafte Konkurrenz, und dies konnte für Nohl nur meinen: ohne geisteswissenschaftliche Alternative.

Und so kann es nicht wundern, dass Nohl zwei Jahre nach Natorps Tod sein abschließendes Urteil über ihn sprach – in einer Rezension der 1924 erschienenen 6. Auflage von Natorps erstmals 1899 veröffentlichter Schrift *Sozialpädagogik*. Diese Rezension bestand aus den folgenden zwei Sätzen: „Eine neue Würdigung des historisch gewordenen Buches erübrigt sich. Wer sich der wissenschaftlichen Pädagogik zu nähern wünscht, wird sich auch mit den hier entwickelten Gedanken auseinandersetzen müssen“ (*Zeitschrift für Kinderforschung* 1926, S. 227). Man tut dieser Äußerung gewiss keine Gewalt an, wenn man folgert, Nohl habe hiermit seinen zentralen Vorgänger auf dem Themengebiet der Sozialpädagogik in das Reich eines eigentlich nur noch museal belangvollen Aspekts der wissenschaftlichen Pädagogik verbannt und ausgegrenzt aus dem Reich, in dem er nun seine Herrschaft anzutreten gedachte. Dabei bezeugt die Knappheit dieses Urteils, dass Nohl ein genaueres Eingehen auf Natorp für entbehrlich hielt. Ohnehin gewinnt man bei Nohl den Eindruck, er sei der Meinung gewesen, dass sein Gesamtwerk die Auseinandersetzung mit Natorp ersetze und hinlänglich verdeutliche, warum man weder in allgemein-pädagogischer Hinsicht noch in Bezug auf die Grundlegung der Sozialpädagogik ernsthaft auf Natorp zurückgreifen müsse. Über die hierfür maßgeblichen Motive bleibt man allerdings weitgehend im Dunkeln. Nohls Schüler Erich Weniger war da schon deutlicher. Natorp, so führte er 1930 aus, diene nicht den Bemühungen in der Praxis um Neugestaltung der Erziehung; er stelle nicht eigentlich Erziehungsfragen in den Vordergrund, sondern methodologische Probleme und Fragestellungen der Forschung sowie „Organisatorisches, Bildungs- und Sozialpolitik“ (Weniger 1930: 750). Natorp, so darf man daraus entnehmen, störte in einer Epoche, in der sich die Sozialpädagogik als Pädagogik formierte und entsprechend als praxisdienlich auszulegen und anzupreisen hatte, wenn sie denn im Konzert derer, die gleichfalls Handlungswissen für die in der Weimarer Epoche greifende rapide Ausdifferenzierung sozialer Berufe sowie sozialpädagogischer Handlungsfelder anboten, eine Rolle spielen wollte.

Dieser schon im Wichern-Kapitel (vgl. Kap. 2.4.) angedeutete Zusammenhang lässt sich auch von der Weimarer Reichsverfassung (WRV) aus beleuchten. In Art. 120 WRV heißt es: „Die Erziehung des Nachwuchses zur leiblichen, seelischen und gesellschaftlichen Tüchtigkeit ist oberste Pflicht und natürliches Recht der Eltern, über deren Betätigung die staatliche Gemeinschaft wacht“ (zit. n. Hasenclever 1978: 51). Erkennbar analog wird § 1 RJWG drei Jahre später lauten: „Jedes deutsche Kind hat ein Recht auf Erziehung zur leiblichen, seelischen und gesellschaftlichen Tüchtigkeit“. Mit dieser Formulierung waren, im deutlichen Nachklang zu dem von Ellen Key ausgerufenen Jahrhundert des Kindes, erstmals Kinderrechte als schützenswerte Rechtsgüter deklariert bzw. dem Kinde gegen den Staat und gegen die Konfessionen und jede Art weltanschauungsgebundener Pädagogik gegeben. Zugleich wurde hiermit Nohls Interesse an einer geisteswissenschaftlichen Auslegung des von Natorp überlieferten Sozialpädagogikbegriffs und sein Interesse an einer pädagogischen Kritik konfessioneller Fürsorgeerziehungsideologie (in der Wicherntradition) geadelt bzw. freigesetzt. Denn das RJWG erlaubte es, die neu aufzubauenden Jugendämter als Leitinstitutionen sozialpädagogischer Fachlichkeit auszubauen, die sich nicht – wie es der Absicht eines Buchenau oder Natorp entsprochen hätte – in der weit ausgreifenden Utopie einer sozialen Gestaltung der Mechanismen der Vergesellschaftung erging, sondern die sich auf die pädagogische Durchdringung einer gegebenen Erziehungswirklichkeit in einem begrenzten Handlungsfeld beschränkte.

Dabei war es beruhigend für die sich in diesem Sinne erstmals als „Ausbildungswissenschaft“ (Winkler 1988) in Szene setzende Weimarer Sozialpädagogik, dass sich die Nachfrage nach ihr mitunter auch aus der Praxis selbst ergab. Genannt werden kann hier etwa Adalbert Gregor, seines Zeichens Professor für Jugendpsychiatrie und Direktor der Badischen Fürsorgeerziehungsanstalt Flehingen, der die entscheidenden Fragen aufwarf: „Hat sich die Pädagogik als Wissenschaft auch schon genügend um das System gekümmert, nach dem heute Tausende von Kindern in Anstalten erzogen werden? Wie viele Vorsteher und Erzieher sind ihr verpflichtet? Wird man heute einen derselben in der Weise zur Verantwortung ziehen können, wie einen Arzt, der gegen die Kunst, welche er zu üben hat, verstieß?“ (Gregor 1925/26: 236) Diesen Fragen wohnte ein Aufmunterungsmotiv in Richtung der sozialpädagogischen Bewegung inne, aber auch ein Abschreckungsmotiv in Richtung konfessioneller Träger: Ihnen wurde der Entzug eines Objektbereichs angedroht, den sie sich infolge des Desinteresses der wissenschaftlichen Pädagogik an außerschulischen Handlungsfeldern vorübergehend hatten aneignen können, in dem sie nun aber, und zwar korrespondierend mit dem Zuwachs wissenschaftlichen Wissens, zunehmend als Kurpfuscher identifiziert wurden und entsprechend um ihre bloß erschlichene Lizenz zum pädagogischen Handeln fürchten mussten.

Nohl nahm diese Signale auf und trug unter der von ihm neu belegten Chiffre 'Sozialpädagogik' dazu bei, dass man in der Weimarer Epoche Theorie-, Forschungs- und Ausbildungsleistungen vor dem Hintergrund eines eindeutigen Handlungsfeldes und insoweit auch eindeutig zu konturierenden Berufsbildes vereinheitlichen und kritisch gegenüber konfessionellen Anstellungsträgern zur Geltung bringen konnte. Allerdings zeigte sich schon damals, dass die – so Nohl mit Seitenblick auf Natorp – gegen das Schwärmen in Idealen und für „die individuelle Lösung einer vorhandenen Not" (Nohl 1927d: X) plädierende Sozialpädagogikkonzeption Nohls nicht hinreichend stringent durchzuhalten war. Nohl jedenfalls sah sich gegen Ende der Weimarer Epoche im Zuge eines bei ihm nun greifenden weiträumigen, gleichsam 'nationalpädagogischen' Paradigmenwechsels hin zum Projekt einer auch siedlungstechnisch folgenreichen 'pädagogischen Osthilfe' (vgl. Nohl 1931/32a: 75) veranlasst, „unsere Sozialpädagogik" zu kritisieren, weil sie „immer nur Notmaßnahme für den Einzelnen" sei und die Frage der problemproduzierenden Gemeinschaft nicht als „Volkserziehung" (Nohl 1932: 212) angehe. Dies letztere aber hätte auch Natorp sagen können.

Und so erstaunt es vielleicht auch nicht mehr so besonders, dass wir von anderen auf dem (ersten) Höhepunkt des Ausbaus des Wohlfahrtsstaates plötzlich Natorp entdeckt finden als jemand, mit dem sich „die Not unserer heutigen Sozialpädagogik" (Stahl 1931: 107) auf den Begriff bringen lasse. Es sei, so heißt es zur Erläuterung weiter, ein durchaus „verengter Sprachgebrauch", wenn man heute das Wort „sozialpädagogisch" auf bestimmte Erziehungsaufgaben beschränke, „die von Staat und Gesellschaft getragen werden" (ebd.: 107), obgleich doch schon Natorp diese Aufgaben als eigentlich von den primären Gemeinschaften zu lösende definiert habe. Man könnte noch eine Vielzahl gleichartiger Zeugnisse aus dieser Epoche anführen (vgl. Niemeyer/Schröer 1994), das Ergebnis bleibt aber immer ähnlich: Natorp wird wiederentdeckt als jemand, der den Menschen als ein extrem soziales sowie zugleich hochpolitisches Wesen definiert und den Ausbau sozialstaatlicher Sicherungen und sozialer Institutionen immer im Blick auf das beurteilt habe, was sie aus dem Menschen machten oder zu machen drohten. Viele der Nohl nachfolgenden Sozialpädagogen hingegen begeisterten sich am Ausbau des Wohlfahrtsstaates und den Perspektiven, die dies für sie selber und für Sozialpädagogik als Profession in sich barg. Damit aber übersahen sie oft die Nebenfolgen dieser vermeintlichen Fortschrittspolitik für sich selbst, für das soziale Zusammenleben und für die Menschen in den schönen neuen Institutionen. Dass dies nach soziologischer Aufklärung verlangte, wurde dann erst (wieder) in den 1960er-Jahren gesehen.

Natorp hat zwar zu den damit freigesetzten Themenzyklen im Einzelnen nur wenig beigetragen. Auch lassen sich die angedeuteten Ideologeme seines Theoretisierens nicht übersehen. Immerhin aber hat er der Disziplin – in der Variante von 'Sozialpädagogik als Erziehungswissenschaft' – Fragestellungen eingefügt, die vielen heute als sachfremd gelten. Für Natorp stand noch außer Frage, dass die Sozialpädagogik eine Disziplin sei, die „ebenso sehr zur Sozialwissenschaft wie zur Pädagogik (gehört)" (Natorp 1899b: 701). Wie sehr sich dies – als Effekt der schwindenden Erinnerung an ihn – geändert hat, zeigt die Art, in der Gerd Iben siebzig Jahre später eine der vier Antworten auf die von ihm gestellte Frage an Sonderpädagogen, was Sozialpädagogik sei, abfertigte. Geantwortet wurde nämlich: Sozialpädagogik sei „die Lehre von den sozialen Bedingungen der Erziehung", eine im Sinne Natorps 'richtige' Antwort, die Iben allerdings dahingehend kommentierte, dass dieses Thema „in den unmittelbaren Aufgabenbereich der pädagogischen Soziologie" gehöre, aber nichts mit Sozialpädagogik zu tun habe, zumal dieser Begriff ein „Arbeitsgebiet der Jugendhilfe" (Iben 1971: 232) bezeichne – eine, wie nun wohl nicht noch hinzuzusetzen ist, allein im Sinne Nohls 'richtige' Antwort. Und doch ist Ibens Einwand nicht ganz von der Hand zu weisen. Denn tatsächlich hatte Aloys Fischer in der Weimarer Zeit Natorps Sozialpädagogik als Pädagogische Soziologie (resp. Soziologische Pädagogik) gelesen. Dies legt es nahe, im Folgenden zunächst über Fischer zu reden. Im Übrigen lief er (wenngleich ein Jahr jünger) Nohls Erörterungen zum Thema zeitlich um einiges voraus. Anders gesprochen: Fischer bildet vermittelt über das von ihm noch gesehene (und ernstgenommene) Problem Natorps gleichsam eine ideale Brücke auf dem Weg hin zu Nohl.

# 4. Aloys Fischer (1880–1937): Der Sozialpädagoge des Übergangs (und Untergangs)

**Biografischer Abriss**

Aloys Fischer wurde am 10. April 1880 als letztes von zehn Kindern eines (tagelöhnenden) Gärtners in Fürth (Bayern) geboren. Fischer studierte von 1899 bis 1906 Klassische Philologie, Geschichte und Philosophie an den Universitäten München und Leipzig. 1904 promovierte Fischer in München und war dann zunächst Privaterzieher im Hause des Bildhauers Adolf v. Hildebrand, und zwar abwechselnd in Florenz und München, ehe er sich 1907 für Philosophie in München habilitierte. Zwischen 1908 und 1918 arbeitete Fischer als Prinzenerzieher und ab 1918 als Ordinarius – nachdem er 1915 zum a. o. Professor ernannt worden war – für Philosophie und Pädagogik an der Universität München. Nachdem Fischer, dessen (jüdische) Frau im Dezember 1944 im KZ Theresienstadt umkommen sollte, im Juli 1937 des Amtes enthoben worden war, erlag er am 23. November 1937 den Folgen einer Magenoperation. Fischer war u.a. Mitherausgeber der Zeitschrift *Die Erziehung* und veröffentlichte eine Vielzahl bedeutender Abhandlungen, u. a. *Deskriptive Pädagogik* (1914), *Erziehung als Beruf* (1921), *Das Verhältnis der Jugend zu den sozialen Bewegungen und der Begriff der Sozialpädagogik* (1924), *Die kulturellen Grundlagen der Erziehung* (1925), *Die Problematik des Sozialbeamtentums* (1925), *Pädagogische Soziologie* (1931), *Umriß einer Philosophie des deutschen Bildungsgedankens* (1932/33).

Aloys Fischer spielt heute in der Sozialpädagogik so gut wie keine Rolle mehr. In neueren sozialpädagogischen Handbüchern und Lexika ist er kaum noch präsent. Seit Jahrzehnten steht eine Deutung auch nur des für Fischer typischen Sozialpädagogikverständnisses aus, die dem Niveau standhielte, das Heinrich Döpp-Vorwald (1964) markierte. Neuere Versuche in dieser Sache sehen offenbar weniger hierin ihren Maßstab denn in dem Ziel, das von Fischers „Panegyriker“ (Kühne 1983: 63) Karl Kreitmair stammende Urteil zu erschüttern, Fischer sei „unter den führenden Pädagogen unseres Jahrhunderts der bedeutendste Sozialpädagoge“ (ebd.). Und auch wenn man die neuere Sekundärliteratur zu Fischer konsultiert, finden sich in ihr häufig alle nur denkbaren, von Fischer – auch in der Lehre – erörterten Themengebiete aufgelistet (vgl. etwa Böschen 1997: 135), nur nicht die Sozialpädagogik. Für eine Ausnahme in dieser Richtung steht die voluminöse Publikation von Bernhard Josef Stalla, die wegen ihres Informationsgehalts und insbesondere wegen der hier dargebotenen umfänglichen Bibliographie (vgl. Stalla 1999: 359 ff.) wichtig ist für einen Einstieg in die Thematik. Zu beachten bleibt dabei allerdings, dass Stalla über weite Strecken dem Typus der von Nietzsche zu Recht gegeißelten 'monumentalischen' resp. 'verehrenden' Geschichtsschreibung gehorcht – und dies damit rechtfertigt, dass Fischers „Wirkungsmöglichkeiten von der nationalsozialistischen Diktatur zerstörerisch für seine Person beschnitten worden sind und er dadurch auch verfemt erscheint" (ebd.: 280).

Tatsächlich scheint es so, als könne sich das verbreitete Desinteresse an Fischer auch aus dem erklären, was mancher Interpret gleich ins Zentrum rückt (vgl. etwa Kühne 1983: 64 f.): Fischers fragwürdige Haltung zum Krieg, zur Weimarer Verfassung und teilweise auch noch nach 1933 (eine Zeit allerdings, in der er kaum etwas veröffentlichte). Indes: Wenn Fischer – um nur ein von Kühne ins Zentrum gerücktes Beispiel anzusprechen (ebd.: 65) – im Krieg „eine Probe und Bewährung der Macht und Schöpferkraft des Lebens" (Fischer 1915 a: 84) sieht und über „schwächliche Apostel des Weltfriedens" spottet, eine „mit dem Krieg als gottgewolltem Faktor der Weltgeschichte rechnende Politik" lobt und die „segensreiche Vorsicht" einer seit Jahrhundertbeginn zunehmend auch militärisch orientierten Jugendpflege herausstellt, „die durch die gegenwärtigen Ereignisse glänzend gerechtfertigt wird" (ebd.: 23), war dies deutlich der Stimmung der Zeit geschuldet und schon gar nicht unterschieden von der Kriegsbegeisterung etwa eines Herman Nohl (und anderer Vertreter dieser Generation). Im Übrigen hat gerade Fischer auf den Kriegsverlauf mit wachsender Nachdenklichkeit reagiert und schließlich gar die Hoffnung ausgesprochen, der Krieg werde „Schrittmacherdienste für die Kultur und die Welteinheitlichkeit des Menschengeschlechtes" (Fischer 1917 a: 94) leisten. Man muss sich also schon etwas mehr Mühe (als Kühne) geben, wenn man die auffällige Zurückhaltung nicht nur der Sozialpädagogik gegenüber Fischer erklären (oder rechtfertigen?) will.

Als wissenschaftssoziologisch geschulter Beobachter wird man dabei wohl an den ebenso trivialen wie folgenreichen Umstand zu denken haben, dass Fischer – im Vergleich etwa zu Nohl bzw. Weniger – keine bis heute wirkmächtige (sozialpädagogische) Schülerschaft hinterließ. Dies wiederum erklärt sich gleichfalls zunächst ganz trivial, nämlich einerseits seines frühen Todes wegen, andererseits aber wohl auch infolge des Fehlens einer bedeutenden, über Jahre hinweg immer wieder neu aufgelegten Monographie. Die Charakteristik der Aufsatzproduktion „war seinem rastlosen Geist angepasst" (LW 1: 214), lautete später die Erklärung von Zeitzeugen und Weggefährten über den, den man allgemein als „Meister der freien wissenschaftlichen Rede" (LW 1: 195) rühmte. Gleichwohl blieb Fischer nicht vorenthalten, was Nohl bis heute nicht widerfuhr, nämlich eine Werkausgabe, die 1950 begonnen wurde und deren letzter und achter Band 1971 erschien. Sie bahnte, wenngleich bei weitem nicht vollständig und heute längst vergriffen, über Jahrzehnte hinweg dem Interessierten den Weg zu dem überaus vielschichtigen und gedanklich wie stilistisch überaus beeindruckenden Œuvre eines vielfach Verschwiegenen und Verkannten. Dass gleichwohl etwas fehlte, hatte Fischer selbst schon geahnt. Nicht umsonst jedenfalls notierte er sich einmal, „dass die Bedeutung einer Person nicht immer in ihrem Werk liegt und dass einem Werk Weltbedeutung zukommen kann (…) mehr aufgrund zufälliger Konstellationen der Wirkung als nach seiner inneren Verfassung und psychologischen Genese“ (LW 8: 119).

Diese Äußerung hilft zugleich, Fischer als Typus zu charakterisieren: Fischer war weniger an Wirkung interessiert denn an seinem Werk. „Wissenschaft will nichts als erkennen; in solcher Einstellung ist sie autonom und zugleich allumfassend“ (LW 5/6: 593), ließ er 1932 verlauten, um die Umkehrung anzuschließen: Wer sich der Wissenschaft bedient, um sie vor den Karren seiner eigenen Interessen zu spannen, übersieht, „dass er mit solcher Zumutung die Autorität zerstört, die er nutzen möchte“ (LW 5/6: 594). In die gleiche Richtung weist Fischers Beschwörung eines gleichsam asketischen Wissenschaftlerideals: „Wissenschaft als Beruf ist nichts als der Verzicht eines Menschen auf die meisten Tätigkeiten, zu denen Menschen Anreiz und Versuchung führen, um aus sich ein leistungsfähiges Organ ebendieses einen, des theoretischen Strebens zu machen“ (LW 5/6: 595). Das von Fischer seinem Einführungsaufsatz für das 1925 erschienene Heft 1 der Zeitschrift *Die Erziehung* vorangestellte Credo – nämlich, dass dieses Periodikum „nicht einen bestimmten Schulbegriff von Erziehung pflegen“, sondern „das Universale des pädagogischen Gesichtspunktes im flutenden Prozess der Kultur“ (LW 2: 140 f.) geltend machen wolle, – traf möglicherweise nicht das innere Ansinnen jedes seiner Mitherausgeber (Flitner, Litt, Nohl, Spranger). Aber es entsprach zweifellos dem, wofür Fischer einstand.

Einen anderen Zugang zur Kennzeichnung Fischers als Typus gibt uns ein Wort, das er einmal (1912) eher beiläufig aussprach: „Wir leben in einem Zeitalter des Übergangs und Untergangs“ (LW 8: 273). Es war ein Wort, das die Epochenlage kennzeichnen sollte (und ein Stück weit auch Fischers Verzweiflung), etwa in Richtung jenes späteren (1926) Resümees: „Es war nur der Verrat eines offenen Geheimnisses, als Nietzsche die Fin-de-siècle-Stimmung in den Satz kleidete, dass Gott in Europa tot ist“ (LW 2: 261). Wenn dieses Wort hier aufgegriffen wird und gar in die Überschrift einfließt, dann, weil es – eher unfreiwillig – Fischers Bedeutung (auch) für die Sozialpädagogik auf den Begriff bringt. Denn er war ein Theoretiker des Übergangs im besten, und dies meint: das Neue vorbereitenden Sinne, und er verstand sich mitunter – in diesem Fall: im Blick auf die Lage der Pädagogik allgemein (Fischer 1913 a: 43) – selbst auch so. Und er war (gleichwohl) als Theoretiker (der Sozialpädagogik) dem ‘Untergang’ wenn schon nicht geweiht, so jedenfalls doch nicht enthoben (und sei es nur, ähnlich wie bei Natorp, in Gestalt des Vergessens).

Aber, um an Fischers Diktum anzuknüpfen, wonach einem Werk 'Weltbedeutung zukommen kann mehr aufgrund zufälliger Konstellationen der Wirkung': Einem Werk kann auch (Welt-)Bedeutung vorenthalten werden aufgrund weniger zufälliger Konstellationen. Jedenfalls ist es schon auffällig (um nicht stärkere Worte zu verwenden), wie wenig sich Nohl, der zumindest auf dem Felde der Sozialpädagogik am deutlichsten doch in Konkurrenz zu Fischer stand, um ein Verständnis der Absichten Fischers bemühte – und wie sehr ihm seine Schüler darin folgten. Dabei täusche man sich nicht: Fischer ist für den, dem es um das Verständnis der Sozialpädagogik und ihrer Genese geht, wichtiger, als man meinen könnte (und einem mitunter erzählt wird). Um dies zunächst nur in wenigen Umrissen zu begründen: Fischer thematisierte die Sozialpädagogik nicht nur häufig, sondern tiefgreifend und exemplarisch – exemplarisch für seine pädagogische und philosophische Grundoption, exemplarisch aber auch für die Epoche des Übergangs weg von einem noch durch Natorp geprägten Begriffsgebrauch hin zu dem, was dann Nohl unter Sozialpädagogik verstehen sollte. Der letzte Punkt erklärt, warum die Beschäftigung mit Fischer (auch) aus sozialpädagogischer Perspektive unentbehrlich und gerade an dieser Stelle der Gesamtargumentation geradezu zwingend ist. Der erstgenannte Aspekt begründet, warum Fischers Stellung zur Sozialpädagogik nur in Kenntnis des systematischen Kerns seiner Pädagogik und Philosophie rekonstruiert werden kann (vgl. Döpp-Vorwald 1964). Damit ist die Gliederung des Folgenden vorgezeichnet.

## 4.1 „*Deskriptive Pädagogik*" oder Von der 'Erziehung als Tatsache'

Schon Hermann Röhrs hat moniert, dass Fischer „weiten Kreisen als Vertreter der deskriptiven Pädagogik (gilt)" und durch die einseitige Ausdeutung des mit diesem Titel versehenen Aufsatzes (von 1914) in die Nähe des Positivismus und in „Gegensätzlichkeit zur geisteswissenschaftlichen Pädagogik" (Röhrs 1953: 35) gebracht werde. Inzwischen wird die letztgenannte Frage zwar bedeutend differenzierter erörtert (vgl. etwa Böschen 1997: 142 ff.). Gleichwohl wird Fischers Aufsatz nach wie vor von vielen pars pro toto gelesen und mithin so, als habe Fischer hier, in dieser „programmatischen Abhandlung" (Benner 1978: 173) oder „Programmabhandlung" (Tenorth 1988: 217; Krüger 1997: 39), sein „theoretisches Credo" (ebd.) formuliert. Dass sich dieses Credo schon im Titel ausspreche und in Richtung eines naiven Empirismus gehe, gilt dabei vielen als unstrittig und wird spätestens seit Brezinka (1968: 438) immer wieder behauptet (vgl. etwa Beutler 1996: 276) oder jedenfalls doch, unter Berufung auf Benner (1978: 172), dahingehend ausgelegt, dass Fischer als „Vorläufer einer empirischen Erziehungswissenschaft" (Kühne 1983: 64) zu gelten habe bzw. dass bei ihm eine „allzu simple Auffassung einer 'theoriefreien' Phänomenologie" (Depaepe 1993: 293) vorherrschend sei. Nur gelegentlich wird zurückhaltender argumentiert. So meinte Werner Loch, dass Fischer in seinem Aufsatz eine „elementare“ – und zum „unermesslichen Schaden“ von Theorie wie Praxis zumeist ignorierte – „Forderung“ an ‘die’ Pädagogik gestellt habe im Blick auf das „epistemologische Problem, wie man den Sachverhalt der Erziehung überhaupt erkennen kann“ (Loch 1983: 164). Und Heinz-Elmar Tenorth beklagte, dass Fischers Aufsatz Deskriptive Pädagogik über Jahrzehnte hinweg einem „überlieferten Feindbild“ (Tenorth 1989: 319) empirischer Erziehungswissenschaft eingefügt wurde.

In Sachen der Mehrheitsmeinung irritiert vor allem die schmale Textgrundlage sowie der Umstand, dass die Einleitungssätze der vermeintlichen ‘Programmabhandlung’ Fischers in der Regel außer Acht gelassen oder nur beiläufig (vgl. etwa Depaepe 1993: 74, 293) in Betracht gezogen wurden. Dabei sind gerade sie („Definiert man Pädagogik als Prinzipienwissenschaft von der Erziehung als Tatsache und Aufgabe …“; LW 2: 5) zentral und ihrem Kontext nach nicht ohne Interesse, finden sie sich doch in ähnlicher Form auch in einer erstmals 1971 veröffentlichten Vorlesungsnachschrift aus dem Jahr 1912 (LW 8: 34). In ihr führt Fischer gleich einleitend aus, dass die „ganze empirische Pädagogik“ ohne philosophische Besinnung in Gefahr stünde, „als einsichtslose Praktik geübt und fortgesetzt zu werden“ (LW 8: 12). Dem folgt, dass Erziehung ein „Inbegriff von Prinzipien“ sei, „auf denen die Praktik mit ihren Erfahrungen beruht“ (LW 8: 12). Jahre später (1923) wird Fischer den Ausdruck ‘Prinzipienwissenschaft’ eher beiläufig mit ‘Philosophie’ übersetzen und dabei an die Soziologie denken (die er als Prinzipienwissenschaft der sich auf soziale Tatsachen konzentrierenden Sozialwissenschaften auslegt; LW 3/4: 40). Für die Interpretation von Fischers Aufsatz *Deskriptive Pädagogik* folgt daraus: Wenn Fischer hier – und das ist das zentrale Thema dieses an sich wenig spektakulären Textes – die Frage erörtert, was es mit einer „pädagogische[n] Tatsache“ (LW 2: 23) auf sich habe, geht es ihm lediglich um die erste Hälfte seiner Definition (so wie schon 1912 bei seiner psychologischen Analyse der ‘Tatsache’ Faulheit; vgl. Fischer 1912b). Es geht ihm aber noch nicht um die ‘Prinzipien’ resp. die Erziehung als ‘Aufgabe’; und es geht ihm schon gar nicht um die (positivistische) These, es gäbe *nur* ‘Tatsachen’.

Ein anderes noch gilt es hier vorauszuschicken: Wenn Fischer von ‘Pädagogik als Prinzipienwissenschaft von der Erziehung als Tatsache und Aufgabe’ spricht, erinnert dies allzu sehr an Ernst Meumanns Definition der Pädagogik als „Wissenschaft von der Erziehungstatsache“ (Meumann 1907: VIII), als dass sich an Zufall denken ließe. Dies wäre auch der Sache nach unangebracht: Meumann, der führende experimentelle Psychologe und Pädagoge seiner Zeit, war Fischer von dessen redaktioneller Mitarbeit an der von ihm (und Otto Scheibner) seit 1911 herausgegebenen *Zeitschrift für Pädagogische Psychologie und Experimentelle Pädagogik* wohlvertraut. Nachdem Meumann im April 1915 verstorben war, war es kein anderer als

Fischer, der – in dieser Zeitschrift – „Meumanns Stellung in der Geschichte des pädagogischen Denkens“ würdigte und dabei als „Freund[] und Gesinnungsgenosse[]“ zeichnete, allerdings nicht – und dies wird gerne übersehen – ohne hinzuzusetzen, er stünde „in wesentlichen Punkten auf anderen Voraussetzungen und anderem Boden“ (Fischer 1915 b: 223 f.). Meumann hatte seine Voraussetzungen im ersten Band seiner 1907 erschienenen *Vorlesungen zur Einführung in die Experimentelle Pädagogik* umrissen. Dabei ist vorauszuschicken, dass der Ausdruck ‘experimentelle Pädagogik’ die Sache an sich nicht trifft, wenngleich er sich in der Folge durchsetzte (vgl. Fischer 1913 a: 44). Tatsächlich aber wollte Meumann „alle Hilfsmittel und Methoden empirischer Forschung in den Dienst pädagogischer Untersuchungen [] stellen“, also „Pädagogik als empirische Forschung“ (Meumann 1907: 10) begründen. Und er wollte damit beitragen zur Überwindung der bisherigen „bloße(n) Pädagogik der Ideen, Vorschläge, Projekte, Entwürfe und dogmatischen Behauptungen“ (ebd.: VI). Die eben wiedergegebene Definition (Pädagogik als ‘Wissenschaft von der Erziehungstatsache’) gehörte ebenso zu diesem Programm wie die Forderung, „alle Probleme der Pädagogik vom Kinde aus zu entscheiden“ (ebd.: 33), was in diesem Zusammenhang meinte: von der empirischen Kinderforschung aus anzugehen (vgl. Oelkers 1989: 176 ff.).

Ausgehend von dieser letzten Bemerkung musste es wie eine scharfe Meumann-Replik wirken, wenn Fischer 1911, unter der von ihm selbst ausgegebenen Zwischenzeile „modische() Einseitigkeiten und Übertreibungen“, an die „prinzipielle Wahrheit“ erinnerte, „dass die Wissenschaft vom Kinde nicht selbst schon Pädagogik ist“ (Fischer 1911 b: 82; vgl. auch Fischer 1915 b: 224; 1917 b: 10 f.). Niedergelegt hatte Fischer diesen Einspruch in einem – in Meumanns Zeitschrift erschienenen – Aufsatz zum Thema *Die Lage der Pädagogik in der Gegenwart*. Worum es Fischer aber tatsächlich zu tun war, macht der Text unmissverständlich deutlich: um eine extrem kritische Bilanz der Lage, in die die Pädagogik – nicht zuletzt durch Meumanns Intervention – zu geraten drohte. Meumann selbst war der letzte, der die Absicht und Stoßrichtung Fischers übersah. Entsprechend versah er seinen eigenen, im selben Jahr erschienenen Überblick zur Lage der Pädagogik mit der – im Wissenschaftsgeschäft recht ungewöhnlichen – Anmerkung, dass seine Ausführungen „in manchen Punkten als eine abweichende Ansicht über diese Frage gegenüber dem Artikel von Herrn Dr. A. Fischer angesehen werden [mögen]“ (Meumann 1911: 193), der Text ihm aber schon vorher festgestanden habe. Dies mag man gern glauben, nur: Dass Fischer und Meumann sich im Jahre 1911 als Antipoden gegenüberstanden, steht außer Frage und ist für unseren Zusammenhang nicht ganz unwichtig.

Zwei Jahre später, so scheint es jedenfalls, hatte sich die Sachlage gründlich geändert. Jedenfalls veröffentlichte Fischer nun einen Aufsatz *Über die Bedeutung des Experiments in der pädagogischen Forschung und die Idee einer exakten Pädagogik*, an dessen Ende er „bekennt“, dass er „selbst in manchen

Punkten skeptischer vom Experiment gedacht habe als es heute der Fall ist" (Fischer 1913 a: 57). Tatsächlich entsteht der Eindruck, als teile Fischer nun Meumanns Programm zwar nicht in all seinen Zügen, wohl aber seiner zentralen Prämisse nach. Jedenfalls empfindet nun auch Fischer bei einem Blick auf die Geschichte der Pädagogik die „Missschätzung der pädagogischen Forschung" (ebd.: 43) als störend. Und auch für ihn wird nun, ähnlich wie für Meumann (1907: 8), Herbart mit seiner von ihm angerufenen „Hilfe philosophischer Konstruktionen" (Fischer 1913 a: 42) zum eigentlichen Verantwortlichen dieser Entwicklung. Eine wichtige Differenz aber gilt es herauszustellen: Anders als Meumann vermag Fischer auch diesmal der experimentellen Pädagogik nicht beizutreten; vielmehr sieht er in ihr nur ein „Übergangsstadium" (ebd.). Die Begründung klingt harmlos: Was auf diese Weise erreicht werden können, sei 'Exaktheit', nicht aber 'Evidenz', was in Fischers Terminologie meinte: nicht zu erreichen sei eine von „unmittelbare[n] Zwecksetzungen" absehende, durch „reine Liebe zur Erkenntnis der Sache selbst" getragene 'pädagogische Forschung' (ebd.). Worum es Fischer tatsächlich zu tun war, stellte sein Zusatz klar: „Jene *exakte* und diese *philosophische* Richtung müssen einstweilen nebeneinander ihre Arbeit tun" (ebd.). Denn deutlich ist damit eine Synthese beider Ansätze und darin zugleich eine Art Rehabilitation philosophischer Pädagogik angesprochen, gültig für die Dauer jenes von Fischer nicht terminierten 'Übergangsstadiums' hin zu einer wahrhaft „autonome[n] Pädagogik" (ebd.).

Damit aber schwächt sich die Differenz zu Fischers zwei Jahre zuvor gezogener Bilanz ab. Denn was ihn damals am meisten störte und ihm gar als „Grundirrtum der gegenwärtigen Pädagogik" galt, war „die teils natürliche, teils absichtliche Emanzipation der Pädagogik von der Philosophie" (Fischer 1911 b: 88) – die rückgängig zu machen er mit seiner 1913er-Formulierung beansprucht. Im Übrigen betrifft Fischers nun gegebenes 'Bekenntnis', er dächte nicht mehr so skeptisch vom Experiment, bei genauerem Zusehen nur eine Bagatelle: Er habe es inzwischen, so erfährt der Leser, „verlernt, das Experiment [...] für überflüssig zu halten" (Fischer 1913 a: 57). Entsprechend auch kann Fischer in dem Streit, der damals infolge der Besetzung philosophischer Lehrstühle mit Vertretern der experimentellen Psychologie ausgebrochen war, eine ausgleichende Position beziehen: Er plädiert für die „Erweiterung des akademischen Lehrkörpers", weil es weder angehe, die Psychologie „als Teil oder Anhängsel der Philosophie zu behandeln", noch möglich sei, die „Philosophie aus dem Kreise der Wissenschaftten auszuschließen" (Fischer 1913 b: 343).

Für die Deutung des Aufsatzes Deskriptive Pädagogik ist nun entscheidend, dass sich der von Fischer 1911 eingeklagte und 1913 in differenzierter Form erneut vorgetragene Ergänzungsbedarf in Richtung philosophischer Reflexion hier gleichfalls nachweisen lässt. Dies gilt zuallererst natürlich für die Definition von Pädagogik als 'Prinzipienwissenschaft von der Erziehung als Tatsache und Aufgabe', und zwar auch unabhängig von der Bedeutungsgebung, die man unter Bezug auf die Vorlesung von 1912 aktivieren kann. Denn es ist Teil der philosophisch gehaltenen Kritik Fischers an der experimentellen Pädagogik, wenn er sich in seiner Definition von Pädagogik an jener Meumanns (Pädagogik als 'Wissenschaft von der Erziehungstatsache') orientiert und dabei die philosophische Bedeutungsergänzung nicht nur mittels des Begriffs 'Prinzipienwissenschaft' transportiert, sondern auch mittels des scheinbar so schlichten Ausdrucks 'Aufgabe'. Gerade dieser Ausdruck hatte es in sich, wie schon Fischers Hinweis, Pädagogik habe nicht nur einen Blick für „Gegebenes" zu entwickeln, sondern auch einen solchen für „Aufgegebenes" (LW 8: 35), andeutet. Pädagogik, so verstanden, musste nicht nur Maßgaben für die Erkenntnis des 'Gegebenen' liefern, sondern auch solche für die Gestaltung des 'Aufgegebenen'. Und zumal das letztere war für Fischer ein Themengebiet, das unabweisbar in die Normenfrage und mithin in die Philosophie hineinragte.

Dieser Einstieg hilft nun bei einem genaueren Eingehen auf den Text *Deskriptive Pädagogik* und die Wellen, die er in der Wirkungsgeschichte schlug. Viele Fischer-Interpreten haben sich nämlich bei ihrer Deutung dieses Aufsatzes dadurch irritieren lassen, dass auch er in der erwähnten Zeitschrift Meumanns erschien. Dies aber kann, wie gesehen, noch kein Kriterium dafür sein, dass Fischer hier in Übereinstimmung mit Meumann resp. der experimentellen Pädagogik argumentiert. Und, um einer damit zusammenhängenden Fährte gerecht zu werden: Zwar war es damals in dieser Zeitschrift nicht unüblich, die experimentelle Pädagogik als „deskriptive Wissenschaft" (vgl. etwa Busemann 1910: 481) zu bezeichnen. Aber gerade dies zeigt, dass Fischer gute Gründe hatte, vorab zu betonen, er übernähme den Namen deskriptive Pädagogik „trotz der etwas anderen Bedeutungen, die er dort und da in der Literatur bereits erhalten hat" (LW 2: 7). Und selbst wenn man herausstellen würde, Fischer selbst habe den Ausdruck deskriptive Pädagogik unter Hinweis darauf gerechtfertigt, dass die Pädagogik als Wissenschaft „die wissenschaftliche Erforschung der Tatsache des pädagogischen Tuns" sei, sollte man nicht übersehen, dass er ausdrücklich hinzusetzte, die Pädagogik habe diese Forschungsleistung „mindestens *auch*" (LW 2: 7) zu erbringen, ihr obliege also noch anderes (was sich aber mit dem Ausdruck 'deskriptive Pädagogik' nicht fassen lasse).

Damit aber liegt eine Deutungsperspektive frei, die den Anschluss an das vorgenannte Thema erlaubt. Fischer nämlich, so ließe sich nun sagen, wollte die deskriptive Pädagogik auf den ersten Teil seiner Definition (Pädagogik als 'Prinzipienwissenschaft von der Erziehung als Tatsache') beschränken. Er wollte aber nicht so verstanden werden, als sei so auch schon die – von Meumann nicht berücksichtigte – Pädagogik als 'Prinzipienwissenschaft von der Erziehung als Aufgabe' abzudecken. Und: Fischers Begriff von Deskription – Deskription als „reine, [...] so tief als möglich geführte Beschreibung und Zergliederung der Einzelheiten der pädagogischen Praxis" (LW 2: 9) – war, und zwar auch dies wieder in Richtung auf Meumann, kritisch gemeint. Es ging ihm um Methodeninnovation in Bezug auf das herkömmliche Methodenarsenal experimenteller Pädagogik und im Blick auch auf einen erweiterten Gegenstand. Denn, so Fischer 1917 unter ausdrücklicher Bezugnahme auf seinen Aufsatz Deskriptive Pädagogik, die von ihm intendierte „Tatsachenforschung" komme „nicht bloß für die Beschreibung der heutigen unterrichtlichen und erziehlichen Wirklichkeiten in Betracht, sondern ebenso für die Beschreibung geschichtlicher, vergangener Erziehungswirklichkeiten" und sei insoweit „geschichtliche Forschung", die die Aufmerksamkeit auch auf „Ziele der Erziehung" zu richten habe, insoweit sie, „als tatsächlich erstrebte, geltende", nichts anderes seien als „Tatsachen" (Fischer 1917b: 112f.).

Man darf dies wegen der Anerkennung der 'historischen Forschung', aber auch von der Terminologie her ('Erziehungswirklichkeit) fast als Vorgriff auf die Programmatik der geisteswissenschaftlichen Pädagogik lesen. Allerdings gilt dies immer unter der Einschränkung, dass Fischer insgesamt und zumal in the long run – und dies zeigt auch seine kritische Auseinandersetzung mit Spranger (vgl. Fischer 1926: 108f.) – einen schulenübergreifenden, methodenintegrativen Ansatz verfolgte. Immerhin war auch sein Theorie/Praxis-Verständnis nicht weit von 'geisteswissenschaftlichen' Vorstellungen entfernt. Dies gilt etwa für seine Bilanz der Gegenwartspädagogik aus dem Jahre 1911, in der er zum ersten Mal eine „deskriptive, auf die psychischen Phänomene unmittelbar gerichtete(n) Betrachtung auch in der Kinderpsychologie" (Fischer 1911b: 84) forderte. Denn hier schon meinte er, dass „die mitfühlende konkrete Beobachtung des ganzen lebendigen Kindes uns mehr lehrt als die künstliche Abstraktion und Isolation beschränkter Einzelvorgänge, und dass ein intuitives Verständnis der wirklichen, immer komplexen Vorgänge wichtiger ist als eine wohlformulierte Kenntnis der von der Wissenschaft herausanalysierten Elemente" (ebd.). Noch bemerkenswerter aber ist, dass Fischer diese Botschaft ausdrücklich auch an den pädagogischen Praktiker adressierte, den er in seinem Handeln von einer „privaten Theorie" regiert sah und dessen Theoriefeindlichkeit „nur eine Art Notwehr und Schutz" sei, „damit nicht etwa nach der Formulierung und Begründung seiner meistens unvollständigen, oft nicht gerne eingestandenen Theorie gefragt werde" (ebd.: 92f.). Denn ähnlich sah auch Weniger die Sache, als er 1929 dem geisteswissenschaftlichen Theorie/Praxis-Verständnis Ausdruck verlieh und in diesem Zusammenhang die „Theorie des Praktikers" (Weniger 1929: 34) analysierte, von der er meinte, sie könne „den Charakter eines ideologischen Überbaues annehmen [], der das Sosein eines pädagogischen Aktes rechtfertigen oder verdecken soll" (ebd.: 37). Die Problemsicht dürfte, hier wie da, durch ein analoges Motiv angetrieben worden sein, in Fischers Worten: Wenn die 'ganze empirische Pädagogik' ohne philosophische Besinnung in Gefahr steht, 'als einsichtslose Praktik geübt und fortgesetzt zu werden', galt dies nolens volens auch für die erzieherische Praxis. Also war vom Praktiker wenn schon keine philosophische, so jedenfalls doch eine Art theoretische Besinnung zu fordern, und die Pädagogik musste dies bei ihrer Konzeption des Praktikers berücksichtigen, indem sie ihn – wie dies Fischer und Weniger taten – als Theoretiker ernstnahm.

Zumindest die letztgenannte Deutungsperspektive scheint allerdings leicht zu erschüttern. Denn schließlich schrieb Fischer gleich einleitend seines Aufsatzes *Deskriptive Pädagogik* eher das Gegenteil, nämlich dass der Praktiker nicht die Aufgabe habe, „zu erkennen" (LW 2: 7), sondern – mit dem Vorlesungstext von 1912 gesprochen – zu „gestalten" (LW 8: 35). Wer so spricht – so jedenfalls Dietrich Benner in seiner Fischer-Kritik – bewegt sich eindeutig in Gegenstellung zum Anspruch der „pädagogischen Reformbewegung" (Benner 1978: 173). Was Benner allerdings übersah, war Fischers Aufsatz von 1911. Der von Benner monierte Text und die von ihm in besonderer Weise (ebd.) beanstandeten Sätze („Wer lehrt und unterrichtet, erzieht und bessert, der *erkennt nicht*"; LW 2: 5) werden nur im Kontext dieser drei Jahre älteren Stellungnahme Fischers verständlich. Hier heißt es zwar nicht, dass der Praktiker nicht die Aufgabe habe, 'zu erkennen', wohl aber, dass er sich hüten müsse, die Rolle des „Beobachters, Experimentators, wissenschaftlichen Forschers" (Fischer 1911b: 85) einzunehmen. Fischer tat dies aus keinem anderen Grund als aus dem des Protestes gegen die Rollenzuweisung, die damals im Namen der experimentellen Pädagogik gängig war und von vielen Lehrern, die in pädagogischen Zeitschriften (etwa auch jener Meumanns) über ihre 'Experimente' mit Schülern berichteten, willig befolgt wurde. Meumann seinerseits wurde nicht müde, diesbezügliche Hinweise zu geben oder gar Anleitungen zu schreiben (vgl. Meumann/Goldschmidt 1912). Selbst Natorp ließ sich von diesem Trend zumindest insofern anstecken, als er einräumte, dass jeder geübte Lehrer und Erzieher „für seinen Bedarf selbst Beobachter und Experimentator genug" sei, um seiner „Versuchsperson" „die für seinen Zweck wertvollsten Aufschlüsse" (Natorp 1909: 184) zu entlocken. Fischer war da vorsichtiger: Ihm war schon die ganze Sprache der experimentellen Pädagogik ungeeignet, um dem Praktiker als Theoretiker und dem, was die Besonderheit seiner fallbezogenen Erkenntnis ausmachte, gerecht werden zu können, und allein deswegen sprach er sich gegen die 'erkennende' Rolle des Praktikers aus. Nicht negiert hatte er damit allerdings die 'erkennende' Rolle des Praktikers in der Logik der 'Deskriptiven Pädagogik', im Gegenteil: Vorschläge hierzu finden sich in *Leitlinien eines psychologisch-pädagogischen Lehrplans für Frauenschulen*, die Fischer 1917 veröffentlichte und in denen er den angehenden Erzieherinnen ans Herz legte, sie müssten „das Kind sorgfältig beobachten und seine Lebensäußerungen klug deuten", also „die eigene Verantwortlichkeit, ja Erfinderpflicht aufs höchste steigern" (Fischer 1917c: 209).

Damit war allerdings noch nichts gesagt zur 'gestaltenden' Rolle des Praktikers, also zu seinem Auftrag im Rahmen von 'Erziehung als Aufgabe'. Nur eines wissen wir, nämlich, dass dieses Thema über den Umfangsbereich einer deskriptiven Pädagogik hinausgeht. Denn diese sollte ja lediglich „die wissenschaftliche Erforschung der Tatsache des pädagogischen Tuns“ (LW 2: 7) anleiten. Aber mit welcher Überschrift der Umfangsbereich pädagogischen Wissens zu versehen ist, der – wie sich nun in Abwandlung Fischers sagen ließe – für ‘die wissenschaftliche Gestaltung der Aufgabe des pädagogischen Tuns’ in Frage kommt, lässt sich weit weniger leicht beantworten. Aus theoriearchitektonischen Gründen hätte es nahegelegen, hier an den Begriff normative Pädagogik zu denken. Aber spätestens seit Meumann (1907: 5) war dieses Wort mit negativen Konnotationen belegt: Ein normatives Pädagogikverständnis erweckte den Verdacht, mit ‘Erziehung als Tatsache’ nichts im Sinn zu haben.

Fischer war entsprechend vorsichtig. Zwar verwendete er in seinem Aufsatz *Soziologische Pädagogik* von 1931 das Gegensatzpaar deskriptive vs. normative Pädagogik (LW 3/4: 159f.), aber dies doch ohne expliziten Bezug auf seine ältere Terminologie. Er erweckte also nicht den Eindruck, als stünde das Deskriptive für Pädagogik als ‘Prinzipienwissenschaft von der Erziehung als Tatsache’, das Normative hingegen für Pädagogik als ‘Prinzipienwissenschaft von der Erziehung als Aufgabe’. Allenfalls einzelne Assoziationen erlauben Rückschlüsse auf die ältere Thematik. So heißt es beispielsweise, die normative Pädagogik sei „angewandte Philosophie“ resp. normgebende „Welt- und Wertanschauung“ (LW 3/4: 160) – Ausdrücke, die deutlich in Richtung der zwanzig Jahre älteren Bestimmung gehen, wonach die Reflexion auf „Erziehung als Aufgabe“ eine Reflexion auf das Verhältnis des „Seienden“ zum „Sein-Sollenden“ einschließt (LW 8: 35). Bemerkenswert ist nur, dass Fischer damals (1912) nicht das Normative ins Zentrum rückte, sondern das Kritische, gemäß seines Diktums: „Wenn wir über die Aufgabe, die alle Erziehung in sich einschließt, nachdenken, dann sind wir kritisch eingestellt“ (LW 8: 36). Die Ableitung scheint insoweit einfach: Fischer mied den Ausdruck normative Pädagogik – als denkbares Komplementärelement zum Ausdruck deskriptive Pädagogik – vor allem deswegen, weil er den Gestaltungsauftrag, der der Pädagogik als ‘Prinzipienwissenschaft von der Erziehung als Aufgabe’ oblag, nur mittels kritisch-philosophischer Besinnung zu erfüllen hoffte. Und hier hätte ein Attribut wie ‘normativ’ nur für Konfusion gesorgt.

## 4.2 *‘Normative’ Pädagogik* oder Von der ‘Erziehung als Aufgabe’

Die vorgenommene Ableitung scheint ohne weiteres stimmig bei genauerer Betrachtung des Philosophiebegriffs, den Fischer in seiner Vorlesung *Philosophie und Pädagogik in prinzipieller Betrachtung* präsentiert. Als denkbares Ergebnis des kritischen Nachdenkens über ‘die Aufgabe, die alle Erziehung in sich einschließt’, wird nämlich der Befund genannt, „dass das ganze Kulturleben wertlos ist, dass es gut oder besser um die Welt bestellt wäre, wenn all das nicht existierte, was unter dem Namen Kultur entstand" (LW 8: 36). Im weiteren Fortgang präsentiert Fischer das Stichwort „Philosophie als Kritik der Kultur" und hält es gegen das andere: „Philosophie als Prinzipienwissenschaft eines Kulturgutes" (LW 8: 36). Fischers Sympathie scheint dabei eindeutig dem erstgenannten Philosophiebegriff zu gelten, der seit Nietzsches Kulturkritik und seiner Beschwörung des Philosophen als des „Arzt(es) der Cultur" (KSA 7: 545) ja auch in einigem Ansehen stand. Entsprechend auch erscheinen bei ihm all die von Nietzsche vorbereiteten Schlagwörter, wie etwa das von der Zivilisation als gelegentliche „Karikatur der Kultur" (LW 8: 39), also als Verfallsindiz für Kultur.

Ganz im Geist Nietzsches gehalten sind auch Klagen – in anderen Schriften Fischers aus diesen frühen Jahren –, wonach die „Autoritäten, welche ehemals die Menschen gestützt und die Überlieferung getragen haben, () Schiffbruch gelitten oder sich wenigstens so oft kompromittiert (haben), dass bei vielen das Zutrauen zu ihrem Recht und ihrer göttlichen Sendung schwer erschüttert ist" (LW 8: 274). Auch spürt man deutlich die Nachwirkung von Nietzsches zorniger Verfallsdiagnose, wenn sich Fischer im weiteren Argumentgang gegen die Menschen, in denen „keine Höhensehnsucht" mehr lebe, mit den Worten ausspricht: „Mit einer Gleichgültigkeit, die nicht Selbstverleugnung, sondern Mangel an Selbst ist, nehmen sie hin, was kommt, lieben, hassen, schätzen, glauben sie in den Geleisen der Konvention, sie selbst ohne Inhalt, trivial, durchschnittlich; nicht einmal der Bauch ist ihr Gott; sie haben keinen Gott und keinen Wert" (LW 8: 303 f.). Aber gleichwohl verstand sich Fischer nicht als Nietzscheaner, im Gegenteil: Was er angesichts der von ihm geschilderten Not einklagte, war der – exemplarisch in der Jugendbewegung zum Ausdruck kommende (vgl. Fischer 1915 a: 37) – „Wille zum Wert", eine Option, die er in Gegenstellung sah zum „Willen zur Macht" (LW 8: 303) und mithin zu Nietzsche. Dass Fischer damit möglicherweise nur dem im Umfeld des Ersten Weltkriegs dominanten, den 'Willen zur Macht' ins Zentrum rückenden Nietzschebild zum Opfer fiel, mag hier ebenso außerhalb der Betrachtung bleiben, wie: dass Fischers Deutung der Jugendbewegung keinen Platz ließ für die von späteren Interpreten immer wieder unterstellte Bedeutung, die Nietzsche für sie hatte. Wichtiger ist hier Fischers Resümee, das er in seiner Vorlesung des Jahres 1912 zum Ausdruck brachte: „In vielen Menschen wird der Wille zum Leben gesteigert zum intensiven Leben, zum Ausnützen aller Gelegenheiten, zum Willen zur Macht. Aber weder der Wille zum Leben rechtfertigt uns – er ist einfach Instinkt – noch der Wille zur Macht rechtfertigt uns […] Nur der Wille zum Wert, scheint mir, kann den Menschen rechtfertigen" (LW 8: 19).

Fischer hat diese Willensmetaphysik über Jahre hinweg in immer neuen Varianten vorgetragen. Noch in dem 1932/33 gegebenen *Umriß einer Philosophie des deutschen Bildungsgedankens* hat er die „Umschaffung des naturgegebenen Menschen zu einem […] Menschen […], der aus dem Willen zum Werte lebt“, als „Sinn und Zweck der Erziehung“ (SW 8: 117), gar als „Kern des deutschen Humanitätsgedankens“ (SW 8: 121 f.) ausgewiesen, ja sogar hinzugesetzt: „Ist der Mensch spezifisch Geist, so kann das Ziel seiner Erziehung nur der Wille zum Wert sein“ (SW 8: 121). Eben weil die Formel ‘Wille zum Wert’ eine für seine Bildungsphilosophie typische ist, darf man ausschließen, dass Fischer hier nur, wie der Titel der Abhandlung andeutet, in rekonstruktiver Absicht tätig ist, also aufbereitet, was er für das (philosophisch) Spezifische des deutschen Bildungsgedankens hält. Insoweit ist es nun Fischer selbst, der ‘Philosophie als Prinzipienwissenschaft eines Kulturgutes’ (anstelle von ‘Philosophie als Kritik der Kultur’) betreibt. Dafür hat offenbar Fischers Verunsicherung über Nietzsche und die von ihm aufgewiesenen alternativen Perspektiven ebenso eine Rolle gespielt wie der gegen Ende der Weimarer Republik schwindende Vorrat an werthaltigen Gemeinsamkeiten in der deutschen Bildungslandschaft. Das Ergebnis dessen war zwar nicht der explizite Versuch der Neubegründung normativer Pädagogik, wohl aber ihre unterschwellige Rehabilitation für ein Projekt wie das der zeitgemäßen und zeitnotwendigen Begründung von ‘Erziehung als Aufgabe’. Dabei darf man nicht außer Acht lassen, dass Fischer hier – wie schon einige Jahre zuvor (vgl. Fischer 1928) – die These klären wollte, warum die deutsche Pädagogik, im Gegensatz zur englischen oder französischen, ihrer Sehnsucht nach Philosophie geblieben sei, warum also die Erziehungssysteme und Theorien in Deutschland immer zugleich als „Lebensreformen, Sozialreformen, Weltreformen“ aufgetreten seien und sich insoweit als „pädagogische Wendung einer Philosophie“ (LW 8: 115) verstehen ließen. Dies klingt an sich nicht positiv, ebenso wie das Resümee: „Unsere Theorie ist mehr Ideenwissenschaft als Seinswissenschaft von der Erziehung, mehr Philosophie als Technik derselben, mehr Bekenntnis und Forderung als Erkenntnis und Beweis“ (LW 8: 115). Aber auch wenn sich Fischer, wie er im Übrigen zu dieser Zeit andernorts andeutet (LW 8: 425), eher als Mann der Erkenntnis denn des Bekenntnisses versteht, wir wissen ja – und Fischers eben noch referierte Reflexion auf den ‘Willen zum Wert’ belegte es erneut –, dass Fischer die Philosophie viel zu sehr achtete, als dass er sich nun einfach auf die andere Seite geschlagen und Pädagogik nur noch als ‘Seinswissenschaft’ oder ‘Technik’ zugelassen hätte, ausgestattet mit dem Auftrag, ‘Erkenntnis’ und ‘Beweis’ zu erbringen.

Im Übrigen, und es ist nun wohl an der Zeit, daran zu erinnern: Fischer hatte in seiner Vorlesung von 1912 die Unterscheidung zwischen ‘Philosophie als Kritik der Kultur’ und ‘Philosophie als Prinzipienwissenschaft eines Kulturgutes’ noch durch eine dritte Festlegung überboten: „Philosophie ist Streben nach letzter Erkenntnis und Wertung des Ganzen der Welt“ (LW 8: 15). Diese Definition ist den beiden anderen gegenüber deswegen im Vorteil, weil sie die Alternativsetzung zwischen einer kritisch-philosophischen Besinnung und einer normativen Pädagogik erst gar nicht aufkommen lässt. Vielmehr ist Kritik, ob nun im Erkenntnisstreben oder im Zuge der Weltwertung, immer schon mitgedacht, ebenso übrigens wie Normentwicklung (die der Wertgebung in Bezug auf das 'Ganze der Welt' innewohnt). Damit aber verlöre Fischers Zentrierung auf den 'Willen zum Wert' das ihr scheinbar innewohnende widersprüchliche Moment. Denn anstatt Fischer nur des Umstandes zu zeihen, dass er selbst in verborgener Form als normativer Pädagoge auftritt, könnte man fragen, ob sich in diesem seinem Postulieren eines 'Willens zum Wert' tatsächlich das 'Streben nach letzter Erkenntnis' ausspricht oder nur der Wille zu einer neuen 'Wertung des Ganzen der Welt'.

Möglicherweise kommt dieses Ergebnis zumindest formal gesehen Fischers eigenen Absichten entgegen. Denn wenn er in seiner Abhandlung von 1932/33 bestimmte, auf Lebens-, Sozial- und Weltreformen abstellende deutsche Erziehungssysteme mit dem Stichworten 'pädagogische Wendung einer Philosophie' abhandelt, war dies deswegen nicht positiv gemeint, weil die darin verborgene Vorstellung, man könne aus einem fertigen philosophischen System eine pädagogische Lehre ziehen, seinen frühesten Idealen widersprach. Pädagogik als 'Prinzipienwissenschaft von der Erziehung als Tatsache und Aufgabe' – dies meinte zugleich immer auch das Ineinander von empirischer und philosophischer Besinnung. So deutlich steht das zwar nicht bei Fischer. Aber diese Deutung lässt sich, wie gezeigt, unter Beiziehung seines Aufsatzes von 1913 und der hier begründeten Ergänzungsbedürftigkeit der 'exakten' durch die 'philosophische' Richtung (Fischer 1913 a: 43) durchaus vertreten. In ähnliche Richtung weist seine Formel aus der 1912er Vorlesung: 'Philosophie ist Streben nach letzter Erkenntnis und Wertung des Ganzen der Welt'. Denn diese Formel erlaubt zusammen mit der vorgenannten das Koppeln der Wörter 'Erkenntnis' und 'Tatsache' einerseits sowie 'Wertung' und 'Aufgabe' andererseits. Die Pointe dieser Kopplung bestünde in der These, dass Fischers Absicht auf Diskreditierung von Philosophien dann und insofern ging, wenn sie sich in ihrem (pädagogischen) Interesse an Neu- oder Umwertung (des 'Ganzen der Welt') nicht hinreichend der Tatsachenkenntnis vergewissert hatten (auch, wie man noch hinzusetzen könnte bezüglich der 'Tatsache' dieses ihres Interesses an Neu- oder Umwertung).

Dies klingt spekulativ, erfährt aber Auftrieb, wenn man sich der Kritik erinnert, die Fischer 1913 an einer Form der philosophischen Besinnung übte, die in den „Fehler einer deduktiven Systematik" zurückfalle und damit von „philosophischen Grundanschauungen" abhängig werde, „die ohne alle Rücksicht auf die Tatsachen und Aufgaben der Erziehung konzipiert wurden" (Fischer 1913 a: 44). Damit liegt es nun auch nahe, den Philosophiebegriff herauszustellen, um den es Fischer eigentlich wohl gegangen sein dürfte. Wieder ist man hier auf die Vorlesung von 1912 verwiesen, in der Fischer an einer Stelle Philosophie als „begriffliche Bewältigung der Welt" (LW 8: 17) definiert. Denn von hier aus liegt es nahe, der Philosophie nicht lediglich die Funktion des Korrektivs einer begrifflosen Anhäufung einzelwissenschaftlicher Erkenntnis zuzuweisen, sondern auch die des Korrektivs einer anschauungsfreien Anhäufung metaphysischer Setzungen. Fischers 'Wille zum Wert', zweifellos Beispiel einer „normgebende(n) Welt- und Wertanschauung" (LW 3/4: 160), wäre von der kritischen Inanspruchnahme dieses Philosophiebegriffs ebenso betroffen wie – und dies gilt es nun zu prüfen – Natorps Sozialpädagogik. Denn eines ist auffällig: Die von Fischer verwendeten Ausdrücke 'Lebensreform', 'Sozialreform' oder 'Weltreform' passen durchaus auch auf Natorps sozialpädagogische Absichten, ganz abgesehen davon, dass diese als Indizien der 'pädagogischen Wendung' seiner (neukantianischen) Philosophie (als einer Art 'Ideenwissenschaft') gedeutet werden könnten.

## 4.3 Sozialpädagogik als 'Tatsache' und 'Aufgabe'

Wenn man Fischers begriffssystematisierenden Klarstellungen im Felde der Sozialpädagogik nicht vorschnell mit dem – weniger die Krise Fischers denn die Krise seiner Interpreten anzeigenden – Urteil zu nahe treten will, ein „stringenter Argumentations- und Gliederungsduktus" sei in ihnen nicht „erkennbar" (Kühne 1983: 81), wird man sich wohl auch hier zuallererst des Kontextes zu vergewissern haben. Zu ihm gehört, dass zu dem Zeitpunkt, zu dem Fischer, lange vor Nohl, die Sozialpädagogik auch als Themenfeld für sich entdeckte, von Sozialpädagogik als Theorie der Jugendhilfe noch nicht die Rede sein konnte. Dominant war vielmehr die von Natorp gegebene Anregung, auf die hin man Fischers Begriffsklärung beziehen muss (vgl. auch Döpp-Vorwald 1964). Natorps Intervention setzte vielfältige Utopien frei über die Neugestaltung der sozialen Bedingungen der Bildung und der Bildungsbedingungen sozialen Lebens. Natorp selbst griff 1911 erneut in diese Debatte ein. In seiner Schrift Persönlichkeitskultur und Volkskultur umriss er das ganze Spektrum einer durch die Anregungen Pestalozzis geprägten gemeinschaftszentrierten Bildungs- und Sozialreform. Fischer, der diese Schrift Natorps rezensierte, lobte zwar einzelne Reformaspekte, tadelte aber den Fehler Natorps, als Philosoph „alles im Ziel zu sehen" sowie sich von „jugendkundlichen Fragen" fernzuhalten und die Psychologie zu unterschätzen (Fischer 1911 a: 433). Wenn man von Fischers damals sich herausbildender Definition von Pädagogik als 'Prinzipienwissenschaft von der Erziehung als Tatsache und Aufgabe' ausgeht, könnte man auch sagen, Fischers Kritik an Natorp lautete, Sozialpädagogik zu sehr als 'Aufgabe' und zu wenig als 'Tatsache' zu sehen.

Diese Kritik wird ihrem systematischen Gehalt nach deutlicher, wenn wir einen Text einbeziehen, der schon von der Überschrift her als einschlägig für unser Thema zu gelten hat. Gemeint ist Fischers Aufsatz *Das Verhältnis der Jugend zu den sozialen Bewegungen und der Begriff der Sozialpädagogik* von 1924. Fischer trennt hier einen auf das soziale Moment von Pädagogik abstellenden Begriff von Sozialpädagogik, der „für die Bedürfnisse der Theorie" entstanden sei und „auf das pädagogische Leben als aktuelle

Praxis und auf die Richtung ihrer reformierenden Weiterbildung höchstens unmittelbaren Einfluss gewinnt“ (LW 3/4: 207), von anderen Sozialpädagogikbegriffen, die „zugleich praktisch orientiert“ seien und bei denen Fischer drei Varianten unterscheidet: „Erziehung *für* und *zur* Gesellschaft, *durch* die Gesellschaft und in ihr, Erziehung – nicht sowohl der einzelnen als solchen, sondern vielmehr *der Gesellschaft selbst*“ (LW 3/4: 209). Auf den ersten Blick scheint diese Systematisierung mit jener, die der vorgenannten Natorpkritik unterlag, nichts zu tun zu haben. Auf den zweiten Blick wird man aber einzuräumen haben, dass ein ‘zugleich praktisch orientierter’ Sozialpädagogikbegriff im Vergleich zu einem rein theoretischen Begriffsgebrauch seine Besonderheit darin hat, Sozialpädagogik zugleich als (gestaltungsfähige) ‘Aufgabe’ – und nicht nur als (zu erkennende) ‘Tatsache’ – zu sehen.

Allerdings nimmt sich die Lektion, die Fischer nun im Hinblick auf Natorp zieht, eher diametral zur vorgenannten aus: Wurde Natorp in der Rezension von 1911 noch dafür gescholten, Sozialpädagogik zu sehr als ‘Aufgabe’ und zu wenig als ‘Tatsache’ zu sehen, geht Fischers Interesse nun, 1924, dahin, Natorps Leistungen auf dem Felde von ‘Sozialpädagogik als Tatsache’ zu loben. Denn eben in diese Richtung geht Fischers begrifflicher Klärungsversuch: Er will Raum schaffen für den erstgenannten, praxisfernen, allein ‘für die Bedürfnisse der Theorie’ geschaffenen Sozialpädagogikbegriff. Und in ihn findet Natorp nun zumindest mit seiner Forderung nach *Erforschung* der „sozialen Bedingungen der Bildung sowie der Bildungsbedingungen sozialen Lebens“ – Natorps (1894 a: 62 f.) berühmtes Credo ging zugleich auch, wie wir bereits wissen (vgl. 3.1) und Fischer korrekt zitiert, auf *Gestaltung* – Eingang (LW 3/4: 209). Zumindest in dieser Hinsicht anerkannte Fischer Natorps Sozialpädagogik also als eine Art „reine Theorie“ (LW 3/4: 115) und mithin als Theorie resp. Schul- und Forschungsrichtung, die „beschränkt (bleibt) auf den Betrieb der Wissenschaft Pädagogik“ (LW 3/4: 208) und „sowohl in der historischen wie auch in der systematischen Pädagogik den Einfluss sozialer Faktoren nicht übersehen oder verwischt haben will“ (LW 3/4: 209).

Wenn Fischer diese Klarstellung, die zumindest indirekt auch als Lob Natorps gelesen werden darf, gelingt, dann, weil sein analytischer Schwerpunkt nun ein anderer ist: Um Natorp als jemand, der die Notwendigkeit der Erforschung einer ‘Tatsache’ ins Zentrum rücke, ist es ihm nun zu tun, nicht aber um den anderen Natorp, der eine ‘Aufgabe’ anstrebe. Dieser nämlich gilt Fischer nun als extrem problematisch. Er gilt ihm als Vertreter einer ‘angewandten’ Theorie, die die sozialen Bedingungen der Bildung sowie die Bildungsbedingungen sozialen Lebens nicht nur *erforschen*, sondern auch in praktisch-ändernder Hinsicht *gestalten* will. Der dabei zugrundegelegte Philosophiebegriff, der sich in Natorps „Philosophie der Gemeinschaftsidee“ (LW 3/4: 114) ausspricht, verhält sich, so könnte man Fischers Bedenken zusammenfassen, diametral zu seinem eigenen Philosophieverständnis. Denn Philosophie als 'begriffliche Bewältigung der Welt' zielt nur auf Ordnung von 'Tatsachen', nicht aber auf Fundierung von 'Aufgaben'. Insoweit scheint unsere ausgangs des letzten Kapitels angestellte Vermutung bestätigt. Denn was Fischer bei Natorp unter dem Titel 'Sozialpädagogik als Aufgabe' vorfand, war Philosophie als eine Art Vision einer Ordnung der Welt, die der Gemeinschaft als Idee gerecht wird. Es war aber nicht Philosophie als 'begriffliche Bewältigung der Welt' und mithin das, was Fischer zuallererst von jeder Theorie – und eben auch von der der Sozialpädagogik – erwartete.

Dabei seien sogleich Unwägbarkeiten dieser Deutung zugestanden. Die eine erklärt sich aus dem Umstand, dass Fischer Natorp nicht immer expressis verbis anführte, also mitunter nur geschlossen werden kann, er argumentiere in Auseinandersetzung mit ihm. Die andere hat damit zu tun, dass Fischer, wie gesehen, schon 1912 differente Philosophiebegriffe gleichzeitig verwendete und – etwa über die Kategorie 'Wille zum Wert' – seinerseits (metaphysisch unterlegte) Weltgestaltungsabsichten vortrug. Wichtiger scheinen aber die Konsequenzen, die sich nun in der Hauptsache anbahnen. Denn wenn 'Sozialpädagogik als Aufgabe', ungeachtet der ihr in schulenbildender Auslegung à la Natorp innewohnenden Problematik, vor allem durch das Merkmal Gestaltung charakterisiert ist, stellt sich die Frage, inwieweit sie *mehr* sein kann als Pädagogik. Und wenn 'Sozialpädagogik als Tatsache' vor allem durch das Merkmal Forschung charakterisiert ist, stellt sich die Frage, inwieweit sie *überhaupt noch* Pädagogik ist.

Fischer scheute vor beiden Konsequenzen nicht zurück. In seinem Aufsatz Pädagogische Soziologie von 1931 lässt er das, was er 1924 noch als Sozialpädagogik durchgehen ließ – den 'reinen' Begriff, der nur 'für die Bedürfnisse der Theorie' entwickelt sei und der 'auf das pädagogische Leben' lediglich 'unmittelbaren Einfluss' gewönne –, nur noch als Pädagogische Soziologie und folglich als Themengebiet einer soziologischen Teildisziplin gelten (vgl. auch Döpp-Vorwald 1964: 114). Dabei sei nur en passant angemerkt, dass schon Meumann in seiner oben erwähnten und auch von Fischer (1913 a: 43) angesprochenen und folglich ihm nicht unbekannten Fischer-Replik Sozialpädagogik mit großer Selbstverständlichkeit unter dem Titel „sozialwissenschaftliche Pädagogik" abgehandelt und mit dem Auftrag der „soziologische[n] Betrachtung des gesamten Erziehungswerkes" (Meumann 1911: 205) ausgestattet hatte. Fischer jedenfalls schränkte 1931 in folgerichtiger Konsequenz auch gegenüber dieser Bestimmung das Etikett 'Sozialpädagogik' ein auf das, was er 1924 noch mit dem Attribut 'zugleich praktisch orientiert' versehen hatte. Sozialpädagogik wird ihm mithin nun zu einer „pädagogischen Teildisziplin", die die Frage zu klären hat, „wie die Erziehung im Ganzen auf die Erfüllung von Forderungen des Gemeinschaftslebens eingestellt werden kann" (LW 3/4: 158). Damit war die Sozialpädagogik auf dem Höhepunkt des Diskurses um sie plötzlich verschwunden, und zwar in beiden Varianten: in der Variante 'Sozialpädagogik als Tatsache' zugunsten der Pädagogischen Soziologie; und in der Variante 'Sozialpädagogik als Aufgabe' zugunsten einer eher ins Allgemeine gehenden Forschungsfrage zum Thema 'Gestaltung des Zusammenhangs von Erziehung und Gemeinschaft'.

Bemerkenswert ist die gründliche Arbeit, die Fischer leistete. So müssen in einem Komplementärtext aus dem Jahre 1931 mit dem Titel Soziologische Pädagogik all die Konzepte von 'Sozialpädagogik als Aufgabe', die weitergehende Gestaltungsansprüche des Sozialen vertreten, akzeptieren, der Soziologischen Pädagogik zugerechnet zu werden. Dies war durchaus abwertend gemeint: Soziologische Pädagogik definierte Fischer als Pädagogik „in der Auffassung einer bestimmten Schulrichtung oder eines programmatischen Standpunktes" (LW 3/4: 159). Schulenbildungen aber widersprachen Fischers Philosophiebegriff und Wissenschaftsethos ebenso wie 'Standpunkte'. Und an wen Fischer dabei dachte, stellte spätestens sein Wort klar: „In Deutschland ist die soziologische Pädagogik meistens unter den Namen Sozialpädagogik vertreten worden" (LW 3/4: 165). Denn es war kein anderer als Natorp gewesen, der die Sozialpädagogik bis dahin immer wieder begrifflich exponiert hatte. Die Sozialpädagogik Natorps nun nur noch – wie dies insoweit Fischers Absicht war – als Soziologische Pädagogik gelten zu lassen (im Blick auf den Aspekt Gestaltung resp. 'Aufgabe') sowie als Pädagogische Soziologie (im Blick auf den Aspekt Forschung resp. 'Tatsache'), meinte zugleich, auch sie, gleichsam als schulenmäßige Ausprägung des sozialpädagogischen Anliegens, zum Verschwinden zu bringen.

Fischer hatte einige gute Gründe für dieses Unterfangen. Denn Natorp neigte fraglos zu der Selbstüberschätzung, er könne das sozialwissenschaftliche Element seiner Sozialpädagogik mitverwalten und insbesondere die sozialen Bedingungen der Bildung sowie der Bildungsbedingungen sozialen Lebens als Pädagoge nicht nur gestalten, sondern auch erforschen. Fischer hingegen, deutlich allerdings schon geprägt durch die sich zwischenzeitlich als selbstbewusste Einzelwissenschaft artikulierende Soziologie, war undogmatisch genug, zumindest den Forschungsaspekt der Pädagogischen Soziologie zu übertragen. Was der Sozialpädagogik mit dieser Preisgabe ihrer Zuständigkeit für die 'reine' Theorie noch blieb, war der 'angewandte' Teil. Ihn aber wollte Fischer nicht, wie noch Natorp, im Sinne der normativen Umsetzung der Gebote gestalten, die einer 'Philosophie der Gemeinschaftsidee' entspringen mochten. Sondern er wollte Sorge tragen für eine seitens der Pädagogischen Soziologie aufgeklärte, pädagogisch gehaltvolle und durch Philosophie als 'begriffliche Bewältigung der Welt' vorangetriebene Reflexion auf die Praxis, in der sich der Zusammenhang von Gemeinschaft und Erziehung jeweils neu stellte. Wie weit er damit kam, sei im Folgenden an einigen Beispielen gezeigt.

## 4.4 Sozialpädagogik im Licht der Pädagogischen Soziologie

Sozialpädagogik war, wie gesehen, für Fischer auf dem Stand des Jahres 1931 letztlich nur noch eine 'pädagogische Teildisziplin', die die Frage zu klären hatte, 'wie die Erziehung im Ganzen auf die Erfüllung von Forderungen des Gemeinschaftslebens eingestellt werden kann'. Vom Nachteil dieser Definition wurde bereits gesprochen, aber auch ihr Vorteil lässt sich nicht übersehen: Fischer konnte auf diese Weise eine ganze Reihe an Erziehungsfeldern und -themen in den Blick nehmen, denen gegenüber sich 'Forderungen des Gemeinschaftslebens' erhoben. Als ein Beispiel für viele mag hier der Verweis auf seine Reflexion über *Die sozialpädagogische Bedeutung der Berufsschule* (1925) genügen. Diese Bedeutung, so lautete hier noch der Befund, erfülle sich in allem drei: in „Gemeinschaft und Gesellschaft" als (1) „Lehrplanprinzip", (2) „Prinzip der Gestaltung des Schullebens" und (3) „Prinzip der Jugendpflege" (LW 7: 216). Wichtiger aber ist, dass Fischer, ausgehend von seiner Definition, nicht nur nach der sich stellenden 'Aufgabe' fragen konnte, sondern auch, in seiner Rolle als Pädagogischer Soziologe, nach der Beschaffenheit der 'Tatsache' als solcher.

Im Grunde hatte Fischer dies auch 'immer' (dies meint: im Rücken seiner sich hinziehenden grundbegrifflichen Auseinandersetzung mit Natorp) getan. Ein Beispiel hierfür ist sein Aufsatz *Erziehung als Beruf* aus dem Jahr 1921. Fischer setzt sich hier mit der Auffassung auseinander, der Ausbau und die Verberuflichung (familienersetzender oder -ergänzender) sozialer Arbeit sei „eine Art Not- und Irrweg" im Vergleich zu einer dem weiteren „Verfall der Familienerziehung" vorbeugenden „Gesellschaftsreform" (LW 2: 33 f.). Ähnlich hatte, wie gesehen, Natorp argumentiert. Die Folge dessen war, böswillig gesprochen, dass Verberuflichung und Professionalisierung sozialer Arbeit gleichsam zum Gegenpol gesellschaftskritischen Denkens gerieten und die „Naturformen der Erziehung" (LW 2: 37) sozialromantisch überhöht wurden. Denken ließe sich hier etwa an Pestalozzi, der der Schule, wie Fischer spöttisch notiert, „familienhaften Geist einhauchen wollte" (LW 3/4: 216 f.) und eben damit die ihr schon als Sozialsystem innewohnende Eigentümlichkeit ignorierte.

Fischer schlägt deswegen den damit naheliegenden anderen Weg vor, um – wie man im besten Sinne seines Sozialpädagogikbegriffs sagen darf – die Frage zu klären, 'wie die Erziehung im Ganzen auf die Erfüllung von Forderungen des Gemeinschaftslebens eingestellt werden kann': Er geht von der Schule als Sozialsystem aus, verbucht es als die am längsten verberuflichte und professionalisierte 'Kunstform der Erziehung', stellt zu deren Lasten den Verlust des rein Pädagogischen heraus – und nimmt als Gegenmodell die neuen sozialen Berufe (genannt werden Kindergärtnerinnen, Jugendleiterinnen, Männer und Frauen in Berufsvormundschaft, Jugendpflege, Jugendfürsorge etc.), die sich ihm vor allem deswegen als „rein pädagogische“ darstellen, „weil Wissenschaft und Lehre, schulmäßige Unterweisung und Einwirkung auf den Intellekt so gut wie gar nicht für ihre Zwecke belangreich“ seien und die „vielleicht nicht nötig gewesen wären, wenn alle Vertreter des Lehrstandes ihrer Erziehungsfunktion bewusst geblieben und sie erfasst hätten, wenn alle Träger der natürlichen Erziehung ihre Pflicht täten“ (LW 2: 46 f.). Im Ergebnis dessen scheint ihm der ‘Not- und Irrweg’ plötzlich als via regia für den Rückgewinn einer gleichsam universal wirksamen repädagogisierten Professionalität. Im Fluchtpunkt dieser Perspektive lag die Vision, dass die „soziale Erziehungsfürsorge“ – wie wir noch genauer sehen werden: Fischers Ausdruck für das, was Bäumer (1929) Sozialpädagogik nannte – „mit einer selbst umgestalteten Schule zusammenwächst und so als eigene Einrichtung entbehrlich wird“ (LW 7: 464).

Wie schon das sich im Gegensatz zwischen Bäumer und Fischer andeutende terminologische Problem belegt, böte es sich an, die folgenden Ausführungen unter die Überschrift ‘Soziale Erziehungsfürsorge im Licht der Pädagogischen Soziologie’ zu rücken. Dies mag hier aber zunächst als Zwischenruf genügen, zumal anderes wichtiger ist. Denn Fischer war nicht der einzige, der das Aufkommen der sozialen Berufe mit derlei Hoffnungen in Richtung einer Repädagogisierung der Pädagogik als Profession begleitete. Ein anderes, prominenteres Beispiel setzte Georg Kerschensteiner, langjähriger Stadtschulrat in München und früher Förderer Fischers, der im gleichen Jahr (1921) ein Buch vorlegte mit dem Titel *Die Seele des Erziehers*. In ihm verweigerte er den meisten Lehrern den Ehrentitel eines ‘Pädagogen’, verbunden mit einem hoffnungsfrohen Blick „auf alle Berufe, die mit Fürsorgetätigkeit zu tun haben“ (Kerschensteiner 1921: 38). Aber abweichend von Kerschensteiner ging Fischer die Frage nach dem Verlust des Pädagogischen (auf Lehrerseite) nicht moralisch an (im Sinne der Rückerinnerung an die ‘Aufgabe’), sondern pädagogisch-soziologisch (im Sinne einer Neuvermessung der ‘Tatsache’).

Dies wird schon kategorial spürbar. So war Fischers Analyse der Interdependenzen zwischen zwei Funktionssystemen (Lehrprofession einerseits vs. Standesgruppe der neuen sozialen Berufe) eine in der damaligen Soziologie durchaus typische. Gleiches gilt für das von Fischer 1921 verwendete Dual Naturform/Kunstform (der Erziehung), das er einer von ihm 1912 rezensierten Arbeit Paul Barths entlehnte (Fischer 1912 a; vgl. Röhrs 1953: 54 ff.) und für die Bestimmung der Merkmalsdifferenz zwischen privater (familial-vorberuflicher) und öffentlicher (schulisch-verberuflichter) Erziehung nutzte. 1932 legte Fischer dieses Dual seiner Kritik an der von den ‘Professionisten’ angestrebten „vormundschaftliche[n] Kontrolle über das Laienelement“ ebenso zugrunde wie seiner Kritik an der Selbsteinfügung des Laienelements in eine „Partei der gesunden Instinkte“ (LW 8: 428). Eben in diesem Sinne ist es zu verstehen, wenn eingangs gesagt wurde, Fischers sozialpädagogische (oder, wie wir nun ergänzen müssten, erziehungsfürsorgerische) Überlegungen stünden für Zeugnisse einer Reflexion im Licht der

Pädagogischen Soziologie oder, wie man jetzt wohl präziser sagen müsste, der Berufssoziologie.

Ein anderes Beispiel, an dem dies deutlich wird, lieferte Fischer 1925 mit seinem Aufsatz *Die Problematik des Sozialbeamtentums*. Wenn man will, zieht Fischer hier die Bilanz der Perspektive, die er vier Jahre zuvor zumindest doch aus pädagogischen Gründen meinte begrüßen zu können. Nun allerdings ist der Befund etwas weniger hoffnungsfroh: Fischer registriert „in allen beamteten Fürsorgeberufen" eine zentrale und letztlich durch keine vertrauensbildende Maßnahme zu überwindende Spannung zwischen „dem frei persönlichen Verhältnis" und der „amtlichen Bestellung" (LW 3/4: 320), die ihn einen „innere[n] Widerspruch, eine gewisse Unmöglichkeit in der Berufsmäßigkeit sozialer Hilfsarbeit" (LW 3/4: 324) entdecken ließ. In neuerer Zeit spricht man in diesem Zusammenhang vom 'doppelten Mandat' (Böhnisch/Lösch 1973) oder vom Spannungsverhältnis zwischen Hilfe und Kontrolle. Insoweit böte es sich an, Fischers Beitrag unter dem Stichwort 'Soziologie der Hilfe' zu verbuchen. Dies gilt um so mehr, als schon Fischer darüber nachgedacht hatte, ob nicht „die Fürsorge steigernd auf die Fürsorgebedürftigkeit wirkt" (LW 3/4: 331), mit der Pointe, dass am Ende einer solchen Entwicklung ein Zustand erreicht sein könne, „in dem jedem einzelnen Menschen für alle vorkommenden Notfälle [...] und für alle Lebensalter [...] ein Stab wegweisender Fürsorger und Berater zur Verfügung steht und schließlich das System der Fürsorge Selbstzweck wird" (LW 3/4: 332). Denn dies entspricht ganz der neueren (sozialpädagogischen) Professionalisierungskritik, insoweit auch sie Bestandslogiken von Sozialbürokratien und Expertensystemen skeptisch beurteilt und als Gefahr für Mündigkeit und Autonomie des Einzelnen deutet – eine Sicht übrigens, die, wie gesehen (vgl. Kap. 3.4), auch Nietzsche nicht fern lag.

Bemerkenswert ist dabei nur, dass Fischer seine sozialpädagogischen ebenso wie seine erziehungsfürsorgerischen Überlegungen zwar immer wieder im Lichte von Befunden der (Pädagogischen) Soziologie reflektierte, seinerseits aber den Pädagogen in sich nicht zu leugnen vermochte. So drängte es ihn im eben diskutierten Fall zwar, ersatzweise für eine „sukzessive Selbstabschaffung der Fürsorge als System durch eine Arbeit an der Verstopfung der Quellen jener Anomalien" (LW 3/4: 333) einzutreten. Wer dahinter aber ein gesellschaftskritisch-sozialreformerisches Programm vermutet, sieht sich getäuscht: Fischer ging es um Verstopfung der Quellen „nicht nur in den Verhältnissen, sondern vor allem in *den Menschen*" – ein pestalozzianisch anmutendes Programm, nur, dass Fischer auch vor der letzten Konsequenz nicht zurückschreckte: „Die soziale Frage, so betrachtet, ist ein Stück Volkserziehung durch Lehr- und Beispielgebung" (LW 3/4: 333). Dies fügte sich zwar trefflich in die damals nicht eben seltenen Bemühungen ein, soziale Probleme des Einzelnen auf Probleme in dessen mentaler und moralischer Selbstorganisation zurückzuführen. Aber ausgehend von Fischers Anspruch, 'Sozialpädagogik als Aufgabe' erst auf der Basis pädagogisch-soziologischen Wissens um 'Sozialpädagogik als Tatsache' zu errichten, muss sein Bemühen, die 'soziale Frage' mittels 'Lehr- und Beispielgebung' hin zum Guten auflösen zu wollen, enttäuschen. Am ehesten erklärt sich dies wohl aus Fischers unterschwellig und jenseits aller soziologischer Erkenntnisinteressen immer in Geltung gebliebener Willensmetaphysik. Denn wer den 'Willen zum Wert' zentral setzt in einer Welt, die sich dem 'Willen zum Macht' zu unterwerfen neigt, wird wohl kaum der Versuchung widerstehen, ihn gerade dort pädagogisch zur Geltung bringen zu wollen, wo sein Antipode so überdeutlich die Herrschaft angetreten zu haben scheint: im Feld eben der 'sozialen Frage'.

Damit könnte man das Kapitel über Aloys Fischer eigentlich beenden – wäre da nicht ein anderes, bisher fast gar nicht berührtes Thema: Fischers auffälliges Interesse an der Psychologie, das sich eigentlich nicht sonderlich gut verträgt mit seiner letztlich auf Moralerziehung abstellenden 'sozialen Hilfsarbeit'. Und doch verdankt sich dieses Interesse eben dem Ansinnen, das Fischer auch zur Pädagogischen Soziologie führte: Aufklärungsleistungen zu mobilisieren im Hinblick auf die 'Aufgabe', 'wie die Erziehung im Ganzen auf die Erfüllung von Forderungen des Gemeinschaftslebens eingestellt werden kann'.

## 4.5 Sozialpädagogik im Licht der Psychologie

Als Fischer 1917 die pädagogische Psychologie „im Dienste der deskriptiven Pädagogik" (Fischer 1917b: 116) ins Auge fasste, brachte er eine „pädagogische Psychologie des Raumes" in Vorschlag, die u. a. nach der pädagogischen Bedeutung von „Stadt und Land als Lebensraum des Kindes" (ebd.: 113) zu fragen habe. Nicht minder wichtig war ihm eine „pädagogische Psychologie der Gemeinschaft", die, ausgehend von den „allgemeinen sozialen Triebe[n], Gefühle[n], Affekte[n]" und deren Entwicklung im Kind, die Wege zu erkunden habe, „auf denen geistige Inhalte von Mensch zu Mensch übertragen werden und die Einigung der Gesinnung, der Anhänglichkeit und des Willens erreicht wird" (ebd.: 115). Fünf Jahre später (1922), in einer längeren Abhandlung mit dem Titel *Psychologie der Gesellschaft*, geht Fischer diese Fragen, die er jetzt dem sozialpsychologischen Themenbereich zurechnet, erneut an. Thema sind nun Untersuchungen jener seelischen Anlagen und Funktionen, die ausschlaggebend sind für die „Entstehung und Erhaltung von Gemeinschaften" (LW 3/4: 407). Wichtig sind für Fischer auch die in der damaligen soziologischen Forschung gebräuchlichen sozialen Stiftungsmächte 'Milieu', 'Tradition' und 'Organisation' (LW 3/4: 462), wobei der erstgenannte Begriff sein besonderes Interesse findet, dies aber wiederum in sozialpsychologischer Absicht. Das Milieu ist für Fischer also „nicht die objektive Umwelt überhaupt, sondern der vom Individuum als seine Umwelt noch erlebte, aufgefasste, auf sich und seine Bedürfnisse bezogene Ausschnitt aus der objektiven Umwelt" (LW 3/4: 463).

All dies ist nicht ohne Interesse für die Gegenwart, zumal der (Sozial-) Raum- ebenso wie der Milieubegriff einige Bedeutung für die aktuelle sozialpädagogische Theoriebildung gewonnen haben (vgl. Böhnisch 1996a: 147ff.). Die sozialpädagogische Absicht, die Fischer seinen pädagogisch-psychologischen resp. sozialpsychologischen Überlegungen beimaß, bleibt allerdings noch undeutlich und wurde von ihm 1917 gar nicht und 1922 auch nur ganz am Rande angesprochen. Erst ganz am Ende des Textes nämlich heißt es, die Frage nach der Entwicklung des sozialen Bewusstseins im Kindes-, Schul- und Jugendalter sei „vor allem im Dienste der Sozialpädagogik () in den beiden letzten Jahrzehnten" (LW 3/4: 548) aufgeworfen worden. Ein Jahr später (1923), in einem Aufsatz mit dem Titel *Die Struktur des sozialen Bewußtseins*, wird Fischer deutlicher. Er beschreibt hier, unter Anspielung auf Natorp, das Dilemma „der gegenwärtigen Lage der Sozialpädagogik" u. a. am Exempel dessen, der „ein Wunschbild der richtigen Gemeinschaft, des besten Staates" zur Norm erhöht, ohne „empirischen Unterbau", also ohne beobachtet zu haben, „wie die historischen Gemeinschaften sich allmählich dem Verständnis, der Anteilnahme und Stellungnahme des heranwachsenden Menschen erschließen" (LW 3/4: 363). Die sozialpädagogische Bedeutung und Funktion der psychologischen Forschungsfragen Fischers steht hiermit außer Frage: Fischer wollte zuallererst beantwortet haben, ob psychologisch möglich war, was sozialpädagogisch – etwa in der Logik Natorps: die bestimmte Verfasstheit von Gemeinschaften als Bildungsträger – geboten schien.

Wenig später (1924/25), in einem Aufsatz mit dem Titel *Über Hemmungen und Fehlentwicklungen des sozialen Bewußtseins*, erhebt es Fischer denn auch expressis verbis zur Voraussetzung, „dass das, was 'gesollt' ist, auch psychologisch möglich sei" (LW 3/4: 386). Zum Paradebeispiel für die Produktivität dieses forschungsleitenden Gesichtspunktes gerät nun allerdings nicht die psychologisch unzureichend reflektierte Gemeinschaftsprogrammatik Natorps. Zum Paradebeispiel wird vielmehr, und dies im Einvernehmen mit Fischers in diesen Jahren anhebenden Interessen an der Analyse berufsförmiger sozialer Praxis, die psychologische Problematik der „Fanatiker der sozialen Arbeit" (LW 3/4: 404). Mit Vehemenz und deutlichem Seitenblick auf das die Sozialarbeit dominierende weibliche Geschlecht protestiert Fischer gegen die „Exaltation des sozialen Gefühls", macht auf die Gefahr aufmerksam, „dass sich der Drang nach Geltung, nach einer „Rolle", nach Macht und vielleicht sogar die Flucht vor sich selbst in den Purpur einer höchsten sozialen Tugend kleidet" und fordert gegenwirkend „Selbsterkenntnis und Selbstbeherrschung" (LW 3/4: 406). Man sieht: Die Kritik am 'Helfersyndrom' ist hier schon angelegt, und zwar ausgehend von einer Analyse, die deutlich die intime Nietzschekenntnis Fischers belegt. Denn schließlich war es Nietzsche gewesen, der das „Verlangen nach Eigenthum" (KSA 5: 116) und die Flucht vor sich selbst bzw. „unter das Gewissen der Anderen" (KSA 3: 567) in den Rang der eigentlichen Hilfemotive gehoben und eine entsprechende Selbstreflexion gefordert hatte.

Dabei darf man allerdings nicht übersehen, dass Fischer, trotz seines Lobes der „genialen Intuitionen“ (LW 8: 307) Nietzsches, die „Psychologie als Menschenkenntnis“, insofern sie „mit geheimen Fähigkeiten, angeborenem Blick für Menschen, psychologischem „Takt“, psychologischem „Instinkt“ zu operieren“ trachtet, mit Skepsis bedachte, aber gleichwohl nicht ausgespielt wissen wollte gegenüber der „experimentellen Seelenforschung“ (LW 5/6: 42). Fischers Haltung in dieser Sache entsprach seinem eingangs wiedergegebenen Credo: Er sprach und verstand sich nicht „als geisteswissenschaftlicher und nicht als naturwissenschaftlicher Psychologe, sondern nur als Psychologe“, dem es in einer Zeit zahlreicher offener Forschungsfragen nicht richtig schien, die „Methodenauswahl nach einer Richtungszugehörigkeit [...] zu treffen“ (LW 5/6: 278). Dass er gleichwohl – gegen Ende der Weimarer Epoche zunehmende – geisteswissenschaftliche Ambitionen hatte, belegt sein souveränes Statement von 1930: „Nicht die Naturwissenschaft ist das methodische Muster der Geistesgeschichte, die Geisteswissenschaften orientieren vielmehr die Naturforschung erneut von den generellen und mathematischen Erkenntnissen hin auf ihren eigentlichen Gegenstand: die als solche eine und einmalige Wirklichkeit einer nur als Geschichte realen Welt“ (LW 3/4: 606).

Möglicherweise war es der in diesem Zitat sich aussprechende geistige Hintergrund im Verein mit der zuvor benannten Dogmatismusfreiheit, der Fischer schon 1915, also zu einer Zeit, zu der ihn die experimentelle Pädagogik und Psychologie jedenfalls deutlicher noch interessierte als in späteren Jahren, keine Bedenken hatte, gegen die „offiziell anerkannte“ Psychologie als „Bewusstseinswissenschaft“ (LW 5/6: 57) ausgerechnet den damals keineswegs anerkannten Vater der Psychoanalyse, Freud (LW 5/6: 99) – ganz zu schweigen von Nietzsche (LW 5/6: 101) –, ins Feld zu führen und auf eine „andere Welt“ zu verweisen, nämlich auf die „Untergründe und Hintergründe des bewussten Lebens“ (LW 5/6: 61). Im gleichen Jahr versah Fischer eine mit einem Geleitwort Freuds versehene und u. a. von Meumann edierte Veröffentlichung zur psychoanalytischen Methode (Pfister 1913) mit dem Kommentar: „Beides, die Tatsachen, die sie [die Psychoanalyse; d. Verf.] ermittelt, und die Methoden, die sie anwendet, wird Einfluss auf die Praxis der Erziehung gewinnen“ (Fischer 1915c: 430). Auch später würdigte Fischer ausführlich Freud (mit Alfred Adler im Vergleich; vgl. Fischer 1926: 128 f.) oder behandelte, gleichsam im Sinne einer pädagogischen Nutzanwendung, das Thema *Das Unbewußte in der Erziehung*, wobei er die Auffassung vertrat, „dass auch der pädagogische Akt – wie jeder Bewusstseinsvorgang – durch die Hinter-, Unter- und Übergründe, die er hat, Färbungen, Wirkungsakzente und neuen Gehalt empfängt, der von dem ‘bewussten’, genauer gesagt, dem Erzieher als seine Absicht bewussten abweichen kann“ (LW 8: 264). Der Psychoanalyse war Fischer bei dieser Ideologiekritik gar nicht einmal unbedingt bedürftig. Er hätte auch an seine Handlungstheorie von 1932 (man beachte den Zeitbezug!) denken können, in der es heißt: „Jede Diskussion eines menschlichen Handelns muss mit der Bloßlegung eines Geflechts von 'Interessen' und 'Werten', von 'Begriffen' und 'Gründen' anheben. Erst auf dieser Basis kann die Frage vorsichtig aufgenommen werden, ob es eine Sphäre der Allgemeingültigkeit gibt" (LW 8: 426).

Eine weitere Bemerkung, die zugleich als Schlussbemerkung dienen soll, scheint in diesem Zusammenhang angebracht. Auch für Fischers Psychologienutzung wird man gut daran tun, zwischen – in seiner Begrifflichkeit gesprochen – sozialpädagogischen und erziehungsfürsorgerischen Zweckstellungen zu unterscheiden. So liegt es beispielsweise eher im erziehungsfürsorgerischen Interesse, die Frage zu stellen, inwieweit der 'pädagogische Akt' durch unbewusste Vorgänge einen 'neuen Gehalt empfange'. Daraus aber folgt, dass Nohl aus Fischer mehr hätte lernen können, als er offenbar lernte und zu lernen bereit war. Denn immerhin schrieb er 1953 in einem Brief an einen seiner Schüler, Fischers Vorträge seien zwar „formvollendet und immer gedankenreich", aber seine Aufsätze seien „sonderbar und mühsam zu lesen" (zit. n. Blochmann 1969: 133; ähnlich Weniger 1955: 61). Wer genau hinzuhören versteht und um Nohls Vorliebe für die einfache Sprache weiß, kann dies nur so verstehen, dass Nohl Fischers Aufsätze zu großen Teilen unbekannt geblieben waren. Dies indes wärc ein überaus ernüchternder Befund im Ausblick auf ein Œuvre, das so sehr der sozialwissenschaftlichen Aufklärung bedürftig ist wie das Nohlsche.

# 5. Herman Nohl (1879–1960): Der Großvater aller geisteswissenschaftlichen Sozialpädagogen

**Biografischer Abriss**

Herman Nohl wurde am 7. Oktober 1879 in Berlin geboren. Von 1898 bis 1904 studierte Nohl dort Philosophie, Germanistik, Geschichte und Pädagogik. 1904 promovierte Nohl über *Sokrates und die Ethik*, ehe er sich 1908 in Jena habilitierte (*Die Weltanschauungen der Malerei*). Nach Kriegsdienst und Engagement in der Thüringer Volkshochschulbewegung erhielt Nohl 1919 einen Ruf auf eine (außerordentliche) Professor für Philosophie an der Universität Göttingen, die 1922 in ein Ordinariat (auch für Pädagogik) umgewandelt wurde. Nachdem Nohl 1937 seines Amtes enthoben und 1943 zur Fabrikarbeit eingezogen worden war, konnte er seine Professur zwischen 1945 und 1949 wieder bekleiden. Nohl starb am 27. September 1960 in Göttingen. Er war u. a. (Mit-)Herausgeber der *Zeitschrift für Kinderforschung* (ab 1923) sowie der Zeitschriften *Die Erziehung* (ab 1925/26 bis 1936/37) und *Die Sammlung* (1947–1960). Außerdem gab Nohl (zusammen mit Ludwig Pallat) das fünfbändige *Handbuch der Pädagogik* (1928–1933) heraus. Von seinen Veröffentlichungen seien genannt: *Die pädagogische Bewegung in Deutschland und ihre Theorie* (1933/1935), *Einführung in die Philosophie* (1935), *Charakter und Schicksal* (1938), *Die sittlichen Grunderfahrungen* (1939), *Pädagogik aus dreißig Jahren* (1949).

Ähnlich wie Pestalozzi wird auch Herman (das zweite ‘n’ blieb des gleichnamigen Vaters wegen auf der Strecke) Nohl von der einschlägig interessierten Forschung des pädagogischen Mainstream schon fast gewohnheitsmäßig freundlich behandelt und beispielsweise unlängst von Dorle Klika auf dem in dieser einschlägigen Frage hoffnungslos überalterten Literaturstand (bis 1995) mit dem Bescheid vorgestellt, dass ihn die einen zu den „national-konservativen Eliten“ zählten, wohingegen andere seinen Konzeptionen eine „antidemokratische Basis“ bescheinigten (Klika 2003: 132) – eine Darstellung, die so klingt, als sei dies nur zur Kenntnis zu geben, nicht aber zu klären. Wir werden darauf noch zurückkommen (vgl. Kap. 5.4), beginnen aber zunächst mit dem für uns Naheliegenden. Aus sozialpädagogischer Sicht auffällig an Nohls Biographie ist nämlich der Ausgangspunkt von der Philosophie her und der Umstand, dass er zwischen Habilitation (1908) und Einberufung (1915) kaum etwas veröffentlichte und erst die Kriegserfahrung den Entschluss reifen ließ, pädagogisch (zunächst allerdings in der Praxis) zu wirken (vgl. Blochmann 1969: 83f.). Die Hinwendung zur Sozialpädagogik wurde dann durch den Eintritt von Curt Bondy und Walter Herrmann in sein Seminar im Jahre 1923 ebenso befördert wie durch das sozialpädagogische Engagement seiner (Stief-)Schwestern (ebd.: 106f.). Als weiterer Faktor hierfür wird neuerdings der von Nohl als peinlich erlebte bzw. in Vergessenheit gebrachte Bruder ins Kalkül gezogen (vgl. Dudek 2004: 194ff.). Im selben Jahr (1923) stellte Nohl Erich Weniger, der sich 1926 bei ihm habilitieren sollte, als Assistenten ein. Dieser hatte aufgrund dessen, was dem folgte, allen Grund, Nohl zu dessen 80. Geburtstag wegen seiner sozialpädagogischen Orientierung zu den „eigentlich großen Pädagogen" (Weniger 1959a: 20) zu rechnen. An welchen 'großen Pädagogen' man dabei zuallererst zu denken hat, macht Theodor Schulzes Erinnerung an seine ersten Göttinger Studienjahre offenbar. „Irgendwie", so Schulze anlässlich Nohls 100. Geburtstag, „übertrug sich die Art, in der Herman Nohl sprach – seine aufrechte Haltung, das energische Funkeln seiner Augen, die leidenschaftliche Parteinahme für die Angelegenheit der Erziehung und die freundlich anerkennende Zuwendung zu jedem seiner Zuhörer –, auf die Erziehergestalt, von der er am liebsten sprach, und ich dachte mir Pestalozzi, wenn wir seinen Stanzer Brief lasen, immer als einen großen, ernsthaften, immer korrekt gekleideten, strengen und zugleich gütigen Menschen" (Schulze 1979: 542). Um die ironische Pointe dieser Bemerkung zu verstehen, muss man um das Porträt wissen, das Nohl etwa zu der Zeit, auf die Schulze sich bezieht, über Pestalozzi kolportierte: „Man hat ihn oft genug geschildert in seiner äußeren Erscheinung, wahrhaft nicht vorbildlich, pockennarbig und hässlich und wie zerstört, in nachlässiger Kleidung mit hängenden Strümpfen – aber mit den seelenvollsten Augen und einer Lebendigkeit des Herzens, die jedem imponierte, der in seine Nähe kam." (Nohl 1948a: 23)

Zumindest diese Rede von 'den seelenvollsten Augen und einer Lebendigkeit des Herzens, die jedem imponierte, der in seine Nähe kam', erlaubt den Schluss, dass Nohl dabei klammheimlich auch an sich gedacht haben dürfte – wohl nicht zu Unrecht, wie sich Schulzes Erinnerung entnehmen lässt. Dies wiederum legt dann die Folgerung nahe, dass es vor allem Nohls Charisma war, das ihm schulenbildenden Einfluss sicherte. Schon Wilhelm Flitner, der 1913 auf Anregung Nohls in Jena promovierte, hielt für die Jahre 1909/10 fest, Nohl habe ihm, dem elf Jahre Jüngeren, in Jena als „jung" und „feurig" und vor allem als ein „begnadeter Lehrer" (Flitner 1991: 22) imponiert. Die Folge dessen lässt sich auch in Zahlen ausdrücken: Als Nohl starb, konnte er auf 66 von ihm betreute Doktorarbeiten verweisen (vgl. Bibliographie 1954: 38ff.). Namen wie u.a. Erika Hoffmann (Promotion 1929), Georg Geißler (1929), Elisabeth Siegel (1931), Helene Hertz (1932), Wolfgang Scheibe (1936), Leonhard Froese (1949) und Carl-Ludwig Furck (1952) belegen schon, dass er eine der prägenden Pädagogengestalten auch noch der Zeit nach dem Zweiten Weltkrieg war. Nimmt man noch die Schüler Erich Wenigers hinzu – genannt seien nur Theodor Schulze (Promotion 1955), Wolfgang Klafki (1957), Klaus Mollenhauer (1958), Herwig Blankertz (1958), Bernhard Schwenk (1961) und, eher in indirekter Linie, Hans Thiersch (1962) –, lässt sich die Bedeutung Nohls als Stammvater nicht nur der 'Göttinger Schule', sondern auch als 'Großvater aller geisteswissenschaftlichen Sozialpädagogen' (Mollenhauer, Thiersch) nicht übersehen. Nicht bestritten sei, dass dieses Etikett nur ein spielerisches ist und Mollenhauer wie Thiersch sich weigern würden, als 'geisteswissenschaftliche Sozialpädagogen' vereinnahmt zu werden. Unbestritten ist aber auch, dass man – wie noch zu zeigen sein wird – beider Werdegang besser versteht, wenn man um diese Erbschaft weiß. Nicht ganz grundlos jedenfalls titulieren sich die Schüler Wenigers untereinander gerne als „Nohls Hochschullehrer-Enkel“ (Mollenhauer 1979: 583).

Hiermit sowie mit dem Charisma Nohls (und Wenigers) ist auch eine Gefahr verbunden – die Gefahr nämlich, dass in die Höhen der Verehrung abgeschoben wird, was doch auf der Ebene der kritischen Auseinandersetzung gehalten werden muss. Damian Miller (2002) – um nur ein Beispiel aus der neueren Nohlforschung herauszustellen – unterlag dieser Gefahr nicht, wohl aber der anderen, eher gegenläufigen, will sagen: Millers Verteidigung seines Doktorvaters Jürgen Oelkers (1991: 32) gegen Kritik von Dorle Klika (2000: 50 f.) durch den Versuch, Nohl sowie den meisten seiner Interpreten eine eklatante Theorieschwäche in Sachen des 'pädagogischen Bezuges' nachweisen zu wollen (vgl. Miller 2002: 499), überzeugt ungeachtet des von Oelkers (2001) dargeboten Beistandes nicht wirklich und könnte insoweit als Indiz für Verehrung mit umgekehrtem Vektor gedeutet werden. Methodologisch gesehen jedenfalls wirkt Millers Verfahren der kontextentbundenen Werkanalyse antiquiert, vor allem aber verleitet es zu groben Fehleinschätzungen (wie noch für Millers Umgang mit einem Text von Nohl aus dem Jahre 1951 exemplarisch gezeigt werden soll; vgl. Kap. 5.4). Und was den Kern der These angeht, so steht seit Jahrzehnten außer Frage, dass Nohl als Theoretiker mit Skepsis zu betrachten ist und für die Profession weit wichtiger war als für die Disziplin. Theodor Schulze beispielsweise stellte seinem bereits erwähnten Festvortrag von 1979 offenbar nur deswegen die Erinnerung an Nohls „persönliche Ausstrahlung, die von ihm ausging und die er auf seine Schüler übertrug“ (Schulze 1979: 543), voran, um ein Stück weit Verständnis zu erzeugen für die von vielen Schülern Nohls gar nicht oder nur zögernd zugelassene Einsicht in Fragwürdigkeiten Nohls, als da, Schulzes Darstellung zufolge, wären

- Nohls völkische und monarchistische Einstellung während des Ersten Weltkrieges;
- seine distanzierte Haltung gegenüber Demokratie, Parteien und Revolution während der Weimarer Epoche;
- seine zumindest missverständlichen Äußerungen während der Zeit des Nationalsozialismus;

- seine auffällige Distanz gegenüber Marx, Freud, Max Weber oder Husserl, ganz zu schweigen von Bernfeld.

Diese Liste ließe sich bequem noch verlängern oder spezifizieren. Ersteres mittels Rückerinnerung an Nohls Natorpbild, Letzteres infolge der sich inzwischen neu – und dies meint: noch fragwürdiger – darstellenden Rolle Nohls während der Zeit des Nationalsozialismus (vgl. Zimmer 1995; 1998). Aber auch gedruckte Quellen sind in dieser Hinsicht ergiebig, wie beispielsweise Nohls 1939 erschienenes Buch *Die sittlichen Grunderfahrungen.* Nohl nämlich plädierte hier, in der Zeit der Hochphase nationalsozialistischer Volksgemeinschaftsideologie, dafür, dass das, „was zunächst nur biologische Gemeinschaft ist", im Menschen auch „geistige Gemeinschaft" werde (Nohl 1939: 139). Insgesamt jedenfalls zeigt die neuere Forschung, dass Anlass genug besteht, auf diesen Themenkomplex abschließend noch einmal gesondert einzugehen (vgl. Kap. 5.4).

Wichtiger aber ist vorerst etwas anderes, und es ist wohl auch schon deutlich geworden im Zusammenhang des Natorp- wie Fischer-Kapitels: Nohl vertrat ein Wissenschaftsparadigma, das nur wenig Platz ließ für Drittes. Ob er bei dieser 'Schulengründung' führend war oder eher, wie Flitner später (1986) meinte, „mehr duldend als aktiv" (Flitner 1991: 23) – im Vergleich zu Weniger –, mag hier unentschieden bleiben. Jedenfalls ist seine Rede von einer 'festen geisteswissenschaftlichen Burg' – in einem Brief vom Mai 1919 an Georg Misch (vgl. Kap. 3.5) – durchaus auffällig, und auch Flitner selbst hatte wohl seine Gründe, Nohl zu dessen 50. Geburtstag ein ihm gewidmetes Heft der Zeitschrift *Die Erziehung* mit der Bemerkung zu avisieren, Nohl möge von denen, die da geschrieben hätten, den fröhlichen Eindruck mitnehmen, „dass wir alle, selbständig mehr oder weniger, auf dem unübersehbar weiten Kampffeld marschieren, kooperieren, auf dem sie uns angesetzt haben, für das wir durch sie ausgebildet sind, und auf dem wir alle uns gesund und frisch fühlen" (zit. n. Blochmann 1969: 135). Was dies – im Blick auf die Sozialpädagogik – bedeutete, sei nun etwas genauer untersucht, und zwar zum einen mittels eines biographischen Zugangs und zum anderen in systematisierender Absicht.

## 5.1 Essentials der Biographie eines Sozialpädagogen

Nohl hatte zwar 1937 eine Autobiographie begonnen, ihren Abschluss und erst recht ihre Veröffentlichung aber gescheut (vgl. Blochmann 1969: 7). In jüngerer Zeit ist das Interesse an dieser Thematik – auch im Zusammenhang mit der Auswertung eines ca. 2000 Briefe umfassenden Nachlasskorpus – gestiegen (vgl. etwa Klika 2000: 132 ff.; Dudek 2004). Für die Zwecke des vorliegenden Buches muss es genügen, einigen biographisch relevanten Hinweisen aus Nohls pädagogischem Hauptwerk *Die pädagogische Bewegung in Deutschland und ihre Theorie* nachzugehen. Der erste begegnet einem gleich zu Beginn des Buches. Nohl kommt hier auf die Kultur-

und Bildungskritik eines Nietzsche oder Paul de Lagarde zu sprechen. Insbesondere interessiert ihn Lagardes Schrift von 1885 *Über die Klage, daß der deutschen Jugend der Idealismus fehle*. Er kommentiert die hier gegebene Antwort – „nicht der Jugend fehle es an Idealismus, sondern den Alten am Ideal" – mit den Worten: „Wer in den 80er und 90er Jahren groß geworden ist, weiß, dass das genau die Lage der Jugend war. Unsere Väter waren nicht mit uns zufrieden" (Nohl 1933/35: 17). Angesichts von Nohls Geburtsjahr (1879) darf man diese Worte wohl so lesen, dass Nohl seinem Vater nachträglich vorwirft, auch mit ihm (zu Unrecht) nicht zufrieden gewesen zu sein. Dies ist umso wahrscheinlicher, als Nohls Vater Philologe war. Insoweit hatte er mitzuverantworten, worüber Lagarde im Namen der Jugend klagte: nämlich dass das meiste, mittels dessen die Jugend damals gebildet werden sollte, tot gewesen sei „und darum der Jugend ein Gräuel" (ebd.). Daraus folgt nicht mehr und nicht weniger, als dass Nohl Lagardes Bildungskritik nicht allein wegen der Qualität ihrer Argumente – die allerdings ihres völkisch-antisemitischen Charakters wegen mehr als fraglich ist (vgl. Niemeyer 2002a: 117ff.) –, sondern aufgrund eigener Betroffenheit zustimmte.

Vermutlich ist dies auch der Hintergrund dafür, warum Nohl kein Problem hatte, auf ebenjener Seite, auf der er Lagardes Bildungskritik referierte, auch Nietzsche zu würdigen. Nohl schwang sich sogar zu dem Urteil auf, dass in Nietzsches 1874 erschienener Schrift Vom Nutzen und Nachteil der Historie für das Leben „schon das ganze Programm der Jugendbewegung" (Nohl 1933/35: 17) sichtbar werde. Gedacht haben dürfte Nohl bei diesem Urteil an das Nietzsche-Wort von der Mission der Jugend, „jenes ersten Geschlechtes von Kämpfern und Schlangentödtern, das einer glücklicheren und schöneren Bildung und Menschlichkeit voranzieht" (KSA 1: 331) und bei der das Leben wieder über das Erkennen gestellt sei. Jeder von uns, so heißt es bei Nietzsche wenig später, müsse wieder lernen, „das Chaos in sich zu organisieren", wenn er nicht länger „Erbe und Epigone" bleiben, sondern „Bereicherer und Mehrer des ererbten Schatzes" sowie „Erstling und Vorbild aller kommenden Culturvölker" (KSA 1: 333) werden wolle. Auch diese Formulierung hat auf Nohl großen Eindruck gemacht. Und man könnte dabei, ausgehend vom Fall Lagarde, vermuten, dass Nohl aufgrund eigener Sozialisationserfahrungen die radikale Bildungs- und Kulturkritik Nietzsches zu teilen und weiterzuentwickeln vermochte. Nohl las dies als Auftrag, sicherzustellen, dass man in Zukunft wieder von (klassischer) Bildung sprechen konnte, ohne das, was zum Leben drängt, zu erschlagen. Von dieser antinomischen Spannung ist Nohls Theorie der Bildung durchzogen.

Deutlicher noch macht dies der zweite Hinweis, der sich (gleichfalls) dem ersten Teil von Nohls Hauptwerk entnehmen lässt. Nohl kommt hier u. a. auf die Entstehung des Wandervogel und die 1907 erschienene, gleichermaßen gegen Nietzsche wie gegen die Reformpädagogik gerichtete Streitschrift Väter und Söhne von Friedrich Paulsen (1846–1908) zu sprechen. Zur Vorgeschichte gehört, dass Nohl bei Paulsen um die Jahrhundertwende Pädagogik und Philosophie gehört hatte – ausgerechnet also auf dem Höhepunkt seiner Nietzschebegeisterung im Oktober 1900 (vgl. Blochmann 1969: 26). Paulsen selbst hatte sich von einem frühen Nietzscheanhänger in einen militanten Nietzschegegner gewandelt – und daran auch in seiner über Jahrzehnte hinweg gehaltenen Pädagogikvorlesung keinen Zweifel gelassen. Nohl, um 1900 zweifellos Hörer dieser Vorlesung, dürfte denn auch die hier vorgetragene Nietzsche-Philippika (vgl. Paulsen 1911: 73 f.) als Hinweis darauf gelesen haben, dass der exakt eine Generation ältere Paulsen jenen Vätern angehörte, die – um an Lagarde zu erinnern – 'nicht mit uns zufrieden waren'. Dies macht Paulsen Streitschrift von 1907 besonders interessant. Denn als sie erschien, saß Nohl gerade an seiner Habilitation. Er könnte sie also, nicht zuletzt auch ihres Titels wegen, als so etwas wie eine Warntafel gelesen haben, also als Hinweis dahingehend, wie er sich als angehender Hochschullehrer im Interesse eines gedeihlichen Werdegangs gegenüber Nietzsche (und der Reformpädagogik) zu verhalten habe.

In Richtung dieser These weist auch Nohls Umgang mit einem Brief Paulsens an ihn aus ebenjenem Jahr, in dem der Aufsatz *Väter und Söhne* erschienen war. Nohl nämlich zitiert, auffällig und in jedem Falle ungewöhnlich im Wissenschaftsgeschäft, diesen Brief in seiner Schrift *Die pädagogische Bewegung in Deutschland und ihre Theorie*, und zwar den folgenden Passus: „Johannesfeuer sei unverwehrt, aber wenn alte Esel und Eselinnen sich vermessen, jugendlich auszuschlagen – dann hört doch alles auf" (zit. n. Nohl 1933/35: 18). Dieser Satz war gegen den Nietzscheverehrer Ludwig Gurlitt ('Esel') gerichtet, der seiner reformpädagogischen Haltung wegen den Schuldienst hatte quittieren müssen und der im Nachgang immer wieder gerne betonte, dass der Wandervogel ausgerechnet an jenem Steglitzer Gymnasium aus der Taufe gehoben worden sei, an dem er Lehrer – übrigens auch von Paulsens Sohn – gewesen war. Betroffen fühlen musste sich aber auch Ellen Key ('Eselin'), die – gleichfalls von Nietzsche beeinflusste – Autorin der um die Jahrhundertwende erschienenen reformpädagogischen Programmschrift *Das Jahrhundert des Kindes* (ein Text, dem Paulsen sich 1908 auch separat zuwandte; vgl. Oelkers 1996 a: 93 f.). Zumindest aber in einer Nebenbedeutung dürfte Paulsen auch an Nohl gedacht haben – im Sinne der hier vertretenen These, also dahingehend, dass er jedenfalls vom reformpädagogischen Überschwang fernzubleiben und statt dessen dem ethisch unterlegten Bildungsideal (ebenjenem Paulsens) verpflichtet zu bleiben habe.

Dass Nohl diese Warnung verstanden hatte, aber für sich nicht in Betracht zog, belegt sein Kommentar zu diesem Brief – ein Kommentar allerdings mit dem zeitlichen Abstand von gut fünfundzwanzig Jahren und insoweit deutlich gezeichnet von der zwischenzeitlich gewonnenen geistigen Unabhängigkeit. Nohl nämlich lässt erkennen, dass er im Gegensatz zu Paulsen den „positiven Sinn" der pädagogischen Bewegung zu würdigen sich nicht unterstand: den Versuch, eine „neue Kultur aus dem Geist zweckfreier wertgläubiger Jugend" (Nohl 1933/35: 18) zu schaffen. Bemerkenswerter aber ist der Zusatz, dass dies in einem Akt der „Erneuerung der deutschen romantischen Bewegung" (ebd.) geschähe. Denn damit hatte Nohl einen Zugang zur genaueren Bestimmung seiner Theorie der Bildung gebahnt: Ihre Besonderheit gründet darin, dass sie ihren Gehalt in Auseinandersetzung mit den Impulsen einer pädagogischen Bewegung gewann, die um so ernster zu nehmen war, als sie sich ihrerseits als Teil einer großen, den Zeitraum von 150 Jahren durchschreitenden geistesgeschichtlichen „Deutschen Bewegung" lesen ließ, in der dann auch Platz war für Pestalozzi. Dies war, wie bereits gesehen (vgl. Kap. 1.2.2), eine zweifellos risikoreiche Konstruktion. Aber auch ihren Vorteil sollte man nicht übersehen. Nohl gelang es auf diese Weise, der pädagogischen Bewegung seiner Epoche ebenjene „Aura des Überzeitlichen" (Konrad 1995: 821) zu verleihen, die ihr Paulsen noch verwehrt hatte. Im Ergebnis bedeutet dies, dass die Reformpädagogik in Paulsens Wahrnehmung lediglich für ein modisches, ärgerliches Zeitphänomen Zeugnis ablegte, demgegenüber ein klassisch gebildeter Geist keinen Anlass zur Verunsicherung haben müsse. Für Nohl hingegen kam diese Selbstberuhigung nicht in Frage. Er konnte, vermittelt über die für seine Generation typische Nietzschelektüre, die Fraglichkeit der Bildungsvorgaben seiner Epoche mit einer ganz anderen Sensibilität registrieren.

Mit ‘Sozialpädagogik’ und mit Nohls Beitrag zu ihr hat dies scheinbar nichts zu tun, aber man täusche sich nicht (und der Name Pestalozzi deutete es bereits an). Nicht umsonst jedenfalls hat Nohl den ‘Sozialpädagogen’ Pestalozzi am Beginn der ‘Deutschen Bewegung’ platziert, und nicht umsonst wird ihm der Ausdruck ‘sozialpädagogische Bewegung’ zu einem Derivat der ‘pädagogischen Bewegung’ (= Reformpädagogik). Beide aus der Praxis entspringende und von nachdenklich gewordenen Praktikern vorangetriebene Bewegungen kritisierte Nohl mit identischen geisteswissenschaftlichen Denkmitteln und dem damit vereinbarem pädagogischen Ideenbestand. Nohls Hauptwerk hätte insoweit auch den Titel tragen können: *Die (sozial-)pädagogische Bewegung und ihre Theorie*. Daraus folgt zugleich, dass die Sozialpädagogik – so jedenfalls sah Nohl die Sache – ihre Besonderheit nur infolge ihres besonderen Handlungsfeldes gewinnt, nicht aber demzufolge, was hier pädagogisch zu geschehen hat.

Das Hauptwerk Nohls gibt übrigens auch einen Hinweis auf das, was ihn persönlich in die ‘sozialpädagogische Bewegung’ hineintrieb (womit zugleich das letzte autobiographische Essential angesprochen sei). Nohl sprach für die Situation des Jahres 1919 von dem „leidenschaftliche[n] Verantwortungsgefühl der aus dem Krieg heimkehrenden geistigen Menschen, die dort das Volk neu sehen gelernt hatten und nun bei diesem Zusammenbruch aller Ideale in solcher geistigen Sammlung des Volks den letzten festen Grund einer neuen Zukunft sahen" (Nohl 1933/35: 29 f.). Es liegt auf der Hand, dass Nohl sich auch hier selbst meint, genauer: dass er an seine Kriegserfahrung in Flandern denkt, die ihn in die Volkshochschulbewegung hineingetrieben hat und die vermutlich Anlass war für seine Abwendung von der Philosophie hin zur Pädagogik resp. Sozialpädagogik (vgl. Weniger 1959: 7). Dies ist aber noch nicht genug an autobiographischem Bezug. Denn wenn Nohl im weiteren Fortgang seines Arguments davon redet, dass „die wichtigsten Führer der pädagogischen Bewegung“ aus der Jugendbewegung stammen, um fortzufahren: „Wo heute in der Pädagogik mehr ist als bloße Organisation, Methode und Technik, nämlich ein Suchen nach dem einheitlichen Ideal einer neuen Humanität, ein neues Verhältnis zur Jugend und ein neuer Stil pädagogischer Gemeinschaft und pädagogischen Wirkens, da ist ein Einfluss der Jugendbewegung festzustellen“ (Nohl 1933/35: 15), dann ist auch dies nicht anders zu lesen, als dass er sich selbst meint. Denn er entstammte zwar nicht der Jugendbewegung, aber er trat ihr oder jedenfalls doch ihrem romantisch-idealistischen Flügel mit zeitlicher Verzögerung nahe (vgl. Blochmann 1969: 63 f.). Vor allem aber war Nohl zweifellos einer der ‘wichtigsten Führer der pädagogischen Bewegung’. Dabei muss man allerdings den Ausdruck ‘Führung’ recht verstehen. Gemeint ist so etwas wie die Läuterung des ursprünglichen, auf bloße Freisetzung vom Überlieferten setzenden Impulses hin zu einer neuen Bindung. Bindung meint dabei – um an Nohls Worte zu erinnern – ein ‘einheitliches Ideal einer neuen Humanität’, dem vor allem mittels eines ‘neuen Stils pädagogischer Gemeinschaft’ Rechnung zu tragen sei.

Dieses Wort von der ‘pädagogischen Gemeinschaft’ ist zu übersetzen. Was Nohl Sorge machte, war die Verweigerungshaltung der Jugendbewegung gegenüber der älteren Generation. Denn diese Haltung, die sich in dem Satz Ausdruck verschaffte, wonach Jugend durch Jugend geführt werden müsse, drohte der Pädagogik jene Geschäftsgrundlage zu entziehen, der sie sich spätestens doch seit Schleiermacher meinte gewiss sein zu können: nämlich dass die ältere Generation ein (allerdings immer wieder neu zu begründendes) Recht habe auf ihr besseres Wissen darum, was der jüngeren Generation in deren eigenem Interesse dienlich sei. Und hier war es dann mehr als fraglich, ob Nohls Lehrer Paulsen mit seiner beharrenden Definition, wonach Erziehung „in der Übertragung des ideellen Kulturbesitzes von der elterlichen Generation auf die nachfolgende“ (Paulsen 1911: 6 f.) bestehe, den richtigen Ton traf. Mehr Gespür bewies Nohl, wenn er beides, nämlich „die Einordnung in die Kulturgemeinschaft und die Gewinnung der selbstverantwortlichen Persönlichkeit“ (Nohl 1925: 172), zum ‘Wesen der Erziehung’ rechnete und einen ‘neuen Stil pädagogischer Gemeinschaft’ einklagte. Was darunter zu verstehen sei, suchte er vor allem mit seinem Wort vom ‘pädagogischen Bezug’ zu klären: „das leidenschaftliche Verhältnis eines reifen Menschen zu einem werdenden Menschen, und zwar um seiner selbst willen, dass er zu seinem Leben und seiner Form komme“ (Nohl 1933/35: 169).

Nohl stand nicht lediglich aus pädagogischer Überzeugung zu dieser Formel. Er hoffte vielmehr auf diese Weise auch, die Jugendpflege als Handlungsfeld der (Sozial-)Pädagogik dauerhaft zu sichern. Ansonsten nämlich drohte die Jugendbewegung und die in ihrer Logik liegende Forderung nach Selbsterziehung hier, allein maßgeblich zu werden. Vor allem aber ging es Nohl um die Freisetzung des Handlungsfeldes der Jugendfürsorge aus der Vorherrschaft der in der Wichern-Tradition befangenen Inneren Mission. Es lag, anders und mit Weniger gesprochen, in der langjährigen „Alleinherrschaft der konfessionellen Anstalten" begründet, dass die pädagogische Theorie „sich zunächst mit der konfessionellen Anstaltserziehung auseinandersetzen und in der Kritik ihrer Methoden die eigenen Gedanken entwickeln muss" (Weniger 1927a: 164). Was die (sozial-)pädagogische Methodenkritik zutage förderte, war vor allem, dass hier, in den konfessionellen Anstalten, „alte Erziehung" (Nohl 1924: 180) dominierte. Die Gegenposition war rasch gesetzt: „Die alte Erziehung ging aus von den Schwierigkeiten, die das Kind *macht*, die neue von denen, die das Kind *hat*" (Nohl 1926c: 157). Der Sozialpädagogikbegriff begegnet einem in diesem Leitmotiv eher implizit – verborgen im Ausdruck 'neue' Erziehung –, ebenso wie der Angriff auf die Wichernorthodoxie. Immerhin aber hatte Wichern den Satz hinterlassen, die christlichen Rettungsanstalten kämen darin überein, „dass sie es mit einer Jugend zu tun haben, deren Erziehung aus irgendwelchen Ursachen besondere Schwierigkeiten *macht*" (SW VII: 383; Herv. d. Verf.). Nohls Leitmotiv enthielt aber auch noch einen Verweisungsbezug auf Herbarts Satz: „Hier müssen zuerst die Fehler, welche der Zögling *macht*, von denen unterschieden werden, die er *hat*" (Herbart 1835/1841: 129). Diese Formulierung findet sich in dem Kapitel *Von einzelnen Fehlern* aus Herbarts *Umriss pädagogischer Vorlesungen*. Insoweit wäre Nohls Leitmotiv Indiz dafür, dass es (in Zukunft) weniger um Kinderfehler zu gehen habe denn um Erziehungsfehler. Ganz in diesem Sinne wurde Nohls Variante bei seinen Schülern rasch zur Kultformel, die die Programmatik umriss, für die 'ihr' Lehrer Nohl einstand (vgl. etwa Siegel 1981: Rückumschlag). Damit stand Nohls Ruf als Urheber von Sozialpädagogik als einer 'neuen', repressionsfreien Theorie der Fürsorgeerziehung resp. der 'Jugendwohlfahrt' (in der damaligen Terminologie 'Jugendpflege' und 'Jugendfürsorge') nichts mehr im Wege.

Liest man dieses Zwischenergebnis nun im Zusammenhang, wäre Nohls Sozialpädagogik nicht viel mehr als eine für ihre Zwecke gedachte Anwendung der Lektion, die er aus der pädagogischen Bewegung für die Theorie der Bildung zog. Denn in beiden Fällen, ob nun in schulischen (pädagogische Bewegung) oder außerschulischen (sozialpädagogische Bewegung) Handlungsfeldern, geht es um Jugendliche, die zum Leben drängen und des Freiraums und der Entfaltung bedürfen. In beiden Fällen ist der (Sozial-)-Pädagoge gehalten, zurückzutreten mit dem, was ihm etwas wert ist, zugunsten der Ermittlung dessen, was im Jugendlichen nach Ausdruck drängt oder sich als Schwierigkeit darlegt, die er 'hat'. Verschieden sind allenfalls die

Schwerpunktsetzungen. So kann sich der, der in Lehrer/Schüler-Verhältnissen denkt, nicht des Auftrags entziehen, Bildungsinhalte zu vermitteln. Er kann aber immerhin – und dies ist die Lektion, die Nohl Nietzsches Bildungskritik abgewann – auf didaktischem Weg in Geltung setzen, dass der Schüler nicht in der Rolle des 'Erben und Epigonen' verbleibt, sondern zum 'Bereicherer und Mehrer des ererbten Schatzes' wird. Anders verhält es sich mit dem Sozialpädagogen. Denn er ist zwar nicht an Bildungsinhalte und die Notwendigkeit ihrer Vermittlung gebunden. Aber er ist Teilhaber eines Bildungsprozesses, der, wie wir nun mit Nohl sagen können, ausgehen muss von den Schwierigkeiten, die das Kind 'hat'. So gesehen gründet die Besonderheit des Auftrags, den Nohl der Sozialpädagogik ausgehend von seiner Theorie der Bildung erteilt, darin, sich als gekonnte Theorie und Praxis des Bildungsprozesses – unter weitgehender Absehung von der Theorie des Bildungsinhalts – darzulegen.

Es ist dieser Hintergrund, der auch verständlich machen könnte, warum gerade Nohl-Schüler – wie beispielsweise Carl-Ludwig Furck – ihre sozialpädagogischen Überlegungen bevorzugt über den kritischen Hinweis einleiteten, dass noch Herbart keinen Begriff gehabt habe „von Erziehung ohne Unterricht" (zit. n. Furck 1962: 374 f.) Denn es war selbstredend eine dankbare Herausforderung, dem häufig als bloßen 'Schulpädagogen' abqualifizierten Herbart nachzuweisen, dass dieser Begriff sehr wohl möglich sei – dann aber nach der Chiffre 'Sozialpädagogik' verlange. Verlangt war damit zugleich auch (im Sinne Nohls) das Wissen, dass sich hier, also bei einer Erziehung außerhalb des Unterrichts, die Reflexion auf den Bildungsprozess und mithin auf die Qualität des 'pädagogischen Bezuges' mit besonderer Dringlichkeit stelle und auch die ihr zukommende Würdigung erfahren könne. Insoweit war es durchaus zwingend – und, wie gesehen, auch für Kerschensteiner und Fischer schon naheliegend gewesen (vgl. Kap. 4.4) –, dass Furck den Erziehungsbegriff für die Belange der Sozialpädagogik ins Zentrum rückte und dabei an Nohls Leitmotiv erinnerte (ebd.: 386). „Sozialpädagogik", so heißt es denn auch bei Hartmut v. Hentig, „ist nichts als der verschärfte, der radikale Fall aller Erziehung" (v. Hentig 1967: 383). Aus diesem verbreiteten Einvernehmen erklärt sich auch die besonders selbstbewusste Stellung gerade der Nohlschen Sozialpädagogik gegenüber einer schulpädagogisch verengten Allgemeinen Pädagogik. Dies sowie die Gesamtverortung geisteswissenschaftlicher Sozialpädagogik vor dem Hintergrund allgemein-pädagogischer Wissensbestände konkreter zu fassen, erfordert allerdings, den biographischen Zugang durch einen systematisierenden zu ergänzen.

## 5.2 Essentials der Theorie einer Sozialpädagogik

Der Begriff Sozialpädagogik – so lesen wir auf dem Höhepunkt der Weimarer Epoche in einem zwar nicht von Nohl stammenden, aber zweifellos von ihm gebilligten Grundsatzartikel des der Sozialpädagogik gewidmeten fünften Bandes des *Handbuch der Pädagogik* – bezeichne „nicht ein Prinzip, dem die gesamte Pädagogik sowohl ihre Theorie wie ihre Methoden, wie ihre Anstalten und Werke – also vor allem die Schule – unterstellt ist, sondern einen Ausschnitt: alles was Erziehung, aber nicht Schule und nicht Familie ist“ (Bäumer 1929: 3). Diese Definition hat heute wohl als klassisch zu gelten (vgl. Winkler 1993; Graf 1996: 103), war aber damals, vor dem Hintergrund einer bis dahin im Wesentlichen von Natorp und Fischer geprägten Begriffsdiskussion, durchaus überraschend. Am deutlichsten macht dies ein im gleichen Jahr erschienener Stichwortartikel Fischers. In ihm wird gleichfalls der von Bäumer gemeinte Ausschnitt – in Fischers Sprache: „alle Vorkehrungen zur Sicherstellung von Erziehung und ihrer Durchführung, die nicht mehr von Familie und öffentlicher Schule geleistet werden können“ (LW 7: 462) – in den Blick genommen, aber nicht unter dem Etikett ‘Sozialpädagogik’, sondern unter dem Etikett ‘(soziale) Erziehungsfürsorge’. Dies war durchaus kein Zufall, deutlicher gesprochen: Fischer wäre überhaupt nicht auf die Idee gekommen, den von Bäumer gemeinten Gegenstandsbereich mit dem Ausdruck ‘Sozialpädagogik’ zu belegen (vgl. Kap. 4.4). Dennoch wusste Bäumer genau, was sie tat, hatte doch Natorp unter Sozialpädagogik „nicht sowohl einen abgegrenzten Teil der Pädagogik als vielmehr eine bestimmte Auffassung ihrer ganzen Aufgabe“ (Natorp 1899b: 701) verstanden. Damit hatte er bis in die Formulierung hinein den Gegenakzent hinterlassen für ihre Definition, wonach es keineswegs um ein ‘Prinzip’ für ‘die gesamte Pädagogik’ gehe, sondern doch um einen ‘Ausschnitt’. Indem Bäumer diese keineswegs unerhebliche Korrektur vornahm, glättete sie die Wogen, die Natorps Definition im Gefolge hatte. Bäumers Definition half Nohl bei dem, was er auf jeden Fall vermeiden wollte: einen von der Sozialpädagogik angeheizten Streit darüber, wie die Pädagogik ihre ‘ganze Aufgabe’ aufzufassen habe.

Ratgebend war ihm in dieser Sache vor allem Paulsen gewesen. Dieser hatte Natorp nur ein Jahr vor seiner Streitschrift *Väter und Söhne* die Botschaft vermittelt, er erinnere ihn in seiner Sozialpädagogikbegeisterung an jemanden, der sich darüber freue, „dass er Prosa (rede), wirkliche Prosa“, will sagen: Er, Natorp, verbreite Selbstverständlichkeiten, weil es zu keiner Zeit eine andere als eine „soziale“ Erziehung, eine „Bildung durch die Gesellschaft und für die Gesellschaft“ (Paulsen 1906: 59), gegeben habe. Natorp reagierte vergleichsweise schwach (vgl. Kap. 3.3). Denn immerhin hatte Paulsen bei dieser seiner Polemik geflissentlich ignoriert, dass es Natorp durchaus auch noch um etwas mehr gegangen war:

- um die ‘soziale Frage’ allgemein (als notwendiges Thema auch der Pädagogik);
- um die durch die Pädagogik zu leistende, nicht von dem Bild einer als „unabänderlich gedachten Gesellschaftsordnung“ ausgehende Gestaltung (und Erforschung) der „sozialen Bedingungen der Bildung“ sowie der „Bildungsbedingungen des sozialen Lebens“ (Natorp 1894a: 62f.) sowie

- um die in der Konsequenz dieser Aufgabenstellung fast zwingende Auslegung der Sozialpädagogik als einer Disziplin, die „ebenso sehr zur Sozialwissenschaft wie zur Pädagogik (gehört)“ (Natorp 1899b: 701).

Dass Paulsen bei seiner Polemik namentlich an diesen letzten Punkt der sozialpädagogischen Programmatik Natorps nicht mehr erinnerte und offenbar hoffte, die durch Natorp angeregte umfängliche zeitgenössische Sozialpädagogikdebatte auch und gerade in Lehrerkreisen (vgl. Schröer 1994) der Lächerlichkeit preisgegeben zu haben, dürfte einen einfachen Grund haben. Denn was Natorps Überlegung innewohnte oder in ihrer Linie zumindest doch nahe lag, war eine zumal für Paulsen unerhörte Idee. Es ging schlicht darum, einen Teil der pädagogischen Fragen aus der Allgemeinen Pädagogik auszulagern und einer sich den damals aufstrebenden Sozialwissenschaften gegenüber öffnenden, dem Interdisziplinaritätsgedanken verschreibenden, empirisch orientierten neuen Disziplin namens Sozialpädagogik zu überantworten.

Für Nohl war Paulsens Natorpkritik eine Warntafel besonderer Art. Denn immerhin schickte er sich zumindest ab 1923 und verstärkt gewiss nach Natorps Tod im Jahre 1924 an, Natorp auf sozialpädogischem Felde zu beerben. Außerdem war er in seinem sich allmählich herausprägenden Selbstverständnis als geisteswissenschaftlicher Pädagoge alles andere als ein Freund der Sozialwissenschaften und der empirischen Forschung. Insoweit überrascht es auch nicht, dass er jeden Versuch unterließ, die Allgemeine Pädagogik mittels eines ins Allgemeine gehenden Sozialpädagogikbegriffs zu provozieren. Vielmehr erklärte er Sozialpädagogik, wie gesehen, lediglich zu einem besonderen Fall Allgemeiner Pädagogik und bemühte sich um Anwendung allgemein-pädagogischen Wissens zwecks pädagogischer Arbeit mit einer besonderen Klientel. Welche allgemein-pädagogischen Wissensbestände es allerdings im Einzelnen waren, denen Nohl Geltung auch für die Sozialpädagogik zusprach, ist damit noch nicht geklärt. In dieser Frage folgte Nohl vor allem der Ratgeberschaft Diltheys, des eigentlichen Ideengebers der geisteswissenschaftlichen Pädagogik (vgl. Winkler 1997a: 157). Dies gilt bis in die philosophische Programmatik hinein, für die Dilthey einstand: die ‘Lebensphilosophie’.

Gemeint ist mit diesem Begriff der Versuch, die im 18. Jahrhundert über Kant eingeleitete Verengung der Aufklärung auf bloße ‘Bewusstseinsphilosophie’ zugunsten der Anerkennung des Schöpferischen im Menschen rückgängig zu machen. Zentral für die Arbeitsweise des Lebensphilosophen ist die vom ‘Erlebnis’ – als innere Seite der Verarbeitung des Lebens – ausgehende Analyse der „Eigenwirklichkeit des Seelischen“ (Nohl 1935b: 59), also der Versuch, die gesamte Breite des Seelischen zur Geltung kommen zu lassen und einer Deutung zuzuführen. Insbesondere in dieser Hinsicht steht Nohl in der Verpflichtung gegenüber Dilthey und der Fassung, die die lebensphilosophische Thematik hier bekommen hat. Ihren Ursprüngen nach suchte Nohl des Lebensphilosophischen allerdings schon im 18. Jahrhundert habhaft zu werden. Namentlich dachte er dabei an die über Herder anhebende dichterische Bewegung („Deutsche Bewegung“) und deren Gegenstellung zum Rationalismus der Aufklärung. Nicht minder wichtig war für ihn, auch unter lebensphilosophischen Vorzeichen, der junge Nietzsche gewesen. Ihm hatte er, wie bereits gesehen, initialgebende Bedeutung für die Jugendbewegung verliehen. Aber auch das zentrale lebensphilosophische Therapeutikum der je nachwachsenden Generation angesichts einer lediglich noch epigonalen, von historischer Bildung überfrachteten Epoche stammte von Nietzsche: „Schenkt mir erst Leben, dann will ich euch auch eine neue Cultur daraus schaffen!“ (KSA 1: 329) Mit dieser sich bewusst von Descartes' Vorgabe („cogito, ergo sum“) abhebenden neuen Losung („vivo, ergo cogito“) darf Nietzsche als der eigentliche „Philosoph des Lebens“ (KSB 5: 338) – als der er sich selbst gelegentlich bezeichnete – gelten.

Ausgehend hiervon suchte Nohl nach Zugängen zum verstehenden Nachvollzug der das Erleben charakterisierenden Besonderheit und historischen Gebundenheit. Die damit gesetzte wissenschaftstheoretische Vorentscheidung verweist auf Diltheys Zeit – die des auslaufenden 19. Jahrhunderts –, die einen unübersehbaren Bedeutungszuwachs der Naturwissenschaften bei gleichzeitigem Bedeutungsschwund von Philosophie und Metaphysik brachte. Dies blieb nicht ohne Folgen für das Selbstbewusstsein derer, die sich dem naturwissenschaftlichen Erkenntnisideal verschrieben. Dilthey hatte also durchaus Anlass, in seiner Einleitung in die Geisteswissenschaften von 1883 gegen eine „von den sogenannten Positivisten“ geübte Methode zu protestieren, „welche aus einer meist in naturwissenschaftlichen Beschäftigungen erwachsenen Begriffsbestimmung des Wissens den Inhalt des Begriffs Wissenschaft ableitet und von ihm aus darüber entscheidet, welchen Beschäftigungen der Name und Rang einer Wissenschaft zukomme“ (Dilthey 1883: 5). Dilthey meinte mit dem Ausdruck 'Geisteswissenschaften' einen Zugang verfügbar zu haben, der half, die üblicherweise in der Philosophie traktierten Probleme neu zu bündeln und deren Eigenart im Begriff des 'Verstehens' (statt des naturwissenschaftlichen 'Erklärens') zu sichern. Hiermit schien zugleich ein gangbarer Weg aufgezeigt zur Bestimmung der Besonderheit 'geisteswissenschaftlicher' Pädagogik. Daraus begründet sich die Definition, wonach die geisteswissenschaftliche Pädagogik „jenes wissenschaftstheoretische Konzept von Erziehungswissenschaft [bezeichnet], das die Erziehungswirklichkeit in ihren Alltagsvollzügen verstehend und auf Handeln bezogen aufzuklären versucht“ (Thiersch 1983: 83).

Ganz neu war das Problem nicht, das Dilthey vorfand und das sich ihm als eines der Bedrohung der Philosophie durch die alles 'Geisteswissenschaftliche' verschlingende Naturwissenschaft darstellte. Schon Herbart hatte ein ähnliches Thema erörtert. Ihm ging es allerdings nicht um das Projekt einer bestimmten Auffassung von Pädagogik, sondern um den Status der Pädagogik als Wissenschaft generell. So notierte er 1806, dass jede Wissenschaft, die nicht als „eroberte Provinz" (Herbart 1806: 8) von einem Fremden aus regiert werden wolle, 'einheimische Begriffe' ausbilden müsse. Gemeint war damit 'nur', dass die strenge begriffliche Arbeit der empirischen Forschung vorhergehen müsse – ein an sich trivialer Gedanke, den Herbart u.a. am Beispiel der (zeitgenössischen) Medizin erläuterte. Diese nämlich sei, obgleich hier „empirisch" gearbeitet werde, begrifflich so schwach entwickelt, „dass sie gerade der lockere Boden wurde, in welchem die neuesten Philosopheme jetzt üppig wuchern" (ebd.: 53). Die Medizin drohte also in Herbarts Sicht zur 'eroberten Provinz' eines falsch verstandenen Philosophierens zu werden – eine Lektion, die Herbart für die Pädagogik, die damals an der Schwelle zur Wissenschaft stand, aufbereitet wissen wollte. Nimmt man diese Bedeutungsgebung ernst, wäre es Unsinn, den Ausdruck 'einheimische Begriffe' so zu verstehen, als habe Herbart hier tatsächlich an bestimmte Begriffe gedacht. Tatsächlich finden sich im Spätwerk dann aber doch noch Begriffe, „die eigentlich in der Pädagogik einheimisch" (Herbart 1831: 201) sind. Herbart dachte dabei an Ausdrücke wie 'Klarheit', 'Assoziation', 'System' und 'Methode' – Begriffe nun allerdings, die innerhalb der Herbartschen Pädagogik eher als psychologische denn als pädagogische zu gelten haben. Dabei ist zu berücksichtigen, dass Herbart seinen 1835 erstmals erschienen *Umriß pädagogischer Vorlesungen* mit der Festlegung eröffnet hat: „Der Grundbegriff der Pädagogik ist die Bildsamkeit des Zöglings" (Herbart 1835/41: 69). Denn diese Formulierung hat viele Interpreten zu der Annahme veranlasst, in diesem Grundbegriff verberge sich zugleich einer der zentralen 'einheimischen Begriffe' der Pädagogik, die es – insgesamt – gelte, gegen Versuche der 'Eroberung' der Disziplin durch andere (Natur-)Wissenschaften ebenso ins Feld zu führen wie gegen Bemühungen, außerpädagogische Weltanschauungen für sie verpflichtend zu machen.

Auch und gerade Nohl teilte – in seinem von Dilthey her fundierten Bemühen um 'pädagogische Autonomie' – dieses Ansinnen (vgl. etwa Nohl 1933/35: 130). In dieser Linie hat man auch in der Sozialpädagogik immer mal wieder Versuche zu verzeichnen, Herbarts Rede von den 'einheimischen Begriffen' zur Disziplinierung der pädagogischen Fachsprache zu nutzen. Ein Exempel hierfür ist die Argumentation Klaus Mollenhauers, der 1982 Einwände erhob gegen die Begleiterscheinungen der in den 1970er-Jahren greifenden „erfahrungswissenschaftlichen Präzisierung", und zwar am Beispiel des Imports von Begriffen wie 'Sozialisation' (aus der Soziologie) oder 'Lernen' (aus der Psychologie). Mollenhauer forderte gegenwirkend, den „Kontakt zur Geschichte des pädagogischen Handelns und Denkens" (Mollenhauer 1982: 259) wieder herzustellen und sich auf die 'einheimischen Begriffe' der Disziplin zu besinnen. Diese Argumentation, die deutlich von der Sorge um den Verlust der Eigentümlichkeit der (Sozial-)Pädagogik gekennzeichnet war, findet sich so heute eher selten. Indiz hierfür sind die *Überlegungen zur Lage der universitären Sozialpädagogik*, in denen zu lesen ist: „Die Sozialpädagogik muss das, was in die Erziehungswissenschaft als ganzes zur Bearbeitung eingeht, immer wieder aufarbeiten und sortieren, wobei sie sich an deren „heimisch gewordenen" Grundbegriffen durchaus orientieren kann, bei einer dogmatischen Abgrenzung jedoch neue Wirklichkeiten systematisch verfehlt" (Hamburger 1995: 107 f.). Als neue, „allgemeine Begriffe", die sicherstellen sollen, dass der „Bereich der Sozialen Arbeit von anderen Subsystemen" prinzipiell abgrenzbar wird, werden Begriffe angeboten wie 'Integration', 'Abweichung' oder auch 'Hilfe' (ebd.: 108). Diese Begriffe gehören allerdings weniger der Pädagogik zu denn der Soziologie und drücken insoweit eine Lage des Faches aus, gegen die Mollenhauer 1982 zu Felde gezogen war.

Angesichts dieser irritierenden Debattenlage sei dreierlei herausgestellt:

1. Wenn der Autonomiegedanke, der in Herbarts Rede von den 'einheimischen Begriffen' verborgen ist, im ersten Drittel dieses Jahrhunderts in Gestalt der geisteswissenschaftlichen Pädagogik noch einmal und sehr nachdrücklich Thema wurde, dann vor allem deshalb, weil sie sich in dieser Zeit von der Philosophie abzulösen und als Fachwissenschaft, teilweise in Konkurrenz zur experimentellen Pädagogik, mit eigenständigen Lehrstühlen an philosophischen Fakultäten einzurichten begann. Insoweit war sie der wissenschaftlichen Rechtfertigung in ganz besonderer Weise bedürftig.
2. Herbarts Interesse ging zumindest 1806 nicht auf die unverrückbare Festfügung einer Fachsprache, sondern auf eine Art Denkform, die die Eigentümlichkeit der Pädagogik prägt.
3. Nur auf diese Weise ist die immer wieder neu sich stellende Aufgabe einer begrifflichen Abspiegelung des sich wandelnden Erziehungs- und Bildungsgeschehens möglich.

Insoweit wird man Nohl zustimmen dürfen, wenn er nicht nur von 'einheimischen Begriffen' redete, sondern auch vom 'Begreifen'. Zu denken ist etwa an seine (von Georg Misch übernommene) Formulierung: Die Bewegung der Philosophie (und man darf wohl einsetzen: der Pädagogik) ist „nicht die begriffliche Darstellung eines vorgängigen Besitzes, sondern vorgängige Grundlage des auf ihn sich richtenden Begreifens" (Nohl 1933/35: 133). Die Einheit der Pädagogik – so darf man dies auch verstehen – ist nicht zu stiften über ihre (statische) Fachsprache, sondern mittels der sie kennzeichnenden besonderen (dynamischen) Denkform. Darin gründet zugleich auch die Chance auf unverdächtige Inanspruchnahme (relativer) Autonomie. Denn das Insistieren auf bestimmten (einheimischen) Begriffen hilft hier ebenso wenig wie der Versuch, einen bestimmten Gegenstand – etwa die Jugendfürsorge – exklusiv verwalten zu wollen. Man kann zwar nachvollziehen, dass Nohl den Theologen ausgerechnet dieses Handlungsfeld entwinden und hier eine 'autonome' pädagogische Idee zum Durchbruch bringen wollte. Aber zugleich doch musste sich diese Idee im Prozess behaupten können, in der Fragehaltung und Methode, also auf der Ebene einer historisch gewachsenen und dem historischen Wandel gegenüber offenen pädagogischen Denkform. Und hier war Dilthey für Nohl sehr viel hilfreicher als Herbart.

Dies gilt insbesondere für Diltheys Akademieabhandlung *Über die Möglichkeit einer allgemeingültigen pädagogischen Wissenschaft* von 1888. Nohl nahm sie in seine Reihe *Kleine Pädagogische Texte* auf und erhob sie damit (für seine Göttinger Studentinnen und Studenten) in den Rang einer Pflichtlektüre. Anlassgebend hierfür war wohl der Umstand, dass Dilthey mit einem neuen Modell (wie man vielleicht sagen darf:) 'gelingender Wissenschaftlichkeit der Pädagogik' aufwartete. Es nahm seinen Ausgang von der Kritik einiger seiner Vorgänger – wie beispielsweise August Hermann Niemeyer –, in immer neuen Anläufen „das sicherste und bewährteste" für den „practischen Gebrauch" (Herbart 1802: 283) des Erziehers zusammenstellen zu wollen. Ebendies – so Dilthey – sei der Denkfehler, den er an Niemeyers Schrift (sowie an gleichgelagerten von Ernst Christian Trapp und Christian Schwarz) monierte. Denn dies könne nur zu Zeit- und Praxisbezug führen, der aber geleugnet werde und eben darin „Kennzeichen mißlingender Wissenschaftlichkeit" (Dilthey 1888: 14) offenbare. Ersatzweise schlug Dilthey vor, den historischen Wandel der Erziehungsformen und -zwecke nicht länger als Ärgernis zu beklagen – um ihn durch das Aufgebot einer gleichwohl allgemeingültigen Theorie zu ignorieren –, sondern als Herausforderung zu betrachten für eine grundlegende Neukonzeption dessen, womit es Erziehung zu tun habe. Diltheys zentrale Überlegung war diesbezüglich vergleichsweise simpel: Wenn das Seelenleben des Menschen schon von sich aus eine Zweckgerichtetheit (Teleologie) aufweist, lässt sich Erziehung, unter Absehung von einem ihr angeblich aufgegebenen Zweck, als Mittel zur „Entfaltung des Seelenlebens" (ebd.: 16) auslegen. Entsprechend definierte Dilthey Erziehung als „planmäßige Tätigkeit, durch welche die Erwachsenen das Seelenleben von Heranwachsenden bilden" (ebd.: 25). Dem Erzieher oblag entsprechend die – als Verstehensleistung zu fassende – Aufgabe der Auslegung des Seelenlebens des Educanden. Die strittige Frage, ob es eine allgemeingültige Pädagogik geben könne oder nicht, meinte Dilthey vor diesem Hintergrund insoweit beantworten zu können, als in der „Vollkommenheit der Vorgänge und ihrer Verbindungen, die in der Teleologie des Seelenlebens verbunden sind", eine „allgemeingültige Unterlage" (ebd.: 24) gefunden werden könne.

Nohl übernahm diese Vorgaben weitgehend. Allerdings befragte er Diltheys Unterstellung einer Teleologie des Seelenlebens kritisch auf ihr naturalistisches Erbe. Entsprechend ergänzte er sie um die Maßgabe, dass der Mensch auch die Fähigkeit habe, aus sich selbst Zwecke zu setzen und schöpferisch zu handeln. Deutlicher noch als Dilthey und belehrt durch den zu seiner Zeit unübersehbaren Vormarsch der experimentellen Pädagogik opponierte Nohl (u. a. am Beispiel Meumann) gegen „die Übertragung des Wissenschaftscharakters der Naturwissenschaft" (Nohl 1933/35: 145) auf die Pädagogik. Die statistischen Resultate der experimentellen Pädagogik, so betonte Nohl in diesem Zusammenhang immer wieder, gelten „nur für den Durchschnitt, aber versagen vor dem Du“ (ebd.: 146). Und, schärfer noch: Die experimentelle Pädagogik (resp. kausale Psychologie) tendiere dahin, „die Gebundenheit des Menschen an kausale Prozesse möglichst stark erscheinen zu lassen, die Pädagogik aber, wo sie nicht rein positivistisch dem Menschen gegenübersteht, wird gerade umgekehrt die Beziehung der Seele zu einer gehaltvollen Wirklichkeit und ihre schöpferische Freiheit suchen“ (ebd.: 149). Dies erforderte einen anderen, einen von Experimenten absehenden (‘geisteswissenschaftlichen’) Psychologiebegriff, den Dilthey mit seinem Verstehensbegriff vorbereitet hatte und den Nohl für eine „pädagogische Menschenkunde“ – so der Untertitel seines Buches *Charakter und Schicksal* – fruchtbar zu machen suchte.

Der Ausdruck ‘Kunde’ war dabei bewusst gewählt. Nohl klärte über diesen Zusammenhang und das von ihm Beabsichtigte in der Einleitung von Charakter und Schicksal hinreichend auf: „Die große Frage ist“, so lesen wir hier, „ob es [] außer dem Selbstleben und Mitleben [] auch noch ein Denken über das Leben gibt, „Kunde“ als systematische Besinnung, Unterscheidung und Ordnung, und damit die Möglichkeit einer Ausbildung zu solchem Lebensverständnis und solcher Lebensführung?“ (Nohl 1938: 15) Nohl suchte im Folgenden diese Frage zu bejahen, und er musste dies auch, weil sein Interesse der Rehabilitierung des „vorwissenschaftlichen Denken[s] des praktischen Lebens“ galt, nicht aber der „fachwissenschaftlichen Analyse“ (ebd.) und der Weitergabe von deren Ergebnissen an den Praktiker. Nohls psychologisches Interesse, so darf man vielleicht auch formulieren, galt der Rehabilitierung des Praktikers als eines nicht lediglich wissensanwendenden, sondern ‘erkennenden Subjekts’ (in der Logik Diltheys), das zugleich dem Menschenbild geisteswissenschaftlicher Pädagogik unterworfen war. Dies erklärt auch Nohls Skepsis gegenüber ‘fachwissenschaftlicher Analyse’ im Sinne der Psychoanalyse. „Die Psychoanalyse hat sich bis zu einem gewissen Grade durchgesetzt“ (SWB 1: 162), konnte damals (1927) Siegfried Bernfeld schreiben. Er nahm dies zum Ausgangspunkt seiner scharfen Kritik an den die Psychoanalyse betreffenden, aber sie abwertenden Passagen aus Neuerscheinungen auf dem Felde pädagogischer Jugendkunde und Jugendpsychologie. Nohl sah dies eher umgekehrt: In seiner Arbeit *Die pädagogische Bewegung in Deutschland und ihre Theorie* berichtete er über psychoanalytisch orientierte Untersuchungen, die darauf hindeuteten, dass „pädagogische Äußerungsformen“ mitunter lediglich „maskierte Sexualerscheinungen“ (Nohl 1933/35: 170) seien, und er kommentierte einzelne Beispiele – etwa den Fall eines Lehrers, der einzelne Schüler unbewusst aus „sinnlichen Gründen“ bevorzuge – mit den Worten: „Die wahre Liebe des Lehrers ist die hebende und nicht die begehrende“ (ebd.: 171).

Diese Argumentation steht natürlich außerhalb jeder Diskussion, gehorcht sie doch dem Muster einer schlichten Dezision (= Setzung), also dem allbekannten ‘Was nicht sein kann, das nicht sein darf’. Man kann dies auch anders ausdrücken: Nohl suchte die psychoanalytischen Anfragen an die Empirie (das 'Sein') des pädagogischen Verhältnisses so zu beantworten, als sei er nach der Metaphysik (dem 'Wesen') ebendieses Verhältnisses gefragt worden – ein deutlicher Hinweis schon auf das Menschenbild der geisteswissenschaftlichen Pädagogik. Denn ihm zufolge ist der Mensch zuallererst Geistesprodukt. Folgerichtig drohte die Psychoanalyse mit ihrem skeptischen Blick auf die menschlichen Hintergründe und Abgründe, „alle Freiheit des Geistes zu überwachsen" (Nohl 1954: 96). Deswegen auch meinte der geisteswissenschaftliche Pädagoge, Psychologe und Dilthey-Schüler Eduard Spranger, der mit seiner in den 1920er-Jahren überaus erfolgreichen *Psychologie des Jugendalters* im Zentrum von Bernfelds psychoanalytischer Polemik stand (vgl. SWB 1: 174 ff.), die tiefenpsychologischen „Anschauungen" mit den Worten abfertigen zu können: „Sie sind sämtlich ein bißchen alchimistisch, insofern aus unedlen Stoffen Gold, hier aus bloß Triebhaftem, Tierischem, Geistiges gemacht werden soll. Wenn nicht wenigstens der Keim zu einem geistigen Subjekt vorgegeben ist, wird seine „Hervorbringung" kaum glücken" (Spranger 1958: 315). Dies war, aufs Ganze gesehen, auch die Auffassung Nohls, selbst wenn er sich mitunter etwas günstiger über die Psychoanalyse aussprach.

Nicht minder wichtig ist eine andere, wiederum deutlich geisteswissenschaftlich geprägte Position Nohls. Er fragte nämlich nicht lediglich theoretisch nach der Möglichkeit einer allgemeingültigen Theorie der Pädagogik. Vielmehr las er die Reformpädagogik bereits als gleichsam praktisch gewordenen Hinweis darauf, dass es „kein allgemeingültiges System des Wissens" mehr gäbe, sondern nur noch „das Zusammenarbeiten der verschiedenen Wissenschaften zu einem Ziel" und getragen von der Auffassung, dass die Einsicht in das Wesen der Bildung nur mittels eines „pädagogischen Suchens und Gestaltens" möglich sei, das aus „Not und Sehnsucht der Zeit geboren" (Nohl 1933/35: 133) werde. Hinter dieser Formulierung verbarg sich die andere aus Nohls Vorwort zu seinen Vorträgen über Jugendwohlfahrt von 1927, wonach „Handeln […] immer historisch (ist), das heißt, die individuelle Lösung einer vorhandenen Not. Dass unsere Pädagogik nicht bloß in Idealen schwärmt, sondern sich gegenüber solcher Not entwickelt, ist ihre geschichtliche Tat" (Nohl 1927 d: V). Weniger sah in diesen Gedanken später die „entscheidenden Voraussetzungen für eine zureichende Theorie der Sozialpädagogik" (Weniger 1959: 11).

Auf den ersten Blick kann man dieses Urteil Wenigers nicht verstehen. Denn wenn für die Konstruktion sozialpädagogischer Theorien kein anderes Kriterium mehr zur Verfügung steht als eines, demzufolge gilt, sie habe sich gegenüber historisch sich wandelnder sozialer Not zu entwickeln, bleibt letztlich keine Theorieentwicklung untersagt, mit der Folge des 'anything goes'. Aber man sollte dabei die bei Nohl (und selbstredend auch bei Weniger) immer mitschwingenden Bedeutungsgehalte nicht übersehen: die Vorstellung von einer ungeachtet allen historischen Wandels in ihm sich aussprechenden pädagogischen Idee; die Absage an eine Pädagogik, die 'bloß in Idealen schwärmt'; und die Vorbehalte gegenüber einem 'allgemeingültigen System des Wissens'. Was dem vor allem unterlag, war die Absage an den 'Systemgedanken' und mithin – um am Beispiel Sozialpädagogik zu bleiben – die Absage an Natorp. Denn die Vorstellung, er sei, schon seines Neukantianismus wegen, ein Systemdenker, war in Reihen geisteswissenschaftlicher Pädagogen so verbreitet, dass Herwig Blankertz in seiner von Weniger betreuten Dissertation zum Neukantianismus den für geisteswissenschaftliche Pädagogen an sich begrüßenswerten Umstand, dass Natorp in seiner sozialpädagogischen Theoriebildung „auf die Wirklichkeit der geschichtlichen Situation“ (Blankertz 1959: 17) Bezug genommen hatte, in einen Vorwurf gegen Natorp – wegen mangelnder Konsequenz – wandelte. Eigentlich nämlich hätte Natorp, so Blankertz, auch in dieser Hinsicht seiner neukantianischen Auffassung treu bleiben müssen, wonach die ganze Pädagogik „in dem Einheitsgesetz der Erkenntnis enthalten und daraus ableitbar“ (ebd.: 17f.) sei.

Nicht weniger instruktiv ist die geisteswissenschaftliche Auseinandersetzung mit Herbart und dessen 'Systemanspruch', also etwa mit seiner Festlegung: „Pädagogik als Wissenschaft hängt ab von der praktischen Philosophie und Psychologie. Jene zeigt das Ziel, diese den Weg und die Gefahren“ (Herbart 1835/1841: 69). Theodor Litt versah diese Formulierung, in deren Logik die Pädagogik der Gefahr unterlag, entweder zur 'angewandten Ethik' oder zur 'angewandten Psychologie' zu verkommen, mit dem Kommentar: „Erwiese sich diese Scheidung als durchführbar, dann würde in der Tat die erzieherische Praxis zur reinen Technik“ (Litt 1921: 281). Gemünzt war dieser Kommentar insbesondere auf den Herbartianismus. Denn insbesondere hier, also in dieser schulenförmigen Ausprägung des von Herbart hinterlassenen Wissenssystems, das Lehrerausbildung wie Unterrichtsgestaltung des auslaufenden 19. Jahrhunderts weitgehend dominiert hatte, war die Formulierung Herbarts in den Rang eines Dogmas abgerutscht, das in seiner sterilen unterrichtspraktischen Umsetzung Anlassgeber war für die Heftigkeit vieler reformpädagogischer Streitschriften.

Auch für Nohl war der Herbartianismus Beleg eines pädagogischen Denkens, das nicht mehr offen war für das je in der Situation Geforderte. Zwar rehabilitierte Nohl Herbart gegenüber dem Herbartianismus. Auch trennte er den späten vom frühen Herbart, um letzteren, in der Gestalt eines „lebendigen Herbart“ (Nohl 1948b), als Kronzeugen der geisteswissenschaftlichen Pädagogik aufzubauen. Damit – und dieser Aspekt bleibt in neueren Darlegungen zum Thema mitunter unberücksichtigt (vgl. etwa Heinze 2002) – folgte er den Fußspuren Diltheys, der seinerseits beim frühen Herbart noch jenen „freie[n] pädagogische[n] Blick“ (Dilthey 1934: 202) identifiziert hatte, der sich dann später, als bei Herbart die Theorie den Sieg über die Kunst davongetragen habe, verlor. Zur Parabel für diese These Diltheys geriet in geisteswissenschaftlicher Lesart immer wieder Herbarts 'pädagogischer

Takt', den Herbart 1802 in seinen *Zwei Vorlesungen über Pädagogik* in die Diskussion eingeführt hatte. Herbarts Frage lautete hier, wie der Erzieher sicherstellen könne, auch dort handlungsfähig zu bleiben, wo er in seinem pädagogischen Tun an Stellen gerate, „welche die Theorie leer ließ" (Herbart 1802: 286). Seine Antwort lief darauf hinaus, dass der „Tact" in diese Stellen eintrete „und so der unmittelbare Regent der Praxis werde", worauf der Erzieher sich „durch Ueberlegung, durch Nachdenken, Nachforschung, durch Wissenschaft vorbereiten" könne, und zwar „nicht sowohl seine künftigen Handlungen in einzelnen Fällen, als vielmehr sich selbst, sein Gemüth, seinen Kopf und sein Herz, zum richtigen Aufnehmen, Auffassen, Empfinden und Beurtheilen der Erscheinungen, die seiner warten, und der Lage, in die er gerathen wird" (ebd.). Dies erlaubte späteren geisteswissenschaftlichen Interpreten – etwa, wie wir schon gesehen heben, Weniger (vgl. Kap. 4.1) – die Ableitung von Theorie/Praxis-Modellen, die den Praktiker ausdrücklich zur eigenen 'Theoriebildung' ermunterten, also, wenn man so will: ihm den 'freien pädagogischen Blick' unter gewissen Bedingungen wieder abverlangten.

Zu diesen Bedingungen gehörte nicht zuletzt das Kernstück der geisteswissenschaftlichen Pädagogik Nohls, die 'Erziehungswirklichkeit'. Sie galt Nohl als der zentrale Ausgangspunkt einer allgemeingültigen Theorie der Bildung. Insbesondere sollte sie der Pädagogik eine vergleichbar objektive und sinnhafte, die Autonomie dieser Disziplin begründende Wirklichkeit sichern, wie sie einem in Gestalt der Kunst, der Wirtschaft, dem Recht oder der Wissenschaft begegne. Nohl knüpfte damit an Schleiermachers Nachweis der Pädagogik „als eines selbständigen Kultursystems im Gesamtsystem der Kultur" (Nohl 1933/35: 158) an. Gesetzt war damit zugleich die Vorstellung, dass die jeweiligen Kultursysteme von je einer eigenen Idee regiert werden, die sich nicht jedem mitteilt und insoweit des Dechiffrierungswissens bedarf, am Beispiel gesprochen: So wie sich das 'Wesen der Kunst' nur im künstlerischen Erlebnis und ästhetischen Genuss erschließt, so war für Nohl auch das 'Wesen der Erziehung' nur fassbar, wenn der in der Erziehungswirklichkeit agierende Pädagoge sich seiner pädagogischen Bildung nach des pädagogischen Erlebnisses als fähig erwies (ebd.: 151). Die Erziehungswirklichkeit im Nohlschen Verständnis repräsentiert also die physische resp. scheinbare Welt. Sie ist damit zugleich die Welt, die ihren metaphysisch wahren Gehalt und mithin die ihr unterliegende und sich im Verlauf der Geschichte der Erziehung entfaltende pädagogische Idee nur dem entsprechend eingestimmten Pädagogen verrät. Gegenüber plumpen empirischen Zugriffen – denen des Messens, Zählens und Abwägens –, dies folgt dann im Umkehrschluss daraus, wird sich die Erziehungswirklichkeit ebenso verweigern, wie die Kunst ihr Geheimnis dem nicht preisgibt, der nur Bilderrahmen zu vermessen in der Lage ist.

Es war dieser Hintergrund, der Nohls Empirievorbehalt stärkte, aber auch seiner relativierenden Stellung gegenüber der reformpädagogischen Programmatik Nahrung gab. Denn was sich hier aussprach, verlangte in Nohls Sicht zuallererst eine kritische Reflexion auf die Entfaltung der pädagogischen Idee im historischen Verlauf. Es verlangte nach der Ordnungsmacht eines durch 'wahre Bildung' erzeugbaren „höheren Menschentums", das sich als „einheitliche[s] Zentrum" autonom zu verhalten habe gegenüber der Vielfalt epochentypischer „Bildungstendenzen" (Nohl 1933/35: 186). Bildung, so heißt es denn auch bei ihm in einiger Nähe zu Dilthey, sei zu verstehen als „subjektive Seiensweise der Kultur", als „innere Form und geistige Haltung der Seele, die alles, was von draußen an sie herankommt, mit eigenen Kräften zu einheitlichem Leben in sich aufzunehmen und jede Äußerung und Handlung aus diesem einheitlichen Leben zu gestalten vermag" (ebd.: 177). Ebendies aber nun, so Nohls Rückblick auf die Bildungs- und Kulturkritik eines Lagarde oder Nietzsche, sei im 19. Jahrhundert zunehmend in Vergessenheit geraten, mit der Folge, dass die Bildung des „einheitliche[n] selbsttätige[n] geistige[n] Leben[s] [...] über den Anforderungen der objektiven Kultur und einer falschen Objektivierung der Bildung" (ebd.: 179) zunehmend verloren ging. Darum auch, so Nohl weiter, dominierte in dieser Kritik die Frage, wie „man das Subjekt und seine persönliche Stellungnahme" retten und die objektive Kultur konzentrieren könne, „um sie dem Individuum wieder erreichbar zu machen" (ebd.) – eine Rettung, die Nohls Theorie der Bildung in Aussicht zu stellen suchte. Dabei standen zwei gleichsam überzeitliche Essentials dessen, was 'wahre Bildung' meint und worin sich zugleich das 'Wesen der Erziehung' ausspricht, für Nohl außerhalb jeder Diskussion: Einerseits die über Schleiermacher adaptierbare These von der Dignität der Praxis, der gegenüber der Praktiker anzuhalten ist, sich nicht auf die „Unterordnung eines Falles unter eine Regel" zu beschränken, sondern schöpferisch die „gegebene Mannigfaltigkeit" verstehend auf die in ihr sichtbar werdende „Einheit" zu befragen (ebd.: 192); andererseits die durch den Erzieher zu sichernde Selbstachtung des Educanden (ebd.: 225), eine Aufgabenstellung, die den Erzieher dazu nötige, seine Aufgabe, ehe er sie „im Namen der objektiven Ziele" nimmt, „im Namen des Kindes" zu verstehen (ebd.: 160). Ganz in diesem Sinne rechnete Nohl im Anschluss an den Nationalsozialismus mit dieser Epoche der Unpädagogik ab und begründete die nun gebotene „Wendung zum Subjekt" (Nohl 1948 c: 281) mit nichts anderem als eben mit dem 'Wesen der Erziehung', das er nun als eine gleichsam übernationale Invariante begriff.

Das Pädagogische der Sozialpädagogik Nohls gründet in ebendiesen Überlegungen. Nicht von ungefähr sprach Nohl davon, dass es das „Wesen des Erzieherischen" sei, das „außerhalb der Schule", also „in der Jugendwohlfahrtsarbeit", wieder so rein zutage treten werde „wie einst bei Pestalozzi und Froebel" (Nohl 1927 d: VI). Und ebenso wenig ist es Zufall, dass Nohl den § 1 RJWG, der das Recht des (deutschen) Kindes auf Erziehung einklagbar machte, unter Hinweis darauf begrüßte, hier werde das „eigene() Wesen" der Erziehung (Nohl 1931: 63) getroffen. Der Sache nach steht beide Male außer Frage, worum es Nohl hier ging: Er wollte mittels Sozialpädagogik die in Schule wie Schulpädagogik verlorengegangenen roots des Faches wieder freilegen und in der Jugendwohlfahrtsarbeit erziehungspraktisch sichtbar machen. Und dabei war ihm das RJWG hilfreich, weil es wichtige Weichen in Richtung einer stärkeren fachlichen Kontrolle konfessioneller Fürsorgeerziehungspraxis stellte. Wenn Nohl dabei die Kategorie vom 'Wesen des Erziehung' so demonstrativ herausstellte, hatte dies einen anderen Grund: Nohl wollte erreichen, dass die (geisteswissenschaftliche) Sozialpädagogik mehr war als eine die Impulse der 'sozialpädagogischen Bewegung' ordnende Variante elaborierter Reformpädagogik. Sie sollte auch adaptiert werden als eine von den Denkformen geisteswissenschaftlicher Pädagogik getragene begriffliche Reflexion auf die Sinnkonstitution in als sozialpädagogisch qualifizierten Aufgabenfeldern.

Nohl selbst war ein Stück weit verantwortlich dafür, dass dieses Ziel im Bewusstsein vieler seiner sozialpädagogisch interessierten Jünger in Vergessenheit geriet. Denn seine rege Vortragstätigkeit und sein ganzes, von Theodor Schulze eindrücklich in Erinnerung gerufenes Naturell ließen zumal in der Weimarer Epoche, als die entscheidenden Schlachten um die geistige Führerschaft im Wohlfahrtsbereich geschlagen wurden, die philosophische Besinnung zurücktreten zugunsten von vereinfachenden und popularisierten Auslegungen. Man kann dies auch etwas neutraler ausdrücken: Die Kontexte, denen Nohls sozialpädagogische Texte in der Hauptsache entstammen, erlaubten nur in Ausnahmefällen die Befriedigung grundbegrifflicher Ansprüche. Dies macht diese Texte allerdings keineswegs unbrauchbar, im Gegenteil: Sie konfrontieren uns, von ihren Kontexten aus gelesen, mit wichtigen Einsichten in die Struktur des Weimarer Diskurses um Jugendwohlfahrt und Wohlfahrtsstaat. Dies sei abschließend gezeigt.

## 5.3 Nohls sozialpädagogische Texte in 'sozialpädagogischen' Kontexten

Nohls sozialpädagogische Texte liegen in drei Vortrags- resp. Aufsatzsammlungen vor: eine von 1927 mit dem Titel Jugendwohlfahrt; eine von 1949 mit dem Titel *Pädagogik aus dreißig Jahren*, und eine von 1965, die posthum unter dem verkaufsträchtigen Titel *Aufgaben und Wege der Sozialpädagogik* lanciert wurde. Den besten Einblick verschafft zweifellos der Sammelband von 1949. Er bezeugt den Umstand, dass Nohl in der Weimarer Epoche zu den gefragtesten Referenten gehörte – und auch wohl gehören musste. Denn auch ohne die Vorleistung der Frauenbewegung und insbesondere die Alice Salomons zu übersehen (vgl. Sachße 1986), stand doch außer Frage, dass der in manchen Handlungsfeldern (etwa dem der Jugendfürsorge) fast ausschließlich der privaten Wohlfahrt und vor allem den Kirchen überlassene soziale Bereich dringend der Personal- und Theoriezufuhr bedürftig war. Abgesehen von Nohl (und teilweise Fischer) waren auch Mediziner, Psychologen oder Volkswirtschaftler je aus ihren Gründen auf ähnliche Überlegungen gekommen und wollten bei der absehbaren Neustrukturierung des gesamten Feldes (Gesetze, Leistungskataloge, Zuständigkeiten, Ausbildung etc.) möglichst viel für sich erreichen. Die gesamte Wohlfahrtspflege war durch die Nachkriegsentwicklung zu einem äußerst attraktiven und stark expandierenden Bereich geraten, der gerade in den Zeiten erster Akademikerarbeitslosigkeit die Begehrlichkeit der Wissenschaften und entsprechend den 'Streit der Fakultäten' stimulierte. Die Chiffre 'Sozialpädagogik' unterlag damit der Gefahr, zu einer Kampfformel zu werden, die von der philosophischen Fakultät, Abteilung Pädagogik, Unterabteilung außerschulische und -familiale Erziehung, zur Theoriepolitik genutzt wurde.

Nohls Theoriepolitik nahm ihren Ausgang von der ebenso schlichten wie treffenden Feststellung, dass die „Theorie der Pädagogik, die bisher nur Schulpädagogik war", eine „riesige Ausdehnung ihres Arbeitsfeldes" (Nohl 1926 a: 27) zu registrieren habe. Im Einzelnen dachte er dabei an Säuglingsfürsorge, Mütterfürsorge, Kindergärten, Horte, Jugendpflege, Fürsorgeerziehung, Gefangenenerziehung, Universität, Volkshochschule und Elternschule (ebd.) und an den Versuch der sozialpädagogischen Bündelung der 'geistigen Energien', die sich seiner Auffassung nach insbesondere im Bereich der Jugendwohlfahrt Ausdruck verschafften. Zu diesen 'geistigen Energien' rechnete er die sozialistische Bewegung, die Innere Mission, die Frauenbewegung, die Sozialpolitik, die Jugendbewegung und die pädagogische Bewegung (vgl. Kap. 2). Ihr Einheit stiftendes Merkmal meinte er in dem Umstand sichten zu können, dass sich hier auf je verschiedene Weise das „pädagogische Ethos" Ausdruck verschaffe, „das auf die Höherbildung der Menschheit gerichtet sei" (Nohl 1926 b: 140). Hiermit sowie mit der wenig später nachgereichten Bestimmung, wonach „das letzte Ziel der Wohlfahrtspflege die Höherbildung der Menschheit sei und die Fürsorge in der Sozialpädagogik gipfle" (Nohl 1926 d: 150), hoffte Nohl sein Ziel erreichen und der Pädagogik in Gestalt der Sozialpädagogik im Felde der gesamten Wohlfahrtspflege den Rang eines „geistige(n) Zentrum(s)" (Nohl 1926 b: 140) zuweisen zu können. Ganz in diesem Sinne wollte er die Universitäten und hier insbesondere natürlich die pädagogischen Seminare und Institute als Orte sozialpädagogischer Ausbildung in die Pflicht nehmen und Studium und Beruf unter das Regiment „der einen autonomen sozialpädagogischen Idee" stellen, „deren inhaltlicher Kern Erziehung zur Kraft und zum Mut der Selbsthilfe in der Gemeinschaft ist" (Nohl 1928: 188).

Das Folgeproblem war damit unvermeidbar: Die Sozialpädagogik hatte dauerhaft unter Beweis zu stellen, dass sie ihren Anspruch, handlungsfeldübergreifende Metatheorie für den Bereich der gesamten Wohlfahrtspflege sein zu können, zu Recht erhob. Dem mochte zwar die Rechtslage entgegenkommen, insoweit selbst die Reichsfürsorgepflichtverordnung (RFV) nicht nur die wirtschaftliche und körperliche, sondern auch die geistige und sittliche Not als Grund für das Eingreifen des Wohlfahrtsamtes nannte und insoweit „aus einem rein wirtschaftlich eingestellten Sicherheitsventil zu einer Erziehungsbehörde im weitesten Sinne“ (Hagen 1928/29: 86) geworden war. Aber der dabei immer mitzubedenkende Erziehungsbegriff – „Erziehungsarbeit an Erwachsenen, geistig, körperlich oder moralisch Kranken“ (Weber 1925/26: 300) – entsprach, zumal in der dabei mitschwingenden Vorstellung von der erzieherischen Beeinflussung ‘moralisch Kranker’, zweifellos nicht jenem, den Nohl im Blick hatte, wenn er von ‘Höherbildung der Menschheit’ sprach. Angesprochen fühlen konnten sich eher schon theologisch unterlegte Modelle, in denen es folgerichtig war, ‘moralisch Kranke’ durch erzieherische Rückführung zu Gott zu ‘retten’ – ein Aspekt, den Nohl selbstredend ebenfalls nicht im Sinn hatte. Nicht minder irritierend waren eher gegenläufige, aus sozialpolitischer Richtung kommende Einwände der Art, dass die ‘Höherbildung der Menschheit’ keineswegs das allererste Gebot angesichts massiver Verelendungs- wie Verwahrlosungsphänomene der durchschnittlichen wohlfahrtspflegerischen Klientel sein könne. Entsprechend stellten sich viele Praktiker, aber auch die Vertreter anderer Fakultäten oder Weltanschauungen nur äußerst widerwillig auf einen Begriff wie den der Sozialpädagogik ein, mit dem in so uneindeutiger Weise und bei derart fragwürdigen Ausblendungen sozialpolitischer Gesichtspunkte eine normative Klassifikation des Gesamtfeldes vorgenommen werden sollte.

Als Ergebnis dessen beschränkte sich der Gebrauch des Sozialpädagogikbegriffs (im Nohlschen Verständnis) vor allem auf den Bereich der Jugendwohlfahrt, obgleich auch hier massive Widerstände zu verzeichnen waren. Sie kamen in der Hauptsache von den konfessionellen Fachvertretern in der Wichern-Tradition (vgl. Niemeyer/Schröer 1994). Ihrer Lesart zufolge war der Begriff zuallererst ein Indikator für kirchenfeindliche Reformbemühungen. Pastor Hermann Büchsel beispielsweise, seinerzeit meinungsbildender Herausgeber der Zeitschrift Der Rettungshausbote, las die Rede einer sozialdemokratischen Abgeordneten, wonach „bei dem Personal von heute, das durchaus nicht sozialpädagogisch ausgebildet sei, Übergriffe immer wieder vorkommen müssten“ (zit n. Büchsel 1922/23: 149), als „ungerecht und ‘unpädagogisch’, und wenn man auch noch soviel von Sozial-Pädagogik redet“ (ebd.: 151). Aber auch eine Rede des dem Zentrum angehörenden preußischen Wohlfahrtsministers Heinrich Hirtsiefer wurde in der gleichen Zeitschrift gescholten, indem man sich „gegen den ‘neuen Geist’, mit dem der Herr Minister unsere Anstalten durchdringen wolle“, verwahrte und zugleich beteuerte, „dass unsere Erzieher auch sozial-pädagogisch vorgebildet seien“ (*Der Rettungshausbote* 1923/24: 22). Die Taktik war hier klar: Das Neue des Begriffs ließ sich entschärfen, wenn man ihm das Alte, immer schon Praktizierte einfach zurechnete.

Anders sahen das die Reformkräfte, die in der zweiten Hälfte der 1920er-Jahre allmählich die Oberhand gewannen und deren Begriffsgebrauch sich zunehmend vereinheitlichte. Wenn etwa ein Hamburger Richter und Landesjugendamtsdirektor von der Notwendigkeit 'sozialpädagogischer Schulung' (Hertz 1927/28: 197f.) sprach, war immerhin schon klar, dass er an Fortbildung in den Fächern Psychologie, Pädagogik und Soziologie dachte. Damit war ein Fächerkanon im Gespräch, der sich infolge der Zöglingsrevolten („Heimskandale") nahe legte, insofern diese aus Sicht der Reformkräfte der pädagogischen Hilflosigkeit des Personals zurechenbar waren. Die – wie gesehen – schon von Nohl praktizierte Differenzierung zwischen einer „alten" (theologischen) und einer „neuen" (pädagogischen resp. sozialpädagogischen) Grundauffassung geriet zu einem Einheit stiftenden Dual. Kontextualisierungsversuche des Sozialpädagogikbegriffs mit Ausdrücken wie „modern" (Francke 1932a: Sp. 299) wurden entsprechend prominent. Selbst Reformgegner konnten nun akzeptieren, dass die Heiminsassen „sozialpädagogischer Maßnahmen jeder Art" bedürfen und eine Rückkehr zur „Prügelstrafe und ähnlichen rückständigen Dingen" (Zengerling 1932/33: 81) nicht sinnvoll sei. Vor dem Hintergrund der nationalsozialistischen Bedrohung sah man sich denn auch zunehmend als Glied der „sozialpädagogischen Gegenbewegung" (Francke 1932b: Sp. 1461), die „mit überwiegender Mehrheit einer Rückbewegung zum verschärften Zwang mit Energie entgegenzutreten für ihre Aufgabe halten würde" (John 1930/31: 378). Dem „sozialpädagogischen Gedanken zum Durchbruch zu verhelfen" (Francke 1932b: Sp. 1460), meinte folglich im Sprachgebrauch der Reformkräfte gegen Ende der Weimarer Republik: in kritischer Auseinandersetzung mit konfessioneller Fürsorgeerziehung das Verständnis für die Notwendigkeit „individuelle(r) Erziehungsbemühungen" (Ehrhardt 1932/33: 227) zu erzeugen.

Der Ausdruck 'Sozialpädagogik', so darf man zusammenfassen, wurde zunehmend als ein Einheit stiftender Code verwendet, der in der Lage sein sollte, die Intentionen einer im Wesentlichen auf Reformierung der Anstaltserziehung setzenden Gruppe sich fortschrittlich verstehender Jugendwohlfahrtspraktiker zu umreißen. Dabei verfügte Nohl, abgesehen von Weniger, auch, etwa in der Gestalt Curt Bondys oder Walter Herrmanns, über entsprechend kompetente Mitstreiter. Bondy und Weniger beispielsweise traten als Gutachter in den Prozessen auf, die der Aufdeckung der beiden zentralen 'Heimskandale' der Weimarer Epoche dienten und ein beachtliches Forum boten zur Popularisierung der dem Nohlschen Sozialpädagogikbegriff innewohnenden Forderung nach (pädagogischer) Fachlichkeit. Selbst ein der Pädagogik so fernstehender Autor wie der 'Fürsorgewissenschaftler' Hans Achinger konnte nicht umhin, „die außerordentliche Bereicherung der Pädagogik, wie sie die Anstaltsarbeit etwa dem Nohl'schen Kreise verdankt", lobend hervorheben, wenngleich er diesem Lob sogleich die Warnung vor der Abstraktion anschloss, „als ob der einzelne Erzieher allein das einzelne Kind erzöge" (Achinger 1930/31: 227). In diesem Nachsatz begegnen einem zwar zeitgenössisch verbreitete – und nicht zuletzt aus der Erinnerung an Natorp herrührende – Vorbehalte gegenüber einem einseitig den 'pädagogischen Bezug' ins Zentrum rückenden Sozialpädagogikbegriff. Dennoch darf durchaus von einem Teilerfolg Nohls und seiner Schule – im Bewusstsein der Fachöffentlichkeit der Weimarer Epoche – gesprochen werden.

Noch nichts gesagt ist damit allerdings zum Stellenwert und zur Wirkung einzelner sozialpädagogischer Texte Nohls im 'sozialpädagogischen' Kontext seiner Zeit. Die Chance dazu bietet Nohls Vortrag *Die Pädagogik der Verwahrlosten* von 1924, der nach wie vor – etwa bei Damian Miller (2002: 80 ff.) oder Reinhard Fatke (2002: 159) – so analysiert wird, als sei der Kontext ohne Belang. Die Erinnerung an diesen Text hilft, der verbreitet vertretenen Ansicht entgegenzutreten, wonach die „Selbstreflexion der Sozialpädagogik am Ende der 20er Jahre" infolge der „vielfach beliebten Exkurse in spekulative philosophische Höhen" „seltsam zusammenhanglos in der Luft (hing)" (Peukert 1986: 205) und speziell Nohl jenen „Sozialpädagogikern" zugehöre, die die Ideengeschichte nachzeichneten, „ohne die Praxis zu kennen oder kennen zu wollen" (Müller 1982: 15). Zugleich sollen damit einige populär gewordene Fehldeutungen des jugendfürsorgerischen Ausgrenzungsdiskurses korrigiert werden. Denn, wie schon das Datum 1924 zeigt: Dieser Diskurs ist nicht erst, wie die neuere Forschung nahe legt (Peukert 1986: 250; Harvey 1989), in der Endphase der Weimarer Republik – mit lediglich vereinzelten Vorläufern (Guse/Kohrs 1989: 229) oder solchen im Zusammenhang mit der 1920 anhebenden Debatte um ein Bewahrungsgesetz (vgl. Peukert 1986: 263 ff.) – in Erscheinung getreten (um dann im Nationalsozialismus zu eskalieren). Dies zeigt die auf das deutsche Kaiserreich bis 1914 konzentrierte Studie von Hans Malmede (2002) ebenso wie die auf der Analyse von 290 Krankenakten ehemaliger Insassinnen des Psychopathenheims in Hadamar beruhende Untersuchung von Gabriele Kremer (2001). Nohls Stellung in diesem Diskurs bleibt bei Kremer allerdings unbeachtet, Ähnliches gilt für andere einschlägige Studien (vgl. etwa Gräser 1995). Wichtig für eine Klärung der Situation Nohls ist die Kenntnis der Geschichte der Psychopathenfürsorge (vgl. Göppel 1989), die einen aufklärt über die tiefe Verunsicherung, in die sich die konfessionelle Fürsorgeerziehung (insbesondere in der Wicherntradition) mit dem Ende des Ersten Weltkrieges gestürzt sah.

Zur Vorgeschichte des Nohl-Textes gehört, dass man in Fürsorgeerziehungsanstalten der Inneren Mission teilweise schon während des Krieges, gehäuft dann aber unmittelbar nach 1918 eine „zunehmende Verwilderung unserer Kinder" (Schlitter 1918/19: 57) registrierte. Deren Ursachen standen rasch außer Frage. Hermann Büchsel beispielsweise rechnete insbesondere auf die Reformpädagogik zu, die lange genug gesät habe, was „wir jetzt in der Revolution [ernten]. Die Flegelei und die Lümmelei der Halbstarken wird als besonders wertvolle Entfaltung jugendlichen Lebensdranges gefeiert" (Büchsel 1918/19: 51). Um eine genaue Lokalisierung und Terminierung dieses Verhängnisses war Büchsel nicht verlegen: „In dem „Jahrhundert des Kindes", das mit Ellen Key angebrochen ist, ist Ungehorsam nicht mehr Sünde, sondern das gute Recht der Jugendlichen" (ebd.:

50). In immer neuen Anläufen wiederholte Büchsel derlei Tiraden. Die dahinter verborgene Absicht trat zunehmend deutlicher hervor: Problemjugendliche – „Elemente“ (Büchsel 1919/20: 8) – in Anstalten der Inneren Mission störten, weil sie „den guten Leumund der Fürsorgeerziehung“ (ebd.) gefährdeten und die pädagogisch nicht ausgebildeten Erzieher zu Zwangsmitteln nötigten, die in einer Zeit der drohenden ‘Verstaatlichung’ konfessioneller Anstalten politisch instrumentalisiert werden konnten. Pastor Wilhelm Backhausen, nicht minder einflussreich als Büchsel, weil von 1912 bis zu seinem Tod im Jahre 1924 Vorsitzender des von der Inneren Mission dominierten Allgemeinen Fürsorgeerziehungstages (AFET), sah die Sache ähnlich. Er gab das entscheidende Stichwort, indem er die Psychiatrie „als Helferin in der Jugendnot“ (Backhausen 1925: 200) anrief und das ‘psychopathische’ Verhalten Jugendlicher als Symptom einer „Volksseuche“ (ebd.: 201) las, die sich seit der Novemberrevolution ausgebreitet habe. Damit lagen alle zentralen, auch den weiteren Fortgang der Diskussion bestimmenden Schlagworte vor: ‘Psychopathie’ als Ausgrenzungsanlass, Sitten- und Werteverfall als psychopathiefördernde Bedingung – und die Adelung der Ausgrenzung mittels der Andeutung, dass sich anders das Eindringen weiterer Symptome der ‘Volksseuche’ in das innere Gefüge der Anstalten nicht aufhalten lasse.

Entsprechend waren die Voraussetzungen gegeben für die – an sich ja durchaus merkwürdige – Ignoranz der (evangelischen) Jugendfürsorge gegenüber der Pädagogik bei gleichzeitiger Allianz mit der Medizin resp. Psychiatrie. Denn die Pädagogik galt als reformpädagogisch verseucht und wegen mangelnder Einschlägigkeit nicht als relevant. Und im Übrigen suchte man ohnehin nicht nach Aufklärung zwecks Verbesserung pädagogischen Handelns, sondern nach Diagnostik zur Rechtfertigung der Ausgrenzung schwerer Fälle und Unterbringung derselben in „Sonderanstalten für Psychopathen“ (Backhausen 1925: 201), die nicht mehr unter theologischer, sondern unter medizinischer Leitung stehen sollten – ein Geschäft auf Gegenseitigkeit, wie man hinzusetzen muss. Denn die ‘Psychopathenfürsorge’, die an sich der Pädagogik entstammte, aber ab 1923 immer deutlicher der Medizin zugerechnet wurde, bedurfte in einer Phase des rapiden Ausbaus der Fürsorgeerziehung dringend einer Klientel, die sie von dem Image befreite, nur von ‘schwachsinnigen’ Kindern und Jugendlichen requiriert zu werden. Die konfessionellen Fürsorgeerziehungsträger waren bereit, ihr diese Klientel zu geben. Die einzige Bedingung lautete dabei, dass eine Grundsatzdiskussion um die (pädagogische) Zeitgemäßheit der Wichern-Tradition unterblieb und insoweit die Weiterexistenz der Heime der Inneren Mission, wenn auch auf etwas schmalerer Basis, gesichert war. „Die Fürsorgeerziehung“, so konnte denn auch Backhausen im Nachgang zur 1921 abgehaltenen 2. Tagung für Psychopathenfürsorge resümieren, „ist der Psychiatrie für die Aufklärung psychopathischer Zustände der Jugendlichen dankbar“ (Backhausen 1922 a: 82). Eine vergleichbare Ergebenheitsadresse des Inhalts: ‘Die Fürsorgeerziehung ist der Sozialpädagogik für die Aufklärung in Sachen pädagogischen Denkens dankbar', lag bis 1924 nicht vor und wäre nach dem bisher Berichteten wohl auch eher ungewöhnlich gewesen.

Vor dem Hintergrund dieser Debatte hat man nun Nohls Vortrag *Die Pädagogik der Verwahrlosten* zu sehen. Er hielt ihn auf einer dem Thema Verwahrlosung und Erziehung gewidmeten Tagung über Psychopathenfürsorge, die im September 1924 in Heidelberg stattfand. Wenige Tage zuvor war eine – nicht zufällig gleichfalls in Heidelberg abgehaltene und noch von Wilhelm Backhausen organisierte – AFET-Tagung zu Ende gegangen, die dem Thema *Ausscheidung der Unerziehbaren aus der Fürsorgeerziehung* gewidmet war. Nohl sah sich also mit seinem Vortrag mitten in einen schon seit Jahren im munteren Wechselspiel von Medizin und Theologie geführten, psychologisch betrachtet fragwürdigen und pädagogisch gesehen höchst bedenklichen Ausgrenzungsdiskurs hineingestellt. Dessen fatale Folgen lassen sich u. a. am Beispiel der von Uwe Uhlendorff thematisierten psychiatrisch-heilpädagogischen Wende der Hamburger Jugendhilfe und hier insbesondere am Exempel des (späteren) Zwangssterilisationsbefürworters und Euthanasiegutachters Werner Villinger besichtigen (vgl. Uhlendorff 2003: 424 ff.). Aber auch ganz abgesehen davon hätte sich Nohl, der über seine seit 1919 in der Psychopathenfürsorge – als Mitarbeiterin Ruth von der Leyens – tätige (Stief-)Schwester Lotte mit der Materie auch von der Praxis her vertraut war (vgl. Blochmann 1969: 107), eigentlich aufgefordert sehen können, mutig für die Sache der Sozialpädagogik oder jedenfalls doch die der Kinder und Jugendlichen zu streiten. Wie dies gehen könnte, hatte auf derselben Tagung Curt Bondy vorgeführt. Jedenfalls vermerkt der Tagungsbericht „heftigen und lauten Widerspruch () aus der Versammlung" angesichts der Behauptung des Referenten Bondy, die Prügelstrafe entspringe „aus gekränkter Eitelkeit, Sadismus und Wollust" (Rawe 1924: Sp. 1045). Man will dies gern glauben: Wer sich als Fürsorgeerziehungspraktiker auf das Thema *Verwahrlosung und Erziehung* einstellt in der Erwartung, hier werde dem unmittelbar zuvor im Rahmen des AFET erörterten Thema *Ausscheidung der Unerziehbaren aus der Fürsorgeerziehung* Munition zugeführt, wird sich nur höchst ungern auf ein Themenspektrum einlassen, bei dem er selbst unvermutet im Zentrum von Verdachtsmomenten steht, die sich auf die untergründige Motiviertheit seiner eigenen Erzieherhandlungen beziehen und sich unschwer als psychoanalytische ausweisen lassen.

Dabei ist nun allerdings zusätzlich zu berücksichtigen, dass die Psychopathenfürsorge gerade im Vorfeld der Heidelberger Tagung wichtige Weichenstellungen in Richtung einer stärker medizinisch-psychiatrischen (anstelle einer pädagogischen) und psychoanalysekritischen Orientierung vorgenommen hatte. Zumindest ein Anlass hierfür war Johannes Trüpers (1855–1921) Tod. Trüper, von Haus aus Lehrer, hatte 1892 bei Jena das heilpädagogische Heim *Sophienhöhe* für entwicklungsgeschädigte, aber bildungsfähige Kinder gegründet. Vermittelt über die von ihm 1896 begründete Zeitschrift *Die Kinderfehler* gab er entscheidende Impulse für Theorie und Praxis der sog. Pädagogischen Pathologie (vgl. Göppel 1989: 141 ff.). Nach seinem Tod ging das von ihm begründete und zwischenzeitlich in *Zeitschrift für Kinderforschung* umbenannte Organ in medizinische Regie sowie von einem Pädagogik- zu einem Medizinverlag über (ebd.: 224). Für die entsprechende Neuorientierung der Psychopathenfürsorge sorgte vor allem der Münchner Psychiatrieprofessor M. Isserlin. Er veröffentlichte in dem ersten Heft der neuformierten Zeitschrift, das seiner Schriftleitung sowie jener Ruth v. der Leyens – der Geschäftsführerin des Deutschen Vereins für psychopathische Kinder und Jugendliche e.V. – unterstand, sein auf dem ersten Kongress für Heilpädagogik 1922 in München gehaltenes Einleitungsreferat mit dem Titel *Psychiatrie und Heilpädagogik*, in dem er beides dekretierte: einerseits, „dass allein die psychologisch-psychiatrische Auffassung, welche das gesamte Seelenleben als ein einheitliches zusammenhängendes Feld empirischer Erkenntnis betrachtet, der Boden ist, auf welchem sich die Heilpädagogik fruchtbringend entwickeln kann" (Isserlin 1923: 14); andererseits, dass „die Psychoanalyse in einen abstrusen Aberglauben und in eine lächerliche Vorstellungsgymnastik" (ebd.: 21) führe und, als „Sexualpsychoanalyse", gegenüber „Kindern und Jugendlichen [...] bisweilen in geradezu abscheulicher Weise" (ebd.: 23) entgleisen könne.

Nimmt man insbesondere Isserlins Bannspruch gegen die Psychoanalyse pars pro toto für die durch ihn vertretene Zunft – was wohl zulässig ist (vgl. Göppel 1989: 241) –, erscheint die angesprochene unheilvolle Allianz zwischen medizinischer Psychopathenfürsorge und theologisch dominierter Fürsorgeerziehungspraxis von hier aus in einem deutlicheren Licht. Denn die in der Tradition der Wichernorthodoxie fast zwingende Ablehnung der Psychoanalyse – als eines indiskutablen Geisteszeugnisses für eine ganz ungehörige, wenn nicht gar schmutzige Neugier für die Abgründigkeit des Menschen – ließ sich weit besser legitimieren, wenn selbst ein Mann vom Fach wie Isserlin zu berichten wusste, dass die psychoanalytische Behandlung von Kindern in der Regel eher „unerfreuliche Bilder" zeitige (beispielsweise von den Erziehern übernommene „langatmige() Reflexionen" über den Wert der eigenen Persönlichkeit) und insoweit nicht als „taugliches Mittel zur Erziehung zu natürlichen frischen und tatkräftigen Persönlichkeiten" (Isserlin 1923: 23f.) anerkannt werden könne.

Vor dem damit umrissenen Hintergrund versteht es sich fast von selbst, dass die von Bondy in Heidelberg angestoßene 'langatmige (Selbst-)Reflexion' nicht auf Gegenliebe stieß. Dies war denn wohl auch der Grund dafür, dass Nohl, dem als Mitherausgeber der *Zeitschrift für Kinderforschung* die skizzierten Vorgänge wohlbekannt gewesen sein dürften, in seinem Vortrag ein etwas anderes Vorgehen wählte. Zwar konnte er nicht die Bemerkung unterlassen, dass die – von Isserlin noch denunzierte – „psychoanalytische Literatur (...) in der Fürsorgeerziehung noch relativ wenig benutzt wird“ (Nohl 1924: 174). Im Unterschied zu Bondy zielte Nohl allerdings nicht unmittelbar auf fragwürdiges und psychoanalytisch aufzuklärendes Erzieherverhalten (auch der Anwesenden), sondern, neutraler und weniger provokant, auf Defizite herkömmlicher Verwahrlosungstheorien. Dabei hatte er zwei von ihnen vor Augen: die für die Medizin typische Zurechnung (von Verwahrlosung) auf „Anlagen“; und die in den Sozialwissenschaften verbreitete auf das „Milieu“ (ebd.). Wohl nicht ganz zufällig und jedenfalls unter ausdrücklichem Hinweis auf einen unmittelbar zuvor in der *Zeitschrift für Kinderforschung* erschienenen einschlägigen Aufsatz (Kramer 1923) nahm Nohl damit zwei Faktoren ins Visier, die sich hoher Zustimmung gerade in den Kreisen seiner Zuhörer sicher sein konnten. Diese Zustimmung hatte einfache Gründe, erlaubte der Anlagefaktor doch die (medizinisch indizierte) Ausgrenzung ‘Erziehungsschwieriger’, wohingegen der Milieufaktor, auch wenn er, theologisch gesehen, dem Erbsündedogma zuwiderlief, immerhin doch die Rechtfertigung der auf Milieuwechsel setzenden konfessionellen Unterbringungslogik erlaubte. Nohl hingegen ging es nicht um derlei Praktikerinteressen, sondern um eine neue Verwahrlosungstheorie und deren „andere Faktoren“: „das Erlebnis, die Situation [...] und den pädagogischen Bezug“ (Nohl 1924: 174). Die Richtung stand damit außer Frage: Nohl wollte die Aufmerksamkeit seiner Hörer weg von einer „rein naturwissenschaftlichen Einstellung zu der neuen ‘verstehenden’ Betrachtungsweise“ (ebd.: 175) führen, in deren Logik es lag, Verwahrlosung als Niederschlag eines unzulänglich gestalteten ‘pädagogischen Bezuges’ zu deuten (vgl. auch Göppel 1989: 256f.).

Von hier aus wird die Pointe des Vortrags verständlich. Nohl sprach sich nämlich gegen die – in der konfessionellen Fürsorgeerziehungspraxis verbreitete – Orientierung an „äußere[r] Regel, Disziplin, Ordnung und Schema“ (Nohl 1924: 180) aus. Und er forderte seine Hörer dazu auf, mit Hilfe der „personalen Bindung – dieser Übertragung im Sinne der Psychoanalytiker – zu den überpersönlichen Werten zu führen“ (ebd.: 181). Nahegelegen hätte auch ein Verweis auf Bernfeld und dessen einige Jahre zuvor (1921) im Kinderheim Baumgarten angestellten Versuch mit ‘neuer Erziehung’. Bernfeld nämlich war es gewesen, der die Erzieher im Interesse der Kontrolle ihrer Gegenübertragungen gemahnt hatte, sich zu ihrer eigenen Kindheit in ein klares Verhältnis zu setzen, „um nicht sich selbst in den anderen bestrafen, verurteilen, erziehen, d. h. verdrängen zu wollen“ (SWB 11: 50). Aber an einer Aufwertung Bernfelds war Nohl ganz offenkundig nicht gelegen (vgl. Kap. 6.2). Im Übrigen dürfte er der Meinung gewesen sein, sein Vortrag genüge auch so schon den Zwecken, die er mit ihm verband: nämlich deutlich zu machen, dass die Frage der Ausgrenzung erziehungsschwieriger ‘Psychopathen’ nicht unabhängig von der Frage nach der pädagogischen Qualität konfessioneller Fürsorgeerziehung diskutiert werden könne.

Ob nun Zufall oder nicht, einige Jahre später (1927) war es dann doch noch soweit: Siegfried Bernfeld, der sich 1925 ganz bewusst geweigert hatte, groß über die „Konstitution“ (Bernfeld 1925: 143) des Kindes – und insoweit über dessen angebliche Schwer- oder Unerziehbarkeit – zu debattieren, um ersatzweise seinen Feldzug zu führen gegen die Grenze der Erziehung, „die durch die seelischen Tatsachen im Erzieher gegeben ist“ (ebd.: 142), erhielt Gelegenheit, diese Thematik, die zumindest ansatzweise auch jene Nohls war, in der immer noch maßgeblich vom Psychoanalysegegner Isserlin redigierten *Zeitschrift für Kinderforschung* ausführlich darzulegen. „Die Folgsamkeit des Kindes“, so musste der noch an Anlage/Milieu-Kategorien gewöhnte Leser nun aus Bernfelds Text entnehmen, „wird [] verweigert oder gewährt aus Gründen der aktuellen Liebessituation“ (SWB 11: 201). Dies war, wie sich aus dem Gesamtzusammenhang des Bernfeldschen Arguments ersehen lässt, in erster Linie als Anreiz zum Nachdenken gemeint, keinesfalls aber als Plädoyer für eine kurzschlüssige „Liebespädagogik“, im Gegenteil: Gerade Bernfeld plädierte für die Überwindung einer pädagogischen Betrachtungsweise, „die immer bloß den Einzelerzieher sieht und das einzelne Kind, auf welches er mit bestimmten Mitteln einwirkt“ (SWB 11: 245). Und er wusste aus Eigenerfahrung um die Notwendigkeit der Aufrechterhaltung von Disziplin, die er allerdings möglichst auf demokratischem Wege herstellen wollte und so, dass Ansehen und Liebesfähigkeit des Erziehers nicht über Gebühr belastet wurden. Dazu gehörte die Anrufung von Jungengerichten oder ‘Schulgemeinden’ als Sanktionsorgane. Über diese Instrumente kann man streiten, aber wichtiger ist das Ergebnis in der Hauptsache: Die mit der Schwer- oder Unerziehbarkeitsdebatte gegebene Versuchung, sich von den „Sorgen und Verantwortlichkeiten des Erziehungsgeschäftes in problematischen Fällen zu entlasten“ (SWB 11: 168), war für Bernfeld inakzeptabel. Wenn in der Forschung gelegentlich ein gegenteiliger Eindruck erweckt wird (vgl. etwa Peukert 1986: 250), dann, weil man nicht zu trennen weiß zwischen Ausgrenzungsdiskursen und solchen über eine pädagogisch hilfreiche und psychologisch ratsame Binnendifferenzierung und Gruppenbildung. Letzteres war Bernfelds Thema, und zwar gemäß des Gesichtspunkts der – auf Zöglingsseite mittels Diagnostik zu sichernden – „Übereinstimmung der seelischen Geschehnisse“ (SWB 11: 160).

1929 setzte auch auf Seiten der Psychopathenfürsorge eine in diese Richtung weisende Nachdenklichkeit ein. Federführend war hier Ruth v. der Leyen. Sie räumte im *Handbuch der Pädagogik* ein, dass die lange Jahre dominante Analyse der „Psychopathie nur unter dem Gesichtswinkel der Verwahrlosungsursache“ der Weiterentwicklung der Psychopathenfürsorge – etwa in Richtung einer Psychopathenerziehung – nicht förderlich gewesen sei. Dies nämlich, so das weitergehendere Argument, habe dazu beigetragen, den Blick nur auf den „‘störenden’ Psychopathen“ und dessen ‘Entfernung’ aus der Gemeinschaft, „erst aus der Familie, dann aus der Anstaltserziehung, dann aus der menschlichen Gemeinschaft“, zu fixieren, nicht aber dafür zu öffnen, dass „die Fehlentwicklung eines Jugendlichen als Symptom“ anzusehen ist, „sei es als Symptom dessen, dass die psychische Konstitution des betreffenden Jugendlichen überbelastet wird, oder dass der Erzieher nicht an die Tiefen der jugendlichen Persönlichkeit herangedrungen ist“ (v. der Leyen 1929: 150 f.). Auch wenn v. der Leyen hier hartnäckig von einer Einsicht sprach, die die Sozialpädagogik der Psychiatrie zu danken habe, verhielt es sich doch eher umgekehrt: Erst Ende der 1920er-Jahre wurde – wie ihr eigener Beitrag belegt – auch für die nun zumindest programmatisch als Psychopathenerziehung auftretende Psychopathenfürsorge indirekt die Triftigkeit des von Nohl im Grundzug schon 1924 propagierten Prinzips eingeräumt, wonach es nicht um die Schwierigkeiten zu gehen habe, die ein Zögling ‘mache’, sondern um die, die er ‘habe’.

Ähnliches vollzog sich auf Seiten konfessioneller Erzieher. Im Anschluss an ein 1926 auf einer Tagung des AFET gehaltenes anti-reformpädagogisches Referat (vgl. Büchsel 1926), auf das eine scharf Replik folgte (vgl. Hertz 1926), kam es zu einer Zäsur im evangelischen Jugendwohlfahrtsdiskurs, der den Geltungsverfall immer wieder tradierter Positionen sowie den Machtverfall bisheriger Meinungsführer zur Folge hatte. Nachgeholfen hatte hier Weniger mit einem – selbstredend im Geiste Nohls gehaltenen – Vortrag, den er auf einer Tagung des Evangelischen Reichs-Erziehungs-Verbandes im Juni 1927 in Goslar hielt. Fortan konnte man in der aus dem *Rettungshausboten* hervorgegangenen *Evangelischen Jugendhilfe*, die den Vortrag Wenigers in Auszügen veröffentlicht hatte (vgl. Weniger 1927b), gehäuft etwas darüber lesen, dass es bedenklich sei, „wenn einzelne Erziehungsanstalten gegenüber der Pädagogik der Fürsorgeerziehung und der Allgemeinen Pädagogik eine isolierte Stellung einnehmen würden“ (Buschmann 1927: 291). Im Nachgang zu einem im Folgejahr gehaltenen weiteren kritischen – und gleichfalls in der Evangelischen Jugendhilfe publizierten – Vortrag Flitners (1928) schien der Damm gebrochen. Die „jugendpsychologischen Arbeiten eines Spranger, eines Nohl“ (Beutel 1929: 3) wurden zunehmend zur Kenntnis genommen, mit der Folge, dass Anstalten, die sich gegenüber „den berechtigten modernen Anforderungen“ verschlössen, „die Umstellung auf eine andere Arbeit“ (Beutel 1930: 4) empfohlen wurde. Allerdings gilt es anzumerken, dass dieser Kurswechsel nicht immer ohne Heuchelei vonstatten ging. So brachte es der Backhausen-Nachfolger (und -Verehrer) Johannes Wolff fertig, als „Tragik der Fürsorgeerziehung“ (Wolff 1929: 102) zu erklären, was doch unter Backhausen Programm gewesen war: nämlich die Anregungen der wissenschaftlichen Pädagogik, der Sozialpädagogik sowie der Jugendbewegung solange als möglich zu ignorieren. Auch darf man nicht übersehen, dass die Phase der Heimreform nicht von langer Dauer war. Dies erklärt sich im Wesentlichen aus den sich wieder verhärtenden Fronten infolge der – bereits kurz angesprochenen – ‘Heimskandale’ der Jahre 1929 ff.

Die 'Heimskandale' betrafen konfessionelle (1929: Rickling; 1932: Waldhof-Templin) wie kommunale (1930: Scheuen) Anstalten gleichermaßen. Sie boten also hinreichend Stoff, die jeweils andere Seite wegen ihrer inakzeptablen Pädagogik für das eingetretene Geschehen – im Fall Scheuen sogar die Tötung eines Jugendlichen durch den überforderten, aber 'an sich' reformorientierten Heimleiter – verantwortlich zu machen (vgl. auch Gräser 1995). So bagatellisierte die Innere Mission – um nur ein Beispiel zu geben – die Vorfälle in Rickling (Weniger 1931/32), skandalisierte allerdings jene in Scheuen (Webler 1931/32), zeigte also, dass ihr, bei aller zuvor gezeigten Dialogbereitschaft hinsichtlich der Pädagogik, der Kampf um das Recht auf ihre Trägerschaft keineswegs unwichtig geworden war. In diesem Sinne ist auch die zweite Lektion zu verstehen, die sie aus den 'Heimskandalen' zog: „Die Zöglinge unserer Fürsorgeerziehungsanstalten sind zum größten Teil Psychopathen" (Schreiner 1931: 196), lautete die Diagnose nun, und auch die aus ihr gezogene Konsequenz blieb auf dem Niveau der unmittelbaren Nachkriegszeit: Wir müssen „mit aller Deutlichkeit einen organisatorischen Umbau fordern, der die Unterbringung völlig antisozialer Jugendlicher in Bewahrungshäusern ermöglicht" (ebd.: 199).

Auch Reformvertreter neigten nun dieser Lösung mitunter zu (vgl. etwa Knaut 1930/31: 50), dies nun allerdings vor allem dann, wenn sie – und dies galt für Knaut in seiner Eigenschaft als Obermagistratsrat mit Verantwortung für das in Sachen Scheuen zuständige Berliner Landesjugendamt – als 'Interessenten' in eigener Sache auftraten. Insoweit entsprach die schon von Bondy (1930/31: 146) scharf kritisierte Argumentationsstrategie Knauts zumindest von ihrer Motivlage her durchaus der Schreiners bzw. jener Büchsels oder Backhausens (zu Beginn der 1920er-Jahre). Allerdings wird man, was die eigentlichen Absichten angeht, eher umgekehrte Vorzeichen anbringen müssen. Knaut nämlich ging es nicht um das Kaschieren pädagogischer Schwäche, sondern um das Hervortretenlassen pädagogischer Stärke. Er wollte die durch die Nohl-Schule geprägte sozialpädagogische Handlungslogik mittels Ausgrenzung Schwererziehbarer von dem Verdacht entlasten, sie erweise sich als eine bloße Schimäre, die den Test auf die Praxis nicht bestünde, weil sie – wie nicht eben selten von Theologen behauptet – zu 'weich' sei (Webler 1931/32: 209).

Die 'Heimskandale' zeigten zugleich allerdings auch, dass es Ausgrenzungsbefürworter nun sehr viel schwerer hatten. Denn sie sahen sich in ein Diskussionsumfeld gestellt, in dem in breiter Form mit ketzerischen Fragen gerechnet werden musste. Dazu gehörte die Frage, wozu Fürsorgeerziehung „denn noch da (sei), wenn sie den Schwererziehbaren ihre Pforten verschließ(e)" (Clostermann 1931/32: 203) oder die andere, mindestens ebenso verbreitete: ob „pädagogische Hilflosigkeit" (Behnke 1932/33: 157) nicht doch als Grund alles weiteren gelten müsse. Im Hintergrund all dessen machte sich zwar der wirtschaftliche und politische Niedergang bemerkbar, der via Notverordnung vom 4.11.1932 die Massenentlassung der über 19-

jährigen schwer erziehbaren Fürsorgezöglinge – also, wie Reformvertreter bitter notierten, die „'Reinigung' der FE. von ihr angeblich nicht gemäßen Elementen" (Webler 1932/33: 321) – zur Folge hatte und den Ausgrenzungsdiskurs neu anheizte. Aber zumindest unter fachlichen Gesichtspunkten war dieser Diskurs am Ende der Weimarer Epoche obsolet geworden.

Dies indes irritierte die nicht, die mit Fachlichkeit ohnehin nichts im Sinn hatten. Die Innere Mission gehörte, von Ausnahmen abgesehen, hierzu. Noch in der Endphase der Weimarer Epoche hatte man hier die Entlassung der „schwer asozialen Elemente" und deren „sachgemäße Bewahrung" gefordert, denn – dies war gleichsam die neue Qualität des Ausgrenzungsdiskurses – ansonsten würde nur „eine finanzielle Entlastung der FE.", nicht aber eine der Staatsfinanzen erreicht, insofern diese Jugendlichen „durch Kriminalität und Hilfsbedürftigkeit fortwährend erhöhte Kosten verursachen" (Fritz 1932: Sp. 1113) würden. Wenig später konnte der nämliche Autor – selbstredend ein Pastor, der zum 1.1.1933 als Herausgeber der *Evangelischen Jugendhilfe* tätig werden durfte – den Sieg jener Bewegung zelebrieren, deren Geist er schon lange vorher gehuldigt hatte und die dann mit der Bewahrungsoption auf erschreckende Weise ernst machen sollte: „Es kann [] mit Dankbarkeit festgestellt werden, dass das Verschwinden der kommunistischen Hetzpresse [...] die erzieherische Aufgabe in der FE schon merklich erleichtert [...] hat" (Fritz 1933 a: 267). Bei dieser Lesart, die sicherlich nicht von denen mit Dankbarkeit aufgenommen wurde, die zu den 'verschwundenen' Kommunisten gehörten, war die Krise der Fürsorgeerziehung also im Wesentlichen eine Krise ihrer linken Theoretiker: „Zeitungsartikel jüdischer Literaten, durch kommunistische Staatsanwälte aufgebauschte Sensationsprozesse zerstörten das Vertrauen der Bevölkerung gegenüber den evangelischen Erziehungsheimen bis in die Kreise der evangelischen Gemeinden und der Inneren Mission hinein" (ebd.: 264). Damit war nun Schluss: Die Innere Mission und mit ihr die konfessionelle Jugendfürsorge in der Wichern-Tradition durfte berechtigterweise hoffen, vor weiterer Kritik und insbesondere vor weiteren Fachlichkeitsimperativen, durch die sie sich zwischenzeitlich hatte verunsichern lassen, endgültig in Sicherheit zu sein. Ihrer (ausgegrenzten) Klientel bzw. dem Typus, den diese repräsentierte, bekam dies allerdings durchaus nicht, wenn sie überhaupt überlebte, was nun – etwa in den Jugendkonzentrationslagern Moringen und Uckermark (vgl. Guse/Kohrs 1989: 234 ff.) – geschah.

Begonnen hatte all dies, zusammenfassend gesprochen, weil maßgebliche Vertreter der Wichern-Tradition resp. der Inneren Mission schon sehr früh entschlossen waren, dem Reformdruck, der auf ihnen im Nachkriegsdeutschland lastete, durch Ausgrenzung öffentlichkeitswirksamer Problemfälle zu entgehen. Die Psychopathenfürsorge, die auf den Plan trat, um hierbei – im Eigeninteresse – zu helfen, trug durch die insoweit fast unvermeidliche Engführung ihres Ansatzes auf den Bereich medizinischer Indikation zumindest indirekt mit dazu bei, die Mitte der 1920er-Jahre aufkommende Sozialpädagogik Nohls in diesem Diskursfeld hoffähig zu machen. Nohls Vortrag Die *Pädagogik der Verwahrlosten* trug in bedeutender Weise dazu bei. Denn wenn, wie an Ruth v. der Leyen gesehen, sich die Psychopathenfürsorge in der Folge als 'Psychopathenerziehung' auszulegen begann und damit für die Ausgrenzungsstrategen der Inneren Mission – in der Linie Büchsel/Backhausen – nicht mehr in der erhofften Weise zur Verfügung stand, war dies zweifellos auch der Nachdenklichkeit zuzuschreiben, die Nohls Vortrag ausgelöst hatte. Ganz abgesehen davon öffnete Nohl, nicht zuletzt auch aufgrund der Anwesenheit noch in Heidelberg verbliebener AFET-Mitglieder während seines Vortrages, den Raum für die Folgeaktivitäten Wenigers und Flitners auf den beiden Goslarer Tagungen des Evangelischen Reichs-Erziehungs-Verbandes und die publizistische Resonanz, die dies in der *Evangelischen Jugendhilfe* nach sich zog. Insoweit darf von einem durchaus beachtenswerten Zeugnis für Humanität und Praxiswirksamkeit der Nohlschen Sozialpädagogik in der Weimarer Epoche gesprochen werden.

Dass ihre Theorieschwäche damit nicht behoben war, steht wohl außer Frage. Deswegen sei abschließend noch einmal herausgestellt, dass Nohl bei seiner Neuauslegung des Sozialpädagogikbegriffs unbesorgt blieb um die zu seiner Zeit – etwa von Fischer oder Bernfeld – in die Diskussion eingebrachten Ideen. Außerdem interessierte ihn kaum der Gedanke insbesondere Natorps, wonach die 'soziale Frage' des 19. Jahrhunderts der Pädagogik ganz andere als nur auf das Dualverhältnis eines Erziehers gegenüber einem Kind bezogene Antworten abverlange. Dies nicht hinreichend getan und auch in seinen eigenen, gesellschaftsbezogenen Antworten nur zurückhaltend argumentiert zu haben, war Nohls Fehler, ebenso übrigens wie sein überzogener Autonomieanspruch sowie Empirievorbehalt. Beides beschleunigte in den 1960er-Jahren, wie noch in den Kapiteln über Mollenhauer und Thiersch zu zeigen sein wird, das Ende der Epoche geisteswissenschaftlicher (Sozial-)Pädagogik und die nachfolgende Versozialwissenschaftlichung pädagogischer Wissensgrundlagen. Andererseits aber ist inzwischen unübersehbar, dass die technisierte Problembewältigungspraxis moderner Sozialpädagogik dringend der Philosophiezufuhr bedarf, wenn sie mehr Rollen spielen will als bloß die, für die sie von der Gesellschaft belohnt wird. Allerdings wird man das Philosophieverständnis, das Nohl in Geltung ließ und das sich im Wesentlichen auf eine Metaphysik von Erziehungsverhältnissen samt einer darauf bezogenen Berufsethik beschränkte, nicht als hinreichend erachten können im Blick auf die heute erforderlichen Antworten.

## 5.4 Ein notwendiges Nachwort: Nohl und der Nationalsozialismus

Dass die Rolle Nohls während der Zeit des Nationalsozialismus – ähnlich etwa wie die des von Ralf Koerrenz (1992) bagatellisierten Hermann-Lietz-Lehrers Alfred Andreesen (vgl. König 2001) – neu und sehr viel kritischer als bisher zu bewerten ist, zeigt insbesondere das im Göttinger Nachlass deponierte Vorlesungsskript *Die Grundlagen der nationalen Erziehung*, das Nohl in den Wintersemestern 1933/34 und 1935/36 zum Vortrage brachte und dem er offenbar so viel Wert beimaß, dass er sich nicht unterstand, diesen in der Summe unsäglichen Text noch im Dezember 1940 ausgerechnet Theodor Litt – und dies auch noch als Gabe zu dessen 60. Geburtstag – zukommen zu lassen in der Hoffnung, dieser sei mit ihm „eines Sinnes" (zit. n. Klafki/Brockmann 2002: 312). Litt allerdings – so fassten Klafki/Brockmann dessen Antwort zusammen – „widersprach [...] allen verharmlosenden und beschönigenden Einschätzungen Nohls vehement", umschrieb seinen Widerspruch allerdings aus Höflichkeit, „indem er ihn als Ausdruck seiner eigenen Neigung zu tiefer Skepsis kennzeichnete". (ebd.: 313) Die Sache selbst geriet dann über Jahrzehnte hinweg – auch wegen archivrechtlich bedingter Nichtzugänglichkeit des in Rede stehenden Vorlesungsskripts – in Vergessenheit, besser: Sie wurde in Vergessenheit gebracht. Dann allerdings machte insbesondere Hasko Zimmer im Zuge eines ausführlichen Textkommentars (vgl. Zimmer 1998: 526 ff.) auf die Problematik dieser Vorlesung aufmerksam und erklärte es für unumgänglich, „Nohls Verhältnis zum Nationalsozialismus, das im Blick auf seine Zwangsemeritierung im Jahre 1937 geklärt schien, neu zu bestimmen" (ebd.: 516), um zugleich zu einer „kritische[n], kontextbezogene[n] Analyse seiner [Nohls; d. Verf.] Schriften" aufzufordern (ebd.: 537). Inzwischen liegt ein weiterer, sehr viel ausführlicherer, allerdings weitgehend kontextentbundener Textkommentar aus der Feder zweier prominenter Vertreter der 'Göttinger Schule' vor (vgl. Klafki/Brockmann 2002: 190 ff.), die kritisch – aber wenig überzeugend – mit Zimmer ins Gericht gingen und die sich folgerichtig ihrerseits dem Vorwurf ausgesetzt sehen, dass es ihnen „letztlich um die Rehabilitation des 'Eigentlichen' der geisteswissenschaftlichen Pädagogik" gegangen sei (Tröhler 2003: 121) bzw. dass sie „stark von einem untergründigen Wunsch nach Schadensbegrenzung angetrieben (scheinen)" (Steckmann 2005: 100) und beispielsweise versucht hätten, „die Harmlosigkeit von Nohls 'Osthilfe'-Engagement zu demonstrieren" (ebd.: 102).

Um zumal die zuletzt genannte Vorhaltung verständlich zu machen, ist vorab der Hinweis wichtig, dass zur unmittelbaren Vorgeschichte der Nohl-Vorlesung von 1933/34 eine ganze Reihe von Vorträgen Nohls aus den Jahren 1931/32 zur 'pädagogischen Osthilfe' gehört, darunter zwei 1932 in *Die Erziehung* veröffentlichte Aufsätze, die im Kontext der damaligen Diskussion um alternative Lebens- und Daseinsweisen angesichts der Krise der Arbeitsgesellschaft zu sehen sind (vgl. Brödel 1984: 37) und in welchen –

wie im Ansatz schon von Heinrich Kupffer (1984: 99ff.) herausgearbeitet wurde – eine „völkisch eingefärbte[] Siedlermentalität“ (Dudek 1988b: 33) ebenso zu beobachten ist wie ein ausgeprägtes antipolnisches Ressentiment (ebd.: 257). Tatsächlich hatte Nohl im ersten Lippoldsberger Vortrag in Anspielung auf Hans Grimm, den (gleichfalls) dort beheimateten und mit ihm befreundeten Autor des zwei Jahre später als „vorzügliches Erziehungsmittel für den nationalsozialistischen Staat“ (Knust 1933: 269) gefeierten Romans *Volk ohne Raum* (vgl. hierzu Tenorth 1985: 72), in den deutschen Ostgebieten einen ‘Raum ohne Volk’ gesichtet, um vieldeutig zu prognostizieren: „Gelingt es nicht, den Wall von deutschen Menschen hier zu verstärken und sie mit einem anderen Heimatwillen zu erfüllen, so brechen die Polen wirklich über kurz oder lang dort ein, das braucht nicht kriegerisch zu sein, sondern gewissermaßen rein mechanisch herüberströmend, und kein Rechtsanspruch auf den Boden wird uns helfen, wenn die deutschen Menschen ihn selbst verlassen haben.“ (Nohl 1931/32a: 67) Ein gutes halbes Jahr später, im zweiten dieser Texte – diesmal hervorgegangen aus einem Vortrag auf der ‘Ostmarkenwoche’ der Deutschen Studentenschaft in Göttingen im Februar 1932 –, war sich Nohl, was die nicht-kriegerischen Absichten der Polen angeht, offenbar nicht mehr so sicher: „Polen soll das sich am stärksten vermehrende Volk der Welt sein und wird wahrscheinlich in wenigen Jahren ebensoviel Menschen im militärfähigen Alter von 20–39 Jahren haben wie Deutschland“ (Nohl 1931/32b: 450), ließ er sein Publikum unter Berufung auf einen Zeitungsbericht vielsagend wissen, und ebenso unmissverständlich war seine Folgerung: „Was das nationalpolitisch bedeutet, ist klar, denn ein menschenarmes Land neben einem stark wachsenden muss die Instinkte des Nachbarn reizen“ (ebd.: 450).

Dies freilich war nur das Entrée zur Fortschreibung einer Programmatik, die er schon ein halbes Jahr zuvor skizziert hatte und die man vielleicht mit dem Wort belegen darf, dass es Nohl hier wie dort um eine ‘nationalpädagogische’ Neuauslegung der Sozialpädagogik hin zu einer Art Siedlungsbewegung mit dem Auftrag des Aufbaus einer „lebendigen sozialen Kultur“ in den „gefährdeten Bezirken des Ostens“ ging, wobei die Überlegung immer mitgedacht war, dass eine „Lebensfrage unserer Nation“ (Nohl 1931/32a: 75) zur Debatte stehe, und dies ausgehend von einer für das Ende der Weimarer Republik typischen und durchaus völkisch anmutenden Kritik am „Exportindustrialismus“ (Nohl 1933b: 83), an erkennbar gescheiterten „Industriekapitäne[n] und Parteiführer[n]“ (ebd.: 84) sowie an einer Sozialpädagogik, die nicht „den Willen zur Selbsthilfe in den Menschen wachruft“. (ebd.: 85)

Wenn man über Nohl günstig urteilen will, könnte man also sagen, dass es ihm um ein solches Selbsthilfeprojekt zu tun war, und dies auch im Blick auf einen auf Anschubfinanzierung hinauslaufenden Erlass des Preußischen Landwirtschaftsministeriums vom März 1932, welcher die Neupositionierung sozialpädagogischer Fachlichkeit in Richtung der sog. ‘Siedlungshelferin' nahe legt (vgl. Nohl 1932a). Ähnlich haben Wolfgang Klafki und Johanna-Luise Brockmann argumentiert. Sie lasen Nohls Satz aus der Vorlesung von 1933/34, wonach „ein menschenarmes Land neben einem stark wachsenden [Polen; d. Verf.] die Instinkte des Nachbarn reizen muss" und dass es fast unmöglich sei, „ein Recht auf einen Boden zu behaupten, wenn die Menschen ihn verlassen" (Nohl 1933/34: 35), als Hinweis dafür, dass mit der hier „von Nohl unterstellte[n] außenpolitische[n] Bedrohung in höchst problematischer Weise überlagert" werde, was vor 1933 als „sozial- und wirtschaftspolitisch begründbare, legitime 'Siedlungsbewegung' im Osten, an der Nohl programmatisch und eine erhebliche Zahl seiner Schülerinnen pädagogisch-praktisch verdienstvoll mitwirkten" (Klafki/Brockmann 2002: 202), begann. Dies klingt überzeugend, das Problem ist nur: Die Autoren übersehen, dass der von ihnen inkriminierte Passus aus der Vorlesung von 1933/34 nichts Neues enthält im Vergleich zu dem, was Nohl, wie gesehen und von ihnen andernorts (ebd.: 38) auch referiert, etwa in seinem Göttinger Vortrag vom Februar 1932 zu Gehör brachte.

Zu erinnern ist in diesem Zusammenhang auch an Erich Weniger – fraglos ein, wie die neuere Forschung zeigt, gerade auf diesem Themenfeld äußerst unvorteilhaft beleumundeter Gewährsmann (vgl. etwa Brumlik 1995b; Siemsen 1995) –, der Nohl nach 1945 mit dem in ähnlicher Form auch von Klafki/Brockmann (2002: 257) vorgetragenen Hinweis beizustehen suchte, er habe „der falschen Theorie vom 'Volk ohne Raum' die richtige von der notwendigen Verdichtung und Integrierung des weiten deutschen Ostraumes" entgegensetzen wollen, aber leider seien „Nohls Gedanken und Vorschläge zu spät" gekommen: „Der Nationalsozialismus glaubte bessere Lösungen zu haben." (Weniger 1954: 6) Denn ob beider Lösungen wirklich so differieren, steht doch sehr in Frage. So schrieb Nohl beispielsweise im nach Hitlers 'Machtergreifung' verfassten Nachwort zu der in diesem Zusammenhang einschlägigen Aufsatzsammlung *Landbewegung, Osthilfe und die Aufgabe der Pädagogik*, dass er das eine oder andere „jetzt treffender" formulieren würde, denn: „sie" (also diese 1931/32 publizierten Texte resp. Vorträge) tragen „doch selbst schon Spuren der Entwicklung der Verhältnisse, an denen sie mitarbeiten wollten, an sich" (Nohl 1933a: 93). Deutlicher gesprochen: „Möchte die neue Leitung unseres Volkes sie [die von ihm umrissene Aufgabe; d. Verf.] jetzt in ihre starke Hand nehmen und diese pädagogische Arbeit – nicht nur für unsere Heimat, sondern auch für das Deutschtum im Ausland – wirkungsmächtig machen!" (ebd.: 94)

Aber mehr als dies: Hasko Zimmer (1998: 534) sowie Jürgen Reyer (2002b: 213) machten darauf aufmerksam – und auch Wolfgang Klafki sowie Johanna-Luise Brockmann belegten dies mit den Attributen „erschreckend" (Klafki/Brockmann 2002: 199) sowie „in hohem Maße NS-konform()" (ebd.: 200) –, dass Nohl in seiner Vorlesung von 1933/34 diese Programmatik einschließlich der Forderung wiederholte, dass „eine Rassenpolitik mit der Front gegen den Osten" nötig sei, „die das weitere Einströmen nicht bloß der jüdischen, sondern auch der slawischen Volkselemente, die den Prozess der deutschen Rassenbildung stören und die Festigkeit unserer Nationalität lockern, verhindert" (Nohl 1933/34: 25). Dem korrespondierte die von Nohl nun ins Zentrum gerückte „Aufgabe, den nationalen deutschen Typus aus der Rassenmengung unseres Volkes herauszuarbeiten, um ihm die Glaubwürdigkeit der biologischen Erscheinung zu geben, die andere, glücklichere Völker bereits haben". (ebd.: 83) Insoweit war es nur konsequent, dass Nohl allen nun im hohen Ansehen stehenden Hitlervorläufern (u. a. Gobineau, Wagner, Lagarde, Chamberlain) – sowie auch Hitlers Chefideologen Alfred Rosenberg (ebd.: 95 f.) – seine Referenz erwies und der These Gobineaus Raum gab, dass „nur die weiße Rasse alle Vorzüge hat und in ihr vor allem der arische Zweig und die germanische Familie, und dass der Aufbau der Kultur in der Welt allein auf dem Anteil der weißen Rasse beruht, aller Untergang durch Regeneration der weißen Rasse, durch das Überwiegen des minder edlen Bluts über das edle herbeigeführt wurde." (ebd.: 23)

Man könnte hier einwenden, dies sei doch über weite Strecken nur Referat. Aber so einfach ist es leider nicht: Denn auch Nohl redete nun, erkennbar angetrieben von der im Januar 1933 politisch herrschend gewordenen „Sorge um den Erbstrom und die vitale Substanz unseres Volkes" (Nohl 1933/34: 9) und mit scheelem Seitenblick auf die „gesteigerte() Einwanderung aus dem Osten" sowie auf „im Jahre 1930 allein in Berlin 4000 zugewanderte() Juden", einem Paradigmenwechsel das Wort weg von der Orientierung am „Wohlsein des Einzelnen" (ebd.: 11) hin zur Fokussierung auf jene Erbanlage, „die sich in der Gesamtökonomie eines Volkes als nützlich erweist". (ebd.: 12) Dem zur Seite steht sein Eintreten für eine – ganz dem Geist der NS-Volkswohlfahrtspflege entsprechende – „grundsätzliche Umwendung der Fürsorgemethoden […], die statt der bisher überwiegenden Einzelfürsorge Familienfürsorge treiben wird und statt der wahllosen Unterstützung von allen Familien, nur nach dem Maßstab ihrer Not, die erbgesunden Familien bevorzugen muss" (ebd.: 19). Die Folgen dessen sind fürwahr erschreckend: Nohl plädierte zwar im Namen „christliche(r) Fürsorge" gegen Euthanasie – hatte aber nichts gegen Zwangssterilisation, „wie das Gesetz zur Verhütung erbkranken Nachwuchses das fordert, das am 1. Januar 1934 in Kraft getreten ist", denn: „Die Sterilisation der Erbkranken, die nicht Kastration, also kein Angriff auf die Persönlichkeit des Menschen, sondern nur die Verhinderung seiner Zeugungsfähigkeit ist, nimmt ihm nicht das Glück der geschlechtlichen Liebe, nur das der Elternschaft." (ebd.: 18) Bei dieser Argumentation bezog sich Nohl weitgehend auf einen von ihm als „kluge Besprechung" (ebd.: 18) gelobten, NS-konformen Gesetzeskommentar des Sanitätsrats Friedrich Leppmann (1934), der zeitgleich in der von Nohl mitherausgegebenen *Zeitschrift für Kinderforschung* erschienen war. Im Übrigen erinnert Nohls Argumentation deutlich an jene (Selbst-)Beruhigungsstrategie, wie sie Werner Villinger (1935) in ebendieser Zeitschrift zum Vortrage brachte. Nohl krönte das Ganze noch durch den – erkennbar von Leppmann (1934: 267) entlehnten – Hinweis, dass er auch nichts gegen Zwangssterilisation bei „grobem Alkoholismus“ habe, denn hier komme zwar nicht die „kranke Erbmasse“ in Betracht, wohl aber u.a. der Faktor „Bedenkenlosigkeit und Rücksichtslosigkeit dieser Gruppen im geschlechtlichen Verkehr“ (Nohl 1933/34: 19). Dass wir es hier, bei diesem von Klafki/Brockmann (2002) bemerkenswerterweise erst gar nicht in Betracht gezogenen Textpassus, mit keinem isolierten Argumentationsakt zu tun haben, zeigt auch der Umstand, dass Villinger 1938, nun in seiner Eigenschaft als Chefarzt der Bodelschwinghschen Anstalten in Bethel (1934–1939), in der nämlichen, inzwischen auch von ihm mitherausgegebenen Zeitschrift (gleichfalls) Propaganda machte für eine Art ‘Endlösung‘ nun auch der ‘sexuellen Frage‘. Denn kaum anders als mit diesem Wort wird man es wohl zu bezeichnen haben, wenn Villinger zumal im Blick auf „sexuell verwahrloste weibliche Fürsorgezöglinge“ (Villinger 1938: 12) die Notwendigkeit eines ‘Reichsbewahrungsgesetzes‘ meinte unterstreichen zu können, um ansonsten dafür zu plädieren, dem Volkskörper, auch mittels „eugenische(r) Ausmerze“, „Schädlinge und Schmarotzer“ (ebd.: 20) fernzuhalten (vgl. auch Niemeyer 2008).

Und schließlich noch darf nicht außerhalb der Betrachtung bleiben, dass Nohl mit seinen Osthilfe-Aufsätzen im Dezember 1933 im (damals von Josef Dolch redigierten) Organ des Nationalsozialistischen Lehrerbundes (NSLB) auf Zustimmung traf (vgl. etwa Eichler 1933: 434), wenn auch nur seitens eines seiner (ehemaligen) Doktoranden. Des Weiteren ist der Hinweis wichtig, dass Nohl in einem seiner Vorträge von 1932 Reklame machte für „die Beteiligung an den Arbeitslagern, die jetzt überall eingerichtet werden“, etwa für jene des Schlesischen Boberhauses (Nohl 1931/32b: 460). Denn damit demonstrierte er sein Einvernehmen mit der (völkischen) Jugendbewegung resp. mit den völkisch disponierten Teilen der bündischen Jugend, deren in diesem Zusammenhang gehörenden einschlägigen Slogan „Nach Ostland wollen wir reiten!“ Nohl denn auch getreulich in Erinnerung brachte – und dies mit dem Zusatz, es handele sich hierbei um eine „alte Wandervogelsehnsucht in neuer Gestalt“ (Nohl 1932b: 44). Es war offenbar dieser Passus, auf den sich die Nohl-Schülerin Elisabeth Siegel bezog, als sie in ihrer Autobiographie schrieb, man könne derlei heute (1981) nur „mit Betroffenheit“ lesen, weil Nohl „über die Unvereinbarkeit zwischen den von ihm skizzierten humanitären Idealen und den Zielen einer völkischen Ostbewegung [...] glaubte hinwegsehen zu können oder zu müssen“. (Siegel 1981: 100)

Hinzuweisen ist in diesem Zusammenhang darauf, dass der in Rede stehende (völkische) Slogan zu Beginn der 1920er-Jahre in der – von Eduard Spranger unverständlicherweise gelobten – Neupfadfinderzeitschrift *Der Weiße Ritter* popularisiert worden war (vgl. Niemeyer 2004b: 134), um dann nach 1945 von Werner Kindt im Rahmen seiner Edition von Texten der Jugendbewegung in systematischer und leicht durchschaubarer Absicht in Vergessenheit gebracht resp. unterdrückt zu werden (vgl. Niemeyer 2005b). Wie wichtig dieser Slogan resp. Programmsatz war, zeigt das Beispiel des vormaligen Steglitzer Wandervogel Hans Harmsen (vgl. hierzu auch Hammerschmidt 1999: 126 ff.), der 1929 in seiner Eigenschaft als Leitender Arzt für das Gesundheitswesen der Inneren Mission den „bedrohlichen Ernst der deutschen Bevölkerungsfrage im europäischen Raum“ auch und gerade aus eugenischer Perspektive betont hatte und es als Teil der „völkischen Schutzarbeit“ verstanden wissen wollte, den „neue(n) Sinn der Frauenbewegung und der Jugendbewegung“ dahingehend festzulegen, dass der „Wille zum Kind“ gerade im Grenzraum wirkmächtig werde. Harmsen in diesem Zusammenhang und ganz so, als gäbe er eine Vorlage für Nohls Vorlesung von 1933/34: „Alle Schutzarbeit ist vergeblich, wenn es nicht in absehbarer Zeit gelingt, den schleichend durch Einwanderung [...] vordringenden Slawen endgültig einen Grenzwall durch eine ortsfeste geburtenkräftige Bauernbevölkerung, also durch inneren Volksüberdruck, entgegenzusetzen.“ (zit. n. Kappeler 2000: 426)

Kaum überraschen kann insoweit, dass Nohl in ebendieser Vorlesung seinen Nekrolog auf die bürgerliche Jugendbewegung in die Worte kleidete: „Was ihr fehlte, war die Geschlossenheit des Charakters, die zu dem Gefühl auch die Härte des Willens hinzugab und die jugendlichen Individuen ausrichtete in die Einheit einer nationalen Front.“ (Nohl 1933/34: 83) Denn dies entsprach ganz dem Ton der neuen, auf die Hitlerjugend als ‘nationale (Jugend-)Front’ abstellenden Zeit, den Nohl auch in diesem Fall getreulich kopierte, und zwar bis hin zu dem Lob der „soldatischen Zuchtform, die Hitler unserem Volk vorgeschrieben hat, indem er es in die SA-Uniform und die Uniform des Arbeitsdienstes steckte, ihm Mythos und Symbol gab und [...] es damit vereinfachte und konzentrierte“ (ebd.: 90). Führerkult war dabei vom Ansatz her mitgedacht, wie die wenige Zeilen später dargebotene Quintessenz illustriert: „Nur der Führer lebt den Typus vor. Auch hier geht die Bewegung der Typenbildung unerbittlich von oben nach unten, und nur wenn die Führererziehung gelingt, wird auch die Volkserziehung gelingen.“ (ebd.: 91) Innerlich deutlich erregt von der neuen Zeit, die nun anzubrechen schien, fuhr Nohl Seiten später fort: „Wenn jetzt in der Morgenfrühe der Kreis junger Menschen um den Fahnenmast steht und mit dem Lied das Hissen der Flagge begrüßt, spürt jeder den Schauer der metaphysischen Wirklichkeit der Volksgemeinschaft und erfährt die formende Gewalt, die nur das Symbol besitzt.“ (ebd.: 97 f.) Und, als genüge auch dies noch nicht, um sich verständlich zu machen: „Beide Formen [Hitlerjugend und SA einerseits sowie Arbeitsdienst andererseits; d. Verf.] geben dem Einzelnen die Uniform des Ganzen und damit auch die Ehre des Ganzen, lassen ihn die Charakterstärke der Zucht, der Einordnung, des Dienstes erleben und richten jeden Einzelnen im Zusammenhang seiner Formation in die gemeinsame Front und zugleich auf den höchsten Führer des Staates aus.“ (ebd.: 118) Zum Relativieren und zum Beschönigen, so viel scheint klar, besteht hier nicht mehr der geringste Anlass.

Erwähnt sei schließlich noch das schon von Peter Dudek (1988 b: 205) problematisierte Nachwort Nohls zu seiner 1935 vorgelegten Buchausgabe seiner beiden Handbuchartikel von 1933, das „nahezu deckungsgleich [ist] mit dem Einleitungskapitel der Vorlesung von 1933/34" (Zimmer 1998: 516) und aus welchem hier der Satz herausgestellt sei, dass „der Einzelne den Stil seiner Bildung [...] nur aus dem Lebensstil seines Volkes [gewinnt]". (Nohl 1933/35: 222) Denn von hier aus ist ohne weiteres der Brückenschlag möglich in Richtung des erstmals 1935 erschienenen und 1961 letztmals aufgelegten Nohl-Buches *Die ästhetische Wirklichkeit*, in welchem man Sätze lesen kann wie beispielsweise: „Wir [...] wollen in unseren Ausstellungen nicht nur halb bekleidete Modelle, Masken und Harlekine sehen – Ausdruck eines Lebens, das als sinnloses Spiel erschien –, sondern Gestalten und Köpfe, auch nicht mehr das Proletarierelend und die Hassgebilde der Zeitkritik, diese negativen Reaktionen eines Ethos der Vollendung – sondern die Leitbilder unseres wieder aufsteigenden Geschlechts" (Nohl 1935 a: 215). Dass Nohl diese Formulierung 1952 abzüglich ihrer nun unzeitgemäß gewordenen Negativkonnotation im Sinn ihrer Funktionalisierbarkeit für die Nazi-Kampagne gegen 'entartete Kunst' – von der er sich nun verhement distanzierte (vgl. Nohl 1952: 14) – erneut nutzte (ebd.: 22), ist ohne jede Frage wohl nur mit der Vokabel 'Chuzpe' zu bezeichnen. Dies hätte an sich auch schon Elisabeth Blochmann auffallen müssen, die den 1952er-Text 1961 erneut in ihrer Edition *Vom Sinn der Kunst* (Nohl 1961) präsentierte. Schlimmer wiegt aber eigentlich, dass Nohl die 1935er-Formulierung noch 1954 aus „technischen Gründen" unverändert zum erneuten Abdruck freigab und lediglich in Aussicht stellte, dem Buch einen zweiten Band folgen zu lassen, der, wie er sagte, „das bringen wird, was ich inzwischen zugelernt habe" (Nohl 1935 a: 216). Nohl nämlich gab hiermit ein Zeugnis für die Unfähigkeit der Deutschen – und mithin auch einiger weiterer deutscher (geisteswissenschaftlicher) Pädagogen wie Erich Weniger und Eduard Spranger (vgl. u. a. Dudek 1995; Siemsen 1995, 1997 a, b) –, sich ihrer Mitwirkung am Ungeist der Nazi-Epoche zu stellen. Denn kaum anders als mit diesen Worten wird man Nohls 1935er-Plädoyer für nicht 'entartete' oder – in Nohls etwas vornehmeren Worten – „volksmäßig gebundene" (Nohl 1935 a: 215) Kunst qualifizieren müssen. Indem Nohl dies 1954 unverändert wiederholte, gab er zugleich auch einen Beleg für die zumindest in diesem Punkt unveränderte Fortdauer seiner völkischen Denkhaltung.

Diese spricht auch aus jenem oben bereits angesprochenen Text von 1951, in welchem Nohl daran erinnert, dass um 1900 das Bewusstsein anhob „von der Erblichkeit allen Lebens, von dem Zusammenhang der Generationen und dem Wesen der Volksgesundheit" und mithin davon, dass „die Gesundheit des Leibes [...] Voraussetzung einer gesunden Seele" sei, und zwar „nicht bloß des Einzelnen, sondern eines ganzen Volkes", um anzufügen: „Gesunde, schöne und edle Menschen wollen wir, die auch gesunde und schöne Kinder haben wollen, ein Volk von guter Rasse, das stolz und mutig durch die Welt geht." (Nohl 1951: 60) Dies sowie den Satz: „Man kann verwahrloste Jugend nicht besser heilen als durch konsequentes sauberes Gemeinschaftsspiel" (ebd.: 59) bei jemandem zu lesen, der als Klassiker der Sozialpädagogik gelten will oder gelten soll, ist fraglos irritierend. Aber es ist, wie uns der Fall Wilker lehren wird (vgl. Kap. 6), keineswegs ungewöhnlich, und, wie der von Damian Miller (2002: 291 f.) bei seinem Inhaltsreferat ignorierte Kontext zeigt, fast zwingend: Nohl nämlich redete im Wesentlichen unter Rückblick auf das damals gerade gefeierte 50. Jubiläum des Wandervogel und traf insoweit – wenn auch in vielleicht verblüffend affirmativer Weise – den völkischen Kern dieser Urzelle der deutschen Jugendbewegung (vgl. hierzu Pross 1964) recht gut. Dies mag genügen, um dem Leser ein abschließendes Urteil über Nohl zu ermöglichen. Und, wie gleich deutlich werden wird: Gebahnt ist damit zugleich der Übergang zum Folgekapitel.

# 6. Karl Wilker (1885–1980): Der ‘gemachte’ Klassiker der Sozialpädagogik

**Biografischer Abriss**

Karl Wilker wurde am 6. November 1885 in Osnabrück geboren. Nach dem Studium der Naturwissenschaften und der Pädagogik in Jena und Göttingen promovierte er 1908 bei Wilhelm Rein in Jena. Nach Ablegung des Staatsexamens für das Höhere Lehramt und kurzer Lehrtätigkeit schloss er ein Zweitstudium der Medizin und Psychologie (1911–1914) an. Von 1917 bis 1920 leitete Wilker eine Fürsorgeerziehungsanstalt in Berlin-Lichtenberg. Danach engagierte er sich publizistisch wie gelegentlich auch praktisch für reform- wie sozialpädagogische Projekte, bevor er 1933 in die Schweiz emigrierte und 1937 nach Südafrika übersiedelte, um dort als Lehrer und Psychologe bzw. Psychotherapeut tätig zu sein. 1964 kehrte Wilker nach Deutschland zurück. 1975 wurde ihm die Ehrendoktorwürde der Universität Frankfurt/M. verliehen. Wilker starb am 23. Mai 1980 in Camberg/Taunus. Von 1912 bis 1922 war er Mitherausgeber der *Zeitschrift für Kinderforschung*. 1921 veröffentlichte er die Schriften *Der Lindenhof* sowie *Fürsorgeerziehung als Lebensschulung.*

Um Karl Wilker ist es ruhig geworden. Vor einigen Jahren angestellte Bemühungen, seine beiden Schriften von 1921 dem Vergessen zu entreißen, blieben, trotz sehr instruktiver biografisch orientierter Beigaben (vgl. Feidel-Mertz 1989; Pape-Balling 1989), eher unbelohnt. Und schon gar nicht findet sich sein Name in den Listen mit Klassikern der Disziplin, die in den letzten Jahren gehäuft verbreitet wurden. Tatsächlich nimmt sich Wilkers Name im Zusammenhang mit der bisher präsentierten Reihe eher wunderlich aus. Er wäre auch kaum von Interesse, wenn sich an seinem Beispiel nicht eine überaus instruktive Theoriepolitik der Nohl-Schule aufweisen ließe. Wilker wurde, um die – in der Einleitung ebenso wie in der Überschrift schon angedeutete – These kurz auf den Begriff zu bringen, in der Weimarer Epoche zum Klassiker der Sozialpädagogik (ihrem geisteswissenschaftlichen Begriff nach) ‘gemacht’. Dies geschah, um eine Vorstellung von der Ideal-Praxis zu geben, auf die hin man theoretisierte. Dies geschah aber auch, um einer (vermeintlich) schulenkonformen und seinerseits wieder Schule machenden Gestalt und des über sie organisierbaren Praxisparadigmas (‘sozialpädagogische Bewegung’) habhaft zu werden. Außerdem sollten auf diese Weise konkurrierende Praxisparadigmen und deren theoretische Voraussetzungen – etwa

Bernfeld und dessen Projekt *Kinderheim Baumgarten* – der Aufmerksamkeit entrückt werden. Die These, so formuliert, klingt wie eine Verschwörungsphantasie. Den Test darauf mag das folgende geben. Dabei soll zugleich auch deutlich werden, inwieweit Wilker – wie angedeutet (vgl. Kap. 2.4) – auch für die Vertreter der Wichernorthodoxie zum 'Fall' geriet. All dem hat ein Blick in Wilkers Werk vorauszugehen.

## 6.1 Das Werk: „Der Mensch ist gut"

*Der Lindenhof* (1921): Motivierend speziell für das Lindenhofprojekt war, Wilkers Selbstzeugnis zufolge, ein Buch, das ihm schon als Student Anlass wurde zur Empörung „gegen diesen ganzen erbärmlichen Plunderkram einer Fürsorgeerziehung, die von Frömmigkeit triefte, aber gleichzeitig Mittel zur Zucht (…) nicht scheute, die teils stark nach mittelalterlicher Folter, teils noch stärker nach irregeleiteter Sexualbefriedigung aussah" (Wilker 1921a: 10). Wilkers Ansatz wäre aber missverstanden, wenn man nicht zu unterscheiden wüsste zwischen seiner Kritik an der Kirche und seiner Berufung auf Jesu Christi und seine Jünger und den daran geknüpften Vorschlag, wonach man wieder den Geringsten und Niedersten dienen solle (ebd.: 80). Insoweit definierte Wilker sein eigenes Wollen als wahren Sozialismus, dessen Sinn er übersetzte mit 'Helfenwollen' und 'Christusliebe' bei deutlicher Verwahrung gegen Partei- oder Kirchenpolitik (ebd.: 158). Ausgestattet mit dieser Motivlage und unter hier nicht näher interessierenden Umständen wurde Wilker im März 1917 zum Leiter der Lichtenberger Fürsorgeerziehungsanstalt für schulentlassene männliche Zöglinge berufen.

Schon bald sah er sich dabei eingezwängt in die übliche Aufarbeitung von Akten, Dienstanweisungen, Hausordnungen, Konferenzbeschlüssen. Die Gefahr, infolgedessen zu einem Schablonenmenschen zu werden (ebd.: 14), schien ihm vor allem auch deshalb gegeben, weil die Anstalt, die damals von 300 Jugendlichen belegt war, Verteilungscharakter hatte, so dass in einem Jahr 1500 Jungen die Anstalt frequentierten, was die kontinuierliche pädagogische Arbeit erheblich erschwerte und eine Art Verwaltungsmentalität begünstigte. Hinzu kam, dass Wilkers zentraler Auftrag darin bestand, anhand des 'Zöglingsmaterials' wissenschaftliche Untersuchungen in der Logik der damals aufstrebenden Kinderforschung durchzuführen.

Schon bald sah sich Wilker an diesen Auftrag nicht gebunden und wollte stärker pädagogisch arbeiten. Gleichwohl stellte er nicht in Frage, dass man Kriterien benötigte, um etwa lungenkranke oder geschlechtskranke Jugendliche entsprechend auszusondern. Außerdem galt es, die herauszufinden, die eine Lehre beginnen wollten bzw. dazu in der Lage waren (ebd.: 25), denn der Anstaltszweck erlaubte zumindest in begrenztem Umfang die Bereitstellung entsprechender Funktionen, insbesondere im Versorgungsbereich. Und schließlich noch galt auch für Wilker der Grundsatz: „Wer unter seinen Kameraden leidet oder sie leiden macht, den tut man besser fort" (ebd.: 23). Wenig später heißt es mit überraschender Deutlichkeit: „Mir persönlich unbequeme Jungen hätte ich in die Irrenanstalt gebracht" (ebd.). Die Praxis war gleichwohl eine andere. Wilker musste nämlich die Erfahrung machen, dass man Einzelne etwas vorschnell aufgegeben hatte oder wieder zurückholen konnte. Insoweit wehrte er sich mit einigem Recht gegen den auch von außen erhobenen Vorwurf, wonach er die unbequemen und schwererziehbaren Elemente abschöbe.

Der Tagesablauf, so wie ihn Wilker sich wünschte und allmählich herstellte, sah dann etwa so aus, dass im Sommer um 5 Uhr und im Winter um 6 Uhr geweckt wurde – mit großer Fröhlichkeit übrigens (jedenfalls wenn man Wilkers mitunter verkitschter Darstellung trauen darf): „Und wenn meine Buben auch noch 20 Minuten ein Recht gehabt hätten auf Schlaf – sie waren selbst voll Heiterkeit und Frohsinn, wenn ich kam. Bei manchen gab es einen Kampf um die Bettdecke. Mitunter war er auch mal so erbittert, dass dabei die Betten umflogen [...]. Für alle gab es einen frohen, guten Morgengruß und für viele einen festen Händedruck" (ebd.: 36). Der Sache nach eröffnete Wilker den Tag nicht mit der damals üblichen christlichen Andacht, sondern mit Zitaten aus den reichen Schätzen des Klassikerbestandes (einschließlich Nietzsche). Die Begründung hierfür war eindeutig: „Ich konnte nicht machen, was ich als Junge mitmachen musste: Choral, Bibelwort, Choral – und keiner hört darauf, sondern jeder lernte schnell noch Vokabeln oder Geschichtszahlen – oder zotete. Es ist auch eine der vielen gesellschaftlichen Lügen, man könne den Menschen mit Gewalt, mit Autorität Frömmigkeit beibringen" (ebd.: 37). Nach der so verstandenen 'Andacht' und den üblichen Prozeduren stand für eine Stunde Schulunterricht auf dem Programm, dies aber unter der besonderen Erschwernis, dass man für 250 Jungen nur 3 Lehrer hatte, die sich auf immer neue Schüler aus allen denkbaren Klassen und Schulen einzustellen hatten. Deswegen auch zog Wilker Einzelvorträge und ein Vertiefen in ein einzelnes Werk vor. Dann ging es – wie Wilker betonte: „mit einem frohen Lied" (ebd.: 39) – an die Arbeit, für sieben Stunden, danach Freizeit, Abendandacht etc., all dies allerdings getragen von Wilkers Skepsis gegenüber dem „alte(n) traditionelle(n) Schema", das er mit den Worten kommentierte: „Paarweise angetreten zur Schule, zum Essen, zur Arbeit, zum Spielen, zum Schlafen! Ach ja – ginge es nur – so auch noch – zum Sterben! Zucht und Ordnung sind dann wenigstens bis zum letzten gewahrt!" (ebd.: 64f.)

Das zentrale pädagogische Prinzip war für Wilker das der Wechselwirkung von Mensch auf Mensch, und zwar unter Bedingungen der Angstfreiheit, wie seine rhetorische Frage verdeutlicht: „Aber kann von einer solchen Wechselwirkung da die Rede sein, wo Unmenschlichkeit, wo Barbarei noch herrscht? Wo man den Zögling als Sklaven, als Paria, als Halb-Menschen nur betrachtet? Wo seine Worte Lüge sind, seine Angaben Schwindel, wenn es einem so in den Kram passt? Wo man von ihm strikten Gehorsam, widerspruchsloses Beugen unter die Autorität erwartet?" (ebd.: 40) Auch dies war kritisch gemeint gegenüber der konfessionellen Fürsorgeerziehung und getragen von dem Anspruch, an die Stelle der Autorität selbstverantwortete Freiheit treten zu lassen. Anstelle des Bewegtwerdens von außen ging es ihm darum, aus der Jugend heraus eine Bewegung – ganz im Geist dessen, was Jugend-Bewegung meint – entstehen zu lassen. Als Zeichen für eine solche Bewegung galt Wilker der Umstand, dass die Jugendlichen selbst ihrer Einrichtung den Ausdruck *Gemeinschaft Jugendland* bzw. später Erziehungsheim – statt Erziehungsanstalt – *Lindenhof* zulegten (ebd.: 41, 44). Diese Veränderung im Sprachlichen wurde begleitet durch eine Veränderung im Äußerlichen dahingehend, dass Wilker die militärische Zucht abschaffte, die verrammelten Fenster öffnete, die Rohrstöcke beiseite legte, die Arrestzellen nicht mehr benutzte, Gitter und Drahtnetze in den Schlafsälen beiseite schaffte und das Heim, nachdem überraschend Geld bewilligt worden war, farbig anstreichen ließ (ebd.: 47 ff.). Eine weitere wichtige Veränderung war die Selbstverwaltung, die mit einem Jungenrat anfing, der aus Vertrauensjungen gebildet und alle zwei Monate wiedergewählt wurde (ebd.: 50). Den weiteren Impuls hin vom Jungenrat zu einem Jungengericht gab Wilker selbst, indem er bei einem Elternnachmittag von Kinderrepubliken in Amerika und von Kindergerichtshöfen erzählte, etwa unter Orientierung an Berthold Ottos Hauslehrerschule. Das Kind, so Wilker, sei besser geeignet, des Kindes Vergehen in seiner Gemeinschaft zu beurteilen, als die Erwachsenen, zumal Kinder nicht 10- bis 20-jährige Erwachsene, sondern eben Kinder seien, „d. h.: glücklicherweise anders geartete und anders denkende Wesen als der erwachsene Mensch!“ (ebd.: 52) Das Jungengericht Wilkers entsprach dem Ansatz nach dem von Bernfeld in *Kinderheim Baumgarten* geschilderten Unternehmen.

Im August 1917 kamen dann auch Schuljungen in die Einrichtung, weil die Waisenhäuser infolge des Krieges überfüllt waren. Entsprechend wurde eine Unterabteilung von 30 Schuljungen gegründet, wobei Wilker selbst diese Schulabteilung als sein Königreich empfand. „Guten Morgen, aufgewacht, 1, 2, 3 – und schon sausten mir die kleinen Hemdenspatzen um den Hals“ (ebd.: 59), lesen wir denn auch bei ihm, als schriebe er an einem Erziehungsroman, der wenig später in Sachen des von Wilker gehaltenen ‘Unterrichts’ die folgende lyrische Passage bringt: „Wie hat uns das reich gemacht, wenn wir nachmittags in der Sonne auf der Wiese lagen und horchten, was Hermann Löns oder Swen Fleuron von den Tieren erzählten! Wenn wir dann hinaufschauten in den weiten Himmel! Wenn wir in die Blütengeheimnisse eindrangen, der Spinne beim Netzbau zusahen, den Falter im bunten Kleid beschauten …“ (ebd.: 60). Die ‘Schularbeit’ wurde nach einigen Monaten durch von außen geholte Reformkräfte (Freunde Wilkers aus dem Wandervogel, Pfadfinder und Quäker) gestützt. Sie orientierten sich u.a. an Berthold Ottos Gesamtunterrichtskonzept, folgten also keinem Lehrplan, sondern griffen die Fragen und Interessen der Kinder auf und wollten so die freie Entwicklung der Kindesseele gewährleisten. Oft genug fiel denn auch der Unterricht aus zugunsten des Besuchs einer Ausstellung oder des Zoos – Erlebnisse, so Wilker, deren Bildungskraft oft unterschätzt werde. Ausführlich berichtete Wilker denn auch von den Vorleseabenden und von den darin anknüpfenden Diskussionen über den Wert der Strafe, über Todesstrafe und über das Gefängnis (ebd.: 74) und über die allmählich um sich greifende Lebendigkeit des geistigen Lebens im Lindenhof. Aus einem rückblickenden Porträt Egon Behnkes, eines Lindenhof-Erziehers, wird allerdings auch deutlich, dass Wilker diese kulturellen Leistungen nur mit einer kleinen Schar sich freiwillig Meldender in seinem Dienst- oder Studierzimmer vollführte, wobei auch Behnke zu einer kitschigen Darstellungsweise neigt: „Prachtvoll zu sehen, wie ihre jungen Leiber zwanglos – ein wenig matt, und doch beherrscht – in bequemen Sesseln und Stühlen saßen oder auf Decken und Kissen auf der Erde ruhten, ihre Ohren der schlichten, gewinnenden Stimme ihres Meisters lauschten und ihre Augen träumerisch ins dunkle wanderten“ (ebd.: 112). Zentral war für Wilkers Kampf gegen den „Sumpf verlogener Kultur, sich prostituierender Gesellschaft, raffgierigen Kapitalismusses“ (ebd.: 72) der Anspruch, die Kinder und Jugendlichen abzubringen von den Großstadtvergnügungen und -verführungen und wieder an eher volkstümliche Freuden zu gewöhnen (ebd.: 69). Auch damit stellte sich Wilker deutlich in die Tradition des Wandervogel. Dies gilt auch für seine Betonung der Bedeutung der Körperkultur in Gestalt des Nacktbadens und Nacktlaufens, das keineswegs gegen die Gesetze der Sittlichkeit verstoße und den in dieser Richtung Argumentierenden dem Verdacht der Heuchelei aussetze, denn, so Wilker: „Starrtet ihr nicht sinngierig auf die hundert Spitzenstrumpfwaden, die um den Preis der Schönheit konkurrieren? Locken euch nicht die roten Ampeln, die dumpfigen Kaschemmen?“ (ebd.: 79)

Das Ende dieses mutigen Versuchs mit jugendbewegter Fürsorgeerziehungspraxis zeichnete sich Anfang Oktober 1920 ab. Schon immer hatten sich die Erzieher und Ausbilder aus der alten Lichtenberg-Tradition – die Wilker nicht hatte entlassen können, – mit großer Skepsis gegenüber Wilker ausgesprochen. Nun aber bot das Demobilisierungsgesetz die Chance, Wilker aufzufordern, seine Wandervogelfreunde zu entlassen, da dieses Gesetz ihre Beschäftigung verbiete (ebd.: 91). Dies führte Mitte Oktober 1920 zu einem Brief der reformorientierten Erzieher an das städtische Jugendamt, in dem sie ihren Gegensatz zu den Erziehern alter Prägung bekundeten (ebd.: 92). Aus der damit offenkundig gewordenen Unvereinbarkeit der Gegensätze zog Wilker im November 1920 die Konsequenzen und verließ zusammen mit den seinem Ansatz verpflichteten Freunden und Mitarbeitern den Lindenhof, nicht ohne dass es zu öffentlichen Protesten und Solidarisierungen kam.

*Fürsorgeerziehung als Lebensschulung* (1921): In dieser wenige Monate nach *Der Lindenhof* erschienenen Arbeit zieht Wilker eine nochmalige, nun stärker theoretisch gehaltene Bilanz des im Lindenhof Geschehenen und von ihm Beabsichtigten. So heißt es beispielsweise: „Ich sah – und sehe auch heute noch – in der Beamtenschaft den natürlichen Feind der Jugend: Sie ist nicht für die Jugend da, will ihr nicht dienen, sondern will bedient werden, will höher bewertet werden“ (Wilker 1921 b: 18). Ausgehend hiervon ließ Wilker nur den Typus „Freund und Kamerad“ (ebd.: 19) als Erzieher gelten, nicht aber die, die lediglich eine sichere Lebensstellung wünschten und die sich vor dem Dienen am Geringsten sträubten, die lediglich Gewaltembleme verwalteten, nämlich den Stock, den Schlüssel und die Akten. Solange diese Erzieher dominierten, sei die Fürsorgeerziehung keine Lebensschule, keine Lebensgemeinschaft (ebd.: 14). Vergleichbar scharf war nun Wilkers Kritik an den religiösen Zwängen, etwa an der Anrufung des christlichen Glaubens im Kampf gegen die sexuelle Not. „Ihr habt alles verbeamtet, sogar den Glauben und die Liebe. Und wir staunen und wundern uns, wenn nun alles kalt und lieblos bleibt, wenn der Frömmigkeit oder besser Frommscheinerei nur allzu bald wieder die teuflische Sünde folgt!“ (ebd.: 24) Wieder einmal bleibt aber das wahre Christentum von dieser Kritik unbetroffen. Jesus, so heißt es nun, würde nicht „Verliese gemauert haben, sie mit frommen Sprüchen bemalt haben, um darin reuige Sünder zu beruhigen“ (ebd.: 24). Anders verhalte es sich mit der Fürsorgeerziehung, die „mit den religiösen Begriffen und Einrichtungen (operiert), gleich als wären sie Impfstoffe gegen das nun mal in jeden Menschen hineingedeutelte Böse oder Schlechte“ (ebd.: 19).

Einen Spiegel dessen sieht Wilker im Sprachgebrauch. So werde kaum noch von Erziehung gesprochen, sondern von ‘Besserung’, womit notwendig vorausgesetzt sei, dass ein ‘schlechter’ Mensch da ist, der ‘gebessert’ werden soll – eine Vorstellung, die mit der Erbsündenlehre trefflich harmoniere und der nur jene widersprächen, die sich im Sinne ihres reinen Kindseins den Glauben an das Gute im Menschen erhielten. Auf ebendieser Glaubenskraft, so Wilker, beruhe seine eigene Arbeitskraft, und ohne diesen Glauben dürfte man eigentlich nicht Erzieher sein (ebd.: 13). Ebenso unverzichtbar war für Wilker die Einsicht, dass man durch autoritäres Erzieherverhalten nur Scheinanpassung erzeugt – „Geheimmenschen“, wie Wilker sagt, bei denen man nicht so naiv sein solle, von Erfolgen zu reden. „Weit ehrlicher ist es, zuzugeben, dass unsere heutige Fürsorgeerziehung bestenfalls zu betrachten ist als eine Sicherung des Staates vor seinen sozialpathologischen Individuen wie dieser vor der Brutalität der Gesellschaft mit ihren und der des Staates mit seinen Gesetzen“ (ebd.: 11). In der Logik dieser Perspektive war es für Wilker naheliegend, einen Jungen, der einen Pfarrer als Lügner beschimpft, nicht zu tadeln, sondern seine Worte zu beachten „als Ausbruch eines übervollen Herzens, das bitterweh leidet unter der Zerrissenheit unserer Zeit“ (ebd.: 19f.). Die Strafe, so Wilker, helfe überhaupt wenig, und die Gesellschaft müsse anerkennen, dass häufig ja auch nur die Falschen erwischt würden, wobei Wilker daran erinnert, dass ihn seine eigenen Jungen einmal in einer Diskussion darauf hingewiesen hätten, dass man sich in kleinen Gruppen vielleicht ein Jungengericht hätte ersparen können (ebd.: 20), dass also, modern formuliert, intime Sozialkontakte aggressives Verhalten hemmen können.

All dies schlägt sich dann in Wilkers abschließend gegebenen Richtlinien für eine zeitgemäße Fürsorgeerziehung nieder. Sie beinhalten den Abschied von Begriffen wie 'Verwahrlosung' und 'Gefährdung' oder 'gut geartet' und 'schlecht geartet' zugunsten einer Psychologie des proletarischen Kindes (ebd.: 25) sowie die Forderung nach unbürokratisch geführten ländlichen Kleinstheimen, die nach dem Grundsatz eines notwendig herzustellenden Vertrauens zu führen seien (ebd.: 26). Dabei dachte sich Wilker das Ganze als eine Lebensgemeinschaft, die zugleich Arbeits- und Produktionsgemeinschaft war und in die nicht nur Fürsorgezöglinge aufzunehmen seien (ebd.: 27). All diese utopischen Entwürfe begründen sich daraus, dass Wilker nun deutlicher sah, dass der Lindenhof auch von seiner ganzen Organisationsstruktur her den Zwecken, die er verfolgte, nicht angemessen war. Was ihm nun vorschwebte, lässt sich am ehesten als ein Fürsorgedorf umschreiben, auch mit Abteilungen für Psychopathen oder etwa Geschlechtskranke und mit Einzelwohnhäusern für die, die dann in der Gemeinde wohnten (ebd.: 30) – ein Modell, das dann am ehesten der Begriff 'Fürsorgeerziehung als Lebensschulung' mit Inhalt zu füllen vermag. – Hiermit war, von kleineren, in diesem Zusammenhang nicht interessierenden Arbeiten abgesehen, Wilkers sozialpädagogisches Wirken abgeschlossen. Die Wilkerdeutung konnte ihren Lauf nehmen – auch dies ein Kapitel für sich.

## 6.2 Die Deutung: Das Werk ist doppelbödig

Wilker war, wie wir gesehen haben, nicht unbedingt ein Freund konfessioneller Fürsorgeerziehung. Insoweit überrascht es schon, dass ausgerechnet aus diesem Kreis die erste und freundlichste Resonanz in Richtung Wilker erging. Backhausen suchte dies später zu rechtfertigen, indem er schrieb, man habe Wilker Raum gewährt, „nicht weil er uns darum bat, sondern weil wir es für notwendig hielten, öffentlich zu bezeugen, dass er vermöge seiner eigenartigen Persönlichkeit in der Erziehung Grundsätze, die wir anerkennen, zur lebendigen und originellen Darstellung bringt“ (Backhausen 1920/21: 174). Dies klingt nicht sehr überzeugend und verdeckt die wahren Motive, aber die Sache selbst steht außer Frage: Es war ausgerechnet *Der Rettungshausbote*, der 1917/18 den Brief eines sechzehnjährigen Wilker-Zöglings abdruckte, in dem dieser über die Beseitigung der Gitter an den Fenstern der in 'Lindenhof' umbenannten Lichtenberger Anstalt berichtete. Der Kommentar des Schriftleiters – offenbar Büchsel – macht deutlich, warum die von Backhausen genannten Motive nicht den Kern treffen: „Wir werden dabei an jene freudige Arbeit erinnert, die Vater Wichern gleich im ersten Winter mit seinen Zöglingen vornahm (1833/34), als er den dichten

Zaun um das alte Rauhe Haus wegräumte" (*Der Rettungshausbote* 1917/18: 74). Gesagt sein sollte damit: Ob 1833 oder 1917 – die Wichern-Motive sind nicht veraltet. Ein Jahr darauf reagierte die gleiche Zeitschrift erneut und brachte einen Text, der offenbar von Wilker stammte und in dem der im Lindenhof stattgehabte Wandel dargestellt wird, verknüpft mit dem Hinweis, dass die vorherigen Stadtregierungen die negative Praxis in Lichtenberg verschuldet hätten. Dies ist der Schlüsselsatz, der den nunmehrigen Kommentar – ebenfalls vermutlich von Büchsel – bedingt, der die eigentliche Motivlage des konfessionellen Interesses an Wilker endgültig klarstellt: „Wenn [] in den Berliner Erziehungshäusern unter kräftiger Unterstützung der jetzigen Stadtväter die Art Wicherns zur Geltung gelangt ist und Segen bringt, so wollen wir uns dessen herzlich freuen" (*Der Rettungshausbote* 1918/1919: 61). Diese 'Freude' war auch eine der klammheimlichen Art. Denn für ein konfessionelles Blatt konnte es in der Hochphase sozialdemokratischer Verstaatlichungsgelüste gegenüber konfessionellen Anstalten kaum etwas Attraktiveres geben als den 'Nachweis', dass Wilkers Reform einer kommunalen Anstalt ihrerseits nicht ohne Motive auskam, denen die christliche Rettungshausbewegung ihre Prägung verdankte.

Es sollte einige Zeit dauern, ehe in konfessionellen Kreisen eine Neubewertung des Falles Wilker griff. Den Anfang hiermit machte Backhausen mit seinem bereits erwähnten Aufsatz (vom Dezember 1920). Er wertete Wilkers Weggang vom Lindenhof zwar noch zurückhaltend, aber doch schon begleitet von der „dringende(n) Bitte, das geschichtliche Erbe unsere Anstalten nicht gering zu achten und alles Heil nur von der „neuen" Erziehung zu erwarten" (Backhausen 1920/21: 175). Wenig später versah Büchsel eine Wilker-Rezension Backhausens mit dem nun schon deutlicher werdenden Kommentar, Wilker habe „für die dämonischen Mächte der Sünde, vor allem für den Schuldbegriff in seiner religiösen Vertiefung kein Verständnis" (Büchsel 1920/21: 54). Im Folgejahr stand für Büchsel (1921/22a: 40) fest, dass Wilker ein Menschenbild vertrete, das mit der christlichen Anthropologie unvereinbar sei. Entsprechend subsumierte er Wilker im Rahmen einer antireformpädagogischen Philippika jenen, die eine „geschlossene Kriegserklärung (vornehmen) gegen alles, was wir Gesetz zu nennen pflegen" (Büchsel 1921/22b: 51). Damit konnte dann auch eine Kriegserklärung in umgekehrter Richtung ergehen, und das Wilker-Verdikt Backhausens besiegelte dieses Intermezzo: „Mich wundert nur, dass er diesen Geist zu rufen wagt; denn Wichern ist das genaue Gegenteil von Wilker" (Backhausen 1922b: Sp. 1063). Dieser Befund fiel nun freilich auch auf die zurück, die Wilker zuallererst in den Rang eines Nachfolgers Wicherns zu erheben sich anheischig gemacht hatten. Sie nämlich hatten schlicht übersehen, dass Wilker, ungeachtet seiner Vorliebe für originäre Christusliebe und seiner an Wichern erinnernden Kultur- und Großstadtkritik, gegen die real existierende konfessionelle Fürsorgeerziehung Sturm lief und einer der Jugendbewegung wie Reformpädagogik verpflichteten Anthropologie verhaftet blieb.

Erst mit einiger zeitlicher Verzögerung zu dieser ebenso irritierenden wie instruktiven Phase der frühen, konfessionellen Wilkerdeutung setzte die des Nohlkreises ein. Den Anfang machte hier Erich Weniger. Er lobte 1927 in einem Aufsatz, der sich kritisch mit der konfessionellen Fürsorgeerziehungstradition auseinander setzte, ausdrücklich das Eindringen der Jugendbewegung in die Fürsorgeerziehung, „wie es sich vor allem in der Erziehungsarbeit von Karl Wilker und jetzt besonders von Walter Herrmann vollzogen hat" (Weniger 1927a: 159). Nohl folgte dem einige Jahre später, als er zum Thema Wilker ausführte: „Die meisten, die damals in die sozialpädagogische Arbeit eingetreten sind, stehen in irgendeiner Verbindung zu ihm" (Nohl 1933/35: 26). Auch Nohl dachte dabei an Wilkers ehemaligen Mitarbeiter Walter Herrmann, der zwischen November 1921 und Juli 1922 (zusammen mit Curt Bondy) den Jugendstrafvollzug in Hahnöfersand zu reformieren versucht hatte. Seitdem kommt kaum eine der durch den Geist Nohls geprägten Geschichtsschreibungen der sozialpädagogischen Bewegung ohne den Hinweis auf dieses Dreigestirn aus (vgl. etwa Herrmann 1956: 11 ff.), wobei Wilker zumeist der Vortritt gelassen wird. „Wilker war der bahnbrechende Vorkämpfer einer humanisierten Fürsorgeerziehung" (Kudritzki 1962: 284), lesen wir etwa in einem der Hauptsache nach von Nohls frühem Schüler und Weggefährten Wilhelm Flitner verantworteten, in den 1960er-Jahren weit verbreiteten Quellenband zur Reformpädagogik.

Bemerkenswert ist an diesem Einvernehmen, das der Historiker zunächst nur zu registrieren hat und auch in den anderen der von Nohl wie Weniger geprägten Diskursnetze – etwa dem der 'Gilde Soziale Arbeit' (vgl. Dudek 1988a: 46; Thorun 2000) – aufspüren kann, die Entschlossenheit, mit der konkurrierende Projekte ausgegrenzt und über Jahrzehnte hinweg der sozialpädagogischen Erinnerungsarbeit entzogen wurden. Dies gilt namentlich für Bernfeld, der weder für Nohl noch für Weniger zu existieren schien. Insoweit ist es durchaus irritierend, wenn der Bernfeld-Herausgeber Ulrich Herrmann Bernfelds 1921 vorgelegten Projektbericht *Kinderheim Baumgarten* jenem Wilkers gleichsetzt (SWB 11: 342). Gewiss ist es gar nicht zu bestreiten, dass das 'Kinderheim Baumgarten', das als jüdische Schulgemeinde für 300 Kriegswaisen beiderlei Geschlechts im Alter von 3–16 Jahren in einem ehemaligen Kriegsspital in Wien im August 1919 gegründet wurde und, unter Bernfelds Leitung, bis April 1920 bestand, als Versuch neuer Erziehung zu gelten hat, der seinen Motivgruppen nach in vielerlei Hinsicht jenen nahe kommt, die auch Wilker im Lindenhof umsetzte. Bernfelds (unspezifischer) Hinweis, sein in Baumgarten praktiziertes Verständnis einer von den Kindern ausgehenden Selbstregulation (unter dem Stichwort 'Schulgemeinde') unterscheide sich „in vielen Punkten von den gleichbenannten oder gleichgemeinten Einrichtungen" (SWB 11: 59) – genannt wird u.a. auch Wilkers Lindenhofprojekt –, ist zwar ernst zu nehmen, lässt sich aber nicht als Indiz für eine gravierende Dissonanz verbuchen. Dies sowie eine weitergehendere Spurensuche in dieser Richtung ist auch gar nicht erforderlich. Denn die hier vertretene These besagt nicht, Nohl habe Bernfelds Praxisparadigma nach genauer Prüfung verworfen und ersatzweise Wilkers Ansatz vorgezogen. Sie besagt vielmehr, dass Nohl hinreichend Anlass hatte, aus der ihm von Bernfeld her insgesamt bekannten Tendenz auf eine Unvereinbarkeit zu schließen, die den Entscheid gegen ihn nicht von widersprechenden Einzelbefunden abhängig machte. Insoweit mag zwar Bernfelds Projektbericht, ähnlich wie jener Wilkers, dem Bewusstsein *moderner* Sozialpädagogik' als 'klassischer Text' gelten. Nohl und Weniger allerdings hätten dies zweifellos nicht gerne gesehen und allein Wilker als jemand herausgestellt, der ihrem Begriff von Sozialpädagogik auch zur Seite der Praxis hin entsprach.

Um die Sache von einer anderen Seite aus anzugehen: Es ist für Nohl nicht entscheidend gewesen, dass sich Bernfelds im Vergleich zu Wilker wesentlich radikalerer Begriff von Jugendkultur ebenso wie seine weniger kulturdenn gesellschaftskritische Absicht, ganz zu schweigen von seiner marxistischen Überzeugung und seinem psychoanalytischen Vorwissen – das Wilker gänzlich abging –, in seinem Praxisbericht weit weniger niederschlägt, als man erwarten würde. Entscheidend war für ihn vielmehr, *dass* Wilker – mit Folgen für sein Lindenhofprojekt – einer Richtung der Jugendbewegung entstammte, der auch Nohl zuneigte und die sich zu jener, der Bernfeld zugehörte (vgl. Herrmann 1985; Dudek 1992), wie Feuer und Wasser verhielt. Dies schon zeigt die Dissonanz zwischen beiden im Nachgang zum Treffen der Jugendbewegung auf dem Hohen Meißner 1913. Die hier verabschiedete berühmte 'Meißnerformel', wonach die Jugend ihr Leben künftig aus eigener Bestimmung, vor eigener Verantwortung und mit innerer Wahrhaftigkeit gestalten wolle, geht zwar wohl auf Natorp zurück (vgl. Kap. 3.4), wurde allerdings vor allem von Gustav Wyneken protegiert, der eine stärker politisch gehaltene Auslegung der Formel im Sinne hatte und sich in dem Streit, der um diese Frage entbrannte, von Bernfeld gestützt sah. Ihm schien die Gefahr nicht abwegig, dass die Freideutsche Jugend zu einem „Schutzverband blonder Tippeltröpfe zur Aufrechterhaltung der eigenen Beschränktheit und Gemütlichkeit" (SWB 2: 114) absinken könne. Wilker seinerseits, vor und im Ersten Weltkrieg einer der Wortführer des völkisch-antisemitischen Zweigs der Jugend- und Lebensreformbewegung (vgl. Niemeyer 2001a), stand entschieden auf der anderen Seite und ließ seine Philippika gegen Wyneken mit den Worten ausklingen (vgl. Schröer 1994: 886): „Wir Erzieher haben die Pflicht, uns auseinander zu setzen mit denen, die um die Jugend kämpfen und buhlen, ihnen 'auf die Finger zu sehen' und, wenn es nötig ist, auch 'zu klopfen'" (Wilker 1914: 93). Die von Wilker paraphrasierte Passage entstammt der jugendbewegten Zeitschrift *Der Anfang*. Hier allerdings begegnet sie einem als drohende Formel gegen die Lehrer alter Prägung, denen man 'auf die Finger zu sehen' (bzw. 'zu klopfen') habe. Autor der Originalwendung war vermutlich Bernfeld selbst, der die – in der Bernfeld-Edition Ulrich Herrmanns berücksichtigte – Zeitschrift *Der Anfang* vom Mai 1913 bis zum Beginn des Ersten Weltkriegs als Mitredakteur (formell fungierte Wyneken als Herausgeber) verantwortete. Wilker wandte also einen in reformpädagogischer Absicht aufgestellten Satz gegen seinen (vermutlichen) Urheber. Und, als sei dies nicht genug an Provokation: Wilker forderte sogar eine „heilpädagogische Behandlung" (ebd.: 91) für die durch Wyneken beeinflusste Jugend und deren neuere Sprecher (wiederum insbesondere Bernfeld) – eine doch immerhin bemerkenswerte Forderung für den, der wenig später mit dem Lindenhofprojekt Furore machen sollte, um noch einmal gut zehn Jahre später (1928) für die 'Auslese' von Psychopathen einzutreten (vgl. v. Wolffersdorff 1997: 107 f.). Auf den zweiten Blick allerdings zeigt sich, dass Wilker damit nur anknüpfte an (eugenische) Gedanken, wie er sie – teilweise in Rezeption US-amerikanischer Literatur – schon vor dem Ersten Weltkrieg beispielsweise in der *Zeitschrift für Kinderforschung* vorgetragen hatte (vgl. Henseler 2004; Schönberger 2005).

Dies mag genügen, um das Ergebnis in der Hauptsache zusammenzufassen. Denn auch wenn Wilker im hohen Alter (1964) unter Verweis u.a. auch auf Bernfeld betonte, dass er keineswegs der einzige Impulsgeber auf dem Felde der Reform der Fürsorgeerziehung gewesen sei (vgl. Krebs 1975), sollte man dieser Alterssanftmut gegenüber doch nicht vergessen, dass er sich in jungen Jahren als Bernfelds Antipode verstand. Wilker war Romantiker, Humanist, Kulturkritiker, Idealist, Quäker, Asket, Lebensreformer und Feind jeder Parteipolitik, also ein – abzüglich des Quäkertums – Wandervogel par excellence. Darin war er exemplarisch für eine Jugend, an der Nohl lag und auf die Bernfeld, der leidenschaftliche Linksintellektuelle, nur mit Verachtung herabschaute. Insoweit gewann Wilker Nohls Ansehen vermutlich gerade deshalb, weil er selbst sich diesem so ähnlich wusste, wie er sich von Bernfelds Denk- und Lebensform unterschied.

Die Zustimmung Nohls gegenüber Wilker ist natürlich nicht unabhängig zu sehen von seiner Affinität gegenüber dem, was Wilker im Lindenhof bezweckte und in seinem diesbezüglichen Bericht dazu ausführte. Denken ließe sich etwa an Wilkers Bekenntnis, wonach jeder Mensch ein Künstler sei, verbunden mit einer Kritik an der Psychoanalyse, die das künstlerische Schaffen zu ergründen suche und dadurch kleinarbeite (Wilker 1921 a: 146). Denn ähnlich sah auch Nohl die Sache, ergänzt allenfalls um die – gleichfalls von Wilker (1921 b: 14) vertretene – Konkretisierung, wonach das Erziehertum kein Brotberuf sei, sondern inneres Schöpfertum. Eng damit im Zusammenhang hat man übrigens Wilkers Resümee zu sehen: „Nichts, gar nichts kann ich euch beweisen. Gewiss nicht. Ich habe keine Statistiken, keine Intelligenzprüfung, keine psychologischen Profile, keine psychoanalytischen Vivisektionen gemacht. Nur das habe ich: Meine Erlebnisse mit meinen Jungen" (Wilker 1921 a: 68). Vergleichbares findet sich bei Nohl und fundierte seine Skepsis gegenüber empirischer Forschung bei gleichzeitiger Offenheit gegenüber einer Kategorie wie der des – bildungswirksamen – Erlebnisses. Und schließlich noch korrespondierte auch Wilkers Kulturkritik inklusive seines Anspruchs des „Auf-Höhen-Führen[s]“ (Wilker 1921b: 23), den er auch gegenüber der vermeintlich nicht oder kaum bildbaren proletarischen Fürsorgeerziehungsklientel geltend machen wollte, vollständig der von Nohl immer wieder herausgestellten Höherbildungsrhetorik.

Dies indes waren aber letztlich nur ‘Peanuts’ im Vergleich zu der Kampflinie, die Weniger in der Debatte um Wilker und dem damit freigesetzten Streit um das Recht auf das Handlungsfeld der Fürsorgeerziehung markierte. Er nämlich betonte 1927 – zweifellos im Geiste Nohls –, Wilker sei es gelungen, die „Eigengesetzlichkeit der Fürsorgeerziehung“ (Weniger 1927a: 174) und deren Unabhängigkeit von jedweder religiösen Perspektive zugunsten einer dezidiert sozialpädagogischen Haltung geltend zu machen. Schon drei Jahre zuvor hatte Weniger, ebenfalls wohl nicht ganz zufällig, eine weitere Kampflinie eröffnet: die um das Recht auf das Handlungsfeld der Gefängnispädagogik. Auch hier kam er nicht umhin, die Vorleistungen Wicherns zu erwähnen, versah dies aber mit dem wohl nicht von ungefähr gegebenen Hinweis, dass dieses damit stimulierte Interesse in Deutschland „nicht von Dauer gewesen“ (Weniger 1924: 196) sei. Ersatzweise orientierte er die Aufmerksamkeit der Fachwelt – kaum überraschend nach dem bisher Gesagten – auf Walter Herrmann und Curt Bondy sowie deren Versuch, die „Erlebnisse und Erfahrungen der Jugendbewegung auf ihren neuen Wirkungskreis“ (ebd.: 197) – eben den der Gefängnispädagogik – zu übertragen. Damit war den berufenen Nachahmern Wilkers der Weg geebnet, nun aber mit dem beruhigenden Wissen darum, dass man diesen ihre Stellung und Funktion im Nohlkreis bereits 1923 angewiesen hatte. Insoweit, so jedenfalls mochte Wenigers Hoffnung lauten, war man – anders als im Fall Wilker – der Mühe des nachträglichen Nachweises gemeinsamer Grundüberzeugungen enthoben.

# 7. Siegfried Bernfeld (1892–1953): Der 'Entdeckteste' aller Sozialpädagogen

**Biografischer Abriss**

Siegfried Bernfeld wurde am 7. Mai 1892 als Sohn eines wohlhabenden jüdischen Kaufmanns in Lemberg (Galizien) geboren und wuchs in Wien auf. Ab Wintersemester 1911/12 studierte Bernfeld in Wien Biologie, Zoologie, Geologie und Pädagogik, später (ab Sommersemester 1913) Pädagogik, Psychologie, Philosophie und Soziologie. 1915 promovierte Bernfeld mit einer Arbeit über den Jugendbegriff. 1919 wurde er, ungeachtet seiner marxistischen Grundorientierung, Mitglied der Wiener Psychoanalytischen Vereinigung. 1919/20 leitete Bernfeld das 'Kinderheim Baumgarten', Mitte 1922 nahm er seine psychoanalytische Praxis auf. 1925 zog Bernfeld nach Berlin um, wo er sich im Bund Entschiedener Schulreformer engagierte und bei der Berliner Psychoanalytischen Vereinigung das Lehrgebiet „Psychoanalyse und Pädagogik" vertrat. Außerdem unterrichtete er von 1926/27 bis 1930, teils in Zusammenarbeit mit Carl Mennicke, an der Deutschen Hochschule für Politik. 1932 kehrte Bernfeld nach Wien zurück. 1934 emigrierte er nach Südfrankreich, dann nach London und schließlich (1937) in die USA (San Francisco). Dort wirkte er bis zu seinem Tode im Jahr 1953 als Psychoanalytiker und, zusammen mit seiner (dritten) Ehefrau, als Freud-Biograph (vgl. Herrmann 1992b; Fallend/Reichmayr 1992: 347). – Von Bernfelds Schriften seien genannt: *Kinderheim Baumgarten* (1921), *Vom dichterischen Schaffen der Jugend* (1924), *Sisyphos oder die Grenzen der Erziehung* (1925) sowie *Trieb und Tradition im Jugendalter* (1931).

Bernfeld ist uns bisher an drei Stellen begegnet: zum einen mit seinen Kommentaren zu Pestalozzi (vgl. Kap. 1); zum anderen mit seinen Einlassungen im Zusammenhang des jugendfürsorgerischen Ausgrenzungsdiskurses (vgl. 5.3); und schließlich mit seiner Stellung innerhalb der Jugendbewegung sowie seiner in diesem Zusammenhang interessierenden Arbeit im Kinderheim Baumgarten (vgl. Kap. 6.2). Diese Aspekte, die uns in der Folge nicht mehr oder nur am Rande interessieren werden, reichen natürlich nicht aus, ihn als Klassiker der Sozialpädagogik zu verrechnen (was in neuerer Zeit, wie in der Einleitung gesehen, gehäuft geschieht). Dem scheint auch schon der Umstand entgegenzustehen, dass der Ausdruck Sozialpädagogik bei Bernfeld nicht vorkommt (Müller 1992: 59) – was allerdings, wie Burkhard Müller zu Recht ergänzt, an sich kein Hemmnis ist (und auch für andere der in diesem Buch behandelten Autoren, wie etwa Karl Wilker, gilt). Dies mag auch erklären, dass Ulrich Herrmann wenig Mühe hat, Bernfelds *Kinderheim Baumgarten* als einen der „klassischen Texte der modernen Sozialpädagogik“ (SWB 11: 342) zu verrechnen. Die Rückerinnerung an Wilker legt allerdings die Frage nahe, ob man nicht Anlass hat, auch in Bernfeld einen ‘gemachten’ Klassiker der Sozialpädagogik zu sehen – einen Klassiker allerdings nicht auf dem Stand des (dominanten) Disziplinverständnisses der 1920er-Jahre, sondern auf dem der Selbstauslegung der (um Herrmanns Formel aufzunehmen) ‘modernen Sozialpädagogik’, die offenbar keine Schwierigkeiten hat, Bernfeld das Verdienst zuzusprechen, den „disziplinhistorischen Grundstein“ für das heutzutage gängige Verständnis einer „alltagsorientierten Jugendhilfe und Sozialarbeit“ (Böhnisch/Schröer/Thiersch 2005: 72) gelegt zu haben. Beides, nämlich das Ignorieren Bernfelds in den 1920er-Jahren, aber auch seine Rehabilitation in der jüngeren Gegenwart (vgl. auch Jaletzke 1997; Müller 2002; Treptow 2002b; Niemeyer/Naumann 2006), lässt sich also möglicherweise als symptomatisch nehmen für den Entwicklungsgang einer Disziplin weg von einem pädagogischen hin zu einem erziehungswissenschaftlichen Selbstverständnis. Zunächst aber sei erzählt, wie es zu der Überschrift kam.

Bernfeld, dieser – wie eine Zeitzeugin begeistert notierte – „große schöne Psychologiestudent mit den pechschwarzen, zurückliegenden Haaren und den riesigen schwarzen Augen“, der eine „ausgesprochene Begabung für Gemeinschafts- und Organisationsarbeit (hatte) und jene Mischung von pädagogischem und psychologischem Können, das immer mehr junge Leute zu ihm als Freund und Führer aufsehen ließ“ (zit. n. Herrmann 1992b: 11 f.), startete seine Karriere mit einer dreifachen Hypothek, war er doch Jude, Psychoanalytiker und Marxist. „Dies“, so Hans Thiersch, „stigmatisierte ihn für die herrschende Pädagogik offenbar so, dass er [...] keinen Zutritt fand zu ihrem Zitatenkarussell“ (Thiersch 1978c: 69). Dem korrespondiert die Behandlung, die Bernfeld über Jahrzehnte hinweg in den Geschichten der (Reform-)Pädagogik erfahren hat (vgl. Adam 1992).

Abgezeichnet hatte sich dies angesichts eines Vorgangs, den Heinz-Elmar Tenorth unlängst aufdeckte: das Scheitern des – selbst von Freud unterstützten – Gesuchs um einen Lehrauftrag für Bernfeld an der Berliner Universität im Jahre 1931. Denn damals schon galt Bernfeld, den Gutachten zufolge, als ein unseriöser Wissenschaftler, dessen Arbeiten durch ihre „Leidenschaftlichkeit“ weit von dem erwägenden Ton entfernt seien, „der in der Wissenschaft und besonders im akademischen Leben selbstverständlich sein sollte“ (zit. n. Tenorth 1992; 1999). Hinzugesetzt wurde noch, dass Bernfeld ein nicht ungefährlicher Psychoanalytiker sei, insoweit die Psychoanalyse nichts weniger erzeuge als ein pädagogisch problematisches „Misstrauen zwischen Eltern und Kindern, Schülern und Erziehern“ (ebd.: 31). Eduard Spranger, der an diesem Vorgang offenbar im Hintergrund beteiligt war (ebd.: 29), hatte allen Grund, Bernfeld als unerwünscht zu betrachten, war es dieser doch gewesen, der ihm 1927 in einer Rezension einen „wehleidigen, romantischen und ressentimentgeladenen Begriff von

Wissenschaft“ (SWB 1: 176) vorgeworfen hatte. Und doch: Ganz ohne Verständnis (wie Tenorth) wird man die offenbar durch ein Gegenressentiment Sprangers vorangetriebene Ablehnung des Lehrauftrags für Bernfeld wohl nicht betrachten dürfen. Denn einerseits gilt es zu bedenken, wie der akademische Mainstream insgesamt damals auf die Psychoanalyse reagierte – erinnert sei nur an Isserlin (vgl. Kap. 5.3). Andererseits ist es schlicht nicht von der Hand zu weisen ist, dass Bernfelds Ton weit von jenem entfernt ist, ‘der in der Wissenschaft und besonders im akademischen Leben selbstverständlich sein sollte’.

Inzwischen allerdings haben sich die Zeiten geändert. Die Bernfeldbewertung blieb davon nicht unbetroffen, wenngleich auch hier die Details nicht ohne Interesse sind. So erwähnte beispielsweise Dietrich Benner in der 1978 erschienenen Neuausgabe seiner *Hauptströmungen der Erziehungswissenschaft* – einem, von monierten (vgl. Kap. 4.1) Ausnahmen abgesehen, nach wie vor bemerkenswerten Parforceritt durch traditionelle und moderne Theorien – Bernfeld nur in einer einzigen Fußnote (Benner 1978: 399), und zwar mit eindeutiger Tendenz, nämlich dahingehend, dass er von einem pädagogischen Klassiker wie Herbart keine Ahnung gehabt habe. Dieser Einwand war nicht sonderlich glücklich, weil sich Bernfeld in der von Benner beanstandeten Passage weniger als ideengeschichtlich denn als systematisch argumentierender Pädagoge betätigte. Aber er ist gleichwohl hilfreich, weil sich die Schwäche Bernfelds auf dem Felde pädagogischer Ideengeschichte nicht übersehen lässt, was insgesamt zu einer nicht unwichtigen Frage führt. Sie leitet sich aus dem Umstand ab, dass Ulrich Herrmann, der der Sache nach eher mit Benner als mit Bernfeld sympathisieren dürfte, 1991 eine (nach drei Bänden allerdings leider abgebrochene) Edition der *Sämtlichen Werke* Bernfelds startete, die immerhin auf 16 Bände angelegt war und damit wohl zu einem der größten Editionsvorhaben in der Disziplingeschichte geworden wäre – und dies, wo selbst die Werke Nohls bis heute einer Gesamtausgabe harren und Aloys Fischer allenfalls mit zwei Drittel seiner Werke (und dies auch nur in einer längst vergriffenen Ausgabe) präsent ist. Was also erklärt diese rasante Karriere Bernfelds vom Außenseiter hin zu dem – wie die Überschrift ironisch mitteilt – ‘Entdecktesten’ aller (Sozial-)Pädagogen?

Man wird wohl kaum antworten können, in der Disziplin sei zwischenzeitlich eine neue Leidenschaft für ‘Leidenschaftlichkeit’ – um eines der zentralen Monita aus den von Tenorth beigezogenen Gutachten aufzugreifen – heimisch geworden. Möglicherweise aber ist zweierlei förderlich gewesen:

1. ein geheimer Zweifel darüber, ob und wie lange sich noch haushalten lasse mit den Wissensbeständen des Mainstream;
2. der ebenso schlichte wie viele ergreifende Umstand, dass Bernfeld 1992 einhundert Jahre alt geworden wäre.

Um zunächst nur diesen letzten Gesichtspunkt aufzugreifen: Theoriekonjunkturen werden selbstredend auch, wie zuletzt erst wieder das Pestalozzijahr 1996 nachhaltig illustrierte, beeinflusst durch außerwissenschaftliche Interessen. In diesem Sinne ist Nietzsche angesichts seines anstehenden 100. Todestages gewiss im Moment ein heißer Tipp. Wer um die geheime Selbstironie dieser Bemerkung nicht weiß, kann sie als ehrenrührig beiseite setzen. Den übrigen soll sie die Augen öffnen für ein Thema, das seinerseits – in der Wissenschaftssoziologie – Gegenstand seriöser Wissenschaftlichkeit zu sein beansprucht. Dies freilich könnte zunächst nur erklären, warum uns ausgerechnet das Jahr 1992 eine Reihe an Publikationen über Bernfeld bot, ganz zu schweigen von dem 1991 anhebenden Beginn der Edition seiner Werke. Nichts gesagt hingegen ist zu der Frage, ob und inwiefern Bernfeld diese Ehre nicht doch zu Recht erfuhr. Im Sinne der eben angestellten erstgenannten Bemerkung erfordert die Antwort auf diese Frage eine Verständigung darüber, welche sozialpädagogischen Themenbereiche es denn sind, die sich mit Bernfeld besser klären lassen als mit den Herangehensweisen des (sozialpädagogischen) Mainstream.

Ulrich Herrmann hat hierauf geantwortet und herausgestellt, dass Bernfelds Schriften, insbesondere seine „Beiträge zur Soziologie der Erziehung bzw. zur Sozialisationstheorie", grundlegend seien für die moderne Sozialpädagogik (SWB 11: 342). Dies klingt – wie noch genauer zu zeigen sein wird – über die Maßen friedlich. Verdeckt wird damit, dass der sich so auslegenden 'modernen Sozialpädagogik' eine Rezeptionsphase Bernfelds vorauslief, die durchaus radikalere Motive verfolgte, als nur das der Fundierung der in den 1960er-Jahren anhebenden sozialwissenschaftlichen Orientierung der Disziplin. Motiviert wurde diese Rezeptionsphase durch die von Herrmann zu Recht als editorisch unbefriedigend verworfene dreibändige, 1969 vorgelegte Werkauswahl, die dem damaligen Zeitgeist mittels des klug gewählten Titels *Antiautoritäre Erziehung und Psychoanalyse Rechnung* trug. Was sich in dieser Auswahl und in ihrer beachtlichen Resonanz aussprach, war die Bedürftigkeit einer durch die Studentenbewegung geprägten Generation, die ihr gerechtigkeitszentriertes Rehabilitationsstreben zeitgleich in die Wiederentdeckung des (psychoanalytischen und marxistischen) Außenseiters schlechthin investierte. Nicht umsonst jedenfalls sprach Hans Thiersch vor einigen Jahren unter Bezug auf diese Phase der Bernfeldrezeption von „Erinnerungen z. B. an die Lust und Befreiung angesichts des aggressiv aufmüpfigen Tons, in dem etablierte Argumente ins out gespielt und erledigt werden, Erinnerungen auch an die Herausforderung und Befriedigung, sich mit Bernfeld, dem Juden, Kommunisten und Psychoanalytiker, einer Tradition auszusetzen, die übergangen und an den Rand gedrängt war und die es endlich in ihr zustehendes Recht einzusetzen gilt" (Thiersch 1992a: 227).

Was dies damals allerdings mitunter im Gefolge hatte (vgl. auch Dudek 1992: 43 f.), war, dass man sich für Losungen eher interessierte denn für

Rekonstruktionsarbeit (eine Orientierung allerdings, die ihrerseits der eines Teils der damaligen Pädagogik entsprach). Und so wurde denn in dieser Phase der Entdeckung Bernfelds im Wesentlichen auch nur die Bernfeldabstinenz Nohls kompensiert, also herausgestellt – wenn diese überblickhafte Verkürzung hier erlaubt ist –, dass Bernfelds Schrift Kinderheim Baumgarten das angemessene, orientierungssichernde und selbstredend freudomarxistische Praxisparadigma der Sozialpädagogik enthalte und sich in Bernfelds Kommentaren – insbesondere im *Sisyphos* – jene Ideologiekritik bekunde, aus der man selber nur lernen könne. Klaus Mollenhauer beispielsweise nutzte einige der zentralen Passagen dieses Buches für seine – gegen die geisteswissenschaftliche Pädagogik gerichtete – These, dass die Tatsache 'Erziehung' unbegriffen bliebe, „wenn sie nicht innerhalb des konkret und historisch gegebenen Funktionszusammenhangs einer Gesellschaft" (Mollenhauer 1972b: 25) verstanden werde. Man kann dieses Zitat, mit dem gebührenden Abstand nach all den Jahren, vielleicht dahingehend variieren, dass auch die Tatsache 'Bernfeld' unbegriffen bleibt, wenn man sie nicht innerhalb des Zusammenhangs der akademischen Gesellschaft und der ideengeschichtlichen Zusammenhänge sieht, die Bernfeld vorfand. Damit ist ein Forschungsprogramm markiert, dessen Bewältigung hier natürlich nicht geleistet werden kann. Immerhin aber sei doch die Richtung angedeutet, in die man dabei gehen könnte.

## 7.1 Vom 'sozialen Ort' Bernfelds

Ähnlich wie im Fall Aloys Fischer gaben auch für Bernfeld Ernst Meumanns *Vorlesungen zur Einführung in die Experimentelle Pädagogik* die Kontrastfolie seines eigenen Begriffsverständnisses in Sachen Pädagogik/Erziehungswissenschaft ab. Dies lässt sich der erstmals in Ulrich Herrmanns Gesamtausgabe veröffentlichten Dissertation Bernfelds mit dem Thema *Über den Begriff der Jugend* (1915) entnehmen. Sie weist mancherlei Zeugnis der Auseinandersetzung mit Meumann auf. Insbesondere Meumanns Vernachlässigung der Psychoanalyse sowie die Zentralstellung der experimentellen Pädagogik widersprach der wissenschaftlichen Konzeption, die Bernfeld in dieser Zeit entwickelte. Aber Meumanns Kritik an einer „Pädagogik der Ideen, Vorschläge, Projekte, Entwürfe und dogmatischen Behauptungen" (Meumann 1907: VII) dürfte Bernfeld zugestimmt haben, ebenso wie seiner Definition, wonach die Pädagogik „die Wissenschaft von der *Erziehungstatsache*" (ebd.: VIII) sei und sich als solche zu entwickeln habe. Denn ebendies ist eine Definition, die Bernfeld in seiner Dissertation hervorhebt (SWB 1:79) und die er wenig später als „treffend" (SWB 2:223) ausweist. Damit ist die Differenz Bernfelds zu Fischer markiert. Denn dieser noch war Meumann mit der Definition der Pädagogik als 'Prinzipienwissenschaft von der Erziehung als Tatsache und Aufgabe' entgegengetreten (vgl. Kap. 4.1).

'Treffend' war die Position Meumanns für Bernfeld insofern, als auch er an der Pädagogik das vermisste, was er später, im Sisyphos, „Tatbestands-Gesinnung" nennen und schlicht mit „Wissenschaftlichkeit" (Bernfeld 1925: 13) übersetzen sollte. Anders aber als bei Meumann erfüllte sich für ihn diese Wissenschaftlichkeit nicht in erster Linie im Reich experimenteller (psychologischer) Forschung, im Gegenteil: Bernfelds Dissertation belegt, dass es die methodenkritische Auseinandersetzung mit Meumann war, die ihn schon sehr früh einen Zugang finden ließ zu dem, was wir heute qualitative Forschung nennen. Dies erklärt Bernfelds Interesse an der Sammlung und Auswertung von Zeugnissen spontaner jugendlicher Tätigkeit, also etwa Gedichten, Tagebüchern oder Briefen. Nur diese Zeugnisse, nicht aber die Antworten auf gestellte Fragen – so wie in der von Meumann gestützten 'experimentellen' Richtung – ermöglichten Bernfeld einen tiefergehenden Einblick in „echte jugendliche Subjektivität" (SWB 1: 105). Bernfeld ging aber noch einen Schritt darüber hinaus: Ihm schwebte vor, mit Hilfe der in der Psychoanalyse gebräuchlichen Technik der freien Assoziation „Kenntnis zu erlangen von den dem Jugendlichen selbst unbewussten Vorgängen, die sein bewusstes Seelenleben begleiten" (SWB 1: 110). Uns soll hier nicht interessieren, wie weit Bernfeld in dieser Sache vorankam und zu welchen Ergebnissen er gelangte. Wichtig ist nur das Zwischenergebnis: Bernfeld stimmte mit Meumann in der Kritik an der mangelnden Wissenschaftlichkeit der herrschenden Pädagogik überein, verfolgte allerdings, methodisch gesehen, einen anderen ganz anderen Zugriff zur Behebung dieses Übelstandes.

Nicht minder wichtig ist Bernfelds Verortung der Pädagogik im Gesamtgefüge der Gesellschaft. Auch hier nahm er den Ausgang von der referierten Festlegung Meumanns, nur dass er ihr eine für ihn ganz typische Wendung gab – so wie im folgenden Zitat aus einem Aufsatz von 1917: „Wenn Pädagogik die Wissenschaft von den Erziehungstatsachen ist, so sei uns erlaubt, von der Tatsache der Erziehung auszugehen. Sie stellt sich dem bloßen Beschauer zunächst als eine eigentümliche *gesellschaftliche Einrichtung* dar" (SWB 2: 223). Prominenter geworden ist allerdings die acht Jahre später vorgenommene, zusätzlich noch die anthropologische Dimension einbeziehende Fortschreibung dieser Definition im *Sisyphos*, in dem zu lesen ist, Erziehung sei „die Summe der Reaktionen einer Gesellschaft auf die Entwicklungstatsache" (Bernfeld 1925: 51). Ähnlich hatte vor Bernfeld, wie zu erinnern ist, schon Fischer die Sache gesehen (LW 2: 5). Vorwegweisen ließe sich auch auf Mollenhauers – den gesellschaftlichen Zusammenhang als konstitutiv setzende – Sozialpädagogikdefinition (Mollenhauer 1964/1974: 19), die offenbar der schon erwähnten späteren Würdigung Bernfelds durch Mollenhauer den Boden bereitete.

Typisch aber für Bernfeld war – im Gegensatz zu Fischer und auch Mollenhauer – der von ihm nicht immer kontrollierte Hang zu kurzschlüssigen Ableitungen. Dies gilt etwa dort, wo er, sich deutlich als Marxist artikulierend,

Formeln für erforderlich hielt wie die, dass jede Schulgemeindebewegung, die als „pädagogischer Kampf“ geführt werde, „hoffnungslos zur vermehrten Sicherung der bürgerlichen Interessen“ beitrüge, „wenn nicht die Schülerbewegung sich mit der proletarischen verbindet, wenn nicht die Pädagogik als ein Stück Klassenkampf verstanden wird“ (ASB 2: 452). Auch Argumente der Art, dass Verbrechen und Verwahrlosung nur durch „Aufhebung der gesellschaftlichen Zustände“ zu bekämpfen seien, „die zu schützen Strafe, Gericht, Gefängnis, Fürsorgeerziehung da sind“ (ASB 2: 459), liegen auf dieser Linie. Gleiches gilt, wenn Bernfeld feststellt, die Jugendfürsorge sei keine „Erziehungs- und Heilungseinrichtung“, sondern „ein Teil des Auslese- und Strafapparates der kapitalistischen Gesellschaft, der sich bloß als Erziehungsunternehmen verkleidet hat“ (ASB 2: 457). Es waren solche Sätze, die zur Bernfeldbegeisterung der 68er-Bewegung (unter den Sozialpädagogen) beitrugen (vgl. etwa Marzahn 1992). Vorgeprägt waren damit zugleich die zentralen Themen dieser Epoche der Fachentwicklung, nämlich

1. die Funktionsbestimmung von Sozialpädagogik und Sozialarbeit in der spätkapitalistischen Gesellschaft und
2. die Entwicklung einer antikapitalistischen Randgruppenstrategie.

Eine – zugestandenermaßen harmlose – Lesart der provokanten Thesen Bernfelds ging dabei verloren. Man hätte nämlich auch folgern können, dass es Bernfeld lediglich – wie er im Übrigen selbst betonte – darum gegangen sei, auf die Gefahr der „Verwechslung der edlen Motive der einzelnen Fürsorger“ mit der „sozialen Funktion“ der „Fürsorge“ (ASB 2: 457) aufmerksam zu machen. Inzwischen finden sich solche ‘harmlosen’ Lesarten in der Bernfeldrezeption in verbreiteter Form. Dies belegt schon das oben angeführte Urteil Ulrich Herrmanns, wonach es Bernfelds ‘Beiträge zur Soziologie der Erziehung bzw. zur Sozialisationstheorie’ gewesen seien, die für die Grundlegung der modernen Sozialpädagogik wichtig wurden. Indes: Ganz falsch ist dieses Urteil nicht. Wenn man nämlich, so wie Ulrich Herrmann, Details der (sozialpädagogischen) Wirkungsgeschichte Bernfelds außer Acht lässt und auch den Bernfeld-Text, aus dem eben in der Hauptsache zitiert wurde – *Die Schulgemeinde und ihre Funktion im Klassenkampf* von 1928 –, nicht als sozialpädagogisch relevant verbucht, kann man durchaus zu diesem Urteil kommen. Dann interessiert Bernfeld nicht mehr so sehr als Marxist mit einer entsprechend ausgearbeiteten Klassenkampfrhetorik, sondern als Erziehungssoziologe und Sozialisationstheoretiker.

Um dieses durchaus ja nicht unmögliche Urteil nur an einem Beispiel zu belegen: In dem bereits weiter oben herangezogenen Aufsatz von 1917 kritisierte Bernfeld die in der damaligen Pädagogik herrschende Konzentration auf den Objektbereich Schule und die daraus folgende Übersetzung des Wortes ‘Jugend’ mit ‘Schulkind’ und des Wortes ‘Pädagogik’ mit ‘Didaktik' (SWB 2: 223). Und er bemängelte den von einem Defizitmodell bestimmten pädagogischen Blick auf Kindheit und Jugend. Ersatzweise forderte er einen erweiterten Begriff von Pädagogik, vor allem aber einen erweiterten, nicht nur auf der Vorstellung der Unreife oder Unerzogenheit beruhenden Begriff von Kindheit und Jugend, kurz gefasst: Bernfeld forderte zuallererst eine von einer sozialwissenschaftlichen Fragestellung ausgehende Bestimmung der „Stellung der Jugend in der Gesellschaft" (SWB 2: 225). Den dabei maßgeblichen Jugendbegriff hatte Bernfeld schon zwei Jahre zuvor (in seiner Dissertation) entwickelt: „Die Jugend", so hieß es hier, „ist nicht etwa ein defektes Erwachsenensein, sondern ein Zustand eigener Art für sich" (SWB 1: 59). Dies war ganz im Sinne der damaligen Jugendbewegung gesprochen, auch ganz im Sinne Nietzsches, wie man vielleicht noch im Rückblick auf Nohls Nietzschedeutung hinzusetzen darf. Und es war – und dies ist noch wichtiger – auch im Vorgriff auf eine Grundprämisse der modernen Jugendforschung (sowie Sozialpädagogik) gesprochen.

Eine andere, nun deutlich sozialisationstheoretische Perspektive gründet in Bernfelds Kategorie des 'sozialen Ortes'. Als Bernfeld sie zum ersten mal (eher beiläufig) verwendete – 1926 in einem Aufsatz für den ersten Jahrgang der Zeitschrift *Arbeiterwohlfahrt* –, war er erkennbar darum bemüht, den damals herrschenden Streit um das Thema Anlage vs. Milieu zu schlichten. Wir erinnern uns: Dieser Streit eskalierte im Zuge des jugendfürsorgerischen Ausgrenzungsdiskurses. Eines seiner Merkmale war, dass sich die Vertreter der Psychopathenfürsorge über den Faktor 'Anlage' der erziehungsschwierigen Klientel zu bemächtigen suchten. Die Folge dieses rein 'medizinischen Blicks' war fatal und ging in Richtung bloßer 'Verwahrung' – eben weil der Faktor 'Milieu' und damit die Hoffnung, dass bei veränderten Milieubedingungen (etwa im Sinne eines 'therapeutischen Milieus' durch professionalisierte Fürsorgeerziehung) noch etwas zu machen sei, auf diese Weise aus dem Blick geriet (vgl. Kap. 5.3). Bernfeld tat in dieser Situation das einzig Richtige: Er gestand ein, dass es „psychische() Fehlentwicklung(en)" gäbe, diese aber „sozialen Situation(en)" (ASB 1: 276) zuzurechnen seien. Damit waren beide Faktoren (Anlage und Milieu) wieder im Spiel, und der rein 'medizinische Blick' konnte vermieden werden zugunsten eines 'psychosozialen Blicks' im Sinne einer über den „sozialen Ort" (ASB 1: 277) aufgeklärten Psychoanalyse (die, wie wir gesehen haben, in der rein medizinisch orientierten Psychopathenfürsorge keinen Platz mehr hatte).

Dass es Bernfeld, seiner politischen Haltung wegen, auch noch um anderes ging, macht sein Zusatz deutlich, wonach man angesichts des im Falle verwahrloster Kinder und Jugendlicher evidenten Zusammenwirkens psychischer sowie sozialer Faktoren psychisch beeinflussen (und erziehen) sowie jene „gesellschaftlichen Bedingungen" schaffen müsse, „in denen die Erziehung erst richtig und sinnvoll und erfolgreich wird" (ASB 1: 277). Auch gilt es zu sehen, dass Bernfeld diese seine Perspektive keineswegs nur auf das Problem der Jugendfürsorge bezog, sondern auf sozialpädagogische Themen allgemein, wie schon ein Beispiel wie das folgende belegt: „Homosexualität ist seelisch bedingt und hat soziale Folgen: Prostitution ist sozial bedingt und hat seelische Folgen“ (ASB 1: 276). Wir wollen uns hier nicht lange bei der Frage der Triftigkeit von Bernfelds Homosexualitätsbegriff aufhalten, sondern nur das Ergebnis in der Hauptsache besichtigen: Angelegt war in Bernfelds Konzeption hinsichtlich der „seelische(n) Defekte“ der Prostituierten die These, dass diese „teils Folge ihrer sozialen Deklassiertheit, teils Folge ihres Seele zerstörenden Sexuallebens“ seien (ASB 1: 276) – ein überaus moderner sozialpädagogischer Grundsatz also, vielleicht sogar noch mehr als dies. Denn mitunter hat man ja heute den Eindruck, als würde wegen der zunehmenden Spezialisierung des Wissens der soziologische und der psychologische Fokus nicht mehr zureichend zusammengeführt.

Drei Jahre später (1929) findet sich die Kategorie des ‘sozialen Ortes’ schon an etwas stärker herausgehobener Stelle im Zusammenhang mit der Erörterung des (fiktiven?) Falls eines Schokoladendiebstahls in einem Fürsorgeerziehungsheim. Bernfeld erklärte diesen Fall zunächst nach konventionell-psychoanalytischem Muster mit psychischen Motiven der Täter, um hinzuzufügen, dass auch der ‘soziale Ort’ der Tathandlung eine Rolle spiele und bestimmend werden könne „für das künftige Lebens- und Gesellschaftsschicksal der Täter“ (ASB 1: 253). Bernfeld schwebte dabei der Umstand vor Augen, dass der Diebstahl „im behüteten bürgerlichen Milieu ohne irgendwelche sozialen oder psychischen Folgen für das Kind“ bleiben könne, „während dieselbe Tat, aus den gleichen seelischen Motiven in einem gefährdeten, proletarischen Milieu ausgeführt, ein völlig anderes Gewicht“ erhalte (ASB 1: 253 f.). Der Begriff ‘sozialer Ort’ steht hier also, formal gesehen, für eine Art Kontextkategorie, aus der sich Bedeutungszuweisungen gewinnen lassen. Inhaltlich gesehen steht der Begriff für eine Art Milieu- oder Schichtenkategorie und soll zu einer Sensibilisierung für die (modern gesprochen) sozialen Folgen devianten Handelns beitragen – Folgen, wie man hinzusetzen muss, die bei einseitig psychoanalytischen Deutungen aus dem Blick geraten.

Dass es Bernfeld tatsächlich auch um mögliche Einseitigkeiten der Psychoanalyse ging, belegt ein anderer Text aus dem gleichen Jahr (1929). In ihm begegnet einem die Kategorie des ‘sozialen Ortes’ an prominenter Stelle, nämlich in der Überschrift. Einleitend setzt sich Bernfeld hier mit dem gegenüber der Psychoanalyse erhobenen Einwand auseinander, diese berücksichtige nicht die sozialen Determinanten des seelischen Geschehens. Als Gegenbeleg denkt Bernfeld an den Fall eines Sohnes aus einer hochfeudalen Familie, der, jedenfalls nach Meinung der Mutter, deutliche Symptome der Verwahrlosung zeige, wie beispielsweise ‘Vernachlässigung aller äußeren Formen’, ‘Flucht aus dem Elternhaus’, Herumtreiben in bedenklicher

Gesellschaft etc. (ASB 1: 202). Hier nämlich, so Bernfeld, sei es erst der Psychoanalytiker (vermutlich Bernfeld selbst) gewesen, der durch nähere Nachfrage das 'Herumtreiben' als politische Tätigkeit, die 'bedenkliche Gesellschaft' als Ortsgruppe der kommunistischen Partei und die 'Vernachlässigung aller äußeren Formen' als Folge der politisch begründeten Einsicht des Sohnes diagnostizierte, dass in seinem Herkunftsmilieu ein unberechtigtes Maß von Energie und Geld für Kleidung usw. verwendet werde (ASB 1: 203). Auch Psychoanalytiker, so wollte Bernfeld dieses Beispiel verstanden wissen, seien für die Bedeutung des 'sozialen Ortes', hier verstanden als Milieu- oder Schichtenkategorie, sensibel oder müssten jedenfalls doch für sie sensibel sein, wenn sie psychologisierende Fehldeutungen – an denen der Mutter in diesem Fall offenbar gelegen war – vermeiden wollten. Zentraler als diese Lektion ist jene, die Bernfeld für die Pädagogik zog. Den Pädagogen nämlich sah Bernfeld im Gegensatz zum Psychoanalytiker sehr viel stärker zur politischen Stellungnahme genötigt angesichts des 'sozialen Ortes' seines Educanden, zumal er von vornherein eingepasst werde in das Interesse der je zuständigen Eltern, mitzuwirken bei der Einpassung ihrer Kinder in Staat oder Gesellschaft. Neutralität war für Bernfeld angesichts dessen Illusion (ASB 1: 204), ebenso, wie man hinzusetzen darf, die von Nohl immer wieder eingeklagte pädagogische Autonomie.

Bernfeld schreckte nicht davor zurück, dieses Argument in einem weiteren Aufsatz (diesmal von 1928) am Beispiel der von Nohl so überaus geschätzten Jugendbewegung durchzudeklinieren. Den Einstieg lieferte hier sein Lob, dass diese Bewegung – an der er selbst entscheidend Anteil hatte – als Opposition „gegen die Vergewaltigung der Seele des Kindes durch die Schule“ (SWB 2: 159) gesehen werden könne. Dem folgte aber sogleich seine These, der Jugendführer 'vergewaltige' im Gegensatz zum Pauker alter Machart „genauso oder noch mehr“, seine Erziehung sei „wirksamer“, zumal er in aller Regel geliebt und „freiwillig anerkannt“ werde (SWB 2: 159f.). Im Übrigen sei die Jugendbewegung längst funktional geworden für die Gesellschaft, denn, so Bernfelds bitteres Fazit, auch die Jugend der „herrschenden Klasse“ brauche das, was in ihr und in den in ihrem Geist geführten Landerziehungsheimen immer gefordert und kultiviert werde, nämlich „Selbstbewusstsein und Unabhängigkeit“ (SWB 2: 161). Insoweit solle sich die sozialistische Jugend nicht in der List des bürgerlichen Denkens verfangen, wonach sich in ihr wegen ihrer 'Tendenzerziehung' ein Gegensatz zu einem pädagogischen Ansatz ausspreche, der von der Autonomie des Zöglings ausgehe. Denn letztere existiere ohnehin nicht, weswegen Bernfeld im Ergebnis dann doch für 'Tendenzerziehung' plädiert, mit der Pointe: „Die Erziehung zum Klassenkampf ist das wichtigste Ziel jeder sozialistischen Jugendbewegung“ (SWB 2: 162). Diese Pointe ist nach dem bisher Gesagten keineswegs überraschend. Sie erscheint hier nun aber in einem neuen Licht: Bernfeld benötigte die sozialisationstheoretische Perspektive in der Logik der Kategorie des 'sozialen Ortes', weil er den Raum für eine wertungsfreie Sicht auf (Sozial-)Pädagogik versperren und sein Verständnis von 'Tendenzerziehung' empirisch fundieren wollte.

Dies ist vielleicht ein etwas spärlicher Befund. Aber er sollte ja auch nur als erster Ertrag eines Gangs in eine Richtung gedeutet werden, die auf ideengeschichtliche Rückversicherung zielt und auf systematische Deutung eines von der Sozialpädagogik immer wieder reklamierten Konzepts (eben dem des 'sozialen Ortes'; vgl. Müller 1992). Und: Dieser Befund wird uns noch hilfreich sein bei der nun folgenden Besichtigung eines exemplarischen Stücks sozialpädagogischer Bernfeldlektüre. Dass uns dies auf die Spur des anderen, des psychoanalytischen Bernfeld führt, ist beabsichtigt.

## 7.2 „*Sisyphos*“ oder von den Grenzen einer sozialpädagogischen Bernfeldlektüre

Der Sisyphos – Mollenhauers eingangs geschilderte Adaptation ließ dies ahnen – befestigte Bernfelds Ruf als „als de[s] schärfste[n] zeitgenössische[n] Kritiker[s] der geisteswissenschaftlichen Pädagogik“ (Thiersch 1983: 96). Ulrich Herrmann sprach gar unter Bezug auf dieses Buch von einem „Angriff auf die gesamte etablierte akademische Pädagogik in Österreich und Deutschland“ und insoweit von einem „Einschnitt in der Theoriegeschichte der Erziehungswissenschaft“ (Herrmann 1992 b: 13). Angesichts dieses Einvernehmens und zumal mit Seitenblick auf die Rezeptionsgeschichte, die durchaus nicht auf zukünftig in Aussicht stehende zunftoffizielle Meriten hindeutet (vgl. Lohmann 2001), will es nicht so recht in den Kopf, dass Bernfelds Sisyphos unlängst von den Vertretern jener Disziplin, die er so harsch gemaßregelt hat, zur pädagogisch wichtigsten Veröffentlichung des 20. Jahrhunderts gewählt wurde, und zwar mit weitem Abstand vor Deweys *Demokatie und Erziehung*, Litts *Führen oder Wachsenlassen*, Nohls *Die pädagogische Bewegung in Deutschland und ihre Theorie* sowie Roths *Begabung und Lernen* (vgl. Horn 2001: 33) – also, wie man wohl sagen darf: mit blamablem Ausgang im Blick auf den Kanon.

Vielleicht aber erklärt sich dieser Erfolg auch ganz banal, nämlich damit, dass viele Leser vom Fach Bernfelds *Sisyphos* als ein „amüsantes Buch“ (zit. n. Tenorth 1992: 33) erlebten. Hans Thiersch beispielsweise hatte offenbar den Sisyphos im Sinn bei seinen „Erinnerungen z. B. an das Vergnügen, ja Glück mit Passagen von pointierter Prägnanz, von boshaft zupackender Klarheit, von brillanter, eleganter Endgültigkeit der Behauptung“, und er fügte hinzu, solche „Beglückungen“ seien „in der üblichen pädagogischen Literatur rar, ebenso in den oft praktisch umständlichen Abhandlungen, wie in den wissenschafts-technischen, spröden Deduktionen“ (Thiersch 1992 a: 227).

Die Zeit, auf die Thiersch sich bezog, kannte allerdings in der Regel noch Lektürevorgaben, die mit 'fröhlicher Wissenschaft' nur wenig im Sinn hatten. So vermerkt die Taschenbuch-Edition des *Sisyphos* (von 1973) im Vorspanntext: „Die Grenzen der Erziehung sieht er [Bernfeld; d. Verf-] nicht so sehr in der Erziehbarkeit des Kindes oder der Person des Erziehers, sondern in ihrer Funktion innerhalb der kapitalistischen Gesellschaft: Erziehung ist in bezug auf diese Gesellschaft immer konservativ und orientiert sich an den Machttendenzen der erziehenden Gruppe“. Dies war natürlich nicht falsch gelesen, aber doch so, dass zumindest der potentielle Käufer der verbreitet diagnostizierten Phase des Postsozialismus – also der Kunde, der die Geisteshaltung der Jetztzeit teilt – jede Lust auf weiteres verlieren müsste. Denn man weiß ja auch so, wie das weitere dann seinen Gang nimmt. Vor einer Nichtentdeckung des Sisyphos schützt insoweit möglicherweise nur, wenn man dieses Buch gegen den Strich liest.

Der Ernst der Sache selbst sei damit nicht bestritten. C. W. Müller (1982: 15) beispielsweise, einer der sozialpädagogischen Gegenwartsautoren mit dem wohl ausgeprägtesten Sinn für Fröhlichkeit, zitierte vor vielen Jahren mit ersichtlicher Freude jene Passage, in der Bernfeld einzelne pädagogische Klassiker – er nannte sie in polemischer Absicht „Pädagogiker“ und dachte dabei an Fichte, Herbart, Basedow und Jean Paul – als ‘wunderliche Astronomen’ bezeichnete, „die nachts fest schlafen und sich morgens von Sternen erzählen lassen, um nach Tische über sie zu denken und zu schreiben“ (Bernfeld 1925: 31). Etwas besser kamen bei Bernfeld die „Didaktiker“ weg, insofern die Didaktik „empirisch und diszipliniert“ verfahre und „auf die Feststellung gesetzlicher Zusammenhänge“ ausgehe (ebd.: 24). Aber ganz ungeschoren ließ Bernfeld auch die ‘Didaktiker’ nicht. Sie übersähen nämlich – nun mit Müller gesprochen –, „dass Lehren und Lernen nicht zwischen ihnen und den Kindern in einem zwischenmenschlichen Kommunikationsprozess geschieht, *sondern im Rahmen der Institution Schule*“ (Müller 1982: 15). Von hier aus zog Müller die folgende Parallele im Blick auf die Sozialpädagogik: „Da gibt es die Sozialpädagogiker, die die Ideengeschichte der Sozialpädagogik und Sozialarbeit nachzeichnen (Natorp, Nohl und andere), ohne die Praxis zu kennen oder kennen lernen zu wollen. Und da gibt es die Methodiker (= Didaktiker), praktische Leute, welche die konkrete Arbeit tun, zweckrational handeln und quasi-wissenschaftlich arbeiten – aber sie bedenken nicht, dass ihr Handeln nicht zwischen ihnen und ihren Klienten in einem zwischenmenschlichen Kommunikationsprozess geschieht, sondern im Rahmen der *Institutionen der Sozialpädagogik und Sozialarbeit*“ (ebd.: 15 f.). Müller setzte noch hinzu: „Mir sind Realisten allemal lieber als Idealisten“ (ebd.: 16).

Damit waren – wie in der Einleitung dieser Arbeit bereits angesprochen – ‘Natorp, Nohl und andere’, also die ‘Idealisten’ (= ‘Sozialpädagogiker’), ausgebootet, und die ‘Realisten’ (= ‘Methodiker’) blieben übrig. Für diese zog Müller den Schluss, dass das Ziel in Zukunft darin bestehen müsse, die „Erkenntnis von Gesellschafts-Gesetzen, aus denen wir die Voraussetzungen, Funktionen und Wirkungsweisen unserer eigenen Tätigkeit und der sozialen Arbeit insgesamt ableiten können" (Müller 1982: 16), voranzutreiben – ein, wie Müller noch hinzusetzte (ebd.: 17), Auftrag an eine künftige, gesellschaftskritische Soziologie (der sozialen Arbeit). Dies klang insgesamt schlüssig und entsprach auch ganz dem damaligen soziologiefreundlichen sowie klassikerskeptischen Zeitgeist in der Sozialpädagogik. Entsprach es aber auch dem, was Bernfeld in der von Müller bemühten Passage zum Ausdruck bringen wollte? Eine Antwort auf diese nicht ganz unwichtige Frage wird möglich, wenn man über das berichtet, was Müller an Bernfeld verschwieg.

Zunächst, um mit dem Wichtigsten zu beginnen: Bernfeld hat die 'Didaktiker' keineswegs nur wegen ihres mangelnden Reflektierens auf die Institution Schule gescholten, um sie ansonsten, wegen der von ihnen betriebenen 'Feststellung gesetzlicher Zusammenhänge', zu loben. Er hat ihnen auch vorgeworfen, im Zuge dieser 'Feststellung' „Fehlerquellen, insbesondere die aus der Subjektivität fließenden, zu verstopfen" (Bernfeld 1925: 24) und „des Kriteriums wissenschaftlicher Haltung" zu entbehren, nämlich der „Autonomie des Denkens" (ebd.: 25 f.). So gesehen ist Bernfelds Hauptbedenken gar nicht ein soziologisches, sondern ein wissenschaftstheoretisches oder, um noch etwas deutlicher zu werden: ein psychologisches. Denn dass man Fehlerquellen 'verstopfen' muss, wenn man gesetzliche Zusammenhänge aufdecken will, weiß jeder Experimentator, und dies wird in der Wissenschaftstheorie auch anerkannt – eher zähneknirschend, weil man weiß, dass dadurch wichtige Informationen verloren gehen; aber im Ganzen doch einvernehmlich, weil man weiß, dass es anders nicht geht. Dass aber diese Fehlerquellen 'aus der Subjektivität' fließen, ist eine Betrachtungsebene, die die wissenschaftstheoretische überschreitet und nach den Aufklärungsleistungen des Psychologen verlangt. Und hier nun wurde Bernfeld als Psychologe aktiv mit seiner Forderung – so darf man ihn zusammenfassend interpretieren –, die 'Didaktiker' müssten befähigt werden, in Zukunft die aus ihrer eigenen Subjektivität fließenden Fehlerquellen, sofern sie sich auf ihren tagtäglichen pädagogischen Umgang mit Schülern negativ auswirken, mittels der von ihnen anzustrebenden Autonomie ihres unterrichtsbegleitenden Denkens aufzudecken und rational zu kontrollieren. Konkret trug Bernfeld den 'Didaktikern' auf, das, was ihr Unterricht im Interesse des Erfolgs am Schüler unterdrückt bzw. aus dem Reich des Sichtbaren zu verdrängen hat, nämlich „Triebe[], Wünsche[], Ideale[]" beispielsweise, „Lust" und, nicht zu vergessen: „Hass gegen den Lernbezirk" (ebd.: 29), einzubeziehen. Das Argument insgesamt ist übrigens nicht neu: Es kam, wie nach dem Vorstehenden nicht noch eigens zu erläutern ist, in Bernfelds Dissertation von 1915 und der dort geführten methodenkritischen Auseinandersetzung mit Meumann (1907) zur Uraufführung.

Die Quintessenz bezogen auf die Bernfeldlektüre Müllers steht insoweit außer Frage. Zum einen nämlich raubte Müller dem Soziologen Bernfeld seine andere, psychologische Seite. Zum anderen aber übersah er den

Meumann-Bezug der von ihm verhandelten Thematik und/oder die wissenschaftstheoretischen Bedenken Bernfelds – und deren Erweiterung zu psychologischen. Die Folgen konnten nicht ausbleiben. Denn von dem, was Müller an den sozialpädagogischen 'Methodikern' lobt, nämlich dass sie 'zweckrational handeln und quasi-wissenschaftlich arbeiten', bleibt bei einer genaueren Bernfeldlektüre wenig, was sich im Geiste Bernfelds loben ließe – jedenfalls solange eine Psychologie des pädagogisch Handelnden und Denkenden aussteht. Sie hätte zu klären, wie es möglich ist, dass der Pädagoge kann, was er Bernfeld zufolge soll: nämlich autonom Theorien bilden über die Vielfalt der 'Fehlerquellen', um auf der Basis dieser Theorien zu handeln (statt auf der Basis von Theorien, die er woanders her nimmt und die dann allerdings schon auf der 'Verstopfung' von 'Fehlerquellen' aufbauen bzw. dazu beitragen). Auch diese Thematik ist nicht neu: Sie begegnete uns schon bei Herbart und dessen 'pädagogischem Takt' (vgl. Kap. 5.2) oder bei Weniger und dessen – von Fischer dem Ansatz nach vorweggenommene – Konzeption des Praktikers als eines Theoretikers (vgl. Kap. 4.1). Bernfelds Besonderheit besteht allerdings darin, dass er diese Thematik mit den Mitteln der Psychoanalyse erörterte.

Zum zentralen Lernexempel in dieser Sache wurde ihm der 'Pädagogiker' Rousseau. Bernfeld nahm nur einen Satz, praktischerweise gleich den ersten, mit dem Rousseau seinen Erziehungsroman *Emile* von 1762 eröffnete: „Alles ist gut, wie es aus den Händen des Schöpfers kommt; alles entartet unter den Händen des Menschen“ (Rousseau 1762a: 9). Die erste Satzhälfte deutete Bernfeld dahingehend, dass sich hier jemand äußere, „der – allein vom Wissen um seine Kindheit geleitet – seine leidenschaftliche, triebwilde Kindheit verdrängend, zur Verherrlichung des idealen Kindes, der Kindheit als idealen Zustands gelangt“ (Bernfeld 1925: 33). Die zweite Satzhälfte deutete Bernfeld hingegen als Hinweis darauf, dass hier „den verdrängten Triebansprüchen“ Befriedigung zuteil werde, insoweit „die infantile Aggression gegen die erwachsenen Unterdrücker“ nun „in entstellter Form“ tobe (ebd.) – mit der Folge (um dies zu verdeutlichen), dass Rousseau die Erwachsenen indirekt beschuldigt, dass das Kind unter ihren Händen entarte.

Selbstverständlich kann man den von Bernfeld zitierten ersten Satz des *Emile* auch ohne jeden biografischen Bezug oder psychologischen Hintergedanken deuten und, beispielsweise, auf die Erbsündethematik beziehen. Wichtiger aber als die Frage, ob Bernfelds Deutung akzeptiert werden kann, ist der systematische Ertrag, den er aus ihr zog. Er folgerte nämlich, dass „die Lehren der großen Pädagogiker“ nicht bloßes „Vernunftergebnis“ seien, sondern „Leistungen der Intuition“, die aus dem „tiefen Unbewussten [entspringen] und [] an das Unbewusste des Lesers [rühren]“ (Bernfeld 1925: 34f.). Ähnlich hätte wohl auch Nietzsche die Sache gesehen – ihm galt „jede grosse Philosophie“ als „eine Art ungewollter und unvermerkter mémoires“ (KSA 6: 19) –, nur dass Bernfeld schon auf die Psychoanalyse zurückgreifen konnte und sein Urteil entsprechend nicht als „Wertung" (mit Nietzsche gesprochen: 'Umwertung') verstand, sondern als „Tatbestandsbezeichnung", mit dem Ergebnis: „Manche Lehre der Pädagogiker ist gute, manche ist schlechte Dichtung oder Philosophie" (Bernfeld 1925: 35).

Zum ersten Mal also – und dies ist das eine, was hier herausgestrichen werden muss, – wird den 'Pädagogikern', jenen 'wunderlichen Astronomen, die nachts fest schlafen und sich morgens von Sternen erzählen lassen, um nach Tische über sie zu denken und zu schreiben', hier Positives nachgesagt: Es wird ihnen zugestanden, dass sie gelegentlich auch gute 'Dichtung oder Philosophie' fabrizieren oder fabriziert haben. „Ihre Schriften und Ideen", so Bernfeld nun sogar, „sind von hohem Schönheitsgehalt, von hohem Sittlichkeitswert; manche gefallen im besten Sinne des Wortes, manche erschüttern, bekehren" (Bernfeld 1925: 34). Bernfeld kann dieses Lob der Klassiker anstimmen, weil er um sein großes 'Aber' weiß, also um seinen ideologiekritischen Blick hinter die Fassade – und natürlich auch, weil ihm an einer Welt des ideenlosen Pragmatismus nicht gelegen ist.

Das andere, um das es uns geht, steckt in dem, was sich im Blick auf die Theorien der 'Didaktiker' aus Bernfeld gewinnen lässt. Denn auch ihr Denken und Handeln entspringt nur allzu oft dem Unbewussten – ein Schluss im Übrigen, der nach Bernfelds Wort über die 'Fehlerquellen', 'die aus der Subjektivität fließen', ohnehin im Raum stand und den Bernfeld nun wie folgt illustriert: „Wer immer über Kindheit oder Jugend denkt, steht unter einer psychischen Konstellation, die das reine Denkergebnis affektiv gefährden *will.* Ein Kind kennt er mit unvermeidlicher Aufdringlichkeit und Lebendigkeit: sich selbst als Kind. Und diese Kindergestalt ist ein Apriori, das er jeder Erfahrung von anderen Kindern als gebieterisches Prokrustesbett voranhält, sie völlig zerstückelnd und verstümmelnd. Und – Gipfelpunkt der Gefahr – völlig harmlos und unbewusst, in gutem Glauben, bei gänzlich schweigendem intellektuellem Gewissen" (Bernfeld 1925: 31 f.). 'Wer immer über Kindheit oder Jugend denkt', also: ob 'Pädagogiker' oder 'Didaktiker' – für beide insoweit als parallel gesetzte Gruppen gab es angesichts dieser Ausgangslage für Bernfeld nur ein Therapeutikum: nicht lediglich, wie die polemische Bemerkung über jene praxisfremden 'wunderlichen Astronomen' zunächst vielleicht vermuten ließ, Verbreiterung der Empirie, also ein Mehr an Praxiserfahrung, sondern Korrektur der Apriori, die vor aller Empirie und Praxis wirksam sind und die Art ihrer Erfahrung und Gestaltung bedingen, Korrektur selbstredend im psychoanalytischen Sinne.

Korrigiert werden muss dabei vor allem erst einmal, so Bernfeld, die Naivität, mit der in der Pädagogik „nach dem Sein" (des Kindes) gefragt wird; zu fragen sei vielmehr nach dem „Beobachter", also nach dem Erzieher und der Qualität seiner „wissenschaftliche[n] Gesinnung" (Bernfeld 1925: 36), am Beispiel gesprochen: „Die großen Pädagogiker [...] empfinden gegenüber dem Kind: Rührung, Liebe, Mitleid, Hoffnung, Abscheu oder Entsetzen. Und dies ihr Gefühl, ihre persönliche Reaktion auf das Sein, ist ihnen das Problem, ist ihnen Angelpunkt ihrer Lehre, ist ihr Beobachtungsinstrument. Sie sehen nicht das Kind, wie es ist, sondern im Grunde nur das Kind *und* sich selbst, eins aufs andere bezogen. Und wenn sie selbst von sich abstrahieren könnten, es interessierte sie gar nicht, wie das Kind an und für sich ist, sondern einzig, wie man aus ihm etwas anderes bilden könnte. Das Kind ist Mittel zum theologischen, ethischen, sozialutopischen Zweck" (ebd.: 36 f.). Das Kind, so macht dieses Zitat deutlich, wird in der Pädagogik überhaupt nicht Thema. Statt dessen geht es um Gefühle Erwachsener angesichts des Kindes und um Zwecke, die den Erwachsenen im Blick auf das Kind umtreiben. Die Korrektur der Apriori des Erzieher hat also auf die Gefühle und Zwecke vor – um Herbart zu paraphrasieren – 'Antretung des Erziehungsgeschäftes' abzuzielen.

Deswegen auch stellt sich Bernfeld erst einmal auf die Kritik der Erziehungszwecke ein und redet davon, dass er gar nicht begreifen könne, was „große() Hoffnungen mit der Erziehertätigkeit zu tun haben", denn: „Will denn ein ordentlicher Schuster mit seiner Arbeit mehr als Geld verdienen und, wenn er ein Künstler ist, ordentliche Schuhe liefern? Ist er desillusioniert, wenn ich ihm beweise, dass Gott auf Erden so wenig wie die Sittlichkeit und die Kultur und der Sozialismus durch sein Geschäft verwirklicht werden? Und der Arzt, braucht er mehr als sein Einkommen und das Gefühl, dass er die Kranken gesund gemacht hat? Was geht den Erzieher die Kultur und die Menschheit an? Ist es nicht genug, Pflegebedürftigen Pflege zu geben, mit Kindern zu spielen, was sie bekanntlich sehr freut, Kinder zu unterrichten, was ihnen schließlich auch nützt, wenn es sie auch minder freut, zu lieben und geliebt zu werden [...] wozu noch mehr, noch alles dazu: die Zukunft gleich mitgestalten und gar noch im Sinne der letzten Ideale einer geradezu ausschweifenden Endgültigkeitsorgie? Wozu dieses Plus? Und die Desillusionierung, wenn dieses Idealplus gestrichen wird?" (Bernfeld 1925: 133 f.) Man will sie eigentlich einem Marxisten gar nicht abnehmen, diese scheinbar so fortschrittspessimistischen Fragen. Praktischerweise, um das Unheil nicht in der Verwirrung zu finden, hat man sie in der ersten Phase der sozialpädagogischen Bernfeldrezeption auch erst gar nicht zur Kenntnis genommen. Und sie heute, am 'Ende der Geschichte' oder jedenfalls doch am definitiven Ende aller – wie Bernfeld sagt – 'Endgültigkeitsorgien', gut zu finden, könnte fast riskant sein, so ausgeplündert wirkt die Landschaft der sozialpädagogischen Helfermotive.

Ein Hilfsmotiv in dieser Not findet sich bei Bernfeld: „Der Erwachsene sonst liebt keineswegs Kinder; von den eigenen, die er lieben muss, weil er sie nicht hassen darf, sei abgesehen. Sie stören, machen Lärm und Schmutz, schwatzen Unsinn, belästigen in jeder erdenklichen Weise [...]. Der gute Onkel, der schrulligerweise Kinder liebt, wird belächelt und entschuldigt; der Gute weiß eben nicht, wie sie wirklich sind, wie sie sind in ihrer sie nicht liebenden Umgebung. Der Erzieher ist von diesem Verhalten beträchtlich unterschieden, er ist der gute Onkel, der die Onkelhaftigkeit zum Beruf gemacht hat“ (Bernfeld 1925: 135). Allmählich also wird klar, worin das Ziel dieser Desillusionierungskampagne besteht: Bernfeld weiß um die Bedeutung jener ‘Apriori’, die jeder Erzieher ‘jeder Erfahrung von anderen Kindern’ voranstellt, und deswegen sucht er nach einer neuen Professionalisierungstheorie, und zu ihr gehört das Stichwort ‘Onkelhaftigkeit als Beruf’ als gleichsam kritisches Leitmotiv. Es hat zum Kern, dass es die Augen öffnen soll für die dunkle Seite der gerade in der Geschichte der Sozialpädagogik immer wieder reklamierten pädagogischen Liebe. Sie nämlich ist, in Bernfelds Sicht, zunächst nicht viel mehr als das Ergebnis des zielstrebig verleugneten und als a-pädagogisch gescholtenen ‘Hasses’ auf Kinder (oder jedenfalls doch des Gefühls des Gestörtseins durch sie als des zunächst authentischen, wenn auch nicht zugelassenen Impulses). Dieses Gefühl nicht zu verleugnen und nicht durch ein auf dieser Verleugnung aufbauendes Berufsethos zu überformen, ist das Ziel, auf das Bernfeld hinführen will. Was er beabsichtigt, könnte man auch ein durch Selbstreflexion getragenes Ausbildungsbildungscurriculum nennen, das für eine Art selbsttäuschungsfreie Professionalität Sorge zu tragen hätte.

Die pädagogische Liebe als solche ist damit noch nicht aus dem Spiel. Nur ließ Bernfeld sie, streng freudianisch, lediglich als abgeleitete, sublimierte Geschlechtsliebe gelten, postulierte aber nicht etwa – wie Eduard Spranger in seinen erstmals 1921 erschienenen *Lebensformen* – einen „Trieb zur Hingabe an den anderen [...] als organisierendes Prinzip des geistigen Lebens“ (Spranger 1921: 165 f.). Ganz abgesehen davon schien es Bernfeld so, als stünde die (sublimierte) pädagogische Liebe nicht mehr im ausreichenden Maße zur Verfügung. Der Argumentgang war dabei der folgende: „Das Maß an () sublimierter, sublimer Liebe, das einem zur Verfügung steht, ist ein wesentlicher und meist recht früh erworbener Zug seines [des Erziehers; d. Verf.] Charakters. Von ihm hängt nicht zuletzt der soziale Wert des Individuums ab, denn diese Liebe ist die eigentlich selbstlose; sie hat ihre Befriedigung in sich selbst – sie fordert vom Objekt im Grunde nicht mehr, als dass es Dienste annehme. Fragt sich dann nur noch, welches Objekt gewählt wurde, ob Briefmarken oder Kinder, und welche Dienste es annehmen soll, ob Prügel oder Freundlichkeit“ (Bernfeld 1925: 137 f.). Der sarkastische Nachsatz zeigt, dass Bernfeld die pädagogische Liebe in ihrer sublimierten Gestalt allenfalls als notwendige, nicht aber als hinreichende Bedingung akzeptablen pädagogischen Handelns gelten ließ. Hinzutreten musste – eben damit es nicht zu ‘Prügel’, sondern zu ‘Freundlichkeit’ kommt – die nun schon mehrmals erwähnte Korrektur der Apriori. Und hinzutreten musste letztlich auch eine ‘Korrektur’ der Gesellschaft. Denn – so Bernfeld – „in einer Gesellschaft, die im Grunde auf Hass gebaut“ (ebd.: 138) sei, stünde die pädagogische Liebe nicht im erforderlichen Ausmaß und nur bei idealen Bedingungen (hinsichtlich der Erziehung der Erzieher) zur Verfügung. Die Regel sei eher, dass die Liebestriebe des Erziehers „von Kindheit an weder gesättigt noch kultiviert (sind), sondern verkümmert, verdrängt, verwildert“ (ebd.).

Die Konsequenzen lagen für Bernfeld auf der Hand: „Dürfen sie [die Liebestriebe des Erziehers; d. Verf.] sich sättigen, so ist die Befriedigung lahm und gebrochen, mit Schuldgefühlen beladen, neurotisch verkürzt oder mit Konflikten belastet, denen durch Verzicht zu entgehen erträglicher scheint. Und sie dürfen nicht einmal, die guten Erzieher. So drängen sie den Wunsch nach Weib oder Mann, Kind, Liebe, Selbstsicherheit und Geliebtheit auf die fremden Kinder, die diese nicht erfüllen können, selbst wenn sie wollten, und jenes nicht einmal soviel dürfen, als sie vielleicht könnten" (Bernfeld 1925: 138). Was Bernfeld hier offenbar im Sinn hatte, war die Ehelosigkeit sehr vieler Erzieher und Erzieherinnen – etwa in der Wicherntradition, aber auch in der Tradition der bürgerlichen und proletarischen Frauenbewegung. Der Befund war insoweit eindeutig: Ob nun in Gestalt jener hier propagierten 'Mütterlichkeit als Beruf' oder als jene von Bernfeld umschriebene 'Onkelhaftigkeit' – hier wie da war die jeweilige asketische Lebensform für Bernfeld suspekt, weil das Ideal pädagogischer Liebe nur auf den Trümmern unbefriedigter Sexualität errichtet wurde.

Der für Bernfeld entscheidende Hinweis war aber sicherlich der, dass die Erzieher-Kind-Relation darauf zu prüfen ist, ob sich in ihr eine Wiederholung der ödipalen Konstellation ausspricht. „Das Kind", so Bernfeld, „wird den Erzieher lieben (oder hassen oder lieben und hassen), wie es Vater oder Mutter liebt oder liebte" (Bernfeld 1925: 140). Für den Erzieher lautete Bernfelds Pointe: „Dies Kind vor ihm ist er selbst als Kind. Mit denselben Wünschen, denselben Konflikten, denselben Schicksalen. Die wirklichen Unterschiede wiegen hier leicht. Sie sind Unterschiede des Ichs, soweit sie überhaupt zählen, aber nicht Unterschiede der Triebe und ihrer Wünsche. Und sein Tun, sein Erfüllen und Verbieten ist das seiner eigenen Eltern. Er ist in dieser pädagogischen Paargruppe zweimal enthalten: als Kind und als Erzieher. Reichlich kompliziert, aber noch nicht genug. Denn er als Erzieher, er ist gar kein Er, kein Ich, sondern ein denkendes und handelndes Ich, dem eine ichfremde Gewalt: das Triebwünschen seines Verdrängten, hemmend und treibend gegenübersteht. So steht der Erzieher vor zwei Kindern: dem zu erziehenden vor ihm und dem verdrängten in ihm [...]. So wird der Erzieher auf das Kind vor ihm mit Ärger, Strenge, Inkonsequenz, Verfolgung reagieren – sich meint er und den Zögling schlägt er; und verliert dessen Liebe" (ebd.: 140 f.). Mit diesen Sätzen, die ihre Premiere teilweise im *Kinderheim Baumgarten* erlebten – und die insoweit auf den Zusammenhang dieser Praxiserfahrung mit der im *Sisyphos* dargebotenen Theorie verweisen –, ließ Bernfeld seinen Ausblick auf die Grenzen der Erziehung, sofern sie „durch die seelischen Tatsachen im Erzieher" (ebd.: 142) gegeben sind, ausklingen.

Nicht vorher und wohl auch nicht nachher sind diese Grenzen aus psychoanalytischer Sicht präziser und beeindruckender umrissen worden. Auch wenn Bernfeld dieses Thema nicht weiterverfolgte: Was er im Sinn hatte, war das, was heutzutage unter psychoanalytischer Supervision verstanden wird und was, im großen Stil, Sinn und Zweck der – auf den Beruf des Psychoanalytikers vorbereitenden – Lehranalyse ist. Denn hier wie da geht die Absicht auf Korrektur von – lebensgeschichtlich bedingten – Erfahrungsapriori, die sich, wenn man sie unbearbeitet lässt, in Gestalt von Gegenübertragungen negativ auf die pädagogische oder psychoanalytische Arbeit auswirken können. Hier wie da widerfährt im Übrigen dem auch schon von Bernfeld betonten Theorie/Praxis-Modell Gerechtigkeit. Denn die entscheidende Hilfe wird nicht von fallübergreifenden und auf experimentell überprüfbaren Gesetzesannahmen beruhenden 'wissenschaftlichen' Theorien erwartet, sondern von den 'Theorien', die der Praktiker im Fallbezug entwickelt (vgl. Niemeyer 1987; Martin 2001: 121 ff.). Insoweit hat Bernfeld tatsächlich, wie er von sich selbst sagte, das Werk Freuds „als Grundpfeiler für den Bau der Erziehungswissenschaft vorbereitet" (Bernfeld 1925: 66) und ist mithin auch als ein Grundsatztheoretiker psychoanalytischer Sozialpädagogik anzusehen.

Dies mag genügen, um C. W. Müllers Bernfeldlektüre abschließend einzuordnen. Sie ist exemplarisch für die Soziologiefreundlichkeit und Klassikerfeindlichkeit dieser Epoche der Sozialpädagogik (auch noch der der frühen 1980er-Jahre). Ihr entspricht es, Bernfeld nur als Soziologen gelten zu lassen und zu meinen, mit seiner Hilfe ließen sich sozialpädagogische Gründergestalten wie Natorp und Nohl einfach so ad acta legen. Nicht minder instruktiv ist übrigens das von Müller nahegelegte Urteil, Bernfeld sei es um empirische Forschung anstelle empiriefreier Dichtung gegangen. Denn Bernfeld war viel zu sehr Psychoanalytiker und viel zu sehr belehrt durch das, was zu seiner Zeit im Bereich der Jugendforschung an wichtigen Fragen ausgegrenzt wurde, um sich dieser Alternative zu fügen.

Man könnte an dieser Stelle die Besprechung Bernfelds beenden. Da sein *Sisyphos* zugleich allerdings auch allgemein-pädagogisch gerichtete Bedenken vorträgt und nur aus ihnen der Titel verständlich wird, bietet es sich an, Bernfelds Argumentation zumindest noch ein Stück weit zu folgen. Anknüpfen ließe sich dabei an seiner bereits zitierten Bemerkung, dass das Kind in der Pädagogik vielerorts nur als Mittel genommen werde für theologische, ethische oder sozialutopische Zwecke. Bernfeld nämlich wollte den edlen Charakter vieler dieser Zwecke keineswegs bestreiten, am Beispiel gesprochen: Bernfeld kannte Kants in der Pädagogik besonders erfolgreiche Rede von einem Sittengesetz, das ein jeder in seiner Brust trage und das ihn bei entsprechender Erziehung zum Guten leite. Als Psychoanalytiker allerdings fügte er hinzu, dass dieses Sittengesetz „unentwirrbar komplex verschlungen ist mit dem Unbewussten, mit allem Bösen, mit allem Fremdartigen, mit allem Unkontrollierbaren in mir" (Bernfeld 1925: 38), kurz gesagt: dass ihm – wie möglicherweise aller Ethik – ein extrem geschöntes Bild des Menschen unterliege. Man kann – dies schloss Bernfeld gar nicht aus – derartige Bilder zeichnen, nur sollte man die Preise dessen nicht übersehen. Das Sittengesetz zum Beispiel weise „gebieterisch eine

Richtung, und unübertäubbar erklärt es diese als die richtige. Aber indem ich ihm folge, bin ich Sklave einer Macht, deren Wurzeln, deren Ziel, deren Kompetenz ich nicht kenne. Ich bin es gern. Das ist meine Schuld. Nicht mein Verdienst. Warum bin ich stolz und heiße mich frei und Bahnbrecher, wo ich zu blind bin, sie zu durchschauen, zu feig, sie zu zerstören – vielleicht" (ebd.: 38).

Mit der Themen- wie Stilsicherheit des an Nietzsche geschulten Aphoristikers weist Bernfeld hier auf die seit der Aufklärung ungeklärte Frage hin, wie sich qua Pädagogik die Mündigkeit des Einzelnen gewährleisten lasse (und wie es sich mit der Mündigkeit dessen verhalte, der sich vehement für sie ausspricht). Sein Vorbehalt in der Hauptsache stand damit jedenfalls außer Frage: Die 'Pädagogiker', „die unentwegt den Felsblock der pädagogischen Mittel auf den Gipfel des Idealbergs" wälzen, erschienen ihm „lächerlich und unnütz: sisyphische Überhebung, von boshaften Göttern mit Mühsal und Erfolglosigkeit bestraft. Nicht das also ist der Vorwurf, dass die Pädagogiker große und edle Ziele haben, sondern dass sie die Erziehung – ungeprüft – zur Vollstreckerin dieser Ziele machen. Dass sie nicht fragen: ist dieses ewige Menschideal erreichbar? Uns erreichbar? Durch Erziehung erreichbar?" (Bernfeld 1925: 39 f.) Dies waren die eigentlich provokanten Fragen, die viele zeitgenössische Pädagogen zu dem Schluss kommen ließen, Bernfeld und die Erinnerung an ihn sei dem Gewerbe gegenüber so abträglich, dass das Verschweigen dieses 'Anti-Pädagogen' noch die klügste Reaktion sei. Der Sozialpädagogik ist nur zu wünschen, dass sie diese Erfahrung nicht auch noch machen muss. Denn so entdeckt, wie es anfangs schien, ist Bernfeld wahrlich nicht.

# 8. Klaus Mollenhauer (1928–1998): Der eine Enkel geisteswissenschaftlicher Sozialpädagogik

**Biografischer Abriss**

Klaus Mollenhauer wurde am 31. Oktober 1928 als Sohn einer Fürsorgerin und eines Sozialarbeiters in Berlin geboren und studierte von 1948 bis 1950 an der PH Göttingen. Von 1950 bis 1952 war er Grundschullehrer in Bremen. Ab 1952 schloss Mollenhauer ein Zweitstudium der Pädagogik, Soziologie und Germanistik in Hamburg und Göttingen an. 1958 promovierte er bei Erich Weniger, war dann Assistent in Göttingen (zunächst bei Weniger, ab 1961 bei Heinrich Roth) sowie Akademischer Rat an der FU Berlin (ab 1962). 1965 wechselte Mollenhauer auf eine außerordentliche Professor an der PH Berlin, 1966 folgte der Ruf auf eine ordentliche Professur für Pädagogik an die Universität Kiel, 1969 ein weiterer Ruf an die Universität Frankfurt/M. Von 1972 bis zu seiner Emeritierung im Jahre 1996 war Mollenhauer Professor für Allgemeine Pädagogik und Sozialpädagogik in Göttingen. 1986/87 war er wissenschaftliches Mitglied des Berliner Wissenschaftskollegs. 1993 wurde ihm die Ehrendoktorwürde der FU Berlin verliehen. Mollenhauer starb am 18. März 1998. Von seinen zahlreichen Schriften seien genannt: *Die Ursprünge der Sozialpädagogik in der industriellen Gesellschaft* (1959), *Einführung in die Sozialpädagogik* (1964), *Erziehung und Emanzipation* (1968), *Theorien zum Erziehungsprozeß* (1972), *Vergessene Zusammenhänge* (1983), *Umwege* (1986) sowie – zusammen mit Uwe Uhlendorff – *Sozialpädagogische Diagnosen* (1992) und *Sozialpädagogische Diagnosen II* (1995).

In einem der zahlreichen Nekrologe anlässlich von Mollenhauers plötzlichem Tod – als bewegendstes und zugleich informativstes Zeugnis darf fraglos Hedwig Ortmanns *Brief an einen verstorbenen Lehrer* gelten (vgl. Ortmann 1998) – findet sich aus der Feder seines ‘Schülers‘ Michael Parmentier das folgende Porträt: „Erst im direkten Gespräch und in der Diskussion hat sich Mollenhauers ganze Genialität offenbart. Die diskursive Wechselrede, der Austausch von Argumenten, das war sein Medium, im Alter schon fast so etwas wie ein Jungbrunnen.“ (Parmentier 1998: 38) Die andere, mehr auf den Inhalt hinweisende Charakterisierung steuerte Dieter Lenzen 1993 in seiner Laudatio anlässlich der Verleihung der Ehrendoktorwürde der FU Berlin bei. Hier heißt es zu Mollenhauers sozialpädagogischen Schriften, sie seien „für ein Verständnis theorieorientierter sozialpädagogischer Forschung, fern von Praktizismus, aber doch nah den Problemen sozialpädagogischer Praxis, inzwischen zum Kanon der unverzichtbaren theoretischen Orientierungen geworden“ (Lenzen 1993: 13). Dieses Urteil überraschte damals zwar etwas angesichts des eingetretenen weitgehenden Stillschweigens um Mollenhauer als Sozialpädagogen. Gewiss: In den 1960er- und auch noch in den frühen 1970er-Jahren hatte Mollenhauer fraglos den Rang eines Meinungsführers in der Sozialpädagogik und speziell auch in der Jugendarbeit inne (vgl. u. a. Mollenhauer 1959a, b, 1964a, b, c, 1964/1974, 1966a, 1968a, b, c, e, i, 1972a, b), und auf diese Zeit hin ist Micha Brumliks Urteil angelegt, Mollenhauer könne „als Begründer einer sozialwissenschaftlich orientierten Sozialpädagogik“ (Brumlik 1998: 431) gelten. Aber danach und, wenn man streng urteilt (vgl. Ackermann 1983: 94), schon von 1968 an schien es doch eher so, als interessierten ihn zunehmend andere Themen, und dies zeigt auch die weit über 200 Titel umfassende Bibliographie seiner Schriften (vgl. Dietrich/Müller 2000; 163ff.). Auch Mollenhauer selbst las im Rückblick seine frühen sozialpädagogischen Schriften durchaus nicht immer als Beiträge zum ‘Kanon der unverzichtbaren theoretischen Orientierungen’, im Gegenteil: Seine 1964 erschienene *Einführung in die Sozialpädagogik* etwa, die noch 1988 in einer Neuauflage erschien und mit über fünfzigtausend verkauften Exemplaren das erfolgreichste sozialpädagogische Buch sein dürfte, versah er 1973 mit dem Kommentar, dieser „inzwischen wenig überzeugend gewordene() Versuch“ könne „eigentlich nur noch als Gegenstand kritischer Auseinandersetzung einen Sinn im Ausbildungszusammenhang haben“ (Mollenhauer 1964/1974: 6). Dies war – wohlgemerkt: bezogen auf die Textfassung von 1964 – durchaus kein hyperkritisches Urteil, das man nicht weiter ernst nehmen muss (vgl. auch Mollenhauer 1998c: 530). Insoweit berührt es etwas merkwürdig, wenn C. W. Müller noch 1988 meinte, Mollenhauers Einführung halte „auch heute noch Studierende zur komplexen Bearbeitung (…) ihrer künftigen Tätigkeitsbereiche an“ (Müller 1988: 169).

Auch die andere sozialpädagogische Monographie Mollenhauers, seine 1959 erschienene Dissertation *Die Ursprünge der Sozialpädagogik in der industriellen Gesellschaft*, erweist sich bei genauerem Hinsehen eher als sperrig und erreichte jedenfalls nicht den Rang einer wirkmächtigen Orientierungsbasis. Mollenhauer selbst äußerte sich im Rückblick hier zwar etwas weniger skeptisch und rechnete sich zu, mit seiner Dissertation „eine Diskussion der Geschichte von Sozialpädagogik und Sozialarbeit innerhalb der Erziehungswissenschaft“ eröffnet zu haben, „die einerseits die älteren ‘Fürsorge’-Theorien verließ und andererseits auch an die Kulturkritik der pädagogischen Reformbewegungen nicht anschließen mochte“ (Mollenhauer 1987a: V). Aber so recht ist diese Botschaft offenbar nicht angekommen. Dies zeigen schon die auch dreißig bzw. vierzig Jahre nach Erscheinen dieser Arbeit zu verzeichnenden Bewertungsdifferenzen: Christian Marzahn galt sie 1987 als Zeugnis für die „Zuversicht in die Lösbarkeit sozialer Probleme durch *Pädagogik*“ (Marzahn 1987: XIV). Roland Merten hingegen lobte Mollenhauers Dissertation 1997 als ein „sicheres Fundament“ der weiteren, auf die Verortung der „Sozialen Arbeit in der Industriegesellschaft“ (Merten 1997: 7; Herv. d. Verf.) abstellenden Argumentation, obgleich Mollenhauer doch die Ursprünge der Sozialpädagogik hatte klären wollen.

Trotz dieser zu berücksichtigenden Zusammenhänge ist allerdings Lenzens Bewertung nicht ohne weiteres von der Hand zu weisen. Dies gilt auch ungeachtet der sozialpädagogischen Veröffentlichungen Mollenhauers, die nach 1993 erschienen (Mollenhauer 1994, 1996a, b, 1997a; Mollenhauer/Uhlendorff 1995) und die Lenzen folglich noch nicht einbeziehen konnte. Nur ist es dabei notwendig, die Aufmerksamkeit etwas abzuziehen insbesondere von der genannten Einführung in die Sozialpädagogik, für die Mollenhauer selbst rückblickend geltend machte, dass sich in ihr noch der Geist der Zeit spiegele: einer Zeit, in der

- es noch keinen universitären sozialpädagogischen Studiengang gab;
- empirische Forschung nicht mehr war als ein Programm;
- von ‘Sozialisation’ noch nicht die Rede war;
- die Studentenbewegung noch ‘schlummerte’;
- z.B. Obdachlosensiedlungen noch ein Problem für Experten waren
- und in der andere frühe Vertreter der Disziplin – Mollenhauer dachte u. a. an C. W. Müller, Christian Marzahn und Hans Thiersch – noch mit ganz anderen Themen beschäftigt waren (Mollenhauer 1964/1974: 6 f.).

In diesem Zusammenhang ist wohl auch daran zu erinnern, dass Weniger, Mollenhauers Doktorvater, noch im Wintersemester 1956/57 ein Oberseminar zum Thema ‘Sozialpädagogik’ anbot, dessen Textbasis – Weniger (1930) und Herrmann (1956) – auf die Theorielage der 1920er-Jahre (selbstredend in geisteswissenschaftlicher Lesart) zugeschnitten war (vgl. Weinberg 1987: 53 f.). Die Erinnerungen Mollenhauers an seine Zeit als Doktorand bestätigen dieses Bild: „Man konnte damals in Göttingen, was die theoretischen Orientierungen für die Sozialpädagogik betrifft, mit einem relativ kleinen Korpus von Texten auskommen: Pestalozzis *Stanser Brief*, Nohls Aufsatz-Sammlung zur ‘Jugendwohlfahrtspflege’, der fünfte Band des von Nohl und Pallat herausgegebenen *Handbuchs der Pädagogik* und Paul Natorps ‘Sozialpädagogik’, deren Lektüre allerdings für am ehesten entbehrlich gehalten wurde.“ (Mollenhauer 1998c: 527) Mollenhauer, dies folgt dann daraus, wurde mit seinen sozialpädagogischen Vorstellungen erst interessant, als er sich selbst als Kind *dieser* Zeit zu überwinden lernte. Und auch erst unter dieser Prämisse und entsprechend der ‘Überwindungen’, die dem noch folgen sollten, kann er – so die These des Folgenden – auch für die heutige Sozialpädagogik noch von Interesse sein (vgl. auch Winkler 2002: 100 ff.; Niemeyer/Rautenberg 2006).

Damit ist zugleich ein Motiv genannt, mittels dessen sich die folgende Darstellung organisieren lässt. Denn Mollenhauer war auch Kind seiner Zeit im wissenschaftsbiographischen Sinn. Dies unterstreicht sein Hinweis anlässlich der Wiederveröffentlichung seiner Dissertation im Jahre 1987, wonach diese Arbeit seinem akademischen Lehrer Weniger „wie ein Bruch mit der geisteswissenschaftlichen Tradition" (Mollenhauer 1987a: VI) vorgekommen sei. Mollenhauer erklärte dies mit seiner hier vollzogenen 'vorsichtigen' „Annäherung an soziologische und sozialgeschichtliche Denkweisen", wobei er diese Vorsicht „mit dem wissenschaftlichen Milieu des auf 'pädagogische Autonomie' erpichten Instituts" (ebd.) begründet, dem Weniger damals, in Nachfolge Nohls, vorstand. Einige Jahre später wurde Mollenhauer in dieser Sache noch etwas deutlicher: „Über alles, was nicht in der unmittelbaren oder ganz dichten geisteswissenschaftlichen Tradition lag, hat er [Weniger; d. Verf.] uns gegenüber in den Lehrveranstaltungen derart abwertend geredet, dass wir alle das Gefühl hatten, dies lohne sich gar nicht zu lesen." (Mollenhauer 1991: 71) Diese Bemerkung beleuchtet zusammen mit der vorgenannten die damals schwierige Situation Mollenhauers als eines Enkels: eines Enkels, der sich zum Erbe aufgefordert sah und der doch nicht so recht der Mitgift traute, die ihm da, treuhänderisch vermittelt über Weniger und im Wesentlichen geprägt durch Nohl, zur geflissentlichen Beachtung anvertraut war. Dass hinter jener Mitgift auch ein veritables Gift verborgen war, wollte Mollenhauer allerdings offenbar bis zuletzt nicht zur Kenntnis nehmen. Dies belegt sein geradezu erschreckend banaler und nachlässiger Kommentar (Mollenhauer 1997b) zu der wichtigen und nachdenkenswerten Studie von Barbara Siemsen (1997a; vgl. auch Siemsen 1997b; 1995) über Wenigers Verhalten in der Zeit des Nationalsozialismus.

Immerhin: Die Rückbesinnung auf die geisteswissenschaftliche Erbschaft Mollenhauer macht deutlich, worum es ihm und großen Teilen der seiner Impulssetzung nachfolgenden Sozialpädagogengeneration nun in der Hauptsache gehen sollte: um ein Sozialpädagogikkonzept, das der Hoffnung auf 'pädagogische Autonomie' endgültig entsagte und die Wissensgrundlagen der Disziplin für sozialwissenschaftliche Forschungsbefunde öffnete. Dass infolge dieser Entwicklung der Begriff 'Sozialpädagogik' zunehmend dem Ausdruck 'Soziale Arbeit' zu weichen hatte, wurde in der Einleitung schon angesprochen. Insoweit ist es vielleicht nicht ganz unwichtig vorauszuschicken, dass Mollenhauer der Ausdruck 'Sozialpädagogik' auch noch in der Hochphase seiner Hinwendung zu den Sozialwissenschaften als „erziehungswissenschaftlicher Terminus" (Mollenhauer 1968b: 134) galt.

Vorausschicken könnte man auch, dass die unter dem Stichwort 'Versozialwissenschaftlichung' bekannt gewordene Entwicklung vom Grundzug her nicht eigentlich Neues ausspricht. Dies ließe sich unter Nennung von Namen wie Natorp, Fischer und Bernfeld illustrieren. Dabei sollte man allerdings die dahinter verborgene Zusatzproblematik nicht übersehen. Denn es handelt sich dabei durchweg um Namen von Wissenschaftlern, die in Göttingen als Konkurrenz wahrgenommen wurden (Fischer), unter Kuratel standen (Bernfeld) bzw. einem als 'feindlich' erlebten Paradigma zugehörten (Natorp). So gesehen überrascht es nicht, dass man insbesondere den Namen Natorp umsonst sucht in Mollenhauers frühen Texten.

Dies gilt beispielsweise für seine beiden wirkmächtigen 1964er-Stichwortartikel *Sozialpädagogik* sowie *Sozialpädagogische Einrichtungen* in Band 36 des weit verbreiteten *Fischer Lexikons*. Der erstgenannte Artikel beginnt mit den ganz im Geiste des (Göttinger) Mainstream gehaltenen Worten: „Das Wort Sozialpädagogik hat sich als Bezeichnung für einen bestimmten Umkreis pädagogischer Aufgaben und Einrichtungen und deren Theorie eingebürgert." (Mollenhauer 1964b: 288) Wenige Zeilen später folgt der Satz: „Aus der pädagogischen Reformbewegung im ersten Drittel des 20. Jhs. erwuchsen die Anfänge einer sozialpädagogischen Theorie." (ebd.: 288) Der gleich nachfolgende zweite Artikel setzt ein mit der Rückerinnerung an die Innere Mission und Wichern sowie mit dem Zusatz, es handele sich hier um „die ersten Anfänge einer sozialpädagogischen Theoriebildung" (Mollenhauer 1964c: 297), ehe dann, nach Nennung der Namen Salomon, Bäumer und Nohl, die für die Weimarer Epoche entscheidende Botschaft verkündet wird: „Die Wiederentdeckung Pestalozzis, vor allem als eines Sozialpädagogen, gab dieser sich nun als sozialpädagogische Bewegung verstehenden pädagogischen Praxis auch die Dignität einer autorisierten Tradition." (ebd.: 298) Was man hier fast in Vollendung besichtigen kann, ist die gleichsam theoriepolitisch korrekte Erzählung im Sinne Nohls und Wenigers – die zugleich aber, insofern Natorp und mithin der von ihm im letzten Drittel des 19. Jahrhunderts angeregte Theoriediskurs ausgeblendet bleibt, nur für die halbe Wahrheit steht.

So gesehen hatte Mollenhauer in der Folge eine Leistung besonderer Art zu vollbringen: Er musste lernen, die Denkverbote aufzukündigen, die ihm in Göttingen oktroyiert worden waren; und er musste sich dabei auf die narzisstische Kränkung gefasst machen, dass vieles, was er im Zuge dieses Emanzipationsaktes für neu hielt, vor dem Hintergrund des ihm von Weniger wie Nohl verborgenen Wissens – und dazu gehört auch das Wissen um die 'Sozialpädagogik im Exil' (vgl. Böhnisch/Schröer/Thiersch 2005: 81 ff.) – zumindest vom Grundzug her alt war. Diese Kränkung, so scheint es, hält erst die Mollenhauer nachfolgende Generation im vollen Umfang bereit. Denn sie erst ist wieder unbefangen genug, um den erneuten Gang auch in die Ideengeschichte zu wagen, der Mollenhauer durch die Göttinger Geschichtsmetaphysik vorübergehend verleidet worden war. Sie darf es insoweit als ihren Erfolg verbuchen, dass Mollenhauer in einer seiner letzten Veröffentlichungen einräumte, „dass wir damals klüger gewesen wären, hätten wir Natorp gründlicher studiert". (Mollenhauer 1998c: 533)

Dieser Verweis auf über einhundert Jahre alte Ideen besagt übrigens für sich genommen noch nichts gegen die Triftigkeit der von Mollenhauer beigezogenen sozialgeschichtlichen Quellen bzw. sozialwissenschaftlichen Studien. Aber er mag genügen, um Hintergründe für den Wandel auch in Mollenhauers Sozialpädagogik- wie Pädagogikbild und -nutzung anzudeuten, die der folgenden Darstellung eine gewisse Orientierung geben.

## 8.1 Häutung I: Vom Ursprung der Sozialpädagogiküberwindung Mollenhauers

Mollenhauers Dissertation darf gelesen werden als ein Beitrag zu einer Sozialpädagogiküberwindung eigener Art: eine Überwindung, die nicht der Sache selbst galt, sondern dem damals dominanten, und dies meint aus Mollenhauers Optik: geisteswissenschaftlichen Begriff von ihr. Der angedeutete wissenschaftsbiografische Hintergrund legt es nahe, diesen nun nachzuzeichnenden Vorgang, seiner psychologischen Seite nach, als 'Häutung' zu fassen. Anlass hierfür gab Nietzsches Wort: „So wie man uns jetzt erzieht, bekommen wir zuerst eine zweite Natur: und wir haben sie, wenn die Welt uns reif, mündig, brauchbar nennt. Einige Wenige sind Schlangen genug, um diese Haut eines Tages abzustossen: dann, wenn unter ihrer Hülle ihre erste Natur reif geworden ist" (KSA 3: 275). In diesem Sinne – und selbstredend in keinem anderen – soll uns auch Mollenhauer als 'Schlange' gelten. Denn auch er musste erst lernen, sich von der 'Erziehung', die ihm die 'Göttinger Schule' angedeihen ließ, zu emanzipieren, um zu dem ihm eigenen Wissen durchzudringen. Und die erste Station dieser Häutung, so die These des folgenden, ist anhand seiner Dissertation zu besichtigen.

Auf den ersten Blick wird man dieser These wenig Geltung zusprechen können. Denn ungeachtet von Wenigers Skepsis gegenüber Mollenhauers Dissertation muss man zunächst doch festhalten, dass Mollenhauer sich hier noch ganz in der von diesem gewiesenen Tradition zu bewegen scheint. Dies ergibt sich auch aus seiner rückblickenden Bewertung, er habe mit seiner Arbeit im Anschluss an die geisteswissenschaftliche Pädagogik „genuin pädagogische Problemstellungen der europäischen Tradition" (Mollenhauer 1987a: V) geltend machen wollen. Denn dies war nicht nur eine Redensart, sondern durchaus eine zutreffende Umschreibung, und zwar gerade auch im Blick auf Mollenhauers Sozialpädagogikbegriff. So war es gewiss kein Zufall, dass Mollenhauer diejenigen, die Sozialpädagogik als „Erziehung im Wechselverhältnis zu den sozialen Gebilden" resp. als „vorbewusste Erziehung durch sie und bewusste Erziehung zu ihnen" (Mollenhauer 1959a: 16) definierten, mit ähnlichen Gründen verabschiedete, wie sie schon Paulsen gegenüber Natorp vorgetragen hatte (vgl. Kap. 5.2). Auch Mollenhauers Reflex auf seinen Gewährsmann Schleiermacher zeugt für die Traditionsverhaftetheit dieses seines Einwandes, ganz abgesehen von den Details. So entlehnt Mollenhauer (ebd.: 138) Schleiermacher den Satz, dass die Erziehung den Mensch abliefern soll „als ihr Werk an das Gesamtleben im Staate, in der Kirche, im allgemeinen freien geselligen Verkehr und im Erkennen oder Wissen“ (Schleiermacher 1983: 28 f.). Daraus entnimmt er in klassischer Manier, dass die Reflexion auf den Zusammenhang zwischen Erziehung und ‘sozialen Gebilden’ „je in aller Erziehung eine zentrale Rolle“ gespielt habe und der Begriff der Sozialpädagogik so gesehen eine „Tautologie“ (Mollenhauer 1959 a: 16) sei. Ausgeschieden wird aber nicht nur dieser Sozialpädagogikbegriff, sondern auch das Verständnis von „Sozialpädagogik als begrifflicher Ausdruck eines inhaltlichen Bildungsideals“ (ebd.). Was Mollenhauer daran stört, ist der Anspruch auf überzeitliche „Allgemeingültigkeit“ (ebd.: 17) – ein Einwand, der sich (wiederum) ganz der Tradition geisteswissenschaftlichen Denkens fügt.

Der verbleibende Rest scheint wohlbekannt. Denn zu sagen, Sozialpädagogik sei die „Bezeichnung einer neuen Gruppe von pädagogischen Einrichtungen“ resp. „Erziehungshilfen“ (Mollenhauer 1959 a: 17), entsprach vollständig dem geisteswissenschaftlichen Ansinnen nach Entideologisierung einer seit Natorps Tagen so überaus ansprüchlich geführten Debatte, die erst durch Gertrud Bäumers Definition, Sozialpädagogik bezeichne „einen Ausschnitt: alles, was Erziehung, aber nicht Schule und nicht Familie ist“ (Bäumer 1929: 3), zu einem gewissen Abschluss gebracht worden war. Zwar kritisierte Mollenhauer diese Definition als „unzureichend“, insofern sie nicht „das Selbstverständnis der ‘sozialpädagogischen Bewegung’“ (Mollenhauer 1959 a: 138) berücksichtige. Gemeint war damit offenbar – Mollenhauer sprach sich in dieser Sache nicht hinreichend aus –, Schule wie Familie seien seitens dieser Bewegung sehr wohl als sozialpädagogische Objektbereiche gesehen worden. Insoweit wollte Mollenhauer offenbar dabei helfen, die moderne sozialpädagogische Theorie aus ihrer Beschränkung auf außerschulische und – familiale Handlungsfelder zu befreien. Dafür spricht auch, dass er gegen Ende seiner Arbeit, deutlich belehrt durch die Debattenlage der 1920er-Jahre, Einspruch erhob gegen „die Abdrängung der Pädagogik auf die eng umgrenzten Aufgaben der Jugendfürsorge und Jugendpflege“ (ebd.: 125).

Angekommen aber ist diese Botschaft nicht. Zeitgenössische Rezensenten rubrizierten die Thematik von Mollenhauers Dissertation, unter ausdrücklicher Berufung auf die von Bäumer stammende Definition, einem Sozialpädagogikbegriff, der sich als „Pädagogik der außerschulischen und außerfamilialen Erziehungsarbeit“ (Küchenhoff 1962: 79) übersetzen ließ. Und auch Mollenhauer selbst definierte die Sozialpädagogik in späteren Veröffentlichungen immer wieder analog zu einer „Theorie der Jugendhilfe“ (Mollenhauer 1964 a: 13) resp. als „die Theorie derjenigen Erziehungsvorgänge, die im Jugendwohlfahrtsgesetz einen juristischen Niederschlag gefunden haben“ (Mollenhauer 1968 i: 134). Immerhin ließ er dem aber einen bemerkenswerten, in der Regel überlesenen Nachsatz folgen, der zugleich als exemplarisch genommen werden kann sowohl für das Lakonische seines Stils als auch die Schärfe seines Denkens: „So klingt es einleuchtend, ist aber vielleicht so vernünftig nicht, wie es den Anschein hat“ (ebd.).

Man kann diesen Einwand, von den heute immer wieder zelebrierten Erfolgsstatistiken gerade im Jugendhilfesektor aus besehen (vgl. Rauschenbach 1992: 393 ff.), vielleicht so übersetzen: Die Sozialpädagogik entschloss sich, als 'Theorie der Jugendhilfe' zu prosperieren, entschloss sich damit aber auch, etwas zu tun, was – um Mollenhauer zu variieren – 'nicht so vernünftig war, wie es den Anschein hatte'. Denn damit expandierte zwar die Profession, nicht aber die Disziplin – ein Einwand, den Christian Lüders vor einigen Jahren ins Zentrum rückte, als er schrieb, die Sozialpädagogik opfere ihr Interesse an Erkenntnisgewinn dem an Gewinn von Berufswissen (Lüders 1989: 199). Man muss diesen Einwand nicht teilen, kann aber gleichwohl zugestehen, dass es tatsächlich „etwas Bedenkliches" hat, „einen Begriff derart pragmatisch zu orientieren, d.h. ihn nicht auf die Erziehungsprozesse, sondern auf Rechtsinstitute zu beziehen", die zum Erziehungsproblem in keinem stringenten Zusammenhang zu stehen brauchen" (Mollenhauer 1968i: 134). Selbstredend sind alle möglichen Übersetzungen speziell auch dieses Einwandes bezogen auf die Gegenwart vorstellbar. So drängt sich mitunter tatsächlich der Eindruck auf, als werde mehr über Jugendhilfe als 'Rechtsinstitut' geredet denn über Eigenart und Qualität der jugendhilfetypischen Erziehungsprozesse und die Frage, was an ihnen spezifisch sozialpädagogisch sei. Aber hier geht es nicht um Gegenwartsdiagnostik, sondern um ein Verständnis dessen, was Mollenhauer in den 1960er-Jahren bewegte und zu Anschlussfragen weitertrieb. Und dabei ist ein anderer Aspekt wichtiger, den man, zunächst als These, wie folgt formulieren könnte: Indem Mollenhauer, gleichsam im Rücken seiner eigenen Definition von Sozialpädagogik, immer nachdrücklicher nach den 'Erziehungsprozessen' zu fragen begann, setzte doch noch jene 'Häutung' ein, also jene Ablösung vom geisteswissenschaftlichen Paradigma, die sich auf der Ebene der Bestimmung des Sozialpädagogikbegriffs als solchem noch nicht nachweisen lässt.

Dies meint zugleich, dass Mollenhauers Bestimmung aus seiner Dissertation, wonach es sich bei dieser neuen Gruppe pädagogischer Einrichtungen um solche handele, „die in bestimmten gesellschaftlichen Konstellationen notwendig werden" (Mollenhauer 1959a: 17), zwar den Gegenstandsbereich für *sozialgeschichtliche* Studien geöffnet hat. Damit aber war für sich genommen ein eher milder Dissens zur geisteswissenschaftlichen Pädagogik und deren bevorzugt *geistesgeschichtlicher* Orientiertheit markiert. Und selbst dort, wo Mollenhauer, unter dem Stichwort „Volkserziehung", die Umwandlung der „soziale[n] Frage" in eine „Erziehungsfrage" (ebd.: 122) unter Ideologieverdacht stellte, hatte er nicht eigentlich Aloys Fischers 1925 vorgenommene Übersetzung der „soziale[n] Frage" in „ein Stück Volkserziehung durch Lehr- und Beispielgebung" (LW 3/4: 333) im Sinn, ganz zu schweigen von der zumindest in dieser Hinsicht analogen Position eines Nohl oder Weniger. Vielmehr ging es ihm um die Bilanz seiner eigenen, auf die erste Hälfte des 19. Jahrhunderts konzentrierten Untersuchung über die „Anfänge der Sozialpädagogik" (Mollenhauer 1959a: 121).

Tatsächlich aber drängt sich spätestens hier der Verdacht auf, Mollenhauer habe eine Art 'List der Vernunft' walten lassen – eine List, die ihm die Idee eingab, lieber einen historisch unverfänglichen Abschnitt der Geschichte (eben die erste Hälfte des 18. Jahrhunderts) und ganz unbekannte Autoren (auf keinen Fall Pestalozzi und Wichern) zu diskutieren und hier die Kritik dann aber *exemplarisch* zu betreiben, statt das Florett gleich direkt zu führen und mithin anhand der 1920er-Jahre und insofern anhand der Namen Nohl und – jedenfalls im eingeschränkten Ausmaß – Weniger. *Dass* es Mollenhauer um eine exemplarische Kritik ging, ist dabei wohl noch die am wenigsten voraussetzungsreiche Annahme. So heißt es beispielsweise nur eine Seite nach dem eben mitgeteilten Ergebnis, dass sich „die aufgewiesene ideologische Struktur" nicht nur auf die „Ursprungssituation" der Sozialpädagogik beschränke, sondern, im Zusammenhang mit Kulturkritik und Jugendbewegung, erneut als ein „zentrales Motiv sozialpädagogischer Arbeit" (Mollenhauer 1959a: 123) auftauche. Wieder einmal ist zwar von Nohl (und Weniger) nicht die Rede, sondern von „sozialreformerische(n) Ideen" und „organologische(m) Gemeinschaftsdenken" (ebd.), wobei zum einen vor allem an Mennicke, zum anderen an Tönnies gedacht wird (ebd.: 168). Aber der Sache nach geht es zunehmend doch um das Ganze. Mollenhauer nämlich bezieht sich nun auf seine (einleitend dieses Kapitels vorgestellten) drei „Typen „sozialpädagogischer" Theoriebildung" (ebd.: 123). Er diskutierte also (1) 'Sozialpädagogik als Erziehung im Wechselverhältnis zu den sozialen Gebilden', (2) 'Sozialpädagogik als begrifflicher Ausdruck eines inhaltlichen Bildungsideals' und (3) 'Sozialpädagogik als Bezeichnung einer neuen Gruppe von pädagogischen Einrichtungen'. Und er meint, dass für sie das Zugleich von „Abwertung sozialer Gegenwart" und „Idee[] zur sozialen Erneuerung" (ebd.) typisch sei. Der Schluss scheint insoweit außer Frage zu stehen: Der Sozialpädagogikbegriff insgesamt bestimmt sich nicht „durch eine sachliche pädagogische Notwendigkeit, sondern durch spezifische ideologische Voraussetzungen der erziehenden Generation" (ebd.: 124).

Spätestens dies nun scheint kaum noch anders deutbar denn als dezente Kritik der geisteswissenschaftlichen Pädagogik. Mollenhauer allerdings überrascht auch hier den Leser: Er bringt es fertig, sein Therapeutikum der Entideologisierung auch noch mit einem Weniger-Zitat zu rechtfertigen. Dieser nämlich schon, so zitiert ihn Mollenhauer, habe das Vermögen gefordert, sich im Alltag der Erziehung „notfalls zunächst einmal unabhängig zu halten von seinen eigenen religiösen, weltanschaulichen und politischen Voraussetzungen" (zit. n. Mollenhauer 1959a: 124). Dem ist fraglos so, und insoweit gilt auch, dass sich Mollenhauers „Verzicht auf Ideologien (...) auch als Konsequenz aus dem Selbstverständnis der Pädagogik (ergibt)" (ebd.). Aber ob es auch Konsequenz dieses Selbstverständnisses ist, in Zukunft nicht der Minderwertigkeit dekadenter Kultur und deren Kritik das Wort zu reden, sondern der Eigenwertigkeit der Gesellschaft und deren Analyse, wird man bezweifeln müssen. Das geisteswissenschaftlich-pädagogische Selbstverständnis überschreitet auch Mollenhauers Forderung, die „romantische[] Negation der industriellen Gesellschaft" der „Besinnung auf die in ihr enthaltenen Möglichkeiten" (ebd.) vorzuziehen. Weniger wird denn auch diese Forderung seines Schülers zumindest intern korrekt verbucht haben: nämlich als stillschweigende Aufforderung an ihn, sich von seinem unweigerlich kulturtheoretisch eingebundenen geisteswissenschaftlichen Paradigma zugunsten eines gesellschaftstheoretisch verankerten sozialwissenschaftlichen Pädagogik- resp. Sozialpädagogikbegriffs loszusagen. Insofern hatte er in der Tat mehr Anlass zur Skepsis gegenüber der Dissertation Mollenhauers, als es anfangs scheinen wollte.

Dies gilt auch im Blick auf die sozialpädagogische Hauptsache. Dabei ist vorausschickend daran zu erinnern, dass schon in der Weimarer Zeit das Bestreben einsetzte, die damals noch als Wohlfahrtspflege bezeichnete Sozialarbeit als Besitzstand einer im Entstehen begriffenen 'Fürsorgewissenschaft' zu reklamieren, die sich eher an sozial- denn erziehungswissenschaftlichen Bezugswissenschaften orientierte. In den 1950er-Jahren war diese Debatte keineswegs ausgestanden, im Gegenteil: Mollenhauer beobachtete nicht nur Ansätze einer eigenen Theorie der „Fürsorge", sondern auch die „Aufnahme psychologischer Theorien und Methoden" im Rahmen der „sozialen Einzelhilfe" (Mollenhauer 1959a: 125). Ganz abgesehen davon registrierte er, im Vergleich zu den 'Ursprüngen' der Disziplin und begleitend zur Ausdifferenzierung der „Struktur der industriellen Gesellschaft", dass sich „der Komplex 'Soziale Arbeit'" aufgegliedert habe, „sodass die ursprünglich pädagogisch verstandene Einheit aller dieser Einzelleistungen nicht mehr der Realität zu entsprechen scheint" (ebd.). Dies galt für ihn insbesondere im Blick auf die schon in der Weimarer Zeit von Nohl-Schülern angestrebte Gleichsetzung des (fürsorgetheoretischen) Prinzips der 'persönlichen Hilfe' mit dem Nohlschen 'pädagogischen Bezug'. Hierin, so sein lakonischer Kommentar, könne noch keine „theoretische Bewältigung dieses Problems" (ebd.) gesehen werden. Ganz zu schweigen aber sei von dem Bemühen, hierin das „pädagogische[] Zentrum" zu sehen oder gar (erneut) einer „unreflektierte[n] Okkupation durch die Pädagogik" (ebd.) das Wort reden zu wollen – zwei Stichworte mit (giftigem) Hintersinn. Denn es war Nohl gewesen, der – wie gesehen (vgl. Kap. 5.3) – der Sozialpädagogik in der Weimarer Epoche den Rang eines „geistige(n) Zentrum(s)" (Nohl 1926b: 140) im Felde der gesamten Wohlfahrtspflege meinte zuweisen zu können. Und es war der 'Fürsorgewissenschaftler' Hans Achinger gewesen, der diesem Ansinnen mit dem Vorwurf der „Okkupation" (Achinger 1929) entgegengetreten war. Mit seinem Einwand hatte sich Mollenhauer also indirekt auf die Seite Achingers geschlagen und gegen

Nohl gestellt – eine Todsünde im Kreis der 'Göttinger Schule', so jedenfalls musste Weniger die Sache sehen.

Allerdings blieb auch Mollenhauer eine Antwort auf die damit neu zur Verhandlung anstehende Frage schuldig, wie eine „Grundwissenschaft der sozialen Arbeit" aussehen könne, „von der her die Vielfalt heterogener Aufgaben begründet und verstanden werden kann" (Mollenhauer 1959a: 128). Seine Lösung, die „Pädagogik in der spezifischen Form einer Sozialpädagogik" (ebd.: 130) mit der ihr innewohnenden Perspektive „pädagogische(r) Sinngebung" (ebd.: 132) anzurufen, um von hier aus Beiträge zu liefern für die – alle Einzelmaßnahmen zusammenhaltende – „Aufgabe einer planmäßigen Eingliederung des Einzelnen in die soziale Welt" (ebd.: 131), wirkt eigentümlich blass und, zumal wegen ihres unkritisch-sozialintegrativen Gehalts, fast wie eine Versöhnungsformel gegenüber der geisteswissenschaftlichen Pädagogik. Zumindest im Blick auf diese Pointe wird man also Christian Marzahns Urteil zustimmen können, wonach Mollenhauers Dissertation in eine „Apologie der Erziehung" (Marzahn 1982: 11) einmünde bzw. einem „pädagogischen Optimismus" verbreite, der sich seiner Sache so sicher ist, „dass die schwarze Seite und die dunkle Tradition der Pädagogik gar nicht ins Blickfeld kommen können" (Marzahn 1987: XIV). Aber man sollte dabei nicht das kritische Potential übersehen, das sich vor allem in der von Mollenhauer eingeklagten Umstellung von Kulturkritik auf Gesellschaftsanalyse verbirgt.

Erstmals folgenreich wurde dies in Mollenhauers *Einführung in die Sozialpädagogik* von 1964. Denn wenn Mollenhauer hier herausstellt, Sozialpädagogik sei „die Theorie und Praxis eines pädagogischen Bereichs", der „durch die industrielle Gesellschaft hervorgebracht wurde", um dem – ähnlich wie Fischer (LW 2: 5) und Bernfeld (SWB 2: 223) – folgen zu lassen: „Alles, was über sie zu sagen ist, kann deshalb sinnvoll auch nur im Hinblick auf diese Gesellschaft gesagt werden" (Mollenhauer 1964/1974: 19), war dies nichts anderes als die Freisetzung ebenjenes kritischen Potentials. Viel indes hatte dies noch nicht zur Folge. So überführte Mollenhauer seine an sich weiterführende Festlegung, wonach Sozialpädagogik „eine Funktion der Gesellschaft" (ebd.: 25) sei, in die Bestimmung, wonach der Erzieher „ausführendes Organ seiner Kultur" (ebd.: 26) zu sein habe, der qua Sozialpädagogik „Integrationshilfen" leiste „an den vielen Übergängen und Konfliktstellen, die das Heranwachsen in der modernen Gesellschaft charakterisieren"; insoweit bessere die Sozialpädagogik „die Schäden aus, die dem Einzelnen dabei immer wieder zugefügt werden" (ebd.) – eine fürwahr noch gänzlich harmlose, vorkritische Problemdiagnose, die, rein begriffssystematisch gesehen und den Gegenwartsdiskurs als Folie genommen, zweierlei deutlich macht: Hätte (1) Mollenhauer hier von 'Hilfen zur Lebensbewältigung' gesprochen und von 'Statuspassagen', dann könnte sein Text durchaus als ein zeitgemäßer gelten. Und (2), dies aber nun eher als ein ernsthaftes Bedenken: Indem Mollenhauer von 'Integrationshilfen' spricht, gewinnt der Hilfebegriff unvermittelt eine zentrale Stellung in der Begriffsdiskussion. Der Erziehungsbegriff hingegen wird eher zu einer in romantisierender Absicht gebrauchten Kategorie, die den Traditionsanschluss der Disziplin sicherstellen soll – eine Debattenlage, die den von Allgemeinen Pädagogen ausgelösten Gegenwartsstreit um den Stellenwert des Hilfebegriffs in der sozialpädagogischen Theoriebildung (vgl. Prange 1991) auf beklemmende Art und Weise vorwegnimmt.

Nicht viel besser verhält es sich dort, wo Mollenhauer die Jugend unter dem – für die Sozialpädagogik konstitutiv gewordenen und inzwischen angeblich auch in der Gesellschaft verbreitet geteilten – Stichwort „Partner im Erziehungsgeschäft“ abhandelt und in diesem Zusammenhang, fast wie Nohl, davon redet, dass „das persönliche erzieherische Verhältnis schließlich doch Anfang und Kernstück jedes pädagogischen Prozesses“ (Mollenhauer 1964/1974: 25) bleibe. Etwas kritischer nimmt es sich da schon aus, wenn Mollenhauer wenige Seiten zuvor gegen die „Isolierung der Erziehungswirklichkeit in pädagogischen Provinzen“ (ebd.: 22) angeht und „einem Zurücktreten des persönlichen pädagogischen Bezugs“ (ebd.: 23) das Wort redet. Aber auch dies bedeutete noch keine Lösung des terminologischen Problems oder auch nur eine Novität, sondern war in ähnlicher Weise schon von Nohl-Kritikern der Weimarer Epoche vorgebracht worden (vgl. Niemeyer/Schröer 1994). Auch Mollenhauers Forderung, die „direkte Beeinflussung des Heranwachsenden durch den Erzieher“ habe „zugunsten eines Arrangements der materiellen Erziehungsbedingungen“ (Mollenhauer 1964/1974: 22) zurückzutreten, löste nicht das Definitionsproblem, sondern verschob es nur auf eine andere Ebene. Mollenhauer sah dies durchaus („Ein großer Teil dessen, was wir heute Sozialarbeit nennen, besteht aus Verfahrensweisen dieser Art“; ebd.: 22 f.), erblickte aber offenbar einen Ausweg darin, auch sozialarbeiterische Verfahrensweisen als pädagogische fassen zu können, „weil sie als zweckentsprechende gar nicht gedacht werden können ohne Hinblick auf die Veränderung der Personen, für die sie arrangiert werden“ (ebd.: 23). Dies mochte richtig sein, bleibt aber ohne weitere Differenzierungen unbefriedigend, wenn man bedenkt, dass der Ausdruck ‘Sozialarbeit’ eines jedenfalls nicht ist: ein – wie Mollenhauer dann 1968 für den Sozialpädagogikbegriff herausstellte – ‘erziehungswissenschaftlicher Terminus’.

Wichtig aber bleibt in jedem Fall Mollenhauers 1959 angedeutete Devise (‘Gesellschaftsanalyse statt Kulturkritik’). Ob man heutzutage Anlass hat, diese Devise wieder umzukehren, mag hier außerhalb der Betrachtung bleiben (vgl. Niemeyer 1994). Denn zentral ist nur, *dass* die Mollenhauer zugehörende oder nachfolgende kritische Sozialpädagogengeneration dies als Auftrag las. Herauszuheben ist auch, dass Mollenhauer seine Devise als Gebot las für die Art der Kritik, die er nun an der geisteswissenschaftlichen Pädagogik üben sollte. Diese Kritik trug er nun nicht mehr immanent vor, sondern im Blick auf die Gesellschaftsverfasstheit, für die das Kritisierte zeugte. Damit aber geriet auch die Gesellschaftsverfasstheit in den Blick, die einer 'Kritischen Erziehungswissenschaft' (resp. Sozialpädagogik) zu- oder eben abträglich ist. Auch dieser nun darzustellende Schritt auf dem Weg zur Entfaltung von Mollenhauers Konzeption legt den Ausdruck 'Häutung' nahe.

## 8.2 Häutung II: Mollenhauers endgültige Emanzipation von *seiner* Erziehung

Mollenhauers 1968 unter dem Titel Erziehung und Emanzipation veröffentlichte acht 'polemischen Skizzen' – entstanden zwischen 1962 und 1968 und damals unter den angehenden Pädagogen so etwas wie ein 'Kultbuch' (Parmentier 1998: 17) – gelten aus heutiger Sicht als „der erste zusammenhängende Versuch einer Begründung Kritischer Erziehungswissenschaft in Deutschland" (Lenzen 1993: 11). Einem Verständnis hilfreich ist es dabei, einige Passagen dieser Skizzen sowie vereinzelte Hinweise aus weiteren Schriften dieser Epoche als Grabreden auf die geisteswissenschaftliche Pädagogik zu lesen. Nur ein Schelm würde Böses dabei denken, also auf den Tod Nohls (1960) und Wenigers (1961) als Auslösebedingung einer Kritik verweisen, die nun nicht mehr der Gefahr unterlag, als Vatermord in Verdacht zu geraten. Legitim ist es allenfalls, beider Ereignisse unter dem Stichwort verbreitet anhebender Bilanzerstellungen zu gedenken. Und da war es Mollenhauer, der (auch) aus heutiger Sicht vielen als der einzige unter den Weniger-Schülern gilt, der sich „bei seiner kritischen Wendung klar von der Geisteswissenschaftlichen Pädagogik getrennt hat" (Hoffmann 1993: 206). Dies gilt jedenfalls dort, wo er sich nicht expressis verbis zum Gedenken aufgefordert sah, anders gesagt: Wo dies der Fall war – etwa in dem vielerorts als Höhepunkt der Abrechnung mit der geisteswissenschaftlichen Pädagogik gelesenen Reader *Geisteswissenschaftliche Pädagogik am Ausgang ihrer Epoche – Erich Weniger* von 1968 –, waren es gerade die Beiträge Mollenhauers, die am deutlichsten noch die Zeichen der Pietät wahren oder jedenfalls doch der vorkritischen Phase seines Denkens entstammen. Entsprechend hatte Hans Thiersch vor einigen Jahren im Rückblick auf diesen Band allen Grund, Mollenhauer dafür zu loben, dass er hier in einem „schönen und prägnanten Beitrag Wenigers Sozialpädagogik zusammengefasst" (Thiersch 1993 a: 37) habe. Dies heißt zugleich, dass Mollenhauer hier am wenigsten das gezeigt hatte, was der Band Erziehung und Emanzipation deutlich offenbart: kritische Haltung und zunehmend anhebende Schärfe der Kritik.

Um dies zu prüfen, muss man nur die Einleitung zu *Erziehung und Emanzipation* mit älteren der hier versammelten Texte vergleichen. So heißt es in der Einleitung gleich zu Anfang, ganz trocken und so, als sei nun von Wichtigerem zu reden: „Die Jahre nach dem Zweiten Weltkrieg haben gezeigt, dass die 'geisteswissenschaftliche Pädagogik' nur begrenzt leistungsfähig ist im Hinblick auf die Aufklärung derjenigen Zusammenhänge, die die Wirklichkeit der Erziehung ausmachen" (Mollenhauer 1968a: 9). Vier Jahre zuvor, in dem Aufsatz *Pädagogik und Rationalität*, war zwar auch von Pädagogik als „mehr oder weniger geistreich vorgetragener Rechtfertigungslehre" die Rede, die in dieser ihrer Eigenart „Pädagogik als Wissenschaft" (Mollenhauer 1964e: 56) behindere. Aber diese Kritik war eher allgemein gehalten; dass Mollenhauer auch die geisteswissenschaftliche Pädagogik im Visier hatte, erfährt der Leser eher nebenbei. Und selbst dort, wo Mollenhauer die emanzipatorische Programmatik am deutlichsten aussprach und die Pädagogik mit dem Auftrag versah, „in der heranwachsenden Generation das Potential gesellschaftlicher Veränderung hervorzubringen" (ebd.: 67), wird der damit greifbare Dissens gegenüber der geisteswissenschaftlichen Pädagogik auf eigentümliche Art wieder abgebogen. So ist zwar die Rede von einer kritischen, die bloß „immanente Interpretation pädagogischer Gegenstände" überschreitende Hermeneutik, die „die subjektive Vernünftigkeit der interpretierten Sache an dem misst, was objektiv möglich war" (ebd.: 68). Mollenhauer spricht auch von der „Gefahr der traditionellen geisteswissenschaftlichen Pädagogik", „bei der Explikation dessen, was die Sache sein möchte", stehen zu bleiben, anstatt die „Spannung des Wirklichen zum Möglichen [...] zum Bewusstsein zu bringen" (ebd.). Aber das Attribut 'traditionell', das Mollenhauer auch in anderen Schriften dieser Zeit – etwa in seinem Beitrag zu einer Theorie der Jugendarbeit (vgl. Mollenhauer 1964a: 92) – bevorzugt, erlaubt zumindest den Schluss, als habe sich Mollenhauer zumindest in dieser Phase seiner Entwicklung noch die Mitarbeit an dem Projekt einer Modernisierung geisteswissenschaftlicher Pädagogik auferlegt (vgl. auch Mollenhauer 1961: 361).

Dafür spricht auch Mollenhauers Bemühen – in *Pädagogik und Rationalität,* aber auch in dem zeitgleich veröffentlichten Lexikonartikel *Gesellschaft in pädagogischer Sicht* (Mollenhauer 1964d) –, die Kategorie der 'pädagogischen Verantwortung', die in der 'Erziehungswirklichkeit' häufig der Legitimation der Entmündigung des Heranwachsenden diene (Mollenhauer 1964e: 62), unter dem Etikett „Verantwortung für das kritische Potential einer Gesellschaft" (ebd.: 69) in ein mögliches Neukonzept zu überführen, und zwar dies ausdrücklich unter Berufung auf Weniger (Mollenhauer 1968f: 176). Immerhin: Wenigers Argument, dass „erst die Befangenheit an die Sache () die wahre wissenschaftliche Objektivität" ermögliche (zit. n. Mollenhauer 1964e: 57), wird von Mollenhauer äußerst kritisch beurteilt und als Beispiel für eine Theoriebildung genommen, die sich durch Inanspruchnahme eines besonderen „pädagogischen Ethos" (ebd.: 58) der rationalen Argumentation entzöge. Aber auch hier folgt dem sogleich eine relativierende Bemerkung nach. Im Blick auf Nohl und die Weimarer Epoche nämlich hält Mollenhauer derartiges für „'richtig', da nur so es der Erziehungstheorie gelingen konnte, sich von der konfessionellen wie der positivistischen Überfremdung zu befreien" (Mollenhauer 1968f: 175).

Man darf dieses Argument vielleicht auch so übersetzen: Was Nohl (für die Weimarer Zeit) recht war, hätte Weniger (für die Zeit nach 1945) noch längst nicht billig sein dürfen: nämlich die Inanspruchnahme 'pädagogischer Autonomie' und die darüber erreichbare Immunisierung der Theoriebildung gegenüber weltanschaulicher Indienstnahme oder empirisch gerichteter Infragestellung.

In einer später verfassten 'polemischen Skizze' – unter dem Titel *Funktionalität und Disfunktionalität der Erziehung* – ist von solchem Entgegenkommen nicht mehr die Rede, im Gegenteil: Mollenhauer attackiert nun auch Nohl selbst, und zwar in deutlich respektloser Manier. „Es soll hier nicht geprüft werden, ob solche Formulierungen den Kriterien der Wissenschaftslogik zu genügen vermögen" (Mollenhauer 1968g: 23), heißt es da beispielsweise im Anschluss an ein längeres Nohl-Zitat, das mit dem zentralen Wort in Sachen 'pädagogischer Autonomie' ausklingt, wonach der Pädagoge „seine Aufgabe, ehe er sie im Namen der objektiven Ziele nimmt, im Namen des Kindes verstehen [muss]" (zit. n. Mollenhauer 1968a: 23). Mollenhauer liest dieses Zitat als Beleg für eine „idealistische Konzeption des guten Willens und der reinen pädagogischen Gesinnung", deutlicher gesprochen: Erziehung werde „in einem vorgesellschaftlichen, herrschaftsfreien, unpolitischen Raum angesiedelt, in dem das Kind zu 'seinem Wohle' kommen könnte, wenn nur der Erzieher sich entschlösse, das 'Wesen des erzieherischen Verhaltens' (Nohl) zu realisieren" (ebd.: 24). Und die von Mollenhauer 1964 noch als 'richtig' bewertete Nohlsche Gegenwehr gegen 'positivistische Überfremdung' wird nun mit dem spöttischen Kommentar abgefertigt, dass die geisteswissenschaftliche Pädagogik sich auf die empirische Realität offenbar nur soweit eingelassen habe, wie diese „dem dekretierten 'Wesen des erzieherischen Verhaltens' entsprechen konnte" (ebd.).

Gleichsam als Brückenglied hin zu dieser Entwicklung hat ein Vortrag zu gelten, den Mollenhauer auf einem 1966 von Marian Heitger veranstalteten Symposium hielt. Interessant sind auch hier wieder die Einzelheiten. Denn das Symposium war dem Verdacht gewidmet, dass die 'am Ausgang ihrer Epoche' befindliche geisteswissenschaftliche Pädagogik, „obwohl ihr weiteste Verbreitung […] an den deutschen Universitäten gesichert war, die entscheidenden Grund- und Zeitfragen befriedigend zu beantworten nicht vermochte" (Heitger 1966: 3). Mollenhauer hingegen vermied diese – zu diesem Zeitpunkt von ihm vermutlich noch als inquisitorisch verbuchte – Einbettung des Themas und sprach beharrlich von 'den' Grundbegriffen 'der' Erziehungswissenschaft sowie davon, dass diese Begriffe „pädagogische Autoren […] zu einer metaphorischen Redeweise" ermutigten, „die mit einer kontrollierbaren Wissenschaftssprache nur noch wenig – wenn überhaupt irgendetwas – gemein hat" (Mollenhauer 1966b: 56). Der weitergehendere Vorwurf war nicht weniger abstrakt-unverbindlich: „Dies den Autoren allein anzulasten, schiene mir eine Verkennung der objektiven Tatsache Wissenschaft zu sein, denn der Zustand unserer Wissenschaft verhindert nicht, sondern befördert geradezu die Neigung, mit Hilfe beliebiger Ausdrücke über alles und jedes zu reden, so dass bisweilen zum Beispiel pädagogisch-theoretische Texte von Texten des Deutschen Philologenverbandes überhaupt nicht mehr zu unterscheiden sind" (ebd.: 56 f.). Nur der Anmerkungsteil bietet dann doch jene Kontextualisierung, auf die es Heitger wohl abgesehen haben dürfte. Dabei ist es bemerkenswert, dass sich Mollenhauer der Schützenhilfe durch eine für ihn nun zunehmend wichtiger werdende Autorität versichert. Hier nämlich lesen wir: „Für sie [die Pädagogik; d. Verf.] gilt weit eher als für die Soziologie, was Adorno formuliert: 'Gerade das Überwiegen der geisteswissenschaftlichen Tradition in der deutschen Soziologie erheischt als Korrektiv dringend die empirischen Methoden. Deren authentischer Sinn ist der kritische Impuls' (zit. n. Mollenhauer 1966 b: 64). Diese Pointe fand dann Eingang in die Einleitung zu *Erziehung und Emanzipation*. Vehement stritt Mollenhauer hier gegen den auf Wertfreiheit abstellenden Positivismus Brezinkas und für Empirie als „ein notwendiges Instrument der Emanzipation", aufbauend auf einer „Interpretation des Verständigungszusammenhanges, in dem die Praxis ihre Zwecke diskutiert" (Mollenhauer 1968 a: 10).

Ins Zentrum dessen, was Mollenhauer nun als Alternative vorschwebte, führt aber erst der Gedanke, dass der von der geisteswissenschaftlichen Pädagogik betonte „dialogische() Mikrokosmos von Erzieher und Zögling [...] dem organologischen Modell prästabilisierter Sozialharmonie ähnlicher ist als der sozialen Realität industrieller Gesellschaften" (Mollenhauer 1968 g: 25). Denn damit stand die Forderung nach einer dieser Realität entspringenden Theoriekonzeption ebenso im Raum wie der nachdrückliche Hinweis auf (vermeintlich) 'ideologiefreie' Theorietraditionen. Außer an Marx und Freud (ebd.: 26) dachte Mollenhauer dabei an die sozialistische Kinderfreundebewegung der 1920er-Jahre oder an Arbeiten Otto Rühles bzw. Günter Dehns, kurz: an Ansätze, die frei waren von der „Identifikation der pädagogischen Theorie mit der bürgerlich-pädagogischen Praxis" und die es (für die Zukunft) erlauben würden, „die außerschulische Jugendbildung in einem Zusammenhang zu interpretieren, der sie endgültig aus dem bürgerlich-pädagogischen Selbstverständnis der Jugendbewegung und ihrer Nachläufer löst" (Mollenhauer 1968 d: 33). Deutlich wird hier schon: Das 'Wesen des erzieherischen Verhaltens' „in den pädagogischen Schriften von Comenius bis zu Gaudig" als „Grundgedanken" ausweisen zu wollen – wie es der im Wesentlichen geistesgeschichtlich angelegten Geschichtsschreibung eines Nohl entsprach –, zeugte in Mollenhauers Sicht lediglich für einen Missbrauch mit der Geschichte; sie nämlich sei dann nichts weiter als ein „Steinbruch theoretischer Rechtfertigungen" (Mollenhauer 1968a: 23).

In einem Vortrag vom Januar 1968 – *Jugend und Schule im Spannungsfeld gesellschaftlicher Widersprüche* – wurde Mollenhauer in dieser Frage deutlicher. Ausgehend von Rousseau und dem erstmals bei ihm anhebenden Gedanken, dass die Gesellschaft „ihre Ordnung nicht nur als zweckmäßig oder gar notwendig plausibel zu machen, sondern als vernünftig zu begründen (hat)“, las er die neuere Geschichte der Erziehung als „Geschichte verhinderter oder verschleppter Demokratisierung“ (Mollenhauer 1968 h: 101). Um Beispiele war Mollenhauer nicht verlegen: „Die kritische Analyse Rousseaus wurde destilliert zu jenem idyllischen ‘Wohl des Kindes’, zum ‘Recht der Jugend auf ihre eigene Lebensart’, zur ‘Jugendkultur’, die die bestehende Ordnung nicht mehr in Frage stellen konnten“ (ebd.). Nicht mehr von Geistesgeschichte ist hier die Rede, sondern von Realgeschichte bzw. von einem Bild, das Mollenhauer von ihr gibt – und das sich als Gegenentwurf lesen lässt zu dem Bild, das die geisteswissenschaftliche Pädagogik in Bezug auf die Diskussionslage zu Beginn des 20. Jahrhunderts bevorzugte. Denn ihr war all das, was Mollenhauer hier skeptisch beurteilt, Indiz für die (näherungsweise) Erfüllung des pädagogischen ‘Grundgedankens’. Mollenhauer indes fragte nach etwas anderem: nach der Erfüllung des Kriteriums der vernünftigen Begründung gesellschaftlicher (Erziehungs-)Ordnungen. Von daher geriet ihm auch die damals aktuelle (Jugend-)Bewegung – die der sog. 68er-Generation – zu einem keineswegs störenden, sondern zuallererst nachdenkenswerten Phänomen mit leitmotivischer Bedeutung für die Zukunft.

Besonders deutlich wird dies durch einen dreißig Jahre später verfassten autobiografischen Text: Mollenhauer berichtet über seine Zeit als Frankfurter Ordinarius (1969–1972) – und meint beispielsweise sich dessen erinnern zu können, dass „Andreas Baader und Gudrun Ensslin mit ihren Zigaretten unachtsam Löcher in unsere Polstermöbel brannten oder der familiäre Haushalt von ‘entwichenen Heimzöglingen‘ überschwemmt wurde, meine Frau sich um das infantile Innenleben dieser Jungs und den Dauerbedarf an ‘Frühstück‘ kümmerte, ich hingegen mit den studentischen Meinungsführern über Pädagogik und Politik diskutierte oder meine Kinder [...] angesichts eines im LSD- oder auch nur Haschisch-Rausch auf dem Boden ausgestreckten und eine meiner Schallplatten hörenden Jugendlichen fragten: ‘Was macht der denn da?’“ (Mollenhauer 1998 c: 531) Was immer hier Dichtung sein mag und was Wahrheit – auffällig ist jedenfalls, dass sich Mollenhauer zeitgleich, also in jenem 1968er-Vortrag, eine Jugend wünschte, „die mit überschäumendem Gelächter genießen gelernt hat, eine scharfe Zunge zu führen versteht, einen feinschmeckerischen Gaumen hat, einen raschen Gang liebt und in ihrem begründeten Zorn unnachgiebig ist“ (Mollenhauer 1968 h: 118). Darin verbarg sich nichts anderes, als die Fortschreibung des von Mollenhauer schon 1964 – in seinem Versuch zu einer Theorie der Jugendarbeit – verborgenen Programms. Es gelte – so hieß es damals –, den „fundamentale(n) Konflikt, mit dem die junge Generation aufwächst (...), zum Bewusstsein zu bringen, die Unterdrückung zu mindern und das Glück zu vermehren“ (Mollenhauer 1964 a: 118).

Das Entrée, das Mollenhauer 1968 – eben in dem Vortrag *Jugend und Schule im Spannungsfeld gesellschaftlicher Widersprüche* – wählte, hatte allerdings deutlich an Schärfe gewonnen und nahm zugleich das in jenen Jahren anhebende Interesse an psychoanalytischer Ideologiekritik auf: „Die Aggressivität, mit der vom Altertum bis in unsere Tage das von den Erwartungen abweichende Verhalten Jugendlicher beklagt und verfolgt wird, hat Ähnlichkeit mit Projektionen: In der je neuen Jugend wird das bekämpft und unterdrückt, was als verbotener Impuls im Erwachsenen selbst wirksam ist" (Mollenhauer 1968h: 97). Der im weiteren Fortgang gegebene 'impressionistische' Einblick in die Zeitlage setzte fort, was sich hier andeutete: „Der Ruf nach einer starken Autorität liegt uns immer noch näher als Selbstkritik. Wir sind erleichtert, wenn wir hören, dass junge Leute, sobald sie sich einem Beruf anbequemen oder eine Ehe schließen, sich in der Mehrzahl wie die Mehrheit ihrer Eltern verhalten: pflichtbewusst, kompromissbereit, mit anständigem Haarschnitt, alle vier Jahre einmal wählend, im Grund zufrieden, für Sicherheit sorgend, Experimenten abhold, voller Verständnis für das, was ihnen Jahre zuvor noch unannehmbar schien" (ebd.: 99). Wohl kein anderer Erziehungswissenschaftler jener Epoche hat den Geist der auslaufenden Adenauerära, aber eben auch den Geist der dagegen opponierenden Jugend- und Studentenbewegung so exemplarisch widergespiegelt, so sehr aber auch gelesen als Zeichen einer Epoche, die sich des auf ihr lastenden Legitimationsdrucks nicht mehr dauerhaft würde verschließen können. Dies gilt auch für die sozialpädagogische Dimension des Themas: „Jugendverwahrlosung und Jugendkriminalität drängen wir in den asozialen Winkel der Gesellschaft ab [...]; ja, der Ausdruck „Verwahrlosung" kommt uns leicht von den Lippen und aus der Feder, weil er sich dazu eignet, die Schuld bei jenen Individuen zu sehen und nicht nach der Sozialität einer Gesellschaft zu fragen, die so etwas hervorbringt" (ebd.: 98f.).

Damit hatte Mollenhauer zugleich den zweiten Teilaspekt seines damaligen Forschungsinteresses benannt: Er begann, die 'Sozialität der Gesellschaft' im Blick auf die Konstitution sozialpädagogischer Probleme zu erkunden, und zwar ausgehend von dem Interesse an einer vernünftigen Begründung gesellschaftlicher (Erziehungs-)Ordnungen. Es ist ein typisches Merkmal dieser nun anhebenden Phase, in deren Verlauf Mollenhauer auch an der Frankfurter Kinderladenbewegung mitwirken wird (vgl. Mollenhauer 1991: 79), dass er auf Sozialarbeiter-Tagungen gegen „die kleinbürgerliche Barbarei der sogenannten Springer-Zeitungen" (Mollenhauer 1968b: 133) zu Felde zieht und dafür eintritt, der Sozialarbeiter möge „ein politisches Verständnis seiner Rolle [] erringen, das aus der Einsicht in die Lage der Klienten politische Energie zu schlagen vermag" (ebd.: 135). Entsprechend ist von geisteswissenschaftlicher (Sozial-)Pädagogik nun nur noch am Rande die Rede und jedenfalls so, als berichte hier jemand von den Überbleibseln einer längst schon versunkenen Welt, die nur Ewiggestrige noch für aktuell halten können.

Treffliches Beispiel hierfür ist Mollenhauers Frankfurter Antrittsvorlesung vom Januar 1970. Zur Vorgeschichte der Hauptthese dieser – ihrem akademisch ritualisierten Sinn zufolge immer auch programmatisch anzulegenden – Vorlesung gehört Mollenhauers zunehmende Einsichtnahme in die déformation professionelle, also in den Umstand, „dass der Berufsstand der Sozialarbeiter, und über ihn hinaus nahezu alle pädagogischen Berufe, dem bürgerlichen Typus von Wertorientierungen zugehören" (ebd.: 133). Von hier aus lag die Nutzanwendung auf Nohl oder Weniger nahe. Diese allerdings erfolgte in jener erwähnten Antrittsvorlesung nicht explizit, sondern lediglich mittels des Zitats aus einem Text, von dem es äußerst geheimnisvoll heißt, er sei 1928 zum ersten und 1949 zum zweiten Mal veröffentlicht worden und man habe ihn „innerhalb der Erziehungswissenschaft bis in die jüngste Zeit zu den entscheidenden, die sozialpädagogische Diskussion begründenden Texten gerechnet" (Mollenhauer 1972a: 247). Wie sarkastisch Mollenhauer hier zu Werke geht, wird so recht erst deutlich, wenn man bedenkt, dass Autor (Nohl) wie Text (Nohls Aufsatz *Die pädagogische Idee in der öffentlichen Jugendhilfe*) nur in der Fußnote nachgewiesen werden und eine geradezu vernichtende Kommentierung erfahren. Nohls von Mollenhauer zitierte Äußerung, es gäbe in manchen Städten „Häuser der unverträglichen, asozialen Familien", in den eine wahre „Brutluft der Gemeinheit" (Nohl 1928: 185) herrsche, fertigt Mollenhauer nämlich mit den Worten ab: „Das sind gewiss keine theoretischen Sätze; an ihnen zeigt sich aber etwas Allgemeines: die Furcht des Bürgers vor dem, was er für eine Bedrohung seiner eigenen Vernunft hält" (Mollenhauer 1972a: 247). Ähnlich hatte Mollenhauer, wie eben gesehen, die Angst des Bürgers vor der aufbegehrenden 68er Generation umschrieben – nur, dass ihm noch der Begriff (‘Stigmatisierung') fehlte und wohl auch die Entschlossenheit, dies ausgerechnet an Nohl, dem ‘Vater der geisteswissenschaftlichen Sozialpädagogik', zu exemplifizieren. Nun jedoch, 1970, ist beides da. Die Invektive gegen Nohl steht allerdings für mehr als nur für eine Grabrede. Sie steht für das erneute Zuschütten einer längst schon beerdigten Gestalt angesichts der beharrlichen Reanimationsversuche unbelehrbarer Kollegen. Entsprechend auch hat das Stichwort ‘Häutung' ausgespielt. Näher schon liegt das Stichwort ‘Verpuppung', wenn man denn das Finden eines eigenen Zugangs zum Stigmatisierungsproblem und dem, wofür es zeugt, so nennen darf.

## 8.3 Verpuppung: Sozialpädagogik als ‘kritische Erziehungswissenschaft'

Die ‘Verpuppung' Mollenhauers ereignet sich vor allem in den 1972 vorgelegten *Theorien zum Erziehungsprozeß*. Schon die Literaturliste zeigt, dass die geisteswissenschaftliche Pädagogik als Thema ausgespielt hat. Der Text bestätigt den Eindruck: Mollenhauer hält „die Frage nach der ‘Autonomie der Pädagogik'" wenn nicht für „gegenstandslos", so doch zumindest für

„uninteressant" (Mollenhauer 1972b: 134). Gelegentliche Rückblicke erfüllen allenfalls noch den Zweck der Bekräftigung dessen, was nun als Norm zu gelten hat. „Kultur", so leitet Mollenhauer einen dieser Rückblicke ein, „erschien [] allzu leicht schon als Gesellschaft und nicht als deren ideologisches Derivat. Infolgedessen tauchte auch gesellschaftlich-politisches Handeln nicht als ein Thema auf, das zu behandeln für die Erziehungstheorie unabdingbar wäre" (ebd.: 11). Mollenhauers Fazit stand insoweit außer Frage: „Jenseits der Reproduktion des historisch Vorgegebenen vermag ein solcher Ansatz nichts" (ebd.: 44). Ausgenommen von dieser Kritik wird allein der vermeintliche 'Ahnherr' der geisteswissenschaftlichen Pädagogik, nämlich Schleiermacher (der einzige pädagogische Klassiker übrigens, dessen Lektüre Mollenhauer im Anhang, wenn auch leicht verschämt, überhaupt noch anempfiehlt; ebd.: 191).

Der Grund für diese besondere Wertschätzung Schleiermachers findet sich in ähnlicher Form – und dies gilt es hier einem auf eine vereinzelt genommene Mollenhauer-Passage (Mollenhauer 1996c: 19f.) gerichteten Monitum Michael Winklers (1997c: 39) entgegenzuhalten – immer wieder auch in Mollenhauers späteren Schriften: Was Schleiermacher, so Mollenhauer (1972b), noch 'gesellschaftliche Daten' gewesen seien – nämlich Lebensbereiche wie Staat, Kirche, geselliger Verkehr, Wissenschaft –, wäre in geisteswissenschaftlich-pädagogischer Auslegung zu einer bloßen 'kulturellen Objektivation' geworden, die in das Erziehungsfeld nur vermittelt einträten, „umgeformt durch die Frage nach ihrem Beitrag zum Leben des je besonderen Kindes" (ebd.: 21). Und, nicht minder gravierend: Wo Schleiermacher noch „das Verhältnis der *Generationen* zueinander" betont habe, darin zugleich „Individualitäten im gesellschaftlich-historischen Kontext" bestimmend, dominiere (bei Nohl) der Blick auf das „Erzieher-Zögling-Verhältnis" (ebd.: 19) und damit auf eine „*Dyade*, der gegenüber alle andere Komponenten zu Randbedingungen schrumpfen" (ebd.: 21). Damit hatte sich Mollenhauer zugleich den Zugang zu seinem eigenen Verständnis des Erziehungsprozesses gebahnt. Denn nicht diese 'Dyade' bzw. der 'pädagogische Bezug' war das, was ihn fortan interessierte, sondern das Generationenverhältnis oder besser noch: das „pädagogische Feld" (ebd.: 18) in seiner gesellschaftlichen Bestimmtheit und pädagogischen Bestimmbarkeit.

Den Ausdruck 'pädagogisches Feld' hat Mollenhauer dabei mit Bedacht gewählt: Er war nicht nur unbelastet durch die pädagogische Tradition, sondern geeignet, ihr gegenüber als Teil einer Art Metatheorie aufzutreten, denn: „Wie auch immer Erziehungswissenschaft betrieben werden mag, sie wird mit einer bestimmten Vorstellung von der Struktur des pädagogischen Handlungsfeldes operieren, begründet oder nicht" (Mollenhauer 1972b: 18). Dass Mollenhauer die geisteswissenschaftlich-pädagogischen Vorstellungen als schlecht begründet empfand, braucht hier nicht noch einmal erläutert zu werden. Mollenhauers eigene Vorstellung war zum einen die, dass Erziehung – im Sinne Bernfelds – „kein abstraktes anthropologisches

Datum, sondern selbst eine gesellschaftliche Tatsache ist" (ebd.: 25). Zum anderen – und dies nun stärker bezogen auf die Frage der pädagogischen Bestimmbarkeit – stand für ihn fest, dass Erziehung sich nicht mit der 'Reproduktion des historisch Vorgegebenen' begnügen dürfe, positiv formuliert: Das „Erziehungshandeln" als „Gegenstand der Erziehungswissenschaft" hatte für ihn den „Zweck, erkenntnis- und handlungsfähige Subjekte hervorzubringen" (ebd.: 35). Das 'pädagogische Feld' – oder, wie sich nun vielleicht auch sagen lässt, der Ort des 'Erziehungshandelns' – war für Mollenhauer also nicht nur interessant als „ein Ort gesellschaftlicher Reproduktion", sondern auch als ein Ort der „'Produktion' […], an dem 'bessere' Möglichkeiten gesellschaftlicher Existenz hervorgebracht werden können" (ebd.: 18f.). Dies setzte allerdings voraus, das 'pädagogische Feld' als einen – zuallererst der erziehungswissenschaftlichen Forschung zu überantwortenden – „Sinnzusammenhang" (ebd.: 28) zu denken. Im Einzelnen dachte Mollenhauer dabei an drei Dimensionen dieses Zusammenhangs:

1. die der *Sinnkonstitution* (im Interesse der Sicherstellung von Freiraum für den – gesellschaftlich gesehen noch nicht voll handlungsfähigen – Heranwachsenden als „Definitionselement der pädagogischen Interaktion"; ebd.: 30);
2. die der *Sinntradierung* (im Interesse der Aufdeckung „ökonomisch und kulturell vorgegebener Definitionen der Erziehungsaufgabe"; ebd.: 31);
3. die der *Sinnerschließung* (im Interesse der Gewährleistung der „Teilhabe an historisch gegebenen Sinnzusammenhängen"; ebd.).

Bei pädagogischer Beachtung insbesondere des letzten Punktes erwartete Mollenhauer, „dass argumentierende und also rationale, verändernde Beteiligung stattfindet" (ebd.) oder, in dem zuvor angeführten Bild gesprochen: dass das 'pädagogische Feld' zu einem Ort wird, 'an dem 'bessere' Möglichkeiten gesellschaftlicher Existenz hervorgebracht werden können'. Dies war zugleich der Kern dessen, was Mollenhauer unter 'Kritischer Erziehungswissenschaft' verstand oder, vorsichtiger gesprochen (weil sich dieser Term bei ihm nicht findet): was ihm notwendig schien, „wenn überhaupt ein kritischer Begriff von Erziehungswissenschaft möglich sein soll" (ebd.: 43).

Wenn man zunächst absieht von dem Ausdruck 'Lebenswelt' als jenem „gesellschaftlichen Ort", der einem „pädagogischen Sinnzusammenhang" den entscheidenden „Kontext" (Mollenhauer 1972b: 32) verleiht, könnte man resümieren: Die zentralen Kategorien der auf dem Begriff des 'pädagogischen Feldes' als „Grundbegriff () erziehungswissenschaftliche(r) Analysen" (ebd.: 28) aufbauenden Theorie des Erziehungsprozesses Mollenhauers sind die des Sinns, der Argumentation und – wie man hier vorauszuschicken hat – der Kommunikation, Interaktion sowie des (praktischen) Diskurses. Dies entsprach auch ganz dem damaligen Zeitgeist, dessen geradezu idealer Repräsentant und Übersetzer Mollenhauer war: Von Bernsteins

Untersuchungen über den restringierten vs. elaborierten Code bis hin zu Goffmans Stigmatisierungsansatz, den 'Labeling approach' oder Watzlawicks kommunikationstheoretische Analyse des Inhalts- vs. Beziehungsaspekts ('double bind') findet sich bei ihm alles, was damals Rang und Namen hatte und von Bedeutung war für die sozialwissenschaftliche Aufklärung (sozial-)pädagogischen Denkens und Handelns. Dass diese Aufzählung nicht vollständig ist und eine Auswahl trifft, versteht sich vor dem Hintergrund des hier interessierenden Themas fast von selbst: nur um sozialpädagogisch gerichtete sozialwissenschaftliche Aufklärung ist es uns hier zu tun, und dafür seien im Folgenden noch einige Beispiele gegeben, die durchgängig den eben umrissenen Forschungsprogrammen zugehören oder deren Kenntnis voraussetzen. Begonnen sei dabei mit dem einleitend erwähnten, aber noch nicht weiter ausgeführten Lebensweltkonzept.

Mollenhauer war einer der ersten, der das Lebensweltkonzept für erziehungswissenschaftliche Zwecke adaptierte. Anlass hierfür gab ihm eine in Kalifornien angestellte und 1968 veröffentlichte Untersuchung Aaron Cicourels über die Behandlung jugendlicher Delinquenter (vgl. von den Beek/Keckeisen 1972), die den Verdacht nahe legte, als habe die „weitgehende Wirkungslosigkeit unserer Formen der Behandlung von Delinquenz" damit zu tun, „dass beide 'Partner' nach verschiedenen Regeln verfahren", die ihrerseits nur der „kognitive Ausdruck verschiedener 'Lebenswelten'" seien: „im Falle des Jugendlichen die soziale Gruppe, der er entstammt; im Falle des Bewährungshelfers das institutionelle System, für das er agiert" (Mollenhauer 1972b: 32). Daraus folgerte Mollenhauer, dass „der erste Schritt erziehungswissenschaftlicher Analysen die theoretische Rekonstruktion von Lebenswelten" (ebd.: 35) zu sein habe. Als ein Beispiel hierfür wählte er das Thema 'Obdachlosigkeit' und die affektive bzw. kognitive 'Deprivation' (= Verarmung), mit der in der damit gesetzten 'Lebenswelt' und unter den Bedingungen der hiermit gegebenen 'sozioökonomischen Lage' zu rechnen sei, am Beispiel gesprochen: „Wer in dieses Kommunikationsfeld dauerhaft eingebunden ist, nimmt Situationen nach den in dieser Lebenswelt geltenden Regeln wahr, definiert die Situationen und die in ihnen möglichen Handlungsalternativen nach den in der Lebenswelt geltenden Standards und Regeln, hat eine bestimmte Meinung über wichtige und unwichtige Probleme und antizipiert einen bestimmten Spielraum für Problemlösungen" (ebd.: 38). Wichtig war für Mollenhauer dabei vor allem, die Andersartigkeit dieser lebensweltspezifischen (oder auch subkulturellen) Regeln und Situationsdefinitionen zu betonen, nicht aber – und dies ist ja im Deprivationsbegriff angelegt – unbedacht einer von den Normen der Mittelschicht ausgehenden, auf Defizitbeseitigung abstellenden und insoweit pädagogisierenden Kompensationsstrategie das Wort zu reden. Der darin verborgene Kolonialisierungsverdacht sollte dann das Bewusstsein einer ganzen Sozialpädagogengeneration prägen, abgesehen davon, dass Mollenhauer ihr ganz neue Forschungsfelder erschloss und, methodologisch gesehen, ungewohnte Zugangsweisen freilegte, an die in geisteswissenschaftlich-pädagogischer Tradition überhaupt nicht zu denken war.

Das zweite Beispiel, das diese Leistung Mollenhauers zu umreißen vermag, ist mit dem ersten eng verknüpft. Wieder gab ihm Cicourels Studie von 1968 das entscheidende Stichwort, nun aber nicht in Sachen 'Lebenswelt', sondern in Richtung 'Labeling approach' (= Etikettierungsansatz). Anlassgebend war ihm der Fall eines Sozialarbeiters, der sich mit einem delinquenten Jugendlichen über ein Ereignis zu verständigen suchte, das ihm, dem Sozialarbeiter, als 'Schlägerei' galt – nicht aber dem Jugendlichen. „Für ihn", so Mollenhauers Resümee aus Cicourel, „ist dieses Etikett (label) falsch. Der Jugendliche versucht dann auch zunächst, dem Sozialarbeiter begreiflich zu machen, dass die Situation ganz anders definiert werden müsse, um im Rahmen seiner eigenen Identität Sinn zu bekommen [...]. Der Sozialarbeiter wiederum muss, da er im Rahmen eines Kontrollsystems handelt, das von ihm Rechenschaft fordert, an denjenigen Situationsdefinitionen festhalten, die ihm von dort [...] zur Verfügung stehen. Im Regelfall resigniert der Jugendliche und schließt sich [...] den Definitionen des Sozialarbeiters an [...]. Dem Jugendlichen wird die Eigenschaft des „Schlägers" zugeschrieben. Diese Eigenschaft nun [...] ist nicht die Bezeichnung für eine Klasse physischer Ereignisse, sondern die Deutung einer sozialen Situation, die so, aber auch anders ausfallen kann" (Mollenhauer 1972b: 139f.). Mollenhauer knüpft an dieses Beispiel die Lektion, dass die 'Erziehungswirklichkeit' „ein System von definierten Situationen mit unterschiedlichem Institutionalisierungsgrad" sei, deren Funktion darin liege, „die heranwachsenden Individuen je zu einer kongruenten Situationsdefinition zu veranlassen" (ebd.: 138f.). Dies mache es erforderlich, „dass den Individuen Merkmale zugeschrieben werden, die es erlauben, ihnen gegenüber eine durch die institutionelle Situationsdefinition gestützte interpersonelle Taktik anzuwenden, und zwar relativ unabhängig davon, wie das Individuum selbst die Situation definiert" (ebd.: 139). Die Botschaft war klar: Die 'Erziehungswirklichkeit' gehorchte in aller Regel nicht Mollenhauers Ideal einer sinnkonstituierenden, -tradierenden und -erschließenden Kommunikation. Sie tat dies solange nicht, solange es nicht gelingen würde, die Definitionsmacht des institutionalisierten Kontrollsystems außer Kraft zu setzen bzw. den Imperativen kritischen erziehungswissenschaftlichen Denkens zu unterwerfen.

Der Grundzug dieses Arguments findet sich schon in der erwähnten Frankfurter Antrittsvorlesung Mollenhauers vom Januar 1970. Um nur ein Beispiel zu geben: Mollenhauer fragte hier, wie ein „pädagogisches Konzept" auszusehen habe, „das seine Fragen und Strategien strikt aus der sozialen Situation der Betroffenen heraus zu formulieren versucht" (Mollenhauer 1972a: 254). Diese Frage war nichts anderes als ein Vorgriff auf die – im Buch *Theorien zum Erziehungsprozeß* nahegelegte – These, wonach die 'weitgehende Wirkungslosigkeit' der herrschenden Behandlungsformen jugendlicher Delinquenz dann umgangen werden könne, wenn der Sozialarbeiter (Bewährungshelfer) wie der betreffende delinquente Jugendliche die zwischen ihnen strittige Situation auf die lebensweltlich gebundenen Regeln hin reflektieren würden, die sie ihrer jeweiligen Situationsdefinition zugrundelegten. Auch der diskurstheoretische Grundansatz aus den *Theorien zum Erziehungsprozeß* war Mollenhauer schon in seiner Antrittsvorlesung verfügbar. Denn hier schon hieß es, Dissozialität sei als „Kommunikations-Kode () bzw. als Form verzerrter Kommunikation" zu bestimmen, die „primär nicht an den Dimensionen bürgerlich-funktionaler Tugenden (‘mangelhafte Arbeitsbindung’, ‘Schwänzen’, ‘Bummeln’, ‘Weglaufen’, ‘Schlechter Umgang’ u. Ä.) gemessen werden dürfte, sondern an der kommunikativen Bedeutsamkeit, die einzelne diagnostizierte Verhaltensmerkmale und Inhalte im subkulturellen Kontext des Herkunftsmilieus haben" (ebd.: 255 f.). Gefragt seien damit, so Mollenhauer weiter, „kommunikative Kompetenzen" auf Seiten der Berufstätigen und, übertragen auf die Ebene „pädagogischer Interventions-Strategien", Grundqualifikationen, die dem verwandt seien, „was etwa in der Diskussion um Heimerziehung ‘therapeutisch orientiertes Erziehungsmilieu’" genannt werde (ebd.: 256).

Auch mit der in den *Theorien zum Erziehungsprozeß* nachgereichten Annahme, „dass der Behandlungsmodus für ein von Individuen oder Gruppen nicht bewältigtes Problem" nicht nur „bestimmt wird durch die Situationsklassen, die im Behandlungssystem (zum Beispiel öffentliche Jugendhilfe) vorgesehen sind", sondern auch „durch die Definition derjenigen Merkmale (Auffälligkeiten), die Interventionen dieser oder jener Art erheischen" (Mollenhauer 1972b: 160 f.), hat Mollenhauer dem Sozialpädagogikdiskurs seiner Epoche entscheidende Impulse verliehen. Verbreitet wandte man sich nun Themen zu wie dem ‘Labeling approach’, der institutionalisierten Definitionsmacht sowie dem Thema ‘Hilfe vs. Kontrolle’. Dazu gehörte auch – wie von Mollenhauer vorgeschlagen –, Bildungseinrichtungen als „Einrichtungen sozialer Kontrolle" zu konzipieren, also Untersuchungen „zur Benachteiligung bestimmter sozialer Gruppen in den Bildungseinrichtungen" oder „zum Zusammenhang von Sprache und sozialer Herkunft" in Angriff zu nehmen und der These nachzugehen, dass die „Wahrscheinlichkeit, zu einem ‘Fall’ für sozialpädagogische Betreuungsinstitutionen zu werden" (ebd.: 145), schichtenabhängig sei. Entsprechend hielt es Mollenhauer für sinnvoll, „eine ‘Kultur’ der Erziehungseinrichtungen, der Lehrer, der Erzieher anzunehmen, die der ‘Kultur’ der Kinder und Jugendlichen und ihres Herkunftsmilieus nicht notwendig kongruent ist" (ebd.: 146). Allerdings entschwand bei der sozialwissenschaftlichen Umsetzung dieses Programms häufig der (kritisch-)erziehungswissenschaftliche Anspruch, der für Mollenhauer immerhin doch noch leitend gewesen war, und sei es nur als regulative Idee. Vermutlich erklärt dies auch – um hier nur auf das terminologische Problem zu verweisen –, dass zunehmend und dezidiert ‘nur’ noch von (selbstredend repressiver) Sozialarbeit, nicht aber mehr von Sozialpädagogik gesprochen wurde (vgl. etwa Hollstein 1973).

Um das damit angesprochene Problem – zugleich abschließend für diesen Teil – von einer etwas anderen Seite aus anzugehen, sei an einen etwas merkwürdigen Satz aus Mollenhauers Dissertation erinnert, von dem man nicht gleich weiß, wie ernst er gemeint war: „Mit der Lösung der 'sozialen Frage' im weitesten Sinne des Wortes auf Grund einer gesamtgesellschaftlichen Neugestaltung wäre jene Diskrepanz von Bewusstsein und Wirklichkeit aufgehoben, die wir die ideologische nannten; die Sozialpädagogik hätte sich selbst überflüssig gemacht" (Mollenhauer 1959a: 123). Neun Jahre später, in einer seiner 'polemischen Skizzen' aus Erziehung und Emanzipation, die den Titel Gesellschaftliche Bedingungen der Sozialpädagogik zum Programm erhob, schien Mollenhauer mit diesem Satz ernst machen zu wollen. Aber schon im ersten Zugriff war ihm so, als entzöge sich das Thema 'Sozialpädagogik und Sozialstruktur' bzw. als verlange es nach einer differenzierteren, die sozialpädagogischen Institutionen übergreifenden Herangehensweise. Das Resultat war kaum minder gravierend: „Die Klientel bringt ihre sozial-strukturellen Daten gleichsam schon in die Sprechstunde mit" (Mollenhauer 1968i: 137), heißt es da scheinbar naiv, und die Konklusion ließ nicht lange auf sich warten: „Die detaillierte Einsicht in familiäre Sozialisationsprozesse [...] richtet [] nichts aus gegen die immer neue kollektive Reproduktion des Falles. So kann Jugendhilfe, ohne ihre Absicht und ohne ein Bewusstsein davon zu haben, ein selbst hilfloses und darin ideologisches Instrument sein. Mit dem Erfolg im einzelnen Fall täuscht sie sich darüber, dass sie in der Tat nichts ist als caritative Hilfe, die das angeblich Unvermeidliche erträglich macht" (ebd.). Gleichwohl entschied sich Mollenhauer nicht dafür, Jugendhilfe resp. Sozialpädagogik, wie 1959 von ihm spielerisch angedeutet, zugunsten einer 'gesamtgesellschaftlichen Neugestaltung' als 'überflüssig' zu deklarieren. Sicher schien ihm nur die forschungsstrategische Konsequenz, „dass die Theorie sich auf größere Erklärungszusammenhänge einlassen muss, auch wenn ihre Umsetzung in *pädagogisches* Handeln schwierig oder ausgeschlossen sein mag" (ebd.: 139).

Die Mollenhauer vom Alter her zugehörende, sozialwissenschaftlich aufgeklärte oder gar soziologisch eingestimmte Sozialpädagogengeneration hat in der Regel weniger Skrupel gekannt. Bestes Beispiel dafür ist Helge Peters, der kurz darauf, ohne Mollenhauer überhaupt zur Kenntnis zu nehmen, die sozialstrukturelle Bedingtheit sozialer Problemlagen zum Anlass nahm, „die Substituierbarkeit von Sozialarbeit durch generelle Sozialpolitik" (Peters 1971: 110) einzuklagen. Als zentrales Hemmnis dieser politisch gebotenen Strategie machte Peters die Befürchtung der Professionellen aus, sie könnten auf diese Weise überflüssig werden. Da aber dem Soziologen Peters – anders als dem Erziehungswissenschaftler Mollenhauer – kein irgendwie noch positiv belegter Erziehungs- oder (Sozial-)Pädagogikbegriff mehr verfügbar war, blieb es bei dieser Sicht auf das Hemmnis als Hemmnis und insoweit auch bei der ihr innewohnenden und in der Folge verstärkt anhebenden soziologischen Kritik professionstypischer Bestandserhaltsinteressen. Dies ging einher mit der scharfen Kritik an der sozialpädagogischen Hilfeideologie und war verbunden mit der Absicht, „die besondere Leistungsfähigkeit von Soziologen im Praxisfeld Sozialarbeit herauszuarbeiten und von den Potentialen anders Ausgebildeter abzusetzen“ (Matthes 1973: 112). Derlei Kritik hatte in der Folge Konjunktur und trug dazu bei, Soziologen in den Lehrkörpern sozialpädagogischer Studiengänge zu beheimaten und soziologische Denkweisen in der Sozialpädagogik populär zu machen. Dabei ging – wenn schon nicht immer, so jedenfalls doch immer öfter – die Differenz verloren, die Mollenhauer noch klar im Blick gehabt hatte. Denn es ist durchaus ein weiter Weg zwischen einer Forschungsstrategie, derzufolge die sozialpädagogische Theorie sich auf ‘größere Erklärungszusammenhänge’ einzustellen habe, und einer sozialpolitischen Strategie, die der Sozialpädagogik den Gegenstand raubt, auf den hin sie als Pädagogik Antworten zu entwickeln hat.

Eben deswegen auch versuchte Mollenhauer in seinen *Theorien zum Erziehungsprozeß* den „Diskurs“ als Strukturprinzip pädagogischen Handelns auszuweisen und dahingehend zu übersetzen, dass es um „das Problematisieren von Lebenszusammenhängen“ gehe „mit der Unterstellung, dass vernünftige Verständigung und Konsens möglich sind“; nicht aber gehe es – wie beim durch das Strukturprinzip „Aktion“ gekennzeichneten politischen Handeln – um „das unmittelbar verändernde Eingreifen in Lebenswelten und deren institutionelle Bedingungen mit der Unterstellung, dass vernünftige (gerechte) Verständigung und Konsens aufgrund bestehender Herrschaftsbeziehungen nicht mehr möglich sind“ (Mollenhauer 1972b: 15). Dies war natürlich kein Wort an die Adresse der Soziologen unter den Sozialpädagogen. Aber es war doch immerhin ein Wort an die Adresse jener, die damals, auch und gerade in der Sozialpädagogik, dazu neigten, einer marxistischen Sozialarbeit das Wort zu reden und die Erziehungswissenschaft „zu einem Anwendungsfall politischer Ökonomie schrumpfen zu lassen“ (ebd.: 13). Uns aber hat noch etwas anderes zu interessieren: die Frage nämlich, ob Mollenhauer sozialpädagogisches Handeln auch weiterhin als ein im Wesentlichen diskursreguliertes Geschehen in der Logik ‘Kritischer Erziehungswissenschaft’ begriff und bis heute hin begreift bzw. ob er in der Folge überhaupt noch an der Sozialpädagogik interessiert war. Dabei deutet die Überschrift des folgenden schon an, in welcher Richtung die Antwort auf diesen Frage zu geben sein wird.

## 8.4 'Vergessene Zusammenhänge': Die Emanzipation von der Emanzipation

Das Thema Sozialpädagogik war für Mollenhauer mit dem Erscheinen der *Theorien zum Erziehungsprozeß* im Jahre 1972 natürlich nicht von heute auf morgen erledigt. Dagegen scheint schon das Interesse zu sprechen, das Mollenhauer 1973 an einer Neuauflage seiner *Einführung in die Sozialpädagogik* nahm. Allerdings sollte man dabei nicht übersehen, dass der erstmals 1972 veröffentlichte neue Anhang D (vgl. Mollenhauer 1972a) dieser Einführung auf das Jahr 1970 zurückgeht (vgl. auch Ackermann 1983: 93). Immerhin: Auch wenn Mollenhauer im Verlauf der 1970er-Jahre zunehmend weniger als Sozialpädagoge in Erscheinung trat, sollte man berücksichtigen, dass er die sozialpädagogische Thematik zumindest beiläufig weiterhin traktierte, und zwar auch dort, wo es die Titel einiger der im Folgenden zu verhandelnden Texte nicht unbedingt erwarten lassen würden. Dies gilt selbstredend nicht für Mollenhauers Mitwirkung auf dem Felde der Jugendhilfeforschung, die sich etwa in dem 1975 vorgelegten Gutachten *Familie und Jugendamt* (Mollenhauer/Kasakos 1975) dokumentiert und sich auch anhand von Projekten aus späterer Zeit immer wieder nachweisen lässt (vgl. etwa Mollenhauer 1980).

Allerdings lässt sich nicht übersehen, dass schon die 1975 zusammen mit Micha Brumlik und Hubert Wudtke erstellte Monographie *Die Familienerziehung* eine gewisse Ermüdung gegenüber der über Jahre hinweg geforderten und durchaus auch gepflegten sozialwissenschaftlichen Herangehensweise erkennen lässt. Auf „familiensoziologische() Daten" – so heißt es hier beispielsweise schon im Vorwort – werde in der Folge „wenig Bezug genommen", „von der breiten empirischen Forschungslage zum Sozialisationsprozess" werde „kaum Gebrauch" gemacht, und „die gesellschaftstheoretische Verortung der Familie" nähme „nicht den gewünschten Raum" ein (Mollenhauer/Brumlik/Wudtke 1975: 7). Dies war eine durchaus provokante Nachricht seitens dessen, der noch sieben Jahre zuvor die „Verwendung von Verfahren, die dem empirisch-analytischen Wissenschaftsbegriff verpflichtet sind", als notwendige, wenn auch nicht hinreichende Bedingung dafür genannt hatte, „dass die Erziehungswissenschaft ihren emanzipatorischen Charakter entfalten kann" (Mollenhauer 1968a: 19). Aber dies musste gleichwohl noch keine Nachricht sein, in der sich in verdeckter Form ein erneuter Paradigmenwechsel ankündigte. Es konnte auch nur schlicht darum gehen, dass hier ein Erziehungswissenschaftler seine Absicht öffentlich machte, in Zukunft auch vermeintlich abseitige (literarische) Quellen ausdeuten zu wollen auf seinem Weg hin zu einer sozialwissenschaftlichen Aufklärung pädagogischen Denkens.

Die Wahrheit liegt wohl in der Mitte. Als Beispiel mag hier eine Tagebuchnotiz Franz Kafkas dienen, in der dieser seine eigene Erziehung problematisiert. Was Mollenhauer diesem Text durch extensive Interpretation abgewann, war der Thematik nach kaum verschieden von dem, was ihn infolge der vorgenannten Studie Cicourels bewegte. Wieder einmal nämlich ging es, nun eben am Beispiel Kafka, „um die Art des Umgangs zwischen Erwachsenen und Kindern, um das, was in diesem Umgang dominiert: die Zweckorientierung an einem gesellschaftlich gewünschten (nützlichen) Resultat des Erziehungsvorgangs oder die Orientierung an der erlebten kommunikativen Wirklichkeit der personalen Beziehungen und ihrer Darstellung in der Interaktion“ (Mollenhauer/Brumlik/Wudtke 1975: 62). Aber das Verfahren war nun ein deutlich anderes, vom Zeitgeist abweichendes. „Mit der häufigen Verwendung von literarischen Beispielen“, so heißt es denn auch fast entschuldigend im Anhang des hier interessierenden Buches, „haben wir deutlich machen wollen, dass es durchaus zu ernsthafter wissenschaftlicher Beschäftigung mit unserem Thema gehört, die erzählende Literatur als Erkenntnisquelle heranzuziehen“ (ebd.: 201). Letzteres nun tat Mollenhauer in der Folge immer häufiger und konsequenter – und zwar auch, wie er 1991 in einem Gespräch (mit Theodor Schulze) verriet, weil er hoffte, durch Verschiebung des Gegenstandes hin auf literarische Quellen eine „andere Sprache“ (Mollenhauer 1991: 81) zu finden als jenen ‘sozialwissenschaftlichen Jargon’, den er sich in den 1960er-Jahren, in Absetzung von der ihm ursprünglich vermittelten unscharfen geisteswissenschaftlichen Rhetorik, angewöhnt hatte. Vor allem aber ging es Mollenhauer nun darum, den Kanon der ihm vertrauten sozialwissenschaftlichen Forschungsmethoden zu prüfen und, vermittelt nicht zuletzt über Einsichten aus literarischen Quellen, möglichst zu erweitern.

Ein schönes Beispiel hierfür gibt ein 1976 – auf dem 5. Kongress der Deutschen Gesellschaft für Erziehungswissenschaft (DGfE) – gehaltener Vortrag mit dem Titel *Interaktion und Organisation in pädagogischen Feldern.* Ihm nämlich stellte Mollenhauer, in nun deutlich demonstrativer Absicht, einen Auszug aus einem literarischen Text Thomas Bernhards voran, gefolgt von dem Kommentar: „In diesem Textauszug (…) ist das Thema, über das ich sprechen soll, präziser angegeben, als in den Texten, die unter dem Namen Wissenschaft sich um die Klärung der Fragen zu bemühen scheinen, von denen mit Hilfe der Stichworte ‘Interaktion’ und ‘Organisation’ die Rede sein soll“ (Mollenhauer 1977: 39). Die ‘Präzision’ betrifft vor allem die Mollenhauer über Bernhard – Einzelheiten interessieren hier nicht – fraglich gewordene und in der sozialwissenschaftlichen Forschung seinerzeit verbreitete Inbeziehungsetzung von Organisation (als ‘unabhängige Variable’) und Interaktion (als ‘abhängige Variable’). Ein von Mollenhauer genanntes (ebd.: 48) und hier leicht verändertes Beispiel (sinnvollerweise aus dem Bereich der Sozialpädagogik) kann das Gemeinte vielleicht etwas deutlicher machen: Mittels der bisherigen Forschung zum Verhältnis von Organisation und Interaktion (nach dem Variablentypus) habe man zwar, so Mollenhauer, herausbekommen können,

- dass die „Handlungsspielräume von Sozialarbeitern“ (= Interaktionsvariable) abhängen von „den Kompetenzverteilungen im Jugendamt“, von „der Art der praktizierten Arbeitsteilung“ sowie von „der Rechtsförmigkeit der praktizierten Fälle“ (= Organisationsvariable);
- dass die „Gruppenbeziehungen von Kindern und Jugendlichen in Heimen“ (= Interaktionsvariable) abhängen „von organisatorischen Merkmalen wie Gruppengröße, Rollendefinitionen der Mitarbeiter, Heimgröße“ (= Organisationsvariable);
- dass eine „therapeutische Beratung“ (= Interaktionsvariable) davon abhängt, „welchen Professionalisierungsgrad der Berater hat, in welcher ökonomischen Form die Beratung geschieht, ob es sich um ambulante oder stationäre Beratung handelt, ob es institutionelle Regeln der Selektion von Klienten gibt und welche“ (= Organisationsvariable).

Aber diese Befunde – so darf man Mollenhauer verstehen – würden in ihrer Begrenztheit deutlich, wenn man versuche, eine Organisation (etwa ein Erziehungsheim) so zu verändern, dass in ihm pädagogisch gehaltvollere Interaktionen (zwischen Kindern und Erziehern) möglich werden. Dann nämlich zeige sich – und Mollenhauer sprach hier aus der Erfahrung eines eigenen Forschungsprojektes (ebd.: 49 f.) –, dass die Änderung der Organisationsvariable nicht notwendig die Änderung der Interaktionsvariable nach sich ziehe, dass also ein angemesseneres theoretisches Modell erforderlich sei. Dieses Modell nun hatte für Mollenhauer zur tragenden Annahme, „dass Organisation und Interaktion nicht als zwei mehr oder weniger kovariierende Variablen bestimmt werden, sondern als verschiedene Aspekte desselben Gegenstandes“ – ein Gegenstand, den Mollenhauer mit dem Ausdruck „interpersonales Handeln“ (ebd.: 41) belegt und mittels des erwähnten Textauszuges von Thomas Bernhard weitergehender klassifiziert.

Mollenhauers Modell kennt noch eine Reihe weiterer Differenzierungen. Aber das bisher Erzählte mag für ein Resümee genügen. Es könnte lauten, dass Mollenhauer um 1976, ausgehend von einer sensibel interpretierten literarischen Quelle, eine veränderte Gegenstandsbestimmung vornahm, die auch forschungsmethodologische Konsequenzen hatte, am Beispiel gesprochen und etwas überspitzt formuliert: Mollenhauer wollte nicht länger die Wahl haben zwischen der Rolle entweder des Organisationssoziologen oder des Interaktionsanalytikers (der immer wieder aufs Neue Sturm lief gegen die Hemmnisse, die aus den Organisationsvariablen für die hehren pädagogischen Programmatiken entsprangen). Und schon gar nicht wollte er sich länger dem Ursache-/Wirkungsschema als dem vermeintlich einzig sinnvollen Modell wissenschaftlicher Zusammenhangsannahmen unterwerfen. Sondern er wollte sich nun einrichten in seiner neuen Rolle als – wenn man so sagen darf – Analytiker des handelnden Menschen in seiner Verwiesenheit auf andere (‘Interaktion’) und auf anderes (u. a. ‘Organisation’). Entsprechend vielfältig war das methodische Repertoire, das er nun freisetzte. Genannt sei hier nur seine – später von ihm problematisierte (Mollenhauer

1982: 261 f.) – Forderung, „die Erziehungswissenschaft solle sich bei der Erkenntnis ihrer Gegenstandes des verfremdenden Blicks ethnomethodologischer Methoden bedienen“ und „Reisen in die Kindheit (…), auch in das Jugendalter, in die Freizeitwelt von Gymnasiasten, die Lebenswelt von Strafgefangenen, den Alltag einer Arbeiterfamilie“ als „Reisen in fremde Länder“ (Mollenhauer 1977: 47) anlegen (vgl. auch Mollenhauer/Kasakos 1975: 328). Denn dies war eine Forderung, in deren Logik es lag, den ‘kolonialisierenden’ Praktiken auch im ‘interpersonalen Handeln’ des sozialpädagogischen Alltags nachzuspüren, ohne dabei von vornherein die Institution resp. Organisation (als Variable) unter Ideologieverdacht zu rücken (mit dem Versprechen, dass Deinstitutionalisierung gleichsam automatisch zu Entstigmatisierung resp. Entkolonialisierung führe).

Als bedrohlich für die in dieser Phase schon fast automatisierte sozialpädagogische Problemsicht musste es sich dabei auswirken, wenn Mollenhauer anderen neueren sozialwissenschaftlichen – hier nicht im Detail interessierenden – Untersuchungen den Hinweis abgewann, „dass ‘labeling’-Probleme prinzipiell keine Besonderheit von durch Machtstrukturen verzerrten Interaktionen sind, sondern einen Grundsachverhalt von Weltdeutung darstellen“ (Mollenhauer 1977: 44). In diesem Sinne bedrohlich war es durchaus auch, wenn Mollenhauer ein Jahr später endlich einmal wieder einen Aufsatz mit vertrauter (sozialpädagogischer) Thematik – *Zur Funktionsbestimmung der Sozialpädagogik* – vorlegte, darin aber durchaus Ungewohntes zu bedenken gab. Auf die besonders „in den hochinstitutionalisierten Einrichtungen der Gefängnis- und Heimerziehung“ (Mollenhauer 1978: 55) ausgeprägte ‘Kontrollfunktion’ beispielsweise, so lautete Mollenhauers nun durch Foucault geschärfte Sehweise, werde „wohl kaum ein modernes Erziehungswesen vollends verzichten können“ (ebd.: 57). Entsprechend könne es auch nicht mehr darum gehen, ‘abweichendes Verhalten’ zu verhindern, sondern dessen Kontrolle so auszuüben, „dass die Identität der ‘Klienten’ dabei gewahrt wird“ (ebd.). Dazu sei es notwendig, die ‘Codes’ resp. „Grundregeln zu ermitteln, nach denen die Beziehungen zwischen den Menschen in den je besonderen gesellschaftlich-geschichtlichen Formationen gestaltet sind“ (ebd.: 55). Erst eine derartige ‘Beschreibung’ sensibilisiere für „pädagogische Alternativen“, erlaube also eine „produktivere Form“ des Umgangs mit dem Unbehagen vieler Sozialpädagogen, „gesellschaftliches Leiden nur versorgen und verwalten, nicht aber es aufheben zu können“ (ebd.: 57).

Ein über diese ‘pragmatische Wende’ (Ackermann 1983: 114) hinausgehender wirklich gravierender Wandel in Mollenhauers Auffassungen trat allerdings erst auf dem 6. Kongress der DGfE im März 1978 zutage. Mollenhauer referierte hier – zusammen mit Christian Rittelmeyer – über das Thema *Einige Gründe für die Wiederaufnahme ethischer Argumentation in der Pädagogik*. Den entscheidenden Grund hierfür sahen die beiden Autoren in der „Macht-Differenz“ zwischen – wie es nun mit geradezu symbolhafter Altväterlichkeit heißt – „Educator und Educandus“, die es nicht als „peinliche(n) Rest“ (Mollenhauer/Rittelmeyer 1978: 85) zu betrachten gelte, sondern die die entscheidende Aufforderung an den Erzieher bilde, sich seiner ‘pädagogischen Verantwortung’ zu stellen. Mit diesem (unerwarteten) Bekenntnis zu einem Grundaxiom pädagogischer Tradition war eine gründliche Absage an das noch sechs Jahre zuvor – in den *Theorien zum Erziehungsprozeß* – für richtig Gehaltene verbunden. „Die engagierte und zahlreiche Einbeziehung des ‘Diskurs’-Begriffs in erziehungswissenschaftliche Erörterungen […] hat das spezifische Defizit unserer Wissenschaft eher bezeichnet (häufig ungewollt) als beseitigt“ (ebd.: 80), heißt es da beispielsweise in erstaunlicher Konsequenz und so, als gelte es, das zu tun, was Mollenhauer andernorts als „produktivste Form der Ideologiekritik“ anempfahl: die Anwendung der „Argumentationsfigur des Ideologieverdachtes auf sich selbst“ (Mollenhauer 1980: 98). Und, als gelte es zusätzlich zu demonstrieren, wie fern einem das einst Naheliegende gerückt ist, kommt auch Dietrich Benner zu Wort mit einer Aussage, der man nur „voll“ (Mollenhauer/Rittelmeyer 1978: 80) zustimmen könne und die lautet: „Die Versuche, Pädagogik als kritische Sozialwissenschaft zu betreiben, abstrahieren mit der kritischen Theorie weitgehend vom Problem der Begründung einer pädagogischen Handlungswissenschaft, für welche der in der Tradition geprägte Erziehungs- und Bildungsbegriff konstitutiv sein muss, der nicht einfach durch Kommunikations- und Verständigungsbegriffe ersetzt werden kann“ (Benner 1978: 343).

In Folgearbeiten aus den Jahren 1979, 1980 und 1982 wird Mollenhauer zwar etwas weniger beflissen und insoweit vorsichtiger argumentieren, aber der Sache nach analog. Die Rede ist nun von dem seinerzeit „vielleicht etwas voreilig“ ausgerufenen Ende der geisteswissenschaftlichen Pädagogik und von einer in der Folge dominanten Literaturgattung, die sich auf „klassentheoretische[] Deduktionen“ beschränkt habe, „in denen das Kind und pädagogische Erfahrungen kaum noch vorkamen“ (Mollenhauer 1979: 241 f.); geklagt wird nun auch über die „allzu kurzatmig aufgegriffene Hoffnung, der ‘Diskurs’-Begriff könne der Pädagogik den drohenden Verlust der praktisch-normativen Perspektive zurückbringen“; herausgestellt wird „die Vermutung, dass eine strikt empirisch sozialwissenschaftliche Forschungspraxis im Hinblick auf die Normproblematik eigentümlich leer bleibt“ (Mollenhauer 1980: 99); moniert wird die „erfahrungswissenschaftliche Präzisierung“ (Mollenhauer 1982: 259) der erziehungswissenschaftlichen Theoriesprache zuungunsten der ‘einheimischen Begriffe’ Herbarts (vgl. Kap. 5.2) sowie der Umstand, „dass die Frage nach der Autonomie der Pädagogik […] nur noch verschämt gestellt“ (ebd.: 258) werde. Ins Zentrum aber rückt Mollenhauer nun die „Tatsache“, dass es offenbar möglich ist, mit „ideologiekritischen Positionen und Analysen […] auf unvernünftiges pädagogisches Handeln hinzuweisen, nicht aber vernünftiges pädagogisches Handeln zu begründen“ (Mollenhauer 1980: 99; vgl. 1985 b: 129).

Diese Nachdenklichkeit gibt erste Zeichen jener „Wende“, von der Mollenhauer (1991: 80) selbst im Rückblick auf sein 1983 erschienenes Buch *Vergessene Zusammenhänge* sprach. Tatsächlich wird auch erst hier das ganze Thema zentriert. Im Zusammenhang mit der Aneignung der „‘soziologischen’ Dimension pädagogischer Problemstellungen“, so erfährt der Leser nun nämlich, „wurde in Vergessenheit gehalten, dass die Bildung der nachwachsenden Generation nicht nur durch das Erbe der Sozialstruktur belastet, sondern auch zur Auseinandersetzung mit der kulturellen Überlieferung genötigt wird“ (Mollenhauer 1983: 19). Diese Äußerung bezeichnet präzise das neue Forschungsinteresse Mollenhauers (‘kulturelle Überlieferung’), mit dem sich Themenbereiche wie ‘pädagogische Verantwortung’ selbstredend sehr viel besser vertrugen als die Frage nach einem möglichst egalitär angelegten und auf Emanzipation setzenden pädagogischen Diskurs, der dem Zusammenhang von Bildung und ‘Sozialstruktur’ Rechnung zu tragen suchte.

Daneben allerdings verfolgte Mollenhauer auch noch einen Nebenzweck: Er wollte die ihm vertrauten sozialwissenschaftlichen Forschungsbefunde empirisch-analytischen Zuschnitts gleichsam von unten, also über das geistesgeschichtliche Detail, als eigentlich längst bekannt ausweisen und insoweit in (von anderen) ‘vergessene Zusammenhänge’ einfügen. Dieses zuletzt genannte Interesse trieb – jedenfalls auf den ersten Blick – manch seltsame Blüte. Hierzu gehört Mollenhauers These, das von Augustinus (342–430) in den *Confessiones* vorgelegte „erste[] große[] Dokument[] der Reflexion eines Menschen auf seine eigene Bildung“ (Mollenhauer 1983: 23) beginne mit einer Problemstellung, „die in der modernen behavioristischen Lerntheorie ihre ausgeführteste und empirisch bestätigte Form gefunden hat“ (ebd.: 24). Hierzu gehört auch seine Deutung einer Passage eines Prosastücks von Heinrich v. Kleist aus dem Jahre 1805 dahingehend, dass hier ein Gedanke angedeutet sei, der erst in unserem Jahrhundert, im symbolischen Interaktionismus eines George Herbert Mead, „voll entfaltet“ (ebd.: 118) sei. Denken ließe sich schließlich an Mollenhauers zwei Jahre später angestellten Versuch, an (eher unscheinbare) Schleiermacher-Fragmente eine gleichfalls auf Mead bezügliche (‘Vorreiter’-)Deutung zu heften (Mollenhauer 1985b: 142) – um von analog-fragwürdigen Deutungsbemühungen hier abzusehen (ebd.: 148; 151 f.). Auch wenn es sich insoweit anböte, den Gründen für die merkwürdige Schleiermacher-Präferenz Mollenhauers genauer nachzugehen, sollte man dabei doch das Einheit stiftende Merkmal dieser Beispiele nicht übersehen: Es gründet in Mollenhauers zunehmend kritischer werdenden Frage nach dem tatsächlichen Innovationsgehalt des vermeintlich Neuen, deutlicher gesprochen: Es gründet in der Frage, ob es nicht doch „so etwas wie ‘Elementaria’ neuzeitlicher Pädagogik gebe, einen Minimalkanon von Problemstellungen also, die heute niemand ignorieren sollte, der verantwortlich erziehen will“ (Mollenhauer 1983: 16) und, so darf man wohl hinzusetzen: der verantwortlich über Erziehung schreiben will. Der selbstkritische Gehalt dieser Frage liegt auf der Hand. Denn schließlich war es Mollenhauer selbst gewesen, der in den späten 1960er- und frühen 1970er-Jahren viele der genannten modernen sozialwissenschaftlichen Theoriekonstrukte in die Debatte eingebracht hatte, um einer auf der Autonomie ihrer historisch gerichteten Denkform beharrenden geisteswissenschaftlichen Pädagogik entgegenzutreten.

Mit anderen Beispielen aus seinem Buch *Vergessene Zusammenhänge* suchte Mollenhauer eine noch hierüber hinausgehende These zu stützen. Dies zeigt insbesondere seine Interpretation einer Passage aus Thomas Bernhards 1976 erschienener autobiografischer Erzählung *Der Keller*. Mollenhauer sah hierin einen „für Pädagogen außerordentlich interessante[n] Text" (Mollenhauer 1983: 134), und zwar aus zwei Gründen: Einerseits, weil hier Klage erhoben werde „gegen ein Erziehungsmilieu, das nur Leiden ohne produktive Tätigkeit hervorbringt, das, in der Sprache Piagets, Akkommodation verlangt, ohne Assimilation zu unterstützen" (ebd.: 137); und, andererseits: weil hier zusätzlich gezeigt werde, wie – „in der Terminologie der Fichteaner gesprochen" – ein Jugendlicher infolge des Bildungsstandes seiner „Vernunftkräfte" in der Lage sei, „sich selbst jene Probleme zu stellen, die seine Selbsttätigkeit herausfordern" (ebd.). Mollenhauer wollte also nicht nur zeigen, dass sozialwissenschaftliche Konstrukte – in diesem Fall jenes Piagets – insofern unspektakulär seien, als sie auch von sozialwissenschaftlichen Laien literarisch nachempfunden werden können. Sondern er wollte auch deutlich machen, dass Literaten noch ein Gespür haben für das, was sozialwissenschaftlichen Konstrukten mitunter fehlt, am Beispiel gesprochen: Piagets Konstrukt der ‘Assimilation', so Mollenhauer, decke zwar den Bereich der ‘produktiven Tätigkeit' ab, lasse aber die Frage Fichtes unberührt, wie der Durchbruch zur ‘Selbsttätigkeit' überhaupt als möglich gedacht werden könne. Wenn man dieses Beispiel verallgemeinert, wird die Absicht Mollenhauers deutlich: Nicht um die Losung ‘Fichte statt Piaget' ist es ihm nun zu tun, sondern um die Rehabilitierung des philosophischen Moments in der pädagogischen Denktradition.

Bei all dem beeindruckt – jenseits der Inhaltsebene – die Kunstfertigkeit, mit der Mollenhauer die scheinbar unbedeutende Einzelheit exemplarisch nimmt für das Ganze. Mit diesem klassischen Grundsatz der Hermeneutik ließe er sich zwar zumindest vom Methodischen her wieder jener Tradition einfügen, die er doch eigentlich überwunden hat: die Tradition der geisteswissenschaftlichen Pädagogik. Aber man sollte dabei nicht übersehen, dass sich Mollenhauer in einem Vortrag vom Januar 1985 der Tradition Schleiermachers und mithin der Tradition dessen annahm, den er schon in früheren Texten immer wieder in Gegenstellung zu geisteswissenschaftlich-pädagogischen Vereinnahmungsversuchen gebracht hatte. Auf diese Weise konnte er eine Diskussion über das Hermeneutikverständnis eines Dilthey oder eines Nohl im Zusammenhang mit ‘der' geisteswissenschaftlichen Pädagogik vermeiden – und schlicht in Erinnerung rufen, was, seiner Auffassung nach, schon Schleiermacher unter Hermeneutik verstanden habe: nämlich nicht nur eine „Kunstlehre für Philologen", sondern eine „allgemeine Theorie der Interpretation, für *alle* Humanwissenschaften" (Mollenhauer 1985a: 129). Zu dieser Position passt die Antwort, die Mollenhauer vor einigen Jahren auf eine entsprechende Frage gab und die lautet, dass ihm an der geisteswissenschaftlichen Pädagogik „allein das hermeneutische Verfahren" (Mollenhauer 1991: 73) wichtig sei. Denn damit steht außer Frage, dass von einer Renaissance 'der' geisteswissenschaftlichen Pädagogik, jedenfalls was Mollenhauer angeht, nicht die Rede sein kann. Näher liegt es, von einer durch die eigenen Forschungsarbeiten bedingten neuen Wertschätzung der (pädagogischen) Hermeneutik zu sprechen, die dann auch dazu beigetragen haben dürfte, dass Mollenhauer der pädagogischen Denktradition – der die geisteswissenschaftlichen Pädagogik selbstredend zugehört – und dem durch sie geprägten Bildungsbegriff (vgl. Mollenhauer 1987b) wieder nahegetreten ist. Entsprechend zornig muten denn auch mitunter seine Feldzüge an gegen die (von ihm am Beispiel der 'Antipädagogik' gesichtete) „geschichtslose() Moral des Umgangs mit dem Kinde" (Mollenhauer 1989: 134) und andere Arten „pädagogischer Umweltverschmutzung" (ebd.: 137) – und dies in einer Zeit der zunehmenden Kluft „zwischen dem sich bildenden Ich (…) und den (…) Produkten der herrschenden Kultur" (Mollenhauer 1988a: 444).

## 8.5 'Und heute?' – Vom Ursprung der sozialpädagogischen Mollenhauerüberwindung

Die Sozialpädagogik blieb von dieser Neujustierung Mollenhauers, die sich im Gleichschritt mit seinen – hier nicht im Detail zu behandelnden – Arbeiten zur Ästhetik ereignete, nicht unbetroffen. Den Ausdruck 'Alltagswende' beispielsweise, den Thiersch 1978 in die sozialpädagogische Theoriediskussion eingeführt hatte, hielt Mollenhauer schon 1980 für „eine zu anspruchsvolle und der tatsächlichen Wissenschaftsgeschichte der Pädagogik wenig angemessene Vokabel" (Mollenhauer 1980: 111). Jahre später hatte sich dieser Vorwurf seiner Struktur nach kaum geändert. Nur machte sich Mollenhauers Skepsis nun nicht so sehr an der 'Vokabel' 'Alltagswende' fest, sondern an den Ausdrücken 'Lebenswelt' – jedenfalls insoweit damit so etwas wie die „soziale Lage von Individuen" (Mollenhauer/Uhlendorff 1992: 20) gemeint ist – sowie 'Lebensweltorientierte Sozialarbeit'. Auch der Name Thiersch fällt nun expressis verbis und wird mit dem Verdacht in Verbindung gebracht, die Sozialpädagogik vertrete kein „theoretisches Programm" mehr, „das Erkenntniswege skizziert", sondern nur noch eine „Handlungsempfehlung, für die es mannigfache Gründe geben mag" (Mollenhauer 1996b: 873), die aber, genau besehen, „unbedacht und verschleiernd" (Mollenhauer 1997a: 46) sei.

Mollenhauer suchte diesen Vorwurf am Beispiel eines vierzehnjährigen Jungen zu erläutern, „der, im Alter von 10 Jahren, in einem Heim untergebracht ist, wegen schwer erträglicher Familienverhältnisse, nun auch aus dem Heim beständig fortläuft, die Schule vermeidet, sich mal dieser, mal jener Clique oder Subkultur anschließt, am Stadtrand in Bretterbuden übernachtet, durch kleine Diebstähle sich über Wasser hält, sonst niemandem etwas zuleide tut, dem eine spätere Zukunft noch gleichgültig ist usw." – kurz: ein Fall, angesichts dessen es vielfältiger „hermeneutisch-diagnostischer Anstrengungen bedarf, um die Lage und die Normalitätsentwürfe dieses Jungen zu verstehen"; ein Fall aber auch, bezüglich dessen es falsch wäre, sich „einzig an dieser 'Lebenswelt' zu orientieren", nicht aber „an dem rechtfertigungsfähigen Weg, der für einen solchen Jungen begehbar ist" (Mollenhauer 1997a: 46f.). Als Mollenhauer dies schrieb, verfügte er bereits über einschlägige Erfahrungen auf diesem Gebiet: 1992 und 1995 hatte er – jeweils mit Uwe Uhlendorff – *Sozialpädagogische Diagnosen* verhaltensschwieriger Jugendlicher vorgelegt, die zahlreiche Fachkollegen zu Anschlussforschungen inspirierten (vgl. etwa Krumenacker 2004). Über das für Mollenhauer dabei maßgebliche methodologische Credo instruiert ein unlängst veröffentlichter Brief an Jürgen Blandow aus dem Jahre 1989 (vgl. Mollenhauer 2004) ebenso wie die folgende, durchaus provokante Bemerkung aus dem Jahr 1992: „Wenn schon von 'Paradigmen' die Rede sein soll, dann gehört unser Vorschlag dem 'hermeneutischen' Paradigma wissenschaftlicher Erkenntniswege zu, ist also, unbeschadet einiger Variationen, ungefähr 200 Jahre alt" (Mollenhauer/Uhlendorff 1992: 21), hieß es gleich einleitend zu diesem Buch, dessen zentrales Anliegen darin gründet, „diagnostische Kompetenzen" stärker in das Selbstbild erzieherischer Professionalität zu integrieren (ebd.: 132). Wichtiger aber als dies ist fast noch – zumindest in diesem Zusammenhang – der Hinweis, dass „hermeneutisch-methodische Probleme" ansonsten kaum zum Thema gemacht werden würden, und dies, wo doch, wie es „unwidersprochen" heiße, gerade der 'Alltag' für die Sozialpädagogik ein wesentliches Orientierungsfeld sei oder sein sollte" (ebd.: 69).

Der Name Thiersch durfte auch hier wieder nicht fehlen, was hinreichend deutlich macht, als wessen Antipoden sich Mollenhauer nun, auf dem Höhepunkt seiner durch 'Umwege' aufgehaltenen Rückkehr in das von ihm einst maßgeblich bestimmte sozialpädagogische Themenfeld, zu sehen gelernt hatte. Dies bezeugt auch Mollenhauers Einspruch gegen die – von Thiersch stammende – Formel vom 'sozialpädagogischem Jahrhundert' mit dem Argument, die Rede vom 'ethnologischen Jahrhundert' sei möglicherweise angemessener, insofern uns die Völkerkunde „über die Forschungswege (belehrt), die auch für die Sozialpädagogik nützlich sein könnten" (Mollenhauer 1998a: 33). Und dies bezeugt sein im gleichen Jahr nachgereichter Tadel, man könne „an der jüngeren Wissenschaftsgeschichte der Sozialpädagogik" und mithin auch an der Vokabel 'lebensweltorientierte

Sozialpädagogik' sehen, „in welche Unklarheiten es führt, wenn zwischen praktischem und theoretischem Diskurs nicht sorgfältig unterschieden wird". In der Umkehrung gesprochen: Für Sozialpädagogen sei offenbar schwer einzusehen, „dass eine Wissenschaft, die sich u. a. gesellschaftliches Handeln zum Gegenstand macht, vor allem zu klären hat, was der Fall *ist*, und nicht, was der Fall sein *sollte*." (Mollenhauer 1998 b: 320)

Dass der auf 'Alltag' oder 'Lebensweltorientierung' abstellenden 'Handlungsempfehlung' im Übrigen „keinerlei 'Brisanz'" mehr innewohne, sondern dass sie lediglich das Wissen um „den normalen Gang der Ereignisse in modernen differenzierten und die Würde ihrer Bürger achtenden Sozietäten" (Mollenhauer 1997 a: 35) zur Anzeige brächte, darf dabei als eine Art bitterböser Zusatzspott verrechnet werden. Denn immer wieder hatte Mollenhauer – wie er 1982, sich selbst einbeziehend, resümierte – „eine Kette immer neuer 'Rezeptionen'" verbuchen müssen, die „allzu häufig mit der Hoffnung verbunden" waren, „nun erst werde die Pädagogik 'kritisch' werden" (Mollenhauer 1982: 254). Die Sozialpädagogik schien ihm dabei schon damals zur am wenigsten mitspracheberechtigten Disziplin geworden zu sein, legte sie in seiner Wahrnehmung doch deutlich Zeugnis ab für den „Verlust der Geschichte", wenn nicht gar dafür – wie Mollenhauer am Beispiel Lutz Rössner (zu Recht) monierte –, dass die Geschichte der Bildung und Erziehung gänzlich „ignoriert" (ebd.: 258) werde und damit die ('einheimischen') Begriffe schwinden, derer auch die „Zukunft der Sozialpädagogik" (Mollenhauer/Uhlendorff 1992: 139) bedarf.

Um (weitere) Beispiele hierfür war Mollenhauer (nach 1982) nicht verlegen. „Die Autoren verwenden zur Charakterisierung ihres nun 'erweiterten' Begriffs von Pädagogik den Terminus 'vernetztes Denken' und erwecken den Eindruck, als sei dies neu" (Mollenhauer 1988 b: 53), hieß es da beispielsweise einige Jahre später zu einer – nebenbei bemerkt: nicht ohne Grund sehr erfolgreichen – Neuerscheinung im Bereich der Jugendarbeit (Böhnisch/Münchmeier 1987). Mollenhauer folgte dabei dem Duktus dessen, der nichts Dringlicheres kannte, als den aufstrebenden Nachwuchs vor eigenen Fehlern zu bewahren und an die von ihm missachtete Tradition (in diesem Falle Pestalozzi) zu erinnern. Denn immerhin war es Mollenhauer selbst gewesen, der zu Beginn seiner Karriere die auf der vermeintlichen Zeitlosigkeit der Einsichten Pestalozzis beharrenden Jugendhilfepraktiker – in diesem Fall Andreas Mehringer – mit dem Stichwort „forschungshemmende Verquickung von Theorie und Praxis" (Mollenhauer 1968 d: 11) abfertigte und auf die (damals aktuellen) Ergebnisse soziologischer Forschung verwies. Dieses Beispiel schon verweist auf die eigentümliche Lage, in die Mollenhauer nun, Ende der 1980er-Jahre, zu geraten drohte. Denn einerseits hatte er natürlich recht mit seinem Hinweis, dass es „der Anfang vom Ende einer Fachdisziplin" ist, wenn sich ihre Vertreter durch ihre beharrliche Bezugnahme auf sozialwissenschaftliche Forschungsergebnisse nur noch auf die Rolle von „Kommentatoren () mit gelegentlich kritischen Einfällen“ (Mollenhauer 1988 b: 55) beschränken. Andererseits aber war Mollenhauers zu diesem Zeitpunkt gut zehn Jahre währende und insoweit ‘beharrliche’ Bezugnahme auf die geistesgeschichtliche sowie auch pädagogische Tradition nicht ganz vor dem Missverständnis gefeit, die Alternative zur Rolle des ‘Kommentatoren’ wäre allein die des ‘Interpreten’ der immer gleichen Textbestände (sozial-)pädagogischer Klassiker. Dann aber bliebe tatsächlich nichts weiter als die ratlose Frage, mit der er den Text, in dem er am deutlichsten wohl den Traditionsanschluss einklagte, ausklingen ließ: „Aber was folgt daraus?“ (Mollenhauer 1982: 265)

Mollenhauer hat im Anschluss an seinen Aufsatz von 1988 einiges getan, dieses Missverständnis zu fördern. Dies gilt etwa für eine kritische Glosse aus neuerer Zeit, in der er den Umstand beklagt, dass sich die Sozialpädagogik, zwischen „soziologischen und therapeutischen Bemühungen um angemessene Problemdefinitionen eingeklemmt“, schwer getan habe, „einen genuinen pädagogischen Gedankengang gut begründet aufrechtzuerhalten“ (Mollenhauer 1996 a: 278). Denn dies klang so, als solle die Sozialpädagogik an Flitners Forderung gemahnt werden, wonach „angesichts der fortschreitende(n) Ausdehnung und Spezialisierung des Wissens“ gewährleistet werden müsse, „dass in allen speziellen Forschungsfeldern und in allen pädagogischen Ausbildungsgängen (…) die Reflexion auf einen (pädagogischen; d. Verf.) Grundgedankengang alles Einzelne (…) zusammenhält“ (Flitner 1976: 493 f.). Damit aber wäre die Sozialpädagogik der Allgemeinen Pädagogik und des in ihr gesetzten (sensu Flitner: geisteswissenschaftlichen) Einvernehmens um die pädagogische Denktradition unterworfen (vgl. Niemeyer 1996 b; 1997 c). Sie verlöre damit das, was Michael Winkler als neue Perspektive dieses Verhältnisses andeutete: nämlich ihren ihr eigenen (auch sozialwissenschaftlichen) Zugriff auf die „Reflexion des Allgemeinen“ (Winkler 1994 b: 105), das sich im Gegenstandsfeld der Einzeldisziplin Sozialpädagogik, etwa in den hier thematischen „Situationen des sozialen Umbruchs in der Gegenwart“ (ebd.: 107), ausspricht.

Aber man sollte hier nicht vorschnell urteilen: Wenn Mollenhauer von einem ‘genuinen pädagogischen Gedankengang’ sprach, dachte er weniger an Flitner denn an sich selbst bzw. an seinen zuvor erwähnten Aufsatz von 1988. Hier nämlich hatte er für die Sozialpädagogik „Komponenten eines (…) nach wie vor notwendigen Begriffs von ‘Pädagogik’“ skizziert, und zwar

- „die Annahme, dass das Größer- und Älterwerden des Menschen ein Bildungsvorgang sei“;
- die daran geknüpfte Unterstellung „eine(r) zeitliche(n) Struktur, in der () Vergangenheit und Zukunft aufeinander bezogen sind“;
- die Vorstellung, dass Erziehung – entgegen der Rede vom ‘Verschwinden der Kindheit’ – nach wie vor auf die ‘Entwicklungstatsache’ (im Sinne Bernfelds) zu reagieren habe und insoweit mit „markanten Diffe-

renzen im Bildungsvorgang zwischen Kindheit und Erwachsenen“ (Mollenhauer 1988b: 57) zu rechnen sei;

- die Auffassung, dass Erziehung (als Entwicklungstatsache) je „historisch spezifischen ‘Strukturen’“ – etwa im Sinne eher zwangloser und eher zwanghafter, zeitlich stärker eingliedernder „pädagogische(r) Milieus“ – ausgesetzt sei und die Aufgabe von Theorie und Forschung darin bestünde, „die kulturell passende und dem Einzelfall und den Falltypen gerechte, erträgliche, entwicklungsförderliche Balance zu ermitteln“;
- die Bestimmung, dass es dem Pädagogen im Idealfall – dem zwanglosen ‘pädagogischen Milieu’ – nicht um bedürfnisorientierte ‘Beziehungsarbeit’ (im Sinne eines psychiatrisch-therapeutischen Settings) zu gehen habe, sondern um die Arbeit an einem „soziale(n) Ort, an dem Probleme gelöst, Aufgaben erfüllt, Themen traktiert werden“;
- die Setzung, dass „jedes pädagogische Milieu mindestens einen Ausläufer dessen (präsentiert), was auch sonst gesellschaftlich-kulturell der Fall ist“ (ebd.: 58).

Mollenhauer verstand diesen Komponentenkatalog damals als eine Art normative Vorschrift, die die weitere sozialpädagogische Theoriebildung und Forschung zu regulieren in der Lage sein müsse oder die jedenfalls doch geeignet sei, ihr das Attribut ‘pädagogisch’ zu- oder eben abzuerkennen. Daraus wurde natürlich nichts – wie schon seine referierte Beschwerde von 1996 belegt, wonach es die Sozialpädagogik nicht verstanden habe, einen ‘genuinen pädagogischen Gedankengang gut begründet aufrechtzuerhalten’. Immerhin aber versuchte Mollenhauer für sich selbst, dieser seiner normativen Vorschrift mittels seiner eigenen sozialpädagogischen (Folge-)-Forschung genüge zu tun und an ihrer weiteren Ausarbeitung zu feilen, und dies im Dienste jenes „Gesichtspunktes“, den er in einer seiner letzten Veröffentlichungen als den zentralen benannte, sofern die Sozialpädagogik „nicht nur ein Sammelbecken für Verschiedenes sein will“ und der nicht notwendig „den Namen ‘Erziehung‘ tragen (muss)“, der allerdings „aus dem problematisch gewordenen Umgang mit der heranwachsenden Generation innerhalb unserer Gesellschaft und Kultur gewonnen werden (sollte), denn keine andere Wissenschaft rückt dieses Thema in den Mittelpunkt ihrer Aufmerksamkeit“. (Mollenhauer 1998b: 320)

Mollenhauers letzte Arbeiten zur Sozialpädagogik galten fast durchgehend dieser Frage. Sie lesen sich im Übrigen als überaus kritische Analysen dessen, was aus dieser Disziplin zwischenzeitlich geworden ist. Statt nämlich – so Mollenhauer kurz vor seinem Tod, seine eigene Person von dieser Kritik nicht ausnehmend – zu lernen aus der Zeit um 1970, als man sich unter dem Druck „massenhaften Studentenzulauf(s) [...] zu Parolen und zur Orientierung an der Profession statt an der Forschung“ verführen ließ, statt also – und sei es nur im Zuge der Rehabilitierung Natorps – „in die Problem- und Begriffskonstellation tiefer einzudringen“, wimmele es nach wie vor von „Unklarheiten“ (Mollenhauer 1998c: 532f.) Dass es Mollenhauer dabei nicht um die Renaissance der geisteswissenschaftlichen Pädagogik ging, beleuchtet schon seine Bemerkung anlässlich eines Colloquiums zu Ehren Erich Wenigers, wonach man die von Weniger bevorzugte Rede vom 'Wesen der Erziehung' (oder des Erzieherischen) heutzutage „den philosophisch interessierten Kollegen und Kolleginnen überlassen" dürfe bzw. jedenfalls nicht mehr benötige „zur Feststellung der 'Identität' des Faches", die sich ihrerseits sehr viel besser mittels „zuverlässige(r) kulturtheoretische(r), historische(r) und aktuell-empirische(r) Beschreibungen" (Mollenhauer 1995: 360 f.) sichern lasse. Die Anschlussfrage lässt sich allerdings kaum noch vermeiden – die Frage nämlich, wie jenseits dessen die auch von Mollenhauer intendierte Feststellung der 'Identität' des Faches Sozialpädagogik gesichert und die Auflösung von (Sozial-)Pädagogik in angewandter Kulturwissenschaft vermieden werden kann.

Nicht minder irritierend ist ein noch neuerer Text Mollenhauers, in dem es heißt:

> „Zwischen 1965 und 1975, als der Modernisierungsbedarf in diesem Bereich offenkundig wurde, gab es eine Art Wechselwirkung zwischen akademischer Theorie und pädagogischem Praxis-Alltag: Unterstützt durch erziehungswissenschaftliche Argumentation und Forschung, änderten sich gravierend die kommunalen pädagogischen Angebote im Hinblick auf Freizeiteinrichtungen für Jugendliche; die nichtstaatlichen Träger der Jugendhilfe (…) erneuerten ihre Strategien; die Erziehungsheime wurden reformiert; ambulante und therapeutische Maßnahmen gewannen an Gewicht; die pädagogischen Milieus und Umgangsweisen von Kindergärten erwarben ein neues Profil; psychoanalytische Theoriebestände fanden Eingang in die Praxis und Argumentation. Und heute?" (Mollenhauer 1996 c: 17)

Die Frage ist rhetorisch und klingt fast so, als sei dem Fragesteller die Antwort, ob der absehbar deprimierenden Pointe, im Halse stecken geblieben. Dann aber läge der Schluss nahe, Mollenhauer traue allen anderen Fortschrittsimpulse zu – nur nicht denen, die nach ihm kamen. Dieser Schluss wäre allerdings übereilt. Denn Mollenhauer wollte keineswegs den Innovationsgehalt der nach 1975 anhebenden sozialpädagogischen Theoriemodelle bestreiten, sondern auf das seitdem nachlassende öffentliche Interesse an Innovation verweisen. Und er wollte darüber Freiräume schaffen für eine etwas entspanntere Sicht auf die mitunter etwas irritierend anmutende Entschlossenheit, mit der man innerhalb der Pädagogik auf Praxisveränderung und Gestaltung abhebt. Auch die Praxis des Schreibens – so Mollenhauers Paradebeispiel in diesem Zusammenhang – „speist sich aus anderen Quellen als denen der Wissenschaft. Bei der Praxis des Erziehens ist es ähnlich: Sie geschieht innerhalb eines komplizierten, mal dichter, mal weitmaschiger geknüpften Netzes von materiellen, sozialstrukturellen, institutionellen und symbolisch-kulturellen Bedingungen, die die „Pädagogik" als akademische Disziplin zwar beschreiben und aufklären, nicht aber im engagierten Zugriff verändern können muss“. (ebd.: 18) Entsprechend, so Mollenhauer, solle man als Pädagoge der „réflexion engagée“ entsagen und die Dinge von einer gleichsam exzentrischen Position aus betrachten – eine Perspektive, die für die Sozialpädagogen irritierend sein mag, die ebenjene „réflexion engagée“ (nach wie vor) ins Zentrum rücken. Dies aber könnte zumindest für diese Fachvertreter eine Art sozialpädagogische Mollenhauerüberwindung fast unabweisbar machen. Denn wer lässt sich schon gerne sagen, dass er einer pädagogischen Haltung frönt, mit der nicht viel gelingen kann? Damit mag der Übergang zum nächsten Kapitel hinreichend vorbereitet sein.

# 9. Hans Thiersch (*1935): Der andere Enkel geisteswissenschaftlicher Sozialpädagogik

**Biografischer Abriss**

Hans Thiersch wurde 1935 in Recklinghausen geboren und studierte Philologie, Philosophie, Pädagogik und Theologie. 1961 schloss Thiersch eine Dissertation über Jean Paul ab und wurde in Göttingen Assistent bei Weniger bzw. Heinrich Roth. 1967 nahm er einen Ruf auf eine Professur für Allgemeine Pädagogik an der PH Kiel an. 1970 folgte der Ruf auf den damals neu eingerichteten Lehrstuhl für Sozialpädagogik an der Universität Tübingen, den er bis zu seiner Emeritierung (2002) innehatte. Von 1978 bis 1982 wirkte Thiersch als Vorsitzender der Deutschen Gesellschaft für Erziehungswissenschaft (DGfE). Zwischen 1987 und 1990 war er Mitglied der Sachverständigenkommission für den Achten Jugendbericht, seit 1990 ist er Vorsitzender des Wissenschaftlichen Beirats des Deutschen Jugendinstituts. 1996 wurde Thiersch die Ehrendoktorwürde der Fakultät Erziehungswissenschaften der TU Dresden verliehen. Thiersch ist u.a. Mitherausgeber der Zeitschrift *Neue Praxis* und veröffentlichte (zusammen mit Horst Ruprecht und Ulrich Herrmann) den Band *Die Entwicklung der Erziehungswissenschaft* (1978), die Aufsatzsammlungen *Kritik und Handeln* (1977), *Die Erfahrung der Wirklichkeit* (1986), *Lebensweltorientierte Soziale Arbeit* (1992), *Lebenswelt und Moral* (1995), *Positionsbestimmungen der Sozialen Arbeit* (2002) sowie – zusammen mit Lothar Böhnisch und Wolfgang Schröer – den Band *Sozialpädagogisches Denken* (2005). Nicht vergessen sei der zusammen mit Walter Jens verfasste Band *Deutsche Lebensläufe* (1987).

Um gleich die Ende des letzten Kapitels gestellte Frage aufzunehmen, wird eines wohl vorauszuschicken sein: Von einer sozialpädagogischen Mollenhauerüberwindung kann nicht die Rede sein, allenfalls von einer deutlichen Zentrierung des sozialpädagogischen Gegenwartsdiskurses auf Hans Thiersch. Auch lässt sich nicht sagen, dass Thiersch Mollenhauers kritische Stellung ihm gegenüber entsprechend erwidern würde. Dies ergibt zugleich einen ersten Zugang zur Charakteristik beider. Denn wo Mollenhauer, wie im Vorhergehenden gesehen, als feinsinniger Bedenkenträger mit weitgespannten Forschungsinteressen zu gelten hat, dessen Stärke eindeutig auf dem Felde der Theorie und der durch sie angeregten, oft unvermuteten Impulsgebung liegt, ist Thiersch am ehesten wohl als praxisorientierter 'Sozialreformer' zu umschreiben, dem es um die „Gestaltung des Sozialen"

(Thiersch 1996: 19) zu tun ist und der selbst da, wo eine scharfe Erwiderung angebracht wäre, auf „sachliche Argumentation“ (Thiersch 2000c: 29) abstellt und dem von nachvollziehbaren Ausnahmen (etwa Thiersch 2007d) abgesehen, eher am „friedlichen Umgang“ (Thiersch 2001a: 35) gelegen ist.

Freilich: Neben der Polemik liegt Thiersch auch die detailgenaue theoriesystematische Argumentation eher fern, ebenso wie – wiederum aufs Ganze gesehen – die hinreichende Offenheit und das zureichende Interesse für die Position des anderen oder gar des Kritikers. Insoweit könnte man Mollenhauers Klage, es gäbe inzwischen in der Sozialpädagogik „gut institutionalisierte Provinzen [...] mit je eigener Rhetorik, die voneinander häufig nur noch pflichtgemäß Kenntnis nehmen“ (Mollenhauer 1998c: 532f.), durchaus so lesen, als rede er hier von Thiersch (resp. Tübingen). Aber auch wem speziell diese Folgerung zumal im Blick auf ein analoges neueres Monitum von Thiersch („jeder verhandelt seine Fragen und Probleme in seinem Zirkel, im Kontext seines eingespielten Ansatzes; über andere Ansätze denken wir uns unser Teil, behalten es aber bei uns“; Thiersch 2001a: 35) zu weit geht, wird darüber nachzudenken haben, ob es nicht seine Bedenklichkeiten hat, dass Thiersch die Klassikerdiskussion in der Sozialpädagogik deswegen als problematisch tadelte, weil sie „zu Formen der Textinterpretation zurück zu fallen (verführt), gegen die sich das Studium einer sozialwissenschaftlich inspirierten Pädagogik in den späten 60er-Jahren wandte“ (Thiersch 2000a: 189). Denn wer so argumentiert, mag zwar studienbiographische Gründe haben (vgl. Thiersch 2002b: 382), die man nachvollziehen kann und respektieren muss. Aber zu begründen bliebe weiterhin, wo denn die Folge allen gründlichen Lesens und mithin die Bildung für die Zwecke der Sozialpädagogik als Wissenschaft ansonsten herkommen soll.

Angesichts dieser Prämissen kann es kaum überraschen, dass insbesondere der Argumentationsduktus von Thiersch immer wieder Anlass zur Kritik gab. Den Anfang hiermit machte wohl – vor über zwanzig Jahren – Hartmut Dießenbacher mit seinem launigen Porträt eines „in vielen Sozialarbeitsjahren ergrauten“ Pensionärs, der bei seinem Studium der „Alltagspädagogik“ feststellt, dass diese „statt Erklärungen Handreichungen für die tägliche Arbeit anbot, nicht selten von trostreichen Versprechen auf eine bessere Zukunft begleitet“, womit das Resümee nicht fraglich sein konnte: „Derartiges erinnerte ihn an Pfaffentum.“ (Dießenbacher 1984: 374) Den Namen Thiersch freilich behielt Dießenbacher seinerzeit wohlweislich für sich, auch hatte er das Ganze derart charmant vorgetragen, dass es vorerst bei diesem Intermezzo blieb. Wer allerdings die Gegenwartsdebatte in den Blick nimmt, kann die nun in verbreiteter Form anhebende Kritik an Thiersch kaum übersehen (vgl. etwa Prange 2003; Steckmann 2004, 2006), die freilich mitunter, wie der Fall Reinhard Fatke (2000) lehrt, durchaus auch zu Ungunsten des Kritikers ausgehen kann (vgl. Niemeyer 2000), und dies insbesondere dann, wenn, wie im Fall Jürgen Reyer, grobe Stillosigkeiten zu verzeichnen sind (vgl. etwa Reyer 2002 a; 2002 b: 255 ff.), die eine in der Sache nicht uninteressante Argumentation um ihren Wert und insbesondere um ihre Resonanz bringen.

Als Ertrag aus dieser insoweit insgesamt etwas schwierigen Debatte ist zunächst nur das aus ihr zu beziehende allererste Merkmal zur Charakterisierung von Thiersch wichtig: Ausgehend von der Unterscheidung zwischen Profession und Disziplin (vgl. Tenorth 1990), könnte man vielleicht auch sagen, Thiersch sei eher der Klassiker der Profession, Mollenhauer hingegen eher der der Disziplin. Dies ist keineswegs abwertend gemeint, wie schon der Name (nämlich Nohl) zeigt, auf den hin man sich am ehesten verwiesen fühlt, wenn man Thiersch als Typus zu umschreiben sucht. Außerdem ist einzuräumen, dass Thiersch – wie der biographische Abriss schon andeutet – mit seiner Dissertation über Jean Paul, seinen Arbeiten zur hermeneutisch-pragmatischen Tradition der Erziehungswissenschaft (Thiersch 1978 c) resp. zur geisteswissenschaftlichen Pädagogik (Thiersch 1983; 2004 e) sowie seiner Zusammenarbeit mit Walter Jens und den daraus entstandenen Arbeiten u.a. über Karl Philipp Moritz, Heinrich Jung-Stilling, Bettina von Arnim, August Bebel, Lily Braun und Bernward Vesper (vgl. Jens/Thiersch 1987) Interessen dokumentierte, die in dem Typus ‘Sozialreformer’ nicht aufgehen. Aber der dominanten Tendenz nach wird man Thiersch mit dieser Typenbeschreibung wohl nicht Unrecht tun. Dies zeigt auch schon die ‘Traditionslinie’ (Francke, Salzmann, Pestalozzi, Wichern, Nohl, Bernfeld), die er für die Sozialpädagogik geltend machte (vgl. Thiersch 1996: 7) und in der die ‘Sozialreformer’ dominieren und die großen Theoretiker der Disziplin (Natorp, Fischer) wohl nicht ganz zufällig fehlen.

Am ehesten allerdings wird man hierfür wohl die Erbschaft Nohls zu veranschlagen haben. Jedenfalls ist es durchaus bemerkenswert, dass Thiersch in Sachen Natorp die Wertung Wenigers resp. Nohls übernimmt, Natorp habe den „Begriff Sozialpädagogik nur begrifflich allgemein“ und insoweit „leer“ und „unergiebig“ – bei Nohl heißt es: „blass“ und „unwirklich“ (Nohl 1933/1935: 139) – bestimmt, nicht aber „im Kontext der realen historischen und sozialen Bewegungen“ (Thiersch 1993 a: 38 f.). Wichtiger aber ist uns an dieser Stelle, gleichsam zur Abrundung dessen, was sich zu Thiersch als Typus sagen ließe, etwas anderes. Wie Nohl umgibt nämlich auch Thiersch die Aura eines Charismatikers. Dies unterstreicht schon die Anekdote, mit der Lothar Böhnisch seine Laudatio auf Thiersch (anlässlich der Verleihung der Dresdener Ehrendoktorwürde) ausklingen ließ: „Vor einiger Zeit erzählte mir eine Kollegin aus der Praxis, sie hätte Hans Thiersch für eine Veranstaltung zum Vortrag gewinnen können. Als ich sie fragte, wie er denn war, sagte sie: „Wie immer“ – und strahlte dabei“ (Böhnisch 1996 b: 2). Diese Anekdote allein schon könnte den (schulenbildenden?) Einfluss erklären, den Thiersch in der Sozialpädagogik ausübt und der ihn immer wieder zum gefragten Referenten werden lässt – auch in dieser Hinsicht wohl am ehesten mit Nohl vergleichbar. Bemerkenswert ist jedenfalls die Liste der von Thiersch zwischen 1972 und 1995 (erst)begutachteten 79 Dissertationen und 5 Habilitationen (vgl. Grunwald et al. 1996a: 275f.). Sie konfrontiert einen mit Namen (in alphabetischer Ordnung) wie Lothar Böhnisch, Herbert E. Colla, Hans Gängler, Reinhard Hörster, Burkhard Müller, Richard Münchmeier, Friedrich Ortmann, Thomas Rauschenbach, Werner Schefold oder Rainer Treptow – Namen also, aus denen sich zweifellos ein Who's who moderner (universitärer) Sozialpädagogik entwickeln ließe. Man kann Thiersch die darin sich aussprechende Attraktivität (auch seiner Person) nicht vorwerfen. Im Übrigen: Was dem Außenstehenden als fragwürdiges Zeugnis für die Monopolisierung der akademischen Nachwuchsproduktion erscheinen mag, ist dem Insider zumindest auch ein Zeugnis für die offenbar nicht hinreichend ausgeprägte Attraktivität anderer Hochschulstandorte.

Wie bemerkenswert die Karriere ist, die Thiersch nahm, wird offenkundig, wenn man bedenkt, dass Mollenhauer noch 1973 meinte, Thiersch dem Publikum mit den Worten vorstellen zu müssen, dieser sei „inzwischen mit kritischen Beiträgen zum 'Verwahrlosungs-Problem' hervorgetreten" (Mollenhauer 1964/1974: 9). Als Mollenhauer dies schrieb, war es keineswegs despektierlich gemeint, sondern erfüllte eher den Zweck einer sachlichen Information. Denn tatsächlich war Thiersch damals noch vergleichsweise unbekannt – notwendigerweise, war er doch sieben Jahre jünger als Mollenhauer und nur über Umwege zur Sozialpädagogik gelangt. Auch dies teilte Mollenhauer dem Leser mit –, um, wie er sagte, deutlich zu machen, was es hieß, 1964 eine *Einführung in die Sozialpädagogik* vorzulegen, wo doch Thiersch damals „gerade eine Doktorarbeit über Jean Paul beendet (hatte)" (ebd.). Dies war zwar nicht ganz korrekt – Thiersch hatte seine Dissertation, wie erwähnt, schon 1961 vorgelegt –, könnte aber insoweit richtig sein, als Mollenhauer der Zeit gedacht haben dürfte, in der er an seiner Einführung schrieb; denn manche ihrer Passagen erwecken tatsächlich den Eindruck, als atmeten sie noch den Geist der frühen 1960er-Jahre.

Dies war wohl auch der Grund dafür – und Mollenhauer ließ gerade dies bemerkenswerterweise unerwähnt –, dass der 'inzwischen mit kritischen Beiträgen zum 'Verwahrlosungs-Problem' hervorgetretene' Thiersch diese Kunst auch gegenüber dem Verwahrlosungsbegriff erprobt hatte, der Mollenhauers *Einführung in die Sozialpädagogik* zugrunde lag. Mollenhauer hatte noch damit argumentiert, dass es nicht angehen könne, den Verwahrlosungsbegriff gänzlich den „psychologischen Disziplinen" (Mollenhauer 1964/1974: 46) zu überantworten. Vielmehr gelte es, Verwahrlosung als „sozialpädagogisches Problem" (ebd.) zu sehen, also auf „erzieherische 'Kultivierung' der Person" (ebd.: 48) abzustellen, die, im Fall ihres Misslingens, 'Verwahrlosung' zur Folge haben könne, denn, so Mollenhauer: „Verwahrlosung als ein pädagogisches Problem taucht nur dort auf [...], wo es nicht gelingt, einen gegebenen Bestand von Anlagen und Dispositionen mit den Normen, dem Aufgaben-System der Gruppen einer Kultur in ein gültiges Verhältnis zu setzen“ (ebd.). Thierschs Kritik – in einem Aufsatz mit dem Thema *Verwahrlosung* – war angesichts dieser (unkritischen) Konzeption, die dem Einzelnen die Anpassung an die ‘Normen’ der ‘Kultur’ abverlangte, wenn er nicht als ‘verwahrlost’ gelten wolle, maßvoll, aber treffend: Er erhob gegen Mollenhauer „den Verdacht einer verkürzten Sicht der psychologischen Ansätze und, damit zusammenhängend, eines Anklanges an das Postulat der pädagogischen Eigenständigkeit“ (Thiersch 1967: 42). Insbesondere der letzte Punkt traf den Kern des Problems. Denn es lag in der Logik dieses Postulats, die Psychologie aus dem Spiel zu halten und für eine ‘pädagogisch autonome’ Konzeption der Integration des Einzelnen Sorge zu tragen. Vor allem aber war das ‘Postulat der pädagogischen Eigenständigkeit’ das Lieblingspostulat Wenigers. Und von diesem hatte sich Mollenhauer auf dem Stande der Formulierung seiner Einführung in die Sozialpädagogik tatsächlich nur – wie im letzten Kapitel schon angesprochen – sehr unzureichend emanzipiert. In ebendiese Wunde legte Thiersch, auf dem Stand des Jahres 1967, seinen Finger.

In diesen Zusammenhang gehört auch die Rückerinnerung an die 1964 in der *Neuen Sammlung* erschienene, wahrhaft fulminante Rezension des ersten Bandes der Kindt-Edition (Kindt 1963). Thiersch nämlich kritisierte am Beispiel eines von Kindt erneut präsentierten Textes von Erich Weniger (1928) die „bisweilen bis in die Blut- und Bodenmystik hinunterreichenden Umkehrungen, in denen die der Zivilisation doch unentrinnbar verhaftete Jugendbewegung […] sich selbst verleugnete zugunsten einer nur erträumten Ursprünglichkeit“ (Thiersch 1964: 432). Thierschs Resümee war eindeutig: „Mit dem Glauben an Gefühl, Unmittelbarkeit und a-rationale Evidenz, an charismatische Autorität und ein einfaches volkhaftes Leben gehört die Jugendbewegung gewiss in den Zusammenhang jenes Denkens, das sich (…) einig wusste in seiner Skepsis, ja Aversion gegen die Demokratie.“ (ebd.: 434) Diese Kritik – ihr Inhalt, aber natürlich auch ihre Form – gibt ein Zeugnis für die im weiteren Fortgang seiner Entwicklung deutlicher zutage tretende Opposition gegen das ihm treuhänderisch übereignete Erbe der geisteswissenschaftlichen Pädagogik. Dabei verdient es als Merkwürdigkeit am Rande festgehalten zu werden, dass die Redaktion der damals von Hellmut Becker, Elisabeth Blochmann, Otto Friedrich Bollnow, Elisabeth Heimpel, Hartmut von Hentig und Martin Wagenschein herausgegebenen Zeitschrift den entschuldigenden Hinweis als notwendig empfand, man habe Thiersch als „Vertreter der jungen Generation“ um eine Stellungnahme gebeten, die in ihrem kritischen Gestus gleichsam aufgewogen werde durch den Umstand, dass man im Jahr zuvor „zwei Vertreter der einst zur Jugendbewegung gehörigen Generation“ – nämlich Hans Bohnenkamp und Wolfgang Kroug – habe zu Wort kommen lassen; im Übrigen folge dem Beitrag von Thiersch ein weiterer von Diethart Kerbs, der zeige, „dass dieselbe Generation [jene, der Thiersch zugehört; d. Verf.] auch ein unmittelbares und positives Verhältnis zur Jugendbewegung haben kann". (*Neue Sammlung* 1964: 429) Unterhalb von derlei Versicherungen – so darf man vielleicht kommentieren – war damals Kritik an der Jugendbewegung in einem auf den Impuls Nohls zurückgehenden Organ nicht zu platzieren.

Die Unerschrockenheit, die Thiersch damals demonstrierte, fiel ihm vermutlich schon deswegen leichter, weil er dem Einfluss Wenigers in weit geringerem Umfang als etwa Mollenhauer unterworfen war. Dieser nämlich, 1958 von Weniger als Assistent eingestellt, verließ Göttingen 1962 – zu früh, um noch durch Wenigers 'Nachfolger' Heinrich Roth (1906–1983) geprägt werden zu können. Weniger hatte Roth Anfang der 1960er-Jahre für einen zweiten, eher empirisch-pädagogisch ausgerichteten Lehrstuhl ins Gespräch gebracht (vgl. Hoffmann 1995: 112). Dass Roth dann, nach Wenigers plötzlichem Tod (1961), der jenem Nohls (1960) nachfolgte, zum Alleinvertreter der Göttinger Pädagogik avancierte, war von Weniger zweifellos nicht vorhergesehen worden – ebenso wenig wie von Thiersch, der unmittelbar zuvor als Wenigers Assistent ausgewählt worden war und nun von Roth 'übernommen' wurde und bis 1967 in Göttingen blieb. Dass dies Folgen hatte, zeigt sein eben erwähnter Aufsatz von 1967 und die darin enthaltene Mollenhauer-Kritik. Denn ebendies war auch für Roth typisch: einerseits das psychologische Interesse, andererseits aber das Unbehagen angesichts des von Weniger noch vertretenen 'Postulats der pädagogischen Eigenständigkeit'. Entsprechend nimmt es denn auch kaum Wunder, dass Thiersch – wenn auch mit einiger Verzögerung – zu einem der wohl entschiedensten Urteile in Sachen Weniger fand. In Wenigers Konzept, so schrieb er 1978, erscheine „geisteswissenschaftliche Pädagogik im fahlen Licht der sich ihrer inneren Ratlosigkeit, ihrer inneren Verlegenheit bewusst werdenden Spätbürgerlichkeit; und darin [...] in ihrer wahren Gestalt" (Thiersch 1978c: 53). Dass Thiersch Weniger vor allem vorhielt, die Empirie und die Ansätze zu einer empirischen Pädagogik missachtet und nicht die Frage gestellt zu haben, „inwieweit die Ziele und Absichten pädagogischen Handelns auch realisierbar sind" (ebd.: 61), dürfte sich bei einem Roth-Schüler wie ihm von selbst verstehen. Gewiss: Als vor Jahren ein Colloquium zum Gedenken von Wenigers 100. Geburtstag abgehalten wurde, trat auch Thiersch (1995a) als Referent auf. Zwei Jahre zuvor hatte er schon einmal an Weniger erinnert und es als „erklärungsbedürftig" bezeichnet, dass dessen Texte in der neueren sozialpädagogischen Diskussion „keine Rolle" (Thiersch 1993a: 36) mehr spielten. Aber dem folgte dann auch sogleich der (erklärende?) Hinweis nach, die 'realistische Wendung' habe „in der Sozialpädagogik zu besonders deutlichen Brüchen und Neuansätzen gegenüber der eigenen Tradition geführt" (ebd.).

Damit ist das Stichwort gefallen, das nun deutlich auf Roth verweist. Roth hatte das mit ihm überschriebene Programm, dem er in Göttingen nachgehen wollte, in seiner Antrittsvorlesung vom Juli 1962 skizziert, die Thiersch 1967 in einer – zusammen mit Hans Tütken besorgten – Sammlung wichtiger Aufsätze Roths erneut zum Abdruck brachte. Roth nahm seinen Ausgang von der These, dass sich „in allen Grund- und Hilfswissenschaften der Pädagogik“ eine derartige Wendung vollzogen habe, „ein zunehmender Einbau erfahrungswissenschaftlicher Methoden, die die Pädagogik erst noch nachzuvollziehen und in ihrem Bereich auf ihre originale Weise für sich nachzuentwickeln hat“ (Roth 1962: 115). Dieses Argument war vorsichtig, aber eindeutig: Roth postulierte ein time lag, also ein Zurückgebliebensein der Pädagogik gegenüber Soziologie und Psychologie, aber auch mit Blick auf die – von Roth allerdings skeptisch beurteilten – Vorleistungen der experimentellen Pädagogik (genannt wird u.a. Ernst Meumann). „Man hat lange geglaubt“, so Roth im weiteren Fortgang des Arguments unter deutlicher Anspielung auf den Empirievorbehalt geisteswissenschaftlicher Pädagogen, „der Forschungsgegenstand der Pädagogik erschöpfe sich in der Interpretation der Texte jener großen Pädagogen, die den pädagogischen Studien zugrunde gelegt werden. Diese Texte sind ein Gegenstand pädagogischer Forschung, aber nicht sie allein [...]. Muss die Pädagogik die Erforschung dieser Texte nicht ergänzen durch eine direkte Erforschung der Wirklichkeit, von der diese Texte handeln?“ (ebd.: 118) Thiersch dürfte die in diese rhetorische Frage einmündende Programmatik Roths vor allem schon deswegen überzeugt haben, weil er, von der Literaturwissenschaft und dem kritischen Blick auf die Erörterung pädagogischer Probleme in literarischen Quellen herkommend, ohne weiteres zuzugestehen vermochte, dass die „Pädagogik [] oft in hoher Allgemeinheit traktiert [wird]“ (Thiersch 1966a: 116).

Die breite Zustimmung auch aus Reihen der Pädagogik, die Roths Argumentation zur Folge hatte, zeigte, dass er einem unterschwellig schwelenden Unbehagen vieler (junger) Fachkollegen entgegenkam. Dies hatte sich einige Jahre zuvor auch schon bei Wolfgang Brezinka – hier nun auch unter Rückerinnerung an Aloys Fischer (Brezinka 1959: 7f.) – Ausdruck verschafft. Zustimmung kam aber auch aus Kreisen der Politik: Roth wurde 1966 zum Mitglied der Bildungskommission des Deutschen Bildungsrates berufen und zum Vorsitzenden des von ihr eingerichteten Sachverständigenausschusses zum Thema *Begabung und Lernen* bestellt, dem auch Mollenhauer angehörte, der eines der Gutachten (vgl. Mollenhauer 1968f.) verfasste. Auch Thiersch war gutachterlich tätig (vgl. Thiersch 1968); außerdem oblag ihm zusammen mit weiteren Roth-Assistenten die Erstellung der Protokolle über die Ausschusssitzungen. Auch wenn Mollenhauer zumindest insoweit Nutznießer dieser ‘realistischen Wende’ war, darf man nicht übersehen, dass er und andere Vertreter der noch vor allem von Weniger geprägten Generation über Roths Signalgebung besorgt waren (vgl. Hoffmann 1995: 67). Dazu dürfte nicht zuletzt Roths spöttische Bemerkung – in seiner Göttinger Antrittsvorlesung – beigetragen haben, der „Nachwuchs der theoretischen Pädagogik“ zöge sich „allzu gern in eine pädagogische ‘Wesensschau’ zurück, die genial sein müsste, wenn sie von Bedeutung sein sollte“ (Roth 1962: 116). Jedenfalls lässt sich nicht übersehen, dass viele jüngere Geisteswissenschaftler den Ansatz Brezinkas und den Versuch von Roth, sich „mit der ‘realistischen Wende’ () an die Spitze einer empirisch begründeten Pädagogik“ (Blankertz 1966: 67) setzen zu wollen, mit einiger Skepsis betrachteten (vgl. auch Schwenk 1966: 112). Und von dieser Skepsis war auch Thiersch als Roth-Schüler nicht ausgenommen, wie ein unlängst erschienener Artikel zu Roths Bedeutung in Erziehungswissenschaft und Bildungspolitik zumal in seinen (amüsanten) anekdotischen Passagen (Thiersch 2007 c: 15 f.) offenbart.

Zeigen lässt sich dies aber auch schon für die Diskussion um Thierschs Debüt auf dem Felde wissenschaftlicher Pädagogik, den Aufsatz *Hermeneutik und Erfahrungswissenschaft*, der – so Thiersch selbst – in Roths Oberseminar entstanden war und sich „den Arbeiten und vielfältigen Anregungen H. Roths verpflichtet“ (Thiersch 1966 b: 3) wusste. Denn auch wenn Mollenhauer diesen Aufsatz in vielerlei Hinsicht als Parallele zu seinen eigenen Ausführungen zum Thema gelten lassen wollte (vgl. Mollenhauer 1966b: 64), darf man nicht übersehen, dass Thiersch den fragwürdigen Versuch unternommen hatte, am Beispiel Dilthey einen in sich schon zweifelhaften ‘Auftrag’ Roths umzusetzen. In seiner Antrittsvorlesung hatte dieser nämlich dazu aufgefordert, „die Methoden zu entdecken und zu schaffen, die es erlauben, die intuitive Hermeneutik der Erziehungswirklichkeit (…) auf erfahrungswissenschaftliche Grundlagen zu stellen und dadurch deutlicher abzusichern“ (Roth 1962: 118f.). Die ‘Lösung’, die Thiersch anbot, wurde durch den Vorwurf gegenüber Dilthey, er verführe zu „Aussagen von leerer Bedeutsamkeit“ (Thiersch 1966 b: 8), vorbereitet und lief auf die von Blankertz (1966: 70) pointierte These hinaus, dass der Empirievorbehalt Nohls oder Wenigers nicht viel mehr sei als ein Selbstmissverständnis. Blankertz fand die Argumentation zwar „überraschend und interessant“ (ebd.), sie befriedigte ihn aber ebenso wenig, wie sie Mollenhauer hätte zufrieden stellen können. Denn beiden war damals – und für Mollenhauer wurde das gezeigt – an einer Perspektive gelegen, von der bei Roth und Thiersch kaum die Rede war und die Blankertz zum Abschluss seines Textes zwar nebulös und pathetisch, aber eben darin dem damaligen Zeitgeist entsprechend auf den Begriff brachte, wenn er schrieb: „Pädagogische […] Theorie führt mit der Waffe der empirischen Forschung über das Faktum des Gegebenen hinaus, um das empirische Leben selbst auf eine andere Stufe zu heben: dass Fortschritt sei!“ (ebd.: 75)

Dass der frühe Thiersch dieser Pointe, die ein deutliches Zeichen gab für das, was später ‘emanzipative Wende’ hieß, gleichfalls zuneigte, sei nicht bestritten und mag den überraschen, der sich zwar im Fall des älter gewordenen Thiersch an ein Philosophieren im Duktus des ‘Prinzip Hoffnung’ gewöhnt hat, dabei jedoch die resignative Pose nicht zu überhören vermag (vgl. etwa Thiersch 1986: 172; 1987 a: 20; 1992: 67) und, zumal im Blick auf die ‘Alltagswende’, vom „Verrat() an der Utopie“ (Brumlik 1995 a:

237) zu sprechen geneigt sein könnte (vgl. allerdings Thiersch 1978a: 227; 1982: 156). Immerhin aber ließ noch der junge Thiersch seinen Artikel über Verwahrlosung (von 1967) mit einem geradezu kämpferischen Marx-Zitat ausklingen, nicht ohne zuvor auszuführen: „Immer wieder erweisen sich gerade die, die aus elementaren Versagungen heraus leiden und revoltieren, als die hellsichtigen und legitimen Kritiker der Zustände, deren Opfer sie sind" (Thiersch 1967: 35). Und noch fünf Jahre später erklärte er die 'Skandalisierung' der Jugendhilfe nicht nur zum „Stachel im Fleische strukturell-ideologisch verbrämter Inhumanität im Status quo", sondern sprach auch von einem „Beitrag zur Veränderung herrschender Machtverhältnisse" (Thiersch 1972a: 68; vgl. auch Thiersch 1975: 376).

Dass diese Denkfigur zumal im Zeitalter von Neoliberalismus- und Globalisierungskritik nicht ausgedient hat, zeigt die vor einigen Jahren erneut vorgetragene Rede von der Sozialpädagogik als „Stachel im Fleisch des modernen Kapitalismus" (Thiersch 1998b: 194) ebenso wie die Aufforderung, verfestigte Traditionen „zum Tanzen" zu bringen (Thiersch 1997: 27) und – im Sinne von Erich Fried – „Sand im Getriebe" zu sein (Thiersch 2001c: 215) sowie anzugehen gegen „Ungleichheiten in Bezug auf materielle Ressourcen", aber auch „bezogen auf die Partizipation z.B. an Bildungsangeboten, an Informationsmöglichkeiten und -techniken, an gesundheitsbezogenen und sozialen Dienstleistungen, am öffentlichen Diskurs", aber auch im Blick auf jene Ungleichheiten, die begründet seien „in der Zugehörigkeit zur Nation, zur Generation und vor allem zum Geschlecht" (ebd.: 221; vgl. auch Grunwald/Thiersch 2001: 1140). Dies also ist ein fürwahr imposantes Programm, und es scheint ihm geschuldet, wenn Thiersch gegen die „neoliberale Antwort auf Normprobleme und Normverletzungen in der heutigen entgrenzten Gesellschaft" die – im Konzept des Capability Approach (Sen 2002) vorformulierte – Norm setzt, „dass Normen nur da eingeklagt werden können, wo Ressourcen und Voraussetzungen, sie zu leben, gegeben sind" (Thiersch 2006b: 119). Dem korrespondiert, dass Thiersch von einer „Dethematisierung und Demoralisierung des Sozialen im Zeichen einer Entpflichtung der Gesellschaft und einer Wiederbelastung der Individuen" sowie davon spricht, dass in der Auseinandersetzung mit solchen Positionen deutlich werde, „wie sehr Soziale Arbeit eine Position des Kampfes und des Widerstandes ist und damit in einer langen Geschichte von Auf- und Abwärtsbewegungen steht, die es durchzuhalten gilt, ohne die Orientierung preiszugeben". (Thiersch 2004c: 39) Denken könnte man in diesem Zusammenhang auch an das mit einer gewissen Bitterkeit nachgetragene Notat, wonach sich das Konzept der lebensweltorientierten Jugendhilfe möglicherweise nur deshalb so breit habe durchsetzen können, „weil es nicht überall in der in ihm liegenden Radikalität verstanden wurde" (Thiersch 1999a: 431). Was aber eigentlich so 'radikal' sein soll an einem Ansatz, der ursprünglich eine „radikale Kritik an Strukturen der Jugendhilfe von den Problemen und Bedürfnissen der Adressaten her" beabsichtigte, nicht aber nur eine „Korrektur innerhalb des bestehenden Systems der Jugendhilfe“ (ebd.), wird nicht so recht deutlich. Gewiss: Man könnte hier zurückdenken an die Optionen der 1960er- und 1970er-Jahre. Damals nämlich war es noch gang und gäbe, den „Kampf um Alternativen zum herrschenden Einweisungs- und Unterbringungssystem“ und das damit im Zusammenhang stehende Eintreten für „Jugendwohnkollektive“ mit der Absicht in Verbindung zu bringen, zu verhindern, dass diese „von den Jugendhilfeinstanzen einfach zu ‘Einrichtungen der Jugendhilfe‘ deklariert werden“ (Böhnisch 1975: 167). Aber spätestens mit dem KJHG gewann exakt diese Tendenz Kontur, und kaum jemand aus dem Umfeld der Vertreter der ‘Lebensweltorientierung‘ hat in den letzten Jahren versucht, hiergegen zu opponieren und der vermeintlich altbewährten ‘Radikalität‘ neues Leben einzuhauchen und nicht nur für einen ‘gelingenderen Alltag’, sondern auch für „gelingendere Verhältnisse“ (Thiersch 2001 c: 220) Sorge zu tragen, „orientiert am Prinzip des Handelns in Stellvertretung [...] und an der Frage auch nach verschütteten, in Klischees und Gewohnheiten zugedeckten alternativen Möglichkeiten.“ (ebd.: 222) Derlei Reformrhetorik ist also offenbar folgenlos geblieben. Davon bleibt die Feststellung unbetroffen, dass sich die Sozialpädagogik damals, in den 1960er- und 1970er-Jahren, in besonderer Weise der Reformrhetorik gegenüber geöffnet hat und ihren Auftrag zunehmend als einen politischen begriff. Dies hat sicherlich auch mit der Nähe dieses Fachs gegenüber jenen Problemlagen zu tun, die ihren Gegenstand bilden. Gelöst ist mit derlei Rhetorik allerdings noch kein Problem – jedenfalls keines des in der Verantwortung stehenden und zur (kasuistischen) Theoriebildung aufgeforderten Praktikers (vgl. auch Niemeyer 2001 a), dem die Vokabel ‘Politisierung’ mitunter nur noch in der Gestalt etwas zu sagen vermag, dass es darum zu gehen hat, ein ‘gutes Leben’ für sich an seinem Arbeitsplatz sicherzustellen (vgl. Niemeyer 2005a).

Angesichts dieser Konstellation, die beispielsweise das Nachdenken über ein neues, auf psychoanalytisch rekonstruierbare Erfahrungsapriori des Praktikers abstellendes ‘praxisforschungsorientiertes’ Beratungskonzept nahe legt (vgl. Niemeyer 2004 a), kann nicht abgesehen werden von der Rückerinnerung an das von Thiersch miterarbeitete Konzept einer „emanzipatorischen Beratung“ (Frommann/Schramm/Thiersch 1976: 716). Denn dieser mit dem Attribut ‘kritische Sozialpädagogik’ (ebd.: 729 f.) belegte Ansatz und die in seinem Rahmen greifende Deutung des (gesellschaftlichen) Konflikts als „Indiz jener Unruhe des ‘Noch-Nicht’, die Entwicklung vorantreibt“ und die die „Möglichkeiten eines neuen, humaneren Lebens“ (ebd.: 715) freizulegen verspräche, offenbart ein gleichsam unverblümt auf Politisierung abstellendes Denken, wie es einem zeitgleich auch in der Schule Klaus Holzkamps und mithin in kritisch-psychologischen Therapiemodellen begegnet (vgl. etwa Niemeyer 1979). Dies gilt in abgeschwächter Form auch für einen neueren einschlägigen Text, insofern Thiersch hier „die spezifischen Aufgaben und Möglichkeiten professioneller Beratung in der Sozialen Arbeit" vor allem mit dem Hinweis zu markieren sucht, dass Soziale Arbeit „primär parteilich" zu sein habe für das Subjekt „und seine Probleme mit der Gesellschaft" (Thiersch 2004a: 117).

Nur am Rande sei hier angemerkt, dass Thiersch mit dem zuletzt gegebenen Zitat die uns bereits bekannte 'Kultformel' Nohls (vgl. Kap. 5.1) in gleichsam politisierter Variante darzubieten suchte (vgl. auch Thiersch 2001b: 1253; 2001c: 213; 2001d: 779). Die zuvor angeführte 1976er-Formulierung suchte hingegen Anklänge an Ernst Bloch und erinnert im Übrigen an Heinrich Roths Formel, wonach die „Erforschung [...] auch der schlechten Wirklichkeit (...) die Ahnung einer besseren Wirklichkeit" (Roth 1962: 126) entzünde. Dies könnte erklären, dass Thiersch rückblickend gelegentlich auch Anlass sah, Roth (sowie Klafki und Blankertz) als Vertreter der 'kritischen Erziehungswissenschaft' zu verrechnen, sich selbst aber (sowie Mollenhauer, Hornstein und Böhnisch) als Repräsentanten der – gleichsam als Unterabteilung der 'kritischen Erziehungswissenschaft' zu lesenden – 'kritischen Sozialpädagogik' (Thiersch 1980: 466).

Dem steht aber eine andere Einordnung entgegen. Ihrzufolge machte Thiersch einen Dreischritt zwischen 'realistischer Wende', 'emanzipativer Wende' und 'Alltagswende' aus und rechnete Mollenhauer sowie Blankertz der 'emanzipativen Wende' zu (vgl. Thiersch 1978c: 87f.), nicht aber sich selbst. Auch wenn Thiersch, späteren Auslegungen zufolge, auf eine Integration der Vorzüge aller drei Wenden abzustellen scheint und dem „Konzept einer offenen Wissenschaft" das Wort redet, „eines hermeneutischen Ansatzes also, der sich mit kritischer Theorie und empirischer Präzision verbindet" (Thiersch 1983: 99), sollte man nicht übersehen, dass der Unterstellung eines Dreischritts damit nicht jedes Recht entzogen ist – ganz abgesehen von den pragmatischen Vorteilen, die eine solche Unterstellung hätte. So könnte man auf seiner Basis erklären, dass für Thiersch die Sprache derer, die der 'emanzipativen Wende' das Wort redeten, suspekt zu werden begann. Auch wäre darauf zu verweisen, dass ihm die Sache selbst, weil von Roth herkommend, immer schon dringlicher war als das (utopiehaltige) Reden über sie. Nicht umsonst jedenfalls war es gerade Roths Projekt einer „Entideologisierung der Pädagogik", einer Stärkung „ihres Sachverstandes zur Minderung ihrer Ideologie-Anfälligkeit" (Roth 1962: 124), das beim frühen Thiersch auf besondere Zustimmung traf (vgl. Thiersch 1966a: 116). Wichtiger aber als beides zusammen dürfte wohl sein, dass sich Thiersch mit der 'Alltagswende' jenseits der Verlegenheiten der 'emanzipativen Wende' wusste. Insoweit dürfte ihn der Umstand, in der Logik des ersten Einordnungsversuchs zusammen u.a. mit Mollenhauer der 'kritischen Sozialpädagogik' zurechenbar zu sein, durchaus gestört haben angesichts der Differenz, auf die er mit seiner 'Alltagswende' abstellte.

Dies nun würde insgesamt auch erklären, warum Thiersch als langfristigen Effekt der Diskussion über Roths Forderung nach einer 'realistischen Wendung' die Botschaft verbuchte, dass man seitdem „statt individueller, subjektiver pädagogischer Meisterkunst […] auf methodisch gesicherte, prüfbare Handlungsstrategien [zielte]" (Thiersch 1978a: 216), allgemeiner gesprochen: dass die Erziehungswissenschaft dank dieser Wendung „in die sozialwissenschaftliche Diskussion zurückgefunden" (Thiersch 1978c: 87) habe, und zwar als „datenverarbeitende Integrationswissenschaft" (ebd.: 86). Thiersch hatte diese Formel von Roth (1965: 141) übernommen und als „weithin zutreffend, aber […] wenig befriedigend" (Thiersch 1978c: 39) empfunden. Wie sehr dies der Fall ist, zeigt die frühe Phase seiner eigenen Theorieentwicklung. Denn Thiersch wollte – einerseits – Mittler und Interpret neuester sozialpädagogisch relevanter sozialwissenschaftlicher Forschungsbefunde sein und sah sich darin von seinem 'Enkeldasein' weit weniger belastet als etwa Mollenhauer. Aber er musste – andererseits – für die Integration des Divergenten Sorge tragen, und zwar so, dass das, was Sozialpädagogik bei all dem noch meinte, erkennbar blieb. Und zumindest in dieser Hinsicht lastete wenn schon nicht Mollenhauer, so jedenfalls doch – wie im Folgenden zu zeigen sein wird – die Erinnerung an das Erbe der 'Göttinger Schule' zumindest latent auf ihm.

## 9.1 Sozialpädagogik im Zeichen der 'realistischen Wendung'

1969 wurde der Diplomstudiengang eingerichtet, als dessen zentrale Studienrichtung sich infolge der überragenden studentischen Nachfrage die Sozialpädagogik/Sozialarbeit profilierte. Die 'realistische Wendung' war nicht ohne Einfluss auch auf die Studieninhalte dieser Studienrichtung. Denn schon die maßgebende Rahmenprüfungsordnung brachte eine Abwertung der Philosophie zugunsten sozialwissenschaftlicher Nebenfächer, und der pädagogische Kern des Faches ging verloren. Als einzige der damals vorgesehenen Studienrichtungen wurde die Auflistung der für die Sozialpädagogik/Sozialarbeit vorgesehenen Studieninhalte nicht mit einer „Theorie ihres Gegenstandes" eröffnet, sondern es wurde von den Studenten eine „Auseinandersetzung mit den gesellschaftlichen und politischen Voraussetzungen dieses Praxisfeldes" (Lüders 1989: 88) gefordert. Fortan galt die Sozialpädagogik „als sozialwissenschaftlich orientierte() Teildisziplin der Erziehungswissenschaft" (ebd.: 151), und zwar dies ganz im Sinne der damaligen, auf Praxisänderung abstellenden (sozialdemokratischen) Bildungsreform, als deren „Kind" (ebd.: 109) der Diplomstudiengang anzusehen ist.

Thiersch selbst hatte mit dieser Grundorientierung wenig Probleme. Dies bezeugt indirekt eine 1969 erschienene Rezension vorwiegend angloamerikanischer Literatur zur Kriminalsoziologie, der er den Satz voranstellte: „Der Sozialpädagogik in Deutschland fehlen, so wird zunehmend moniert, ebenso weiterführende Theorieansätze wie empirische Untersuchungen" (Thiersch 1969b: 483). Besonders bemerkenswert ist diese Formulierung an sich nicht, wenn man einmal davon absieht, dass Thiersch sich damals am ehesten für die Behebung des zuletzt genannten Monitums zuständig fühlte. Dass er dies unter Konzentration auf ausländische Literatur tat, war kein Zufall, hatte sich dieses Vorgehen doch schon ein Jahr zuvor in seinem Gutachten für die Bildungskommission – zum Thema Lehrerverhalten – bewährt. Die „maßgeblichen Erörterungen" in Deutschland, so schrieb er damals, seien „unergiebig", die „amerikanische Diskussion" hingegen sei „ungleich extensiver und realistischer" (Thiersch 1968a: 482). Entsprechend ging es Thiersch später auch um die Behebung des „sozialpädagogischen Nachholbedarf(s)" gerade auf dem Felde dieser Literaturgattung, die „in Ansatz, Kategorienbildung und Empirie wesentlich entwickelter" sei und insoweit als „unverzichtbar" (Thiersch 1972b: 251) zu gelten habe. Dies so zu sehen, entsprach ebenso dem Geist der von Roth ausgerufenen 'realistischen Wendung' wie der Umstand, dass Thiersch die im Dritten Jugendbericht geübte Kritik am „Fehlen einer den Effekt der Jugendhilfe kritisch prüfenden Empirie" (Thiersch 1972b: 252) zu teilen vermochte. Schon zwei Jahre zuvor hatte er in einem Situationsbericht zur Heimerziehung gefordert, die von ihm gegebenen Hinweise „müssten durch detaillierte empirische Analysen erhärtet werden" (Thiersch 1970: 173). Insoweit scheint die Bilanz außer Frage zu stehen, und Thiersch selbst sprach sie aus, als er vor gar nicht langer Zeit meinte, dass die von Roths 'realistischer Wendung' ausgelöste Erwartung an die „autoritätskritischen, ideologiekritischen Möglichkeiten" wissenschaftlicher Aufklärung „sich in den Analysen zur politisch-disziplinierenden Funktion von Sozialarbeit, zu ihren stigmatisierenden Wirkungen, ihren bürokratisch bestimmten Institutionen und Anstalten" (Thiersch 1992: 209) repräsentiert hätte.

Maßgebend war für Thiersch in seiner frühen Phase auch der Auftrag, der Roths Formel von einer 'datenverarbeitenden Integrationswissenschaft' innewohnte. Ihr zufolge hatte es zuallererst um Zulieferung von Daten zu gehen, nicht aber um Teilhabe an Theoriedebatten. Aber an ihnen, die in den 1960er-Jahren besonders intensiv und unter Konzentration auf den Sozialpädagogikbegriff geführt wurden (vgl. u. a. Mollenhauer 1966a; Iben 1969), nahm Thiersch bemerkenswerterweise so gut wie keinen Anteil. Sein Verständnis von Sozialpädagogik lancierte er entsprechend eher beiläufig (vgl. etwa Thiersch 1969a: 381) oder jedenfalls doch so, als komme dieser Frage keine besondere Bedeutung zu. Dies meint natürlich nicht, dass die dieser Phase zugehörenden frühen sozialpädagogischen Arbeiten von Thiersch (1967, 1969a, 1970, 1972a, b, c, 1975) theoriefrei seien. Aber die Theoriearbeit ist hier überwiegend gebunden an den Auftrag der Dateninterpretation und -integration. Die Theoriegeschichte der Disziplin spielt hingegen so gut wie keine Rolle – oder wenn, dann ex negativo.

Dies zeigt beispielhaft der bereits angesprochene Aufsatz mit dem Titel *Verwahrlosung* von 1967. Denn wenn Thiersch hier gegenüber Mollenhauer den Verdacht eines 'Anklanges an das Postulat der pädagogischen Eigenständigkeit' erhob, dann, um zu zeigen, wie hinderlich einem die pädagogische Theoriegeschichte zumal in ihrer geisteswissenschaftlichen Engführung werden kann. Daraus folgt nicht, Thiersch habe nicht zugestehen können, dass man schon „seit den zwanziger Jahren [...] über einen möglichen Ersatz für den Verwahrlosungsbegriff" (Thiersch 1967: 42) diskutierte. Aber diese Art der geschichtlichen Rückversicherung war frei von jedem Dogma und kostete im Übrigen nicht viel, im Gegenteil: Gerade weil man schon so lange über einen 'möglichen Ersatz' für den „Wertbegriff" 'Verwahrlosung' nachgedacht hatte, musste Thierschs Plädoyer für (wertfreie) Ersatzausdrücke wie 'Dissozialität' oder 'soziale Auffälligkeit' (ebd.: 30) hoch willkommen sein. Dass dieses Plädoyer auf sozialwissenschaftlichen Einsichten basierte – etwa über „schichtspezifische() Aversionen der tonangebenden Mittelschicht" (ebd.: 24) gegenüber verhaltensauffälligen Unterschichtjugendlichen, die sich im Wertbegriff 'Verwahrlosung' verdichten können –, braucht dabei kaum noch gesagt zu werden. Wichtiger ist da schon die These, dass „Dissozialität [] nicht nur in der Horizontale des Lebensfeldes, sondern ebenso in der Vertikale der Lebensgeschichte analysiert werden (muss)" (ebd.: 31). Denn sie erst bereitete die Folgerung vor, dass es einer Analyse „in Kooperation und Integration verschiedener Wissenschaften" (ebd.) bedarf – eine Folgerung wiederum in der Logik jenes von Roth dargebotenen Verständnisses einer 'datenverarbeitenden Integrationswissenschaft'.

In den Folgetexten argumentierte Thiersch nicht immer ganz so schulmäßig, aber immerhin doch dominiert durch ein sozialwissenschaftliches Interesse. Dies gilt auch für den Aufsatz von 1975, der als Bilanz dieser Phase gelesen werden darf und deutlich auf Vorarbeiten für den Bereich Heimerziehung aufbaut (vgl. Thiersch 1972c). Der Sache nach handelt es sich hier um ein Gutachten zum Thema *Abweichendes Verhalten – Definitionen und Stigmatisierungsprozesse* für die Bildungskommission des Deutschen Bildungsrates. Schon dieser Umstand ist nicht so uninteressant wie man denkt. Denn noch drei Jahre zuvor hatte Thiersch anlässlich des Dritten Jugendberichts – ein „'Arme-Leute'-Bericht" über ein „Arme-Leute-Thema" (Thiersch 1972b: 250) – beklagt, dass der Bildungsrat „mit einem ganz anderen Aufwand" (ebd.: 251) arbeiten könne. Insoweit steht das Gutachten von 1975 auch für eine Art Zäsur in Sachen Status der Disziplin. Zum ersten Mal war die Sozialpädagogik damit als forschungsrelevante Wissenschaft nachgefragt und als solche insoweit auch – zumindest in der Fachöffentlichkeit – mit ihren notwendig zu behebenden Forschungsdesiderata zur Anzeige gebracht worden. Förderlich war dabei gewiss auch, dass Roth wiederum den Vorsitz des Sachverständigenausschusses innehatte. Denn nicht nur, dass Roth sicherlich keinerlei Zweifel hegte, sein längst zum Professor (für Sozialpädagogik) berufener ehemaliger Assistent Thiersch werde – abgesehen vom wiederum beteiligten Mollenhauer (vgl. Mollenhauer/Kasakos 1975) – seine Aufgabe exzellent erledigen, wichtiger noch: Thiersch dürfte Roth auch nachdrücklich klar gemacht haben, wie prekär sich die Lage der Sozialpädagogik darstelle. Am Beispiel gesprochen: Wenn sich in der – maßgeblich von Roth verantworteten – Einleitung zu den Gutachten Sätze finden wie der, dass die Sozialpädagogik „für den mit Abstand am meisten vernachlässigten Lebens- und Erziehungsbereich außerhalb des Bildungswesens im engeren Sinne" (Roth/ Friedrich 1975: 51) stehe, dürfte diese im Blick auf die zukünftige Forschungsförderung wichtige Botschaft am ehesten noch auf von Thiersch erbrachte diesbezügliche Aufklärungsleistungen zurückgehen.

Die Aufklärung, die Thiersch in der Sache erbrachte, war nicht minder aufrüttelnd. „Probleme", so schrieb er beispielsweise gleich zu Anfang seines Gutachtens, „liegen nicht nur auf Seiten der Adressaten, als Problem erweist sich die Jugendhilfe selbst; sie muss deshalb Forschungsgegenstand besonderer Priorität sein" (Thiersch 1975: 346). Neu war dies nicht: Schon Cicourel hatte – wie im Mollenhauer-Kapitel gesehen – seine Forschung entsprechend orientiert, und der von Mollenhauer gelobte diesbezügliche Rezensionsaufsatz (vgl. von den Beek/Keckeisen 1972) wurde auch für Thiersch zu einem der Anlässe, die „Umkehrung der bisherigen, auf Notstände und Klientel gerichteten Problemstellung" zugunsten der „kritische(n) Frage nach der auf sie reagierenden Institution" (Thiersch 1972b: 252) zu fordern. Dieser 'Paradigmenwechsel' auf Forschungsebene – weg von der Adressaten- hin zur Institutionenforschung – verstand sich aufgrund der damaligen Forschungsbefunde also fast von selbst und war auch von Thiersch längst vorbereitet worden. Denn ob man nun das Thema 'Verwahrlosung' (Thiersch 1967) nimmt oder 'Stigmatisierung' (Thiersch 1969b) oder das Heim als 'totale Institution' (Thiersch 1972a), also: das ganze Spektrum der Fragen, die Thiersch im Vorfeld seines 1975er Gutachtens erörtert hatte – immer hatte sich zumindest dem kritischen Geist gezeigt, dass nicht (nur) der einzelne Probleme 'hatte', sondern dass er welche 'gemacht' bekam, und zwar durch 'die' Institution bzw. 'die' Instanzen sozialer Kontrolle. Die Pointe stand insoweit außer Frage: Was lag näher, als sich in der Forschung genau dafür zu interessieren, also beispielsweise den – im Jugendamt benutzten – Definitionen nachzugehen, „mit denen Adressaten der Jugendhilfe als Adressaten bestimmt werden" (Thiersch 1975: 346), anstatt Fallanalysen von Adressatenproblemen zu betreiben? Forschung, so kann man dies auch unter Nutzung eines von Thiersch angeführten Zitats aus einer amerikanischen Untersuchung zur Psychiatrie ganz knapp formulieren, sei notwendig „'more about, than in or for it'" (ebd).

Diese Formel markiert zugleich den Inbegriff der 'Kopernikanischen Wende' (Thiersch 1986: 89), die Thiersch im Kielwasser der 'realistischen Wende' für die Sozialpädagogik fruchtbar zu machen suchte. Zugleich aber meldete sich bei ihm bereits die neue 'Wende' an, wobei es zwei Wege gibt, dies verständlich zu machen. Bei dem einen wäre daran zu erinnern, dass sich im Rücken jeder Forschung 'about' irgendwann dann doch noch die Frage stellt, was nun (gegenwirkend) zu tun sei, am Beispiel gesprochen: Selbst wenn Jugendhilfe (als Institution) ihrem Status quo zufolge stigmatisierend wirkt, wäre der Möglichkeit nach damit nicht ausgeschlossen, dass in ihr nichtstigmatisierende Definitionen zur Geltung gebracht werden können. Ebendiese Frage erörterte Thiersch gegen Ende seines Gutachtens – und gelangte zunächst zu wenig befriedigenden Antworten: „Der Andere muss so verstanden werden, wie er sich selbst versteht", lautete beispielsweise der zentrale Punkt eines Programms, das nicht auf „Verdächtigung", sondern auf „Vertrauen" setze und dessen Erfolg von „Kenntnisse[n]" abhängt, „die nur aus solidarischen Erfahrungen und gemeinsamen Aktionen um gemeinsamer Ziele willen stammen können" (Thiersch 1975: 369). Dies ist – als Programm genommen – nicht viel und vor allem, analytisch gesehen, nicht dem überlegen, was sich in 'der' pädagogischen Rhetorik ansonsten so finden lässt. Wichtiger aber ist der von Thiersch im weiteren Fortgang des Arguments gegebene Hinweis, dass

1. „nichtstigmatisierende Definitionen […] institutionelle Voraussetzungen" haben und
2. Jugendhilfe, wenn sie sich unabhängig machen will „von polizeilichen Meldungen oder Hinweisen derer, die sich für belastet und geschädigt halten, […] neben und außerhalb ihrer traditionell institutionalisierten Arbeitsformen offene Wege der Kontaktaufnahme, Beratung und Kooperation finden bzw. […] in dem Feld agieren und an ihm teilhaben (muss), in dem ihre Adressaten leben" (ebd.: 371 f.).

Denn damit war, zumindest vom Grundzug her, die (1) Alltagsorientierung ebenso vorweggenommen wie die (2) Lebensweltorientierung bzw. das Konzept „regionalisierter Jugendhilfe" (ebd.: 372). Dass Thiersch schon, im Zuge dieser durch das Interesse an „Entstigmatisierung" zentrierten Zielsetzung, auch schon über Selbsthilfe und „Entprofessionalisierung" (ebd.: 375) nachdachte und den „Ansprüchen der Unterdrückten auf Selbstrealisierung" das Wort redete, „die nur, wenn sie in Selbstverständnis und eigener Erfahrung freigesetzt werden, auch handlungsbestimmend sein können" (ebd.: 376), wird dann nicht mehr überraschen.

Dabei ist es für ein Verständnis der Vorgeschichte insbesondere der 'Alltagswende' nicht ohne Interesse, dass sich Thiersch dem Alltagsbegriff in diesem Gutachten, das, der Literaturliste zufolge, 1973 abgeschlossen worden sein dürfte, noch von einer anderen Stelle aus näherte. Anlass hierfür gab ihm die – im 'labeling approach' angelegte – Unterscheidung zwischen einem „zunächst gegebene[n] real abweichende[n] Verhalten" (= primäre Devianz) und dessen Verstärkung „durch Definitionen und Stigmatisierung" (= sekundäre Devianz) (Thiersch 1975: 349). Dies brachte ihn auf die Idee, diese Unterscheidung zusätzlich an die „zwischen privatem Umgang" (mit abweichendem Verhalten) sowie öffentlicher Reaktion, kurz: an die Differenz zwischen „Alltag und Offizialität" zu knüpfen und dem die Frage anzufügen, ob im Alltag gelingen kann, was in der 'Offizialität' der Jugendhilfe offenbar notwendig misslingen muss: nämlich dass es, im gegebenen Fall, bei der 'primären Devianz' bleibt, aber die damit verknüpften „Schwierigkeiten sich prinzipiell korrigieren werden" (ebd.: 351). Thiersch verwarf diese Überlegung wegen des ihr innewohnenden 'romantisierenden' Alltagsbildes. Denn auf diese Weise werde unterschlagen, „dass Alltag, also die Lebensfelder der Klasse, der Familie, der Freundschaft, der Schule, der Arbeit oft selbst rigide Kommunikationsmuster entwickeln, von sich aus nicht zu Rande kommen und ihrerseits Einzelne und Gruppen belasten, in ihren Realisierungsmöglichkeiten einschränken, stigmatisieren und deshalb Intervention notwendig machen" (ebd.: 351f.). Aber das Thema selbst ließ ihn fortan nicht mehr los.

Dies gilt schon für den Text, von dem hier die Rede ist. Denn wenige Seiten nachdem Thiersch zu der skizzierten, eher abschlägigen Antwort gefunden hatte, bewegte ihn das Thema erneut, nun aber ausgehend von einem etwas anderen Fokus. Er ist gesetzt durch die Frage, inwieweit sich „die sekundären Definitionen der Jugendhilfe am Sozialstaatspostulat und den in ihm formulierten Anspruch auf Selbstrealisierung aller" orientieren, oder inwieweit sie „Repräsentant struktureller Gewalt" sind, „also auf Unterdrückung aller [definieren]" (Thiersch 1975: 355). Thiersch beantwortet diese – der weiteren Forschung aufgegebene – Frage nicht, aber sie bringt ihn auf die Idee, dem Alltag zumindest doch das eine Positivum zuzuschreiben: nämlich dass er jedenfalls der 'Selbstrealisierung' allemal näher steht als der 'strukturellen Gewalt'. „Alltagserfahrung ist unmittelbar, immer auch resistent gegenüber generellen Zwängen und Ideologien; die darin liegende Chance eines authentischen Verständnisses von sich und der eigenen Situation" wird „zunehmend betont" – aber, so hat man hinzuzusetzen: dies immer getragen von dem Verdacht, dass „Selbstverständnis und Alltagswelt [...] inauthentisch sind [...], also in Ideologie oder [...] Pseudokonkretheit befangen bleiben" (ebd.: 356). Der Ausdruck 'Pseudokonkretheit' stammt von Karel Kosik und wird fortan in kaum einer der Erörterungen fehlen, die Thiersch der 'Alltagswende' angedeihen ließ. Der Ausgang ist dabei – dies gilt es noch einmal zu erinnern – gesetzt durch eine kritische Analyse der Jugendhilfe als Institution in einem (wohl) 1973 verfassten Beitrag, den wir bisher als Höhepunkt dessen gelesen haben, was Thiersch der 'realistischen Wendung' an Impulsen für die Sozialpädagogik als 'datenverarbeitender Integrationswissenschaft' abgewann.

## 9.2 Sozialpädagogik im Zeichen der 'Alltagswende'

Als gleichsam 'offizielle' Geburtsstunde der 'Alltagswende' gilt gemeinhin ein Vortrag, den Thiersch, unter dem Titel *Alltagshandeln und Sozialpädagogik*, im Jahre 1977 mehrfach hielt und der verschiedentlich erneut publiziert wurde (zuletzt in Thole/Galuske/Gängler 1998: 443 ff.). Zentrale Motive dieses Vortrages finden sich allerdings schon in einem Aufsatz von

1976 zum Thema Sozialpädagogische Beratung. Nicht von ungefähr heißt es zu diesem Text, den Thiersch zusammen mit zwei Co-Autoren verfasste, er sei im engen Zusammenhang mit dem – eben ausführlich behandelten – 1975er-Gutachten zu sehen (Frommann/Schramm/Thiersch 1976: 720). Dies zeigt auch die in diesem Aufsatz vertretene These: Es ging den Autoren um ein Beratungskonzept, das „gegen die Rigidität von Verwaltung, Sanktion, Professionalisierung und Psychologisierung partiell gefeit“ (ebd.: 726) blieb und nicht – in der Logik des „engen Amtsauftrages“ des Jugendamtes – genötigt war, „die Konfliktdefinitionen von Schule und Arbeitsstelle, so wie sie die Jugendlichen belasten, zu übernehmen“ (ebd.: 721). Entsprechend sollten die „Hilfsressourcen im Alltag der Betroffenen“ ebenso freigesetzt werden wie die „Unterstützung in den Lebensfeldern, in denen die Jugendlichen Schwierigkeiten haben“ (ebd.), globaler gesprochen: Der Alltag sollte nicht, „wie es von Kriterien enger Spezialisierung oder Professionalisierung her sich nahe legen würde, nur als jene schwer durchschaubare Vielfältigkeit eines Aufgabenfeldes erscheinen, in dem dann einzelne Probleme isolierend herausgehoben werden müssen, um bearbeitet werden zu können. Alltag als Wirklichkeit des Menschen, in der er lebt, in der sich ihm Konflikte stellen, in der sie allein angegangen werden können, muss in seiner Struktur, in den seine Realität bestimmenden Gesetzlichkeiten analysiert werden“ (ebd.: 727). Alltagshandeln, so die weitergehenden Annahmen, sei im Übrigen u. a. gekennzeichnet durch „bewährte Routinen“, „pragmatische[] Interesse[n]“ (ebd.), symbolisierungsträchtige „Formen der Kommunikation“ sowie ideologische Verblendungen und biographisch als auch sozial 'gebrochene' (Handlungs-)Kompetenzen (ebd.: 728). Hiermit sowie mit der Bilanz: „Beratung ist und bleibt eine Profession“, aber: „Eine Profession für solidarisches Alltagshandeln und Alltagsprobleme soll sich ihrer eigenen Entprofessionalisierung nicht zu schämen haben“ (ebd.: 739), lag das Alltagskonzept und das, was aus ihm für die Beratungsthematik folgte (vgl. auch Thiersch 1986: 93 f.), in nuce vor. Hätte Thiersch auch damals schon die Forderung ausgesprochen nach dem 'lebendigen Jugendamt' als einer „am pädagogischen Alltag zu orientierende(n) Institution“ (Thiersch 1983: 88; vgl. auch 1981: 22), wäre selbst diese Einschränkung überflüssig.

Tatsächlich variiert der Vortrag *Alltagshandeln und Sozialpädagogik* die schon 1975 und 1976 abgehandelte Thematik, etwa die Kategorie der 'Pseudokonkretheit' (Kosik) des Alltags und das über sie angeleitete Projekt einer Ideologiekritik von Alltag (und Alltäglichkeit). Neu ist allerdings die Differenziertheit, mit der speziell das mit dem Alltagsbegriff gesetzte Themenspektrum erörtert wird. So verweist Thiersch beispielsweise auf das Projekt, die Alltagswelt von Kindern und Heranwachsenden (mit ihrer je spezifischen Sprache) von der Alltagswelt etwa von Arbeitern oder Studenten abzuheben (Thiersch 1978 a: 222) oder die Merkmale von Alltäglichkeit (Überschaubarkeit, Hilfe bei der Reproduktion von Arbeitskraft und Lebenssinn, aber auch äußere Bestimmung durch Handlungszwänge, Zwang zum raschen Lösen von Problemen, Gefahr der Einspielung von Routinen) genauer zu bestimmen. Dabei ist es vor allem die Alltagsroutine und die Immunisierung von Alltäglichkeit gegenüber Begründungsfragen, die Thiersch als ärgerlich verrechnet und die sie in seiner Sicht „zur Welt eines unaufgeklärten, blinden Bewusstseins" werden lässt, „das die Gründe seiner Blindheit, der Verarmung seiner Wirklichkeit, nicht durchschauen kann" (ebd.: 226).

Spätestens aber mit dem Versuch, Alltäglichkeit gleichwohl als „ein Moment progressiver sozialpädagogischer Praxis" (Thiersch 1978a: 226) ausweisen zu wollen und „Möglichkeiten gleichsam eines gelungenen Alltags zu schaffen" (ebd.: 227), bewegte sich Thiersch wieder in vertrauten Bahnen. Dies gilt insbesondere dort, wo er verwaltungsbestimmte Handlungsaufträge ablehnt und einem neuen Beratungsselbstverständnis das Wort redet, das nicht „auf methodisch gesicherte Verhaltens- und Kommunikationsstrategien" (ebd.: 228) setzt, sondern auf eine alltagsorientierte Wendung sozialpädagogischer Beratungsansätze. Dies gilt aber auch, wenn Thiersch an die Ansiedlung solcher Projekte innerhalb der Alltagswelt denkt oder an die Nutzung der „Selbsthilfemöglichkeiten und Ressourcen der Bezugsgruppe" (ebd.: 228). Systematisch gesehen wenig überraschend – ausgehend etwa vom (älteren) Stichwort der 'Entstigmatisierung' – kommt auch die Forderung an die Sozialarbeiter in der offenen Jugendarbeit, dass sie durch alltagsweltorientierte Konzepte Auffälligkeiten und Aggressionen schon im Vorfeld zu unterlaufen hätten, um die Problemjugendlichen erst gar nicht in den Kreislauf von Stigmatisierung und Kriminalisierung hineingeraten zu lassen, weitergehender: dass sie die Jugendlichen dazu bringen müssten, sich untereinander zu organisieren, um beispielsweise ein Jugendhaus durchzusetzen, „damit in ihm die Jüngeren vor jenen Schwierigkeiten bewahrt werden, in denen sie, die Älteren, fast ruiniert worden wären" (ebd.: 229). Dem angefügt war das Plädoyer für ein Professionalisierungskonzept, das auf Phantasie setzt, auch auf Theorie und Wissenschaft, aber dies immer vor dem Hintergrund eines „neue[n] Konzept[s] alltagsorientierten, solidarischen aufgeklärten Handelns" (ebd.: 231). Ausgehend hiervon war es fast zwangsläufig, dass einem erneut das Stichwort der 'Entprofessionalisierung' begegnet, nun allerdings mit deutlicher Reserve gegenüber einem diesbezüglich „allzu 'flotten' Jargon" und getragen von der Warnung vor der Flucht in die Überprofessionalisierung durch weitere (therapeutische) Zusatzstudien, die es zu erlauben scheinen, „der pädagogischen Alltäglichkeit zu entkommen" (ebd.: 231) – wie dies besonders in der Heimerziehung beobachtbar sei.

Auch dieser zuletzt genannte Themenschwerpunkt war nicht neu. Schon die im März 1973 von den Obersten Landesjugendbehörden und der Bundesarbeitsgemeinschaft der Freien Wohlfahrtspflege eingerichtete 'Kommission Heimerziehung', die als Ergebnis der über die Jahre hinweg immer schärfer gewordenen Heimkritik Strategien zur Verbesserung der Situation und insbesondere zur Entwicklung von Alternativen zur Heimerziehung erarbeiten sollte, hatte diese Frage angesprochen und dem Thema *Pädagogik und Therapie im Heim* in ihrem Ende 1977 vorgelegten Zwischenbericht einen eigenen Abschnitt gewidmet. Der Verfasser insbesondere der hier angestellten grundlegenden Betrachtungen „über das Verhältnis von Sozialpädagogik und Therapie“ (Zwischenbericht 1977: 68) dürfte wohl Thiersch selbst gewesen sein. Denn schließlich hatte er im November 1974 die Funktion des wissenschaftlichen Beraters der Kommission übernommen. Und im Übrigen sollte er im Mai 1978 einen Vortrag auf einer Tagung halten, deren Thema – *Zum Verhältnis von Sozialarbeit und Therapie* – offenbar auch durch die Diskussionen in der ‘Kommission Heimerziehung’ nahegelegt worden war.

Das Tagungsthema war geradezu prädestiniert, (erneut) für die Notwendigkeit der ‘Alltagswende’ werbend einzutreten. Denn einerseits bezeugte der damals aktuelle ‘Psychoboom’, der sich auch in einem entsprechenden Fortbildungsbedarf ausdrückte, nicht lediglich die Attraktivität psychologischer Deutungs- und Handlungsmuster, sondern auch das Unbehagen angesichts des überlieferten sozialarbeiterischen Methodenkanons (in der Tradition etwa des ‘Casework’). Andererseits aber hatte die Psychiatriekritik, geradezu gegenläufig, über die Problematik therapierelevanten Expertenwissens belehrt und dies als Besonderheit ‘totaler Institutionen’ verrechnet. Es war nicht zuletzt dieser Hintergrund, der eine ins Allgemeine gehende Experten- wie Professionalisierungskritik freizusetzen drohte, die sich ihrerseits wiederum aus den Ressentiments jener Sozialarbeiter nährte, die sich vom Fortbildungswillen ihrer Kollegen nicht hatten anstecken lassen.

Thiersch handelte das ganze Spektrum dieser Fragen ab, konzentriert allerdings auf das professionalisierungstheoretische Problem und Beispiele aus der Heimerziehung. Sein durch die Arbeit für die ‘Kommission Heimerziehung’ vorgeprägtes Argument darf man vielleicht so zusammenfassen: Weil durch Therapie „die Aufmerksamkeit von den im Alltag zur Lösung anstehenden Problemen abgezogen und so die Kompetenz des Klienten, sich mit sich und mit seinem Alltag zu arrangieren, zumindest zeitweilig geschwächt“ (Thiersch 1978b: 19) werde und im Übrigen auch den Erziehern pädagogische Anknüpfungspunkte geraubt würden, sei sie letztlich dysfunktional. Und da ohnehin gelte, „den Einzelnen nicht primär als Einzelnen, sondern im sozialen Kontext zu sehen“ (ebd.: 11), sei es klüger, die Erzieher für die Bedeutung des von ihnen gelegentlich missachteten ‘sozialen Kontextes’ Heimalltag zu sensibilisieren und an „Techniken“ zu arbeiten, „die es ermöglichen könnten, Energien, Interessen und Zeit so zu arrangieren, dass alltagsorientiertes Handeln als professionelles realisierbar und aushaltbar wird“ (ebd.: 14). Thiersch behandelte dieses Thema und die ihm zugehörenden Anschlussfragen in der Folge in immer wieder neuen Anläufen, und zwar vorwiegend im Blick auf die moralischen (vgl. etwa

Thiersch 1987a) resp. methodischen (vgl. etwa Thiersch 1993b) Aspekte alltags- resp. lebensweltorientierten Handelns sowie mit kritischem Seitenblick auf die Psychoanalyse und die ihr angeblich innewohnende Gefahr der Denunziation der „aus der Biographie stammende[n] […] Motive" helfenden Handelns (Thiersch 2004b: 706) resp. der „Entwertung von lebensweltlichen Deutungs- und Handlungsstrategien" (Thiersch 2001a: 46).

Das Thema Heimerziehung ließ ihn dabei nicht mehr los. Ein wichtiges Zeugnis hierfür gibt das von Thiersch geleitete und von Dieter Baur, Margarete Finkel, Matthias Hamberger und Axel D. Kühn durchgeführte Forschungsprojekt *Leistungen und Grenzen von Heimerziehung* (vgl. Gabriel 2001: 127ff.): Mittels Aktenanalysen sowie Befragungen Ehemaliger wurden hier für den Zeitraum bis 1993/94 Erziehungsgeschichten und Hilfeverläufe rekonstruiert, mit dem Ergebnis, „dass in gut 70% Arrangements der Heimerziehung für Kinder hilfreich sind" sowie „dass diese Leistung […] unmittelbar abhängig ist von der Einhaltung von Qualitätsstandards" (Thiersch 1998c: 13). Interessant ist dabei, dass sich zumal hinsichtlich der Gründe für das Scheitern (vgl. BMFSFJ 1998: 223ff.) Tendenzen bestätigen, die auch schon in anderen – von den Autoren dieser Studie allerdings ebenso wenig wie von Thomas Gabriel berücksichtigten – einschlägigen Aktenanalysen ins Zentrum rückten (vgl. etwa Niemeyer 1993c; 1996a) und hier gleichfalls unter dem Leitmotiv thematisiert wurden, das seit Beginn der 1990er-Jahre den Fachdiskurs zu bestimmen scheint: Es geht um die Entwicklung von – auch qualitätstheoretisch relevanten – „Strategien gegen Ausgrenzung" (vgl. BMFSFJ 1998: 223ff.; Henkel/Schnapka/Schrapper o.J.) und in der Summe um ein zeitgemäßes Konzept stationärer und teilstationärer Erziehungshilfen (vgl. auch Finkel/Thiersch 2001).

Dass alltags- resp. lebensweltorientiertes Handeln nicht zu trennen ist, erweist sich bei einem Blick auf den 'sozialen Kontext' jenseits des Heims. Dies zeigen auch schon die referierten Vorschläge zur offenen Jugendarbeit in dem Vortrag *Alltagshandeln und Sozialpädagogik* sowie die hier erhobene Forderung nach Orientierung an der „Lebenswirklichkeit" (Thiersch 1978a: 215) der sozialpädagogischen Klientel. Die Begriffe 'Alltagsorientierung' und 'Lebensweltorientierung', so Thiersch denn auch in einem Buch aus neuerer Zeit, stünden für „Rahmenkonzept(e)", der Begriff 'Alltagsorientierung' allerdings werde zusätzlich „in einem engeren Sinn benutzt zur Bezeichnung pragmatisch überschaubarer Verständnis- und Handlungsmuster" (Thiersch 1992: 6). Und da Thiersch die in der Jugendhilfe Tätigen u.a. dazu aufforderte, an den „gegebenen Struktur-, Verständnis- und Handlungsmustern" (ebd.: 23) anzusetzen, wenn sie denn das Konzept 'Lebensweltorientierter Jugendhilfe' umzusetzen beabsichtigten, folgte dieses Konzept geradezu zwingend aus den Zeichen, die die 'Alltagswende' setzte.

Thiersch propagierte dieses Konzept – mit erheblicher Breitenwirkung – im 1990 vorgelegten 8. Jugendbericht. Anlassgebend hierfür war die im Zuge der Diskussion um die Risikogesellschaft (Beck 1986: 205 f.) popularisierte, in der einschlägigen Jugendforschung breit dokumentierte und auch von Thiersch im Vorfeld unter Stichworten wie „Differenzierung und Segmentierung von Lebensbereichen" resp. „Lebenslagen" (Thiersch 1987 a: 26) gelegentlich angesprochene

1. wachsende Differenz der Lebensstrukturen entsprechend des jeweiligen Alters sowie der Kriterien Stadt/Land, Ausländer/Deutscher, Junge/Mädchen etc. („Pluralisierung von Lebenslagen") sowie die
2. zunehmende Differenz der Lebensformen und Deutungsmuster etwa im Blick auf die (Erwartungen Jugendlicher an die) berufliche Karriere, private Perspektive (Ehe? Kinder? etc.), politische Option etc. („Individualisierung von Lebensführung"; Thiersch 1992: 20).

Angesichts der sich darin dokumentierenden „Erosion überlieferter Strukturen" bzw. der nachlassenden „Verlässlichkeit eines erfahrenen und in der Erfahrung verbürgten Lebensraums" plädierte Thiersch nachdrücklich für eine „Gegenorientierung zu einer zunehmenden Institutionalisierung, Spezialisierung und Professionalisierung" (Thiersch 1993 b: 13). Ebendies schien ihm eine dezentralisierte, regionalisierte, alltagsorientierte, kurz: 'lebensweltorientierte' Jugendhilfe zu verbürgen, die ihren Ausgang zu nehmen habe von der Stärkung der „individuellen, sozialen und politischen Ressourcen" (Thiersch 1992: 23).

Diese Perspektive war von Thiersch bereits in dem Gutachten angedeutet worden, das er 1975 für den Deutschen Bildungsrat erstellt hatte (vgl. Kap. 9.1). Wenn Thiersch damals forderte, Jugendhilfe müsse „in dem Feld agieren und an ihm teilhaben, in dem ihre Adressaten leben" (Thiersch 1975: 371f.), klang dies fast so, als sei ihm an der Revitalisierung stadtteilbezogener Familienfürsorgemodelle der 1920er-Jahre gelegen – ein Eindruck, der nicht ganz an der Sache vorbeigeht. Denn, so Thiersch Jahre später im Zusammenhang des 8. Jugendberichts: „Lebensweltorientierte Jugendhilfe [...] weist in die Tradition der Jugendhilfe und der Sozialen Arbeit zurück. 'Anfangen wo der Klient steht', Situationsbezug der Arbeit, Gemeinwesenorientierung sind Konzepte, die als Lebensweltorientierung in diesem weiten Sinn verstanden werden können" (Thiersch 1992: 23; vgl. auch Thiersch 1993b: 12f.). Diese Rückerinnerung ergänzte Thiersch in einem anderen Beitrag (von 1991) – zum Thema *Soziale Beratung* – durch den Hinweis auf die „Tradition der Sozialen Diagnose und Sozialen Arbeit" (genannt werden Mary Richmond, Alice Salomon und Marie Baum), die „neuerdings rehabilitiert" werde, weil sie „dem Konzept einer lebensweltorientierten Sozialpädagogik (entspreche)" (ebd.: 129) – eine Formulierung, die (bewusst?) im unklaren hielt, ob Thiersch selbst dieser Einschätzung zustimmte oder nicht. Weniger nebulös ist, was aus dieser Aufzählung geschlossen werden kann: Die 'Lebensweltorientierte Jugendhilfe' hatte sich, gleichsam schleichend, in die 'lebensweltorientierte Sozialpädagogik' bzw. – so auch der Titel der hier in der Hauptsache thematischen Aufsatzsammlung – in die *Lebensweltorientierte Soziale Arbeit* gewandelt. Und für das mit diesem Namen versehene Projekt reklamierte Thiersch nicht mehr und nicht weniger als die Einlösung eines unerledigt gebliebenen Anliegens des überaus heterogenen fachgeschichtlichen Erbes (mit zentralen Wurzeln gar nicht einmal so sehr in der Sozialpädagogik, sondern in der Wohlfahrtspflege der Weimarer Epoche).

Welche Problematik dem innewohnt, verdeutlicht ein Blick auf den Fachdiskurs der Weimarer Epoche (vgl. Niemeyer 1992b; Niemeyer/Schröer 1994) ebenso wie der – in der Einleitung angesprochene – anhaltende Streit um Begriffe wie 'Sozialpädagogik', 'Sozialarbeit' bzw. 'Soziale Arbeit' sowie die diesen Begriffen jeweils zuzuweisenden Wissensbestände und Klassiker. Auch Thiersch deutete gelegentlich an, dass „das sozialpädagogische Selbstverständnis" mit seiner „Festlegung" bzw. mit dem von ihm aufgesuchten Traditionsanschluss an einen 'in sich nicht konsistenten' Wissenskorpus „Schwierigkeiten" (Thiersch 1993: 15) bekommen könne. Näheres findet sich dazu allerdings nicht – abgesehen vielleicht von einer Trostbotschaft besonderer Art. So schrieb er einmal, „dass – ironisch geredet – der Sozialpädagogik, weil ihr Ressourcen fehlen, Gelegenheiten vorenthalten sind, sich an Fehlentwicklungen und Fehlern der letzten Jahrzehnte zu beteiligen: z.B. weil das methodische Repertoire bei uns nicht so durchgearbeitet ist, sind wir offener für Probleme des Alltags, z.B. weil wir arm sind an Status und Prestige [...], sind wir fähiger zu solidarischer Artikulation von Interessen und weniger verführbar gegenüber dem Prestige einer üblich professionell ausgewiesenen Tätigkeit auf Kosten des Klientels" (Thiersch 1981: 37f.).

Möglicherweise hat Thiersch damit sogar das eigentliche Geheimnis für den Erfolg des von ihm skizzierten Projekts umschrieben. Wie dem auch sei: Ausdrücke wie 'Alltagsorientierung', 'Lebensweltorientierter Jugendhilfe', 'Lebensweltorientierte Soziale Arbeit' oder 'Sozialpädagogik als lebensweltorientierte Hilfe zur Lebensbewältigung' avancierten in kürzester Zeit zu 'Modewörtern' auch noch des Gegenwartsdiskurses, in deren Sog eine ganze Reihe [weiterer] (Mode-)Themen – 'Straßenkinder' (Thiersch 1992: 57f.), 'Gewalt auf der Straße' (ebd.: 72f.), 'Sozialpädagogische Arbeit mit Gruppen, Cliquen, Banden' (ebd.: 74), 'Strukturmaximen der Prävention, Regionalisierung/Dezentralisierung, Alltagsorientierung, Integration und Partizipation' (ebd.: 246f.), letztlich auch das Thema 'Integrierte Erziehungshilfen' – heimisch zu werden begannen. Dass bei all den und weiteren, infolge der Vielzahl der 'Praxisaufgaben' recht umfänglichen Problemerörterungen und Konzeptentwicklungen das maßgebende Attribut – ob nun in Gestalt einer „lebensweltorientierten sozialen und pädagogischen Arbeit mit Straßenkindern auf der Straße" (Thiersch 1992: 65) oder als „Lebensweltorientierte Behindertenarbeit“ (ebd.: 100) – nicht fehlen durfte, wird man Thiersch wohl nachzusehen haben. Denn ein bisschen Produktstolz darf der schon zeigen, der von sich selbst mit Recht sagen kann, er habe das „geheime() Curriculum der Entwicklung der Sozialen Arbeit der letzten Jahre“ (Thiersch 1993 b: 14) geschrieben. Dass dieses Urteil nicht an der Sache vorbeigeht, zeigt ein voluminöser Reader, in welchem mehr als dreißig Autorinnen und Autoren Handlungszugänge und Methoden in unterschiedlichen Arbeitsfeldern – vom Allgemeinen Sozialen Dienst über die Jugendsozialarbeit bis hin zur Qualitätsentwicklung – in lebensweltorientierter Perspektive thematisieren (vgl. Grunwald/Thiersch 2004).

Schwieriger schon wird die Bilanz aus Perspektive des Dritten. Gewiss: Man könnte die dargelegte Entwicklung als Folge des 1978er Aufsatzes *Alltagshandeln und Sozialpädagogik* lesen. Auf diese Weise würde zumindest verständlich, warum viele Interpreten in Bezug auf diesen Text von einem „bahnbrechende(n) Aufsatz“ (Baacke 1995: 235) sprechen; von einem „‘Klassiker’ der sozialpädagogischen Fachentwicklung, sofern er ihr eine Aufgabe gestellt hat, an der sie bis heute arbeitet“ (Müller 1995: 257); von einem Beitrag, an dem vor allem erstaune, „wie sehr die Foci der Diskussion um die und in der sozialen Arbeit bis in die 90er-Jahre hinein hier bereits repräsentiert oder doch zumindest angesprochen sind“ (Gildemeister 1995: 253). Aber dem bisher Erzählten zufolge läge es näher, zuallererst für ein etwas anderes Erstaunen Platz zu schaffen – für das Erstaunen darüber, in welchem Ausmaß Thiersch in dem in Rede stehenden Aufsatz sehr viel ältere Motive aufnahm. So zu fragen, geht weniger auf die Zukunft denn auf die Vergangenheit, deutlicher gesprochen: Wer so fragt, leitet eine sehr viel tiefergreifende Bilanz ein. Bei ihr geht es dann weniger um Würdigung der Wirkung, die Thiersch hatte und hat; sondern es geht um Prüfung der Geltung, die ihm, fachgeschichtlich gesehen, zukommt.

## 9.3 Vom Ende jeder Wende?

Die in Lehrbüchern herrschend gewordene Theorieästhetik verleitet mitunter zur Missachtung der im Vorhergehenden immer wieder miterzählten Vorgeschichte der ‘Alltagswende’. Und sie nötigt in der Regel dazu, die ‘Alltagswende’ am Ende eines sauber zu differenzierenden Dreischritts von ‘realistischer Wende’ und ‘emanzipativer Wende’ anzusiedeln. Dabei versteht es sich für viele fast von selbst, diesen Dreischritt zugleich als Fortschritt zu verbuchen – mit der ‘Alltagswende’ gleichsam als Krönung desselben und mit der Pointe, dass der, der von ihr abweiche oder gar auf Älteres zurückgreife, sich des rückschrittlichen Denkens verdächtig mache. Dem Grundzug nach findet sich diese Art Geschichtsschreibung schon 1978 bei Thiersch selbst angelegt. In einem bilanzierenden Aufsatz zur pädagogischen Theoriegeschichte und insoweit auch zu dem Ort, den er sich in ihr zuzuweisen gedachte, heißt es. „Der im Konzept der realistischen Pädagogik angelegte Enzyklopädismus führt zur Zersplitterung und Detaillierung der Untersuchungen, Positionen und Fachrichtungen, die in der emanzipativen Theorie angelegte kritische Überforderung wirkt verunsichernd" (Thiersch 1978c: 95) – kurz: was ausstehe, sei etwas Drittes, eben die 'Alltagswende'. Ihr Auftrag liest sich diesen wenigen Andeutungen zufolge so, dass sie, negativ gesprochen, beides zu vermeiden in der Lage war,

1. den 'Enzyklopädismus' (auf der Ebene des Wissens), in die die 'realistische Wende' hineingeführt habe mit ihrer „langwierigen, differenzierten und diffizilen Empirie";
2. die 'Überforderung' (auf der Ebene des Wollens), die der 'emanzipativen Wende' eigentümlich sei mit ihren „komplizierten, abstrakten und einschüchternden Theoriediskussionen – gerade auch" – wie Thiersch bemerkenswerterweise fortführt – „von linken Positionen her" (ebd.).

Positiv formuliert, hatte die 'Alltagswende' im Namen der insoweit doppelt missachteten Praxis für einen Wissenstypus Sorge zu tragen, der pragmatisch tauglich war, ohne dabei doch dem Aufklärungsanspruch zu entsagen.

Fünf Jahre später findet sich diese Art Geschichtsschreibung erneut, wenn auch in leicht veränderter Form. Wieder einmal nämlich ist von einer „sozialwissenschaftlich orientierende(n) Pädagogik" die Rede, „die die geisteswissenschaftliche Pädagogik im Zeichen der „realistischen" ebenso wie der „emanzipativen" Wende kritisierte und ihre Defizite an kritisch-politischem Selbstverständnis und Forschung zu überwinden suchte" (Thiersch 1983: 83). Erneut ist auch – mit Blick auf die gleichsam dunklen Seiten dieser 'Wenden' – von einer Art 'Überforderung' der Praxis die Rede. „Die Klärung () des Theorie-Praxis-Verhältnisses als der zentralen Aufgabe einer praktischen Wissenschaft ist durchaus nicht zufriedenstellend gelungen", heißt es nun nämlich, und, weitergehender: „Bestimmte empirisch-methodische, auch empirisch-technologisch orientierte Forschungen und Handlungskonzepte treffen die gegebenen Praxisprobleme nicht, ja überfremden sie" (ebd.: 82). Auch beklagt Thiersch nun „die Dominanz von Theorieansätzen und Forschungsergebnissen aus anderen Sozialwissenschaften (Soziologie, Psychologie, Kriminologie), in denen die Aufgaben und Probleme, wie sie sich im pädagogischen Handeln stellen, randständig bleiben" (ebd.). Bemerkenswerterweise ist nun aber nicht von der 'Alltagswende' die Rede, die all diese Defizite zu heilen verspreche. Statt dessen redet Thiersch der Renaissance der geisteswissenschaftlichen Pädagogik das Wort. Sie jedenfalls, so lesen wir nun, habe Theorie und Praxis „nicht prinzipiell" gegeneinander abgehoben, sondern sei davon ausgegangen, „dass Wissenschaft immer nur soweit legitimiert ist, wie sie vom Standpunkt des Handelns, aus seiner Verantwortung betrieben wird"; im Übrigen habe sich die geisteswissenschaftliche Pädagogik „als Alternative zu einem technologisch-empiristisch wissenschaftlichen Arbeiten" verstanden, „als

Konzept, das vor allem Fragen des pädagogischen Umgangs, des pädagogischen Verhältnisses, der Methoden der Interaktion zu klären versuchte" (ebd.). Insoweit, so darf man schließen, steht der Rekurs auf die geisteswissenschaftliche Pädagogik für ähnliche Hoffnungen, wie sie Thiersch an die 'Alltagswende' knüpfte.

Dies bezeugt schon Thierschs Bemerkung in seinem 1977 gehaltenen Vortrag zum Thema *Alltagshandeln und Sozialpädagogik*, wonach das „aus der Hermeneutik Diltheys entwickelte" Konzept der „sich hermeneutisch-pragmatisch verstehende(n) Erziehungswissenschaft" zwar – zumal als geisteswissenschaftliche Pädagogik – befangen gewesen sei „in spätbürgerlichen, politischen und wissenschaftlichen (empiriefeindlichen) Grenzen" und insofern auf eine „politisch-wissenschaftliche Kritik und Weiterführung" angewiesen bleibe, in der „aber der Ansatz, die Frage nach der Unmittelbarkeit erfahrener pädagogischer Praxis, nicht zerstört werden darf" (Thiersch 1978 a: 220). Dass Thiersch ebendieses Versprechen mit der 'Alltagswende' abzugeben versprach, steht dabei außer Frage – ebenso wie: dass die von Thiersch in diesem Zusammenhang angedeutete „gleichsam horizontale" (fachübergreifende) Einbettung der 'Alltagswende' nicht unproblematisch war. Thiersch nämlich ordnete seinen Ansatz ein „in die Tradition der Hermeneutik, der Verstehenden Soziologie, der Phänomenologie und – vor allem – der Kritischen Theorie", und zwar dies unter der Maßgabe, dass sie alle „nicht dem naturwissenschaftlich-technischen Erkenntnisideal" verpflichtet seien, sondern „dem Gegenstand des menschlichen Lebens, seinen konkreten Interaktionen und Handlungen" (ebd.) gerecht zu werden suchten. Die durch diese Zuordnung freigesetzte umfängliche Diskussion ist bis heute nicht ausgestanden.

Wichtiger aber ist in unserem Zusammenhang die 'vertikale' (fachgeschichtliche) Einbettung der 'Alltagswende', eine Frage, zu der sich Thiersch in seinem 1978 gehaltenen Vortrag mit dem Thema *Zum Verhältnis von Sozialarbeit und Therapie* etwas deutlicher äußerte. Denn das dort gegebene Resümee: „Alltagshandeln bleibt notwendig und unaufhebbar immer kasuistisch" – oder, in der Umkehrung gesprochen: „konkrete Situationen () können nicht aus Reflexionen und Forschungsergebnissen einfach deduziert werden" (Thiersch 1978 b: 16), erlaubt unmittelbar und direkt den Anschluss an die Tradition der geisteswissenschaftlichen Pädagogik. Dies erklärt sich aus dem ihr innewohnende Theorie/Praxis-Modell, in dessen Logik das kasuistische Denken und Handeln bevorzugt wird gegenüber dem 'bloß' wissens- oder regelanwendenden Denk- bzw. Handlungsmodus. Interessant sind dabei allerdings die Einzelheiten. Thiersch nämlich würdigte in erster Linie Herbart und dessen Ausführungen zum 'pädagogischen Takt' (ebd.). Tatsächlich aber musste Thiersch wissen, dass es ihm im Grunde nicht um Herbart hätte gehen dürfen, sondern um Schleiermacher als den von Weniger noch 1957 edierten eigentlichen 'Ahnherren der geisteswissenschaftlichen Pädagogik'. Und so kommt es denn zu dem kuriosen

Ergebnis, dass Thiersch ein älteres Herbart-Zitat (von 1802) so anordnet, als könne es als 'Präzisierung' der weitaus jüngeren (1820/21) Position Schleiermachers gelesen werden (die ihrerseits aber wohl eher auf Herbart zurückgeht). Der Befund in der Sache blieb von diesem Verwirrspiel, das sich im Wesentlichen aus der erstmals von Dilthey gesehenen Schwierigkeit erklärt, den 'ganzen' Herbart geisteswissenschaftlich zu vereinnahmen (vgl. Kap. 5.2), unberührt: Thiersch las Schleiermachers Annahme, dass „derjenige, der pädagogisch einzuwirken unternimmt, mit richtigem Gefühl und Sinn" begabt zu sein habe „und die verschiedenen Verhältnisse zu würdigen" (Schleiermacher 1983: 434) verstehen müsse, als Bestätigung in eigener Sache (vgl. Thiersch 1978b: 16; 1987b: 49).

Viel war damit allerdings nicht gewonnen. Denn die 'Alltagswende', die sich ihrerseits als Resultat der 'realistischen Wende' lesen lässt, wäre dann nicht viel mehr als ein durch die empirischen Ergebnisse dieser Wende nahegelegte Renaissance zumindest des Theorie/Praxis-Modells geisteswissenschaftlicher Pädagogik – von der sich die 'realistische Wende' aber gerade hatte absetzen wollen und ohne dass die durch sie freigesetzte Kritik an Geltung verlor. Denn dass die für die geisteswissenschaftliche Pädagogik typische „Offenheit für die Situation" reduziert sei „durch die Einschränkung auf Probleme des persönlichen Umgangs zwischen Pädagogen und Adressaten (den pädagogischen Bezug)" und „durch die Vernachlässigung der Frage nach den gesellschaftlichen und institutionellen Rahmenbedingungen für das Verhalten des Zöglings ebenso wie das des Pädagogen" (Thiersch 1981: 31), war ein Kritikpunkt, an dem Thiersch weiterhin festhielt.

Gleichwohl hatte es für Thiersch offenbar etwas Beruhigendes, dass sich auch Nohl seinen alltagstheoretischen Ambitionen einfügen ließ. Dabei traf es sich gut, dass Nohl das Thema 'Alltag' Ende der 1920er-Jahre gleich in einer ganzen Reihe seiner Vorträge erörtert hatte. Jedenfalls war es wohl kein Zufall, dass Thiersch in seinem 1983 erschienen Enzyklopädieartikel zum Thema *Geisteswissenschaftliche Pädagogik* gerade diesen Aufsätzen besondere Aufmerksamkeit zuwandte (Thiersch 1983: 88f.). Auch das Credo findet Erwähnung, das für Nohl seinerzeit maßgeblich war. Es findet sich in seiner Abhandlung *Die pädagogische Bewegung in Deutschland und ihre Theorie* und lautet: „Der Alltag des Lebens, der gegebene Lebensraum, die Großstadt, die Technik, der Staat, sie werden jetzt in ihrer Notwendigkeit als Schicksal der Gegenwart begriffen, dem man nicht entfliehen wollen darf, sondern das man zu beherrschen versuchen muss" (Nohl 1933/35: 22). Thiersch zitierte aber nicht nur dieses so realistische, gegen den Eskapismus der zeitgenössischen (bürgerlichen) Jugendbewegung ansprechende Urteil, sondern auch ein anderes – aus einem jener zuvor genannten Vorträge –, in dem (mit einem Zitat aus einem, so Nohl, „vielgelesenen russischen Roman") davon die Rede ist, Alltag sei „der auf hartnäckige Arbeit umgestellte Traum" (Nohl 1929a: 123). Dies sowie die von Nohl an anderer Stelle geäußerte Überzeugung, dass auch in der „Maschinerie" des Alltags „ein Zug von höherem Leben steckt, ein Moment des Fortschrittes und eine aktive Energie, an der teilzuhaben Freiheit und Freude schafft" (Nohl 1929b: 129), war für Thiersch Anlass genug, nachdrücklich an das von Nohl verfolgte Projekt der „'Aufklärung' in dem neuen geisteswissenschaftlichen Sinn einer rationalen Besinnung über das dunkle gelebte Dasein" (Nohl 1927c: 109) zu erinnern. Thiersch unterließ es zwar nicht, darauf hinzuweisen, dass zumal diese zuletzt genannte Formel „nicht auf die Realität der gesellschaftlich historischen Gegenwart bezogen" sei, so dass das geisteswissenschaftliche Konzept „appellativ" (Thiersch 1983: 90) bleibe. Am Befund in der Hauptsache änderte dies indes nicht: Die 'Alltagswende' schien, zumal bei (fach-)historisch geschärftem Blick, höherer Weihen fähig zu sein.

Ein Jahr später (1984), in einem Vortrag zum Thema *Verstehen oder Kolonialisieren*, erprobte Thiersch einen etwas anderen Zugang in dieser Richtung. Das Thema selbst war durch die Kolonialisierungsthese von Jürgen Habermas (1981) rasch auch von Sozialpädagogen in Beschlag genommen und in eine Kritik der „Therapiegesellschaft" (Thiersch 1987b: 40) resp. des in ihr maßgebenden 'Krankheit-Hilfe-Konzepts' (Thiersch 1986: 221) überführt worden, die nahtlos an die Institutionalisierungskritik der 1960er- und 1970er-Jahre anschließbar war. Dies verdeutlicht schon die Frage von Thiersch: „Was bedeutet es, im Jugendamt zu „verstehen", also, eingebunden in das räumliche oder zeitliche „setting" einer Behörde, tätig zu werden aufgrund von Meldungen durch Nachbarn, Lehrer und Polizei, im Zeichen von Unfreiwilligkeit, ja Zwang?" (Thiersch 1984: 29) Denn die damit nahegelegte Antwort – dass unter diesen Bedingungen eben nicht 'Verstehen' möglich sei, sondern 'Kolonialisierung' erfolge –, unterlag schon Thierschs Vorschlag von 1975, wonach die Jugendhilfe, wenn sie sich unabhängig machen wolle von „polizeilichen Meldungen [...], offene Wege der Kontaktaufnahme, Beratung und Kooperation" (Thiersch 1975: 371f.) finden müsse. Diesmal allerdings fand Thiersch, angeregt durch die seit Habermas zur Debatte stehende Ambivalenz der Verstehenskultur und -theorie, zu einer vertiefenden Antwort. Er erinnerte an Diltheys Unterscheidung zwischen elementarem und höherem Verstehen, wobei ihm der erstgenannte Verstehensmodus, also das Verstehen, das – mit Dilthey gesprochen – „in den Interessen des praktischen Lebens" (zit. n. Thiersch 1984: 20) erwachse, fraglos die attraktivere Option war, zumal sie auf das Handeln im Alltag Bezug nahm. Das höhere Verstehen hingegen schien ihm, zumal in der Gestalt, die es in „unsere[r] heutige[n] Verstehenskultur" (ebd.: 21) annehme, zumindest verdächtig: „Ist unsere Kultur des Verstehens – so könnte man fragen – eine totale Institution, in der die Orientierungen des elementaren Verstehens, die Aufgaben also und Fähigkeiten des praktischen Umgangs verdeckt, versteckt und entwertet werden zugunsten der ausgewiesenfachlichen, wissenschaftlich-professionellen Verstehensmuster und Hilfsangebote?“ (ebd.) Thiersch beantwortete diese Frage nicht eindeutig abschlägig, wollte also das höhere Verstehen nicht einfach – etwa im „Gegenschlag zur Anmaßlichkeit der sich durchsetzenden professionellen Positionen“ (ebd.) – abgetan wissen. Deutlich aber gab er seiner Hoffnung Ausdruck „nach unmittelbaren, direkten und alltagsbezogenen Formen eines elementaren Verstehens“ (ebd.: 22) als Teil eines Reformprojekts, das auf „offene(), in sich souveräne(), alltagsnahe() Institutionen“ abstellte, die getragen seien „von einem gleichsam unprofessionellen Professionellen-Selbstverständnis“ (ebd.: 30). Der theoretische Hauptertrag gründete bei all dem allerdings in etwas anderem. Er gründete in dem Reputationsgewinn für die ‘Alltagswende’ infolge dieser ihrer Anschlussfähigkeit in Richtung der Verstehenskonzeption Diltheys.

Thiersch erörterte einen vergleichbaren Traditionsanschluss später auch am Beispiel dessen, was aus der ‘Alltagwende’ folgte. Dabei überrascht es nicht, dass wieder einmal Nohl den Referenzpunkt setzte. ‘Lebensweltorientierte Jugendhilfe’ wolle „in Analogie zu Nohl […] Menschen primär in den Schwierigkeiten helfen, die sie mit sich selbst und für sich selbst haben, nicht aber in denen, die andere mit ihnen haben“ (Thiersch 1992: 24), heißt es da beispielsweise – eine allerdings etwas verwegene Ableitung. Denn die Formulierung Nohls, an die Thiersch hierbei dachte („Die alte Erziehung ging aus von den Schwierigkeiten, die das Kind *macht*, die neue von denen, die das Kind *hat*“; Nohl 1926 c: 157), war ihrem Kontext nach bezogen auf die Kritik der Fürsorgeerziehungspraxis in der Wichern-Tradition (vgl. Kap. 5.1). Insofern blieb sie der Vorstellungswelt eines institutionengebundenen Erziehungsverständnisses verpflichtet, hatte aber wenig zu tun mit jener vor- oder außerinstitutionellen Hilfepraxis, auf die Thiersch mit seinem Konzept einer ‘Lebensweltorientierten Jugendhilfe’ abstellt. Immerhin: Dass sich Rechtfertigungen für die von Thiersch immer konsequenter vertretene Position aus Nohl resp. der geisteswissenschaftlichen Pädagogik beziehen lassen, steht damit nicht prinzipiell in Frage. Dies könnte dann auch erklären, warum Thiersch – zusammen mit Thomas Rauschenbach – für eine „kritische Wiederaneignung des hermeneutisch-pragmatischen Konzepts“ (Thiersch/Rauschenbach 1984: 1008) eintrat und sein Bedauern darüber zum Ausdruck brachte, dass die infolge der ‘realistischen Wendung’ freigesetzte Kritik eine Weiterentwicklung beispielsweise des „traditionelle(n) Konstrukt(s) des pädagogischen Bezugs“ (ebd.: 1007) unmöglich gemacht habe.

In einem anderen, (gleichfalls) 1984 (erstmals) erschienenen Aufsatz forderte Thiersch, noch deutlicher werdend, dazu auf, „gegenwärtige Aufgaben auch im Kontext der allgemein-pädagogischen Tradition […] zu sehen und zu erörtern“ (Thiersch 1986: 175). Daran, „dass der historische Rückbezug (…) materialgesättigte Argumentationsfiguren in die gegenwärtige Diskussion einbringen kann, so dass im Horizont des weiteren pädagogischen Diskurses der Gegenstandsbereich sozialpädagogischen Handelns“

(ebd.: 175 f.) fassbarer wird, musste allerdings nicht nur ihm selbst und der von ihm vertretenen 'Alltagswende' gelegen sein. Vielmehr sah sich die gesamte Sozialpädagogik damals, am definitiven Ausgang der mit der 'emanzipativen Wende' anhebenden Epoche der Geschichtsvergessenheit der Disziplin, zunehmend der kritischen Frage nach ihrem Traditionsbezug sowie nach dem pädagogischen Gehalt ihres Selbstverständnisses ausgesetzt (vgl. etwa auch Mollenhauer 1988 b). Dass Thiersch dabei zunehmend nicht nur an die geisteswissenschaftliche Pädagogik resp. Nohl dachte, sondern auch an Pestalozzi, Litt, Rousseau, Korczak und Bernfeld (Thiersch 1986: 175) – eine etwas merkwürdige Reihung, die sich nicht aus sich heraus begründet und (auch) zufälligen Lesefrüchten entstammen dürfte –, deutet, positiv betrachtet, auf eine gewisse Entspannung im 'Enkeldasein' hin. Dies gilt auch angesichts eines ebenso trockenen wie die Theoriekultur in der Sozialpädagogik zutreffend tadelnden Satzes wie beispielsweise: „Die Diskussion z. B. zu den Gefährlichkeiten des Mitleids (als einer kaschierten Form von Omnipotenz oder Hilflosigkeit) ist zweifelsohne ergiebiger, wenn sie sich aufklärt auch in der Rekapitulation von Schopenhauer und Nietzsche" (Thiersch 1990: 22).

Wichtiger aber ist etwas anderes. Thiersch nämlich erklärte 1984 die Nachrangigkeit in der Erörterung des „konkreten Handeln(s)" mit der in der Theoriediskussion „der letzten zwanzig Jahre" dominanten Frage nach „der Funktion und Legitimation von Sozialarbeit" (Thiersch 1986: 175). Wenn man die Jahre seit 1984 Revue passieren lässt, wird man festzustellen haben, dass die Sozialpädagogik nicht eben arm ist an vergleichbaren Klagen (vgl. etwa Fatke/Hornstein 1987). Wenn man aber zurückschaut, bleibt nur der Schluss, dass Thiersch mit seiner Kritik von 1984 mindestens auch sich selbst meinte. Denn schließlich war er es gewesen, der noch Mitte der 1970er-Jahre – erinnert sei nur an die Formel 'more about, than in or for it' (Thiersch 1975: 346) – Funktionsanalysen den Vorrang gegeben hatte vor Handlungsanalysen. „Eins gegen das andere auszuspielen, aber scheint mir unsinnig" (Thiersch 1984: 19), wird hingegen 1984 die Botschaft – aus einem anderen Aufsatz in diesem Jahr, in dem Thiersch dann aber doch deutlich das 'konkrete Handeln' in den Vordergrund rückt – lauten. So gesehen stünde das Jahr 1984, gleichsam Thiersch-intern gesehen, für eine Art Paradigmenwechsel weniger auf Theorie- denn auf Gegenstandsseite – ausgelöst durch die 'Alltagswende', die wiederum vorbereitet wurde durch eine funktionsanalytisch orientierte Jugendhilfeforschung.

Drängender aber ist noch eine ganz andere Pointe, die sich nun, am Ende dieser Sichtung einiger Versuche von Thiersch, die durch die 'Alltagswende' ausgelöste Entwicklung fachgeschichtlich abzustützen, nahe legt. Denn das bisher hierzu Berichtete klang so, als habe Thiersch noch die Nötigung gesehen, sich mit seinem Verständnis von Sozialpädagogik gegenüber der Allgemeinen Pädagogik zu rechtfertigen. Demgegenüber erweckt der Gegenwartsdiskurs eher den Eindruck, als gehe es führenden Sozialpädagogen mehrheitlich um das Ende der Kolonialisierung, die die von ihnen verwaltete und gestaltete Disziplin seitens Allgemeiner Pädagogen zu erdulden habe. Auch Thiersch darf man hier einordnen, insofern er das ganze Thema in einem neueren Beitrag unter der Überschrift einer „hoffentlich bald überflüssigen Diskussion“ abhandelt und davon ausgeht, dass das neue, von ihm ins Zentrum gerückte Begriffsangebot – Soziale Arbeit als „Hilfe zur Lebensbewältigung“ (Thiersch 1994: 138) – von einer „erweiterten und integrierenden Erziehungswissenschaft“ ohne weiteres akzeptiert werden müsse, wenn diese sich gegenüber den neu sich stellenden Aufgaben öffne und es (folglich) verstünde, „als [sozialwissenschaftlich fundierte] Theorie der modernen Sozial- und Sozialisationsgesellschaft mit ihren vielfältigen Problemen der Lebensbewältigung und der Hilfen zur Lebensbewältigung“ (ebd.: 141) aufzutreten. Dies nun, so wird man nach dem zu Natorp Gesagten wohl kommentieren dürfen, ist eine nicht ganz unvertraute Argumentation: Die Sozialpädagogik – bei Thiersch ‘nur’ noch: Soziale Arbeit – begreift sich der Besonderheit ihrer nicht lediglich pädagogischen Aufgabe wegen als Disziplin, die ‘ebenso sehr zur Sozialwissenschaft wie zur Pädagogik gehört’ (Natorp). Und sie tritt von da aus offensiv an gegen das überlieferte – und (gleichfalls) zu ‘erweiternde’ (Thiersch) – Pädagogikverständnis bzw. das Verständnis ihrer (der Pädagogik) ‘ganzen Aufgabe’ (Natorp).

Etwas anderes ist nicht minder interessant. Denn vor gar nicht langer Zeit hatte Thiersch zusätzlich noch die Bilanz des ‘sozialpädagogischen Jahrhunderts’ zu ziehen versucht und behauptet, das „Prinzip der Lebensweltorientierung in Aufgaben der Lebensbewältigung“ beende die „historisch kontingenten Entwicklungen“ und bezeuge, dass die Sozialpädagogik auf „eine in sich stimmige Gestalt“ hintreibe, insofern sie nun „in ihren verzweigten Institutionen und Aktivitäten“ bestimmt werde „durch *ein* durchgehendes Prinzip“ (Thiersch 1992b: 239). Gesagt sein sollte damit offenbar, dass das Suchen nach einer Einheit stiftenden Begründungsfigur zwecks Integration des heterogenen sozialpädagogischen Handlungsfeldes nun, am Ende des ‘sozialpädagogischen Jahrhunderts’, eingestellt werden könne. Gesagt worden war damit indirekt aber auch – zumindest im Kontext des vorgenannten Arguments –, dass die Erziehungswissenschaft insgesamt, jedenfalls ihrem ‘erweiterten und integrierenden’ Begriff zufolge, auf jene ‘in sich stimmige Gestalt’ zuzustreben habe, also dem ‘Prinzip der Lebensweltorientierung in Aufgaben der Lebensbewältigung’ zu unterwerfen sei. Im gewissen Sinne könnte man dem noch zustimmen. Denn die sozialwissenschaftliche Institutionalisierungskritik, die der Sozialpädagogik im Zeichen der ‘Alltagswende’ vorherlief und ihr erst die zentralen Motive eingab, hat in ähnlicher Weise auch am Beispiel der Schule und anderen pädagogischen Handlungsfeldern Geltung und könnte es ratsam erscheinen lassen, die ‘Lebensweltorientierung’ in den Rang eines Strukturprinzips pädagogischer Praxis generell zu erheben.

Aber genauso wenig, wie damit schon das allgemein-pädagogische Nachdenken um die Alternativen gebracht ist, die ansonsten verfügbar sind, genauso wenig gilt dies für das sozialpädagogische Nachdenken. Nicht umsonst also, so will es abschließend scheinen, brachte Mollenhauer seine Skepsis gegenüber der 'Alltagswende' immer wieder in Verbindung mit der Rückerinnerung an den Erziehungs- und Bildungsbegriff oder das Generationenverhältnis. Etwas anderes noch kommt hinzu. Denn selbst wenn gilt, dass die Sozialpädagogik – in Anlehnung an Michael Winkler (1993: 180) gesprochen – sehr viel ärmer ist an Paradigmen als an Reden über (stattgehabte oder notwendige) Paradigmenwechsel, wird man die Formulierung von Thiersch, wonach die Sozialpädagogik auf eine 'in sich stimmige Gestalt' hintreibe und 'durch *ein* durchgehendes Prinzip' bestimmt werde, wohl nur mit Unbehagen zur Kenntnis nehmen können. Sie nämlich zeugt weniger für einen mit ihr zelebrierten Paradigmensieg denn für den Anspruch auf eine nun alternativlose Totaltheorie. Dieser Anspruch, getragen auch noch von dem Bild einer gleichsam organischen 'Gestaltwerdung', berührt allein schon angesichts des in der Postmoderne ausgerufenen Endes der 'großen Erzählungen' etwas merkwürdig.

Insoweit ist es nicht ohne Interesse zu beobachten, dass dieser Hinweis aus der ersten Auflage des vorliegenden Buches seine Wirkung offenbar nicht verfehlt hat. Inzwischen jedenfalls ist von derlei kaum noch die Rede. Zwar redet Thiersch nach wie vor davon, dass es „keine Alternativen" (Thiersch 2001 c: 230) zur Lebensweltorientierung gäbe, zumal für diese so etwas geltend gemacht werden könne wie 'Nachhaltigkeit' im Sinne der Nutzung „natürliche(r) Ressourcen" sowie der Sicherung einer „humane(n) Zukunft" (Thiersch 2004 b: 708) – ein fürwahr 'verwegenes' (Thiersch) Argument, das aber gleichwohl Furore zu machen beginnt, will sagen: höherer terminologischer Weihen fähig zu sein scheint, wie die in neuerer Zeit verbreitet anzutreffende Vokabel „nachhaltige Soziale Arbeit" (Thiersch/Grunwald/Köngeter 2002: 176) belegt. Immerhin aber scheint das erwähnte Attribut auch für „andere Ansätze" (Thiersch 2004 b: 708) zu gelten. Diese werden zwar nicht namhaft gemacht. Immerhin aber könnte dieser Nachsatz so gelesen werden, als herrsche inzwischen ein großes Wohlwollen nach allen Seiten hin.

Diesen Schluss erlaubt auch ein von Thiersch mitverfasster Handbuchartikel, in welchem es ausdrücklich als „gefährlich" bezeichnet wird, „im Versuch eines Einheitsparadigmas zu argumentieren" (Füssenhäuser/Thiersch 2001: 1885). Dies ist weitgehend plausibel, die Frage bleibt allerdings, ob es nicht an der Zeit gewesen wäre, anstelle des Referats „unterschiedlicher Möglichkeiten eines Theorieprogramms der Sozialen Arbeit" (ebd.) etwas für die allseits vermisste kognitive Identität des Faches – etwa in Gestalt eines dann stärker auch theoriegeschichtlich zu profilierenden 'Theorieprogramms der Sozialpädagogik' – zu tun. Exakt dies bleibt Thiersch aber selbst dort schuldig, wo es, allein vom Titel her (vgl. etwa Thiersch 2004 g)

Thema hätte sein müssen. Dahinter steht offenbar die Sorge, die Diskussion um Theorietraditionen, auch die um Klassiker, führe zu einer „selbstbezüglich agierenden Sozialpädagogik“ und verkürze damit „Offenheiten und Referenzen in die weitere Wissenschaftslandschaft“ hinein (Thiersch 2004h: 494f.). Die Folgen dieser Skepsis, bei der unbeachtet bleibt, dass man sowohl das eine als auch das andere tun kann, lassen sich am Beispiel eines aktuellen Wörterbuchs zur Erziehungswissenschaft (Krüger/Grunert 2004) studieren. Denn ein Artikel zur ‘Sozialpädagogik‘ findet sich hier nicht mehr – wohl aber ein solcher zur ‘Sozialen Arbeit‘, und dies auch noch eingeleitet mittels der auf eine Fortschrittsgeschichte hinweisenden Überschrift: *Von der Sozialpädagogik zur Sozialen Arbeit* (vgl. Kessl/Otto 2004: 446). Dies ist durchaus provokant, unklar bleibt dabei allerdings, an welche Fachdisziplin oder Bezugswissenschaft bei einem Reflektieren im Zeichen der Vokabel ‘Soziale Arbeit‘ zu denken ist – eine Frage, die es auch an Thiersch zu richten gilt.

Diese Frage ist umso wichtiger angesichts eines Konzepts, das, wie Thiersch selbst nicht ohne Stolz bilanziert, „zwar vor allem für die Soziale Arbeit ausgearbeitet und in ihr praktiziert wird [...], aber in seinen allgemeinen Annahmen doch in deutlichen Parallelen steht zu Entwicklungen in anderen pädagogischen (Erwachsenenbildung, Sonderpädagogik) sowie sozialpsychologischen und -psychiatrischen oder gesundheitsbezogenen Aufgabenfeldern“ (Thiersch 2004d: 215). Denn als neues Paradigma zeichnet sich, in dieser Logik gedacht, ab, dass es bei alldem und ob nun hier oder dort um „Leben-Lernen“ resp. um die Theorie „informellen Lernens“ (ebd.) zu gehen hat (vgl. auch Thiersch 2004f., 2006a, 2007a, b) – eine möglicherweise etwas fatale Pointe. Denn von ihr dürften sich die vermeintlich eigentlichen Experten für das Lernen, nämlich die Psychologen, ebenso zu Revierkämpfen herausgefordert sehen wie jene Zunftvertreter, die, ihres Status als ‘Platzanweiser’ überdrüssig, ohnehin schon einem erweiterten Begriff von Erziehungswissenschaft in der Absicht das Wort reden, es gelte, dem Konzept „einer lebensbegleitenden Sorge um das Individuum“ (Lenzen 1999: 184) Auftrieb zu geben. Dass derlei Suche nach neuer Reputation und gesellschaftlicher Relevanz für ein – mitunter in harscher Rhetorik als nutzlos abgewertetes (vgl. Brandt 2004) – Fach wie die Allgemeine Pädagogik Gefahren für das Projekt zumal einer universitären Sozialpädagogik in sich birgt, bedarf zumal in Zeiten einer grundlegenden Neuordnung der Studiengänge wohl keiner gesonderten Erläuterung.

So gesehen wird man den unlängst unter Mitwirkung von Thiersch vorgetragenen und unter der Überschrift *Sozialpädagogisches Denken. Wege zu einer Neubestimmung* dargebotenen Versuch, „das disziplinübergreifende ‘Projekt Sozialpädagogik’ wieder zu beleben und von da aus die sozialpädagogischen Herausforderungen zu formulieren“ (Böhnisch/Schröer/Thiersch 2005: 95), vom Prinzip her nur begrüßen können. Was nämlich im Blick auf die neueren sozialpädagogischen sowie sozialarbeitswissenschaftlichen Theoriedebatten unter dem Strich auffällt, ist ein Mangel des Erinnerns sowie des Miteinanderredens und mithin ein Defizit in Sachen der Sicherstellung einer gemeinsamen, theoriegeschichtlich ausgewiesenen Gesprächsgrundlage (vgl. Niemeyer 2003 a: 24 ff.).

Die ins Allgemeine gehende Lektion am Ende dieses Buches lautet, dass eine Wissenschaft so lange nicht als theoretische Disziplin ernst genommen werden wird, solange sie nicht zu zeigen vermag, auf welcher Basis der ihr eigentümliche Fachdiskurs zu führen ist, welches also das je in Anschlag zu bringende Sprachspiel zu sein hat, wo es herrührt, wie es sich entwickelt hat und wie es disziplinär angebunden wurde und mit welchem Recht dies geschah. All dies sind notwendige Voraussetzungen für erst dann sinnvolle Diskussionen über das Verschiedene differenter Lösungswege und das Produktive eines interdisziplinären Austausches. Insofern ist auch der unlängst von Thiersch vorangetriebene Versuch der Revitalisierung eines „auf die Probleme von Bildung und Erziehung bezogenen Grundgedankengangs" (Thiersch 2002 a: 106) mit einiger Skepsis zu betrachten, zumal Thiersch geltend machte, dieser Grundgedankengang sei „für die Aufgaben, wie sie sich der Sozialen Arbeit stellen", zu „erweitern" (ebd.: 107). Denn wer so spricht, übersieht, dass sich die Sozialpädagogik eben nicht nur, via Nohl, „vor allem als Jugendhilfe" (ebd.: 100) artikulierte, sondern via Natorp jene Kontur gewann, die letztlich die Redundanz des Ausdrucks 'Soziale Arbeit' erklärt. Es kommt hinzu, dass der von Thiersch vorgetragene Grundgedankengang – zum einen orientiert um das Kriterium der „Bildsamkeit" als „Frage nach den im historischen, gesellschaftlichen und sozialen Kontext gegebenen Möglichkeiten von Lernen und Wachstum", zum anderen orientiert um das Kriterium der „Bestimmung" als „Frage nach den historisch, sozial und gesellschaftlich definierten Zielen eines gelingenderen Lebens im Zeichen der sozialen Gerechtigkeit und der Selbstzuständigkeit als Subjekt in den Verhältnissen" (ebd.: 107) – problemlos auch via Natorps Rede von den 'sozialen Bedingungen der Bildung' sowie den 'Bildungsbedingungen des sozialen Lebens' hätte rekonstruiert werden können. Dies gilt auch für die Forderung nach Erweiterung des „Repertoires der pädagogischen Orte [...] hin zur Gestaltung des Gemeinwesens und der Organisation belastbarer sozialer Infrastrukturen" (ebd.). Es ist – anders gesprochen – ein Geheimnis für sich, warum Thiersch, der sich ansonsten durchaus auf Natorp sowie die in diesem Kontext zu sehenden Bezüge etwa in Richtung auf Pestalozzis *Lienhard und Gertrud*, aber auch im Blick auf die Settlementbewegung versteht (vgl. Thiersch 2000 b: 34 f.), in dem hier in Rede stehenden Text auf Schleiermacher rekurriert, also letztlich darauf verzichtet, etwas für die kognitive Identität des Faches zu tun.

Man kann diese Sache allerdings auch etwas positiver und vielleicht weniger dogmatisch sehen, etwa derart, dass sich ein grundlegendes Einvernehmen mit Thiersch festhalten und wie folgt auf den Begriff bringen lässt: Offenbar bedarf die Sozialpädagogik – wie jedes wissenschaftliche Fach – einer einheitlichen Gesprächsgrundlage, die historisch geworden ist und von der ausgehend erst sinnvoll über Fortschritt und Diversifikation gestritten werden kann. Ohne eine derartige Grundlage wird das Reden in der und über die Disziplin resp. Profession weiterhin ein diffuses und vielstimmiges bleiben wie weiland in Sachen des Turms von Babel: ein Reden vergleichbar dem auf einer Baustelle, auf der jeder für sich aus je seinen Baumaterialien seine private Theorie Sozialer Arbeit bastelt, dies je nach Maßgabe des ihm zufällig Verfügbaren und mit dem Ergebnis, dass dem staunenden Publikum immer wieder aufs Neue dasselbe Kaninchen präsentiert wird. Einer solchen Perspektive des Faches vorzubeugen, war Absicht dieses Buches.

# Bibliographie und Siglenverzeichnis

## 1. Siglen von Werkausgaben der behandelten Klassiker der Sozialpädagogik

AS = Johann Hinrich Wichern: Ausgewählte Schriften. 3 Bände. Hrsg. v. K. Janssen u. a. Gütersloh 1956.

ASB = Siegfried Bernfeld: Ausgewählte Schriften. Hrsg. v. L. v. Werder u. R. Wolff. Frankfurt/M. 1969.

LW = Aloys Fischer: Leben und Werk. Hrsg. v. K. Kreitmair u.a. München o. J. (1950 ff.).

SW = Johann Hinrich Wichern. Sämtliche Werke. Hrsg. v. P. Meinhold u. a. Berlin 1958 ff.

SWB = Siegfried Bernfeld: Sämtliche Werke. Hrsg. v. U. Herrmann. Weinheim u. Basel 1991 ff.

PSB = Johann Heinrich Pestalozzi: Sämtliche Briefe. Hrsg. v. Pestalozzianum und von der Zentralbibliothek Zürich. Zürich 1961 ff.

PSW = Johann Heinrich Pestalozzi: Sämtliche Werke. Hrsg. v. A. Buchenau, E. Spranger, H. Stettbacher u. a. Berlin. Leipzig 1927 ff.

## 2. Siglen sonstiger benutzter Werkausgaben

KSA = Friedrich Nietzsche: Sämtliche Werke. Kritische Studienausgabe in 15 Einzelbänden. Hrsg. v. G. Colli u. M. Montinari. München 1988.

KSB = Friedrich Nietzsche: Sämtliche Briefe. Kritische Studienausgabe in 8 Bänden. Hrsg. v. G. Colli u. M. Montinari. München 1986.

## 3. Übrige Literatur


Achinger, H., 1929: Zur Theorie der Fürsorge. In: Polligkeit, W. u.a. (Hrsg.): Fürsorge als persönliche Hilfe. Berlin, 1 ff.

Achinger, H., 1930/31: Fürsorge und Weltanschauung. In: Zentralbl. f. Jugendrecht u. Jugendwohlf. 22, 181–190.

Ackermann, K.-E., 1983: Die Entwicklung der sozialpädagogischen Fragestellung im Werk von Klaus Mollenhauer. In: Wollenweber, H. (Hrsg.): Modelle sozialpädagogischer Theoriebildung. Paderborn, 93–120.

Adam, E., 1992: Siegfried Bernfeld und die Reformpädagogik. Eine kritische Rezeptionsgeschichte. In: Fallend, K., Reichmayr, J. (Hrsg.): Siegfried Bernfeld oder die Grenzen der Psychoanalyse. Basel, Frankfurt/M., 91–105.

Amthor, R. Ch., 2003: Die Geschichte der Berufsausbildung in der Sozialen Arbeit. Auf der Suche nach Professionalisierung und Identität. Weinheim u. München.

Anhorn, R., 1992: Sozialstruktur und Disziplinarindividuum. Zu Johann Hinrich Wicherns Fürsorge- und Erziehungskonzept des Rauhen Hauses. Egelsbach u. a.

Anhorn, R., 2007: Wicherns Bedeutung für die Soziale Arbeit. Eine sozialpädagogische Perspektive. In: Volker, H., Gohde, J., Schmidt, H. (Hrsg.): Johann Hinrich Wichern – Erbe und Auftrag. Heidelberg, 286–293.

Baacke, D., 1995: Vom Zersplittern des Alltags. In: Neue Praxis 25, 235 f.

Backhausen, W., 1919: Der Einfluß der Revolution auf die Fürsorgeerziehung. In: Wolff, J. (Hrsg.): Wilhelm Backhausen. Hannover 1927, 96–103.

Backhausen, W., 1920/21: Die Reform der Fürsorgeerziehung. In: Zentralbl. f. Vormundschaftsw., Jugendger. u. Fürsorgeerz. 12, 53 f.

Backhausen, W., 1922 a: Die pädagogische Behandlung der psychopathischen Anstaltszöglinge. In: Wolff, J. (Hrsg.): Wilhelm Backhausen. Hannover 1927, 82–87.

Backhausen, W., 1922 b: Dr. Wilkers Ideen zur Fürsorgeerziehung. In: Soziale Praxis u. Archiv f. Volkswohlf. XXXI, Sp. 1062–1064.

Backhausen, W., 1925: Die Psychopathie und ihre Bekämpfung. In: Innere Mission 20, 200–202.

Bauer, R., 1987: Wohlfahrtsverbände in der NS-Zeit. Kreuze und Hakenkreuz. In: Neue Praxis 17, 371–375.

Bäumer, G., 1929: Die historischen und sozialen Voraussetzungen der Sozialpädagogik und ihrer Theorie. In: Handbuch der Pädagogik, Bd. 5. Hrsg. v. H. Nohl u. L. Pallat. Langensalza, 3–17.

Beck, U., 1986: Risikogesellschaft. Frankfurt/M.

von der Beek, A., Keckeisen, W., 1972: Phänomenologie der sozialen Kontrolle. Zu Aaron V. Cicourel: The Social Organization of Juvenile Justice. In: Z. f. Päd. 18, 257–265.

Behnke, E., 1932/33: Der Waldhof-Prozeß in Templin. In: Zentralbl. f. Jugendrecht u. Jugendwohlf. XXIV, S. 153–159.

Bellingrodt, 1925: Was tun wir, um das Mißtrauen gegen die Erziehungsanstalten zu überwinden? In: Ev. Jugendhilfe 1, 18–26.

Benedict, H.-J., 2001: „Der Kommunismus und die Hilfe gegen ihn“. Das antikommunistische Manifest Wichern als Grundlage der berühmten Wittenberger

Stegreifrede Wicherns und als verhängnisvolles Erbe der Inneren Mission. In: Evangelische Theologie 61, 455–475.
Benner, D., 1978: Hauptströmungen der Erziehungswissenschaft. Eine Systematik traditioneller und modernen Theorien. München [2]1978.
Bernfeld, S., 1925: Sisyphos oder die Grenzen der Erziehung. Frankfurt/M. 1973.
Beutel 1929: Zur Lage unserer Erziehungsarbeit. In: Ev. Jugendhilfe 5, 2–7.
Beutel 1930: Wie ist unsere Lage? In: Ev. Jugendhilfe 6, 3–6.
Beutler, K., 1996: Das Problem der Normsetzung in der Pädagogik. In: Beutler, K., Horster, D. (Hrsg.): Pädagogik und Ethik. Stuttgart, 268–282.
Bibliographie Herman Nohl zu seinem 75. Geburtstag am 7. Oktober 1954. Bearb. v. E. Ahrens, I. Wedemeyer u. E. Weniger. Weinheim 1954.
Bittner, G., 1997: „Das Kot der Welt, in welches ich mich vertieft …“ Pestalozzi als autobiographischer Denker. In: Z. f. Pädagogik 43, 357–372.
Blankertz, H., 1959: Der Begriff der Pädagogik im Neukantianismus. Weinheim.
Blankertz, H., 1966: Pädagogische Theorie und empirische Forschung. In: Neue Folge der Ergänzungshefte zur Vierteljahrsschrift f. Wiss. Päd. (5), 65–78.
Blochmann, E., 1969: Herman Nohl in der pädagogischen Bewegung seiner Zeit. Göttingen.
Blüher, H., 1919: Der deutsche Imperialismus. Gesammelte Aufsätze. Jena, 25–28.
BMFSFJ (= Bundesministerium für Familie, Senioren, Frauen und Jugend) (Hrsg.), 1998: Leistungen und Grenzen von Heimerziehung. Ergebnisse einer Evaluationsstudie stationärer und teilstationärer Erziehungshilfen. Stuttgart u. a.
Böhnisch, L., 1975: Perspektiven zur Entstigmatisierung im Bereich der Sozialarbeit und Sozialpolitik. In: Brusten, M./Hohmeier, J. (Hrsg.): Stigmatisierung 2. Neuwied, Darmstadt, 145–172.
Böhnisch, L., 1996 a: Pädagogische Soziologie. Weinheim u. München.
Böhnisch, L., 1996 b: Laudatio. In: Wiss. Z. TU Dresden 45 (5), 1–2.
Böhnisch, L., Lösch, H., 1973: Das Handlungsverständnis des Sozialarbeiters und seine institutionelle Determination. In: Otto, H.-U., Schneider, (Hrsg.): Gesellschaftliche Perspektiven der Sozialarbeit. Zweiter Halbband. Neuwied, Darmstadt [3]1975, 21–40.
Böhnisch, L., Münchmeier, R., 1987: Pädagogik des Jugendraums. Weinheim u. München.
Böhnisch, L., Schröer, W., Thiersch, H., 2005: Sozialpädagogisches Denken. Wege zu einer Neubestimmung. Weinheim u. München.
Böhme, H., Böhme, G., 1985: Das Andere der Vernunft. Frankfurt/M.
Böschen, M., 1997: Über das Problematische im philosophischen und methodologischen Denken von Aloys Fischer (1880–1937) und seine Aktualität für Pädagogik und Geisteswissenschaften heute. In: Brinkmann, W., Harth-Peter, W. (Hrsg.): Freiheit, Geschichte, Vernunft. Würzburg, 134–157.
Bondy, C., 1930/31: Kritisches zur Fürsorgeerziehung. In: Zentralbl. f. Jugendrecht u. Jugendwohlf. XXII, 145–149.
Bornemann, E., 1978: Sozialerziehung in akademischer Forschung und Lehre. In: Wollenweber, H. (Hrsg.): Sozialpädagogik in Wissenschaft und Unterricht. Paderborn, 9–34.

Brakelmann, G., 1962: Die soziale Frage des 19. Jahrhunderts. Witten.

Brandt, R., 2004: Partisanen des Geistes. Die Rückeroberung der Geisteswissenschaften. In: Merkur, 58, H. 662, 542–547.

Bremer, 1925: Was sind wir unserer gefährdeten Jugend schuldig? In: Ev. Jugendhilfe 1, 110–119.

Brezinka, W., 1959: Die Pädagogik und die erzieherische Wirklichkeit. In: Z. f. Pädagogik 5, 1–34.

Brezinka, W., 1968: Von der Pädagogik zur Erziehungswissenschaft. In: Z. f. Pädagogik 14, 317–334, 435–475.

Brezinka, W., 1978: Metatheorie der Erziehung. München, Basel.

Brödel, R., 1984: Volksbildung und Erwerbslosigkeit in der Weimarer Republik. In: Ebert, G., Pflüger, A. (Hrsg.): Arbeitslosigkeit und berufliche Bildung. Bonn, 26–40.

Brumlik, M., 1995a: Hans Thiersch und die Utopie des geglückten Alltags. In: Neue Praxis 25, 237 f.

Brumlik, M., 1995b: Auch eine Erziehung nach Auschwitz: Erich Weniger zwischen Heinrich von Stülpnagel und Ernst Kantorowicz. In: Z. f. Pädagogik, 41, 421–426.

Brumlik, M., 1998: Klaus Mollenhauer – Die Sozialpädagogik in der Einheit seines Werks. In: Z. f. Erziehungswissenschaft 1, 431–440.

Brunkhorst, H., Otto, H.-U., 1989: Soziale Arbeit als gerechte Praxis. In: Neue Praxis 19, 372ff.

Buchenau, A., 1920: Sozialpädagogik. In: Oesterreich, P. (Hrsg.): Entschiedene Schulreform. Berlin, 56–62.

Büchsel, H., 1918/19: Alte Zeit und neue Zeit. In: Der Rettungshausbote 39, 50–51.

Büchsel, H., 1919/20: Wie können wir dem Staat gegenüber den christlichen Charakter unserer Erziehungsanstalten erhalten? In: Der Rettungshausbote 40, 4–9.

Büchsel, H., 1920/21: Nachschrift. In: Der Rettungshausbote 41, 53–56.

Büchsel, H., 1921/22 a: 'Der Mensch ist gut'. In: Der Rettungshausbote 42, 37–45.

Büchsel, H., 1921/22 b: Gesetz und Evangelium. Ein Beitrag zur Kernfrage aller Erziehungslehre. In: Der Rettungshausbote 42, 49–89.

Büchsel, H., 1922/23: Der preußische Wohlfahrtsminister und die Fürsorgeanstalten. In: Ev. Jugendhilfe 43, 149–151.

Büchsel, H., 1926: Anstaltsdisziplin. In: Ev. Jugendhilfe 2 (46), 337 f.

Buchkremer, H., 1995: Handbuch Sozialpädagogik. Dimensionen sozialer und gesellschaftlicher Entwicklungen durch Erziehung. 2., überarb. Aufl. Darmstadt.

Bunge, E., 1929: Die männliche Diakonie seit Wichern. Ein Überblick über ihre Geschichte. Berlin.

Busch, M., 1957: Johann Hinrich Wichern als Sozialpädagoge. Weinheim, Berlin.

Buschmann, P., 1927: Neuzeitliche Wege und Ziele zur Anstaltserziehung der Fürsorgezöglinge. In: Ev. Jugendhilfe 3, 290–303.

Busemann, A., 1910: Über Aufgabe und Abgrenzung der „Experimentellen Pädagogik". In: Z. f. Päd. Psych., Pathologie u. Hygiene X, 481–484.

Cepl-Kaufmann, G., Windfuhr, M., 1977: Aufklärerische Sozialpädagogik und Sozialpolitik. Zu Pestalozzis Erziehungsroman Lienhard und Gertrud. In: Intern. Archiv f. Sozialgeschichte der dt. Literatur Bd. 2, 56–95.

Chen, H.-M., 2000: Die Bedeutung des erzieherischen Verhältnisses bei Pestalozzi. Insbesondere hinsichtlich der Grundwerte Treue, Liebe und Hingabe. Frankfurt/M.

Clostermann, L., 1931/32: „Reinigung" der Fürsorgeerziehung. In: Zentralbl. f. Jugendrecht u. Jugendwohlf. XXIII, 202–205.

Delekat, F., 1928: Johann Heinrich Pestalozzi. Leipzig.

Dellsperger, R., 1996: Pestalozzi und der Pietismus. In: Hager, F., Tröhler, D. (Hrsg.): Pestalozzi – wirkungsgeschichtliche Aspekte. Bern, 329–342.

Depaepe, M., 1993: Zum Wohl des Kindes? Pädologie, pädagogische Psychologie und experimentelle Pädagogik in Europa und den USA, 1890–1940. Weinheim.

Descartes, R., 1637: Abhandlung über die Methode des richtigen Vernunftgebrauchs. Stuttgart 1982.

Diesterweg, F. A. W., 1844: Jean Jacques Rousseau. Sämtliche Werke 1/VI. Berlin (DDR) 1963, 302–331.

Dießenbacher, H., 1984: Nehmen – Verteilen – Geben. Die Geburt des modernen Sozialarbeiters aus dem Geist der Heuchelei. In: Neue Praxis 14, 374–380.

Dietrich, C., Müller, H.-R. (Hrsg.), 2000: Bildung und Emanzipation. Klaus Mollenhauer weiterdenken. Weinheim u. München.

Dilthey, W., 1883: Einleitung in die Geisteswissenschaften. Gesammelte Schriften I. Bd. Leipzig, Berlin.

Dilthey, W., 1888: Über die Möglichkeit einer allgemeingültigen pädagogischen Wissenschaft. Berlin, Langensalza, Leipzig o. J.

Dilthey, W., 1934: Pädagogik. Geschichte und Grundlinien des Systems. In: Gesammelte Schriften. IX. Bd. Leipzig, Berlin.

Döpp-Vorwald, H., 1964: Pädagogik und Soziologie. Abgrenzung und Zuordnung im Anschluß an Aloys Fischer. In: Ders.: Grundfragen der Erziehungswissenschaft. Ratingen, 105–141.

Doktor, W., Sauder, G., 1976: Nachwort. In: Diess. (Hrsg.): Empfindsamkeit. Stuttgart, 197–216

Dollinger, B., 2006 a: Die Pädagogik der Sozialen Frage. (Sozial-)Pädagogische Theorie vom Beginn des 19. Jahrhunderts bis zum Ende der Weimarer Republik. Wiesbaden.

Dollinger, B., 2006 b: Herman Nohl (1879–1960). In: Ders. (Hrsg.): Klassiker der Pädagogik. Wiesbaden, 247–267.

Dollinger, B. (Hrsg.) 2006 c: Klassiker der Pädagogik. Die Bildung der modernen Gesellschaft. Wiesbaden.

Dudek, P., 1988 a: Leitbild: Kamerad und Helfer. Sozialpädagogische Bewegung in der Weimarer Republik am Beispiel der 'Gilde Soziale Arbeit'. Frankfurt/M.

Dudek, P., 1988 b: Erziehung durch Arbeit. Arbeitslagerbewegung und Freiwilliger Arbeitsdienst 1920–1935. Opladen.

Dudek, P., 1992: Siegfried Bernfelds Doppelrolle als Aktivist und Interpret der Jugendkulturbewegung. In: Hörster, R., Müller, B. (Hrsg.): Jugend, Erziehung und Psychoanalyse. Neuwied u. a., 43–58.

Dudek, P., 1995: „Der Rückblick auf die Vergangenheit wird sich nicht vermeiden lassen". Zur pädagogischen Verarbeitung des Nationalsozialismus in Deutschland (1945–1990). Opladen.

Dudek, P., 2002: Fetisch Jugend. Walter Benjamin und Siegfried Bernfeld – Jugendprotest am Vorabend des Ersten Weltkrieges. Bad Heilbrunn.

Dudek, P., 2004: Ein Leben im Schatten. Johannes und Herman Nohl – zwei deutsche Karrieren im Kontrast. Bad Heilbrunn.

Eggemann, M., Hering, S., 1999: Wegbereiterinnen der modernen Sozialarbeit. Weinheim u. München.

Ehrhardt, J., 1932/33: Gefahren in der Jugendfürsorge. In: Zentralbl. f. Jugendrecht u. Jugendwohlf. 24, 225–232.

Eichler, A., 1933: Nationalsozialismus – Landvolk – ländliche Bildungsarbeit. In: Deutsches Bildungswesen, 1, 429–436.

Engelke, E., 1996: Soziale Arbeit als wissenschaftliche Disziplin. In: Puhl, R. (Hrsg.): Sozialarbeitswissenschaft. Weinheim u. München, 63–82.

Engelke, E., 1998: Theorien der Sozialen Arbeit. Eine Einführung. Freiburg.

Engelke, 1933: Freiheit und Ordnung in der Erziehung. In: Ev. Jugendhilfe 9 (53), 213–216.

Fallend, K., Reichmayr, J. (Hrsg.), 1992: Siegfried Bernfeld oder die Grenzen der Psychoanalyse. Materialien zu Leben und Werk. Basel, Frankfurt/M.

Fatke, R., 2000: Der „Heros makelloser Menschenliebe" und die „schmuddelige Lebenswelt". Pestalozzi und die heutige sozialpädagogische Theoriebildung. In: Neue Pestalozzi Blätter/Z. f. pädagogische Historiographie 6, H. 1, 9–17.

Fatke, R., 2002: Psychoanalytische Pädagogik und Reformpädagogik. Geschwister, die sich nichts zu sagen haben? In: Andresen, S., Tröhler, D. (Hrsg.): Gesellschaftlicher Wandel und Pädagogik. Zürich, 156–169.

Fatke, R., Hornstein, W., 1987: Sozialpädagogik – Entwicklung, Tendenzen und Probleme. In: Z. f. Pädagogik 33, 589–593.

Feidel-Mertz, H., 1989: Die Jahre danach: 1931–1980 (II). In: Wilker, K.: Der Lindenhof. Fürsorgeerziehung als Lebensschulung. Frankfurt/M., 258–271.

Finkel, M., Thiersch, H., 2001: Erziehungshilfen. In: Otto, H.-U./Thiersch, H. (Hrsg.): Handbuch Sozialarbeit Sozialpädagogik. 2. völlig überarb. Aufl. Neuwied, Kriftel, 448–462

Fischer, A., 1911 a: 'Rez. Natorp, P.: Volkskultur und Persönlichkeitskultur. Leipzig 1911'. In: Z. f. Päd. Psych. Exp. Päd. XII, 432–434.

Fischer, A., 1911 b: Die Lage der Pädagogik in der Gegenwart. In: Z. f. Päd. Psych. Exp. Päd. XII, 81–93.

Fischer, A., 1912 a: Soziologie und Pädagogik. In: Z. f. Päd. Psych. Exp. Päd. XIII, 593–596.

Fischer, A., 1912 b: Über die Faulheit. In: Z. f. Päd. Psych. Exp. Päd. XIII, 507–516, 545–561.

Fischer, A., 1913 a: Über die Bedeutung des Experiments in der pädagogischen Forschung und die Idee einer exakten Pädagogik. In: Röhrs, H. (Hrsg.): Erziehungswissenschaft und Erziehungswirklichkeit. Frankfurt/M. 21967, 35–57.
Fischer, A., 1913 b: Philosophie und Psychologie. In: Die Deutsche Schule XVII, 338–347.
Fischer, A., 1915 a: Die neue Jugendbewegung. In: Z. f. Päd. Psych. Exp. Päd. XVI, 23–37, 74–84.
Fischer, A., 1915 b: Ernst Meumann und sein Werk. In: Z. f. Päd. Psych. Exp. Päd. XVI, 214–227.
Fischer, A., 1915 c: Literaturbericht. In: Z. f. Päd. Psych. Exp. Päd. XVI, 427–430.
Fischer, A., 1917 a: Der innere Zusammenhang und die soziologischen Hintergründe der modernen Reformtendenzen auf pädagogischem Gebiet. In: Neue Bahnen 28, 244–257, 292–315.
Fischer, A., 1917 b: Über Begriff und Aufgabe der pädagogischen Psychologie. In: Z. f. Päd. Psych. Exp. Päd. XVIII, 5–13, 109–118.
Fischer, A., 1917 c: Leitlinien eines psychologisch-pädagogischen Lehrplans für Frauenschulen. In: Z. f. Päd. Psych. Exp. Päd. XVIII, 207–216.
Fischer, A., 1926: Entwicklung, gegenwärtiger Stand und pädagogische Bedeutung der psychologischen Jugendforschung. In: Jugendkunde und Schule. Hrsg. v. Zentralinstitut f. Erz. u. Unterr. Langensalza, 1–150.
Fischer, A., 1928: Die pädagogische Wissenschaft in Deutschland. In: 'Die neuzeitliche deutsche Volksschule'. Bericht über den Kongreß Berlin 1928. Berlin, 76–93.
Fischer, W., Ruhloff, J., 1964: Das pädagogische Werk und das Leben Paul Natorps. In: Natorp, P.: Pädagogik und Philosophie. Drei pädagogische Abhandlungen. Bes. v. W. Fischer unter Mitarb. v. J. Ruhloff. Paderborn, 237–245.
Flitner, W., 1927: Der Krieg und die Jugend. Gesammelte Schriften. Band 4. Paderborn u. a. 1987, 57–169.
Flitner, W., 1928: Welche Wandlungen ergeben sich für die evangelische Erziehungsaufgabe im Blick auf die pädagogische Bewegung? Gesammelte Schriften. Band 3. Paderborn u. a. 1989, 9–33.
Flitner, W., 1976: Rückschau auf die Pädagogik in futuristischer Absicht. Gesammelte Schriften. Band 3. Paderborn u. a. 1989, 487–498.
Flitner, W., 1991: 'Wilhelm Flitner im Gespräch mit Ulrich Herrmann'. In: Kaufmann, H. B. et al. (Hrsg.): Kontinuität und Traditionsbrüche in der Pädagogik. Ein Gespräch zwischen den Generationen. Weinheim u. Basel, 21–31.
Francke, H., 1932 a: Von Scheuen bis Strausberg. In: Soziale Praxis u. Archiv f. Volkswohlf. 41, Sp. 296–301.
Francke, H., 1932 b: Die Fürsorgeerziehung nach der Notverordnung über Jugendwohlfahrt. In: Soziale Praxis u. Archiv f. Volkswohlf. 41, Sp. 1458–1462.
Freud, S., 1914: Zur Geschichte der psychoanalytischen Bewegung. Gesammelte Werke X. London 1946, 43–113.
Freud, S., 1925: 'Selbstdarstellung'. Gesammelte Werke XIV. London 1948, 31–96.

Fritz, A., 1932: Die Gestaltung der Heimerziehung aus der Gemeinschaft evangelischen Glaubens. In: Ev. Jugendhilfe 8 (52), 9–32.

Fritz, A., 1933 a: Zur Neugestaltung der Fürsorgeerziehung. In: Die Innere Mission 28, 263–268.

Fritz, A., 1933 b: Wichern als Führer evangelischer Volkserziehung in der Gegenwart. In: Ev. Jugendhilfe 9 (53), 202–206.

Fritzsch, Th., 1910: Die Anfänge der Kinderpsychologie und die Vorläufer des Versuchs in der Pädagogik. In: Z. f. Päd. Psych. Path. Hyg. X, 149–160

Froese, L., 1962: Paul Natorp – ein vergessener Pädagoge? In: Päd. Rundschau 16, 245–253.

Frommann, A., Schramm, D., Thiersch, H., 1976: Sozialpädagogiusche Beratung. In: Z. f. Päd. 22, 715–741.

Füssenhäuser, C./Thiersch, H., 2001: Theorien der Sozialen Arbeit. In: Otto, H.-U./ Thiersch, H. (Hrsg.): Handbuch Sozialarbeit Sozialpädagogik. 2. völlig überarb. Aufl. Neuwied, Kriftel, 1876–1900.

Furck, C.-L., 1962: Aufgaben der Sozialpädagogik in der Gegenwart. In: Z. f. Pädagogik 8, 374–392.

Gabriel, Th., 2001: Forschung zur Heimerziehung. Eine vergleichende Bilanzierung in Großbritannien und Deutschland. Weinheim u. München.

Gängler, H., 2001: Klassiker der Sozialen Arbeit. In: Otto, H.-U./Thiersch, H. (Hrsg.): Handbuch Sozialarbeit Sozialpädagogik. 2. völlig überarb. Aufl. Neuwied, Kriftel, 1044–1057.

Gerhardt, M., 1948: Ein Jahrhundert Innere Mission. Teil 1. Gütersloh.

Germann-Müller, U., 1996: „Mutter! Mittlerin zwischen deinem Kind und der Welt!“ Zu Pestalozzis Mutterbild. Zürich.

Giering, K., 1932: Lavater und der junge Pestalozzi. In: Pestalozzi-Studien 3. Berlin, Leipzig, 63–183.

Giesecke, H., 1966: Gesellschaftliche Faktoren des sozialpädagogischen Bewußtseins. In: Zur Bestimmung von Sozialpädagogik und Sozialarbeit in der Gegenwart. Fünf Diskussionsbeiträge … Zusammengest. v. K. Mollenhauer. Weinheim, 86–98.

Gildemeister, R., 1995: Akzentverschiebungen im Modernisierungsdiskurs: Anmerkungen zur Wieder-Begegnung mit Hans Thierschs „Alltagshandeln und Sozialpädagogik“. In: Neue Praxis 25, 253–256.

Göppel R., 1989: „Der Friedrich, der Friedrich …“ Das Bild des „schwierigen Kindes“ in der Pädagogik des 19. und 20. Jahrhunderts. Würzburg.

Gonon, Ph., 1995: Kerschensteiner als Pestalozzi unserer Zeit – eine heroologische Betrachtung. In: Oelkers, J., Osterwalder, F. (Hrsg.): Pestalozzi – Umfeld und Rezeption. Weinheim u. Basel, 315–337.

Graber, R., 1999: Wirtschaftliche Dynamik – soziale Bewegungen – theoretischer Diskurs. J. H. Pestalozzis ‘Nachforschungen’ im Kontext sozioökonomischer und soziopolitischer Entwicklungen auf der Zürcher Landschaft im ausgehenden 18. Jahrhundert. In: Tröhler, D. (Hrsg.): Pestalozzis „Nachforschungen“ II: kontextuelle Studien. Bern, 19–43.

Gräser, M., 1995: Der blockierte Wohlfahrtsstaat. Unterschichtjugend und Jugendfürsorge in der Weimarer Republik. Göttingen.
Graf, M. A., 1996: Mündigkeit und soziale Anerkennung. Gesellschafts- und bildungstheoretische Begründungen sozialpädagogischen Handelns. Weinheim u. München.
Gredig, D., Wilhelm, E., 2000: Sozialpädagogik und Geschichte: Von den 'Klassikern' und der theoretischen Legitimationsprüfung zu einer historischen und empirischen Ereignishaftigkeitsprüfung. In: Neue Pestalozzi Blätter/Z. f. pädagogische Historiographie 6, H. 2, 32–37.
Gregor, A., 1925/26: Erziehungswissenschaft und Anstaltserziehung. In: Zentralbl. f. Jugendrecht u. Jugendwohlf. XVII, 236 f.
Grunwald, K., Ortmann, F., Rauschenbach, Th., Treptow, R. (Hrsg.), 1996a: Alltag, Nicht-Alltägliches, und die Lebenswelt. Beiträge zur lebensweltorientierten Sozialpädagogik. Weinheim u. München.
Grunwald, K., Ortmann, F., Rauschenbach, Th., Treptow, R., 1996b: Einleitung. In: Diess. (Hrsg.): Alltag, Nicht-Alltägliches, und die Lebenswelt. Weinheim u. München, 9–11.
Grunwald, K., Thiersch, H., 2001: Lebensweltorientierung. In: Otto, H.-U./Thiersch, H. (Hrsg.): Handbuch Sozialarbeit Sozialpädagogik. 2. völlig überarb. Aufl. Neuwied, Kriftel, 1136–1148.
Grunwald, K., Thiersch, H. (Hrsg.), 2004: Praxis Lebensweltorientierter Sozialer Arbeit. Handlungszugänge und Methoden in unterschiedlichen Arbeitsfeldern. Weinheim u. München.
Gudjons, H., 1971: Gesellschaft und Erziehung in Pestalozzis Roman Lienhard und Gertrud. Weinheim.
Guse, M., Kohrs, A., 1989: Zur Entpädagogisierung der Jugendfürsorge in den Jahren 1922–1945. In: Otto, H.-U., Sünker, H. (Hrsg.): Soziale Arbeit und Faschismus. Frankfurt/M., 228–249.
Habermas, J., 1981: Theorie des kommunikativen Handelns. 2 Bde. Frankfurt/M.
Hagen, 1928/29: Die Stellung von Arzt und Erzieher im großen Wohlfahrtsamt. In: Zentralbl. f. Jugendrecht u. Jugendwohlf. 20, 85–88.
Hamburger, F., 1995: Überlegungen zur Lage der universitären Sozialpädagogik. In: Erziehungswissenschaft 6 (12), 92–118.
Hammerschmidt, P., 1999: Die Wohlfahrtsverbände im NS-Staat. Opladen.
Harvey, E., 1989: Die Jugendfürsorge in der Endphase der Weimarer Republik. Das Beispiel der Fürsorgeerziehung. In: Otto, H.-U., Sünker, H. (Hrsg.): Soziale Arbeit und Faschismus. Frankfurt/M., 198–227.
Hasenclever, Ch., 1978: Jugendhilfe und Jugendgesetzgebung seit 1900. Göttingen.
Hauber, A., 1878: Empfindsamkeit, Sentimentalität. In: Schmid, K. A. (Hrsg.): Encyclopädie des gesamten Erziehungs- und Unterrichtswesens. 2. Bd., 2. Aufl. Gotha, 190–192
Häusler, M., 1995: „Dienst an Kirche und Volk". Die deutsche Diakonenschaft zwischen beruflicher Emanzipation und kirchlicher Formierung (1913–1947). Stuttgart u. a.

Hauss, G., 1995: Retten, Erziehen, Ausbilden – Zu den Anfängen der Sozialpädagogik als Beruf. Eine Gegenüberstellung der Entwicklungsgeschichte der Armenschullehrer-Anstalt Beuggen und des Brüderinstitutes am Rauhen Haus in Hamburg. Bern u. a.

Heinze, C., 2002: Zur Herbart-Rezeption Herman Nohls. In: Pädagogische Rundschau 56, 297–307.

Heitger, M., 1966: Vorwort. In: Neue Folge der Ergänzungshefte zur Vierteljahrsschrift f. Wiss. Päd. (5), 1.

Henkel, J., Schnapka, M., Schrapper, Ch. (Hrsg.), o. J.: Was tun mit schwierigen Kindern? Sozialpädagogisches Verstehen und Handeln in der Jugendhilfe. Münster.

Henseler, J., 1997: Natorps philosophischer Pestalozzi. Zur disziplinären Funktion der Pestalozziinterpretation Natorps. In: Niemeyer, Ch., Schröer, W., Böhnisch, L. (Hrsg.): Grundlinien Historischer Sozialpädagogik. Weinheim u. München, 129–142.

Henseler, J., 2000: Wie das Soziale in die Pädagogik kam. Zur Theoriegeschichte universitärer Sozialpädagogik am Beispiel Paul Natorps und Herman Nohls. Weinheim u. München.

Henseler, J., 2001: Sozialpädagogische Argumentationen um Pestalozzi. Rezeptionsgeschichtliche Anmerkungen zur gegenwärtigen Pestalozzi-Debatte. In: Z. f. pädagogische Historiographie 7, H. 2, 85–94.

Henseler, J., 2004: Die Aufnahme eugenischer Gedanken in der Fürsorgeerziehung. In: Barth, G., Henseler, J. (Hrsg.): Kindheit, Eugenik, Sozialpädagogik. Baltmannsweiler, 97–113.

Henseler, J., 2006: Paul Natorp (1854–1924). In: Dollinger, B. (Hrsg.): Klassiker der Pädagogik. Wiesbaden, 179–198.

Hentig, H. v., 1967: Versuch einer Einführung. In: Neue Sammlung 7, 382–390.

Herbart, J. F, 1802: Zwei Vorlesungen über Pädagogik. Sämtliche Werke. Band 1. Langensalza 1887ff, 279–290.

Herbart, J. F, 1806: Allgemeine Pädagogik aus dem Zwecke der Erziehung abgeleitet. Sämtliche Werke. Band 2. Langensalza 1887ff, 1–139.

Herbart, J. F, 1810: Üeber Erziehung unter öffentlicher Mitwirkung. Sämtliche Werke. Band 3. Langensalza 1887ff, 73–82.

Herbart, J. F, 1831: Kurze Encyklopädie der Philosophie. Sämtliche Werke. Band 9. Langensalza 1887ff, 17–338.

Herbart, J. F, 1835/1841: Umriß pädagogischer Vorlesungen. Sämtliche Werke. Band 10. Langensalza 1887 Herbart, J. F, ff., 65–196.

Herrmann, G., 1956: Die sozialpädagogische Bewegung der zwanziger Jahre. Weinheim, Berlin.

Herrmann, U., 1985: Die Jugendkulturbewegung. Der Kampf um die höhere Schule. In: Koebner, Th., Janz, R.-P., Trommler, F. (Hrsg.): „Mit uns zieht die neue Zeit“. Der Mythos Jugend. Frankfurt/M., 224–244.

Herrmann, U., 1992 a: Pestalozzi, Johann Heinrich. In: Bauer, R. (Hrsg.): Lexikon des Sozial- und Gesundheitswesens. 3 Bde. München, Wien, 1499–1501.

Herrmann, U., 1992 b: Bernfelds pädagogische Themen und ihr „Sitz im Leben“ – Ein biographischer Essay. In: Hörster, R., Müller, B. (Hrsg.): Jugend, Erziehung und Psychoanalyse. Zur Sozialpädagogik Siegfried Bernfelds. Neuwied u. a., 9–21.

Herrmann, U., 1995: Pädagogische Klassiker und Klassiker der Pädagogik. In: Z. f. Pädagogik 41, 161–165.

Herrmann, U., 1996: Pestalozzis Denken im Kontext politisch-sozialer Modernisierungsprozesse. In: Hager, F., Tröhler, D. (Hrsg.): Pestalozzi – wirkungsgeschichtliche Aspekte. Bern, 37–67.

Herrmann, U., 2007: Johann Hinrich Wichern. Leben, Werk und Wirkung. In: Herrmann, V., Gohde, J., Schmidt, H. (Hrsg.): Johann Hinrich Wichern – Erbe und Auftrag. Heidelberg

Hertz, 1926: Nachklänge vom AFET. in Hildesheim. In: Ev. Jugendhilfe 2 (46), 362–364.

Hertz 1927/28: Sorgen des Jugendamts. In: Zentralbl. f. Jugendrecht u. Jugendwohlf. XIX, 197–200.

Hobbes, Th., 1651: Leviathan. Stuttgart 1970.

Hoffman, D., 1993: Das ‘Erbe’ der Weniger-Schule. Paradigmatische Wenden und exemplarische Integrationsversuche. In: Hoffmann, D., Neumann, K. (Hrsg.): Tradition und Transformation der geisteswissenschaftlichen Pädagogik. Weinheim, 197–216.

Hoffmann, D., 1995: Heinrich Roth oder die andere Seite der Pädagogik. Weinheim.

Hollstein, W., 1973: Hilfe und Kapital. Zur Funktionsbestimmung der Sozialarbeit. In: Hollstein, W., Meinhold, M. (Hrsg.): Sozialarbeit unter kapitalistischen Produktionsbedingungen. Frankfurt/M., 167–207.

Hoof, D., 1987: Pestalozzi und die Sexualität seines Zeitalters. Quellen, Texte und Untersuchungen zur Historischen Sexualwissenschaft. Sankt Augustin.

Hoof, D., 1996: Pestalozzis Entwurf sexualpädagogischer Sozialarbeit und Familienhilfe – Historische Verfrühung oder Utopie? In: Hager, F., Tröhler, D. (Hrsg.): Pestalozzi – wirkungsgeschichtliche Aspekte. Bern, 107–120.

Horlacher, R., 2001: Gemeinschaft und Gesellschaft: Das Verhältnis von Sozialphilosophie und Pädagogik bei Johann Heinrich Pestalozzi. In: Pädagogische Rundschau 55, 21–38.

Horlacher, R., 2007: Die Rolle Pestalozzis in der Konstituierung der Sozialpädagogik als wissenschaftliche Disziplin. In: Dollinger, B., Müller, C., Schröer, W. (Hrsg.): Die sozialpädagogische Erziehung des Bürgers. Wiesbaden, 159–174.

Horn, K.-P., 2001: Abbild oder Zerrbild? Ergebnisse der Befragung zu den „pädagogisch wichtigsten Veröffentlichungen des 20. Jahrhunderts“. In: Ders., Ritzi, Ch. (Hrsg.): Klassiker und Außenseiter. Baltmannsweiler, 23–49.

Hörster, H. 1992: Zur Rationalität des sozialpädagogischen Feldes in dem Erziehungsexperiment Siegfried Bernfelds. In: Hörster, R., Müller, B. (Hrsg.): Jugend, Erziehung und Psychoanalyse. Neuwied u. a., 143–162.

Hörster, R., Müller, B., 1996: Zur Struktur sozialpädagogischer Kompetenz. Oder: Wo bleibt das Pädagogische der Sozialpädagogik? In: Combe, A., Helsper, W. (Hrsg.): Pädagogische Professionalität. Frankfurt/M., 614–648.

Hundinger, I., 1932: Zur Lage der evangelischen Erziehungsheime. In: Die Innere Mission 27, 50–52.

Hundinger, I., 1933: Umgestaltung des Reichsjugendwohlfahrtsgesetzes. In: Ev. Jugendhilfe 9 (53), 289–293.

Iben, G., 1969: Die Sozialpädagogik und ihre Theorie. In: Z. f. Pädagogik 15, 385–401.

Iben, G., 1971: Bereiche und Begriffe der Sozialpädagogik und Sozialarbeit. In: Klafki, W. u. a.: Erziehungswissenschaft 3. Eine Einführung. Frankfurt/M., 231–236.

IGfH (= Internationale Gesellschaft für Heimerziehung) (Hrsg.), 1977: Zwischenbericht Kommission Heimerziehung der Obersten Landesjugendbehörden und der Bundesarbeitsgemeinschaft der Freien Wohlfahrtspflege. Frankfurt/M.

Isserlin, M., 1923: Psychiatrie und Heilpädagogik. In: Z. f. Kinderforschung 28, 4–24.

Jacobi, J., 1998: Erziehung als Mission. In: Röper, U., Jüllig, C. (Hrsg.): Die Macht der Nächstenliebe. Berlin, 80–89.

Jaletzke, C., 1997: Psychoanalyse und Adoleszenz. Siegfried Bernfeld und seine Bedeutung für die Jugendforschung. In: Niemeyer, Ch., Schröer, W., Böhnisch, L. (Hrsg.): Grundlinien Historischer Sozialpädagogik. Weinheim u. München, 199–216.

Jens, W., Thiersch, H., 1987: Deutsche Lebensläufe in Autobiographien und Briefen. Weinheim u. München.

John, H., 1930/31: Das Prinzip der Freiwilligkeit in der Fürsorgeerziehung. In: Zentralblatt f. Jugendrecht u. Jugendwohlf. 22, 375–381.

Kaiser, J.-Ch., 1995: Von der christlichen Liebespflege zur freien Wohlfahrtspflege: Genese und Organisation konfessionellen Sozialengagements in der Weimarer Republik. In: Rauschenbach, Th. u. a. (Hrsg.): Von der Wertgemeinschaft zum Dienstleistungsunternehmen. Frankfurt/M., 150–174.

Kaiser, J.-Ch., 1998: Innere Mission und Diakonie. In: Röper, U., Jüllig, C. (Hrsg.): Die Macht der Nächstenliebe. Berlin, 14–45.

Kaiser, J.-Ch., 2007: Wicherns Bedeutung für die Diakonie im 19. und 20. Jahrhundert. Zu den Phasen und Umbrüchen seiner Rezeptionsgeschichte. In: Herrmann, V., Gohde, J., Schmidt, H. (Hrsg.): Johann Hinrich Wichern – Erbe und Auftrag. Heidelberg, 36–53.

Kant, I., 1785/86: Grundlegung zur Metaphysik der Sitten. Werkausgabe. Bd. VII. Hrsg. v. W. Weischedel. Frankfurt $^{6}$1982, 10–102.

Kant, I., 1803: Über Pädagogik. Werkausgabe. Bd. XII. Hrsg. v. W. Weischedel. Frankfurt $^{4}$1982, 697–761.

Kappeler, M., 2000: Der schreckliche Traum vom vollkommenen Menschen. Rassenhygiene und Eugenik in der Sozialen Arbeit. Marburg.

Keil, W., 1995: „Wie Johann Heinrich seine Kinder lehrt …" Lebensgeschichte und Erziehung des Hans Jacob Pestalozzi. – Pestalozzis einziger Sohn zwischen Erziehungsanspruch und Erziehungswirklichkeit. 1. Band. Regensburg.

Keil, W., 1997: Pestalozziforschung. Kritische Bestandsaufnahme in Folge der Zürcher Feierlichkeiten zum 250. Geburtstag von Johann Heinrich Pestalozzi im Januar 1996. In: Bildung und Erziehung 50, 229–243.

Kerschensteiner, G., 1921: Die Seele des Erziehers und das Problem der Lehrerbildung. Leipzig, Berlin, $^{2}$1927.

Kerschensteiner, G., 1932: Die Prinzipien der Pädagogik Pestalozzis. In: Pestalozzi-Studien 2, 1–14.

Kessl, F., Otto, H.-U, 2004: Soziale Arbeit. In: Krüger, H.-H., Grunert, C. (Hrsg.): Wörterbuch Erziehungswissenschaft. Wiesbaden, 446–452.

Key, E., 1905: Das Jahrhundert des Kindes. Berlin $^{8}$1905.

Kindt, W. (Hrsg.), 1963: Grundschriften der deutschen Jugendbewegung (= Dokumentation der Jugendbewegung I). Düsseldorf, Köln.

Kindt, W. (Hrsg.), 1968: Die Wandervogelzeit. (= Dokumentation der Jugendbewegung II). Düsseldorf, Köln.

Klafki, W., 1959: Pestalozzi über seine Anstalt in Stans. Weinheim u. Basel.

Klafki, W., Brockmann, J.-L., 2002: Geisteswissenschaftliche Pädagogik und Nationalsozialismus. Herman Nohl und seine 'Göttinger Schule' 1932–1937. Weinheim.

Klatetzki, Th., Winter, H., 1990: Zwischen Streetwork und Heimerziehung. Flexible Betreuung durch das Rauhe Haus in Hamburg. In: Neue Praxis 20, 1–15.

Kleßmann, E., 1932/33: Ausgehöhlte und erfüllte Erziehung. In: Zentralbl. f. Jugendrecht u. Jugendwohlf. XXIV, 189–196.

Klika, D., 2000: Herman Nohl. Sein 'Pädagogischer Bezug' in Theorie, Biographie und Handlungspraxis. Köln, Weimar, Wien.

Klika, D., 2003: Herman Nohl. In: Tenorth, H.-E. (Hrsg.): Klassiker der Pädagogik. Zweiter Band. München, 123–136.

Klumker, Ch. J., 1926/27: Pestalozzi. In: Zentralbl. f. Jugendrecht u. Jugendwohlf. XVIII, 277–282.

Koerrenz, R., 1992: Landerziehungsheime in der Weimarer Republik. Alfred Andreesens Funktionsbestimmung der Hermann-Lietz-Schulen im Kontext der Jahre 1919 bis 1933. Frankfurt/M.

Koerrenz, R., 2002: Diakonisches Lernen – strukturelles Lernen. Bausteine einer sozialpädagogischen Lesart Johann Hinrich Wicherns. In: Z. f. Pädagogik u. Theologie, 54, 16–25.

Knaut, 1930/31: Die Vorgänge im Landerziehungsheim Scheuen. In: Zentralbl. f. Jugendrecht u. Jugendwohlf. XXII, 46–50.

Knust, H., 1933: Grimms 'Volk ohne Raum' als Schullektüre. In: Deutsches Bildungswesen, 1, 265–271.

Köhnke, K. Ch., 1986: Entstehung und Aufstieg des Neukantianismus. Frankfurt/M.

König, K., 2001: Nur angepasst oder überzeugter Nationalsozialist? Alfred Andreesen und die Landerziehungsheime im Nationalsozialismus. In: Jahrbuch für Historische Bildungsforschung. Band 7. Bad Heilbrunn, 61–88.
Konrad, F.-M., 1995: Von der „Zukunftspädagogik“ und der „Reformpädagogischen Bewegung“. Zur Konstitution einer Epoche in ihrer Zeit. In: Z. f. Pädagogik 41, 803–825.
Konrad, F.-M., 2001: „... Unsere einzige, unsere letzte Hoffnung.“ Die Jugendbewegung als Thema und Herausforderung der Pädagogik Paul Natorps. In: Pädagogische Rundschau 55, 523–542.
Konrad, F.-M., 2003: „Christliche Pädagogik ist wesentlich Sozialpädagogik“. Die katholische Pädagogik in der Auseinandersetzung mit Paul Natorp. In: Vierteljahrsschrift f. Wiss. Pädagogik 79, 331–353.
Konrad, F.-M., 2004: Sozialpädagogik und Volksschulreform. Paul Natorp in den schulpolitischen Kämpfen seiner Zeit. In: Z. f. Sozialpädagogik 2, 338–360.
Korte, P., 2003: Pädagogisches Schreiben um 1800. Der Status von Schriftlichkeit, Rhetorik und Poetik bei Johann Heinrich Pestalozzi. Bern u.a.
Kraft, V., 1996: Pestalozzi oder das pädagogische Selbst. Eine Studie zur Psychoanalyse pädagogischen Denkens. Bad Heilbrunn.
Kramer, F., 1923: Die Bedeutung von Milieu und Anlage beim schwererziehbaren Kind. In: Z. f. Kinderforschung 28, 37–49.
Krebs, A., 1975: „Fürsorgeerziehung als Lebensschulung“. In: Unsere Jugend 27
Kremer, G., 2001: Am Ende der „Erziehungsweisheit“. Die pädagogisch-psychiatrische Behandlung ‘psychopathischer’ Fürsorgezöglinge in der Weimarer Republik am Beispiel des „Heims für weibliche Psychopathen“ in Hadamar. In: Jahrbuch für Historische Bildungsforschung. Band 7. Bad Heilbrunn, 215–238.
Kronen, H., 1980: Sozialpädagogik. Frankfurt/M.
Krüger, H.-H., 1997: Einführung in Theorien und Methoden der Erziehungswissenschaft. Opladen.
Krüger, H.-H., Grunert, C. (Hrsg.), 2004: Wörterbuch Erziehungswissenschaft. Wiesbaden.
Krumenacker, F.-J. (Hrsg.), 2004: Sozialpädagogische Diagnosen in der Praxis. Erfahrungen und Perspektiven. Weinheim u. München.
Kudritzki, G., 1962: Bibliographie und Anmerkungen. In: Flitner, W., Kudritzki, G. (Hrsg.): Die Deutsche Reformpädagogik. Bd. 2. Düsseldorf, München, 249–306.
Kuhlemann, G./Brühlmeier, A. (Hrsg.), 2002: Johann Heinrich Pestalozzi. Baltmannsweiler.
Kuhlmann, C., 2000: Alice Salomon. Ihr Lebenswerk als Beitrag zur Entwicklung der Theorie und Praxis Sozialer Arbeit. Weinheim.
Kuhlmann, C., 2003: Alice Salomon. In: Tenorth, H.-E. (Hrsg.): Klassiker der Pädagogik. Zweiter Band. München, 99–111.
Küchenhoff, W., 1962: Neuere Veröffentlichungen zur Sozialpädagogik. In: Z. f. Pädagogik 8, 79–91.
Kühne, E., 1983: Die Sozialpädagogik bei Aloys Fischer. In: Wollenweber, H. (Hrsg.): Modelle sozialpädagogischer Theoriebildung. Paderborn, 63–92.
Kupffer, H., 1970: Gustav Wyneken. Stuttgart.

Kupffer, H., 1984: Der Faschismus und das Menschenbild der deutschen Pädagogik. Frankfurt/M.

Lenzen, D., 1993: Pädagogik zwischen Hilfe, Bildung und Kritik. In: Ders. (Hrsg.): Verbindungen. Vorträge anläßlich der Ehrenpromotion von Klaus Mollenhauer. Weinheim, 9–16.

Lenzen, D., 1999: Lernen – Bildung – Lebenslauf. In: Fuhr, Th., Schultheis, K. (Hrsg.): Zur Sache der Pädagogik. Bad Heilbrunn, 176-202.

Leppmann, F., 1934: Das Gesetz zur Verhütung erbkranken Nachwuchses. In: Z. f. Kinderforschung, 42, 264–270.

Leyen, R. v. der, 1929: Psychopathenerziehung. In: Nohl, H., Pallat, L. (Hrsg.): Handbuch der Pädagogik, Bd.5. Langensalza, 149–164.

Lindmeier, B., 1998: Die Pädagogik des Rauhen Hauses. Zu den Anfängen der Erziehung schwieriger Kinder bei Johann Hinrich Wichern. Bad Heilbrunn.

Lindmeier, B., 2007: Die Pädagogik des Rauhen Hauses. In: Herrmann, V., Gohde, J., Schmidt, H. (Hrsg.): Johann Hinrich Wichern – Erbe und Auftrag. Heidelberg, 222–243.

Lisberg-Haag, I., 1998: „Die Unzucht – das Grab der Völker". In: Röper, U., Jüllig, C. (Hrsg.): Die Macht der Nächstenliebe. Berlin, 130–137.

Litt, Th., 1921: Pädagogik. In: Hinneberg, P. (Hrsg.): Die Kultur der Gegenwart. Teil I. Abt. VI. 3. Aufl. Leipzig, 276–310.

Loch, W., 1983: Phänomenologische Pädagogik. In: Lenzen, D., Mollenhauer, K. (Hrsg.): Theorien und Grundbegriffe der Erziehung und Bildung (= Enzyklopädie Erziehungswissenschaft Bd. 1). Stuttgart, 155–173.

Locke, J., 1693: Gedanken über Erziehung. Stuttgart 1980.

Lohmann, I., 2001: Siegfried Bernfeld: Sisyphos oder die Grenzen der Erziehung. Der geheime Zweifel der Pädagogik. In: Horn, K.-P., Ritzi, Ch. (Hrsg.): Klassiker und Außenseiter. Baltmannsweiler, 51–63.

Lüders, Ch., 1989: Der wissenschaftlich ausgebildete Praktiker. Entstehung und Auswirkung des Theorie-Praxis-Konzeptes des Diplomstudienganges Sozialpädagogik. Weinheim.

Malmede, H., 2002: Jugendkriminalität und Zwangsererziehung im deutschen Kaiserreich bis 1914. Ein Beitrag zur Historischen Jugendforschung. Baltmannsweiler.

Marburger, H., 1979: Entwicklung und Konzepte der Sozialpädagogik. München.

Martin, E., 2001: Sozialpädagogische Berufsethik. Auf der Suche nach dem richtigen Handeln. Weinheim u. München.

Marzahn, Ch., 1982: „… Daß der Verlust der Freyheit Wohltat für sie wurde." Zur Entwicklung des historischen Selbstverständnisses der Sozialpädagogik als wissenschaftlicher Disziplin. In: Literatur Rundschau, 5 (7), 6–22.

Marzahn, Ch., 1987: Sozialpädagogik als Pädagogik. Notizen beim Wiederlesen der „Ursprünge". In: Mollenhauer, K.: Die Ursprünge der Sozialpädagogik in der industriellen Gesellschaft. Weinheim, Basel, IX–XV.

Marzahn, Ch., 1992: Siegfried Bernfeld – Kleiner Versuch einer Selbstverständigung. In: Hörster, R., Müller, B. (Hrsg.): Jugend, Erziehung und Psychoanalyse. Neuwied u. a., 223–225.

Matthes, E., 1998: Geisteswissenschaftliche Pädagogik nach der NS-Zeit. Politische und pädagogische Verarbeitungsversuche. Bad Heilbrunn.

Matthes, J., 1973: Sozialarbeit und soziale Kontrolle. In: Otto, H.-U./Schneider, (Hrsg.): Gesellschaftliche Perspektiven der Sozialarbeit I. Neuwied 1973, 107–128.

Menck, P., 1992: Klassikerzitate als Argumente – eine Skizze. In: Paschen, H., Wigger, L. (Hrsg.): Pädagogisches Argumentieren. Weinheim, 221–231.

Merten, R., 1993: 'Rez. Bauer, R. (Hrsg.): Lexikon des Sozial- und Gesundheitswesens. 3 Bde. München/Wien 1992'. In: Sozialwissenschaftliche Literatur Rundschau 16 (26), 119–120.

Merten, R., 1996: Wissenschaftstheoretische Dimensionen der Diskussion um „Sozialarbeitswissenschaft". In: Merten, R., Sommerfeld, P., Koditek, Th. (Hrsg.): Sozialarbeitswissenschaft – Kontroversen und Perspektiven. Neuwied u.a., 55–92.

Merten, R., 1997: Autonomie der Sozialen Arbeit. Zur Funktionsbestimmung als Disziplin und Profession. Weinheim u. München.

Merten, R., Sommerfeld, P., Koditek, Th. (Hrsg.), 1996: Sozialarbeitswissenschaft – Kontroversen und Perspektiven. Neuwied u. a.

Meumann, E., 1907: Vorlesungen zur Einführung in die Experimentelle Pädagogik und ihre psychologischen Grundlagen. Erster Band. Leipzig.

Meumann, E., 1911: Die gegenwärtige Lage der Pädagogik. In: Z. f. Päd. Psych. Exp. Päd. XII, 193–206.

Meumann, E., Goldschmidt, R. H., 1912: Anleitung zum praktischen Arbeiten in der Jugendkunde und experimentellen Pädagogik. In: Z. f. Päd. Psych. Exp. Päd. XIII, 516–521, 623–638.

Miller, D., 2002: Herman Nohls „Theorie" des pädagogischen Bezugs. Eine Werkanalyse. Bern u.a.

Mollenhauer, K., 1959a: Die Ursprünge der Sozialpädagogik in der industriellen Gesellschaft. Weinheim, Basel 1987 (Reprint).

Mollenhauer, K, 1959b: Soziale Arbeit heute. Gedanken über ihre sozialen und ideologischen Voraussetzungen. In: Merten, R. (Hrsg.): Sozialarbeit – Sozialpädagogik – soziale Arbeit. Freiburg, 79–92.

Mollenhauer, K., 1961: Anpassung. In: Z. f. Päd. 7, 347–362.

Mollenhauer, K., 1964 a: Versuch 3. In: Müller, C.W., Kentler, H., Mollenhauer, K., Giesecke, H.: Was ist Jugendarbeit? Vier Versuche zu einer Theorie. München, 89–118.

Mollenhauer, K., 1964 b: Sozialpädagogik. In: Groothoff, H. H. (Hrsg.): Pädagogik. Frankfurt/M., 288–296.

Mollenhauer, K., 1964 c: Sozialpädagogische Einrichtungen. In: Groothoff, H. H. (Hrsg.): Pädagogik. Frankfurt/M., 296–314.

Mollenhauer, K., 1964 d: Gesellschaft in pädagogischer Sicht. In: Groothoff, H. H. (Hrsg.): Pädagogik. Frankfurt/M., 102–112.

Mollenhauer, K., 1964 e: Pädagogik und Rationalität. In: Ders.: Erziehung und Emanzipation. München $^{4}$1970, 55–74.

Mollenhauer, K., 1964/1974: Einführung in die Sozialpädagogik. Weinheim, Basel [8]1988.
Mollenhauer, K., 1965: Das pädagogische Phänomen 'Beratung'. In: Mollenhauer, K., Müller, C. W.: 'Führung' und 'Beratung' in pädagogischer Sicht. Heidelberg, 25–41.
Mollenhauer, K., 1966a: Was heißt 'Sozialpädagogik'? In: Zur Bestimmung von Sozialpädagogik und Sozialarbeit in der Gegenwart. Fünf Diskussionsbeiträge ... Zusammengest. v. K. Mollenhauer. Weinheim, 32–45.
Mollenhauer, K., 1966b: Das Problem einer empirisch-positivistischen Pädagogik. In: Neue Folge der Ergänzungshefte zur Vierteljahrsschrift f. Wiss. Päd. (5), 53–64.
Mollenhauer, K., 1968a: Erziehung und Emanzipation. Polemische Skizzen. München [4]1970.
Mollenhauer, K., 1968b: Sozialarbeit im Spannungsfeld sozialer Konflikte – Aspekte eines zukünftigen Selbstverständnisses. In: Neues Beginnen 4, 129–135.
Mollenhauer, K., 1968c: Sozialpädagogik. In: Dahmer, I., Klafki, W. (Hrsg.): Geisteswissenschaftliche Pädagogik am Ausgang ihrer Epoche – Erich Weniger. Weinheim, Berlin, 223–230.
Mollenhauer, K., 1968d: Jugendhilfe. Soziologische Materialien. Heidelberg.
Mollenhauer, K., 1968e: Sozialisation und Schulerfolg. In: Roth, H. (Hrsg.): Begabung und Lernen. Stuttgart [7]1971, 269–296.
Mollenhauer, K., 1968f: Umriß einer politischen Bildung als politische Aufklärung. In: Ders.: Erziehung und Emanzipation. München [4]1970, 151–168.
Mollenhauer, K., 1968g: Funktionalität und Disfunktionalität der Erziehung. In: Ders.: Erziehung und Emanzipation. München [4]1970, 22–35.
Mollenhauer, K., 1968h: Jugend und Schule im Spannungsfeld gesellschaftlicher Widersprüche. In: Ders.: Erziehung und Emanzipation. München [4]1970, 97–118.
Mollenhauer, K., 1968i: Gesellschaftliche Bedingungen der Sozialpädagogik. In: Ders.: Erziehung und Emanzipation. München [4]1970, 134–150.
Mollenhauer, K., 1972a: Bewertung und Kontrolle abweichenden Verhaltens – Aporien bürgerlich-liberaler Pädagogik. In: Hoffmann, D., Tütken, H. (Hrsg.): Realistische Erziehungswissenschaft. Hannover, 241–257.
Mollenhauer, K., 1972b: Theorien zum Erziehungsprozeß. München.
Mollenhauer, K., 1977: Interaktion und Organisation in pädagogischen Feldern. In: Blankertz, H. (Hrsg.): Interaktion und Organisation in pädagogischen Feldern (= Z. f. Päd., 13. Beih.). Weinheim, Basel, 39–57.
Mollenhauer, K., 1978: Zur Funktionsbestimmung der Sozialpädagogik. In: Wollenweber, H. (Hrsg.): Sozialpädagogik in Wissenschaft und Unterricht. Paderborn, 49–60.
Mollenhauer, K., 1979: Aspekte einer strukturalen pädagogischen Interaktionsanalyse. Methodologische Hypothesen zur Gesellschaftlichen Formierung von Bildungsverläufen. In: Röhrs, H. (Hrsg.): Die Erziehungswissenschaft und die Pluralität ihrer Konzepte. Wiesbaden, 241–252.

Mollenhauer, K., 1980: Einige erziehungswissenschaftliche Probleme im Zusammenhang der Erforschung von 'Alltagswelten Jugendlicher'. In: Lenzen, D. (Hrsg.): Pädagogik und Alltag. Stuttgart, 97–111.

Mollenhauer, K., 1982: Marginalien zur Lage der Erziehungswissenschaft. In: König, E./Zedler, P. (Hrsg.): Erziehungswissenschaftliche Forschung: Positionen, Perspektiven, Probleme. Paderborn, München, 252–265.

Mollenhauer, K., 1983: Vergessene Zusammenhänge. Über Kultur und Erziehung. München.

Mollenhauer, K., 1985 a: Anmerkungen zu einer pädagogischen Hermeneutik. In: Ders.: Umwege. Weinheim u. München, 120–136.

Mollenhauer, K., 1985 b: Der frühromantische Pädagoge F. D. Schleiermacher. In: Ders.: Umwege. Weinheim u. München, 137–159.

Mollenhauer, K., 1986: Umwege. Über Bildung, Kunst und Interaktion. Weinheim u. München.

Mollenhauer, K., 1987 a: Vorwort. In: Ders.: Die Ursprünge der Sozialpädagogik in der industriellen Gesellschaft. Weinheim, Basel, V–VII.

Mollenhauer, K., 1987 b: Korrekturen am Bildungsbegriff? In: Z. f. Pädagogik 33, 1–20.

Mollenhauer, K., 1988 a: Ist ästhetische Bildung möglich? In: Z. f. Pädagogik 34, 443–461.

Mollenhauer, K., 1988b: Erziehungswissenschaft und Sozialpädagogik/Sozialarbeit. In: Sozialwissenschaftliche Literatur Rundschau 11 (17), 53–58.

Mollenhauer, K., 1989: Sind die Begriffe Bildung und Erziehung revisionsbedürftig? In: Böllert, K., Otto, H.-U. (Hrsg.): Soziale Arbeit auf der Suche nach Zukunft. Bielefeld, 129–146.

Mollenhauer, K., 1991: 'Klaus Mollenhauer im Gespräch mit Theodor Schulze'. In: Kaufmann, H. B. et al. (Hrsg.): Kontinuität und Traditionsbrüche in der Pädagogik. Ein Gespräch zwischen den Generationen. Weinheim u. Basel, 1991, 67–82.

Mollenhauer, K., 1994: Sozialpädagogische Einrichtungen. In: Lenzen, D. (Hrsg.): Erziehungswissenschaft. Ein Grundkurs. Reinbek b. Hamburg, 447–476.

Mollenhauer, K., 1995: Ein „Mutuum Colloquium" zum 100. Geburtstag Erich Wenigers. In: Z. f. Pädagogik 41, 359–364.

Mollenhauer, K., 1996 a: Über Mutmaßungen zum „Niedergang" der Allgemeinen Pädagogik – eine Glosse. In: Z. f. Pädagogik 42, 277–285.

Mollenhauer, K., 1996 b: Kinder- und Jugendhilfe. Theorie der Sozialpädagogik – ein thematisch-kritischer Grundriß. In: Z. f. Pädagogik 42, 869–886.

Mollenhauer, K., 1996 c: In Erinnerung an die geisteswissenschaftliche Pädagogik: Wozu Pädagogik? Versuch eines thematischen Profils. In: Gruschka, A. (Hrsg.): Wozu Pädagogik? Darmstadt, 15–35.

Mollenhauer, K., 1997 a: Nachdenken über Erziehung – Schwierigkeiten mit der Moderne. In: Ders.: Sozialpädagogische Praxis, Forschung und Theorie (= Göttinger Beiträge zur erziehungswissenschaftlichen Forschung 13). Göttingen, 33–52.

Mollenhauer, K., 1997 b: Legenden und Gegenlegenden. Ein kritischer Kommentar zum Beitrag von Barbara Siemsen. In: Die Deutsche Schule 89, 158–159.

Mollenhauer, K., 1998 a: 'Sozialpädagogische' Forschung. Eine thematisch-theoretische Skizze In: Rauschenbach, Th., Thole, W. (Hrsg.): Sozialpädagogische Forschung. Weinheim u. München, 29–46.
Mollenhauer, K., 1998 b: Aktueller Nachtrag. In: Thole, W., Galuske, M., Gängler, H. (Hrsg.): KlassikerInnen der Sozialen Arbeit. Neuwied, Kriftel, 318–320.
Mollenhauer, K., 1998c: Ego histoire: Sozialpädagogik 1948–1970. In: Neue Praxis 28, 525–534.
Mollenhauer, K., 2004: Brief an Jürgen Blandow aus dem Jahr 1989. In: Krumenacker, F.-J. (Hrsg.): Sozialpädagogische Diagnosen in der Praxis. Weinheim u. München, 15–22.
Mollenhauer, K., Brumlik, M., Wudtke, H., 1975: Die Familienerziehung. München.
Mollenhauer, K., Kasakos, G., 1975: Familie und Jugendamt. In: Roth, H., Friedrich, D. (Hrsg.): Bildungsforschung. Probleme – Perspektiven – Prioritäten. Teil 2 (Bd. 51). Stuttgart, 319–344.
Mollenhauer, K., Rittelmeyer, Ch., 1978: Einige Gründe für die Wiederaufnahme ethischer Argumentation in der Pädagogik. In: Blankertz, H. (Hrsg.): Die Theorie-Praxis-Diskussion in der Erziehungswissenschaft (= Z. f. Päd., 15. Beih.). Weinheim, Basel, 79–85.
Mollenhauer, K., Uhlendorff, U., 1992: Sozialpädagogische Diagnosen. Weinheim u. München.
Mollenhauer, K., Uhlendorff, U., 1995: Sozialpädagogische Diagnosen II. Weinheim u. München.
Moritz, K. Ph., 1785–90: Anton Reiser. Stuttgart 1984.
Müller, B., 1992: Sisyphos und Tantalus – Bernfelds Konzept des „Sozialen Ortes" und seine Bedeutung für die Sozialpädagogik. In: Hörster, R., Müller, B. (Hrsg.): Jugend, Erziehung und Psychoanalyse. Neuwied u.a., 59–74.
Müller, B. K., 1995: Hans Thiersch: Alltagshandeln und Sozialpädagogik. In: Neue Praxis 25, 257–259.
Müller, B., 2002: Siegfried Bernfelds Begriff der „Instituetik" als Orientierungspunkt für ein Programm der Bildung der Affekte. In: Liegle, L./Treptow, R. (Hrsg.): Welten der Bildung in der Pädagogik der frühen Kindheit und in der Sozialpädagogik. Freiburg, 157–166.
Müller, C. W., 1982: Wie Helfen zum Beruf wurde. Weinheim, Basel.
Müller, C. W., 1988: Nachwort zu einem historischen Dokument. In: Mollenhauer, K.: Einführung in die Sozialpädagogik. 8. Aufl. Weinheim, Basel, 167–170.
Müller, C. W., 1993: „... Der Figur vom 'Arrangement der Umstände' treu geblieben". In: Lenzen, D. (Hrsg.): Verbindungen. Weinheim, 81–90.
N. N., 1926/27: Pestalozzis „Kindermord" als modernes Programm der Jugendfürsorge. In: Zentralbl. f. Jugendrecht u. Jugendwohlf. XVIII, 287–290.
Natorp, P., 1894 a: Religion innerhalb der Grenzen der Humanität. Ein Kapitel zur Grundlegung der Sozialpädagogik. Freiburg/Leipzig.
Natorp, P., 1894 b: Pestalozzis Ideen über Arbeiterbildung und soziale Frage. Heilbronn.

Natorp, P., 1899 a: Sozialpädagogik. Theorie der Willenserziehung auf der Grundlage der Gemeinschaft. Stuttgart 41920.

Natorp, P., 1899 b: Sozialpädagogik. In: Encyklopädisches Handbuch der Pädagogik. Hrsg. v. W. Rein. 6. Bd. Langensalza, 701–707.

Natorp, P., 1905: Pestalozzi und die Frauenbildung. In: Gesammelte Abhandlungen zur Sozialpädagogik. Erstes Heft. Stuttgart $^{2}$1922, 132–160.

Natorp, P., 1908: Pestalozzi. Sein Leben und seine Ideen. Leipzig u. Berlin, 51927.

Natorp, P., 1909: Über Philosophie als Grundwissenschaft der Pädagogik. In: Ders.: Pädagogik und Philosophie. Bes. v. W. Fischer unter Mitarb. v. J. Ruhloff. Paderborn 1964, 149–227.

Natorp, P., 1913 a: Freideutsche Jugend. In: Kindt, W. (Hrsg.): Die Wandervogelzeit. (= Dokumentation der Jugendbewegung II). Düsseldorf, Köln 1968, 491–494.

Natorp, P., 1913 b: Hoffnungen und Gefahren unserer Jugendbewegung. Freideutsche Jugend. In: Kindt, W. (Hrsg.): Grundschriften der deutschen Jugendbewegung (= Dokumentation der Jugendbewegung I). Düsseldorf, Köln 1963, 129–147.

Natorp, P., 1917: Rousseaus Sozialphilosophie. In: Gesammelte Abhandlungen zur Sozialpädagogik. Erstes Heft. Stuttgart $^{2}$1922, 43–70.

Natorp, P., 1918: Deutscher Weltberuf. Zweites Buch. Die Seele des Deutschen. Jena.

Natorp, P., 1919: Der Idealismus Pestalozzis. Leipzig.

Natorp, P., 1920: Sozial-Idealismus. Berlin 21922.

Natorp, P., 1921: 'Paul Natorp'. In: Schmidt, R. (Hrsg.): Die Deutsche Philosophie der Gegenwart in Selbstdarstellungen. 1. Bd. Leipzig, 151–176.

Natorp, P., 1923: Philosophie und Pädagogik. 2. Aufl. Marburg.

Natorp, P., 1924: Der Deutsche und sein Staat. Erlangen.

Natorp, P., 1925: Vorlesungen über praktische Philosophie. Erlangen.

Niemeyer, A.H., 1796: Grundsätze der Erziehung und des Unterrichts für Eltern, Hauslehrer und Erzieher. Paderborn 1970.

Niemeyer, Ch., 1979: Lothar W. – Klaus Holzkamps berühmtester Fall. Kritisch-psychologische Therapie auf psychoanalytischer Grundlage. In: Psyche 33, 306–342.

Niemeyer, Ch., 1987: Der Praktiker als Forscher. Psychoanalyse als Erkenntnistheorie und als Metatheorie psychologischen und pädagogischen Erkennens und Handelns. In: Psyche 41, 197–237.

Niemeyer, Ch., 1989: Zur Systematik und Aktualität der Sozialpädagogik Natorps vor dem Hintergrund ihrer ideengeschichtlichen Einlagerung. In: Oelkers, J., Schulz, W. K., Tenorth, H.-E. (Hrsg.): Neukantianismus. Weinheim, 241–260.

Niemeyer, Ch., 1992 a: Natorp, Paul. In: Bauer, R. (Hrsg.): Lexikon des Sozial- und Gesundheitswesens. 3 Bde. München, Wien, 1395–1398.

Niemeyer, Ch., 1992 b: Entstehung und Krise der Weimarer Sozialpädagogik. In: Ders.: Theorie und Praxis der Sozialpädagogik. Münster 1999, 46–60.

Niemeyer, Ch., 1993 a: Sozialpädagogik zwischen Empfindsamkeit und Aufklärung am Beispiel von Pestalozzis vormodernem Roman. In: Marotzki, W., Sünker, H.

(Hrsg.): Kritische Erziehungswissenschaft – Moderne – Postmoderne. 2. Bd. Weinheim, 176–203.

Niemeyer, Ch., 1993 b: Rousseau auf der Couch. „La Nouvelle Héloise“ als Schlüssel zu seinem Kindheitstrauma. In: Psyche 47, 441–463.

Niemeyer, Ch., 1993 c: Markus stört. Sozialpädagogische Kasuistik von Ausgrenzungsprozessen auf attributionstheorietischer Grundlage. In: Ders.: Theorie und Praxis der Sozialpädagogik. Münster 1999, 159–187.

Niemeyer, Ch., 1994: Unzeitgemäße Sozialpädagogik. Erwägungen auf dem Weg zur Rephilosophierung einer Einzelwissenschaft unter Bezug auf Nietzsche. In: Ders.: Sozialpädagogik als Wissenschaft und Profession. Weinheim u. München 2003, 250–269.

Niemeyer, Ch., 1996 a: Robert stört. Sozialpädagogische Kasuistik eines Kindes, das Schwierigkeiten *macht*, weil es welche *hat*. In: Ders.: Theorie und Praxis der Sozialpädagogik. Münster 1999, 188–208.

Niemeyer, Ch., 1996 b: Sozialpädagogik als Pädagogik und als Erziehungswissenschaft – ein Vermittlungsversuch anläßlich einer Glosse Klaus Mollenhauers. In: Ders.: Sozialpädagogik als Wissenschaft und Profession. Weinheim u. München 2003, 150–163.

Niemeyer, Ch., 1997 a: Die Schlacht um die Jugendwohlfahrt oder Intention und Wirkung Wicherns. In: Niemeyer, Ch., Schröer, W., Böhnisch, L. (Hrsg.): Grundlinien Historischer Sozialpädagogik. Weinheim u. München, 71–93.

Niemeyer, Ch., 1997 b: Die disziplinäre Engführung des Sozialpädagogikbegriffs im Zuge des Jugendwohlfahrtsdiskurses der Weimarer Epoche. In: Niemeyer, Ch., Schröer, W., Böhnisch, L. (Hrsg.): Grundlinien Historischer Sozialpädagogik. Weinheim u. München, 165–178.

Niemeyer, Ch., 1997 c: Sozialpädagogik in der geisteswissenschaftlichen Pädagogik. In: Ders.: Sozialpädagogik als Wissenschaft und Profession. Weinheim u. München 2003, 138–149.

Niemeyer, Ch., 1998: Nietzsches andere Vernunft. Psychologische Aspekte von Biographie und Werk. Darmstadt.

Niemeyer, Ch., 1999: Sozialpädagogik als Männerberuf. Zur Bedeutung von § 9 RJWG für den Professionalisierungsdiskurs im Bereich der evangelischen Jugendfürsorge der Weimarer Republik. In: Ders.: Sozialpädagogik als Wissenschaft und Profession. Weinheim u. München 2003, 79–93.

Niemeyer, Ch., 2000: Von der 'schmuddeligen' sozialpädagogischen Theoriebildung. Ein Kommentar zu Reinhard Fatke. In: Ders.: Sozialpädagogik als Wissenschaft und Profession. Weinheim u. München 2003, 171–177.

Niemeyer, Ch., 2001 a: Jugendbewegung und Antisemitismus. Über vergessene Zusammenhänge angesichts aktueller Probleme. In: Neue Sammlung 41, 463–485.

Niemeyer, Ch., 2001 b: Sozialpädagogik im Reformstau? Pragmatische Professionalisierungsperspektiven für ein rhetorisch stark entwickeltes Fach am Beispiel der Jugendhilfe. In: Ders.: Sozialpädagogik als Wissenschaft und Profession. Weinheim u. München 2003, 178–188.

Niemeyer, Ch., 2002 a: Nietzsche, die Jugend und die Pädagogik. Eine Einführung. Weinheim u. München.

Niemeyer, Ch, 2002 b: Sozialpädagogik, Sozialarbeit, Soziale Arbeit – „klassische“ Aspekte der Theoriegeschichte. In: Thole, W. (Hrsg.): Grundriss Soziale Arbeit. Opladen, 123–137.

Niemeyer, Ch., 2003 a: Sozialpädagogik als Wissenschaft und Profession. Grundlagen, Kontroversen, Perspektiven. Weinheim u. München.

Niemeyer, Ch., 2003 b: Nietzsche in den unterschiedlichen Epochen der Sozialpädagogik. Einige Bemerkungen aus rezeptionsgeschichtlicher Perspektive. In: Z. f. Sozialpädagogik 1, 75–100.

Niemeyer, Ch., 2004 a: Praxisforschungsorientierte Beratung in der Sozialpädagogik. Überlegungen im Anschluss an Mollenhauer und Uhlendorff. In: Krumenacker, F.-J. (Hrsg.): Sozialpädagogische Diagnosen in der Praxis. Weinheim u. München, 151–163.

Niemeyer, Ch., 2004 b: Nietzsche im Schrifttum der deutschen Jugendbewegung? Ein kleiner Test auf eine große These anhand von drei Jugendbewegungszeitschriften. In: Jahrbuch des Archivs der deutschen Jugendbewegung 19 (1999–2001). Schwalbach/Ts., 119–145.

Niemeyer, Ch., 2005 a: Essay: Sozialpädagogik zwischen Gut und Böse. Ein Problemaufriss. In: Z. f. Sozialpädagogik 3, 2–10.

Niemeyer, Ch., 2005 b: Jugendbewegung und Nationalsozialismus. In: Z. f. Religions- und Geistesgeschichte 57, 337–365.

Niemeyer, Ch. 2006: Sozialpädagogik zwischen sexueller und sozialer Frage. Zur fortdauernden Ambivalenz eines Grundkonflikts. In: Dörr, M., Müller, B. (Hrsg.): Nähe und Distanz. Weinheim u. München, 97-111.

Niemeyer, Ch., 2007 a: Kam Hitler aus dem Nichts? – oder: Ein Fall von Reflexionsabwehr. Zur theoriepolitischen Bedeutung der Dokumentation der Jugendbewegung von Werner Kindt für die geisteswissenschaftliche (Sozial-)Pädagogik. In: Kraft, V. (Hrsg.): Zwischen Reflexion, Funktion und Leistung: Facetten der Erziehungswissenschaft. Bad Heilbrunn, 31–68.

Niemeyer, Ch., 2007 b: „Der Spießbürger führt das Wort.“ Zu einigen Merkwürdigkeiten (sozial-)pädagogischer (Jugendbewegungs-)Historiographie. In: Dollinger, B., Müller, C., Schröer, W. (Hrsg.): Die sozialpädagogische Erziehung des Bürgers. Wiesbaden, 245–256.

Niemeyer, Ch. 2008: Vom Nutzen und Nachteil der Säuglingsonanie für das (Über-) Leben. Oder: Herman Nohl und die *Zeitschrift für Kinderforschung* zwischen 1923 und 1938. In: Hering, S., Schröer, W. (Hrsg.): Sorge um die Kinder. Weinheim u. München 2008, 53–66.

Niemeyer, Ch., Naumann, M. 2006: Siegfried Bernfeld (1892–1953). Vom Außenseiter zum Idol des Mainstream. In: Dollinger, B. (Hrsg.): Klassiker der Pädagogik. Wiesbaden, 265–286.

Niemeyer, Ch., Rautenberg, M. 2006: Klaus Mollenhauer (1928–1998). Pädagogik als vergessener Zusammenhang. In: Dollinger, B. (Hrsg.): Klassiker der Pädagogik. Wiesbaden, 331–352.

Niemeyer, Ch., Schröer, W., 1994: Der Sozialpädagogikbegriff im Zeitschriftendiskurs der Weimarer Epoche. In: Horn, K., Wigger, L. (Hrsg.): Systematiken und Klassifikationen in der Erziehungswissenschaft. Weinheim, 69–102.

Nohl, H., 1924: Die Pädagogik der Verwahrlosten. In: Ders.: Pädagogik aus Dreißig Jahren. Frankfurt/M. 1949, 173–181.
Nohl, H., 1926a: Die Einheit der Pädagogischen Bewegung. In: Ders.: Pädagogik aus dreißig Jahren. Frankfurt/M. 1949, 21–27.
Nohl, H., 1926b: Die geistigen Energien der Jugendwohlfahrtsarbeit. In: Ders.: Pädagogik aus dreißig Jahren. Frankfurt/M. 1949, 133–142.
Nohl, H., 1926c: Gedanken über die Erziehungstätigkeit des Einzelnen mit besonderer Berücksichtigung der Erfahrungen von Freud und Adler. In: Ders.: Pädagogik aus dreißig Jahren. Frankfurt/M. 1949, 151–160.
Nohl, H., 1926d: Der männliche Sozialbeamte und die Sozialpädagogik in der Wohlfahrstpflege. In: Ders.: Pädagogik aus dreißig Jahren. Frankfurt/M. 1949, 151–160.
Nohl, H., 1927a: Gedanken zur Pestalozzifeier. In: Ders.: Pädagogische Aufsätze. Langensalza 21929, 70–80.
Nohl, H., 1927b: Die geistige Welt Pestalozzis. In: Ders.: Erziehergestalten. Göttingen 1958, 12–23.
Nohl, H., 1927c: Die Jugend und der Alltag. In: Ders.: Pädagogik aus dreißig Jahren. Frankfurt/M. 1949, 98–111.
Nohl, H., 1927d: Jugendwohlfahrt. Sozialpädagogische Vorträge. Leipzig.
Nohl, H., 1928: Die pädagogische Idee in der öffentlichen Jugendhilfe. In: Ders.: Pädagogik aus dreißig Jahren. Frankfurt/M. 1949, 151–160.
Nohl, H., 1929a: Schule und Alltag. In: Ders.: Pädagogik aus dreißig Jahren. Frankfurt/M. 1949, 112–123.
Nohl, H., 1929b: Bildung und Alltag. In: Ders.: Pädagogik aus dreißig Jahren. Frankfurt/M. 1949, 124–132.
Nohl, H., 1929c: Die Widersprüche im Charakter und ihre pädagogische Bedeutung. In: Ders.: Ausgewählte pädagogische Abhandlungen. Bes. v. J. Offermann. Paderborn, 1967, 39–50.
Nohl, H., 1931: Weltanschauung und Erziehung. In: Ders.: Ausgewählte pädagogische Abhandlungen. Bes. v. J. Offermann. Paderborn 1967, 59–66.
Nohl, H., 1931/32a: Landbewegung, Osthilfe und die nationale Aufgabe der Pädagogik. In: Die Erziehung 7, 65–76.
Nohl, H., 1931/32b: Die pädagogische Osthilfe. In: Die Erziehung 7, 449–461.
Nohl, H., 1932a: Die Siedlungshelferin. In: Ders.: Landbewegung, Osthilfe und die Aufgabe der Pädagogik. Leipzig 1933, 35–42.
Nohl, H., 1932b: Die sozialpädagogische und nationalpolitische Bedeutung der Kinderfürsorge auf dem Lande. In: Ders.: Landbewegung, Osthilfe und die Aufgabe der Pädagogik. Leipzig 1933, 43–50.
Nohl, H., 1932/33a: Die volkserzieherische Arbeit innerhalb der pädagogischen Bewegung. In: Ders.: Pädagogik aus dreißig Jahren. Frankfurt/M. 1949, 211–221.
Nohl, H., 1932/33b: Die zweifache deutsche Geistigkeit und ihre pädagogische Bedeutung. In: Ders.: Pädagogik aus dreißig Jahren. Frankfurt/M. 1949, 190–203.
Nohl, H., 1933a: Landbewegung, Osthilfe und die Aufgabe der Pädagogik. Leipzig.

Nohl, H., 1933 b: Die Erziehungs- und Bildungsarbeit auf dem Lande und insbesondere im Osten. In: Ders.: Landbewegung, Osthilfe und die Aufgabe der Pädagogik. Leipzig, 83–92.

Nohl, H., 1933/34: Die Grundlagen der nationalen Erziehung. UB Göttingen: Cod. Ms. H. Nohl 830: 1 a

Nohl, H., 1933/35: Die pädagogische Bewegung in Deutschland und ihre Theorie. Frankfurt/M. [10]1988.

Nohl, H., 1935 a: Die ästhetische Wirklichkeit. Eine Einführung. Frankfurt/M. [3]1961.

Nohl, H., 1935 b: Einführung in die Philosophie. Frankfurt/M. [4]1948.

Nohl, H., 1938: Charakter und Schicksal. Frankfurt/M. [2]1940.

Nohl, H., 1939: Die sittlichen Grunderfahrungen. Eine Einführung in die Ethik. Frankfurt/M. [3]1949.

Nohl, H., 1948 a: Pestalozzi und die Gegenwart. In: Ders.: Erziehergestalten. Göttingen 1958, 23–32.

Nohl, H., 1948 b: Der lebendige Herbart. In: Die Sammlung 3, 201–208.

Nohl, H., 1948 c: Vom Wesen der Erziehung. In: Ders.: Pädagogik aus dreißig Jahren. Frankfurt/M. 1949, 279–289.

Nohl, H., 1950 a: Die Erziehung durch Aufgaben in der Verwahrlostenpädagogik. Eine Buchbesprechung. In: Die Sammlung 5, 701–704.

Nohl, H., 1950 b: Die Bildung des Erziehers. In: Die Sammlung 5, 705–712.

Nohl, H., 1951: Die geistige Bedeutung der Leibesübungen. In: Ders.: Schuld und Aufgabe der Pädagogik. Schorndorf b. Stuttgart 1962, 55–61.

Nohl, H., 1952: Die Kunst und das Publikum. In: Die Sammlung 7, 14–22.

Nohl, H., 1954: Schuld und Aufgabe der Pädagogik. In: Ders.: Ausgewählte pädagogische Abhandlungen. Bes. v. J. Offermann. Paderborn 1967, 94–99.

Nohl, H., 1961: Vom Sinn der Kunst.Göttingen.

Noller, A., 2007: Wicherns Bedeutung für die Soziale Arbeit. Eine diakoniewissenschaftliche Perspektive. In: Herrmann, V., Gohde, J., Schmidt, H. (Hrsg.): Johann Hinrich Wichern – Erbe und Auftrag. Heidelberg, 294–304.

Oelkers., J., 1989: Die große Aspiration. Zur Herausbildung der Erziehungswissenschaft im 19. Jahhundert. Darmstadt.

Oelkers, J., 1990: Ja *und* Nein. Pestalozzis Stellung zur Französischen Revolution. In: Herrmann, U., Oelkers, J. (Hrsg.): Französische Revolution und Pädagogik der Moderne. Weinheim, 243–254.

Oelkers, J., 1991: Hermeneutik oder Kulturpädagogik? Zur Bilanzierung der geisteswissenschaftlichen Pädagogik. In: Hoffmann, D. (Hrsg.): Bilanz der Paradigmendiskussion in der Erziehungswissenschaft. Weinheim, 31–47.

Oelkers, J., 1996 a: Reformpädagogik. 3., überarb. u. erw. Aufl. Weinheim u. München.

Oelkers, J., 1996 b: Mit Herz und Hand und ohne Kopf. Johann Heinrich Pestalozzi, die pädagogische Legende, war ein geborener Verlierer. In: Frankfurter Allgemeine Zeitung, Samstag, 13. Januar 1996, Nr. 11.

Oelkers, J., 1997: Herman Nohl (1879–1960): Die geisteswissenschaftliche Pädagogik und das Problem des historischen Bewußtseins. In: Brinkmann, W., Harth-Peter, W. (Hrsg.): Freiheit, Geschichte, Vernunft. Würzburg, 106–133.

Oelkers, J., 1998: Einige Bemerkungen Friedrich Nietzsches über Erziehung und der Status eines „Klassikers der Pädagogik". In: Niemeyer, Ch./Drerup, H./ Oelkers, J./Pogrell, L. v. (Hrsg.): Nietzsche in der Pädagogik? Weinheim, 211–240.

Oelkers, J., 2001: Geleitwort. In: Miller, D.: Herman Nohls „Theorie" des pädagogischen Bezugs. Bern u.a. 2002, 7–9.

Oelkers, J., 2002: Erfasst die Sozialpädagogik das Soziale in der Pädagogik? In: Andresen, S., Tröhler, D. (Hrsg.): Gesellschaftlicher Wandel und Pädagogik. Zürich, 52–65.

Oelkers, J., Osterwalder, F. 1995a: Vorwort. In: Diess. (Hrsg.): Pestalozzi – Umfeld und Rezeption. Weinheim u. Basel, 7–8.

Oelkers, J., Osterwalder, F. (Hrsg.), 1995b: Pestalozzi – Umfeld und Rezeption. Studien zur Historisierung einer Legende. Weinheim u. Basel.

Ohst, M., 1999: Johann Hinrich Wichern. Versuch einer kirchengeschichtlichen Einordnung. In: Pietismus und Neuzeit 25, 158–181.

Olk, Th., Heinze, R. G., 1981: Die Bürokratisierung der Nächstenliebe. Am Beispiel von Geschichte und Entwicklung der „Inneren Mission". In: Sachße, Ch./ Tennstedt, F. (Hrsg.): Jahrbuch der Sozialarbeit 4. Geschichte und Geschichten. Reinbek, 233–271.

Ortmann, H., 1998: Liebe, Macht und Erkenntnis: In wessen Auftrag lehren wir? Brief an einen verstorbenen Lehrer. In: Neue Praxis 28, 511–516.

Osterwalder, F. 1995: „Kopf Herz Hand" – Slogan oder Argument? In: Oelkers, J., Osterwalder, F. (Hrsg.): Pestalozzi – Umfeld und Rezeption. Weinheim u. Basel, 338–371.

Osterwalder, F., 1996a: Pestalozzis Einheit – ein theologisches Problem im Zentrum der Pädagogik. In: Päd. Rundschau, 50, 117–131.

Osterwalder, F., 1996b: Zum 250. Geburtstag Pestalozzis – rationale Argumentation oder Kult des Pädagogischen? In: Z. f. Pädagogik, 42, 149–163.

Pape-Balling, Ch., 1989: Karl Wilkers Leben und Wirken 1885–1930 (I). In: Wilker, K.: Der Lindenhof. Fürsorgeerziehung als Lebensschulung. Frankfurt/M., 221–257.

Parmentier, M., 1998: Entdeckt, was ihr wollt. Zum Tode von Klaus Mollenhauer. Eine Würdigung. In: Erziehungswissenschaft 9, H. 17, 23–42.

Paulsen, F., 1906: Das moderne Bildungswesen. In: Hinneberg, P. (Hrsg.): Die Kultur der Gegenwart. Teil I. Abt. I. Berlin, Leipzig, 54–86.

Paulsen, F., 1911: Pädagogik. Stuttgart, Berlin $^{6,7}$1921.

Peters, H., 1971: Die mißlungene Professionalisierung der Sozialarbeit. In: Otto, H.-U./Utermann, H. (Hrsg.): Sozialarbeit als Beruf. München, 99–124.

Peukert, D. J. K., 1986: Grenzen der Sozialdisziplinierung. Aufstieg und Krise der deutschen Jugendfürsorge 1878–1932. Köln.

Pfister, O., 1913: Die psychoanalytische Methode. Leipzig, Berlin.

Pippert, R., 1983: Paul Natorps Sozialpädagogik. In: Wollenweber, H. (Hrsg.): Modelle sozialpädagogischer Theoriebildung. Paderborn, 11–36.

Prange, K., 1991: Pädagogik im Leviathan. Bad Heilbrunn.

Prange, K., 2003: „Alltag" und „Lebenswelt" im pädagogischen Diskurs. Zur aporetischen Struktur der lebensweltorientierten Pädagogik. In: Z. f. Sozialpädagogik 1, 296–314.

Pross, H., 1964: Jugend, Eros, Politik. Die Geschichte der deutschen Jugendverbände. Wien 1964.

Puhl, R. (Hrsg.), 1996: Sozialarbeitswissenschaft. Weinheim u. München.

Rauschenbach, Th., 1992: Sind nur Lehrer Pädagogen? Disziplinäre Selbstvergewisserungen im Horizont des Wandels von Sozial- und Erziehungsberufen. In: Z. f. Pädagogik 38, 385–417.

Rawe, M., 1924: Die dritte Tagung der Psychopathenfürsorge. In: Soziale Praxis u. Archiv f. Volkswohlf. XXXIII, Sp. 1044–1046.

Reyer, J., 2002a: Sozialpädagogik – ein Nachruf. In: Z. f. Pädagogik 48, 398–413.

Reyer, J., 2002b: Kleine Geschichte der Sozialpädagogik. Individuum und Gemeinschaft in der Pädagogik der Moderne. Baltmannsweiler.

Riedo, Ch., 2004: Wie Gertrud zur Frau wird. Die Konstruktion von Geschlecht im Werk Johann Heinrich Pestalozzis. Zürich

Rohden, G. v., 1908: Rettungsanstalten. In: Encyklopädisches Handbuch der Pädagogik. Hrsg. v. W. Rein. 2. Aufl. 7. Bd. Langensalza, 458–492.

Rohden, G. v., 1910: Wichern, Johann Hinrich. In: Encyklopädisches Handbuch der Pädagogik. Hrsg. v. W. Rein. 2. Aufl. 10. Bd. Langensalza, 160–170.

Röhrs, H., 1953: Die Pädagogik Aloys Fischers. Ratingen.

Roth, H., 1962: Die realistische Wendung in der Pädagogik. In: Ders.: Erziehungswissenschaft, Erziehungsfeld und Lehrerbildung. Hannover 1967, 113–126.

Roth, H., 1965: Empirische pädagogische Anthropologie. In: Ders.: Erziehungswissenschaft, Erziehungsfeld und Lehrerbildung. Hannover 1967, 139–152.

Roth, H., Friedrich, D., 1975: Einleitung. In: Diess. (Hrsg.): Bildungsforschung. Probleme – Perspektiven – Prioritäten. Teil 2 (Bd. 51). Stuttgart, 19–54.

Rousseau, J.-J., 1762 a: Emil oder über die Erziehung. Paderborn u. a. 51981.

Rousseau, J.-J., 1762 b: Vom Gesellschaftsvertrag oder Grundsätze des Staatsrechts. Stuttgart 1977.

Rousseau, J.-J., 1776: Rousseau richtet über Jean-Jacques. Schriften, Bd. 2. Frankfurt/M. u. a. 1981, 253–636.

Rousseau, J.-J., 1782–89: Die Bekenntnisse. München 1981.

Ruhloff, J., 2003: Paul Natorp. In: Tenorth, H.-E. (Hrsg.): Klassiker der Pädagogik. Zweiter Band. München, 32–43.

Sachße, Ch., 1986: Mütterlichkeit als Beruf. Sozialarbeit. Sozialreform und Frauenbewegung 1871–1929. Frankfurt/M.

Sachße, Ch., 1995: Verein, Verband und Wohlfahrtsstaat: Entstehung und Entwicklung der „dualen" Wohlfahrtspflege. In: Rauschenbach, Th., Sachße, Ch., Olk, Th. (Hrsg.): Von der Wertgemeinschaft zum Dienstleistungsunternehmen. Frankfurt/M., 123–149.

Sachße, Ch., Tennstedt, F., 1988: Geschichte der Armenfürsorge in Deutschland. Band 2. Fürsorge und Wohlfahrtspflege 1871–1929. Stuttgart u. a.

Salustowicz, P., 1995: Soziale Arbeit zwischen Disziplin und Profession. Weinheim u. München.
Salzmann, Ch. G., 1783–88: Carl von Carlsberg oder über das menschliche Elend. Leipzig.
Saupe, E., 1924: Deutsche Pädagogen der Neuzeit. Osterwieck.
Scheuerl, H., 1979: Einleitung. In: Ders. (Hrsg.): Klassiker der Pädagogik. Erster Band. München, 7–13.
Schleiermacher, F., 1983: Pädagogische Schriften I. Unter Mitw. v. Th. Schulze hrsg. v. E. Weniger. Berlin, Wien.
Schlitter, 1918/19: Wie überwinden wir in unseren Anstalten die Gefahren, welche die gegenwärtige Zeit der Charakterentwicklung unsrer Jugend bringt? In: Der Rettungshausbote 39, 51–60.
Schönberger, I., 2005: Die Entstehung und Entwicklung der Fürsorgetheorien im Deutschen Kaiserreich zwischen 1896 und 1918 am Beispiel der *Zeitschrift für Kinderforschung*. In: Konrad, F.-M. (Hrsg.): Sozialpädagogik im Wandel. Historische Skizzen. Münster u. a., 63–74.
Schreiner, H., 1931: Der Kampf um die Fürsorgeerziehung. In: Innere Mission 26, 194–199.
Schröer, W., 1994: Sozialpädagogik als Bildungstheorie und Bildungspolitik. Der Sozialpädagogikbegriff in der Deutschen Schule zwischen 1897 und 1914. In: Paed. Hist. XXX, 865–887.
Schröer, W., 1997: Sozialisierung von Bildung. Die Sozialpädagogikdebatte im „Kampf um Herbart“. In: Niemeyer, Ch., Schröer, W., Böhnisch, L. (Hrsg.): Grundlinien Historischer Sozialpädagogik. Weinheim u. München, 111–128.
Schröer, W., 1999: Sozialpädagogik und die soziale Frage. Der Mensch im Zeitalter des Kapitalismus um 1900. Weinheim u. München.
Schröer, W., 2000: Paul Natorp und die Theoriegeschichte der Sozialpädagogik – einführende Bemerkungen. In: Institut für Sozialpädagogik und Sozialarbeit (Hrsg.): 100 Jahre Sozialpädagogik Paul Natorps. TU Dresden, 7–11.
Schulze, Th. 1979: „Der Sinn des Lebens liegt im Leben selbst …“ Ein neugieriger Rückblick auf die geisteswissenschaftliche Pädagogik zum 100. Geburtstag von Herman Nohl. In: Neue Sammlung 19, 542–564.
Schwenk, B., 1966: Empirie und Konstruktion in der Pädagogik. In: Päd. Rundschau 20, 112–120.
Sen, A. (2002): Ökonomie für den Menschen. Wege zu Gerechtigkeit und Solidarität in der Marktwirtschaft. München.
Siegel, E., 1981: Dafür und dagegen. Ein Leben für die Sozialpädagogik. Stuttgart.
Siegel, E., 1988: Erfahrung als Entwurf. Erlebte Geschichte der Sozialpädagogik und der ‘Gilde Soziale Arbeit’. Bielefeld.
Siemsen, B., 1995: Der andere Weniger. Eine Untersuchung zu Erich Wenigers kaum beachteten Schriften. Frankfurt/M.
Siemsen, B., 1997 a: „In der Entscheidung gibt es keine Umwege“. Zwei Pädagogen reagieren auf ihre Amtsenthebung 1933: Erich Weniger und Adolf Reichwein. In: Die Deutsche Schule, 89, 137–157.
Siemsen, B., 1997 b: Entgegnung. In: Die Deutsche Schule, 89, 160–162.

Silber, K., 1932: Anna Pestalozzi-Schulthess und der Frauenkreis um Pestalozzi (= Pestalozzi-Studien 4). Berlin, Leipzig.

Soëtard, M., 2004: Kontextualisierung und Entpädagogisierung. Was bleibt von Pestalozzi übrig? In: Vierteljahrsschr. f. Wiss. Pädagogik 80, 196–204.

Spranger, E., 1921. Lebensformen. München, Hamburg 1965.

Spranger, E., 1958: Der geborene Erzieher. Gesammelte Schriften. Bd. I. Tübingen, Heidelberg 1969, 280–338.

Stahl, A., 1931: 'Pädagogik aus Glauben'. In: Innere Mission 27, 103–109.

Stahl, A., 1933: Öffentliche und freie Jugendwohlfahrtspflege im neuen Staat. In: Die Innere Mission 28, 128–138.

Stalla, B. J., 1999: Aloys Fischer (1880–1937). Biographie und Bildungstheorie. Frankfurt/M.

Steckmann, U., 2004: Autonomie und lebensweltliche Einbettung: Hans Thiersch über Soziale Arbeit und Moral. In: Z. f. Sozialpädagogik 2, 262–285.

Steckmann, U., 2005: Rez. zu Wolfgang Klafki/Johanna-Luise Brockmann: Geisteswissenschaftliche Pädagogik und Nationalsozialismus. In: Z. f. Sozialpädagogik 3, 99–103.

Steckmann, U., 2006: Diskussion: Phantombilder der Gerechtigkeit. Sozialpädagogik auf der Suche nach ihrer Rechtfertigung. In: Z. f. Sozialpädagogik 4, 68–90.

Steinweg, J., 1928: Die Innere Mission der evangelischen Kirche. Heilbronn.

Strohm, Th., 1998: „Wichern drei". Die neue Kultur des Sozialen. In: Z. f. Evangelische Ethik 42, 171–175.

Tenorth, H.-E., 1985: Zur deutschen Bildungsgeschichte 1918–1945. Köln, Wien.

Tenorth, H.-E., 1988: Geschichte der Erziehung. Weinheim u. München 1988.

Tenorth, H.-E., 1989: Versäumte Chancen. Zur Rezeption und Gestalt der empirischen Erziehungswissenschaft der Jahrhundertwende. In: Zedler, P., König, E. (Hrsg.): Rekonstruktion pädagogischer Wissenschaftsgeschichte. Weinheim, 317–344.

Tenorth, H.-E., 1990: Profession und Disziplin. Bemerkungen über die krisenhafte Beziehung zwischen pädagogischer Arbeit und Erziehungswissenschaft. In: Drerup, H., Terhart, E. (Hrsg.): Erkenntnis und Gestaltung. Weinheim, 81–98.

Tenorth, H.-E., 1992: „Unnötig" und „unerwünscht" – Siegfried Bernfeld und die Universitätswissenschaft. In: Hörster, R., Müller, B. (Hrsg.): Jugend, Erziehung und Psychoanalyse. Zur Sozialpädagogik Siegfried Bernfelds. Neuwied u. a., 23–40.

Tenorth, H.-E., 1999: Sigmund Freud über Siegfried Bernfeld. Ein „Lehrauftrag für psychoanalytische Pädagogik" an der Universität Berlin. In: Jahrbuch für Historische Bildungsforschung. Band 5. Bad Heilbrunn, 301–312.

Tenorth, H.-E. (Hrsg.), 2003 a: Klassiker der Pädagogik. Erster Band. München.

Tenorth, H.-E. (Hrsg.), 2003 b: Klassiker der Pädagogik. Zweiter Band. München.

Thiersch, H., 1964: Zur Jugendbewegung. In: Neue Sammlung 4, 429–437.

Thiersch, H., 1966 a: Anmerkungen zum methodologischen Verhältnis von Literatur und Pädagogik. In: Neue Sammlung 6, 110–118.

Thiersch, H., 1966 b: Hermeneutik und Erfahrungswissenschaft. In: Die Deutsche Schule 58, 3–21.

Thiersch, H., 1967: Verwahrlosung. In: Giesecke, H. (Hrsg.): Offensive Sozialpädagogik. Göttingen 1973, 24–44.
Thiersch, H., 1968a: Lehrerverhalten und kognitive Lernleistung. In: Roth, H. (Hrsg.): Begabung und Lernen. Stuttgart [7]1971, 482–490.
Thiersch, H., 1968b: Pädagogische Verantwortung. In: Dahmer, I., Klafki, W. (Hrsg.): Geisteswissenschaftliche Pädagogik am Ausgang ihrer Epoche – Erich Weniger. Weinheim, Berlin, 81–101.
Thiersch, H., 1969a: Stigmatisierung und Verfestigung abweichenden Verhaltens. In: Z. f. Pädagogik 15, 373–384.
Thiersch, H., 1969b: Rez. u.a. zu: Sack, F., König, R. (Hrsg.): Kriminalsoziologie. Frankfurt/M. 1968. In: Z. f. Päd. 15, 483–486.
Thiersch, H., 1970: Zur Situation der Heimerziehung. In: Neues Beginnen 21, 170–180.
Thiersch, H., 1972a: Institution Heimerziehung. In: Giesecke, H. (Hrsg.): Offensive Sozialpädagogik. Göttingen 1973, 56–69.
Thiersch, H., 1972b: Zum Dritten Jugendbericht. In: Z. f. Pädagogik 18, 245–254.
Thiersch, H., 1972c: Entwicklungspostulate für die Jugendhilfe. In: Sozialpädagogik 14, 200–208.
Thiersch, H., 1975: Abweichendes Verhalten – Definitionen und Stigmatisierungsprozesse. In: Roth, H., Friedrich, D. (Hrsg.): Bildungsforschung. Probleme – Perspektiven – Prioritäten. Teil 2 (Bd. 51). Stuttgart, 345–382.
Thiersch, H., 1977: Kritik und Handeln. Interaktionistische Aspekte der Sozialpädagogik. Darmstadt.
Thiersch, H., 1978a: Alltagshandeln und Sozialpädagogik. In: Neue Praxis 25 (1995), 215–234.
Thiersch, H., 1978b: Zum Verhältnis von Sozialarbeit und Therapie. In: Neue Praxis 8, Sonderh., 6–23.
Thiersch, H., 1978c: Die hermeneutisch-pragmatische Tradition der Erziehungswissenschaft. In: Thiersch, H., Rupprecht, H.. Herrmann, U.: Die Entwicklung der Erziehungswissenschaft. München, 11–108.
Thiersch, H., 1980: Theorie der Sozialarbeit und Sozialpädagogik. In: Kreft, D., Mielenz, I. (Hrsg.): Wörterbuch Soziale Arbeit. Weinheim, Basel, 463–468.
Thiersch, H., 1981: Die Zukunft der Sozialarbeit und der sozialen Berufe. In: Projektgruppe Soziale Berufe (Hrsg.): Sozialarbeit: Ausbildung und Qualifikation. Expertisen I. München, 20–38.
Thiersch, H., 1982: Der Auftrag der Sozialpädagogik in einer Zeit erstarkender Restauration. In: Sozialpädagogik 24, 154–168.
Thiersch, H., 1983: Geisteswissenschaftliche Pädagogik. In: Lenzen, D., Mollenhauer, K. (Hrsg.): Theorien und Grundbegriffe der Erziehung und Bildung (= Enzyklopädie Erziehungswissenschaft Bd. 1). Stuttgart, 81–100.
Thiersch, H., 1984: Verstehen oder Kolonialisieren? Verstehen als Widerstand. In: Müller, S., Otto. H.-U. (Hrsg.): Verstehen oder Kolonialisieren? Grundprobleme sozialpädagogischen Handelns und Forschens. Bielefeld, 15–30.
Thiersch, H., 1986: Die Erfahrung der Wirklichkeit. Perspektiven einer alltagsorientierten Sozialpädagogik. Weinheim u. München.

Thiersch, H., 1987 a: Schwierigkeiten im Umgang mit Moral. In: Rauschenbach, Th., Thiersch, H. (Hrsg.): Die herausgeforderte Moral. Bielefeld, 15–34.

Thiersch, H., 1987 b: Alltagsnöte, Selbsthilfe, professionelle Therapie: Was leistet das Angebot professioneller Therapie in Alltagsnöten und neben der Selbsthilfe? In: Bergold, J. (Hrsg.): Veränderter Alltag und Klinische Psychhologie. Tübingen, 39–49.

Thiersch, H., 1990: Moral als moralisch inspirierte Kasuistik. In: Müller, B., Thiersch, H. (Hrsg.): Gerechtigkeit und Selbstverwirklichung. Freiburg, 13–25.

Thiersch, H., 1992 a: Antwort von Hans Thiersch. In: Hörster, R., Müller, B. (Hrsg.): Jugend, Erziehung und Psychoanalyse. Neuwied u.a., 227–230.

Thiersch, H., 1992 b: Lebensweltorientierte Soziale Arbeit. Weinheim u. München.

Thiersch, H., 1993 a: Zum sozialpädagogischen Konzept Erich Wenigers. In: Hoffmann, D., Neumann, K. (Hrsg.): Tradition und Transformation der geisteswissenschaftlichen Pädagogik. Zur Re-Vision der Weniger-Denkschrift. Weinheim, 35–52.

Thiersch, H., 1993 b: Strukturierte Offenheit. Zur Methodenfrage einer lebensweltorientierten Sozialen Arbeit. In: Rauschenbach, Th., Ortmann, F., Karsten, M.-E. (Hrsg.): Der sozialpädagogische Blick. Weinheim u. München, 11–28.

Thiersch, H., 1994: Sozialpädagogik und Erziehungswissenschaft. Reminiszenzen zu einer hoffentlich bald überflüssigen Diskussion. In: Krüger, H.-H., Rauschenbach, Th. (Hrsg.): Erziehungswissenschaft. Weinheim u. München, 131–146.

Thiersch, H., 1995 a: Weniger und die Erziehungswirklichkeit. In: Z. f. Pädagogik 41, 395–398.

Thiersch, H., 1995 b: Ausblick. In: Thiersch, H./Grunwald, K. (Hrsg.): Zeitdiagnose Soziale Arbeit. Weinheim u. München, 245–251.

Thiersch, H., 1995 c: Lebenswelt und Moral. Beiträge zur moralischen Orientierung Sozialer Arbeit. Weinheim u. München.

Thiersch, H., 1996: Sozialarbeitswissenschaft: Neue Herausforderung oder Altbekanntes? In: Merten, R., Sommerfeld, P., Koditek, Th. (Hrsg.): Sozialarbeitswissenschaft – Kontroversen und Perspektiven. Neuwied u.a., 1–20.

Thiersch, H., 1997: Lebensweltorientierung konkret – Jugendhilfe auf dem Weg zu einer veränderten Praxis. In: Wolff, M., Schröer, W., Möser, S. (Hrsg.): Lebensweltorientierung konkret – Jugendhilfe auf dem Weg zu einer veränderten Praxis. Frankfurt/M., 14–28.

Thiersch, H., 1998 a: Lebensweltorientierte Arbeit und Forschung. In: Rauschenbach, Th., Thole, W. (Hrsg.): Sozialpädagogische Forschung. Weinheim u. München, 81–96.

Thiersch, H., 1998 b: Profession und Person. Zur Berufsidentität der PädagogInnen. In: Ders.: Positionsbestimmungen der Sozialen Arbeit. Weinheim u. München 2002, 191–201.

Thiersch, H., 1998c: Einleitung. In: Bundesministerium für Familie, Senioren, Frauen und Jugend (Hrsg.): Leistungen und Grenzen von Heimerziehung. Stuttgart u. a., 13–16.

Thiersch, H., 1998 d: Notizen zum Zusammenhang von Lebenswelt, Flexibilität und flexiblen Hilfen. In: Peters, F., Trede, W., Winkler, M. (Hrsg.): Integrierte Erziehungshilfen. Frankfurt/M., 36–51.

Thiersch, H., 1998 e: Aktueller Nachtrag. In: Thole, W., Galuske, M., Gängler, H. (Hrsg.): KlassikerInnen der Sozialen Arbeit. Neuwied, Kriftel, 467–469.

Thiersch, H., 1999 a: Politik, Jugendhilfe, Heimerziehung. In: Colla, H./Gabriel, Th./Millham, S./Müller-Teusler, St./Winkler, M. (Hrsg.): Handbuch Heimerziehung und Pflegekinderwesen in Europa. Neuwied, Kriftel, 425–437.

Thiersch, H., 1999 b: Großelternschaft. In: Lenz, K., Rudolph, M., Sickendieck, U. (Hrsg.): Die alternde Gesellschaft. Weinheim u. München, 137–148.

Thiersch, H., 1999 c: Sürmischer Aufbruch und allmähliche Profilierung. In: Homfeldt, H.-G., Merten, R., Schulze-Krüdener, J. (Hrsg.): Soziale Arbeit im Dialog über Generationen. Baltmannsweiler, 22–31.

Thiersch, H., 2000 a: Vermittlung von Wissenschaft, Ausbildung und Praxis. In: Ders.: Positionsbestimmungen der Sozialen Arbeit. Weinheim u. München 2002, 179–190.

Thiersch, H., 2000 b: Lebensweltorientierung in der Sozialen Arbeit – als radikalisiertes Programm. In: Ders.: Positionsbestimmungen der Sozialen Arbeit. Weinheim u. München 2002, 29–51.

Thiersch, H., 2000 c: Bemerkungen zum Aufsatz von Reinhard Fatke: Der Heros makelloser Menschenliebe und die schmuddelige Lebenswelt. In: Neue Pestalozzi Blätter/Z. f. pädagogische Historiographie 6, H. 2, 29–32.

Thiersch, H., 2001 a: Lebenswelt, Lebensschwierigkeiten, Psychoanalyse – Zum Verhältnis lebensweltorientierter Jugendhilfe zu psychoanalytischer Therapie. In: Schmid, V. (Hrsg.): Verwahrlosung – Devianz – antisoziale Tendenz. Freiburg, 35–48.

Thiersch, H., 2001 b: Moral und Soziale Arbeit. In: Otto, H.-U./Thiersch, H. (Hrsg.): Handbuch Sozialarbeit Sozialpädagogik. 2. völlig überarb. Aufl. Neuwied, Kriftel, 1245–1258.

Thiersch, H., 2001 c: Erziehungshilfen und Lebensweltorientierung – Bemerkungen zu Bilanz und Perspektiven. In: Birtsch, V., Münstermann, K., Trede, W. (Hrsg.): Handbuch Erziehungshilfen. Münster, 213–233.

Thiersch, H., 2001d: Lebensweltorientierte Jugendsozialarbeit. In: Fülbier, P., Münchmeier, R. (Hrsg.): Handbuch Jugendsozialarbeit. Münster, 777–789.

Thiersch, H., 2002 a: Wissenschaft von der Sozialen Arbeit und Erziehungswissenschaft. In: In: Ders.: Positionsbestimmungen der Sozialen Arbeit. Weinheim u. München 2002, 95–114.

Thiersch, H., 2002 b: Hans Thiersch * 16.5.1935. In: Heitkamp, H., Plewa, A. (Hrsg.): Soziale Arbeit in Selbstzeugnissen. Band 2. Freiburg, 373–417.

Thiersch, H., 2002 c: Bildung und Soziale Arbeit. In: Liegle, L./Treptow, R. (Hrsg.): Welten der Bildung in der Pädagogik der frühen Kindheit und in der Sozialpädagogik. Freiburg, 74–91.

Thiersch, H., 2003 a: 25 Jahre alltagsorientierte Soziale Arbeit – Erinnerung und Aufgabe. In: Z. f. Sozialpädagogik 1, 114–130.

Thiersch, H., 2003 b: Gerechtigkeit und Soziale Arbeit. In: Hosemann, W., Trippmacher, B. (Hrsg.): Soziale Arbeit und soziale Gerechtigkeit. Baltmannsweiler, 82–94.
Thiersch, H., 2004 a: Sozialarbeit/Sozialpädagogik und Beratung. In: Nestmann, F., Engel, F., Sickendiek, U. (Hrsg.): Das Handbuch der Beratung. Band 1. Tübingen, 115–124.
Thiersch, H., 2004 b: Lebensweltorientierte Soziale Beratung. In: Nestmann, F., Engel, F., Sickendiek, U. (Hrsg.): Das Handbuch der Beratung. Band 2. Tübingen, 699–709.
Thiersch, H., 2004 c: Widersprüche in der Sozialen Arbeit – Essayistische Anmerkungen zur gegenwärtigen Situation. In: Hering, S./Urban, U. (Hrsg.): „Liebe allein genügt nicht". Historische und systematische Dimensionen der Sozialpädagogik. Opladen, 35–43.
Thiersch, H., 2004 d: Leben lernen. In: Unsere Jugend 56, 206–218.
Thiersch, H., 2004 e: Pädagogik, Geisteswissenschaftliche. In: Krüger, H.-H., Grunert, C. (Hrsg.): Wörterbuch Erziehungswissenschaft. Wiesbaden, 347–351.
Thiersch, H., 2004 f: Bildung und Soziale Arbeit. In: Otto, H.-U., Rauschenbach, Th. (Hrsg.): Die andere Seite der Bildung. Wiesbaden, 237–252.
Thiersch, H., 2004 g: Sozialpädagogik und Sozialarbeit. Notizen zu Defintionsdiskursen, historisch-sozialen Konstellationen und Funktionen der Sozialen Arbeit. In: Knapp, G. (Hrsg.): Soziale Arbeit und Gesellschaft. Klagenfurt, 146–153.
Thiersch, H., 2004 h: Sozialpädagogische Kompetenz und Wissenschaft. In: Neue Praxis 34, 491–496.
Thiersch, H., 2006 a: Leben lernen, Bildungskonzepte und sozialpädagogische Aufgaben. In: Otto, H.-U., Oelkers, J. (Hrsg.): Zeitgemäße Bildung. München u. Basel, 21–36.
Thiersch, H., 2006 b: Normen, Grenzen, Strafen – eine Skizze. In: Badawia, T., Luckas, H., Müller, H. (Hrsg.): Das Soziale gestalten. Wiesbaden, 113–131.
Thiersch, H., 2007 a: Bildung als Zukunftsprojekt der Sozialen Arbeit. Eine essayistische Skizze. In: Bütow, B., Chassé, K. A., Hirt, R. (Hrsg.): Soziale Arbeit nach dem sozialpädagogischen Jahrhundert. Opladen, 107–125.
Thiersch, H., 2007 b: Bildung und Sozialpädagogik. In: Knapp, G., Lauermann, K. (Hrsg.): Schule und Soziale Arbeit. Klagenfurt u. Wien, 104–122.
Thiersch, H., 2007 c: Erziehungswissenschaft als Aufklärung. Heinrich Roths Bedeutung in Erziehungswissenschaft und Bildungspolitik. In: Die Deutsche Schule, 9. Beiheft, 15–29.
Thiersch, H., 2007 d: Die Verführung rigider Verkürzungen. Zur Attraktivität von Bernhard Bueb: Lob der Disziplin. In: Neue Praxis 37, 177–188.
Thiersch, H., Grunwald, K., Köngeter, St., 2002: Lebensweltorientierte Soziale Arbeit. In: Thole, W. (Hrsg.): Grundriss Soziale Arbeit. Opladen, 161–178.
Thiersch, H., Rauschenbach, Th., 1984: Sozialpädagogik/Sozialarbeit: Theorie und Entwicklung. In: Eyferth, H., Otto, H.-U., Thiersch, H. (Hrsg.): Handbuch Sozialarbeit/Sozialpädagogik. Neuwied, 984–1016.

Thöny-Schwyn, G., 1996: Pestalozzis Wirkung in Nohls Theorie des pädagogischen Bezugs. In: Hager, F., Tröhler, D. (Hrsg.): Pestalozzi – wirkungsgeschichtliche Aspekte. Bern, 253–263.

Thole, W., Galuske, M., Gängler, H. (Hrsg.), 1998: KlassikerInnen der Sozialen Arbeit. Sozialpädagogische Texte aus zwei Jahrhunderten – ein Lesebuch. Neuwied, Kriftel.

Thorun, W., 2000: Reformprojekt Soziale Arbeit. 75 Jahre Gilde Soziale Arbeit. Münster.

Timme, Ch. F., 1781/82: Der empfindsame Maurus Pancratius Cyprianus auch Selma genannt. Erfurt.

Tönnies, F., 1893: Nietzsche-Narren. In: Ders.: Der Nietzsche-Kultus. Eine Kritik. Hrsg. v. G. Rudolph. Berlin 1990, 98–104.

Trapp, E. Ch., 1780: Versuch einer Pädagogik. Paderborn 1977.

Treptow, R., 1985: Raub der Utopie. Zukunftskonzepte bei Schütz und Bloch. Kritik der Alltagspädagogik. Bielefeld.

Treptow, R., 2000: Straße als Erfahrungsraum und Handlungsfeld Sozialer Arbeit. In: Müller, S. et al. (Hrsg.): Soziale Arbeit: gesellschaftliche Bedingungen und professionelle Perspektiven. Neuwied, Kriftel, 569–582.

Treptow, R., 2002a: Sozialpädagogik, Kultur und Generation. In: Schweppe, C. (Hrsg.): Generation und Sozialpädagogik. Theoriebildung, öffentliche und familiale Generationenverhältnisse, Arbeitsfelder. Weinheim u. München, 83–99.

Treptow, R., 2002b: „Schaffung kultureller Tatsachen". Siegfried Bernfelds Beitrag zur pädagogischen Struktur- und Prozessreflexivität. In: Liegle, L./Treptow, R. (Hrsg.): Welten der Bildung in der Pädagogik der frühen Kindheit und in der Sozialpädagogik. Freiburg, 167–180.

Tröhler, D., 1996: Der Paradigmenwechsel in Pestalozzis Sozialphilosophie im Umfeld der Französischen Revolution. In: Hager, F., Tröhler, D. (Hrsg.): Pestalozzi – wirkungsgeschichtliche Aspekte. Bern, 205–230.

Tröhler, D., 1999: Pestalozzis 'Nachforschungen' im interdisziplinären Gespräch. Einleitende Bemerkungen über den Zwischenstand der Pestalozzi-Forschung 1998. In: Ders. (Hrsg.): Pestalozzis „Nachforschungen" II: kontextuelle Studien. Bern, 7–17.

Tröhler, D., 2001: Kommunitarismus und Sozialpädagogik. In: Neue Praxis 31, 113–129.

Tröhler, D., 2002: Die Anfangskonstruktionen der deutschsprachigen Sozialpädagogik. Ihre historiographischen und theoretischen Tücken. In: Andresen, S., Tröhler, D. (Hrsg.): Gesellschaftlicher Wandel und Pädagogik. Zürich, 25–37.

Tröhler, D., 2003: Rez. zu Wolfgang Klafki/Johanna-Luise Brockmann: Geisteswissenschaftliche Pädagogik und Nationalsozialismus. In: Z. f. päd. Historiographie, 9, H. 2, 120–122.

Uhlendorff, U., 2003: Geschichte des Jugendamtes. Entwicklungslinien öffentlicher Jugendhilfe 1871 bis 1929. Weinheim, Basel, Berlin.

Uhlhorn, G., 1892: Die kirchliche Armenpflege in ihrer Bedeutung für die Gegenwart. In: Ders.: Schriften zur Sozialethik und Diakonie. Hrsg. im Auftrag d. Ge-

sellsch. f. Nieders. Kirchengesch. v. M. Cordes u. H. Otte. Hannover 1990, 283–339.
Uhlhorn, G., 1894: Die Stellung der evangelisch-lutherischen Kirche zur sozialen Frage der Gegenwart. In: Ders.: Schriften zur Sozialethik und Diakonie. Hannover 1990, 351–376.
Uhlhorn, G., 1895: Die christliche Liebestätigkeit. Darmstadt ²1959 (Reprint).
Uhlhorn, G., 1900: Der Pietismus und seine Bedeutung für Innere Mission und soziale Wirksamkeit. In: Ders.: Schriften zur Sozialethik und Diakonie. Hannover 1990, 283–339.
Vahsen, F. G., 1996: Sozialarbeit auf dem Weg zur Sozialarbeitswissenschaft? In: Puhl, R. (Hrsg.): Sozialarbeitswissenschaft. Weinheim u. München, 9–23.
Venturelli, A., 1984: Nietzsche in der Berggasse 19. In: Nietzsche-Studien 13, 448–480.
Villinger, W., 1935: Erfahrungen mit der Durchführung des Erbkrankheitenverhütungsgesetzes an männlichen Fürsorgezöglingen. In: Z. f. Kinderforschung, 44, 233–248.
Villinger, W., 1938: Die Notwendigkeit eines Reichsbewahrungsgesetzes vom Jugendpsychiatrischen Standpunkt aus. In: Z. f. Kinderforschung, 47, Heft 1, 1–27.
Weber, H., 1925/26: Sozialwissenschaftliche Forschungs- und Ausbildungsarbeit im Münsteraner Institut für Wirtschafts- und Sozialwissenschaften. In: Dt. Z. f. Wohlfahrtspflege 1, 296–302.
Webler, H., 1931/32: Das Berliner Landerziehungsheim in Scheuen. In: Zentralbl. f. Jugendrecht u. Jugendwohlf. XXIII, 206–210.
Webler, H., 1932/33: Notverordnung zur Fürsorgeerziehung. In: Zentralbl. f. Jugendrecht u. Jugendwohlf. XXIV, 321–322.
Weinberg, J., 1987: Protestantischer Eigensinn und demokratischer Konsensusbedarf im Denken Erich Wenigers. In: Neumann, K. (Hrsg.): Erich Weniger – Leben und Werk (= Göttinger Beiträge zur universitären Erwachsenenbildung, Heft 11). Göttingen, 51–64.
Welsch, W., 1994: Einleitung. In: Ders. (Hrsg.): Wege aus der Moderne. Schlüsseltexte der Postmoderne-Diskussion. 2. Aufl. Berlin, 1–43
Weniger, E., 1924: Erziehungsgedanken im Strafvollzug (Tagungsbericht). In: Päd. Zentralblatt 4, 196–198.
Weniger, E., 1927 a: Die Gegensätze in der modernen Fürsorgeerziehung. In: Ders.: Lehrerbildung, Sozialpädagogik, Militärpädagogik. Ausgew. u. komment. v. H. Gaßen. Band 5. Weinheim, Basel 1990, 144–175.
Weniger, E.: 1927 b: Gegensätzliches und Gemeinsames in der modernen Fürsorgeerziehung. In: Ev. Jugendhilfe 3 (47), 246–250.
Weniger, E., 1928: Die Jugendbewegung und ihre kulturelle Auswirkung. In: Kindt, W. (Hrsg.): Grundschriften der deutschen Jugendbewegung (= Dokumentation der Jugendbewegung I). Düsseldorf, Köln 1963, 525–555.
Weniger, E., 1929: Theorie und Praxis in der Erziehung. In: Ders.: Ausgewählte Schriften zur geisteswissenschaftlichen Pädagogik. Ausgew. u. m. einer edit. Notiz vers. v. B. Schonig. Band 6. Weinheim, Basel 1990, 29–44.

Weniger, E., 1930: Sozialpädagogik. In: Enzyklopädisches Handbuch des Kinderschutzes und der Kinderfürsorge. Leipzig, 749–752.
Weniger, E., 1931/32: Erklärung zum Ricklinger Vergleich. In: Zentralbl. f. Jugendrecht u. Jugendwohlf. XXIII, 138–140.
Weniger, E., 1954: Einführung. In: Bibliographie Herman Nohl zu seinem 75. Geburtstag. Weinheim, 3–13.
Weniger, E., 1955: Rez. Aloys Fischer, Gesammelte Abhandlungen zur Soziologie, Sozialpädagogik und Sozialpsychologie. In: Z. f. Pädagogik 1, 61–64.
Weniger, H., 1959: Herman Nohl und die sozialpädagogische Bewegung. In: Z. f. Pädagogik 5, 1. Beih., 5–20.
Wezel, J. K., 1773–75: Lebensgeschichte Tobias Knauts, des Weisen, sonst der Stammler genannt. Berlin 1990.
Wilms, M., 1926: Woher kommen unsere Fürsorgezöglinge? In: Ev. Jugendhilfe 2, 49–59.
Wilker, K., 1914: Eine neue „Jugendkultur“. In: Die Deutsche Schule 18, 87–94.
Wilker, K., 1921 a: Der Lindenhof. Werden und Wollen. Heilbronn.
Wilker, K., 1921 b: Fürsorgeerziehung als Lebensschulung. Ein Aufruf zur Tat. Berlin.
Winkler, M., 1988: Eine Theorie der Sozialpädagogik. Stuttgart.
Winkler, M., 1993: Hat die Sozialpädagogik Klassiker? In: Neue Praxis 23, 171–183.
Winkler, M., 1994 a: Ein geradezu klassischer Fall. Zur Traditionsstiftung in der Pädagogik durch Klassiker. In: Horn, K., Wigger, L. (Hrsg.): Systematiken und Klassifikationen in der Erziehungswissenschaft. Weinheim, 141–168.
Winkler, M., 1994 b: Wo bleibt das Allgemeine? Vom Aufstieg der allgemeinen Pädagogik zum Fall der Allgemeinen Pädagogik. In: Krüger, H.-H., Rauschenbach, Th. (Hrsg.): Erziehungswissenschaft. Weinheim u. München, 93–114.
Winkler, M., 1997 a: Herman Nohl – Sozialpädagogik im Horizont der Geisteswissenschaften. Eine Interpretationsperspektive. In: Niemeyer, Ch., Schröer, W., Böhnisch, L. (Hrsg.): Grundlinien Historischer Sozialpädagogik. Weinheim u. München, 143–163.
Winkler, M., 1997 b: Die Lust am Untergang: Polemische Skizzen zum Umgang der Sozialpädagogik mit ihrer eigenen Theorie. In: Neue Praxis 27, 54–67.
Winkler, M., 1997 c: Uneingelöster Anfang: Friedrich Schleiermacher (1768–1834) und die geisteswissenschaftliche Pädagogik. In: Brinkmann, W., Harth-Peter, W. (Hrsg.): Freiheit, Geschichte, Vernunft. Würzburg, 39–63.
Winkler, M., 2000: „Aber du hast ihn getäuscht.“ (PSW XII, 94) Über Pestalozzis ‘Nachforschungen’ als Theorie der neuzeitlichen Subjektivität. In: Neue Pestalozzi Blätter/Z. f. pädagogische Historiographie 6, H. 2, 16–28.
Winkler, M., 2002: Klaus Mollenhauer. Ein pädagogisches Porträt. Weinheim u. Basel.
Winkler, M., 2003: Sozialpädagogik. In: Benner, D., Oelkers, J. (Hrsg.): Historisches Wörterbuch der Pädagogik. Weinheim, 903–928.

Winter, D., 1998: Ein Fest für Pestalozzi, ein Fest der Nation oder: die Inszenierung des Pädagogischen. Schweizer Pestalozzifeiern zwischen Zivilreligion, Nationalpädagogik und Identitätsstiftung 1896, 1927, 1946. Bern u.a.

Wolff, 1929: Der Kampf um die Fürsorgeerziehung. In: Evangelische Jugendhilfe 49, 97–115.

Wolffersdorff, Ch. v., 1997: Reformdiskussion über die Zwangserziehung – Heimerziehung und Strafvollzug um die Jahrhundertwende. In: Niemeyer, Ch., Schröer, W., Böhnisch, L. (Hrsg.): Grundlinien Historischer Sozialpädagogik. Weinheim u. München, 95–109.

Wollenweber, H.(Hrsg.), 1983 a: Modelle sozialpädagogischer Theoriebildung. Paderborn.

Wollenweber, H., 1983 b: Die Sozialpädagogik bei Herman Nohl. In: Wollenweber, H. (Hrsg.): Modelle sozialpädagogischer Theoriebildung. Paderborn, 37–62.

Zengerling, 1932/33: Arbeitshaus- und Fürsorgeerziehung. In: Dt. Z. f. Wohlfahrtspf. 8, 78–82.

Zimmer, H., 1995: Die Hypothek der Nationalpädagogik. Herman Nohl, der Nationalsozialismus und die Pädagogik nach Auschwitz. In: Jahrbuch der Pädagogik 1995. Frankfurt/M., 87–114.

Zimmer, H., 1998: Von der Volksbildung zur Rassenhygiene. In: Rülcker, T., Oelkers, J. (Hrsg.): Politische Reformpädagogik. Frankfurt/M. u.a. 1998, 515–540.